Michael Praetorius

Syntagma musicum I

Michael Praetorius

Syntagma musicum

Band I

Faksimile-Reprint
der Ausgabe
Wittenberg 1614/15

herausgegeben und
mit einer Einführung versehen

von

Arno Forchert

Bärenreiter Kassel · Basel · London · New York · Prag

Die Deutsche Bibliothek – CIP-Einheitsaufnahme
Ein Titeldatensatz für diese Publikation ist bei
Der Deutschen Bibliothek erhältlich

Besuchen Sie uns im Internet: http://www.baerenreiter.com

© 2001 Bärenreiter-Verlag Karl Vötterle GmbH & Co. KG, Kassel
Umschlaggestaltung: Jörg Richter, Bad Emstal-Sand, unter Verwendung des
Gemäldes »Palastarchitektur mit Musizierenden« von Hans Vredeman de Vries, 1596
(Wien, Kunsthistorisches Museum, © AKG Berlin)
Satz: EDV + Grafik, Kaufungen
Druck und Bindung: Druckhaus Thomas Müntzer
ISBN 3-7618-1527-1

Einführung

Michael Praetorius (1572–1621)

Michael Praetorius gilt mit Recht als einer der wichtigsten Vermittler zwischen der Tradition der protestantischen Kirchenmusik in Deutschland und dem um die Wende vom 16. zum 17. Jahrhundert in Italien entstehenden geistlichen Vokalkonzert. Selbst aus einer altprotestantischen Familie stammend (sein Vater hatte noch als junger Theologiestudent in Wittenberg zu Füßen Luthers gesessen und wie dieser, so waren auch seine beiden älteren Brüder angesehene Theologen geworden), schien auch ihm der Weg eines Theologen vorbestimmt. Doch 1587, nach dem Tod seines als Professor in Frankfurt an der Oder wirkenden Bruders Andreas, der für seinen Lebensunterhalt gesorgt hatte (der andere Bruder war schon vorher verstorben), sah er sich gezwungen, eine Stelle als Organist an der dortigen Marienkirche zu übernehmen, um sein Studium an der Frankfurter Universität fortsetzen zu können. Ohne vorher geregelten Musikunterricht gehabt zu haben, bewährte er sich hier in den knapp drei Jahren seiner Tätigkeit so, dass der Frankfurter Rat noch mehr als zehn Jahre später versuchte, ihn wieder zurückzugewinnen. Zu dieser Zeit stand Praetorius allerdings bereits als Organist im Dienst des Herzogs Heinrich Julius von Braunschweig-Wolfenbüttel. Wahrscheinlich hatte ihm der Historiker Reiner Reineccius, der früher an der Frankfurter Viadrina ein Kollege und Freund des Andreas Praetorius gewesen war, inzwischen aber der Universität in Helmstedt angehörte, die Möglichkeit eröffnet, sein Studium hier fortzusetzen. Denn 1608 erfahren wir aus einem in Schloss Schöningen (bei Helmstedt) geschriebenen Brief, dass »ich nun in das 15. Jahr allhier meine Studia an die Wand gehangen«.[1] Demnach dürfte Praetorius also zwischen 1589 und 1593/94 in Helmstedt sein Studium bei dem berühmten Reineccius noch fortgesetzt haben. Da dieser aber durch den Herzog Heinrich Julius von allen Unterrichtsverpflichtungen freigestellt war, um seine *Historia Julia sive Syntagma Heroicum* fertig zu stellen, wird Praetorius privatim bei Reineccius studiert haben.[2] Erst danach hat er sich in Wolfenbüttel niedergelassen, wo er dann 1595 Mitglied der herzoglichen Hofkapelle wurde. Reineccius starb am 16. April 1595, und die Vollendung seiner Historia Julia, von der bei seinem Tod erst zwei Bände erschienen waren, übernahm sein Freund und Kollege Heinrich Meibom. Vielleicht ist es bezeichnend, dass von ihm, den Praetorius zweifellos durch Reineccius kennen gelernt hatte und der später gelegentlich unter den Verfassern von Widmungsversen zu Praetorius-Drucken zu finden ist,[3] auch das Gedicht stammt, das den als Voranzeige erschienenen Index Generalis des *Syntagma musicum* abschließt.

Aufbau des Syntagma musicum

Der Einfluss, den Reineccius auf den jungen Praetorius ausgeübt hat, äußert sich nicht nur in der Übernahme des für musiktheoretische Abhandlungen ungewöhnlichen Titels, sondern hängt auch mit der Art zusammen, wie der Stoff im *Syntagma musicum* gegliedert ist. Sie zeigt sich bereits in der kleinen Einleitungsschrift, die unter dem Titel *Leiturgodia Sionia Latina* das Vorwort zu den liturgischen Kompositionen in lateinischer Sprache bilden sollte, wie sie Praetorius seit 1611, im Anschluss an die neun Bände der deutschen Choralbearbeitungen seiner *Musae Sioniae*, zu veröffentlichen begonnen hatte. Diese erst 1612 gedruckte *Leiturgodia* beginnt, nach einem Gruß an den Leser, mit einer Synopsis, die Auskunft über Art und Verwendungsweise der geplanten Kompositionen geben soll.[4] Ihre im Prinzip dichotomische Anordnung ist ein charakteristisches Merkmal für eine Anlage, die den Prinzipien ramistischer Logik folgt, wie sie damals an der Universität Helmstedt in Mode war.[5]

Die *Leiturgodia* blieb ein Einzeldruck, weil sich mit dem Ausmaß, das Praetorius' immer umfassender werdende Kompositionspläne allmählich annahmen, ein vergleichsweise persönliches und kurzes Vorwort nicht mehr vereinbaren ließ. Denn nachdem der Herzog Heinrich Julius von Braunschweig, ein Mann von weit reichenden Interessen, der sich nicht nur als oberster Dienstherr seiner Landesuniversität Helmstedt für Kunst und Wissenschaften interessierte, sondern auch seit Anfang des 17. Jahrhunderts sich zunehmend in der Reichspolitik engagiert hatte,[6] 1613 gestorben war, hatte Praetorius, zunächst als Kapellmeister »von Haus aus« an den Höfen in Dresden und Magdeburg, danach als Komponist und Leiter der Musik bei Fürstenzusammenkünften und anderen festlichen Gelegenheiten an verschiedenen Orten, ein neues und weitreichendes Betätigungsfeld gefunden. Ihm entspricht in gewisser Weise die Erweiterung seiner kleinen Einführungsschrift für die lateinisch-liturgischen Kompositionen zu dem auf vier Bände geplanten *Syntagma musicum*, dessen teils apologetische, teils spekulative, teils sachlich deskriptive Darstellungen sich nur noch zum kleineren Teil auf das eigene Schaffen bezogen, auch wenn sie ihm ihr sachliches Fundament verdankten. Seine Absicht war, wie er in einem Nachwort zu dem für das Gesamtwerk bestimmten Generaltitel ankündigte,[7] sich mit jedem dieser vier Bände – von denen allerdings nur drei erschienen sind – jeweils an eine andere Leserschaft zu wenden: Der I. Band, vollständig in lateinischer Sprache geschrieben, war vor allem für die »Gelahrten« bestimmt, der II. Band, ganz in deutsch, galt den musikalischen Handwerksberufen, zu denen im 17. Jahrhundert nicht nur die Orgelbauer und Instrumentenmacher, sondern auch die Organisten gerechnet wurden. Der III. Band aber sollte, ebenso wie der geplante IV. Band, sich an die »Musicos und Musices cultores« richten, also an die Komponisten und die Musikliebhaber. Der jeweils intendierte Leserkreis bestimmt denn auch deutlich den Inhalt der einzelnen Bände.

Band I

Der I. Band dient einer Begründung und Rechtfertigung der Musik in ihrer ganzen Vielgestaltigkeit, die sie sowohl als geistliche, im Dienste der Kirche stehende, als auch als weltliche, für Zwecke außerhalb der Kirche geschaffene Kunst bis zu Praetorius' Zeiten hin erreicht hatte. Beide Arten von Musik werden, gemäß ihrer verschiedenen Bestimmung und Beschaffenheit, in zwei relativ selbstständigen Teilen mit jeweils eigenen Widmungen und Vorworten abgehandelt.[8] In den Einführungen und Erläuterungen zu seinen früheren Werken hatte Praetorius immer wieder angedeutet, dass er zur Musik nur gelangt sei, weil es ihm nicht vergönnt war, wie sein Vater und seine Brüder Theologie zu studieren. Jedoch hatte er auch seine musikalische Tätigkeit schon immer als ein geistliches Amt verstanden, wie er denn in Concio und Cantio, Predigt und Gesang, zwei im Grunde gleichberechtigte und in gleicher Weise unentbehrliche Bestandteile des Gottesdienstes sah. Damit stand im Einklang, dass er stets, wenn man von dem ihm anbefohlenen Druck der in der *Terpsichore* vereinigten Tanzsätze absieht,[9] nur geistliche Kompositionen veröffentlicht hatte. Nicht zuletzt ihnen verdankte er es, dass er 1608 zum Konventualen des Klosters Amelungsborn bestellt worden war und 1614 den Generaltitel des *Syntagma musicum* als Prior des Klosters Ringelheim unterzeichnen durfte.[10] Seine Abhandlung von der »Musica Sacra et Ecclesiastica« in der Pars Prima des *Syntagma musicum* I ist denn auch gleichsam ein theologischer Traktat, in dem er an Hand von Belegen aus der Bibel, Schriften der Kirchenväter und anderer vormittelalterlicher Polyhistoren den uneingeschränkten Gebrauch der von alters her im Gottesdienst eingeführten Musik nachzuweisen sucht. Als humanistisch gebildeter Gelehrter schließlich weist er sich in der Pars Secunda aus, in der die Musik »Extra Ecclesiam«, getrennt in »Musica vocalis« und »Musica instrumentalis« zur Sprache kommt. Hier nun stützt er sich hauptsächlich auf die Autoren des klassischen Altertums, die seit dem 15. und 16. Jahrhundert wieder zugänglich geworden waren.[11] Der die Instrumentalmusik behandelnde zweite Teil wird mit einem angehängten Kapitel beschlossen, das bereits zum nächsten Band, der *Organographia* überleitet. Denn es behandelt die Klassifizierung der Musikinstrumente neuerer Zeit, die dann, weniger abstrakt und in deutscher Sprache, am Beginn des II. Bandes wiederholt wird.

Band II

Dieser den »Organisten, Instrumentisten, Orgel- und Instrumentmachern« gewidmete II. Band trug zunächst das Datum des Sonntags Palmarum 1618 (29. März). In seiner erweiterten Form aber – sie enthielt eine zusätzliche Vorrede an Bürgermeister und Rat der Stadt Leipzig, unterzeichnet am 19. Juni 1619, und das erst 1620 gedruckte »Theatrum Instrumentorum« – dürfte er das letzte Werk sein, das noch zu Praetorius' Lebzeiten erschienen ist. Denn schon vorher, diesmal mit einer Widmung an den Rat der Stadt Nürnberg vom 14. Mai 1619, war der III. Band veröffentlicht worden, der sich in seinen

wesentlichen Teilen mit der in Deutschland noch weitgehend unbekannten italienischen Konzertmusik und der mit ihr verbundenen Generalbasspraxis beschäftigt.[12]
Anders als der I. sind die Bände II und III unmittelbar aus der musikalischen Praxis geschöpft. Was ihnen an systematischer Ordnung abgeht, wird reichlich ersetzt durch die Erfahrungen, die ihr Verfasser als vielgereister Organist und Kapellmeister in fast fünfundzwanzig Jahren unausgesetzter Tätigkeit hatte sammeln können. In der *Organographia* erstreckt sich seine Darstellung nicht nur auf die ihm bekannten und gebräuchlichen Instrumente mit ihrer Bauweise, ihren Umfängen und Stimmungen, sondern auch auf die zuweilen skurrilen Sonderformen, die Schryari, Bassanelli oder Doppioni, und erinnert noch einmal an die fast unerschöpfliche Vielfalt von Klangwerkzeugen des zurückliegenden Jahrhunderts, bevor die meisten von ihnen der mit dem Stilwechsel zur Generalbassmusik des 17. Jahrhunderts verbundenen klanglichen Vereinheitlichung zum Opfer fallen. Der Schwerpunkt freilich liegt auf dem dritten und vierten Teil des II. Bandes, der Beschreibung der alten und der Beschaffenheit der neuen Orgeln, ihren Registern und den verschiedenen Möglichkeiten ihrer Stimmung. Den historisch aufschlussreichen Abschluss des Textteils bildet eine Zusammenstellung von Dispositionen der »Vornehmen Orgelwerke« in Deutschland. Ergänzt wird der Band durch das bereits erwähnte »Theatrum Instrumentorum«, das auf 42 Bildtafeln die im Text angesprochenen Instrumente veranschaulicht, deren Größe jeweils mit Hilfe eines beigefügten Maßstabs errechnet werden kann.

Band III

Der III. Band des *Syntagma musicum* basiert hauptsächlich auf Erfahrungen, die Praetorius seit 1614 als Dresdener und Magdeburger Kapellmeister »von Haus aus« an den Orten sammelte, in denen er seine mit großen Besetzungen rechnenden Choralkonzerte aufführte. Schon in dem weitgehend terminologische Fragen behandelnden ersten Teil wird deutlich, in welchem Umfang sich Praetorius hier auf italienische Autoren beruft. Zwar entsprechen die folgenden Abschnitte über Fragen der Notation, die Erkennung der Kirchentonarten und ihre Transposition noch weitgehend der deutschen Überlieferung, obwohl auch für sie gelegentlich italienische Autoren angeführt werden. Aber die Erörterungen über die Bedeutung der Mensurvorzeichnungen und ihre Umsetzung in verschiedene Taktarten tragen bereits Zeichen des Übergangs von der traditionellen mensuralen Betrachtungsweise zur modernen taktgebundenen Auffassung, wie sie sich im Zusammenhang mit der neuen Generalbassmusik auch in Deutschland durchzusetzen begann. Mit dem dritten Teil[13] wendet sich Praetorius dann vollständig der Praxis des italienischen Vokalkonzerts zu, die er seinen Lesern, teilweise in Anlehnung an seine Kommentare zu den Kompositionen seiner *Polyhymnia Caduceatrix*, nahe zu bringen versucht. Auf die Benennungen und Funktionen der Chöre und Solostimmen im Rahmen eines Vokalkonzerts beziehen sich die ersten drei Kapitel dieses Teils. Einen Nachtrag zu seiner Instrumenteneinteilung am Anfang der *Organographia* liefert Praetorius im vierten und fünften Kapitel, indem er nun nach dem Vorbild italienischer Komponisten wie Agazzari und Giacobbi eine Gliederung des gesamten Instrumentariums in Fundament- und Ornamentinstrumente einführt.[14] Von Agazzari, lediglich in Einzelpunkten durch Bemerkungen von Viadana und eigene Kommentare ergänzt, stammt die im sechsten und siebenten Kapitel vorgetragene Generalbasslehre.

Den Beschluss des III. Bandes bilden zunächst – im siebenten Kapitel – aufführungspraktische Hinweise für die Besetzung mehrchöriger Motetten und Konzerte unter Berücksichtigung der Stimmenumfänge, wie sie durch Schlüsselkombinationen für die einzelnen Chöre vorgegeben sind. In den zahlreichen Beispielen, die Praetorius hier gibt, folgt er im Prinzip der älteren mehrchörigen Besetzungspraxis, bei der die Chöre möglichst mit Instrumenten der gleichen Familie besetzt werden, untereinander aber kontrastieren. Das achte und letzte Kapitel aber bezieht sich in seiner »Admonitio« ausdrücklich auf die Kompositionen seiner *Polyhymnia Caduceatrix* (1619). Denn die hier vorgetragene Einteilung der konzertierenden Schreibweise in zwölf verschiedene Arten der Besetzung, bei der die dritte Art der Verwendung von solistisch eingesetzten »concertat-Stimmen« nochmals in neun »Manieren« unterteilt ist, hat ihre Entsprechung in den dort versammelten Vokalkonzerten, in denen vokale und instrumentale gerade so wie solistische und chorische Besetzungen in immer wieder neuen und andersartigen Kombinationen auftreten. Die sich anschließende Übersicht, mit der Praetorius versucht, einen Katalog über sein eigenes Schaffen zu erstellen, führt nicht nur die im Druck erschienenen, sondern auch andere Werke auf, von denen jedoch nicht festzustellen ist, ob sie bereits existierten oder lediglich geplant waren.

Detmold, im Januar 2001   Arno Forchert

1   Es handelt sich dabei um ein im Zusammenhang mit seiner Ernennung zum Konventualen des Klosters Amelungsborn stehendes Schreiben an den herzoglichen Kammersekretär Heinrich Hartwig vom 28. September 1608.
2   Darauf, dass er zunächst mit einem anderen Studium begonnen hatte, legte Praetorius großen Wert. So betont er etwa im Vorspann zum neunten Teil seiner *Musae Sioniae* (1610), er sei erst sehr spät zur Musik gekommen (»aliis studiis et artibus humanioribus a iuventute deditus«).
3   Er schrieb Widmungsgedichte für den dritten Teil der *Musae Sioniae* (1607) und für die *Terpsichore* (1711/12).
4   Dieselbe Synopsis ist nochmals im Ende des I. Bandes des *Syntagma*, S. 454f., abgedruckt. Auch im II. und III. Band des *Syntagma musicum* wird die Anlage größerer Abschnitte durch vorangehende Synopsen eingeleitet, die im Prinzip dem gleichen Schema folgen (zum Beispiel Band II, S. 10 und nach S. 126; Band III vor S. 29 und S. 124–125, recte S. 104–105).
5   Die von Petrus Ramus (1515–1572) entwickelte »natürliche« Logik war in der zweiten Hälfte des 16. Jahrhunderts vor allem im calvinistischen Teil Deutschlands verbreitet. Das Beispiel Helmstedts zeigt indessen, dass ihre Wirkung auch weiter reichte. Vgl. auch Dietlind Möller-Weiser, Untersuchungen zum I. Band des Syntagma Musicum von Michael Praetorius, Kassel 1993 (Detmold-Paderborner Beiträge zur Musikwissenschaft, Band 3), S. 118ff.

Einführung

[6] Er lebte zum großen Teil in Prag, wo er seit 1609 die Stellung eines »obristen Directors« des geheimen Rats Kaiser Rudolf II. innehatte.

[7] Dieser Gesamttitel mit dem zu ihm gehörenden »Index Generalis« ist in dem reproduzierten Original aus dem Besitz der Stadtbibliothek Braunschweig an falscher Stelle, nämlich erst nach dem Titelblatt zum I. Band und der zu ihm gehörenden »Epistola Dedicatoria«, eingebunden. Der sich auf alle vier Bände beziehende Gesamttitel und der Generalindex müssten ihm aber vorausgehen, so dass sich die »Pars prima« unmittelbar an die »Epistola Dedicatoria« anschließt.

[8] Sie sind sogar an verschiedenen Orten gedruckt: Der erste Teil, mit Ausnahme der »Epistola dedicatoria«, ist bei Holwein in Wolfenbüttel entstanden, der zweite bei Richter in Wittenberg, der auch die offenbar erst nachträglich entstandene Dedikation zum ersten Teil gedruckt hat.

[9] Der Anstoß zur Beschäftigung mit der *Terpsichore* kam von Friedrich Ulrich, dem Sohn des regierenden Herzogs Heinrich Julius. In seiner Widmung betont Praetorius ausdrücklich, dass »auf E. F. G. gnädigen Befehl hat Dero zu untertänigen Gehorsam diese allerlei Art französische ... Tänze ... zu komponieren und zu setzen mir billig gebühren wollen«.

[10] Vgl. Christhard Mahrenholz, Das Kloster Amelungsborn im Spiegel der niedersächsischen Klostergeschichte, in: Jahrbuch der Gesellschaft für niedersächsische Kirchengeschichte 62, Blomberg 1964, S. 14, Anm. 30.

[11] Eine der für Praetorius wichtigsten Quellen in dieser Hinsicht war das *Theatrum Humanae Vitae*, Basel 1587, von Theodor Zwinger; vgl. dazu Dietlind Möller-Weiser, a.a.O., S. 114ff., vor allem Anm. 5. Möller-Weiser versteht den I. Teil des *Syntagma musicum* I insgesamt als eine Apologie gegen die Eingriffe in die Kirchenmusik, wie sie in dieser Zeit von calvinistischer Seite vorgetragen wurden.

[12] Auch dieser III. Band ist zunächst ohne die Widmung an den Nürnberger Rat erschienen. Die Vorrede, mit der Praetorius »Allen Vornehmen Musicis, Capellmeistern und Phonascis« seinen Gruß entbietet, war in der ersten Ausgabe unterzeichnet: »Datum Erichs-Burgk, Dominica Quasimodogeniti«. Es folgte das Chronogramm, das nun 1619 noch stehen geblieben ist. Es datierte den ersten Druck auf den 12. April 1618.

[13] In diesem Teil findet sich zwischen den Seiten 103 und 129 eine falsche Paginierung. Sie springt nach Seite 103 auf 124–148 und von dort zurück auf 129.

[14] Agostino Agazzari (ca. 1580–1642) hatte als Anhang zu seinen 1609 in Venedig erschienenen 2–4-stimmigen Sacrae Cantiones einen kurzen Generalbasstraktat *Del suonare sopra il basso con tutti stromenti & uso loro nel concerto* verfasst. Von Giacobbi (1567–1629) kannte Praetorius die Salmi concertati aus dem gleichen Jahr. Vgl. Arno Forchert, Das Spätwerk des Michael Praetorius, Berlin 1959, S. 55ff. bzw. 98ff.

SYNTAGMATIS MUSICI
TOMUS PRIMUS

Complectens
DUAS PARTES:
quarum
PRIMA agit
DE MUSICA SACRA
VEL ECCLESIASTICA,
Religionis exercitio accommodatâ:
&
Quatuor Membris
comprehensa.

I. Διάνοια, sive Discursus de Musica Chorali & veterum Psalmodia.
II. Ὑπομνήματα sive Commentarij de Missodia vel Leiturgia summa.
III. Ἐξήγησις sive Explicatio Matutinæ & vespertinæ Leiturgodiæ: cum alijs annexis.
IV. Θεωρία sive Contemplatio Musicæ Instrumentalis Ecclesiasticæ, cùm in Veteris, tùm Novi Testamenti Ecclesiâ usitatæ.

Auctore
MICHAELE PRÆTORIO C.

WITTEBERGÆ.
E Typographéo JOHANNIS RICHTERI, Anno 1615.

Reverendiſsimis, Illuſtriſsimis, Reverendis, Nobiliſsimis, Excellentiſsimis, Clariſsimis, Doctiſsimisq;

D. D.
EPISCOPIS, ABBATIBUS,
PRÆPOSITIS, CANONICIS, DOCTOribus, & Eccleſiarum Inſpectoribus

in
SAXONICO, BRANDEBURGICO,
MAGDEBURGICO, HALBERSTADENSI,
BRUNSVICENSI,

Archi--Electoratu & Epiſcopatu, Ducatu:

LEITURGIÆ SACRÆ
Xystarchis,

Dominis Patronis & Fautoribus
ſuis colendis

Hanc ſacram Syntagmatis Muſici partem
In Eccleſiaſticæ Dignitatis Honorem
Dedicat & conſecrat
cum Sal. Pl.

Michaël Prætorius C.

REVERENDISSI-
MI, ILLUSTRISSIMI, REVE-
RENDI, NOBILISSIMI, EXCELLENTIS-
SIMI, CLARISSIMI, DOCTISSIMIQVE D. D. EPI-
scopi, Abbates, Patres, Præpositi, Canonici, Do-
ctores, & Ecclesiarum Inspectores, Domini
Patroni & fautores colendi.

VO Reverendissima Celsitudo, Reverendaq́;
Reverentia Vestra mecum fatebitur requiri ad
integram absolutamq́; Lyturgiæ divinæ, in publicis Ecclesiæ congressibus administrandæ,
perfectionem *exercitia; Concionem* videlicet &
Cantionem; quarum conjunctionem consecravit sanctionis
mystica dignitas, frequétavit intentionis dogmatica utilitas,
redintegravit functionis paradigmatica sedulitas.

Et certè genuinæ divini cultus exercitationi destinat ac
devovet hominem ultimus & summus finis, quem ipse cum
beatis Angelis habet communem. Si enim actionem spectamus, *duplex* est *finis Hominis*: nempe *Veritatis inquisitio a-*
gnitio-

EPISTOLA DEDICATORIA.

gnitioque; & *Virtutis electio*. At cùm summa Veritas sit Noticia Dei, & summa Virtus sit Deum vero cultu celebrare: Sequitur, quod finis Hominis sit Agnitio Dei & ejusdem celebratio, quarum illa potissimum per sacras Conciones; hæc per Cantiones in Ecclesia accipitur & redditur.

Ad hunc itaque finem geminum humanum genus ante lapsum in εὐταξίᾳ conditum est; ad hunc post lapsum in Gratia reparatum est; ad hunc denique post vitam mortalem in Gloria resuscitandum, & Angelorum consortio immortali associandum est, ut *Homo* in omni statu Bonitatis suæ, divinitùs communicatæ, nihil aliud sit, quàm *Templum Dei*, sacrosanctum Triados numen celebrans. Et huc non sine divino instinctu spectant symbolica cultûs Paradisiaci, ritûs Levitici, & visûs Prophetici mysteria, quæ Exercitationum Leiturgicarum constitutionem ad oculos & aures numero definijsse, & ad manus uno complexu exhibuisse, quis est, qui non, vel nemine admonente intelligat.

Prima Ecclesiæ, ex Adamo & Eva in Paradiso conflatæ, ad cultus Leiturgicos *propositum* & appositum erat *Arborum duarum Sacramentum*: *Unum* erat Probationis, scilicet *Arbor scientiæ boni & mali*; sub qua instituenda fuerat theoria & meditatio discretionis inter bonum expetendum; & malum fugiendum, à Creatore insitæ: *Alterum* erat *Arbor vitæ*, sub qua colenda fuisset homini, in errorem non prolapso, practica celebratio Immortalitatis, & in terrestri & cœlesti Paradiso cum Angelis æternùm decantandæ, *Genes.2*.

Atque non obscurè, imò multiformis adumbrationis luce de

EPISTOLA DEDICATORIA.

ce de colore, inter alios ritus Leviticos & Sacerdotis ornatus, illustravit duo Leiturgiæ officia illud Summi Pontificis pectorale *Ephod*, quod non solum auro & gemmis, pro numero tribuum, sed etiam duabus illustribus notis insignitum & distinctum fuit: URIM & THUMIM, quod LXXII. *Interpretes* interpretantur δείλωσιν καὶ ἀλήθειαν, Perspicuitatem & Veritatem: *Chaldæus* servavit ἀνερμηνεύτες: Hebraicè URIM Lumina sive Claritatem, THUMIM Perfectionem sive Integritatem: *Lutherus* vertit, das Liecht vnnd das Recht/ *Exod.* 28.

Quemadmodum enim congruit Concioni perspicua oratio ad auditorū mentes, in mysteriorum cognitione illuminanda: *Ita* convenit certè Cantioni verissima Deo debitæ laudis confessio, in fidei perfectionem non alij, nisi Deo, innixæ, qui pro ratione justitiæ, suum cuique tribuentis, sibi soli propriam vendicat, & ab Ecclesia exigit Invocationis & Gratiarum actionis gloriam. Quam, ubi priùs concione per luce S Sancti intùs illuminata fuerit Ratio, λόγος ὁ ἔσω, pòst, radiorum instar exserit & diffundit in Sanctuario publico Cantionis oratio, λόγος ὁ ἔξω: ut hoc modo τὸ λογεῖον τῶν URIM & THUMIM, cui pectorale Christiani χριστοφόρε, quem gestat in fide profectum, & quam illa scilicet fides in divinæ voluntatis & juris cœlestis oraculis perfecta sit, publica religione profiteri gestiat.

Et *quemadmodum* URIM & THUMIM à summo Sacerdote in λογείῳ conjuncta gestabantur: *sic* quibus summa creditur Ecclesiarum inspectio, cavendum omnino, ne alter-

utr

EPISTOLA DEDICATORIA.

utra, aut Concio, aut Cantio, in Rationali Leiturgiæ publicæ Ecclesiastico divellatur aut separetur unquam; ut *velut* in utroq; sinu pectoris pectorale incumbit integrum : *ita leiturgia* duobus, concionandi videlicet & cantandi, officijs perfecta & absoluta consistat. Nam URIM significat splendorem mentis sive Rationis, lucemq; ad cogitandum & perspiciendum: THUMIM verò harmonicā orationis sive cantionis perfectionem, ad integrè incorrupteque laudandum. *Utq́;* puro auro, gemmis pretiosis, & notis sacratissimis illustre fuit λογεῖον: *sic* nullis humani sophismatis inquinamentis mixta, sed sinceræ fidei integritate, docendi canendiq; leiturgia constat perfecta & suis numeris absoluta.

Per URIM & THUMIM, velut perfectas absolutæ sapientiæ vias, petita oracula in sacris literis memorantur: *sic* certè summa & infinita Bonitas & Sapientia Dei per leiturgicas exercitationes imploratur, donec exauditione benigna, & benedictione gratuita cœlitus respondeat.

Abjathar, Achimelechi filius, Davidis exilij individuus comes & socius, Davidem ex Ephodo monuit, ut Ceila discederet, quoniam Ceilani eum Saulo essent dedituri, 1. *Reg.* 23. *Sic* URIM & THUMIM, hoc est, leiturgicæ Concionis & Cantionis devotio fidelis & devota fidelitas in pijs Ecclesiæ ministris nos miseros, in hujus vitæ exilio circumvagantes, adversùs persecutionem Tyrannorum, prudentiâ præmunit, & præmonet cautè & tutò, ne quando infidelium & hæreticorum fraude circumventi, Satanæ ad excidium & exitium animæ tradamur.

Rursus

Epistola Dedicatoria.

Rurſus cum Amalechitæ Siceleg urbem diripuiſſent, & ingentem prædam multo ante abduxiſſent, Ephodi oraculo juſſus David cum 600.viris eos perſecutus cecidit, prædamq́; recepit,1.*Reg.*30. *Ita* leiturgia oraculis copioſos & validos hoſtes Eccleſiæ, numeri exigui fideles cum glorioſa victoria valent propulſare & perſequi, donec opimis ſpolijs & theſauris pretioſiſsimis potiantur.

Et, quod *Suidas* teſtatur, Sacerdos Deum interrogaturus collecto Ephodo infernè manus ſupponebat, & in Ephod intuens rogabat Deum: quæ interrogatio ſi Deo placuiſſet, ſtatim fulgurabat Adamas, emiſsisq́; radijs lucebat; ſin diſplicuiſſet, ſuo loco manebat. Ad eundem modum manus tactu, vultus geſtu, fideiq́; contuitu devotè ac intentè directa, ac obſervata Leiturgia, Spiritus Sancti igne accenſos motus edit efficaciſsimè, & per fidem placente perſona, ſi non ad utilitatem, certè ad ſalutem Deus annuit, & reſpondet benigna exauditione.

Quia etiam *Adamas,* ſi populum Deus occidendum daturus erat,*ſanguineq́,* ſin peſte afflicturus *niger* fiebat: convenit ſimiliter Leiturgiæ Conciones & Cantiones temporibus belli, pacis, & peſtis accommodare, ad Dei gratiam impetrandam, & pœnas pœnitudine avertendas.

Denique conſulenti Deum ſi non edebatur reſponſum, iræ divinæ fuit ſignificatio: quamobrem Sauli, cum abjectus eſſet, 2.*Sam.*28. nihil reſpóſum eſt, ut nec Prophetia & ſomno, ita neque per Urim & Thumim : *Sic* certè nulla fide & pœnitentia ſtipatam, ſed impietate & hypocriſi adminiſtratam leiturgiam

EPISTOLA DEDICATORIA.

turgiam Deus averſatur, ut indignatione juſtiſsima commotus hominem ad æternam reprobationem abjiciat, & vultum cum ſilentio abſcondat.

Porrò cum *Concio* & *Cantio* unius fidei orthodoxo conſenſu ac harmoniá, ejusdem confeſsionis doctrinam de Chriſto, & per ejus ſanguinem facta propitiatione; prædicet ac celebret: non inconveniens eſt hæc *duo Eccleſiaſticæ Leiturgiæ crura adumbrare* in duabus, in porticu templi à Salomone erectis, & coronarum malogranatorumq; ſerie ornatis, *columnis æneis*; quarum dextra dicebatur *Jacchin* (hoc eſt, approbator ſive ſtabilit aut ſtabiliet) ſiniſtra *Booz* aut Bohaz (id eſt, in ipſo virtus ſive fortitudo) 1.*Reg.*7.2. *Prov.*3. Quippe Eccleſiæ plus quàm aheneum columen & robur eſt concio & cantio, quo ſtabilitur regnum C H R I S T I in homiliam & cōgregationem fidelium, qui, ceu grana, unius mali punici cortice concluſa, cum Prophetis & Apoſtolis una eademq; fide fideiq; confeſsione juncti pendent à Chriſti cruore, exſpectantes coronam immarceſsibilem. Nam, ut *Poëta* canit:

Fidere qui Chriſto novêre viriliter, illos
Illangueſcenti fronde corona manet.
2. *Timoth*.4. 1.*Petri* 5.

Præclarè inſuper concionum & cantionum Adminiſtros notant, cùm iſti duo Cherubim florentes *Exod.*25. tùm duo Seraphim urentes, *Eſa.* 6. quorum Illi mutuo contactu alarum, contuituq; in propitiatorium, quod Aaronis virgam, mannæ urnam, & Decalogi tabulas continebat, converſo, referunt utriusq; Leiturgiæ cognationē & harmoniam omni-

EPISTOLA DEDICATORIA.

bus Hierarchijs Christo conciliatis utilem & gratam: Hi verò, qui τρισάγιον tectis vultibus pedibusq;, advolatum accincti concinebant, denotant cùm modestam & humilem, tùm expeditam & officiosam Leiturgiâ, quâ Trinunius adorandi confesio mystica ex consono docendi & canendi corde & ore celebretur gloriosissimè. Sic Angelo Domini, Nativitatem Christi in festivo fulgore docenti ac Evangelizanti, conjungit Musicam suavissimam glorificâs ille exercitus coelestis, ut optima Concio & Cantio connexam & mutuam festo soleant solennitatem.

Denique quas Moses divino jussu paravit ad coetum clangore sive taratantara convocandum, argenteæ tubæ duæ duplicia Leiturgiæ unanimis munia congruè indicant, *Num.* 10, *v.*3.& 7. Etenim vocem, quam Concionatores & Cantores adinstar tubæ, cum harmonica concionum & cantionum consonátia, & incorrupta sinceritate, extollunt, significat cum in usu Ecclesiastico ad concionem cogendam editus tubæ utriusque clangor simplex & æqualis, sive διάτονος, tum ex puro solido & ductili argento conflata materies.

Tot divinis Protypis, quibus Leiturgiæ duplicis conjunctioné sanctionis mystica dignitas consecravit, accedit porrò intentionis dogmatica utilitas, & cum hac conjuncta functionis paradigmatica sedulitas, qua Leiturgia subinde frequentata, celebrata & ad nostram usque Ecclesiam propagata est.

In Veteris Testamenti festis & solennitatibus celebre est Davidis, Salomonis aliorumque studium, ad exercendam

Leitur-

EPISTOLA DEDICATORIA.

Læturgiam, cum per *Levitas*, qui sub sacrificijs Messiam docebant, tùm per *Cantores*, qui viva & instrumentali cantione eundem Christum eelebrabant.

In Novo Testamento exstat Apostoli ex tot Psalmis petita, ad Læturgiæ διδασκαλίαν καὶ νȣθεσίαν exhortatio, *Eph.* 5. *Coloss.*3. In primitiva Ecclesia post Apostolorum tempora observatione Læturgiæ æmulâ exarserunt Christiani Imperatores, Reges, Episcopi, Patres, Doctoresq; Ecclesiarum.

Læturgiæ cultu nomen obtinuerunt immortale *Theodosius*, *Constantinus*, *Pipinus*, *Carolus Magnus*, *Ludovicus* &c. qui Læturgijs in honorem Majestatis divinæ vacantes, sese choris psallentium junxerunt cum devotione intima. Ex quibus CONSTANTINUS ille MAGNUS piè & graviter pronunciabat, ad se spectare curam cùm Religionis, tùm Religionis, cum Regni, tùm Ecclesiæ: cujus non intra eam, ut Sacerdotes, sed extra eam à Deo constitutus esset Episcopus: LUDOVICUS III. Dux Bavariæ dicere solitus est: *Malo in templo concinere, quàm precularũ murmure, quas nullus Superûm, ne Ego quidem intelligo. Divùm aures obtūdere, & Deum ad iracundiã invitare.* (*H. Henningus* in Geneal.) Quo nomine laudem meriti sunt insignem *Flacianus*, *Diodorus*, *Damasus*, *Ambrosius*, *Gregorius*, *Vitalianus* alijq; plures; quorum pietas in Læturgiæ cantu instituendo & confirmãdo, cùm ex præfationibus meæ Læturgodiæ (nimirum Missodiæ, Hymnodiæ, Megalynodiæ & Evlogodiæ) tùm ex Syntagmatis Musici Ecclesiastica hac parte palsim & sparsim occurret cognoscenda,

Epistola Dedicatoria.

memorari quippe dignissima; cum inde per manus traditam Leiturgiam Ecclesiæ nostræ, deposita instar pretiosi, acceperint, & conservarint fidissimè.

Atqui reperiuntur, qui Leiturgiæ officia infringere & tollere summè elaborant, cùm eorum ferat opinio, *anniversarias Dominicarum Lectiones & cantiones* ex Papatu originem duxisse primam; quas tamen vetustissima consuetudine, & quidem *longo ante Pontificios abusus tempore, receptas* attestatur Ecclesiæ historia.

Sunt, qui tradunt Lectionum Ecclesiasticarum exercitia, imperante Carolo M. primùm esse instituta, & Ecclesiæ ad seriam observationem demandata, instinctu & operâ doctissimorum virorum, Pauli Aquilegiensis Diaconi, & Alcuini Abbatis Torunensis, venerabilis Bedæ quondam auditoris, circa annum à Christo nato 800. At idipsum verisimile non fit ex multò vetustiori hujus instituti calculo. Siquidem ex Scriptis Patrum, qui ætatem Caroli M. præcesserunt, liquidò constat in certa tempora jamdudum divisas fuisse lectiones & historias.

Vide quæso ejus rei gratiâ Orationes *Ambrosij* tomo 3. qui vixit circa annum CHRISTI 400. *Chrysostomi* tomo 2. & 3. qui circa annum Christi 405. floruit: *Leonis I.* tomo 1. qui anno 440. ad Episcopatum Ecclesiæ Romanæ evectus fuit: *Augustini* tomo 10, qui anno 430. Ecclesiæ Hipponensi in Africa præfuit: *Gregorij Magni* orationes 40. super Evangel. qui anno 590. Romæ Episcopus fuit: & *Bedæ* denique

EPISTOLA DEDICATORIA.

& *Bedæ* deniq; orationes 98.super eadem, qui anno 732. in Anglia defunctus est. Reperies inde, ipsos, quæ tempori certo destinata legimus, Evangelia legisse olim eadem.

Fidem itaque meretur, quod *Guilelmus Durandus* scribit *lib.*5. *Rational. divinor. cap. de completorio*, quod Imp. Theodosius è Damaso Episcopo Romanensi efflagitaverit, ut per doctum & orthodoxum quedam certas lectiones, precationes, sive Collectas & Cantiones, singulis diebus festis & Dominicis convenientes, constitueret. Damasum itaque, addit, hunc laborem docto & linguarum peritissimo, Hieronymo, tunc Bethlehemi ad cunas Christi habitanti, demandasse circiter Annum Christi 440. Is labore hoc recepto & effecto, ut postulationi piæ satisfieret, seriem textus, ordine certo distinctâ, per anni circum contexuit, quæ pòst Ecclesiarum leɪturgijs publicis est injuncta.

Quid verò? concesso etiam, in Papatu Leɪturgicas lectiones & cantiones fuisse conquisitas, congestas & usurpari cœptas: an hoc nomine eas necessariò contemnendas & abrogandas esse sanus quis putet? Equidem non is ero, qui partes Pontificiorum defendam; sed mecum optimos quosq; arbitror in *Augustini* sententiam facilè descensuros, qui *lib.* 2. *de Doctr. Christ. cap.* 18. rectè affirmat: *Quisquis bonus verúsq̃ Christianus est, Domini sui esse intelligat, ubicunq̃ inveniat veritatem.* Et *Epist.* 28. *A quocunq̃ verum dicitur, illo donante dicitur, qui est ipsa veritas.*

Atque hîc locum habet, quod jura adstruunt. *Consuetudinem, quà Religioni convenit, quà disciplinæ congruit, quà saluti*

proficit,

EPISTOLA DEDICATORIA.

proficit, pro Lege esse habendam. C. *Consuetudo distinct.*3. Et congruit huc assertio *Augustini* epist. 119. cap. 18. *Quæ enim non sunt contra fidem, neq̃ contra bonos mores, & habent aliquid ad exhortationem vitæ melioris, ubicunq̃ institui videmus, vel instituta cognoscimus, non solum non improbemus, sed etiam laudando & imitando sectemur.*

Quid quòd *Leiturgia* Ecclesiarum reformatarum planè *consona* sit *canoni Apostolorum?* cum quibus ea cognationem habet, *doctrinæ consanguinitate*, ut *Tertullianus* loquitur *lib. 2. de præscript. advers. Hæretic.* cum retineat traducem fidei & semina doctrinæ, ab Apostolis traditæ.

Quanquam negari non potest, *monachos*, leiturgiam in ludicrum & scenicum actum pervertentes, *sacra officia*, Missæ abominabilis blasphemia, profanasse olim hodieq̃; profanare, & superstitionis ac idololatriæ inquinamentis conspurcare, adeoque leiturgicâ melodiâ, velut incantatione, aures ideo opplere, ut tetris corruptelis & crassis erroribus de Missæ sacrificio & Sanctorum invocatione animos fascinent: tamen constat à superstitioso vanoq̃; cultu per Dei gratiam vindicatos cantus, & in leiturgijs reformatis ad Dei venerationem religiosam & veram rectisimè translatos esse; non aliter ac spolia Ægyptiorum, quibus illi fuerant abusi, in veriorem Sanctuarij usum conferre didicerant Israëlitæ. Ad quem modum legitur *Harmonius Syrus*, magni illius Ephraimi discipulus, patrias voces, legitimis modis, Musisq̃; numeris inclusas,

ordine

EPISTOLA DEDICATORIA.

ordine circulari cani inſtituiſſe, ut paternam hæreſin lyricis modulis aſpergeret: quibus multi ex Syris, propter verborum venuſtatem, & ſonorum numeros demulſi, paulatim opinionibus Bardeſanæ Patris recipiendis ſunt aſſuefacti. Qua re cognita, D. Ephraim Harmonij numeros moderatus eſt, atque ejusmodi modulis carminibus Eccleſiaſticæ ſententiæ conſonis adjectis, Syris canenda dedit. A quo tempore huc uſque Syri pſallentes, non quidem carminibus ipſis, ſicuti ſunt ab Harmonio prodita, ſed ſonis tantum eorum, utuntur, quoties Deum inprimis celebrant.

Atqui omnis, qui æquo animo attendet, fatebitur, ut Concionum, ſic Cantionum, in noſtris Eccleſijs receptarum, *Leiturgiam* eſſe puræ & incontaminatæ Confeſsionis, *unicè in Sacroſanctæ Trinitatis gloriam*, ejusque operum ac meritorum laudes *conditam*. Nullus hîc locus eſt celebrationi Pontificiæ, quæ, cùm ſuperſtitione & idolomania ſcateat, dudum impugnata eſt, & noſtris eliminata Eccleſijs. Quæ noſtris à primitiva recepta eſt Eccleſijs Cantio in pſalmodijs Reſponſorijs, Hymnis, Antiphonis &c. nihil ſonat, niſi quod concionum Propheticarum & Apoſtolicarum veritati conſonat, quod fidei canoni analogum eſt, quod cum ſacra Scriptura ad amuſsim congruit, quodque ab ea minimè diſcrepat. Quicquid hîc voce & organis canitur, gratam de Deo famam ſpargit, Religionis Chriſtianæ ſinceritatem confitendo ſpirat, & veriſsimum DEO cultum ſupplicando & glorificando præſtat.

Illam

EPISTOLA DEDICATORIA.

Illam itaque cùm concionis, tum cantionis leiturgiam primævæ pietatis propagine derivatam Ecclesiæ repurgatæ in templis & choris εὐτάκτως, ᾗ εὐσχημόνως retinent ac frequentant cùm voce, tùm organo, festiva congregationis sacræ gaudia ritè suscitandi, & anniversariam solennitatem religiosè celebrandi gratiâ. Ῥῆμα γὰρ ἐστι θεοῦ καὶ ἐνθυμούμενον, καὶ ἀδόμενον, καὶ ἀνακρουόμενον, Verbum enim Dei est sive mente cogitetur, sive canatur, sive pulsu edatur, *Justinus Martyr in quæstionibus ad orthodoxos*, pronunciat; Id quod quisque λειτυργόφιλος θεοφιλέστατος suffragio irrefragabili comprobet necessum est.

Equidem istam Leiturgicæ sanctionis dignitatem, intentionis utilitatem, functionis sedulitatem accuratè dimetiens, quid mearum partium esset, quidq; suppeteret, quod Leiturgiæ *CONCIONI*, & *CANTIONI* in Ecclesiæ ac Scholarum emolumentum, pro talento divinitùs mihi concesso, conferrem, sollicitè cogitare cœpi. Monente itaque me officio, quo ad Dei & Magistratus clementissimi nutum benignum, in Illustri aula Ducis Brunsvicens. perfungor, non modò Germanicos tum *LUTHERI* tum aliorum Hymnos per Musas Sionias ad choris Melodiæ canonem harmonicè concinnavi, (quæ tamen ipsæ Primitiæ, mihi hoc quidem temporis per omnia non probantur: Ideoq; eas de integro recognitas & accuratiùs emendatas, *DEO* me benè juvante, iterum aliquando prælo subjicere constitutum habeo) verum etiam universæ Leiturgiæ anniversariæ Cantiones Latinas ex chorali διαγραφῇ sive præscripto, Harmonicis vocum nu-

meris

EPISTOLA DEDICATORIA.

meris aſtrictas,ad Chori, Organi aliorumq; Inſtrumentorum concentus, Motectarum inſtar accommodare & per σωματοποιίαν in unum faſciculum colligere incepi. Iſtarum in Leiturgijs uſitatarum Cantionum diſtinctionem ſub Titulo generali (videlicet Leiturgodiâ Sionia Latinâ edita Anno 1611.) Synopſis ſive Tabella; & in earundem compoſitione ſcopum & finem Autoris eidem Tabellæ ſubjecta obſervatio, commonſtravit: quam, etiam huic primo Tomo repetito ſubjicere, & quaſi Appendicis loco annectere, non ſupervacaneum putavi.

Quemadmodum autem in *CONCIONIBUS* ſacris turpe eſt, non cum Scriptura loqui, aut verbis ſanis, canoni congrius, non uti: Sic qui vult canere in templis, cum Eccleſiâ eum oportere canere, non incongruè dixero. Neq; enim in eorum numero Melopæorum haberi volo, qui Eccleſiæ aliquam navaturi operam, receptas in templis melodiæ choralis normas prorſus aſpernantur ſe ponuntq; ſuo unicè genio & ingenio indulgentes. Sua Eccleſiæ meritò conſtare debet & majeſtatica ſuavitas & ſuavis majeſtas. Huc itaq; totis conitor viribus, ut ſacros decantaturus hymnos, altero ſemper oculo uſurpatam ab Eccleſia choralem melodiam, altero vero meam ipſius qualemcunq; harmoniam reſpiciam. Quo ipſo conſilio, præter Muſas Sionias antehac editas, ſuperiori biennio, dum Dresdæ in aula Electorali Saxonica Muſico choro præfui, cantilenas Eccleſiaſticas non paucas tum Germanicas tum latinas in plures diffudi voces, ita quidem ut ipſam choralis (ceu vocant) modulationem, præſertim in

EPISTOLA DEDICATORIA.

Germanicis attenderim non tantùm, sed & diligenter excul-
lerim, & in varios, partim mea ipsius, partim ab Italis moder-
nis sumpta inventione, vultus versaverim. Has cantilenas
in duos digessi Tomos, & horum alterum Germanicum nimirum vel hoc currente anno, si vitam & vires suffecerit Dominus, publici juris facere decrevi.

Ut autem Cantionum, Organi, aliorumq; Instrumentorū
genera ad Leiturgiæ ritus Deo*gratos*, & societati publicæ utiles, sancita, atq; cùm in veteris tum in hodiernæ Ecclesiæ cætu
usurpata, piè commendarentur, dilucidarenturq; non alienū
ab officio meo laborem suscipi arbitratus sum, si inprimis e-
jus rei studio, ex veterum & recentiorum Ecclesiasticorū autorum lectione, Polyhistorum consignatione, variarum linguarum notatione, hodierni seculi usurpatione, ipsius deniq,
Musicæ artis observatione digestum construerem Syntagma
Musicum.

In quatuor illud enatum Tomos, à Pietate exorditur Tomi primi Primam partem; in qua Musicam Sacram seu Ecclesiasticam, Religionis sive Leiturgicæ exercitio servientem,
(sicuti ex Tabella & Indice generali operi præfixo, videre est)
illustrant serie capitum distincta hæc quatuor membra:

Διάνοια, sive Discursus de Psalmodia.
Ὑπομνήματα, sive Commentarij de Missodia.
Ἐξήγησις, sive Explicatio Matutinæ & vespertinæ Lei-
turgodiæ.

Θεω-

EPISTOLA DEDICATORIA.

Θεωρία, sive Contemplatio Instrumentalis Ecclesiasticæ Musicæ.

Hac pia Syntagmatis institutione fore confido, ut ingenia, ab usu artis seculari ad sacrum usum conversa, antiquam in cantilenis Ecclesiæ Majestatem, mysticam divinitaté & Spiritus plenam devotionem cum laudabili Religionis fructu suspicere & venerari incipiant. Spero inde λειτυργοφίλοις θεοφιλεςάτοις hoc Syntagmatis labore ita satisfactum iri, ut duntaxat Studij pij & promtæ erga Sacram Musicam voluntatis testimonium non prorsus sint denegaturi. Mihi nihil imprudenter arrogo: Gloriolam nullam aucupor; quam ne videar hac opera velle mereri, aut affectare, in opusculo passim & sparsim nominavi Patres & Historicos, ex quorum monumentis cum *Centuriarum Magdeburg.* Autoribus, cum *Petro Martyre, Stephano Szegedino, Salomone Gesnero, Christophoro Pelargo, Joachimo Garcæo, Guilielmo Perkinso, Polydoro Virgilio, Guilielmo Durando, Theodore Zuingero* & compluribus alijs, hausi antiquitatem: atq; διάταξιν καὶ διακόσμησιν dispositionem ac ordinem hujus Musici Syntagmatis me concinnasse & extruxisse, non sine Opt. Amicorum adminiculo, qui, modò per valetudinem meam modò per aulica simul & domestica negocia impedito operi manus porrexerunt auxiliatrices, apertè fateor.

Intelligat velim alij, quib. abūdātior doctrina & locupletior

EPISTOLA DEDICATORIA.

Bibliotheca est, calcar sibi additũ Ecclesiasticæ Leiturgodiæ & Musicæ Organicæ antiquitatem dignitatemq́; fusiùs ornatiusq́; edisserendi: ut meam aliorúmque φιλομȣ́σον Musicorum juvent φιλομάθειαν ac discendi cupiditatem. Id verò ubi eos suppudet aut tædet facere, caveant ne cum exprobratione de se dici queat, quod Ptolemæus Philadelphus rescripsit ad Judæos, cum ab ijs scripta characteribus Hebraicis impetrasset Biblia: θησαυρȣ̃ κεκρυμμένȣ καὶ πηγῆς ἐσφραγισμένης τίς ὠφέλεια ἐν ἀμφοτέροις; *Thesauri occulti & fontis obsignati, quæ est utilitas in utrisq̃?* Idem enim apophtegma Siracides cùm imperante Ptolemæi Philadelphi filio Evergete, in Ægyptum venisset, accommodavit ad eos, qui studia sua, quibus possent alijs utiliter inservire, planè abdunt, ac tantum non seipsos etiam nũm vivi sepeliunt; quos ita affatur cap. 20. ver. 32:
Σοφία κεκρυμμένη ἢ θησαυρὸς ἀφανὶς τίς ὠφέλεια ἀμφοτέροις; *Sapientia absconsa & thesaurus invisus, quæ utilitas in utrisq̃?* Quod in invidos aut ignavos, aut timidos nec satis cupidos utilia communicandi Musicos maximè quadrat; quos etiam huic consonum coarguit Græcorum proverbiũ, quod Nero apud Suetonium lib. 4. jactasse legitur:
    Occulta Musica nullum esse respectum. Ubi Casaubonus annotat Græcum Senarium fuisse:
    Τῆς λανθανȣ́σης μȣσικῆς ȣ̓δεὶς λόγ@-.
    Nullus latentis Musicæ respectus est.
    Ovid: *Non erit ignota gratia magna Lyræ.*
Lucianus in Harmonide paulò aliter pronunciavit: ȣ̓δὲν ὄ-

EPISTOLA DEDICATORIA.

φελὸς ἀπορρήτȣ καὶ ἀφανȣ̃ς μȣσικῆς. Gellius lib.23. c. 10. vertit: *Egregiam Muficam, quæ fit abfcondita, effe nullius rei.* Nunc ut ad RRdſsmā & Illuſtriſs. VV.CC.atq; ad RRdam VV. DD. προσφώνησιν modeſtam ac humilem cum pace veſtra me convertam, hujus de Leïturgia vocali & Organica Syntagmatis patrocinium & tutela neceſſariò flagitat.

Nam vos Eccleſiarum Antiſtides, & Patroni, adeoque in Templis & choris officij ſacri ſuperiores & ſummos curatores inſpectores & directores Ego, Chori miniſter humilis, veneror & agnoſco, quos meum alloquium non averſaturos eſſe, mihi pollicetur RR.CC. & DD. VV. inſignis pietas & Leïturgiæ obſervantiſsima ſedulitas.

Quid enim Sedes & Ædes Cathedrales, quid Domus ſummæ, quid Templa collegiata, quid Cœnobia ſint, commonefaciunt RR. CC. & DD. VVræ Eccleſiaſtica munia & nomina cùm Epiſcoporum, Abbatum, Præpoſitorum tùm Decanorum, Cantorum &c. Indicant ea omnes animorum veſtrorum cogitationes, omnesq́; vitæ actiones in hanc curam eſſe intentas & intendendas, ut Cathedra Religionis ſtabilita & immota conſiſtat, ut Domus Summa videlicet Pietatis, Prophetarum & Apoſtolorum fundamento innixa, hæreticorum ſubſtructione ne corruat, ut Collegia Pacem & Concordiam in doctrina & cultu orthodoxo conſociens ſolidè confirment, ut Chori & Templa ſint μελιτήρια, φροντιστήρια, σεμνεῖα, ἁγνευτήρια, ἀσκητήρια, quæ exercitijs Leïturgicis Concionis & Cantionis devotè & religiosè intonent &

A 3 perſo-

EPISTOLA DEDICATORIA.

perſonent in Nominis diviniſsimi glorificationem & fidei ſalvificæ confeſsionem.

Vos fidos Eccleſiarum Gubernatores Deus exſuſcitavit ex Chryſoſtomi aureo ore (in Pſal.43.Joh.6.) Tubis ſimiles, quorum clangore muri Jericho corruerunt. Facit enim veſtra in obeūdo ſancto munere, ad quod vocati & evecti eſtis, Sędulitas, ne Eccleſiæ Romanæ doctrina, multis licèt potentum propugnaculis, ceu muris altiſsimis, circumvallata vigeat, ſed ut ſanctiſsimo illo clangore Evangelicæ Concionis & Cantionis everſis doctrinæ pontificiæ fulcimentis, tanquam muris Jerichunticis dirutis, Eccleſiæ Romanæ corruptelæ, abuſus erroresq; jam omnium oculis pateant. Inenarrabile hoc Dei beneficium eſt, quòd in Saxonia & ſuperiori & inferiori, Barbariei Errorum & Religionis tenebris diſcuſsis, & pontificiæ ſervitutis jugo illo ferreo excuſſo, tot veſtras collegiatas Eccleſias in libertatem Chriſtianam feliciter aſſeruerit; in quibus meritò vos veræ ac ſinceræ Religionis aſſertores & vindices atq; Lęturgiæ Xyſtarchos ἐργοδιώκτας probatis conſtantiſsimos & munificętiſsimos. Nec enim tantum modò *Conſtantinum, Theodoſium, Flavianum* aliósq; exprimitis æmulā Lęturgicæ functionis ſedulitate, verùm etiā erga Deum, & perſonas ac res ſacras magnifica libertatis propēſione: atq; ut verbi divini interpretes fidiſsimos, Chriſtiq; præcones diſertiſsimos, ita etiam Cantores, qui ſacras Lęturgodiæ vices præſtant, liberaliter fovetis & in magno habetis precio.

Vos itaq; Chriſtianæ Lęturgiæ obſtrictos & juratos propugnatores arbitror eſſe digniſsimos, quorū Patrocinio tutò

creda-

EPISTOLA DEDICATORIA.

credatur hoc Leiturgicū Syntagmatis Mufici opufculū, quod eo maximè indiget his præfertim temporibus, in quibus cùm Concio tùm Cātio Leiturgiæ tot undiq; habet infenfifsimos hoftes, qui nihil non tentatum relinquūt, quò vel per violentos ἀμύσους concreditū Leiturgiæ, inprimis Organicæ, thefaurum Ecclefiæ eripiant ac fupprimant, vel per virulentos κακομύσους corrumpunt ac depravent, plenis fuperftitione errore concionibus obtrufis.

Et certè tot teftimonijs de veftro erga Leiturgicos miniftros affectu palàm editis, me quoq; in fpem optimam de veftro mei Leiturgici Syntagmatis patrocinio & præfidio concipiendam adduxiftis & invitaftis.

Quamobrem erga tàm magnificos & fidifsimos Leiturgodiæ Patronos grati animi mei indicium, cùm aliud dandi defit copia, pagellas hafce Syntagmatis Mufici primarias & Leiturgicas, velut publicum gratæ prædicationis teftimonium, in publico famæ theatro & fano fufpendere, & fimul eas veftræ tutelæ commendare, volui.

Quod ut cum pace veftra fiat, qua par eft, animi fubmifsione contendere non defino. Pro tàm eximio veftri præfidij & patrocinij officio & beneficio cùm nihil, nifi votum rependendum fuppetat, omnium Moderatorem, Agonothetam Patrem, Xyftarchum Filium & Epiftaten Spiritū S. precibus oro devotis, ut conatus, pro Religione & reb. facris fufcipiendos, feliciter fecūdet, exercitia Religionis falva & integra conservet; utq; illius gratia & ductu, vos indefeffo ftudio, infracta conftātia, & invicta pietate fpaciū vobis propofitū decurrētes,

Leitur-

EPISTOLA DEDICATORIA.

Læturgicæ sanctionis dignitatem propugnetis, intentionis utilitatem propagetis, functionis sedulitatem Ecclesiæ per manus tradatis, atq; conjunctas Læturgicas cùm Concionis adversùs Psallianos, Prodicianos Messalianos, tùm Cantionis adversùs ineptè murmurantes, vel hypocritico gutture boantes, & contra Organorum & Chororum vastatores & distructores, qua decet, officij fide, strenuè astruatis.

Quod ratum firmumq; esse jubeat Religionis autor & auctor, dator & conservator; Is RRsmam & Illustriss. VV. CC. & RRdam VV. DD. in sincera Religione constantē, in tranquilla pace florentem, in longæva felicitate vigentem, clemēter tueatur, muniat, ac roboret in τρισαγίȣ cultum gloriosum & Ecclesiæ augmentum salvificum, per CHRISTUM IMMANUELEM AMEN.

Gvelferbyti Anno Christi

IVDICIVM Instans pIos non terreat:
eCCe VenIo CItò CItò; ô nVnC MI ChrIste.

Mihi Patria Cœlum.

PARS

SYNTAGMA MuSICuM

ex
VETERuM
&
RECENTIORuM
Ecclefiafticorum autorum lectione,
Polyhiftorûm confignationè,
Variarum linguarum notatione,
Hodierni feculi ufurpatione,
ipfius denique
Muficæ artis obfervatione:
In
Cantorum, Organiftarum, Organo
pœorum, cæterorumq́; Muficam fcientiam aman-
tium & tractantium gratiam collectum;
Et
Secundùm hunc generalem Indicem
toti Operi præfixum,
IN QuATuOR TOMOS DISTRIBuTuM,
à
Michaële Prætorio Creutzbergenfi, Cænobii Ringelheimenfis Priori, & in aula Brunfvicenfi Chori Mufici Magiftro.

⁕(:)⁕

ANNO

IVDICIVM plos nen terreat: nam
MIHI aDIVtor ChrIStVs.

TABELLA.

Syntagma Musicum dividitur in Quatuor Tomos.

- **I. Continet in se duas partes.**
  - 1. Pars agit de Musica sacra cujus membra quatuor:
    - 1. διάνοια, discursus de Chorali Musica & veterū Psalmodia.
    - 2. ὑπομνήματα de Missodia vel Leiturgia summa.
    - 3. ἐξήγησις Leiturgodiæ Matutinæ & Vespertinæ, &c.
    - 4. θεωρία Musicæ Instrumentalis Ecclesiasticæ.
  - 2. Pars de Musica politica extra Ecclesiam cujus duo membra:
    - 1. de Musica vocali apud Ethnicos.
    - 2. de Musica veterum Organica.

- **II. Pertractat Organographian; Cujus membra sunt quinq́;**
  - 1. Distinctio & Nomenclatura omnium Instrumentorum Musicorum.
  - 2. Eorundem operosa intonatio & usurpatio.
  - 3. Organorum pneumaticorum Veterum.
  - 4. & Novorum nostri temporis inventio ac dispositio.
  - 5. Sciagraphia & pictura omnigenorum Instrumentorum.

- **III. Complectitur tres partes.**
  - 1. Ἀσματολογίαν, sive Etymologicas Cantionum exoticarum descriptiones.
  - 2. Τεχνολογίαν, sive admonitiones quasdam & præcepta Musices utilissima & summè necessaria.
  - 3. Χειρεργωγίαν, Concerta & Motetas per Choros variis modis disponendi & adornandi.

- **IV. Comprehendit** Μελοποιίαν Musicam, sive Compositionis Musicæ Institutionem Poëticam.

INDEX GENERALIS,

PRIMARIORum MEMBRORum,
quæ in
Syntagmatis hujus Musici distinctis quatuor Tomis continentur.

TOMuS PRIMuS

Complectitur duas partes.

I. PARS agit
De Musica sacra vel Ecclesiastica, Religionis exercitio accommodata;
CuIuS MEMBRA SuNT QuATuOR.

I.

IN primo tractatur Dianœa, sive discursus, de Chorali Musica & Veterum Psalmodia, in Judaicis, AEgyptiacis, Asiaticis, Græcis & Latinis Ecclesiis recepta (c. 1.
quo modulandi genere frequentata,   - -   (.c. 2.
quàm devotè & reverenter habita,   - -   (c. 3.
quàm convenienter cuilibet rei, quibus modis, quibusq; melopœis coaptata fuerit; ubi non vulgaria de Hebræorum accentibus inserta sunt   - - -   (c. 4.
De USU ejusdem, in affectibus piis excitandis   -   (c. 5.
in institutione orthodoxa,   - - -   (c. 6.
dedicatione Templorum,   - - -   (c. 7.
suisq; ipsius propriis animi motibus exprimendis,   -   (c. 8.
& quomodo eâ usi sint pii in veritatis assertione adversus tyrannos & hæreticos,   - - -   (c. 9.
ad convertendum in fide errantes,   - -   (c. 10.
itemq; in aulis   - - -   (c. 11.
& qua ratione eam usurparint in conviviis   -   (c. 12.
à somno surgentes & cubitum euntes   -   (c. 13.
sub operis diurnis   - - -   (c. 14.

& deniq; in ipsis mortis angustiis - - - (c. 15.
& ad extremum, quomodo adhibita fuerit in luctu funebri (c. 16.

II.

In altero proponuntur ὑπομνήματα sive Commentarii de Misso-dia vel Leiturgia summa. Ubi primùm Missæ & Missodias nomen explicatur; deinde quibus partibus tàm apud veteres, quàm apud nostrates constet, & quomodò quælibet pars addita & indigitata fuerit.

III.

In tertio habetur ἐξήγημα, sive explanatio Leiturgodiæ matutinæ & vespertinæ: quibus eæ partibus, quo ordine (ordinis simul ratione annotatâ) constent: ubi de Antiphonis, Psalmis majoribus & minoribus, eorumq; Tonis, Responsoriis, Hymnis, Cantico B. Mariæ Virginis, & εὐλογῳδία finali, non quibusvis nota, producuntur.

Coronidis loco subjicitur huic parti, tractatus de Supplicationibus publicis, sive Litaniis majoribus & minoribus, de Horis Canonicis, & de Psalterio B. Mariæ Virginis: quibus quæq; auctoribus, quo tempore, quâ occasione introducta omnia.

IV.

In quarto exhibetur θεωρία ὀργανικῆς, sive contemplatio Musicæ Instrumentalis Ecclesiasticæ, in Ecclesia tàm Veteris, quàm Novi Testamenti usurpatæ. Nempe de prima ejus adinventione, & ad religionis exercitium translatione - - - (c. 1.
de Choro Musico in Templo Hierosolymitano, & Musicis Levitis (c. 2.
    eorum ætate & numero - - - (c. 3.
    officiis - - - - - (c. 4.
    sustentatione - - - - (c. 5.
de Titulis psalmis Davidicis præfixis - - (c. 6.
quæq; Instrumentorum species ex illis eliciantur - (c 7.
    de Organo - - - - - (c. 8.
    de Cithara & Chordis, de Nablo & Cymbalis.
    & Psalterio Decachordo - - - (c. 9.

de Tym-

de Tympano - - - - - (c. 10
de Tuba & Buccina - - - - (c. 11.
de Tintinnabulis, Nolis & Campanis: quorum omnium usus & nominis notatio traditur, & cùm Veteris potissimùm sint Testamenti, suis allegoriis explicantur - - (c. 12.
in Novo Testamento, & Patribus Instrumentalem Musicam adser-
tam esse - - - - - (c. 13.
maximè verò nostro seculo frequentari Organa Ecclesiastica verè admirandi artificii - - - - (c. 14.
quæ sarta tecta conservanda - - (c. 15.

General Register
der vornembsten Stücken/
Welche in den
Vier Tomis dieses Syntagmatis Musici
begriffen werden.

TOMuS PRIMuS
begreifft in sich zween Theil:

Der erste Theil
handelt

Von der Geistlichen- vnd Kirchen- Music, die auff den
Gottesdienst gerichtet/vnd vorzeiten/wie auch noch itzun-
der zum theil darbey gebraucht wird.

Vnd dieser Erste Theil helt in sich
Vier Stücke.

I.
Im ersten Stück wird gehandelt/ Vors erste ein Di-
scurs vnnd Vnterricht vom Vrsprung des Choral Gesanges/
vnd der Alten Kirchen Melodeyen; Wie dieselbe nicht allein bey

dem Jüdischen Volck in ihren Versamblügen im gebrauch; sondern auch
in den Aegyptischen/Arabischen/Griechischen vnd Lateinischen Kirchen
üblichen gewesen.
II. Wird gesaget/auff waßerley Art vnd Melodeyen dieselbe gesungē:
III. Mit welcher grossen Reverentz/auch Geistreichen vnd Christlicher
Andacht dieselbe gehalten:
IV. Wie füglicher weise sie einem jeden Dinge/nach eigentlicher ge=
stalt/mit welchen modis vnd von welchen Musicis vnd Gesangmeistern/
die Melodeyen einem jeden Gesang zugeordnet:
V. Von deroselben Nutz vnd Krafft/Gottselige Gedancken zuerwe=
cken vnd zubewegen:
VI. Jm Glauben zu vnterrichten/vnd in Christlicher Lehr zuvnterwei=
VII. Jn Tempel vnd Kirchen Einweyhungen: (sen:
VIII. Auch sein selbst eigne Bewegungen des Gemüts an Tag zugeben:
IX. Wie die gebraucht worden zu Bekrefftigung der Göttlichen War=
heit vnd Christlichen Gottesdienst/wieder die Kätzer vnd Tyrannen:
X. Wie dadurch die Jrrigen vnnd Verführten von dem weiten vnd
breiten Jrrwege/wiedervumb auff den rechten Steg vnd Weg des Glau=
bens gebracht worden:
XI. Wie dieselbige/ in so grossem vnd werthem Gebrauch an Königli=
chen vnnd mächtiger Potentaten Höfen: Auch XII. in frölichen Zu=
sammenkunfften/ vnd Gastereyen gewesen:
XIII. Wie die Christen Abends vnd Morgens: Vnd XIV. Wenn
sie zu ihrer Arbeit gangen/sich darmit dem lieben GOtt befohlen:
XV. Ja auch in der letzten Todes Angst sich hefftig darmit gestercket:
XVI. Vnd wie sie bey Leich Begengnüssen in stättigem Gebrauch gewe=
sen. II.

JM Andern Stück/wird vns für die Augen gestellt/ eine gründliche Er=
klerung vnd Bedeutung deß gewöhnlichen Kirchen Choral Gesanges/
so bey der Missa vnd Vormittags Predigt/vnd bey den hohen Ampt im
gebrauch gewesen. Da erstlich deutlich vnd außführlich/waß das Wört=
lein Missa bedeute/ oder in sich habe / vnd woher/ auß welcher Sprach es
seinen Vrsprung nehme oder habe/ erklert wirdt.   Zum

Zum andern/ wird in demselben nach der lenge erzehlet/ wie dieselbe Miſſam zuhalten üblich vnd gebreuchlich geweſen; Was für Geſänge dabey geſungen; Auch mit welcher Ordnung eins auff das ander erfolget/ vnd welche Ceremonien dabey gehalten vnd in acht genommen/ vnd ein jedes genennet worden.

III.

Vm Dritten/ haben wir auch in demſelben Erſten Theil eine Vnterrichtung von den andern Geſängen/ welche in der Chriſtlichen Kirchen Verſamlungen/ ſo wol zur Metten als Veſper zeit/ vnd in den Bettſtunden geſungen werden/ wie dieſelben abgetheilet ſeyn/ vnd eins auff das ander erfolgen: Do denn auch von Antiphonis, Pſalmis majoribus & minoribus, vñ deroſelben mancherleyen vnd vnterſchiedlichen Tonis: Von den Reſponſorus, Hymnis, Cantico B. Virginis Mariæ, Magnificat, vnd Benedicamus nützlicher vnd nötiger Bericht gethan wird.

Zum Beſchluß wird hinan gehengt, von den allgemeinen vnd öffentlichen Kirchen Litaneyen, oder öffentlichen Supplicationen zu GOtt/ für die allgemeine Noht der gantzen Chriſtenheit/ wenn vnd von wem dieſelbe ihren Vrſprung genommen: Wie daſelbſten nicht wenig denckwürdige Sachen mit annotiret vnd auffgezeichnet ſeyn.

Zu dem auch ein kurtzer Vnterricht beygeſetzt/ von den Horis Canonicis vnd Pſalterio B. Mariæ Virginis, welches ſonſten ein Pater noſter genennet wird; von wem, zu welcher zeit vnd mit was gelegenheit dieſelbige eingeſetzet vnd angeordnet ſeyn.

IV.

Vm Vierden/ wird vns eine nützliche Erklerung vnd Beſchreibung aller derer Muſicaliſchen Inſtrumenten vorgeſchrieben/ welche vor alters zu der Väter zeiten/ im alten Teſtament/ vnd hernach auch im newen Teſtament in der Kirchen GOttes gebreuchlich geweſen.

Vnd zwar im I. Capittel wird geſaget/ von welchen Autoribus anfenglichen nach der Sündflut dieſelbige ihren Vrſprung gehabt/ vnd wie ſie erfunden worden/ vnd wie hernach zum Chriſtlichen Gotteßdienſt derſelben Gebrauch bracht worden.

Jm 2. von

Im 2. von dem Choro Musico im Tempel zu Jerusalem / vnnd von den Sängern vnd Leviten.

3. Wie viel derselben in jhrer anzahl gewesen.

4. Von jhrem Ampt vnd Diensten in vnterschiedlicher Ordnung.

5. Von jhrem Auff- vnd Vnterhalt / im Spersen vnd Kleidung; Wie die löbliche Könige im Alten Testament mit reicher vnnd milder Hand darzu gegeben vnd gnug verordnet haben.

6. Von den Titeln / so vor den Psalmen vorher gesetzt.

7. Vnd welcherley Art Instrumenten daraus könen erwiesen werden; Da dann ferner von mancherley Instrumenten gehandelt wird / woher sie jhren Namen / wie sie gebraucht worden / vnd durch nützliche Allegorien geistlicher weise außgelegt werden können.

8. Von der Orgel.

9. Von Cithern vnd Säiten / Nablo, Cymbeln vnd Psalter von Zehen Säiten.

10. Von der Paucke / wie dieselbe recht gebrauchet / auch mißgebraucht worden.

11. Von der Trommeten vnd Posaunen / woraus sie gemacht / wie dieselben gebraucht worden / in den sonderlichen Festen der Jüden: da sehr schöne Allegorica annotiret vnd angedeutet seyn / vnd vielleicht nicht vnanmütig zulesen.

12. Von den Glocken / Glöcklein / Röllichen vnd Schellichen / wie dieselbe auch zu volkömlicher perfection des Tempels oder Tabernakels gebraucht worden / da auch viel nützliches Dinges vorfelt.

13. Vnd wird auch ferner erwiesen / daß die Kirchväter im Newen Testament / die Instrumentalische Musicam nicht verworffen haben.

14. Vnd wie jtziger zeit die Kunst so hoch gestiegen / fürnemlichen in den künstlichen Orgelwercken / die man jtziger zeit in den KirchenGebewden hat.

15. Darbey letzlich eine gutherzige Vermahnung / das man dieselbe in jhrem Esse erhalten / vnd zu GOttes Ehren gebrauchen wölle.

II. Pars

II. PARS
Continet
Historiam de Musica veterum Politica, in usu & lusu extra Ecclesiæ limites ingenuo & liberali:
CuIuS DuO SuNT DISTINCTA MEMBRA.
Prius agit
De Musica Vocali *& generaliori Musices cognitione, atq; usus frequentatione, tàm Vocali, quàm Instrumentali ferè communi.*
Posterius
De *Musica* veterum *Organica,* in Organis, vel Instrumentis Musicis considerata.
PRIUS MEMBRUM
absolvitur
XXII. Capitibus.

Quorum I. tractat DE MUSICA civili extra Ecclesiam, ab Ecclesiastica generaliter nominibus distincta, ejusdemq; primis ac generalioribus principiis.

2. De artis Musicæ Inventoribus & inventione ex calamorum, chordarum, malleorum, & sonorum proportione.

3. De Doctoribus, scriptoribus, cultoribus, discipulisq; Musices eximiis.

4. De inventione in Harmoniæ generibus, in Tetrachordis; Ubi de Chordarum, sive Clavium, sive Vocum numero aucto & ad δὶς διὰ πα(ῶν apud veteres, hodie plus ultrà constituto, &c.

5. De Melodiarum quarundam, quas Veteres Modos seu Tonos vocarunt, Inventoribus.

6. De diverso istorum Modorum seu potius Melodiarum affectu & effectu, eorundemq; selectu.

7. De voce & pronunciatione in Cantu; deq; vocis utili, necessario decoroq; exercitio, docili imitatione ac suavi audiendi voluptate.

b   8. De

8. De Musices cognatione cum Ethica, Physica & Mathesi.
9. De Musicæ vi & efficacia, atq; usu παθητικῷ, ad affectus cùm placidè sedandos, tùm rapidè excitandos.
10. De efficacia ac usu πολιτικῷ καὶ πολεμικῷ, civili ac militari, in firmanda nim: pace Reip. & virtute bellicâ comparanda.
11. De usu Musices θριαμβικῷ, in pompa & solennitate triumphali.
12. De usu & efficacia Musices Ethicâ ad mores honestè componendos & feritatem comprimendam.
13. De virtute Musices ιατρικῆ, sive Medica, ad pellendos corporis morbos.
14. De usu Musices Philosophico, institutioni & refectioni inserviente.
15. De admiranda vi & efficacia in Brutis.
16. De usu & exercitio Musices ἱερουργικῷ, in Sacris & sacrificiis Deorum Ethnicorum, Dearumq; peragendis.
17. De usu Musices συμποσιακῷ, in epularibus & convivialibus hilaritatibus.
18. De usu Musices ὀρχηματικῷ, sive saltatorio, deq; quibusdam Saltationum præcipuarum speciebus, varioq; earundem usu.
19. De usu Musices θεατρικῷ in ludis scenicis & Theatricis.
20. De usu Musices ἀγωνιστικῷ ad certamina; ubi & de quibusdam certantium & victorum præmiis, & devictorum pœnis.
21. De usu Musices θρηνητικῷ in funerum & exequiarum deductionibus atq; pompis.
22. De variis veterum Cantionibus.

POSTE-

POSTERIuS MEMBRuM,
de
MuSICA *Veterum* ORGANICA *vel Instrumentis Musicis; quod XXI. pertractatur Capp.*

Quorum 1º agitur de MuSIS & Apolline, omnis harmonici concentus autoribus & præsidibus, deq; earum numero.

2. De generali Musicorum Instrumentorum distinctione.

3. De FISTuLAE notatione, materia, structura vel figura, inventione, speciebus atq; usu.

4. De TIBIA, ejus Etymologia, descriptione, inventione atque partibus, variisq; ejusdem ab inventoribus denominatis generibus.

5. De variis TIBIARuM speciebus & appellationibus, à regionibus & gentibus desumptis.

6. De vaniis TIBIARum generibus, à varia apud varias gentes materia.

7 De multiplici Tibiarum usu atq; ab eodem deductis Tibiarum ὀνομασίαις & denominationibus, deq; singularibus quibusdam Tibiarum modis & cantu Tibicinum.

8. De Harmoniis & modis Tibicinum Musicis.

9. De peritis quibusdam Tibicinibus & Auletices studiosis.

10. De imperitis quibusdam Tibicinibus, deq; Tibiarum ὀλιγωρίᾳ & contemptu.

11 De Citharæ & Lyræ notatione, inventione, partibus, chordarum numero & circa illum de Lacedæmoniorum severitate, modis item & Citharæ cantu, & (quas vocant) Tabulaturis.

12. De variis Instrumentis Lyræ proximis, Scindapso, H. licone, Barbito, Trigono, Sambuca, Phœnice, Nablo, Pandura.

13. De Magadi, Pectide, Psalterio, Epigoneo, Tripode, Sionico Organo, &c.

14. De car-

14. De carminibus Lyricis, quæ Lyræ accinebantur.
15. De peritis quibusdam Cithārœdis eorundemq; inventis, & artis Citharœdicæ fautoribus.
16. De Tubæ notatione, inventione, materia, figura, generibus atq; usu.
17. De Lituo, Cornibus & Buccina, eorundemq; descriptione, distinctione atq; usu.
18. De Instrumentis tinnitu quodam obstrepentibus, ut Sistro, Crembalo, Crepitaculo, Cymbalo & Tintinnabulo.
19. De Tympani descriptione, notatione, usu, structura apud Indos, & aliis quibusdam notatu dignissimis.
20. De Hydravlici Organi inventore atq; structura.
21. *Huc accessit* ΠΙΒΛΗΜΑ, *sive Corollarium, de Instrumentorum Musicorum, nostro tempore usitatorum, descriptione & pleniori distributione.*

Der Ander Theil
begreifft in sich
Eine Historische Beschreibung der Alten Politischen vnd Weltlichen Music, welche ausserhalb der Christlichen Kirchen nur zur Lust vnd Kurtzweil/ im freyem löblichem Gebrauch jederzeit vorblieben.

Vnd wird dieselbe in zwey Stück abgetheilet.

Das erste Stück handelt von allgemeiner Wissenschafft der Music vnd derselbigen Gebrauch/ so wol mit Menschlicher Stim̃/ als auff Jnstrumenten / so im Musiciren fast gemein sind.

Jm andern Stück wird vermeldet/ Wie bey den Alten die Musica auff Orgeln/ Jnstrumenten vnd allerley Säytenspielen gebraucht worden.

Das

Das Erste Stück dieses Andern Theils
helt in sich
XXII. Capittel.

JM 1. Capittel wird gehandelt von dem vnterscheidt zwischen der Geistlichen Kirchen Music, vnnd der Politischen Weltlichen Music, auch von derselben Vrsprung.

Im 2. Cap: wird gehandelt von der Erfindung vnd Erfindern der Music auß genawer Auffmerckung/ wie sich die Thon in den Röhren/ Sayten vnd Hämmern in einander haben schicken vñ reimen wollen.

Im 3 Cap: Von den vortrefflichen Lehrern/ Meistern/ Scribenten, vnd Schülern der löblichen Music.

Im 4 Von Erfindung der mancherley Harmony/ oder zusammenstimmung; Wie nemlich bey den Alten die Tetrachorda, Claves, vnd Voces Musicales erfunden/ vnd mit der zeit biß anitzo vermehret vnd geendert.

Im 5. Wie etliche Melodeyen vñ Arten zusingen bey den Alten erfundẽ.

Im 6. Von vnterschiedlicher Bewegung vnd Vorrichtung derselben Melodeyen/ oder der Arten vnd Weise in den Gesängen.

Im 7. Von der Stim/ vnd wie man dieselbe im singen/ nützlich vnd artig zwingen muß/ vnd üben soll.

Im 8. Von der Verwandnüs/ wie die Music der Ethicæ, Physicæ vnd den Mathematischen Künsten zugethan sey.

Im 9. Von der durchdringenden Gemühts bewegung/ dadurch die Music die Begierden vnd Affecten beydes erregen/ vnd auch wiederumb legen vnd stillen kan.

Im 10. Von Nutzbarkeit der Music zu Friedens vnd Kriegeß zeiten.

Im 11. Vom gebrauch der Music in Triumphs geprängen.

Im 12. Wie die Music zur Tugend vnd Höffligkeit diene vnd anleitung gebe.

Im 13. Wie die Music nützlich sey zu beförderüg der Leibes Gesundheit.

Im 14. Wie die Music den Studierenden zur Vnterweisung vnd Erlüstigung dienstlich sey.

Im 15. Von der wunderbahren Krafft vnnd Wirckung der Music in den vnvernünfftigen Thieren.

Im 16 Vom brauch der Music bey den Heidnischen Opffern vnnd Gottesdiensten.

Im 17. Vom brauch der Music in Conviviis, Gastereyen vnd andern frölichen Zusammenkunfften.

Im 18. Vom brauch der Music in Täntzen; Darbey auch bericht zu finden von mancherley Art/ Namen vnd Nutzbarkeit der Reyen/ oder Täntze.

Im 19. Vom brauch der Music in Comœdien vnd andern Schawspielen.

Im 20. Vom brauch derselben in Certaminibus vnnd Streitkämpffen: Darneben auch von derer Belohnungen/ welche den Sieg erhalten/ vnd von der Straff derer/ so vberwunden worden/ kurtze anmeldung geschicht.

Im 21. Von dem Nutz der Music in Begräb- vnnd LeichBegengnüssen.

Im 22. Von mancherley Gesangs Arten vnnd Nahmen bey den Alten.

Das ander Stück des Andern Theils
begreifft in sich
XX. Capittel.

IM 1. Capittel wird gehandelt von den Musis vnd Apolline, als den Anfängern vnd Vorstehern aller zusammen stimmenden Harmony vnd Gesängen: Vnd wird dabey gemeldet/ wie viel MUSAE sind.

Im 2. Cap wird eine gemeine abtheilung der Musicalischen Instrumenten eingeführet.

Im 3.

Jm 3. Wird die Erfindung/ Matery, Structur vnd Zubereitung mancherley Arten vnd Gebrauch der Flöten / so bey den Alten Fistula genand worden/ kürtzlich beschrieben.

Jm 4. Wird von der Pfeiffen/ welche Tibia heisset/ vnd von derselben Erfindern vnd zugehörigen Stücken gehandelt.

Jm 5. Von mancherley Pfeiffen vnnd derselben Nahmen/ so sie von den Ländern vnnd Völckern/ bey denen sie vblich gewesen/ vberkommen.

Jm 6. Von mancherley Arten der Pfeiffen vnd derselben matery bey vnterschiedlichen Volckern.

Jm 7. Von allerley Namen vnd vnterscheidt der Pfeiffen/ nach vnterschiedlichem brauch/ klang vnd alter der Menschen; Vnnd von etlichen sonderbahren Arten vnnd Weisen / so im Pfeiffen gebraucht worden.

Jm 8. Vom Thon der Pfeiffen/ vnd wie sie nach demselben zu vnterscheiden.

Jm 9. Von etzlichen hocherfahrnen Pfeiffern/ vnd wie sie mit höchstem fleiß dieser Kunst obgelegen.

Jm 10. Von etlichen vnerfahrnen Pfeiffern/ vnd wie solche Kunst in despect vnd verachtung geraten.

Jm 11. Von Erfindung der Leyer / Cither oder Harpffen; vnnd von jhren zugehörigen stücken vnd zahl der Säiten. Sowol auch von den Carminibus, wie die nach der Leyer gemacht worden: Auch wie vnd was man nach der Tabulatur vff der Harffen schlagen kan.

Jm 12. vnd 13. Von den Jnstrumenten / so der Harpffen sehr nahe zugethan sind/ vnd andern dergleichen mehr.

Jm 14. Von den Carminibus Lyricis, welche man in die Leyre mit eingesungen.

Jm 15. Von etlichen vortrefflichen Harffenisten / vnd was dieselben erfunden vnd außgesonnen; Auch von denen so diesen Künstlern mit guter Affection zugethan gewesen.

Jm 16.

Im 16 Von der Trummet oder Tuba, derselbigen Erfindung/Mate=
ry, Gestalt/mancherley Arten/vnd nutzbahrem Gebrauch.
Im 17. Von den Krumphörnern/Zincken vnd Posaunen/deroselben be=
schreibung/zubereitung/gebrauch vnd vnterscheidt.
Im 18. Von Glöcklein/Schällen/Cymbeln vnd Klappern.
Im 19. Von der Paucken/derselben zubereitung bey den Indianern/
vnd wie sie gebraucht wirt: Auch von etlichen andern denckwirdigen
Sachen.
Im 20. Von dem Instrument/ welches bey den Alten Hydravlicum
genant worden.
Zum Beschluß wird eine General Beschreibung vnnd Abtheilung aller Musica=
lischen Instrumenten, welche zu vnser jetzigen Zeit in gebrauch seind/ mit
angehengt.

TOMuS SECuNDuS,

in quo

pertractatur

Ὀργανογραφία.

id est,

ORganorum pnevmaticorum, & reliquorum Instrumentorum Musicorum ferè omnium, nostro tempore usitatorum,
accuratè distinctorum, & eleganter depictorum, Nomenclatura, Sciagraphia, & operosa ac artificiosa eorundem intonatio ac
usurpatio.

Darin

Darinnen zufinden:

I.

Aller Muſicaliſchen Inſtrumenten (ſo zu vnſer jetzigen zeit im gebrauch) Diſtribution vnd Begriff in vnterſchiedenen Abtheilungen/ſampt deroſelben Namen oder Nennung mit beygeſetzter Tabell.

II.

Aller Blaſenden vnnd Beſäyteten Inſtrumenten mancherley Stimmen vnd deroſelben Thon/ nach jhrer Gröſſe vnd Eigenſchafft müglicher Höhe vnd Tieffe zuerzwingen: In einer Tabell vnd eines jeden Inſtruments inſonderheit beygefügter Erklärung:
Als nemblich/

1. Wie die Wörter/ Inſtrument vnd Inſtrumentiſt, Accort, Sorten vnd Falſett Stimmen/ in Pfeiffen vnd andern Inſtrumenten zuverſtehen ſeyn.

2. Vom rechten Thon der Orgeln vnd anderer Inſtrumenten/ auch der Menſchen-Stimm: vnd vom vnterſcheid des Chor- vnd Cammer-Thons.

3.4. Univerſal-Tabell, darinnen die Claves Signatæ/die Claves in ſcala Tabulaturæ, die Namen vnd Zahl der Füſſe/ nach Orgelmacher Art/ vff allen Inſtrumenten zu finden.

III.

Von der Erſten Invention der Alten Orgeln/ jhrer Diſpoſition der Claviren, Laden/ Blaßbälgen vnd was ſonſten mehr darzu gehörig: auch wie das alles von einer zeit zur ander vermehret vnd verbeſſert/ vnd biß zum jetzigen Stande gebracht worden.

IV.

Von Newen vnd vnſerer jetzigen Orgeln Eigenſchafft vnd mancherley Stimmen: Mit mehrererm vnd fernerem Bericht/was bey jeder Stimme in Specie vnd beſonders zu wiſſen von nöhten ſey. Auch angehengter Form vnd Weiſe/ ein Regahl oder Clavicymbel vnnd
c   Sympho-

Symphony an sich selbst rein zustimmen vnd einzuziehen: So wol auch wie man sich in Liefferung der Orgeln vorhalten könne.

V.

Etliche Dispositiones vnnd Verzeichnüs aller Stimmen vnnd Registern/ so in den fürnembsten Orgeln Teutsches Landes gefunden werden.

Auch wie man ein Pfeifflein zum ChorThon verfertigen lassen könne.

VI.

Eigentliche Abcontrafeyung eines jeden Musicalischen/ der Alten vnd Newen Außlendischen vnd Einheimischen Jnstrumenten Grösse/ Lenge vnd Dicke/ gar just nach dem Maßstabe in etlichen Vierzig Stücken vnd Holtz Rissen gezeichnet vnd abgetheilet.

TOMuS TERTIuS.

Continet

tres Partes.

I.

Ἀσματολογίαν, sive descriptiones Etymologicas Cantionum exoticarum, apud Italos, Anglos & Gallos, Ethico, Politico & Oeconomico usui dicatarum:

Darinnen die Bedeutung/ wie auch Abtheil= vnd Beschreibung fast aller Namen der Italianischen/ Frantzösischen/ Englischen vnd jetziger zeit in Teutschland gebräuchlichen Gesänge: Alß/ Concerten, Moteten, Madrigalien, Canzonen, Villanellen, Meßantzen, Tocaten, &c.

II.

Τεχνολογίαν Musicam, sive admonitiones de quibusdam præceptis, Musicæ studiosis apprimè necessariis: Qua etiam ratione difficiliores quædam veterum Musicorum Regulæ & modi in canendo ad longè faciliorem & meliorem pro incipientibus captum transferri, & tutiùs usurpari possint. Nützli=

Nützliche Erklehr- vnd Anleitung: Was im singen bey den Noten, Pausen vnd Tactu, Modis, Signis vnd Transpositione, Partibus seu Vocibus vnnd vnterschiedenen Choris, Auch bey den Unisonis vnd Octavis zu observiren.

III.

Χειραγωγίαν, seu manuductionem Musicam; Sive peculiarem rationem Cantiones, quas CONCERT vocant, & id genus alias, per Choros variis modis disponendi & distribuendi: Ut in Ecclesiasticis conventibus, & in magnatum conviviis, majori cum gratiâ, suavitate ac voluptate adhiberi & auscultari possint.

Wolgemeinte Anleitung / wie man Concert vnd andere dergleichen Gesänge mit Instrumenten vnd Menschen-Stimmen / vnnd auch vnterschiedlichen Choris auff allerley Art in der Kirchen vnnd für Fürsten vnd grosser Herrn Taffel anordnen könne / daß sie mit sonderbahrer gratia, lieblicher vnd anmütiger können musiciret vnnd angehöret werden.

Darbey dann / wie die Italianische vnd andere Termini Musici, alß Ripieno, Ritornello, Forte, Pian, Capella, Palchetto vnd viel andere mehr / zuverstehen vnd zugebrauchen: Die Instrumenta Musicalia zu vnterscheiden / abzutheilen vnnd füglich zunennen: Der General-Baß zu gebrauchen: Vnd junge Knaben in Schulen an die jetzige Italianische Art vnnd Manier im singen zu gewehnen seyn.

TOMuS QuARTuS,
in quo

MEλοποιία Musica, sive institutio de Contrapuncto, legitimaq́; purâ & dextrâ compositione ac dijudicatione harmonicarū Cātilenarū; quid in illis approbādū, & rejiciēdū; quid adhibēdū sit & fugiendū, fideliter admonens & docens; ex optimis probatissimis Neōtericorum, præsertim Italorū, in Theoria excellentiū Musicorū libris, regulis & exemplis collecta, atq́; in certum ordinē redacta.

Richti-

Richtige Vnterweisung in der Composition, darinnen alles/ was zu derselben gehörig/ oder/ was in einem vntadelhafftē Gesang zusetzen/ vnd zu meyden stehet/ Auß etlicher außländischer Italianer vnd andern Büchern/ Regeln vnd Exempeln mit fleiß zusammen getragen; dergleichen zuvor in Lateinischer/ oder Teutscher Sprach also volnkömlich niemals an Tag kommen.

~~~

Benevolo Lectori S.

Obwol/ günstiger lieber Leser/ dieses Syntagma Musicum sampt dessē vorhergesetztem Indice, nach den Regulis artium dicendi billich gantz vnd gar in einer Sprache/ Lateinisch oder Teutsch solte beschrieben vnd zusammen getragen worden seyn: So hat es dennoch die Natura artis canendi nicht wol leiden/ vnnd zulassen mögen. Denn nach dem dieselbe zwar bald nach der Welt anfang/ quò ad prima rudimenta, erfunden/ ferners auch bey den Jüden vnd Heyden per additamenta ziemlich verbessert worden: So hat sie doch noch erst bey vns Christen in diesen letzten zeiten ihre herrliche supplementa erreichet. Derowegen gleich wie sich/ was die Alten Musici in Lateinischer Sprach beschrieben/ gemeinlich nicht gar wol vnd vorständlich in das Teutsche versetzen lesset: Also auch in deme/ was die jetzigen Musici, ein jeder in seinem Idiomate, mit vielen neotericis terminis nennen vnd außsprechen/ Lateinische Voces vnd Phrases appropriatæ mangeln. Vnd wenn man denn in derselben Sprach davon schreiben solte/ es entweder einen barbarum, oder ja zum wenigsten obscurum stylum geben/ vnnd die weise zu reden viel schwerer zuverstehen sein würde/ alß die Kunst an jhr selbst zubegreiffen ist.

Als hoffe Ich/ es werde Mich dessen Niemand verdencken/ daß Ich in diesem Syntagmate Musico miscellaneo etzliche Ding gantz Lateinisch/ etzliche gantz Teutsch habe fürgebracht/ etzliche aber zugleich
Latei=

Lateinisch vnd Teutsch eingeführet: Sintemahl Jch dahin sehen sollen vnd wollen / das in hac nostra Germana Patria beydes literati vnd illiterati ΦιλόμουσοI verstehen könten / was etwa einem jeden an seinem Ort zulesen gefällig vnd nützlich sein möchte.

Vnnd ist also der Erste Tomus gantz Lateinisch für Gelahrte: (Wiewol es auch vor andere der Music-Kunst Zugethane nicht vnnötig / sondern vielleicht nützlich vnd sehr zuträglich sein könte / wenn ein gelahrter Man / diesen Ersten Tomum, auß dem Lateinischen in gut Teutsch zu vertiren vnnd in Druck herfür zubringen / sich bemühen thete; Welches wegen vnzehlicher anderer Verhinderungen Mir vnmüglich / doch sehr lieb / vnd jhrer vielen / die der Lateinischen Sprach nicht kündig / gantz angenehm vnd wolgefellig sein würde.) Der Ander Tomus gantz Teutsch für Orgelmacher / Organisten vnnd alle andere Instrumentisten vnnd Instrument macher: Der Dritte vnd Vierde aber für die Musicos vnd Musices cultores, in gemein geordnet.

Stehet also eim jeden Musico, oder Musices amatori zu seinem guten gefallen / das jenige / was für jhn dienet / vnd jhm zu Nutz kommen kan / vor sich zu compariren vnd durchzulesen. GOTT helffe / das es zu seinen Göttlichen Ehren / vnd der lieben Christenheit zum besten diene vnnd gereiche / Amen.   Datum Dreßden / am 24. Junij, Anno 1614.

Michaël Prætorius C.

Oculissimo meo
MICHAELI PRAETORIO,
nunc temporis
In utraq; aula Saxonica
Hinc ELECTORALI, ilhinc GUELPHICA,
Chorago Musico:
Tumultarium sanè, sed affectu sincero plenum
ELEGIDION
nuncupabam.

SEMPER Te evexit Prætori Musica : & illam
    Evêxti studio Tu quoq; in alta Tuo.
Illa Tibi Henrici patefecit Iulii amores:
    Per Te ea macta Ducis rursus amore fuit.
Illa Tibi Ensiferum meruit : meruisti ei eundem
    Tu quoq; Te celebrem reddidit illa : Tu eam.
Et jamdum summum venistis utrinq; ad amorem :
    Nesciam ut ardoris vi alteri utram anteferam.
Vsq; adeò quæ Tu fecisti Musicæ ; ea illa
    Cuncta Tibi rursus præstitit igne pari!
Iudice me ; alteri amor pręstat tamen alter amori;
    Quomodo? Rosores jam parit illa Tibi :
Admiratores Tu contra illi. Et quis id æquum :
    Aut adeò fieri mutuo amore putet?
Scilicet hoc bellum est! Sic certat amore ; Tibiq;
    Martyrium veri parturit evlogii,

                                    Solâ

Solâ homini invidiâ præconia vera parantur:
    Qui caret hac, veræ laudis honore caret.
Proptereà ne pone animum: Ne define porro
    Muſicam amatricem rurſus amare Tuam:
Quin potiùs perſta ſtudioſiùs evehere illam,
    Evehet & rurſus Te ſtudio illa pari.
Augebitq; adeò ſtipendia; jam modò ut auxit:
    Quando dedit duplici conditione frui:
Hinc Electoris Magni; indè Leonis in aulâ
    Guelphici; ubi gemino diſtrahere officio.
Det tantùm ſupereſſe Tibi, cui cantica pangis?
    Soli! erit auſpicio Muſica quanta Tuo?
Muſicæ item auſpicio quantus Tu eris ipſe viciſſim
    Quantus adhuc nemo Muſicûm inante fuit.
Vidêre, ingenium quîs de meliore metallo,
    Quæ dederas, & quæ dê hinc monimenta dabis.
Vidêre inſolitâ ſub majeſtate verendam
    Prodire ingenii Muſicam ab arce Tui:
Porrò aderunt famulæ citiùs ſpe: inſtructaq; ſecum
    Quæ ſunt, quæq; fuêre, Organa cuncta ferent.
O utinam tantùm magni Electoris in aulâ
    Ocia det ſtudio grata Vacuna Tuo!
Principium factum eſt: reſpondeat exitus. ô DI
    Livor ut Invidiâ concidet ipſe ſuâ!

Iob. Steinmetzius S. Phil. & Med. D. Poët.
Imper. Lauriger. &c.

ALIuD

ALIuD.

INGENuAS inter, Cœlo quas hausimus, artes
  Obtinuit medium MuSICA dia locum.
Et merito! humanos reliquæ vertuntur in usus:
  Huic Scopus & finis gloria honorq́; DEI.
Nec servire tamen mortalibus abnegat ipsis,
  Tempora seu fuerint nubila, sive bona.
Tristes exhilarat miti modulamine: lætis
  Vt rata sint omni gaudia parte facit.
I nunc & rogita, cur tanti muneris usum
  Vrgeat assiduo docta labore Cohors?
Quod melius studium, res sacra & munere digna
  Neglecta ut jaceat spretaq́; nolle pati?
Qui legis antiquos, perscrutarisq́; recentes,
  Vt sit cognitior MuSICA casta tibi;
Hæc evolve etiam: dextrè congesta videbis,
  Quæ vastis alit proposuère libris.
Cumq́; nihil spectet, nisi publica Commoda, supplex
  Concilia AuTORI fata secunda pio.

Henricus Meibomius, Poëta
& Historicus F.

TOMuS PRIMuS.

PARS PRIMA.

DE MVSICA SACRA ET ECCLESIASTICA.

I. Membrum.

ΔΙΑΝΟΙΑ
sive
Discursus,
De
MVSICA CHORALI
sive
PSALMODIA veterum Sacrâ.

CAPUT I.

DE PSALMODIA CHORALI à Davide & Salomone instituta, & quæ pòst, â veteri A Egyptiorum diversissima, in Ecclesiarum Græcarum Latinarumquè Choris recepta est.

Lana & vetus aliàs dicta, quæ in suis Notis æqualem servat mensuram, sine prolationis incremento & decremento, CHORALIS *scilicet* MVSICA, *à* CHORIS, *ubi plurimùm exercetur, denominationem habet, & publicam in Ecclesia Psalmos & hymnos decantandi consuetudinem indicat, cùm in Veteri Testamento à Mose, Davide, & Salomone institutam, tùm in Novo à Christianis receptam & frequentatam.*

Primus constituisse Cantores DAVID *legitur, qui Asapho, Idithum, Heman & reliquis ministerium canendi ad Arcam & Tabernaculum Dei demandavit, ut expressè scriptum est.* 1. Paral. 15. & 16. & 25. atq; 2. Paral. 5. *ubi Salomonem quoque patris sanctionem confirmasse indicatur, ut Cantores,*

B   *qui*

qui sub Asapho, Heman & Idithum erant, concinerent stantes ad orientalem Altaris plagam. Vnde & Athanasius in synopsi Sacræ Scripturæ ait: David *primus spiritum psallendi accepit, primúsq; Psalmos composuit & scripsit, & prædictos Psalmistas ipse ex Sacerdotibus selegit ac instituit; Stationem quoq; locorum illis & ordinem melodiæ, ac tempus psallendi matutinum & vespertinum determinavit, & ita ordinavit, ut alij aperto, alij clauso Tabernaculo; alij à dextris, alij à sinistris starent, atq; ita Deo psallerent, laudémq; ac hymnum voce canerent, quidam verò confessionem ac laudem præluderent, &c.*

Ea per Choros canendi consuetudo postea, ut Christianis dignissima, sic etiam est nata in Ecclesia (vnde Christianorum nomen prodijt, Act. 11.) Antiochena, *quæ post eam, quæ in Samaria collecta, & illam, quæ Cæsareæ plantata est, proxima fuit colonia, ex Ecclesia* Hierosolymitana *deducta. Quomodo in ea* Flavianus *&* Diodorus, *viri pij & orthodoxi, primum instituerint morem Davidicos Psalmos duobus in* Choris *decantandi, memorat Theodoretus lib. 2. Eccl. hist. cap. 24. Admirabile hoc, inquit, par piorum virorum* Flavianus *&* Diodorus, *Sacerdotalis functionis ius nondum consecuti, cum populo conversabantur, dieq; ac noctu instigabant omnes ad pietatis fervorem. Hi primi, in duas partes divisis cœtibus Psalmos accinentium, instituerunt alternis Davidicam Melodiam decantare; quod cùm Antiochiæ cœptum esset, pervagatum usquequaq; est, & ad fines orbis terrarum pervênit.*

Tempus, quo id factum fuerit, à Suida annotatur, qui explicans vocem χορὸς *ita scribit:* χορὸς ἐστὶ τὸ σύστημα τῆς ἐν ταῖς ἐκκλησίαις ἀδόντων. διηρήθησαν δὲ οἱ χοροὶ τῶν ἐκκλησιῶν εἰς δύο μέρη ἐπὶ Κωνσταντίου τοῦ Κωνσταντίνου τοῦ μεγάλου καὶ Φλαβιανοῦ ἐπισκόπου Ἀντιοχείας, διχῇ τοὺς Δαβιδικοὺς ψαλμοὺς οἱ δόντες ὅπερ ἐν Ἀντιοχείᾳ πρῶτον ἀρξάμενον εἰς πάντα ἐπεῖλθε τῆς οἰκουμένης τὰ πέρατα. *Hoc est:* CHORVS *est congregatio simul canentium in Ecclesia. Divisi autem sunt Chori Ecclesiarum in duos ordines sub Constantio, filio Constantini Magni, à Flaviano Episcopo Antiochiæ, ita ut alternis Davidicos Psalmos concinerent. Quod quidem cum Antiochiæ primò cœptum esset fieri, in omnes mundi terminos transijt.*

Annu-

DE MUSICA CHORALI. 3

Annumerat autem Chronologia Constantÿ imperio annum à Christo nato 342. Vnde tam vetusti supputantur Chori Musici, ut ultra mille ducentos annos duraverint. Polydorus descriptionem Chori recenset lib. 6. de rer. inv. c. 2. Chorus *multorum vocibus constat, ita ut ex pluribus una reddatur, fiat q̃ concentus ex dissonis: auctor Seneca & Macrobius.* Chorum ἀπὸ τῆς χαρᾶς, *id est, laeticia dici autumat* Plato lib. 2. de Legibus.

Psalmodiae *vetustioris, tempore Galieni, anno Christi 260 imperantis, à Nepote AEgypti Episcopo institutae, meminit Eusebius lib. 7. cap. 22. In alÿs, inquiens, multis (excepto videlicet errore de mille annis, quibus Chiliastarum haeresis initium dedit Niceph. lib. 6. cap. 21.) Nepotem laudo ac diligo, cùm propter fidem, sedulitatemq̃, & exercitium in Scripturis, tùm propter multam ipsius Psalmodiam, quâ etiamnum multi ex Fratribus delectantur.   Sed diversa fuit ab Antiochena ista psallendi ratio in AEgypto, ubi unus apud AEgyptios Fratres, Psalmos cantabat, reliquis sedentibus, & attentè taciteq̃, auscultantibus, quam consuetudinem describens Cassianus lib. 2. cap. 10.   Cùm solennitates, inquit, quas illi Synaxes vocant, celebraturi Fratres in AEgypto conveniunt, tantum à cunctis silentium praebetur, ut cùm in unum tàm innumerosa Fratrum multitudo conveniat, praeter illum, qui consurgens Psalmum decantat in medio, nullus hominum penitus adesse credatur.   In AEgyptiorum etiam Psalmodÿs monophonis usitatum fuit, ut Psalmos* δοξολογία *S. Trinitatis concluderent, teste Cassiano libro dicto cap. 9.   Illud etiam, inquit, in hac provincia vidimus, ut uno cantante, in clausula Psalmi omnes astantes concinant cum clamore:* Gloria Patri, & Filio, & Spiritui Sancto: *nusquam in toto Oriente audivimus, sed cum omnium silentio ab eo, qui cantat, finito Psalmo orationem succedere.   Hanc verò glorificationem Trinitatis tantummodo solere Antiphonâ terminari. Haec Cassianus.*

*Caeterùm in gratiam Antiochenae Psalmodiae*CHORALIS *templa seu Oratoria sub pÿs Imperatoribus Constantino, Theodosio, & alÿs ita aedificarunt, ut* CHORO, *in quo psallentes starent, peculiaris locus assignaretur. Eusebius enim in Panegyrica oratione, quam lib. 10. hist. Eccl. cap. 4. de templorum aedificatione & inauguratione, Paulino, Tyriorum Episcopo, dedicat, ita inter alia structuram templorum describit: Quapropter* CHORVM *hunc multò ma-*

B 2 jorem

jorem complexus, externum ambitum muro munivit, ut tutamen esset operis universi: Deinde vestibulum magnum & in sublime ad Solis usq; radios erectum, extendit, ita, ut etiam illis, qui procul extra sacros muros consistunt, conspicuum illorum, quæ intra eos sunt, aspectum exhibeat.

De usu Psalmodiarum, etiam nocte usitatarum, Clericis Ecclesiæ Neocæsarianæ consueto, Basilius Magnus commemorat, inquiens: Ἐκ νυκτὸς γὰρ ὀρθρίζει παρ᾽ ἡμῖν ὁ λαὸς ἐπὶ τὸν οἶκον τῆς προσευχῆς &c. id est: De nocte populus consurgens antelucano tempore domum precationis petit, inq; labore & tribulatione, ac lacrymis indesinentibus, facta ad Deum confessione: tandem ab oratione surgentes ad Psalmodiam instituuntur. Et nunc quidem in duas partes divisi, alternis succinentes psallunt: καὶ νῦν μὲν διχῆ διανεμηθέντες ἀντιψάλλουσιν ἀλλήλοις, atque ex eo simul eloquiorum Dei exercitationem ac meditationem corroborant, & cordibus suis attentionem, & rejectis vanis cogitationibus, mentis soliditatem suppeditant. Deinde uni ex ipsis hoc muneris dato, ut, quod canendum est, prior exordiatur, reliqui succinunt, atq; ita Psalmodiæ varietate, precibusq; subinde intersertis, noctem superant: Illucescente iam die pariter omnes velut ore ac corde uno, confessionis psalmum Domino offerunt, ac suis quisq; verbis resipiscentiam profitentur. Hactenus Basil.

Sic ab Asiaticis, Africanis, Ægyptijs & Europæis Græcis Ecclesiis eadem psallendi consuetudo in Latinas & Italicas transiit, secundum Sibyllinum oraculum: ἐξ Ἰάδος γαίης σοφὸν ἐξελᾷ Ἰταλίησιν. Ac in fasciculo temporum legitur Pontianus, Episcopus in Romana Ecclesia, statuisse, ut Psalmi per dies noctesq; in omnibus Ecclesiis canerentur. Etiam Ethnicus, Plinius secundus, libro Epistolarum decimo ad Trajanum Imperatorem, de Christianorum Psalmodijs ita scribit: Christiani soliti sunt stato die ante lucem convenire, carmenq; Christo quasi Deo dicere secum invicem. Et quomodo Mediolani ac alibi Psalmodiarum consuetudo cœperit & frequentata fuerit, usus & vis Ecclesiasticæ Psalmodiæ infra pluribus commonstrabit, cap. 9.

CAPUT

Caput II.
De Veterum in Psalmodijs modulatione, ejusdem fine, vario Ecclesiasticè canendi genere; atq; de ritu in Psalmis Graduum connotato.

Elodia & vocum modulatio qualis apud Vete-res in usu fuerit, non satis certò constat, præterquam quòd Isidorus in libro de divinis officijs annotat: Primitus Ecclesiam ita psallere solitam, ut modico flexu vocis Psalmos modularetur, ita (quodipsum etiam de Alexandrino Episcopo, Athanasio sibi dictum commeminit Augustinus, lib. confess: 10. cap. 33.) ut psallens pronuncianti vicinior esset, quàm canenti. Addit ibidem rationem adhibitæ Musices, inquiens: Propter carnales (quales nos omnes fateamur oportet) non propter spirituales, in Ecclesia consuetudo canendi est instituta, ut qui verbis non compunguntur, suavitate modulaminis moveantur.

Porrò quomodo distinguant Patres inter Psalmum, Canticum seu Oden, Hymnum, Canticum Psalmi, & Psalmum Cantici &c. disertè explicabit Theoria Organices, cap. 9. ex Basilio in Psalmi 29. expositione; & ex Hilario in prologo Psalmorum: Vbi idem addit: His quatuor Musicæ artis generibus competentes singulis quibusq, Psalmis superscriptiones sunt coaptatæ.

Hymnum, *cuius mentio facta est in distinctione Patrum, definiet* ἐξήγημα *sive Explanatio Leiturgodiæ Matutinæ & Vespertinæ, in membro huius Partis tertio.* Sic autem distinctas illas species Patrum quàm brevissimè numerare licebit, ut sit:

Primò Psalmus, *quem canit Organon.*
Deinde Ode, *quæ siletur.*
Posteà Ode Psalmi, *seu, quod idem,* Psalmus Odes, *vel* Cantici, *qui ad Musicum Organon voce humana concinitur.*
Novissimè Hymnus, *qui voce humana, remoto Organo, personat.*

Melodiam autem Veterum, in Psalmodijs peculiariter observandam, innuere videtur inscriptio Psalmorum, qui dicti שִׁירֵי הַמַּעֲלוֹת Schire Hammaaloth,

maaloth, Carmina graduum *seu* ascensionum; *licet eam* ἐπιγραφὴν *ad Psalmorum sententiam & doctrinam plerique interpretes cum Patribus referant.*

Augustinus referens ad cordis ascensiones è valle plorationis, ita commentatur: Est mons, quo ascendimus, spiritualis quædam celsitudo: Et quis est iste mons, quo ascendimus, nisi Dominus noster Iesus Christus? vide Doct. Matt. Lutherum *in Psal.* 121. *Levavi oculos meos ad* Montes: *Christus est locus, tempus & omnes circumstantiæ, quæ requiruntur ad orationem, & sic ad cantationem & omnes locos Theologicos. Ascensiones enim sicut Montes & Benedictiones, & Salutes, & Egressiones Christo attribuuntur in plurali fœminino abstracto, quia Ebræi carent neutro genere, ideò eius loco utuntur fœminino plurali* κατ' ἐξοχήν, *ne dubitaremus de ulla residua parte salutis, sed ut omnia* ὑπερπερισσῶς *haberemus in Christo. Iohan.* 10. *Ideò Ascensiones sunt superlativorum loco, quæ ultra, supra & extra omnem captum rationis humanæ transcendunt, quæ oculus non vidit, auris non audivit, & in cor hominis nunquam ascenderunt,* 1. *Cor.* 2. daß heissen מעלות *ascensiones:* ברכות *benedictiones:* מושעות *salutes:* תוצאות *egressiones: in tantum (ut Bernhardus cecinit) quod Christi sanguis tàm preciosus fuerit, ut una guttula suffecisset ad totum genus humanum redimendum, nedum totus sanguis: ita* ὑπερπερισσοτάτως *sumus salvati propter superabundantiam pretiositatis sanguinis eius. A quo non abludit Pauli illud ad Ephes.* 4. *Qui descendit in infima loca terræ, superascendit omnes Cælos, thronos,* Majestates.

Basilij *hæc est sententia: Cantica Graduum iuxta historiam quidem de ascensu è Babylone loquuntur, secundùm anagogen verò eos Psalmos de ascensu ad virtutem protulerunt.*

Athanasius, *&* Nazianzenus, Cyrillus *&* Hilarius *allegoricè interpretantur de his, qui virtutis studio profecerunt, quibus singularis est felicitatis progressus ad resonanda hæc quindecim graduum carmina.* Hilarius *prolixiùs dilucidiusque rem sic explicat: Princeps Sacerdotum, Dominus noster Iesus Christus, ingressus cælos, sedens ad dexteram æterni Patris, orans ad Patrem, ut, ubi ille esset, nos quoque essemus, qui & excitavit & collocavit nos in cælestibus. Ille jam per Prophetam monuerat, quibus modis, quibusque vita operationibus ascendi posset ad sese: Sed per Esaiam ita ait: Lavamini, mundi estote, auferte*

De Musica Chorali. 7

ferte nequitias ab animis vestris, è conspectu oculorum meorum, desinite à malitijs vestris, discite bonum facere, exquirite judicium, eripite injuriam accipienti, judicate pupillo, & justificate viduam, & venite disputemus, dicit Dominus Omnipotens. Hi sunt igitur gradus perfecti illius, æterniq́ Templi, quo Princeps Sacerdotum, factâ per sanguinem suum peccatorum nostrorum purgatione, transcendit. *Hæc Hilarius.*

Vatablus quindecim Psalmos, centesimum decimum nonum ordine sequentes, hoc titulo insignitos putat, quod post ascensum vel reditum ex Babylonia fuerint decantati.

Tremellius & Iunius ἐξοχὴν *quandam, id est, eminentiam & excellentiam volunt indicatam, quòd instar gemmarum emineant maximè, & cùm brevitate, tùm consolationum suavitate, nec non verborum amœnitate cæteris facilè possint præferri; siquidem reddiderunt* carmina excellentissima.

Paulus Fagius interpretatur Canticum conclusionis, *quod in fine sacrorum, ante dimissionem cœtus ut plurimum recitatum fuerit: quandoquidem verbum* עָלָה *alah idem nonnunquam est Hebræis, quod finire seu evanescere.*

Iudæi nugantur prædici futuram gentis suæ liberationem, ubi Messiâ exhibito in Iudæa ascensuri, & Psalmos hosce triumphanti voce, aliquando scilicet, sint recitaturi.

Rabbi David Kimhi appellationem inde fuisse sumtam arbitratur, quòd in monte domus Dei per quindecim gradus à mansione muliercularum ascendendum fuit, ad locum, quo viri congregabantur, & singulis gradibus singulos graduum psalmos fuisse destinatos.

Chaldæus Paraphrastes vertit Canticum, *quod dictum est super gradibus vel ascensionibus abyssi.* De abysso autem fabulantur Iudæi, eam in fundamentis domus sacræ struendis ita ascendisse, ut metus fuerit, ne orbem universum inundaret: Achitophelem itaq́ eam, per Schemhamphoras cohibitam, ad quindecim usq́ gradus restrinxisse.

Sunt tamen alij, qui ad concentum Musicum referunt, & existimant sublimiori voce istos Psalmos fuisse decantatos: Alij in loco CHORI *Hierosolymitani editiore concini solitos arbitrantur: Inter quos* LVTHERVS *cum* LYRANO, *& editiorem locum, & elatiorem vocem inscriptione istâ indicari*

dicari existimant. Et Rabbi Abenezra *certum Melodiæ genus opinatur fuisse, sive celebris cuiusdam carminis principium, cuius tonum hæc Psalmodia expresserit.*

Caput III.

De fructibus Psalmodiæ in genere, Legi, & disciplinæ devotè ac modestè psallendi conjunctis; atq; hîc μετάβασις sive transitio, ad Psalmodiæ efficaciam &vsus, & alteram potissimam διανοίας partem.

Qvàm *pulcherrimi autem fructus sint Psalmodiarum, Iustinus enarrat;* ἡδύνει γὰρ ἡ ψαλμῳδία τὴν ψυχὴν πρὸς ζέοντα πόθον &c. *id est, 1. Psalmorum cantio excitat animum ad fervens desiderium eius, quod in carminibus desiderabile est.*

2. Consopit affectiones, quæ ex carne oboriuntur.

3 Discutit improbas cogitationes, quæ ab invisibilibus hostibus nobis inspirantur.

4. Instigat animam, ut fructus divinorum bonorum ferat.

5. Generosos certatores in pietate perficit ad patientiam in rebus adversis.

6. Omnium in vita dolorum medela est pijs.

7. Gladium Spiritus Paulus nuncupat, quando contra invisibiles hostes armis instruit pietatis milites : ῥῆμα γὰρ ἐστι θεοῦ, τὸ καὶ ἐνθυμούμενον, κ᾽ ἀδόμενον, κ᾽ ἀνακρούμενον. *Nam Verbum Dei est, sive mente cogitetur, sive canatur, sive pulsu edatur.*

8. Dæmonum est ἀπελατικὸν, *sive depulsio.*

9. Perficiunt animam in virtutibus pietatis ea, quæ ex cantionibus Ecclesiasticis adhibentur pijs. Hæc Iustinus.

Duplicem quoq; fructum Psalmodiarum in Ecclesia esse : nempe quod psallentes, dum verba divina loquuntur, Deum in corde suscipiant ; & eiusmodi cantibus in Deum devotio accendatur : innuit Papa Iohannes XXII. Extra-

travag. com. de vit. & honest. cler. his verbis. Dulcis omnino sonus in ore psallentium resonat, cum Deum corde suscipiunt, dum loquuntnr verbis: in ipsum quoq́, cantibus devotionem accendunt. Inde etenim in Ecclesiis Dei Psalmodia cantanda præcipitur, ut fidelium devotio excitetur: in hoc nocturnum diurnumq́, officium, & missarum celebritates aßiduè clero ac populo sub maturo tenore, distinctaq́, gradatione cantantur; ut eadem distinctione collibeant, & maturitate delectent. Vbi simul docet Pontifex huic fini potißimum Psalmodias in Ecclesiam introductas & receptas esse, ut devotio in Deum accendatur & exuscitetur.

Vt autem Psalmodia, Spiritus Sancti operante gratiâ, suam excitet virtutem in animis, necessum est, verum, Deoq́, gratum psallendi modum observari. Et de eo in quarta Synodo Carthaginensi Psalmodis & Cantoribus præceptum fuit in hanc sententiam: Vide, ut, quod ore cantas, corde credas, &, quod corde credis, operibus comprobes. Etiam cantantes & psallentes in cordibus Domino requirit Apostolus Ephes. 5. Quem locum ubi Hieron. lib 3. comment. ad cap. 5. Ephes. explicat, sic cantores alloquitur: Audiant ij, quibus psallendi in Ecclesia officium est, Deo non voce sed corde canendum: Audiantur cantica in timore, in operibus, in scientia scripturarum &c. Idem Hieronymi præceptum ascribitur in Iure Canonico, distinctione XCII. capitulo. Cantantes, &c. Vbi glossa duos adjecit versiculos:

Non vox, sed votum; non chordula Musica, sed cor;
Non clamans, sed amans cantat in aure Dei.

Et Chrysostomus in sermone de Davidicis canticis: Incinamus, inquit, animæ, à Diabolo, aut carnis nefarijs suggestionibus perturbatæ, cum alijs sacrarum Literarum scriptis etiam Davidica, & ita ut os canendo mentem erudiat: neq, enim tenue illud, & exiguum videri debet; siquidem cum linguam ad cantum instruimus, pudebit animam, vel contraria alioquin sentientem, non saltem canentem illa imitari.

Atq, in Ecclesia ne quid leviter & lascivè, sed omnia graviter & decenter, sub cantu fierent, sedulo cautum fuit atq, à canentibus & attendentibus summam verecundiam & modestiam præstitam fuisse legitur. Nam docta
C   sancto-

sanctorum patrum decrevit auctoritas (inquit Iohannes XXII. Pont. Max. in d. Extravag. com. de vita & hon. cler. in princ.) *ut in divinæ laudis officijs, quæ debitæ servitutis obsequio exhibentur, cunctorum mens vigilet, sermo non cespitet, & modesta psallentium gravitas placida modulatione decantet. nam in ore eorum dulcis resonabat sonus.* In qua epistola decretali graviter reprehendit Pontifex illos cantores, qui contra honestatem clericalem, in melodijs suis nimis lasciviebant, atq́; ut in posterum abstineant à levitate eiusmodi, sub poena interminatur. Nec enim in tragoedorum modum guttur & fauces dulci medicamine leniendæ sunt, ut in Ecclesia theatrales modi audiantur, & cantica. inquit Hieron. d. c. cantantes dist. 92. Quanti item apud Veteres fuerit Pauli regula, de capite velando, 1. Corinth. 11. tradita, apparet ex libro, quem Tertullianus, antiquissimus scriptor Ecclesiasticus, integrum scripsit: de vela. virg. in quo inter alia multis rationibus probat, inhonestum esse virginibus, si inter Psalmos, vel in quacunq; Dei mentione retectæ sint: Quantam castigationem, inquit, merebuntur illæ, quæ inter Psalmos, vel in quacunq; Dei mentione retectæ perseverant? Meritóne etiam in oratione ipsa facilimè fimbriam, aut villum, aut quodlibet filum cerebro superponunt, & tectas se opinantur? Tanticaput suum metiuntur.

    Atq; ita Choralis Musica, ex Ecclesiastica Psalmodia nata, & in Veteris & Novi Testamenti Ecclesiis introducta per Choros canendi ratio, eius deniq; Melodia, distincta modulandi varietas, multiplex fructus, devotè canendi modus & quâ eam dignati fuerunt, disciplina & reverentia, hactenus discursu cognosci potuit: Nunc penitiùs discurrendum est in amplum campum frequentissimi usus, qui Musicam Choralem, Spiritus Sancti motu plenam, Deo gratam, Ecclesiæ necessariam, pijsq; animis utilem abundè probabit.

CAPUT. IV.

De Psalmodiæ suavitate & gravitate pathetica, à Melopoeis attemperata ad voces, modosq́; Musicos, non inutiliter inventos.

Impri-

Nprimis nunc attendatur CHORALIS *Musica gravis suavitas, & suavis gravitas, vivam continens Suadæ cœlestis medullam.* Eamq́; certè *Autores non sine Spiritus Sancti instinctu ac præpulsu promere & exprimere intenderunt, tàm actuosa pronunciatione vocum singularum, & syllabarum tàm mira prosodia, idq́; non cum assidua* μονοlονία, *sed cum flexabili, variaq́; æquabilitate, & æquabili varietate; qua, dum voces ita sonant, ut à motu animi sunt pulsæ, vox animi piè & attentè affecti, interpres & nuncia coram Deo, Angelis & Ecclesia in oratoriis palàm redditur: Vt vox, os, & lingua confitens ad salutem, cum mente & corde credente ad justiciam, (Rom. 10.) in devotæ* HYMNOLOGIAE *exercitio audiantur amicè concertare, sibiq́; mutuam dare palmam: Quemadmodum enim Poëta nequaquam carminis genere quolibet, quamlibet materiam exprimunt: quod monet Horatius (in arte poëtica)*

Versibus exponi tragicis res Comica non vult.

Et Ovidius:

Callimachi numeris non est dicendus Achilles;
Cydippe non est oris, Homere, tui:

Ita Melopœi, sive condendæ melodiæ artifices, pro rerum & verborum diversitate, Modos & notularum applicationes discretè variaverunt. Nam *certè artificiosissimi instar Apellis fideli & cauto penicillo loquentium Notarum, modorumq́; colore vivam sacræ eloquentiæ effigienr cum sanguine & succo verborum, cum nervis thorisq́; sententiarum perspicuè ac evidenter repræsentare videtur* ψυχαγωγὸς *& flex .nima* CHORALIS *Melodia, materiæ diversitati diversos motus mocis diversis attemperans: Etenim in miseratione, flebilem vocem ex corde coarctato; in metu, hæsitantem sonum ex corde punctim constricto; in voluptate & læticia spirituali, effusum, hilaratumq́; vocum genus ex corde dilatato; in dolore deniq;, sive commiseratione, grave quiddam, & imo pressum, ac sono obductum, ex corde exæstuante & indignante accinit textui.* Vnde CHORALIS *Melodia eloquiorum Dei singulorum attentionem auribus, meditationem mentibus, affectionem solidamq́; devotionem*

C 2 *cordi-*

cordibus exsuscitat ac suppeditat longè efficaciùs Demodoci citharâ, quæ tacta in convivio Alcinoi Ducis, Vlyssi lacrymas extorsit, & abstersit deposita. Homer. Odyss. 8.

Cæterùm in condendis Melodijs, & aptandis Musicorum modis occupatos multos, Ecclesiarum Scholarumq́; celebravit historia.

IOHANNES DAMASCENVS *Theologus, qui ex Scriba Imperatoris factus est Monachus Damasci, circa ann. Christi 725. unà cum Cosma Majumensi Episcopo & Theophane fratre Theodori Graptorum Episcopi,* MELODI *sive* CANTORES *sunt cognominati, eò quod Melodijs comprehendissent eas cantilenas, quas decretum in Ecclesiis Christianorum cani iubet. Canticorum certè canones Ioannis & Cosmæ hactenus fuerunt incomparabiles. (Suidas & Cedrenus.) Idem Damascenus Characteres excogitavit, quibus intervalla ascendendi & descendendi exprimentibus, Psalmodiæ cantilena Choralis, quæ tùm in Ecclesia locum habebat sola, & scriberetur & caneretur. (Ioseph. Zarlinus.)*

Quinam verò & quales hi fuerint characteres, conjecturare difficile, imò impossibile est. Sanè huius modi fuisse, qualibus nos nunc communiter utimur, nemo mihi facilè persuaserit. Nam nec eos admodum vetustos, nec semper & constanter usurpatos esse, argumento est vetus quoddam Missale, quod extat in illustri Bibliotheca Guelphica, quæ est VVolferbuti. Perscriptum id est eleganter & artificiosè, in puro & mundo pergameno, anno, ut frontispicium libri perhibet, nongentesimo decimo quinto; sed quia id ab aliena manu est, conjecturam caperem multò etiam antea scriptum fuisse. Vt verò cuilibet pateat scriptura & characteres illius libri quales sint, exempla ad vivum expressa exhibemus, unum atq́; alterum.

Rorate cæli desuper & nubes pluant iustum aperiatur terra & germinet
saluatorem. Cæli enarrant gloriam Dei &
opera manuum eius annunciat firmamentum

ET PSALMODIA VETERUM. 13

Resurrexi & adhucte cum sum
alleluia posuisti super me manum
tuam alleluia mirabilis facta est sci
entia tua alleluia alleluia
Domine probasti me & cognouisti me tu
cognouisti sessionem meam & resurrec
tionem meam

Pascha nostrum ymmola
tus est XPICTUC
Epule mur ina zimis
sinceritatis & ueritatis

De Hebræorum accentibus hic etiam quædam addenda fuisse, videri posset: quandoquidem quibusdam instar Notarum fuisse putantur. Sed cum res obscura sit & ignota, ut prætermitteretur, satius duxi. Nam ex Grammaticorum & Rabinorum scriptis constat, atq́; ipse ego à quodam natione Iudæo Christianismum professo (qui etiam nunc Ecclesiastæ munia obit in provincia Anhaldina) cui nomen Christianus Gerson accepi, apud Iudæos modernos non constare de accentibus & melodijs Psalmorum, aliarumq́; cantionum veteris testamenti, nec titulis quibusdam Psalmis præfixis. Quin & Iudæos in Poloniâ

C 3 degen-

degentes, aliâ melodiâ uti in canendis Psalmis, quàm quos Germania habet: ijsdem tamen uti accentibus. Et sanè accentus in canendo non attendere, vel id argumento est, quod aliter diebus festis majoribus, aliter minoribus canant, nec mutent accentus. Imò omnem planè accentuum rationem Iudæis incognitam nunc temporis esse patet ex eo, quod nesciant quamobrem in Decalogo quælibet vox duplici signetur accentu. Non igitur operæ pretium esse putavi plura de accentibus tradere, quæ quisq; ex Schindlero, D. Rennemanno, alijsquè Grammaticis libellis petere potest.

  Vt verò ad rem redeamus: PIPINVS, Caroli Magni parens, à Pontifice Rex Francorum creatus, Romanorum ritus & cantus in Gallias attulit, anno Dni. 751. (Sigebertus.) CAROLVS Magnus dissonantiâ Ecclesiastici cantus inter Romanos & Gallos offensus, duos clericos Romam misit, ut authenticum cantum à Romanis discerent & Gallos docerent. Per quos primum Metensis Ecclesia, hinc omnis Gallia ad auctoritatem Romani cantus revocata est, anno Domini 774. Sigebert. & AEmylius lib. 2.

  Cum post annos sedecim iterum in psallendo & legendo esset à Romanis etiam in Metensium Ecclesia variatum, CAROLVS per Cantores ab Adriano missos eam dissonantiam correxit, anno Domini 790. opera Pauli Varnefridi, qui ei à sacris erat; (Sigebertus.) Cumq; ex GREGORII instituto quatuor duntaxat Tropi seu Modi, Phrygius, Dorius, Lydius, Mixolydius, quos vulgus Cantorum Tonos Authentos vocat, in usu fuissent; ne Latini ulla ex parte Græcis cederent; Ducem à Comite divisit, quatuor subdititios modos à quatuor primarijs distinxit, Octo Tropos fecit: illos Cantores Plagios, id est, Obliquos nuncupant. Nec alio consilio hoc fecit, quàm ut Ecclesia omnem Scripturæ verborum δεινότηϊα ac potentiam congruentibus sonis exprimere posset: & ut scripturæ Concentuum suavitate conspectiores in cœtu Christianorum redderentur. Etiam cum Græci legati Aquisgrani patrijs ceremonijs rem divinam facerent & psallerent, Magnus qui occultè subauscultabat, captus dulcedine cantus, jussit eos numeros excipi. (Aventinus lib. 4. annalium Bojorum & Iacobus Curio, lib. 2. Chronicorum.)

  Et ROBERTVS Carnotanus Episcopus doctrina & sanctitate vita insignis, multa scripsit & canendi modum in sacris meliusculum reddidit, sub

Grego-

ET PSALMODIA VETERUM. 15

*Gregorio V. Pontifice & Roberto Gallorum Rege, Magni Hugonis filio.
(Platina.)
Claruit quoq, in Italia* GVIDO *Aretinus sub Conrado II. & Henrico
III. Impp. Hic ignotos cantus brevissima omnium via pueros docebat, omnia ad varia instrumenta Musicorum applicans. Sigebertus in Chronicis eum circiter annum Christi M XX IIX vixisse scribit. Volaterranus lib. 21. De eo sic Cranzius lib. 4 cap. 18. Metropoleos:* GVIDO *per varias regiones proficiscens corruptam Musicam emendavit & per flexuras articulorum in manibus cantum discernere docuit; Scalam vulgo vocant.* HERMANNVS *Archi Episcopus Hamburgensis &* ELVERICVS *Osnaburgensis Episcopus eius opera usi sunt. Ex sapphicis hemistichijs Hymni in memoriam D. Iohannis Baptistæ conditi & hodie correcti (Is hymnus ad raucedinem pellendam olim adhibebatur, cum Ioannes Baptista vox clamantis dictus, clamantium & canentium in cœnobijs tutelaris Deus crederetur pontificia superstitione) sex illas syllabas Musicales* VT RE MI FA SOL LA, *ingeniosè scribitur desumsisse:*

VT queant laxis REsonare fibris
MIra Baptistæ FAmuli tuorum
SOLve polluti LAbij reatum
Sancte Iohannes.

Præcipuam autem laudem inter nostri seculi Melopoeos jure sibi vendicat in Germaniæ Ecclesiis gravissimus & suavissimus Lutheranæ Citharæ conditor IOANNES VVALTHERVS *in Ioan. Friderici & pòst Mauritij Ducum Saxon. & Electorum aula Capellæ Magister, cujus in Chorali conatus & studium ex ipsius manuscripto, memorandum occurret in Titulo generali Leiturgodiæ Sioniæ præfixo.
Sed ad efficaciam & fructum Psalmodiæ pergamus.*

≈◦≈

CAPUT

Caput V.

De efficacia, & religioso devotoque fructu Psalmodiæ,
quod veritatis divinæ meditatione ac celebratione numerosa, convenientes coram Deo & Angelis erga proximum & adversus Satanam affectus ubique solenniter excitet.

Certè in Chorali *Musica* & *Psalmodia* Ecclesiæ gratam de Deo famam esse sparsam, devotæ fidei mens deprehendit: Siquidem sacrarum rerum argumenta, veritatis Christianæ documenta, confessionis de Christo mysteria, & non superstitiosa Apostolorum martyria, religiosa item supplicis Ecclesiæ vota & suspiria, eaq́; omnia fidei regulæ & canoni tàm analoga, ut ne latum quidem unguem à Prophetico & Apostolico fundamento recedant, strictis notarum numeris, & certis tractuum ambituumq́; modis, ad singula verborum & sententiarum pondera librat, appendit & meditatur, meditandaq́; Cantori non oscitanti, excitatoq́; auditori, exhibet.

Verissimum etenim est encomium, quo Musicam φιλόμουσος illa luscinia, (Philippum puto Melanchthonem) commendavit: Nihil dulcius, inquiens, est homini non monstroso, quàm doctrina verbis rectè illustrata, quæ bene harmonijs ad aures atq́; animos profertur. Et sensus testantur, tali Musica flecti animos, tùm ad dolores, cùm audiunt querelas de nostris delictis, vel lugubres cantilenas de pœnis: tùm verò etiam leniri, cùm audiunt dulciores melodias de Dei misericordia, & accendi ad invocationem.

Et quod de Psalmorum usu in præfatione primi Psalmi scribit Basilius, idem de Musica affirmari potest: Psalmodia enim & Musica Choralis Ecclesiæ est lætitia, tranquillitas animarum, pacis caduceus, qui omnes fluctus & procellas timoris & affectuum sedare potest: iram enim placat, lasciviam refrenat, amoris est conciliatrix, dissidentium compositrix, inimicorum reconciliatrix. Quis enim inimicum, cum quo unam ad Deum emittit vocem, putaverit? Itaque charitatem, quæ maximum est bonorum, Psalmodia præstat, ac in unius consonantiam populum coaptat. Psalmodia Dæmones in fugam conijcit, & Angelorum

gelorum auxilia conciliat, securitatem in timoribus nocturnis exhibet, requies est diurnorum laborum, infantium tutela, juvenum præsidium, senum solatium, mulierum ornatus convenientissimus; in solitudine dulce diversorium præbet, forum moderatur; incipientibus institutio, proficientibus augmentum, absolutio, firmamentum, Ecclesiæ vox. Insuper solennitates illustrat, *tristitiam, quæ ex Deo est, operatur, lacrymas è corde lapideo provocat. Psalmodia est opus Angelorum* τὸ οὐράνιον πολίτευμα, *cælestis Hierosolymæ gubernatio & societas, spirituale thymiama & suffimentum: O admirabilem Magistri cælestis sapientiam, qui una eâdemq́; operâ simul & canere, & utilia discere instituit!* Hæc cum Basilio.

Caput VI.

De Usu Psalmodiæ μνημονευτικῷ κὶ παιδευτικῷ, quod institutioni & memoriæ inserviat, orthodoxè adhibita Melodiæ applicatione, quam hæretici corruptelis instillandis malè apponunt, vel abolere conantur.

Etiam cantica & carmina cùm propter cantionum brevitatem, tum propter numerosam rotunditatem, veluti succincta quædam apophthegmata, memoriæ facilè mandantur, animo diutissimè inhærent, & celerrimè succurrunt. Per Choralem etenim, tanquam canalem, mystica sacrorum verborum gratia, vivi instar fluminis, ex ore canentium, auscultantium cordi unanimi influit ac instillatur, & semel recepta, eiusdem Choralis beneficio, memoriæ pristinæ facilè recurrit.

Qua de re pulchrè scribit Basilius: Quoniam Spiritus Sanctus mortale, inquit, *genus ad voluptatem proclive, & ad virtutem persuasu difficile, nosq́; propterea ad voluptatem proclives sumus, rectam viam contemnere vidit, quid fecit? Melodiæ jucunditatem cælestibus doctrinis immiscuit, ut aurium oblectatione deliniti sermonis utilitatem latenter, & re à nobis non animadversâ susciperemus. Idq́; facit more sapientis Medici, qui, pueris medicinas aliquantò austeriores daturus, melle poculum circumlinit, ne nausea bibentibus obrepat; Sic nobis, qui in Spiritualibus verè sumus pueri, hæc apta modulamina Psalmo-*
rum

rum offeruntur, ut specie quidem oblectare videantur, re autem verâ nos de divinis mysterijs rectè instruant, mentesq́, nostras perpurgent.

Vnde fit, ut ex ijs, qui tardiori præsertim sunt ingenio, non facile quispiam reperiatur, qui Apostolicum, seu Propheticum aliquod præceptum, ediscat; Psalmorum verò protinus recordantur: Hos & domi cantant, & foris obmurmurant, & in agro circumferunt, (Sic Basilius.) atque ut illud Nazianzeni dictum: μνημονευτέον τȣ̃τȣ (χειϛ̃) μᾶλλον ἢ ἀναπνευϛέον, Magis recordandum est huius (Christi) quàm respirandum: contemplentur & observent, Musica suppeditat argumentum & recordationem.

Augustinus idem hoc comprobat, cùm beatam & sanctam vitam prædicat, qui inter labores Psalmos & cantica divina cantillant: An ignoramus, inquit, Opifices, quibus vanitatibus, & plerumq́, turpitudinibus theatricarum fabularum donent corda & linguas, cùm manus ab opere non recedant? Quid ergo impedit servum Dei manibus operantem, in Lege Domini meditari, & psallere nomini Domini altissimi? Cantica enim divina cantare & manibus operantes facilè possunt, & ipsum laborem tanquam divino celeusmate consolari. (August: de opere Monachorum cap. 17.)

Animadverterunt hoc Veteres; ideóq́, non solùm in Ecclesiæ congressibus Psalmos decantarunt, sed eosdem etiam teneræ ætatis pueris juxtà ac puellis instillârunt. Quòd in Scholis Præceptores & Pædagogi Psalmos inculcarint pueris, id ex vita Gregorij Agrigentini apud Metaphrasten clarum est.

Etsi fuerunt hæretici, qui corruptelarum tetarum virus obtexerunt Melodiæ suavitate, quò crassos errores ex hymnis depravatis imbiberent animi: tamen divinitus excitati orthodoxi à superstitioso vanóq́, cultu vindicarunt Ecclesiæ cantus, & ad veram Dei ter Sancti agnitionem ac laudem adhibuerunt, non secus atq́, inaures & armillas, Ægyptiorum spolia, quibus illi superbè & superstitiosè abusi fuerant, in veriorem Sanctuarij usum religiosè conferre didicerant Israëlitæ. De quo simili Niceph. lib. 10. cap. 26, & August. lib. 2. de Christiana doctrina, cap. 40.

Sic Harmonius Syrus, magni illius Ephraimi discipulus, patrijs vocibus legitimis modis, Musicisq́, numeris inclusis, ordine circulari eas cani instituit, ut patriam

patriam hæresin lyricis modulis aspergeret, quibus multi ex Syris propter verborum venustatem & sonorum numeros demulsi paulatim opinionibus Bardesanæ patris recipiendis sunt assuefacti. At eâ re cognitâ Divus Ephraim Harmonij numeros moderatus est : atq̃ ciusmodi modulis, carminibus Ecclesiasticæ sententiæ consonis adjectis, Syris ea canenda dedit. Ex quo tempore huc usq̃ Syri psallentes non quidem carminibus ipsis, sicuti sunt ab Harmonio prodita, sed sonis tantùm eorum utuntur.

Quòd verò etiam virgines à primis annis Psalmodias edoctæ fuerint, id ex historia Publiæ, Diaconissæ Antiochenæ, quæ ludo virginum ibidem præerat Magistra, apud Theodoretum cognoscere licet : lib. 3. cap. 19.

Sic enim liberos suos Christianæ religionis capita facilimè discere, diutissimè retinere, & promptissimè memoriâ reddere posse, persuasum habuerunt.

Quod cùm videret Diabolus, Psalmodiis piorum suam sibi potentiam infringi, regnumq̃ devastari, idcirco quovis tempore psallendi exercitium è scholis & templis removere manibus pedibusq̃ (quod dicitur) obnixè dedit operam.

De Paulo Samosateno *legimus, quòd Psalmos, qui in gloriam Christi canebantur, divinitatem eius asserentes, nec non* Hymnos, *ad illorum imitationem à fidelibus compositos, ex Ecclesia sustulerit ; in media verò concione populi magno die Paschatis mulierculas subornaverit, quæ de seipsa psallerent, quæ si quis audiret, horrore concuteretur* (Euseb. lib. 7. cap. 29.)

Rectè itaq̃ judicat Megalander Lutherus in Epistola ad Senfelium Musicum : Scimus, inquit, Musicam Dæmonibus etiam invisam & intolerabilem esse. Et planè judico, nec pudet asserere, post THEOLOGIAM esse nullam artem, quæ possit Musicæ æquari : Nam ipsa sola post Theologiam id præstat, quod alioqui sola Theologia præstat, &c.

D 2   CAPUT

Caput VII.
De usu Psalmodiæ ἐκκλησιαστικῷ in Encænijs & dedicatione Templorum.

ET *sanè ut verum usum Templorum commonstrarent, & ad studium Verbi divini auditores redderent alacriores, Psalmorum oracula non tantùm concionibus exposuerunt; sed etiam Psalmodiis iterarunt. Iucundum est ex Euseb. lib. 10. histor. Ecc. cap. 4. videre & audire* Encænia *Christianorum, qui ad templorum consecrationem sine superstitiosis & inanibus ac theatricis pompis celebratam, certos Psalmos adhibuerunt; quibus uni Deo salutem Ecclesiæ commendarunt, & Pios sustentarunt adversùs Tyrannorum crudelitatem, atq; Ecclesiam excitarunt, ad ponderandum cum gratitudine tranquillitatem, sub præsidio Monarcharum Orthodoxorum, atq; ad seriò agnoscendum collectionem & propagationem Ecclesiæ in Novo Testamento. In* Encæniorum *enim solennitate Christianos hæc verba è Psalmis decantasse,* Eusebius *& alij memorant :*

Psal. 37. Gladium evaginaverunt peccatores, intenderunt arcum, ut sagittis petant pauperem & inopem, & occidunt rectos corde ; Gladius eorum intret in cor eorum, & arcus illorum confringatur.

Psal. 9. Perijt memoria illorum cum sonitu, & nomen illorum delevisti in seculum, & in seculum seculi.

Psal. 19. Cum in malis essent, clamaverunt, nec erat qui salvos faceret, ad Dominum, nec exaudivit eos. Eripies me de contradictoribus populi, constitues me in caput gentium.

Psal. 20. Illi impegerunt & ceciderunt, nos autem surreximus & erecti sumus.

Psal. 44. Deus,-auribus nostris audivimus, Patres nostri annunciaverunt opus, quod operatus es in diebus eorum, & in diebus antiquis.

Manus tua gentes disperdidit, & plantasti eos, afflixisti populos, & expulisti eos.

Psal.

Psal. 48. Sicut audivimus, sic vidimus in virtute Dei nostri: Deus fundavit eam in æternum.
Psal. 84. Quàm dilecta tabernacula tua Domine virtutum &c.
Psal. 122. Lætatus sum in his quæ dicta sunt mihi, in domum Domini ibimus: Stabunt pedes nostri in atrijs tuis Hierusalem.

Caput VIII.
De virtute & fructu Psalmodiæ ἰδιοποιητικῷ, quæ decantati textus verba canens, vel auscultans cum compunctione & conversione pro suis usurpat.

PLurimum etiam admiranda, omniq́ veneratione digna est dignitas Musicæ Ecclesiasticæ, præsertim Choralis, cui Spiritus Sanctus tantam inspiravit gratiam & efficaciam, ut tàm devotè auscultans, quàm attentè decantans decantata verba ad sese accommodare, eademq́ pro suis usurpare non dubitet.. Quæ enim ab Athanasio de Psalterij dignitate disseruntur, de tota Musica Ecclesiæ dici possunt: In Musica quippe Ecclesiastica Chorali peculiari est sermonis character, omnibus hominis cuiusq́, affectibus conveniens, qui in Psalmis, Hymnis, Prosis, Responsorijs, Antiphonis & reliquis textibus illud peculiare habet miraculum, quod cujusq́ animi motus, motuúmq́ immutationes & castigationes depictas, & vivis imaginibus expressas complectitur, ut singulis inde velut ab exemplari desumere atq́ intelligere licitum sit, eodémq́ modo se formare, qui ibi præscriptus est.

Ex Musica, sacros sermones decantante, affectiones sui animi auditor advertit, & reperit, quam morbo medelam adhibeat: Et proinde in sacris canticis illud miri est, quòd, qui psallit, sua se verba in re pietatis suæ canere opinatur, & quilibet ita psallit, quasi de se ea ipsa, quæ psallit, conscripta essent, & tanquam de seipso sermo fieret, ita mentem suam ad Deum dirigit. Atq́ ita sit, ut ea velut prævaricator mandati; vel ut observator audiat, quæ ad ipsius indolem actáq́ pertinere videantur. Atq́ adeò ut is, qui psallit, ex canticis sacris vicem speculi usúmque habeat, quo & ibi animi sui motus consideret, & considerando

D 3   verbis

verbis confiteatus. Nam qui audit sacros cantus, eósq́; putat de se loqui, ille aut reprehensus à conscientia compungitur, aut de spe in Deum audiens, deq́; retributione: redentium non aliter, quàm de sua retributione exultat, Deóq́; gratias agere incipit &c. & voces Deo quasi suas ac proprias accinit.

In summa quilibet Psalmorum eâ formâ verborum conceptus est à Spiritu Sancto, & ita temperatus, ut in illis motus affectuum nostrorum animadvertamus, omniáq́; illa putemus de nobis referri, ac nostramet ipsorum esse. Vnde fit, ut memores nostrorum affectuum, nostra in melius commutemus. Quæ enim in Psalmis canuntur, ea formulæ nostræ & exemplaria esse possunt. Hæc cum Athanasio.

Sic quoq́; ipsi quandoq́; nobis occinimus & concionamur, quare publicè tantis tempestatibus & calamitatibus obnoxij simus, & privatim quisq́; suos patiamur manes. Quod fit in omnibus illis Psalmis, qui impijs & à lege Dei prævaricantibus iram denuntiant divinam. Cuius generis est canticum illud, quod Moses moribundus iussu Dei Deuteron. 31. scribit publicè legendum, & à singulis decantandum, ut Israëlitis beneficentiam DEi & ingratum istorum animum testatum faceret; atque ipsimet pœnarum sensu provocati sibi reatum & culpam, Deo autem omniscientiam & iustitiam tribuerent, & DEum excusantes seipsos accusarent, atq́; pœnitudine ducti in melius vitam mutarent. Sic enim legitur de mandato DEi Deuteron. 31. v. 19. Nunc itaq́; scribite vobis Canticum istud, quod doceas filios Israëlis, indendo illud ori ipsorum, ut sit mihi hoc ipsum Canticum loco testis contra filios Israëlis. Vsum Cantici graviter his inculcat DEus verbis. v. 21. Erit igitur, cum obvenerint ei mala multa atq́; angustiæ, ut testetur Canticum hoc in faciem eius loco testis (non enim oblivioni tradendum est, quin versetur in ore seminis eius) me cognovisse figmentum eius, quid is sit facturus jam hodie antequam ducam eum in terram quam juramento promisi.

Mesis institutionem exhibet. v. 22. scripsit igitur Moses Canticum istud die illo, quod docuit filios Israëlis. Et v. 30. Elocutus est itaq́; Moses audiente tota congregatione Israëlis verba cantici huius usq́; ad finem eorum. Canticum ipsum extat sequenti capite 32. graviter commendatum, cùm comminatione, tum consolatione plenissimum.

CAPUT

Caput. IX.

De usu Psalmodiæ θαρρηλικῷ in persecutione pro veritatis oppressæ assertione, ad compungendum Satanam & Tyrannos simul ad animandum pressos, & ad convincendum hæreticos.

Horali *quoq; Musica & Psalmodia inspirata est tyrannos & hæreticos percellendi vis maxima. Quo pacto tyrannorum crudelitatem Christiani olim in primitiva Ecclesia adhibitis Psalmorum cantilenis animo magno contempserint, & superaverint, hinc inde historia Ecclesiastica testatur.*

Memorabile imprimis est, quod Theodoretus lib. 3. hist. Eccl. c. 10. annotavit: Pythius Daphneus coram Apostata Iuliano, futurum expeditionis in Persas eventum expiscante, simulavit se ossibus Babylæ & Martyrum prohiberi, quò minùs oracula edat; Eo comperto Iulianus, cùm teneret ex antiqua adhuc pietate Martyrum potentiam, ipse quidem inde corpus mortuum transtulit nullum; reliquias autem Martyrum tradidit deportandas Christi cultoribus, qui cupidè in locum venerunt, & arcam plaustro imposuerunt, præuntibus turbis, & choreis & cantibus Davidicam melodiam insonantibus, & singulis membris accinentibus: ex Psal. 96. Confundantur omnes, qui adorant sculptilia. Quo nihil rectius & aptius in Tyrannum & ferventem eius iram dici potuisset. Hæc in auribus profani Principis (ut Ruffinus lib. 1. cap. 35. commemorat) per sex millia passuum facta exultatione psallebat omnis Ecclesia, ut cælum clamoribus resultaret: Vnde & ille in tantam iracundiæ rabiem deductus est, ut altero die comprehendi Christianos passim & trudi juberet in carcerem, & cruciatibus affici. Ruffinus ibidem cap. 36. adijcit historiam de Theodoro juvene, dignam notatu quæ sic habet: Salustius Præfectus mandata Tyranni in Christianos exequebatur invitus, minimeq; hanc eius sævitiam approbans, licèt gentilis esset: Apprehensum itaq; unum quendam adolescentem, qui primus occurrit, Theodorum nomine, à prima luce usq; ad horam decimam tantâ crudelitate, & tot mu-

tatis

tatis carnificibus torsit, ut nulla ætas simile factum meminerit. Cùm tamen ille in equuleo sublimis, & hinc inde lateribus instante tortore nihil aliud faceret, nisi quòd vultu sereno ac læto Psal. 96. quem pridie omnis Ecclesia cecinerat, iteraret; Cumq́; se omni expensâ crudelitate Salustius nihil egisse perspiceret, recepto in carcerem abijsse fertur ad Imperatorem, & monuisse, ne tale aliquid in posterum tentaret; alioquin illis hoc gloriæ, Imperatori ignominiæ futurum.

  Addit Ruffinus, se eum juvenem postea Antiochiæ vidisse, atq́; interrogasse, num cruciatus tormentorum sensisset: illum autem respondisse: se quidem dolores parùm admodum sensisse, adstitisse autem sibi quendam juvenem, qui sudanti sibi candidissimo linteo & sudores abstergeret, & aquam frigidam frequenter infunderet, & ita se esse delectatum, ut tunc mæstior factus sit, cùm è tortura deponeretur.   Meminit eiusdem historiæ Augustinus lib. 18. de civitate DEi cap. 52.

  Maiore admiratione digna est Publiæ fœminæ virilis & rara fortitudo, quam ex Psalmis Davidicis hausit & probavit.

  Erat Iuliani Apostatæ temporibus Publia, nobilissima fœmina, & celeberrima propter egregiam virtutem suam.   Hæc cùm in Ecclesia Antiochena Diaconissæ officio fideliter fungeretur, habebat secum cœtum virginum, castitatem vitæ professarum, semperq́; celebrabat DEum creatorem ac Servatorem.   Prætereunte verò Imperatore altiùs carmen commune modulabantur, contemtui nimirum & risui habentes furias illius. Accinebant autem potissimùm ea, quibus simulacrorum infirmitas incessitur, cumq́; Davide ex Psal. 115. insonabant: Simulacra gentium argentum & aurum, opera manuum humanarum: Et narratione, quàm nihil sentirent, absolutâ addebant: Similes ijs fiant, qui faciunt ea, universi illis freti. His Iulianus cum summo dolore auditis, imperat illis, ut se prætereunte sileant.   Publia verò parvi pendens leges & minas illius, majore cum cura Choros instituit, jussitq́;, ut veniente illo canerent Psal. 67: Exurgat Deus, & dissipentur inimici eius. At Iulianus graviter ferens, adduci ad se imperavit Magistram, & conspectâ anu venerabilis senectæ, neq́; misericordiâ canorum motus, neq́; honor e habito virtuti ipsius, jubet unum de satellitibus utramq́; ei genam alapis affligere, & manibus reddere rubentem. Ea verò maximi in honoris loco positâ hâc contumeliâ revertitur domunculam
                               suam,

Et Psalmodia Veterum.

&, *ut antè consueverat, impetebat illum Spiritualibus carminibus, imitata autorem ipsorum & Doctorem, qui Spiritum malum illum Saulis hac arte represserat.* (Theodoretus lib. 3. cap. 19.)

Tempore persecutionis ob singularem consolandi vim Psalmodiarum consuetudo Mediolani cæpit, ut Augustinus pluribus commentatur, & ait; Non longè cæperat Mediolanensis Ecclesia genus hoc consolationis & exhortationis celebrare magno studio Fratrum, concinentium vocibus & cordibus. Nimirum annus erat, aut non multò ampliùs, cum IVSTINA, *Valentiniani Regis pueri mater, hominem tuum Ambrosium persequeretur, hæresis suæ causâ, quâ fuerat seducta ab Arrianis. Excubabat pia plebs in Ecclesia, mori parata, cum Episcopo suo, servo tuo. Ibi mater mea, ancilla tua, solitudinis & vigiliarum primas partes tenens, orationibus vivebat, Nos adhuc frigidi à calore Spiritus tui, excitabamur tamen civitate attonitâ atq̃ turbatâ. Tunc Hymni & Psalmi ut canerentur secundum morem orientalium partium, ne populus mœroris tædio contabesceret, institutum est: Et ex illo, in hodiernum retento, multis jam, ac penè omnibus gregibus tuis, & per cætera orbis imitantibus.*

Caput X.

De usu Psalmodiæ ἐπανορθωτικῷ ꜧ τῷ πρὸς παλιγγενεσί-
αν, (per πρόληψιν sive objectionis ex Augustino præoccupationem)
ad corrigendum & convertendum in fide errabundos
& Catechumenos.

On sine magno Spiritus Sancti motu, Musica Choralis & Psalmodia *veritatis Christianæ dogmata, tàm validè asserere potuit, contra hæreticas opiniones, ut ijs imbutos sæpe correxerit, & verâ fide illuminârit. Eaq̃ causa præcipua est, ob quam in Ecclesia primitiva assiduè Choralem Musicam tractarunt, & ad Davidicorum exemplum suos Psalmos & Hymnos in honorem Christi composuerunt.*

Eusebius *lib. 5. Eccles. hist. cap. ult. impiæ hæresi Artemonis, & aliorum eius Sectæ, qui divinitatem Christi pernegarunt, Psalmos fidelium opponit, ita*

scri-

scribens: *Quot sunt Psalmi, inquit, & Cantica, ab initio à fidelibus Fratribus scripta, quæ Christum, Dei Verbum, tanquam Deum, celebrant & laudant?* Quamvis Augustinus, quandoque nimis rigidus fuerit Musices censor, ut lib. Confessionum 10. cap. 33. fatetur, quòd melos omne cantilenarum suavium, quibus Davidicum Psalterium frequentatur, ab auribus removeri voluerit: attamen eodem in capite concludit, quòd Musica in Ecclesia retineri debeat: *Veruntamen, inquit, cum reminiscor lacrymas meas, quas fudi ad cantus Ecclesiæ tuæ, in primordijs recuperatæ fidei meæ, & nunc ipse commoveor, non cantu, sed rebus, quæ cantantur, cùm liquida voce & convenientissima modulatione cantantur, magnam instituti huius utilitatem rursus agnosco.* Idem Augustinus lib. 9. Confess. cap. 6. & 7. percenset, quo pacto Mediolani, unà cum Alipio, & filio suo, puero sedecim annorum, quem nominat Adeodatum, Baptismi lavacro Ecclesiæ insitus, & quantopere ad studium Verbi divini hymnis & canticis spiritualibus excitatus fuerit: *Nec satiabar, ait, illis diebus, dulcedine mirabili considerare altitudinem consilij tui, super salutem generis humani: Quantum flevi in hymnis & Canticis tuis, suavè sonantis Ecclesiæ tuæ vocibus commotus acriter: Voces illæ influebant auribus meis, & eliquabatur veritas tua in cor meum, & ex ea æstuabat inde affectus pietatis, & currebant lacrymæ, & bene mihi erat cum eis.* Et quo pacto Augustinus, postquam à Manichæorum hæresi ad veram Christi agnitionem conversus esset, Hymnos DEo cecinerit, attendendum ipse exhibet lib. 9. Confess. cap. 4. errorem, pœnitentiam & conversionem ingenuè fateri non tergiversatus: *Quas tibi Deus, inquit, meus voces dedi, cum legerem Psalmos David, cantica fidelia & sonos pietatis, excludentes turgidum spiritum, rudis in germano amore tuo catechumenus, in villa cum catechumeno Alipio feriatus &c. Quas tibi voces dedi in Psalmis illis, & quomodo in te inflammabar ex eis & accendebar &c. Quàm vehementi & acri dolore indignabar Manichæis &c. inhorrui timendo, inferbui sperando, & exultando in tua misericordiâ, Pater.* Et hæc omnia exibant per oculos meos, & vocem meam, cùm conversus ad nos spiritus tuus bonus, ait nobis: *Filij hominum quousque graves corde? Vt quid diligitis vanitatem & mendacium.* Psal. 4. &c. *Audivi & contremui, quoniam talis dicitur, qualem me fuisse reminiscebar, in phantasmatis enim, quæ pro veritate tenueram, vanitas erat, &*

men-

mendacium, & insonui multa graviter, & fortiter in dolore recordationis meæ. Quæ utinam audissent, qui adhuc diligunt vanitatem, & quærunt mendacium: fortè conturbarentur, & evomuissent illud, & exaudires eos, cum clamarent ad te &c. Hactenus Augustinus.

Caput XI.
De usu Psalmodiæ illustri in aulis Imperatorum, per transitionem ab Ecclesiastico & scholastico ad domesticum, privatumq; usum.

NEC *minùs efficacem ea, quæ usu scholastico & Ecclesiastico hactenus fuit expressa, vim Musicæ* Choralis *& Psalmodiæ continet & exerit usus cùm Aulicus, tum Domesticus & privatus, quo Hymnologia exercitata fuit, non tantùm in vita, sed etiam in ipsa morte & martyrijs.*

Aulicæ Musicæ virtus insignis apparet exemplis Theodosii & Constantini.

Cùm Theodosius Imperator *ob statuas, per seditionem dejectas, populo Antiocheno graviter irasceretur, & exquisitissima suppliciorum exempla, magnamq́; stragem civium minaretur,* Flavianus, *Antiochenæ Ecclesiæ Episcopus, non modò in publicis privatisq́; Christianæ plebis congressibus Deum hymnis & Psalmis invocari voluit, ut iram Imperatoris mitigaret, sed easdem etiam lugubres, & ad æternum* DEum *supplices cantilenas adolescentibus tradidit, qui ad mensam Imperatoriam canere solebant, ut illas coram Imperatore concinerent. Quibus valde luctuosis Imperator ita fuit commotus, ut cum phialam manibus teneret, lacrymis abstinere non potuerit: Eaq́; ratione urbi, cui gravissimè ob negatum tributum, & per seditionem dejectam uxoris Placillæ statuam succensebat, reconciliatus est, omnemq́; iram ilico ex animo deposuit.* (Refert. Sozomenus lib. 7. cap. 23.)

Quemadmodum autem Theodosius Imperator ad mensam Psalmos Davidis audire non dubitavit: ita de Constantino *Imperatore commemorat* Eusebius *libro primo vitæ ipsius, quòd in aula sua ministros aluerit, qui supplicationibus*

tionibus pro Imperatore, Imperijq́, salute & incolumitate perpetuò vacarent, sacrosq́, Psalmos in honorem divinæ Majestatis concinerent: In Ecclesiæ etiam congressibus Psalmos cantare primus ipse incœpit.

Et ipse Salomon, *Davidis filius, inter ardua Regni negocia in hortis* Engaddæ *Canticum Canticorum in morem Dramatis cecinit, quo nihil suavius Hebræorum lingua sonat, nihil sanctius interpretationis allegoria explicat.*

Caput XII.
De usu Psalmodiæ δειπνολόγῳ καὶ συμποτικῷ in convivijs, etiam Psalmorum Consuetudinariorum officio peractis.

IN convivijs etiam ad mensam, cibi & potus sumptionem hymnis δοξολογικοῖς *exceperunt Christiani, quod Clemens Alexandrinus lib. 2. Pædagog. cap. 4. multa in lascivam Musicam impiarum cantilenarum graviter dicens, diserte refert: Duplex sit, inquit, nostra apud potum* φιλοφροσύνη, *modestiæ studium, juxta Legem, quæ jubet, ut diligas* Dominum Deum tuum, & postea proximum tuum. *Prima quidem erga Deum hilaritas modesta fiat, per Gratiarum actionem & Psalmodiam: Secunda autem, quæ est in Proximum, per honestam, & gravem conversationem. Verbum enim Domini habitet inter vos copiose, dicit Apostolus, Col. 3. Hoc autem Verbum se accommodat, & reddit conforme temporibus, personis, locis, atq́, adeò nunc quoq, in convivio versatur. Rursus enim subjungit Apostolus: In omni sapientia docentes, & admonentes vos ipsos Psalmis, hymnis & canticis spiritualibus, in gratia canentes in corde vestro Deo. Et rursus: Quicquid feceritis vel in sermone, vel in opere, omnia in nomine Domini Iesu, gratias agentes Deo & Patri eius. Hæc est gratiosa & jucunda nostra commessatio.*

Et quòd potum hymnis exceperint Veteres, idem porrò Clemens testatur: Quemadmodum antequam sumamus cibum, laudare nos convenit Factorem universorum: ita etiam in potu ei decet psallere, cùm eius Cræturarum efficimur participes.

Etiam

Et Psalmodia Veterum.

Etiam Christus ipse Servator noster, quoties cibum capere & porrigere voluit, ab εὐλογία *&* εὐχαριϛία *auspicatus est: ex quo, tanquam infallibili charactere, & perpetuo eius more, quamprimùm fractioni precationem iunxerat, Emaunta profecti ipsum agnoscunt, & apertis oculis asseverant fuisse Dominum. Et Christum Servatorem nostrum, suis cum discipulis ad cœnam Agni Paschalis Hymnum vel recitasse, vel cantasse, historia Passionis Matth. 26. clarè testatur. Solebant enim Iudæi, cùm in alijs festis solennibus, tùm maximè in Paschate peracta cœna poculum circumferre, quod nominabant* COS HALEL, *id est,* ποϊήριον ὑμνήσεως, *Poculum laudationis, ita dictum quòd, eo per cœnam circumlato, canebatur unus ex Psalmis Davidicis, qui incipiunt à verbo* HALLELVIAH, *id est, Laudate DEum. Sunt autem complusculi illorum in Psalterio: & Psamus 113. is esse putatur, quem Dominus peracta cœna ultimâ dixerit; in quo inter alios versiculos hi insignes habentur: Quis sicut Dominus Deus noster, qui in altis &c. Extat in codice Rituali.*

Et Apostolorum ætate Psalmos ad mensam esse recitatos & cantatos, indicio est Apostolus 1. Cor. 10. regulam tradens mensalem: Sive edatis, sive bibatis, sive quid aliud agatis, omnia in gloriam Domini faciatis. Ad Ephes. cap. 5. ait: Ne inebriemini vino, in quo est luxus, sed pleni estote Spiritu, colloquentes inter vos de Psalmis, & Hymnis, & Canticis Spiritualibus, canentes & psallentes in cordibus vestris Domino. Et Iacobi 5. vers. 13. Bono est animo quis: psallat. εὐθυμεῖ τίς ψαλλέτω. Iſt jemand guts Muhts / der ſinge Pſalmen: *Quam Apostolicæ sanctionis consuetudinem in convivijs Patres nobis inculcarunt, & AEgyptij Eremitæ frequentarunt.*

Ambrosius lib. 6. de Sacramentis cap. extremo, de ea laudabili ceremonia ita scribit: Non debes quasi famelicus ad cibum de cibo incipere, sed antè à laudibus Dei.

Et Hieron. in Epistola ad Eustochium: Nec cibi sumantur, nisi oratione præmissâ; nec recedatur à mensa, nisi Creatori reddatur gratia. Et Aquinas, exempla Christi observans, ex Chrysostomo inquit: Audiant porci, qui ad ebrietatem manducantes, surgunt absq́; gratiarum actione.

Ex Cassiano, cuius monumenta cum Damasceni libris junguntur, constat, Fratres in AEgypto Eremitas, quales tunc erant, quos non inanis ſanctimoctimoniæ ambitio, sed *Tyrannorum persecutio, in sylvas expellebat, in solennioribus conviviis* ante & post *cibum Psalmos decantasse, inter quos 145. non postremus fuit: Oculi omnium in te &c.*

Sic memorat lib. 3. cap. ult. In solennibus prandijs, vel canonicâ jejuniorum refectione, præcedere consuetudinarij Psalmi & subsequi solent.

De Psalmis consuetudinarijs autem, ut hoc obiter inseratur, quos nuncuparunt AEgyptij Eremitæ, Cassianus lib. 2. de orationum & Psalmorum modo narrat, Fratres in AEgypto inter se deliberasse, quot Psalmos in congressibus suis dicerent, & alios quidem quinquagenos cantari voluisse, nonnullis majorem, quibusdam etiam minorem numerum placuisse; litem tandem apparitione Angeli diremptam fuisse. Cùm enim sedentibus cunctis, & in psallentis verba omni cordis intentione defixis, Psalmos quidam (quem Angelum fuisse postea collegerunt) vndecim cantasset, duodecimum sub Alleluja *responsione consummans ab universorum oculis repentè subtractus, quæstioni pariter & ceremoniis finem imposuit. Angelum eum fuisse à disparitione collegerunt. Angelica apparitio, & illâ confirmata duodecim Psalmos decantandi consuetudo suis relinquatur autoribus. Hoc saltem inde cognoscere jucundum est, quòd recitarint, vel cecinerint in conventibus, uti etiam in solennioribus conviviis, cùm alios Psalmos, tùm præcipuè istos, qui* Alleluja *habent, quales sunt, qui post 145. ad finem usque Psalterij numerantur, licèt alij quoque præcesserint.*

Caput XIII.
De usu Psalmodiæ ἑωθινῷ καὶ ἑσπερινῷ pro cubitum
vesperè euntibus, & somno manè surgentibus.

NEq*ue sine Musica Christiana se cubitum contulerunt, cubituque, surrexerunt pij Veteres, ut benignum Dei præsidium impetrarent, Psalmodijs & diem & noctem exorsi.*
De Psalmodia ante quietem sic memorat Clementinus Pædagogus supradictus:

dictus: *Postremò antequam nos somnus invadat, pium & sanctum est nos Deo gratias agere, ut qui eius benignitatem & gratiam fuerimus consecuti, ita ut cum* divino *quodam afflatu* nos ad somnum *conferamus. Et confitere ei, inquit,* in canticis labiorum, *quod in eius jussu fiat, quicquid ei visum est, & ad eius Verbum nihil est neq́ mancum neque diminutum,* juxta Psalmi nimirum 62. & 118. testimonia.

Ambrosius *lib. quinto Hexaëmeri cap. 12. avicularum nobis exempla proponit, ut ab illis psallere, Deumq́ afsiduis hymnis concelebrare discamus. Quis enim, sensum hominis gerens, non erubescat sine Psalmorum celebritate diem vel inchoare, vel claudere: cùm etiam immitissima aves solenni devotione & dulci carmine ortus dierum & noctium persequantur.*

Idem verò etiam in libro 15. de Helia, seu jejunio, graviter obiurgat eos, qui diem non à Psalmis, sed à poculis & heluationibus exordiuntur: Non immeritò, inquit, væ illis, qui manè ebrietatis potum requirunt, quos conveniebat DEo laudes referre, prævenire lucem, & vacare orationi; occurrere Soli justitiæ, qui nos visitat, & exurgit nobis. Sic nos Christo, non vino & sicera surgamus. Hymni dicuntur (*à pijs videlicet & sobrijs*) *& tu Citharam tenes? Psalmi canuntur, & tu Psalterium sonas, aut Tympanum?* (*De abusu Instrumentorum ad temulentam & lascivam voluptatem loquitur*) *Meritò væ, qui salutem negligis, mortem eligis.*

Caput XIV.
De usu Psalmodiæ προσκελευστικῷ ad fallendas laborum molestias.

AT q́; *cum magno pietatis fructu sub certa benedictionis divinæ exspectatione inter labores domi cantarunt pia carmina, foris obmurmurarunt, in agro circumtulerunt Christiani, atque labores, tanquam divino celeusmate, consolati fuerunt, ut suprà cap. 6.* Basilius & Augustinus *locuti fuerunt. Quo spectant & illa Hieronymi cap. 17. Arator hic stivam tenens* Alleluja *decantat; sudans messor Psalmis se avocat; &*
curvâ

curvâ attondens vitem falce vinitor aliquid Davidicum canit! Hæc sunt in hac provincia carmina; hæ (ut vulgò dicitur) amatoriæ cantiones; hic paſtorum ſibilus; hæc arma culturæ.

Caput XV.
De uſu Pſalmodiæ τῆς ἐκκλησικῶ in anguſtijs, Martyrijs,
contra metum mortis & ſupplicij ſub Tyrannis.

AD extremum, ut ſub omni calamitate, Spiritu-
ali & corporali, Muſicæ divinæ beneficio ſeſe pij erexerunt ad eluctationem & tolerantiam: Sic in ipſa mortis hora Spiritus Sancti inſtinctu præpulſi, moribundi præſertim Martyres, Muſicæ ſacræ inſpiratâ virtute, & Pſalmodiarum & Hymnorum recordatione, omnem ſibi lethi metum exemerunt, tam animosè, ut vitâ intrepidè poſitâ, omnes Tyrannorum minas, & horrenda ſupliciorum tormenta contempſerint, & placidè animã tradiderint.

De Babylæ Antiocheni Epiſcopi martyrio ſcribit Socrates lib. 2. cap. 16. & Niceph. lib. 6. c. 34.; de ipſius autem inſigni magnitudine animi Theodoretus in Catalogo annotat; Babylam nimirum Numeriano, vel, ut alij malunt, Decio Imperatori, ingredi in ſacram ædem ad multitudinem populi volenti, obſtitiſſe in foribus, quòd negarit ſe paſſurum, ut lupus ad oves irrueret; atque pòſt, ubi in regia læſæ Maieſtatis crimine damnatus, Dijs Imperatoris ſuaſu ſacrificare recuſaverat, eum abripi vinctum, & caput illi amputari imperaſſe Principem; ibi Babylam, cùm abduceretur, magno animo hæc de Pſal. 116. accinuiſſe: *Convertere anima mea ad quietem tuam: Dominus enim reſpexit te: precioſa in conſpectu Domini mors ſanctorum eius.* Sic æternæ quietis & beatitudinis ſpe, omnem ſupplicij atrocitatem ſuperavit.

Gordius quoque Cæſarienſis centurio, cùm ob Chriſti confeſſionem in maxima populi frequentia, quæ eo die ad ludicra Martis ſpectacula convenerat, ad ſupplicium traheretur, nullis cruciatuum terroribus, Tyranni minis, populi clamoribus, hoſtium inſultationibus perturbari potuit, ut non Pſalterij recordaretur, & voces animo penitus infixas ſonaret. Cùm enim Tyrannus, irâ æſtuans,

Et Psalmodia Veterum. 33

stuans, præciperet: Præstó sint lictores, flagella plumbeis nodis onusta, corpus rotis scindatur, in equuleo suspendatur, omne tormentorum genus excogitetur, feroces adsint bestiæ, igni tradatur, gladio feriatur, in altum barathrum deijciatur; CHRISTI miles *animo ad hæc tranquillo, oculis in cœlum conversis,* Psalmorum carmina decantabat: *Dominus mihi adjutor, non timebo, quid faciat mihi homo. Et Psal. 23. Non timebo mala, quia tu mecum es. Basilius in Gordium Martyrem.*)

Caput XVI.

De usu Psalmodiæ cygneo & lugubri, ad εὐθανασίαν decumbentium, & agonizantium, atq; in luctu funebri: Atque hîc Epilogus ἀνακεφαλαιώδως repetit argumenta in capitibus Psalmodiæ, hîc & illic continuandæ.

Apud ægrotos quoq; tranquillum vitæ finem, sive *mortis horam placidam non sine agone expectantes, non tantùm Evangeliorum lectionem, sed etiam Psalmorum modulationem frequentem fuisse Vincentius lib. 23. cap. 108. recitat. Sic Iosiæ Regis optimi obitum Threnodijs deflevit in publico luctu Ieremias, 2. Chron. 35. Inter alios autem Psalmos brevitatem & celerem fugam vitæ humanæ moribundis inculcat* canticum Mosis, *Psal. 90. quod à Mose præscriptum traditur, quum reversis exploratoribus, Num. 13. populus obmurmurasset DEo, & Deus sententiam mortis dixisset majoribus viginti annis: ut hoc saltem haberent, ederentq́; documentum resipiscentiæ suæ, & saluti suæ abjectæ prospicerent. Eo etenim cantico salutare* μελέτημα θανάτυ *continetur, & vera hominis Christiani* εὐθανασία *describitur, ut cum Simeone feliciter solvere, & iter ad æternas sedes ingredi possimus.*

Memorandus hîc succurrit, pietate eximius Budissinensis Reip. Consul, is graviter decumbens, & jam morti vicinus accersiverat ex schola Cantorem cum discipulis, quem Passionis historiam, personarum melodijs dramaticis accommodatam, rogatu suo decantantem cum lacrymis & gemitibus auscultabat,

F *donec*

donec cum eâ finitâ finiret vitam, & tradito spiritu, veluti cygnei cantus dulcedine sopitus placidè obdormiret.

Quandoquidem etiam Gregorij Nisseni sententiâ, quâ in concionis cujusdam, de assumptione Domini nostri Iesu Christi vestibulo utitur, David uti jucundissimus humanæ vitæ comes, sic in luctu & funere consolatio esse commendatur; in funerum deniq; deductione sacras Davidis Odas, ad luctum & dolorem minuendum, ritè cantatas fuisse, Epiphanius lib. 3. hær 71. annotat, & Nazianzenus in funerea Basilij oratione collaudat.

Atq; hæc sufficiat ex Veterum, & recentiorum Autorum monumentis, olim consignata, per discursum, de Musica Chorali & Psalmodia Veterum disseruisse. Vnde licet animadvertere, Musicam sacram esse pio instituto inventam, pijs melodijs & modulandi rationibus appositam & distinctam, pio fructu repletam, & pio canendi modo & canoni adstrictam; atq; planè cum divino Spiritus Sancti artificio, & mirabiliter inspiratâ gratiâ & efficaciâ in scholis, Ecclesiis, aulis, foris & domi, in accubatione epulari, inter labores ad diem & noctem, in vita & morte, in agone deniq; & luctu, sive funere, non nisi utili & pia usu frequentatam. Eam nos quoq;, cum Ecclesia in terris militante, piè excolere atq; exercere, à pietate non est alienum, donec cum triumphante in cœlo, Angelorum choris inserti, junctis concentibus, & continuis æterni sabbathi liturgiis, in conspectu Dei Trinunius, sine fine decantaturi, & celebraturi simus: Sanctus, Sanctus, Sanctus Dominus Deus Zebaoth;
Hallelujah, Deo nostro in secula Gloria,
Amen.

PAR-

PARTIS PRIMAE
II. Membrum.
ΥΠΟΜΝΗΜΑΤΑ
Sive
Commentarij
De
LεITURGIA SUMMA;
Sive
MISSODIA, AD MISSAE, SIVE LεITVR-
giæ summæ ritus accommodatâ.

Ex Guilielmo Durando, Sigeberto, Platina, Volaterrano, Polydoro Vergilio, Petro Martyre, alijsq; vetustissimis Patribus, & scriptoribus recentioribus conscripti.

DE NOTATIONE MISSODIÆ.
I.

VT Læturgiæ antemeridianæ cantiones omnes speciali nomine notari & comprehendi possent, cum literatorum pace & venia, quam vocum penuria meretur, Titulum hunc (MISSODIA) suppeditavit ex diversarum linguarum vocibus Compositio; quarum posterior Græca ᾠδή CANTVM significat, altera, videlicet MISSA, variæ est derivationis & significationis.

2. Nam sunt qui ab Hebræo מַס Mas, quod Tributum significat, arbitrantur nomen traxisse MISSAM, Et ex Deuteron. 16. 10. oblationem interpretantur: Tamen quia non nisi per Græcam Ecclesiam, quæ MISSAE vocem planè ignorat, voces Hebræas mutuata est Latina, non Hebrææ originis esse quidam opinari voluerunt. (Reuchlinus, Kyberus, Polydor. lib 5. cap. 12. Chrysostomo Missæ forma tribuitur, qui tamen & Missæ nomen ignorat, & a recentiore Titulus inscriptus est.)

3. Latinè à MISSIONE Missam plerique derivant, ad denotandam oblationem, quâ res à fidelibus oblatæ, ut Eleemofynæ &c. dicerentur MITTI. At ea nominis ratio ad corporis & fanguinis Chrifti oblationem pro vivis & mortuis, detorquetur à Pontificijs.

4. Rectiùs eo modo, quo Patres leguntur *Remiſſam* dixiſſe remiſsionem, Latina Eccleſia videtur Miſſam pro Miſsione appellaſſe Leiturgiam, quâ non tantum habebatur concio, verum etiam celebratio Sacramenti Euchariſtici, poſt *Miſsionem Catechumenorum*, agebatur, qui Tertulliano Audientes vel auditores inde vocabantur. (*Remiſſa peccatorum dixit Tertullianus*, *lib. 4. contra Marcion. Cyprianus de Bono patientiæ. Et in Ep. 14. lib. 3.*)

5. Nam quod ex veterum Leiturgijs elicitur (*Dionyſius horum ordinum meminit*) κατηχόμενοι nondum baptiſmi lavacro regenerati, ut & ἐνεργύμενοι, qui à Spiritibus malis agitabantur, excommunicati, Defertores & Pœnitentes, concione habitâ abibant ad illam Diaconi vocem: *Exeunto Catechumeni.* (*Cyrillus ſuper Ioh. lib. 12. cap. 50.*) Sic & Græci dicebant: ἅγια τοῖς ἁγίοις. De Catechumenis ſic narrat Chryſoſtomus: (*in primum caput ad Epheſios*) Poſt acta myſteria accedere licet ac videre: præſentibus verò myſterijs *abito*; nihil hîc tibi quàm Catechumeno plus licet. De pœnitentibus hoc modo; Præconem, inquit, audis ſtantem & dicentem: Quotquot eſtis in pœnitentia conſtituti, *abſtinete*. Quin & Gregorij ætate proclamabatur: Si quis *non communicat, det locum*. (*Greg. lib. 2. cap. 3. Dialogorum*) Vnde Ambroſius dixit aliquando; *Miſſas facere:* Et, ſuo licet ſenſu & uſu, ad finem iſtius adijciunt Catholici Romani, ITE MISSA EST.

6. Etenim Miſſam facere (*Ambroſ. lib. 5. Ep. 38.*) eſt non miſſam Papiſticam dicere, ſed aliquos è cætu dimittere. Ego manſi in munere miſſam facere cæpi. Ita Sueton. in Caligula cap. 25. Aug de Temp. ſerm. 237. Ecce poſt ſermonem fit Miſſa Catechumenis, manebunt fideles. Hinc communio Miſſa dicebatur metonymicè, quia hac incipiente, dimiſsio fiebat per ann 600. ut teſtatur Iſidorus Originum lib. 6. cap. 19.

7. Cum pijs Patribus Miſſas omninò facimus, & ſuis autoribus relinquimus quadruplices MISSAE ſignificationes: (*Gab. Biel, lect. 15.*

&

DE LEITURGIA SUMMA. 37

& 89.) Et *Missæ* vocabulum in MISSODIAE titulo, si placet, pro oblatione accipiatur, quo Leiturgiæ cantionibus comprehensas glorificationes, preces, & meditationes in Christi pro nobis oblati ἀνάμνησιν & recordationem, veluti accepta sacrificia labiorum & animorum fidelium, ALTISSIMO offerimus & transmittimus.

8. Siquidem sacrificare & offerre apud Patres est per metaphoram actiones Ecclesiasticas, ad cultum DEi pertinentes celebrare, tractare, peragere. Orig. lib. 2. in Epist. ad Rom. pro circumcidi dicit: Sanguinem circumcisionis offerri. Tertull. lib 4. contra Marcionem, gratiarum actionem, vocat Oblationem. Ad Scapulam, pro Cæsare orare vocat, pro Imperatore sacrificare. Euseb. demonst. lib. 1. cap. 10. DEum celebrare appellat, hymnos & orationes sacrificare. Cyprianus lib. 2. Ep. 3. pro communionem celebrare, dicit sacrificium passionis offerre. Epiph. hæres. 79. Evangelium sacrificare, pro Evangelium prædicare. Cyprianus lib. 3. Ep. 13. & serm. 5. de lapsis: Euchariſtiam celebrare vocat, panem & calicem offerre.

9. Vel ad nostræ Ecclesiæ ritus Leiturgicos conformata, MISSODIA nihil aliud est, quàm MVSICA modulans ODAS sive Leiturgiæ *Antemeridianæ* cantiones sacras omnes, Sabbathi & festorum ferijs destinatas; ut ad concionis Evangelicæ & cænæ Dominicæ solennitates, ob quas conjunctas, *Officium* κατ᾿ ἐξοχὴν dicitur *Summum*, Ecclesia cum publica DEi glorificatione, supplicatione ac confessione piè congregetur, & illis solennitatibus peractis ritè dimittatur.

10. Etenim cùm MISSA Græcis sit Leiturgia, (*Pol. 5. c. 12. de Inv.*) & Cassianus l. 3. c. 7 & 8. (*Honorij tempore vixit, & ab hæreticis ex Hierosolymitana Ecclesia pulsus Massiliam venit*) dixerit: præstolari congregationis MISSAM; id est, ut cætus & conventus compleatur & absolvatur; idemq; *Missam* vigiliarum intelligit tempus, quo vigiliæ absolvebantur: Certè MISSODIA hæc congruit MISSAE sive Leiturgiæ, cantionibus sacris, pro more nostrarum Ecclesiarum, consummandæ, cùm in præsentia etiam Catechumenorum, apud nos baptisatorum, & post confirmandorum, tùm aliorum juxta cum communicantibus in Christi recordationem Myſtagogiam aspectantium, & donec finita sit exspe-

F 3 ctan-

ctantium. Atq; eâ ratione, cum principio & medio, finem Leiturgodiæ hujus universæ, complectitur MISSODIA, tanquam perfectio, complementum & absolutio officij sive λειτυργίας Musicæ. (*Actor. 13. 2.*) Siquidem λειτυργεῖν ‌τῷ ministrare DEo significat munus publicum exequi, (*Szegedin. in confess. de Trinitate*) idq; ut docendo & precando, sic etiam canendo, & celebrando sive voce sive instrumentis fiat.

11. Præterea *Missa* apud veteres significat etiam *Conventum publicum*, ad cænam Domini, & ad preces habendas, sive etiam cultus divini formulam. G. *Cassander* præfat. in preces suas ait, *Missarum & Collectarum* nomen; Item Collectas facere & Missas facere vel celebrare, idem significare quod συναγεῖν, συνάξεις ποιεῖν, & ἐκκλεσιάζειν. Addit, neq; Missa fieri potest, nisi Collecta adsit, neq; ulla Collecta esse potest, in qua non & Missa fiat. *Ita Epiphanius Historiæ Tripartitæ interpres.* Rursus Collectam ait, orationem esse, quæ in cætu aliquo collecto recitabatur & *Missam*, quia dimissiones fiebant. Et in Concilio Milevit. cap. 12. Orationes & Missæ pro eodem accipiuntur.

12. Quidam etiam putant, Missæ verbum à Musa deduci posse. Nam vocabulum Græcum, μῦσα vel μοῖσα (A Eolicâ Dialecto) origine Ebręum esse, & ab Ebræo themate vel radice originem trahere, cùm in hoc & nominis & rei notatio conveniat. Est enim μοῖσα vel *Musa* idem quod Ebræum מַעֲשֵׂהוּ compositio, & opus perfectum & absolutum, in gloriam DEi excogitatum atq; inventum. מַעֲשֶׂה verò Inventio opus, est nomen verbale à vocabulo עָשָׂה hoc est, invenit, fecit, composuit, præposita litera מ quæ una ex literis הָאֵמַנְתִּיו quibus nomina verbalia à verbis derivantur, deductum. Et inde vocabula μῦσα vel μοῖσα Musa Misa vel Missa, & ex his Musica scaturiginem habent. Sic enim Moses omnium historicorum, scriptorum & Autorum, ut antiquissimus, ita verissimus, non solum vocabulum עָשָׂה fecit, veluti gloriam & honorem summum DEi, tanquam summum DEi beneficium & opus DEi & Missarum Missam, & Musarum Musam, & Musicarum Musicam celebrat, atq; in ipsum DEum, unde & exortum est, refert Gen. 1. v. 26. ubi scribit: Et dixit DEus: נַעֲשֶׂה ab עָשָׂה præposito מ Hexman-

DE LEITURGIA SUMMA. 39

mantica litera מַעֲשֵׂה & illa מ in ן) mutata (propter cognationem literarum labialium בּוֹמֵן) LXX. dixerunt, ποιήσωμεν Faciamus hominem in Imagine Noſtra, ſecundum ſimilitudinem Noſtram. Et ut liber Sapientiæ cap. 2. v. 23. explicat: καὶ εἰκόνα τῆ ἰδίας ἰδιότητῶ ἐποίη-ζεν ὁ Θεὸς ἄνθρωπον. Imaginem propriæ proprietatis & identitatis FECIT *DEus hominem,* opus longe majus & mirabilius cælo & terra, quæ etiam cum toto exercitu ſuo propter hominem facta ſunt. Hanc primam Miſſam, Muſam vel Muſicam & מַעֲשֵׂה Moſes DEo uni in vocabulo DIXIT: & Trino in verbo FACIAMVS & quidem in primo vocabulo libri Geneſeos בְּרֵאשִׁית à Spiritu Sancto peculiariter inventum, in deſcriptione originis rerum prædicat atque decantat. Quam Muſam, Miſſam, Muſicam & opus DEi, & deinde *David* in opere ſuo Muſico Pſalmorum, Pſalmo videlicet numeri completi centeſimo, κατ' ἐξοχὴν ad illam Miſſam ordinato: Iubilate DEo omnis terra & v 3 ſic proſequitur: Scitote quoniam Dominus ipſe eſt DEus, Ipſe FECIT (compoſuit) nos, עָשָׂנוּ LXX. ἐποίησεν ἡμᾶς, & non ipſi nos. Quò & in novo Teſtamento Chriſtus ad veteris Teſtamenti מַעֲשֵׂה opus videlicet DEi in creatione hominis, eductionem populi Iſraël ex ÆEgypto & gratiarum actionem, laudem & gloriam, per varia ſacrificia *Agnum DEi* qui tolleret peccata mundi repræſentantia, reſpiciens & ſacram cœnam opus admirandum inſtituens, inter alia dixit: HOC FACITE in mei commemorationem: Item Matth 23 Hoc oportuit facere. Ab hoc ſacroſancto opere & מַעֲשֵׂה inſtitutionis cænæ Dominicæ vocabulum Miſſa tranſumptum, à tempore Apoſtolorum uſq; in hodiernum diem remanſit in Eccleſia: Quæ ex aurea cantione Germanica Divi Lutheri (Nun frewt euch lieben Chriſten gemeyn / vnd laſt vns frölich ſpringen / Daß wir getroſt vnd all in ein mit luſt vnd liebe ſingen) canit, Was Gott an vns gewendet hat / vnd ſeine ſüſſe Wunderthat / gar thewr hat ers erworben: In qua cantione totum meritum Chriſti, &c. comprehenditur.

    Et hæc, de nominis Muſæ μῦζα μοῖζα Muſica ad Miſſæ Etymologiam ac derivationem collatione, quamvis longius petita ipſi mihi viſa ſint, referre tamen placuit.   Atq;

Atque sic Missæ & Missodiæ orationes Leiturgicas decantantis nomen & significatum, satis demonstratum est.

DE *MISSÆ* ET *MISSODIÆ* RITIBVS
ET PARTIBVS APVD VETERES, ET INDE APVD
nos quodammodo ad Leiturgiam receptis.

I.
INTROITUS.

Interim dum populus in domum Domini introiret, conveniret & congregaretur, ex Psalmis & vaticinijs veteris Testamenti, vel temporis festivitati, vel Epistolicæ lectioni accommodatis, plerùmq; de INTROITu CHRISTI in mundum, Prophetis & Sanctis desiderato, quippiam Antiphonatim decantare in Ecclesia Latina instituit CELESTINuS. Hinc eam cantionem INTROITuM vocarunt. (*Polyd.*) Sigeberti Chronicon refert, ut Gradualia, Tractus, Offertoria ante sacrificium Communionis inter communicandem; Ita INTROITuS, GELASII instituto, cepisse fieri, sub annum 426. post CHRISTuM natum. Et Gregorius I. instituit, ne quid ornatus & concentus inter sacrificandum deesset, ut Antiphonæ canerentur, quas vulgò *Introitus* vocant. *Platina, & Sigebertus.*

II.
Κύριε ἐλέησον.
DOMINE MISERERE.

GRæci Leiturgian videntur incepisse à κύριε ἐλέησον, quod erat formula confessionis peccatorum, & petitionis divinæ misericordiæ, ex Græcorum Litanijs ad officium Missæ, pro captanda benevolentia divina assumptum, ut omnibus tribus personis divinitatis *DEo Patri, Filio & Spiritui Sancto* gratius laudum sacrificium offerrent reconciliati. Quam

DE LEITURGIA SUMMA. 41

Quam phrasin & precationem, SYLVESTRO autore, à Græcis Latina Ecclesia assumpsit, & GREGORII. I. instituto novies iteravit-& proximè ab Introitu decantavit. (*Polyd. Platina & Sigebert.*) *Et in Anglia* Kyrie eleison *usurpatum legitur, Anno Christi* 957.

III.
Hymnus Angelicus, cum δοξολογία
Trinitatis.

POst κύριε ἐλέησον Ecclesia, quodammodo læta, ob impetratam peccatorum veniam in CHRISTO, Bethlehemi nato, & sperans fore, ut concentus in cælis commisceat cum Angelis, Angelicum Hymnum (ut quem venerantur Angeli in cœlis, homines venerentur in terris, congratulantes sibi invicem, quòd Christus restauravit, teste Apostolo Ephes. 1. omnia quæ in cœlis & in terris sunt) meditatur cum Sacerdote ad orientem præcinente; GLORIA IN EXCELSIS DEO: *Et in terra pax*, & succinens δοξολογίαν: *Laudamus te &c.* (*Duran.*) Quæ verba à Beato HILARIO, Pictaviensis Ecclesiæ Episcopo feruntur apposita esse: quamvis Innocentius Papæ Telesphoro, alij *Symmacho* institutum id tribuant. Telesphorus quidem voluit, ut in Missis proclamaretur: Gloria in Excelsis DEo. Volat. l. 22. Anno CXXIX. (*Sigebert.*) Symmach° Pontifex Anno 493. constituit, omni die Dominico vel natalitio martyrum, *Gloria in Excelsis DEO* ad Missas cantari: Quem hymnum TELESPHORuS septimus ut volunt, à Petro scilicet Papa, nocte tantum natalis Domini, ad Missas à se in ipsa nocte institutas cantari instituit, & in eo ad Angelorum verba, quæ sequuntur adjecit. (*Sigebert.*)

Δοξολογία, quam in gratiam Φιλελλήνων inde transcribere non piguit, sic sonat in Horologio Christianorum Græcorum inter Barbaros sive Mahometicolas: (Horologium in quo Græcorum Psalmodiæ, precationes, & hymni continentur.)

Δόξα ἐν ὑψίστοις θεῷ, καὶ ἐπὶ γῆς εἰρήνη ἐν ἀνθρώποις εὐδοκία. ὑμνοῦμέν σε, εὐλογοῦμέν σε, προσκυνοῦμέν σε, δοξολογοῦμέν

γ᾽εμψύ σε, δυχαεις ἐμψύ σοι τὴν μεγάλην σȣ δόξαν. Κύριε βα-
σιλεῦ ἐπȣράνιε θεὲ πάτερ παντοκράτωρ. Κύριε ὑε μονογενὴς Ἰη-
σȣ Χριστὲ κỳ ἅγιον πνȣῦμα. Κύριε ὁ θεὸς ἀμνος τȣ θεȣ, ὁ ὑὸς τȣ
πατρὸς ὁ αἴρων τὴν ἁμαρτίαν τȣ κόσμȣ πρόσδεξαι τὴν δέηοιν
ἡμῶν, ὁ καθήμενος ἐκ δεξιῶν τȣ πατρὸς, ἐλέησον ἡμᾶς. ὅτι σὺ
εἶ μόνος ἅγιος, σὺ εἶ μόνος Κύριος Ἰησοῦς Χριστὸς εἰς δόξαν θεȣ
πατρὸς. Ἀμήν.

Congruit planè cum noſtra Latina glorificatione. Gloria in Ex-
celſis DEo & in terra pax, hominibus bona voluntas. Laudamus te, be-
nedicimus te, adoramus te, glorificamus te, gratias agimus tibi propter
magnam gloriam tuam: Domine *Rex* cœleſtis DEuS Pater omnipotens: Domine Fili unigenite, IESu CHRISTE *& Spiritus Sancte*. Domine DEuS agnus DEI, *Filius* Patris, qui tollis peccata mundi, ſuſci-
pe deprecationem noſtram: Qui ſedes ad dexteram Patris, miſerere no-
ſtri: Quoniam tu ſolus ſanctus, tu ſolus Dominus IESuS CHRI-
STuS, in gloriam DEi Patris, Amen.

IV.
Versus.

Dominus vobiſcum: Et cum Spiritu tuo:
COLLECTÆ:

VBi ſalutanti populum ſalutatione Angelica, (*Iud. 6. Luc. 1.*) DO-
MINuS VOBISCuM, reprecata fuit Eccleſia: ET CuM
SPIRITu TuO, (*2. Timoth 4.*) dum mutui voti exauditionem pa-
ri fidei ardore ſibi polli-centur & cupiunt utrinq; *mandato Chriſti*, ut *Ore-*
mus (*Matt. 26.*) inculcato, Collectæ ſive petitiones collecti populi totius
in unū à Sacerdote colliguntur, pponuntur & enarrantur; quas populus ex indubia fide, de eventu exauditionis certiſsimo, cum πληροφορίᾳ
approbat & concludit Chriſtiano Epilogo, AMEN. (*1. Corinth. 14. 16.*
Matth. 6. 13.) Quod Græcus perperam εὐκτικῶς optativè reddidit, γένοιτο
fiat;

DE LITURGIA SUMMA.

fiat; Aquila, teste Hieronymo & Augustino, πεπτωμένως verè, certò; βεβαιωτικῶς assertivè, & meliùs. Quod collectarum genus lectioni Epistolæ præmittendum GELASIO ascribunt. (*Vsus Collectarum ad cœnam.*)

At Chrysostomus in Homil de hujusmodi precum formis, ad cœnam quoq; traductis, sic scribit; In ijsdem mysterijs benè precatur Sacerdos populo, & benè precatur populus Sacerdoti: Nam CuM SPIRITu TuO nihil aliud est, quam hoc: Ea quæ sunt Eucharistiæ, id est, gratiarum actionis, communia sunt omnia. Neq; enim ille solus gratias agit; sed etiam omnis populus. Prius etiam acceptâ illorum voce, deinde congregatis illis, ut dignè & justè hoc fiat, incipit Eucharistiam. (*Sacerdotis & populi per vices cantio.*)

Sic porrò scribit Chrysost. de quibusdam vicibus cantionum, sive interrogationum MINISTRI & Populi: Quid *miraris*, inquit, si cum Sacerdote Populus loquitur? Vbi sanè & cum illis CHERuBIM & supernis Potestatibus communiter sanctos illos hymnos personant? Idem Chrysost. Cum alijs omnibus, inquit, donum simul erat precationis, id quod & ipsum SPIRITuS dicebatur, & qui donum hoc habebat, is pro universa multitudine orabat. Etenim quoniam rerum earum, quæ conducunt, ignari, quæ inutilia sunt oramus, veniebat in unum hunc quendam precationis donum, qui & quod toti prodesset Ecclesiæ, omnium constitutus loco orabat, & alios simul, quid orandum esset, instituebat. Spiritum igitur hic vocat, donum hoc precationis, quod tum temporis dabatur, animamq; simul, quæ dono ejusmodi accepto apud DEum interpellabat & gemebat. Stans enim, qui hoc honoratus erat dono, multa compunctione, multisque gemitibus juxta mentis intentionem ad DEuM supplicans, quæ prodessent omnibus orabat. Cujus rei nunc quoque Symbolum est Diaconus, qui in Ecclesia preces pro populo offert.

Quod commemoravit hisce verbis Chrysostomus de peculiari dono precum, quod Spiritus sanctus in primogenia Novi Testamenti Ecclesia in aliquos præ alijs contulerit, id certissimum est; quemadmodum etiam Paulus *1. Corinth. 14. v. 14. &c. Iacob. c. 5. v. 14.* astipulantur.

G 2 Atq;

Atq; hinc dimanasse consuetudinem, quæ tempore Chrysostomi Græcisfuit observata Ecclesijs, & hodie apud nos quoq; retinetur, ut Diaconus conceptis verbis toti Ecclesiæ, preces præiret. Idq; scire jucundum est, & adversus ceremoniarum Ecclesiasticarum hostes utile.

Ineptum est illud ANACLETI institutum, ut Sacerdos more Pontificiorum non nisi coram duobus sacrificaret ; *Gratian. & Volaterr. lib. 22. hoc Soteri attribuunt , qui fortè illud parum custoditum renovavit.* Quò credo, inquit Polydorus Vergilius, ne ille frustra benè precando diceret: DOMINuS VOBISCuM, si minus quam duo sacris interessent. *Polyd. lib. 5. cap. 12. Idem Polyd. & hoc addidit,* Sacerdos dicendo *Dominus vobiscum* sæpius ad populum in altari se vertit. Sic Hebræorum sacerdos inter sacra sese circumagebat, aspergendo sanguinem animalis immolati

Et hactenus omnes Leiturgodiæ lectioni Epistolæ viam sternebant, unde & Επιϛολικαὶ vocari possent, ceu Επιϛολοδίαι, id est, hymni Epistolici.

V.
Lectiones Epistolæ, pòst Evangelij.

HInc itaq; olim per Lectores, c. perlectis 25 distinct. (ἀναγιωϛαὶ vocantur *Duareno : quem vide ad hanc rem lib. 1. de sacr. Eccl. minist. cap. 14. Vbi etiam refert,* Iulianum *Imp. Apostatam quandoq́, functum esse hoc munere.)* ad Sacerdotes hodiè quod spectat, quædam ex divinis literis recitabantur, aut ex Veteri Testamento, aut ex Actis, aut ex Epistolis Apostolicis: quibus auditis, pòst recitanda supererat aliqua EVANGELICAE historiæ portio. Fides enim, Fideiq; actiones Epistolæ & Evangelij lectione excitabantur, ut quicquid in his deficeret, illà in pænitentibus restitueretur, & integritas novi hominis per Christi Spiritum reficeretur. Ambonis in templo, quem eundem & suggestum nominari scribit, meminit Platina in SIXTO: Et porphyreticis lapidibus ornatum fuisse ab eodem, ac eum præbuisse usum, quod ibi EVANGELIVM & EPISTOLAE sint decantatæ.

Hieronymus autor Epistolæ & Evangelij in Missa canendi putatur.

Volater-

DE LEITURGIA SUMMA. 45

Volaterra. lib. 22. Et ANASTASIuS. I. Pp. inftituit Anno 409. ut Evangelium in templis ftando audiretur. *Platina & Volaterr.* Idem A-NASTASIuS conftituit ne Sacerdotes vel Laici ullo modo federent, fed curvi & venerabundi ftarent, cum facrum Evangelium aut caneretur aut legeretur in Ecclefia DEi. *Platina.*

Poloni equites inter facra enfes ftringunt in defenfionem Evangelij, dum illud cantatur Auguftum juvat hîc referre Leiturgiæ officium, quo perfunctus eft SIGISMuNDuS Imper. Nam is quondam fub natalem Domini Conftantiam veniens, in Miffæ facro tanquam Diaconus Evangelium cantavit: Exijt edictum a Cæfare Augufto. *Carion. lib. 3. Chron.* Quæ a. Odæ ante concionem quidem, fed poft Epiftolam canebantur, quia ad Evangelij devotam aufcultationem populum excitarent, dici poffunt εὐαγγελιῳδίαι ἢ λειτουργῳδίαι εὐαγγελικαί, id eft hymni Evangelici: cujus generis funt quæ fequuntur.

VI.
Graduale, Hallelujah & Concio.

SEd cum priores lectiones Ecclefiæ recitaffent LECTORES, quæ ex EVANGELIO referenda erant, DIACONuS ex eminenti loco, atq; fuggeftu pronunciabat, nempe ut omnibus confpicuus effet, & ab omnibus intelligeretur.

Dum itaq; ibat & gradus afcendebat, populus canere confuevit pfalmorum aliquot verfus, quos vulgo GRADuALES appellarunt. Feftivâ item quodammodo acclamatione, læto Evangelij nuncio applaudentes, interponebant *Hallelujah*, vocabulum Hebraicum, quod ineffabile gaudium, Angelorum videlicet & hominum, fignificet potiùs quam exprimat.   Hieronymus explicat: Cantate laudem Domini. Innocentius & alij: *Laudate Dominum:* cujufmodi vox in Apocalypfi (*19.*) ex Angelis vel turba in cœlo & audita eft, & in titulo quorundam Pfalmorum legitur.

Pòft, Evangelio recitato, Epifcopus aut Ecclefiæ paftor interpretationem

tionem & adhortationem adijciebat, corripiebantur vitia, & de excommunicandis agebatur, &c. Quemadmodum autem Hallelujah, ab *Hierosolymitanis* desumptum videtur: Sic Gradualia, GREGORIuS, AMBROSIuS & GELASIuS composuerunt · *Nam collectas & Gradualia, Gelasium Pp. anno Christi 495. instituisse legitur.*

VII.
Alius usus Gradualium & Hallelujah: huc item Tractus & Sequentiæ.

Diversa legitur apud alios ratio & consuetudo canendi *Gradualia* & *Hallelujah*, quæ ante Evangelij lectionem & concionem, interjectis alijs canticis, distincti Cantores canebant. GRADuALIA enim ex Veteri Testamento ut plurimū desumpta, ut ijs cum solennitate vel Evangelio, cujuscunq; temporis concordantibꝰ, ab Epistolę ad percipiendam Evangelij lectionem gradatim assurgeret collecti populi animus, à pueris in gradibus cantabantur: ad quæ viri in pulpitis HALLELVIAH concinebant: Idq; cum gaudio quasi & plausu per totum ferè annum frequentabatur; nisi quod à Dominica Septuagesimæ usq; ad vigiliam Paschæ, quasi in diebus & officijs luctus, & jejuniorum loco *Hallelujah* ex TELESPHORI institutione suffectus fuit TRACTuS, ex Psalmis & Prophetijs, à GELASIO factus, quo tractim & cum asperitate vocum, & pendularum notarum prolixitate ita canendum fuit, ut pro remissione peccatorum, & eùm publicarum, tum privatarum pænarum mitigatione impetranda, multis cum gemitibus & suspirijs, ex intimis cordis visceribus oratio protraheretur.

Qui ita *Gradualia* & *Hallelujah* usurparunt, addiderunt etiam *Sequentias*, ut vocant, vel *Prosam*. SEQVENTIAE sunt cantus, dicti à præfatione subsequentis lectionis: Sequentia S. Evangelij secundum Matth. &c. Cujusmodi Sequentijs ad auscultationem subsequentis lectionis ex Evangelio, quod præcedenti contextui, unde abruptum est, adhæret, populum præparare & exsuscitare voluerunt. PROSA dicitur, secundum Isidorum, quasi profusa, & à lege metri soluta oratio.

NOT-

De Leiturgia Summa. 47

NOTGERIuS ABBAS S. Galli in Teutonia, primus Sequentias compofuit, eafq; NICOLAuS Papa invexit, & cantari concefsit. *Martin. in Chronico.*

Sequentiam fefto *Palmarum* deftinatam componendi & decantandi, occafio & origo memoranda eft, & admiranda, quæ autori magnum attulit fructum Pietatis; quod pium cenfeatur hîc commemorari & obfervari.

Confpirationi filiorum LuDOVICI I. *Imper.* contra Patrem multi Pontifices inerant, inter quos etiam THEODuLPHuS Abbas Floriacenfis, pontifex Aurelianenfis erat fufpectus: quorum confilio & inftinctu, LuDOVICuS PIuS Imper. & Francorum Rex, regno exutus, captus, & in carcerem à LOTHARIO impio filio conjectus eft.   Is liberatus & reftitutus in regnum ob conjurationis fufpicionem *Theodulphum* carceri inclufit *Andogavi.*   Cumq; in eo loco Imperator Pafcha facturus, in Palmis intereffet publicæ procefsioni, ad repræfentandum Chrifti ingreffum in Hierufalem, & jam prope turrim pompa tranfiret, qua vinctus tenebatur *Theodulphus*; tunc ille profpiciens quod erat futurum, Hymnum infignem, quem in carcere compofuerat & dictârat in honorem ejus procefsionis, adaperta feneftra, in hora procefsionis antedictæ concinebat clarâ voce, ut à cunctis audiretur: *Gloria, laus & honor tibi fit, Rex Chrifte redemptor, &c.* Admiratus Imperator interrogat, quæ fit vox & cujus hominis, quam audiret.   Indicatur effe *Theodulphi* Epifc. Aurelianenfis, qui claufus ibi teneretur. Diligentiùs perpenfo tenore carminis, adeò fertur delectatus Imp. ut juberet confcriptum carmen, voce Pontificis decantatum fignari; ejufq; dulcedine permollitus veniam dedit *Theodulpho* vitæ infidiatori, & liberum abire permifit. *Crantz. lib. 1. Metropoleos cap. 27. & 40.*

Inter alias feftorum *Profas* elegantes, notatu digna eft PENTECOSTES Sequentia illa, quam HuGONIS CAPETI, primi Galliarum, ex Illuftrifsima Electoratus Saxoniæ Domo, Regis filius

RO

ROBERTuS, Rex Galliæ hujus ſtemmatis II. devotè compoſuit: *Sancti Spiritus adſit nobis gratia, &c.*
Proſa ea hiſtoriam (*Refert Albertus Crantz. lib. 5. cap. 46. de Imp. Friderico eiuſq; Filio R. Henrico, & de ArchiEpiſc. Col: ad ann. 1184. Autor Catalog. Epiſc. Hildeſ. rythmis German. de Epiſc. 17. Hezilone Anno 1064.)* movet neceſſariò, nec inutiliter memorandam. Tragicus fanè GOS-LARIAE (quidam ajunt MOGuNTIAE) Pentecoſtes die accidit caſus, ubi Epiſcopi Hildeſiani, & Abbatis Fuldenſis Aulici in templo Regio de loco contenderunt, & ad gladios pervenerunt, & cædes multas perpetrârunt, ita ut ſanguis cæſorum ex templo effluens ſcalas templi impleret, Et rex ipſe accurrens in periculo eſſet: Sedata autem laniena, nihilominus juſſus eſt Chorus celebrare hunc feſtum diem: Cumq; inter canendum perventum eſſet in *Sequentia prima* ad finem, in quo hæc verba canuntur: *Ipſe hodie Apoſtolos Chriſti donans munere inſolito & cunctis inaudito ſeculis*, HuNC DIEM GLORIOSuM FECISTI: Audita eſt vox reboans, in templo medio, & evomens hęc verba: HuNC DIEM CRuENTuM EGO FECI. Territis hâc voce turbis, cæpit Rex publicè dicere: *Tu perverſe Nebulo, qui hunc diem cruentum nobis feciſti, pœnas dabis DEo & nobis:* Et nos iterum hunc diem GLORIOSuM faciemus: atq; ſimul juſſit addere, & altâ voce canere: *Veni ſancte Spiritus, & emitte cælitus lucis tuæ radium, &c.* Vnde manifeſtè apparet, quàm maligno & cruento Spiritui inimica & odioſa ſit, quàm amica & grata Sancto & Pacifico Spiritui & piorum cœtui ſit, & quàm jucunda audiatur λειτȣργωδία Eccleſiæ.

VIII.
Gloria tibi Domine. Credo in unum Deum:
Symbolum Nicænum, &c.

CAeterum, qui dicto modo Gradualia, Hallelujah, Tractus, Sequentias uſurpant, ad ſequentia Evangelij jamjam legenda, glorificant DEum Choro, pro manifeſtatione Evangelij: GLORIA TIBI DOMINE. Evangelium enim eſt caput & principale omnium, quæ ad Miſſæ officium dicuntur, cantantur & leguntur. Poſt lectionem Evangelij

DE LЄITURGIA SUMMA. 49

gelij finitam, ut quod uno corde creditur ad juſtitiam, (*Rom. 10. Pſalm. 119.*) uno ore confiteantur omnes ad ſalutem, Eccleſia, ſacerdoti altâ voce intonanti, & πρόταζιν ὁμολογίας exorſo: CREDO IN uNuM DEuM, ſuccinit unanimi fide reliquam confeſsionem Symboli Nicæni.   Intelligatur autem Symbolum Nicenum, quod Synodus Nicena, quæ Anno Chriſti 328. cæpit, Samoſateni & Arrij ac Novati dogmatis damnatis, promulgavit in urbe Bithyniæ Nicæa 19. Iunij: Idem Symbolum poſtea Synodus Antiochena Anno Chriſti 344. corrupit. *Socrat.* lib. 2. cap. 8. 10. Sardicenſis verò pia comprobavit & confirmavit Anno Chriſti 350. quatuor vero ſubſequentes Syrmienſis Anno Chriſti 355. Arminienſis & Seleucienſis Anno Chriſti 363. atq; Antiochena Anno Chriſti 365. multis modis depravârunt, Anno Chriſti 555: Synodus univerſalis Conſtantinopolitana repetivit & illuſtravit.   A Socrate autem & Athanaſio *ad Iovinian. t. 4.* recitatur his verbis: πιϛεύομεν εἰς ἕνα Θεὸν &c.   *Credimus in unum Deum :*   Hujus autorem Athanaſius (*in Epiſt. ad Solit.*) nominat OSIuM. Symbolum illud vocant majus, quippe conceptum in magnâ Synodo, videlicet CCCXVIII. Patrum: Anno 325. *Brent. in Oſ. 8. Polyd. lib. 5. cap. 11.*) Publicum id ſolennibus diebus decantandi morem DAMASO tribuunt inſtitutum, ex decreto Synodi à centum quinquaginta Epiſcopis Conſtantinopoli celebratæ. *(Sigebert. in Chron.)* Alij MARCO Pp. ejus nominis primo, Sylveſtri. I. ſucceſſori, circa Annum Chriſti 330. aſcribunt, ita ut ille hujus decretum innovâſſe credatur. Hodie etiam Apoſtolicum Symbolom notâ linguâ ſuccinit populus.   Romani olim Symbolum Apoſtolorum poſt Evangelium non cecinêrunt, quod Romana Eccleſia nulla unquam hæreſi infecta fuiſſet, ſed in confeſsione fidei perſtitiſſet. HENRICuS tamen II. Imperator BENEDICTO VIII. Pp. perſuaſit, ut ad publicam Miſſam illud decantarent. *Berno.* In alijs Eccleſijs quomodo Symbolum ad communionem differatur, mox dicetur. Symboli item cantum ſub horis canonicis, vide in Corollario Lєturgodiæ annexo.

H   Hacte-

Hactenus de Laturgodia Missali, & Missodia ante concionem: sequitur ea, quæ post concionem celebratur.

IX.
Missio primitiva Ecclesiæ à Pontificiis transposita.
ITE MISSA EST.

AD morem in libro Nehem. cap. 8. & alibi Luc. 4. expressum, Evangelij textu explicato, ne interessent Euchariſtiæ celebrationi, Catechumeni, & non communicaturi, apud Veteres dimittebantur. (*concionis ex suggestu meminit Socrat. lib. 6. cap. 5. Sozom. lib. 8. cap. 5. vide supra de notatione Missodiæ distinct. IV. V. VI.*) Ea mifsio hodie apud nostrates locum non habet; cùm in nostris Ecclesijs alia fit ratio Catechumenorum, quippe regeneratorum; & non communicaturis etiam detur Evchariſtiæ cum fideli meditatione aſtare. Pontificij verò, etiam fi fermè nulli communicant, uno excepto *Sacrifico*, Mifsionem fuam clarâ voce denunciant: ITE, MISSA EST, quod idem est, ac i licet, hoc est, ire licet; (*Polydor. lib. 5. cap. 12. varia explicatio, apud Gabriel: Biel: lect. 89.*) & contra Mifsionem veterum, ipfi hanc formam longè aliam ad finem Missæ transposuerunt, hâc in re Ethnicum, quem jactitant, imitantes ritum Sacerdotis Isiaci, qui poſt celebrata facra pronunciaverat: λαοῖς ἄφεσις, Populis mifsio. (*Apuleius libo Afini aurei 11.*)

X.
Symbolum Fidei.

SEd antiquitùs ijs, quæ Catechumenorum mifsionem spectant, peractis, qui manebant, facræ Cœnæ futuri participes FIDEI SYMBOLuM canebant, ut sese mutuò de capitibus Religionis præcipuis, in quibus consentirent, sedulò admonerent. In Symbolis quippe SuMMA FIDEI comprehenditur, quæ fanè comprehensio, vel summa, Veteribus Patribus Ecclesiæ TRADITIO vocata est, & ex libris divinis

nis defumta, ac ad falutem neceffaria credita, contra Hæreticos, qui facros libros negant, produci poteft. (*Tertullianus*) Et Symbolum in quavis Synaxi decantandum, nominatim narrat THEODORuS *Lector*, *Collectaneorum libro secundo*, inftitutum à PETRO GNAPHAEO, Antiochenæ Ecclefiæ gubernatore.

XI.
Oblatio triplicis usus, cum Cantilenis & Collectis.

DEhinc quando cecinerant Symbolum aftantes, ex fuis facultatibus, quæ videbantur, offerebant. *Oblatio* verò triplicem ufum habuit: Partim quippe in frugalia quædam convivia erogabatur, quæ Chriftiani id temporis inter fe admodum religiosè celebrabant, & vulgò ἀγάπαι (Liebmahl) vocabantur; partim, quod fupererat, pauperibus diftribuebatur; Et denique inde aliquid Panis & Vini in ufum facræ Cœnæ feponebatur. Atq; hanc rerum oblationem tum fuiffe adhibitam, teftantur: *Primùm*, Verfus quidam à populo decantati, dum oblatio fieret, qui propterea vocantur ab eis, *Offertorium*: Idem *præterea* cognofcitur ex ijs collectis, quæ in ea Miffæ parte habentur. *Quin* ejus oblationis Iuftinus, antiquifsimus Martyr in fua Apologia mentionem fecit; Cyprianus item, ac nonnulli ex veteribus patribus. Cæterùm ADRIANuS Pp. in offertorijs & offertoriorum verfibus quód geminatum eft, geminavit Anno 772. (*Sigebert. in Chron.*) GELASIuS Pp. voluit fieri in Mifsis Collationes. (*Volaterr. lib. 22.*)

XII.
Surfum Corda.

POfthæc ad facram Cœnam adminiftrandam convenientes dicebant: SuRSuM CORDA. Ac fanè rectè, & in tempore Chriftiani fic agebant, quò fe monerent, ut nihil carnale nihílve terrenum ibi cogitarent, fed in cœleftibus corda haberent. Nec enim fatis eft, ut externam utcunq; difciplinam in conventibus Ecclefiæ & Synaxi præftemus, fed inprimis & cor Domino aperiamus, eumq́; in animum mentemq́;

temq́; noſtram immigrare ſinamus; Quemadmodum Apoſtolus Paulus (*Colloſſ. 3.*) nos hortatur: Siquidem unà cum Chriſto reſurrexiſtis, ſuperna quærite, ubi eſt Chriſtus, in dextera DEI ſedens: Superna capite, non ea quæ ſunt in terra. Inde Patres inſtituerunt, ut Sacerdos in præfatione Euchariſtiæ ad populum ita Pauli verba diceret: SuRSuM CORDA; Et populus reſponderet: HABEMuS AD DOMINuM. De qua conſuetudine perantiqua pios commentarios tradiderunt Patres & ſcriptores Eccleſiaſtici notatu digniſsimos.

CYPRIANuS, (*in concione de oratione Dominica*) Quando autem ſtamus ad orationem, fratres dilectiſsimi, vigilare & incumbere ad preces toto corde debemus, cogitatio omnis carnalis & ſecularis abscedat, nec quicquam tunc animus quàm id ſolùm cogitet quod precatur. Ideò & Sacerdos ante orationem, præfatione præmiſſa, parat fratrum mentes, dicendo: *Surſum corda,* ut, dum reſpondet plebs; *Habemus ad Dominum* , admoneatur, *nihil aliud ſe quàm Dominum cogitare debere.* Claudatur contra adverſarium pectus, & ſoli DEo pateat, ne ad ſe hoſtem DEi tempore orationis adire pariatur.

CHRYSOSTOMuS (*in Sermone de Euchariſt. in Encænijs.*) Quid facis homo; Non promiſiſti ſacerdoti, qui dixit: *Surſum* mentem & *Corda,* & dixiſti; *Habemus ad Dominum*? Non revereris & erubeſcis? Et illa ipſa hora mendax inveneris. Papæ! menſa myſterijs inſtructa eſt, & *Agnus DEi* pro te immolatur; Sacerdos pro te angitur; ſanguis Spiritualis ex ſacra menſa refluit: *Seraphin* aſtant ſex alis faciem tegentia, omnis incorporeæ virtutes pro te cum Sacerdote intercedunt: Ignis Spiritualis è cœlo deſcendit; Sanguis in Cratere in tuam purificationem ex immaculato latere hauſtus eſt: Et non erubeſcis, revereris, & confunderis, neq; DEum tibi propitium facis ?

AuGuSTINuS (*lib. de dono viduit. cap. 16.*) In ſacramentis fidelium dicitur: *Surſum Corda,* quod munus eſt Domini, *& non in noſtra poteſtate,* ut quæ *Surſum* ſint, quis ſapiat, ubi Chriſtus eſt, ad dexteram DEi ſedens?

IDEM

DE LEITURGIA SUMMA.

IDEM (*in Pſalm. 39.*) Quod inter ſacra myſteria *Cor ſurſum habere jubemur*, ipſo juvante id volumus, *quo jubente admonemur*.

IDEM (*in Pſalm. 85.*) Levandum eſt *Cor*, neq; hîc habitandum eſt corde; Hæc mala regio eſt, ſufficiat quod adhuc carne neceſſe eſt hîc eſſe. *At Surſum Cor habetur*, ut ſi ſurrexiſtis cum Chriſto, dicit Apoſtolus fidelibus, corpus & ſanguinem Dominiaccipientibus, hoc dicit: Si ſurrexiſtis cum CHRISTO, quæ *Surſum* ſunt ſapite, ubi CHRISTuS eſt, in dextera DEi ſedens.

XIII.
Gratias agimus.

GRatiæ deinceps agebantur, cum diceretur: GRATIAS AGIMUS tibi Domine *ſanƈte Pater omnipotens, æterne DEus, per Chriſtum Dominum noſtrum, &c.* Hæc antiquiſſima ſunt, & in vetuſtis ſcriptoribus paſſim habentur. *Quin & ipſum corporis Chriſti & ſanguinis myſterium* ευχαϱιsία dictum eſt, quod tota ejus confectio à Gratiarum actione pendeat.

XIV.
Verba Cœnæ, & Oratio Dominica.

Cùmq; Antiſtes dixiſſet: per *Chriſtum Dominum* ad verba Cœnæ propria, quam conſecrationem vocant, deſcendebat: quibus recitatis, *Dominica Oratio* adijciebatur: Hæc duo inter actionis ſimpliciter neceſſaria connumerant ipſi Pontificij. Gregorius Magnus orationem Dominicam poſt Canonem ſuper hoſtiam cenſuit recitari, Anno Domini 592. (*Sigebert. in Chron. & Volaterr. lib. 22. Szeged. de ſumma doƈtrina pontificia.*)

XV.
Sanƈtus. Benedictus.

At XYSTuS vel SIXTuS voluit, ut antea populus caneret Τϱισάγιον; SANCTuS S. S. Cujus tamen canendi hymni, CELESTINuM autorem facit Vrſpergenſis (*P. Martyr. Nauclerus generatione 9. Polyd. L. 5. c 11. Eſai. 6. Apoc. 1. Vrſpergenſ.*) Pòſt

Pòst accini confuevit BENEDICTuS, &c. ut Angelicis & Evangelicis Evlogijs tremendæ cœnæ Dominicæ confecrationem, cum reverentia præftolari juberetur congregationis populus. (*Pfalm. 118.*) Prima enim pars laudem continet Angelorum; ultima hominum, ut legitur in Efaia cap. 6. *Duo Seraphin clamabant alter ad alterum, Sanctus, Sanctus, Sanctus Dominus DEVS Zebaoth:* Et in Evangelio Matth. 21. quod qui præibant & fequebantur clamabant dicentes: *Hofianna Filio David, Benedictus qui venit in nomine Domini.* Siquidem vox Angelorum *Hofianna* fcilicet in altiffimis, Trinitatis & unitatis in DEo commendat arcanum; vox hominum *Hofianna* fcilicet Filio David, divinitatis & humanitatis in Chrifti perfona Sacramentum defignat. Illud etiam animadvertendum, quod ter dicatur *Sanctus*, ut notetur diftinctio perfonarum; Sed femel tantùm dicitur *Dominus DEus Zebaoth:* ut notetur divinæ effentiæ vnitas: Item Ter in fingulari numero Sanctus & non Sancti dicitur pluraliter, una fanctitas in his tribus perfonis & una æternitas & æqualitas intelligatur. Hoc non folum Seraphim clamabant (*Apocal. 1.*) fub excelfo DEi Solio apud Prophetam, fed & quatuor animalia die ac nocte decantant; *Sanctus, Sanctus, Sanctus Dominus DEus Zebaoth.* Dicitur autem DEus Sanctus, id eft facrificans, & qui præcipit Sancti eftote, quia ego Sanctus fum Dominus DEus vefter. Dicitur Pater Sanctus, dicente Filio, (*Iohan. 17.*) *Pater fanctifica eos in veritate quos dedifti mihi, quia tu fanctus es.* Dicitur Filius fanctus Angelo atteftante (*Luc. 1.*) *quod ex te nafcetur, Sanctum vocabitur.* Dicitur Spiritus Sanctus Chrifto dicente (*Iohan. 20.*) *Accipite Spiritum fanctum, quorum remiferitis peccata, remittentur eis.* Dicitur quoq; Dominus DEus Sabaoth, id eft Exercituum Angelorum & hominum: de quo in Pfalmo 24. dicitur ab Angelis: *Quis eft ifte Rex gloriæ? Dominus virtutum.* Dum ergo dicimus, *Pleni funt cœli & terra gloriâ tuâ*, agimus gratias creatori de omnibus beneficijs, dum verè dicimus, *Benedictus qui venit in nomine Domini*, gratias agimus fpecialiter, pro beneficio redemptionis. Quia enim neceffarium eft ad falutem Incarnationis myfterium confiteri, rectè fubjungitur, *Benedictus, qui venit in nomine Domini*.

PRAE-

XVI.
PRÆFATIONES *ante consecrationem,* cui *CANON assutus.*

VT autem commodus accessus daretur, ad aliud Canticum, tremorem & timorem DOMINI in attentis excitandi gratia, quasdam PRAEFATIONES interpositas esse videmus: Quales etiam hodie Festi beneficijs commemoratis, prædicationi verbi connectunt Sacramenti celebrationem, & animos ad gratiarum actionem præparant, quod Fidem in nobis DEuS non tantùm verbi promissione augeat, verùm etiam Sacramenti sigillo obsignet & confirmet. *Gelasius* autem *Præfationes,* quæ Canonem præcedunt, cantu quidem & Sermone eleganti composuit, quæ ut testatur *Pelagius* novem numero sunt: decimam ad honorem DEiparæ virginis Vrbanus addidit. Et quidem *Pelagius* ille Pontifex decrevit, quotidianam Sacramentorum præfationem, ad Missas novem tantummodo præfationibus, secundum antiquum Romanorum ordinem esse commutandam, scilicet in Natali Domini, In Apparitione, in Pascha, in Ascensione, in Pentecoste, de Sancta Trinitate, de Apostolis, de sancta Cruce, de jejunio quadragesimali Anno DXXCI. (*Sigebert. in Chronic.*)

Etiam memorabile est, qua motus occasione *Theodosius*, toti orbi terrarum præceperit, ne *Hymnum* hunc Τρισάγιον Ecclesiæ præterirent; Tricesimo quippe Imperij Theodosij anno terræ motus facti sunt Constantinopoli per quatuor menses, ita ut metu nimio perculsi Byzantini, extra civitatem in campum unà cum Episcopo, qui tum Proclus fuit, secederent, precibus DEo pro liberatione ab imminenti interitu supplicantes. Quadam ergò die fluctuante terrâ atq; omni plebe attentiùs clamante, κύριε ἐλέησον, circa horam tertiam, omnibus videntibus à divina contigit virtute sustolli quendam adolescentulum in aëra, & audire divinam vocem admonentem, ut Episcopo ac populo nunciaret, ut LITANIAS sic facerent & dicerent: ἅγιος ὁ θεός, ἅγιος ὁ ἰσχυρὸς, ἅγιος ὁ ἀθάνατος ἐλέησον ἡμᾶς, *Sanctus DEVS, Sanctus fortis, Sanctus*

Sanctus immortalis, miserere nobis: nihil aliud apponentes. *Proclus Episcopus,* cùm sic facere populo præcepisset, terræ motus cessârunt. Inde THEODOSIuS Τριζαγιον hoc commendavit universi orbis Ecclesijs. *(Paulus Diac. lib. 14. Nicephor. lib. 14. cap. 46. & Cedrenus.)* Cantatur autem coràm altari à solo sacerdote præfatio, quæ & præparatio vocátur, quia in ea Sacerdos præloquitur laudes & grates DEo, & præparat fidelium mentes ad futuræ reverentiam consecrationis, ut sursum corda habeant in cœlestibus, & non in terrenis. Dicitur etiam *Hymnus Angelicus,* quia Angelicis laudibus est plenus, & in eo homines & Angeli conveniunt ad concinendum Regi: Vnde & altâ ac delectabili voce cantatur, quia in illa Angelorum præconia repræsentantur. Postquam Sacerdos finivit Præfationem, *Quia dignum & justum est, æquum & salutare, gratias DEO omnipotenti referre;* totus Chorus cantat hymnum, qui partim Angelorum, partim hominum verba complectitur, nimirum, *Sanctus, Sanctus, Sanctus;* de quo in præcedenti capite.

Præfationis autem cantica excipienti consecrationi assueverunt suum *Canonem,* non veriti, cum inter actionis simpliciter necessaria, cum verbis Cœnæ & oratione Dominica pari gradu, imo vel superiori tanquam consecrationem summam & caput Missæ constituere, licèt recitationem cum silentio inter necessaria de congruo collocent. *(Szeged. de summa doctrinâ Pontif.)* Illum Scholasticus quidam, ut Gregorius *(in suo Registro)* memorat, composuit; qui sane ab eodem Gregorio minimè probatur, quod sua inserere voluerit, & orationem Dominicam neglexerit *(Polyd. lib. 5. cap. 11. Brigomensis in Theodosio, Platina, Sigebertus, Sabellicus Enneade octava. lib. 1. Nauclerus)* Quid verò ad Idoli fabricam unusquisque artificum, ab Alexandro usque, qui circiter CCCLX. annos ante Gelasium sedit, & præcipuè LEO astruxerit, corradere licet hujus rei collectoribus,

XVII.
Osculum Pacis.

FInitâ consecratione dicebatur *Pax Domini (Polyd. lib. 5. cap. 11.)* Et
de pa-

De Leiturgia Summa. 57

de pacificâ falutatione CHRYSOSTOMuS inquit: In Ecclefijs pacem, in precationibus, in fupplicationibus, in præfationibus, & femel atque iterum, ac tertiò & fæpe eandem, qui Ecclefiæ præeft, impertit dicens: *Pax vobis.* Et paulo pòft: Ac non dicit Ecclefiæ præful; *Pax vobis* fimpliciter; Sed *Pax omnibus:* Item: mox atq; Præful Ecclefiæ ingreditur dicit: *Pax omnibus,* quando concionatur, quando benedicit; quando falutem optare jubet, quando facrificium abfolvitur, & interea rurfus *Gratia vobis & Pax.* (*Coloff. 1.*)

Hinc OSCuLuM PACIS datum fuit inter Sacerdotes mutuò, quod INNOCENTII. I. inventum putatur, velut LEONIS II. ut pax in facrorum ceremonijs aftanti populo circumferretur; Et utrumq; juxta Polydori (*lib. 5. cap. 11.*) opinionem, ex Iudæ ofculo elicitum, ex imitatione Servatoris, qui confueverat fuos præfertim difcipulos abeuntes vel ad fe redeuntes deofculari (*Sigebert. Volat. lib, 22.*)

At in primitiva Ecclefia charitatis caufa tempore Coenæ Dominicæ præfentes mutuò ofcula dederunt: (*Bened. Aretius*) Et quod in actione profitebantur, confirmare voluerunt fymbolo: ut religiofum illud ofculum effet teftimonium communionis & confenfus in eâdem religione, conteftatione etiam facta fraternæ dilectionis: Etenim inter pios *Sanctitatis & Charitatis* præcipua habetur cura: Prioris, ut rectè erga DEum vivant, fefe nulla impietate polluentes: Pofterioris verò eft, cum *Proximo,* ut decet profeffionem Chriftianam, vivere. Sanctitatis ofculum iterum atque iterum Corinthiacæ Ecclefiæ præcepit D. Paulus (*1. Corinth. 16. & 2. Corinth. 13. 1. Theffalon. 5.*) amicè fuadens: *Salutate vos invicem ofculo Sancto;* Et Theffalonicenfi: *Salutate fratres omnes cum Ofculo Sancto.* CHARITATIS OSCuLuM D. Petrus (*1. Petr. 5.*) commendat, demandans: *Salutate vos mutuò Dilectionis ofculo.* Pfaltes etiam juftitiæ & paci fe ofculatis congratulatur. (*Pfalm. 85.*) Et hoc ofculo monebantur ofculantes, ne blafphemando, futilia loquendo, convitia proferendo, vel hypocritico Abfolomi (*2. Sam. 15.*) Ioabi (*2. Sam. 20*) & Iudæ (*Matth 26.*) ofculo tale os polluerent, quod accipiens corpus & fanguinem Dominicum, fummum honorem

I confeconsecutum esset, quippe per oris januam & portam ingrediente Christo, quem communicant mysteriorum participes. Ei deniq; monitioni Meditatio hæc succurrere potuit; quod *Christus* ipsum in pœnitentia & fide, in proximi dilectione, & misericordia exosculatus, iterum sit osculaturus, osculo oris sui, instar patris filium prodigum osculo excipientis (*Psalm. 2. Cant. 1. Luc. 15.*) hoc est: Hieronymo (*ad Dardan.*) & Augustino (*2. quæstion. Evang. cap. 33.*) interpretibus, quod salvator in carne exhibitus & manifestatus fide, conversos peccatores consoletur certa spe remissi peccati & gratiæ æternæ. De hoc osculo pacis faciunt mentionem Tertullianus (*in Apolog.*) & Iustinus Martyr (*in 2. Apologia*) qui elegantissimè inter cætera ait: ἀλλήλυς φιλήμαli ἀ-σπαζόμεθα.

XVIII.
Agnus Dei. Discubuit.

SVB ipsa corporis & sanguinis distributione, ad quam veniebatur, dum hæc agerentur, decantandum Canticum: AGNuS DEI *(Iohan. 1.)* à quodam *Innocentio* huc dicitur fuisse inductum: *(Volat. l. 22.)* quamvis alibi, SERGIuM Pp. Anno Christi 688. AGNuS DEI Missæ adjecisse, legitur. Etiam Responsorium; DISCuBuIT IESuS, vel alias cantiones de institutione Cœnæ, hodie accinit Ecclesia: Quæ cantiones sunt conciones annunciantes mortem Domini (*1. Corinth. 11.*) ut qui communicat, firmissimè persuasum habeat, non alius quam innocentissimi Agni victimam, quæ pro totius Mundi peccatis sufficiens fuit, pro suis etiam esse sufficientem; Et non tantum oret CHRISTuM, ut nunquã desistat miserere nostri, & donare pacem & vitam: Sed etiam pro tam paratissima & acerbissima morte debitam erga Christum gratitudinem obedientiæ & patientiæ vestigijs exprimere discat. (*1. Petr. 2.*) Quicunq; enim sine fide & proposito meliori, temerè & inconsideratè hoc sacratissimo epulo vescitur, reus erit Corporis & Sanguinis Domini. (*1. Corinth. 11.*)

Post

XIX.
Post Communionem.

Distributione perfectâ Canticum gratiarum actionis adijciebatur, quod POST COMMuNIONEM appellârunt.

XX.
Apprecatio vel Benedictio.

COmpletis atq; perfectis ijs omnibus, Minister populum, faustâ precatione adjectâ, missum faciebat; (*Num. 6.*) Augustinus etiam (*in Ep. 90.*) significat, quod soliti sint ministri populo benedicere: Idem (*tom. 4. in quæstione ex utroq; mixt.*) Benedictio inquit sacerdotalis magni æstimanda est.

EPILOGVS.

HAEc omnia etsi Christianum populum à prima illa simplicitate Cœnæ Dominicæ abduxerunt, adjectis compluribus, ut varijs hominibus visum fuit; Attamen utcunq; ferri poterant, nec superstitionis aut Idolatriæ jure accusanda. Non tamen in omnibus Ecclesijs erant, nec eodem modo servabantur; nam adhuc in Ecclesia Mediolanensi ex instituto Ambrosij aliter agitur. Cæterum posteris temporibus Antichristi Romani omnia corruperunt. (*Petr. Martyr.*)

COROLLARIVM,

Testimonijs veterum partes Laturgiæ pleraſq; demonstrans.

VEteri instituto servata fuisse, quæ commemorata sunt, ex scriptoribus vetustissimis potest comprobari.

TERTVLLIANuS (*in Apologetico*) Coimus in cœtum & aggregationem, ut ad DEuM quasi manu facta precationibus ambiamus orantes: *Hæc vis Deo grata est.* Oramus etiam pro Imperatoribus, pro ministris eorum & potestatibus, pro statu seculi, pro rerum quiete & mora finis. Hæc indicant summam Collectarum. De recitatione verò scripturarum subdit. Coimus ad scripturarum divinarum commemoramorationem, si quid præsentium temporum qualitas aut præmonere cogit aut recognoscere. Certè fidem sanctis vocibus poscimus, spem erigimus, fiduciam fugimus, disciplinam præceptorum nihilominus inculcationibus densamus: Ibidem & exhortationes, castigationes & censura divina. Nam & judicatur magno cum pondere, &c. Hæc sunt quæ fiebant in sacro cœtu. Quibus & ea sunt addenda, quæ idem autor alibi dicit: nimirum Evchariſtiam consueviſſe de manu Pręfectorum sumi, &c Possumus in ijs verbis præcipuas Miſſæ partes quæ commemoratæ sunt agnoscere:

IuSTINuS MARTYR scribit, (*Apolog. 2.*) die Solis Christianos conveniſſe, ibi recitari ait divinas literas, quibus postea suam adhortationem præfectus subijceret. Quo pacto, inquit, surgimus & oramus. Addit postea; Panis & potus ad Præfectum affertur, super quibus quanta cum vi potest, gratias agit: Cui ab omnibus AMEN respondetur. Duo hæc verba indicant, non oscitanter prætereunda. Primum gratias non perfunctoriè fuiſſe actas, sed quanta cum vi poſſet, hoc est, summo affectu. Deinde *Clara voce*, ea omnia dicta fuiſſe liquet, cum populus responderit AMEN. *Distribuitur* postea, inquit, Evchariſtia, deinceps est communis gratiarum actio, & Eleemosynarum oblatio.

DIONYSIuS *(in Hierarchia Ecclesiastica)* hæc eadem fere commemorat, *recitationem scripturarum, Psalmorum cantum, communionem, & alia,* quæ longum eſſet modò referre; Sed quod magis mirandum videtur, Oblationis Corporis Christi mentionem minimè facit.

AuGuSTINuS Pater in Epistola 59. ad Paulinum, dum quæstionem quintam diſſolvit, quatuor voces, quæ in Epistola 1. Timot. 2. habentur, exponit.

Ex verò sunt, δεήσεις, προσευχαὶ, ἐντεύξεις ἢ εὐχαριστίαι.
1. Atq; δεήσεις statuit celebrationem Sacramenti præcedere.

2. προσ-

2. προσευχὰς autem preces facit, quæ in ipsa Sacramenti administratione habebantur, ubi quodammodo nos ipsos Christo vovemus.

3. ἐντεύξεις autem petitiones ac postulationes esse arbitratur, quibus Ecclesiæ Minister, astanti populo benè precetur.

4. Et deniq; εὐχαριστίας communes gratiarum actiones fuisse tradit.

PARTIS PRIMAE

III. Membrum:

Ε Ξ Η Γ Η Μ Α,

Sive

Explanatio Leiturgodiæ
Matutinæ & Vespertinæ:
Cum Corollario
De Litanijs,
Horis Canonicis, &
Psalterio D. Virginis.

Vemadmodum in veteri Testamento juge sacrificium manè & vespere Domino offerebant: *(Ex. 29, Num. 28.)* Sic Christianos decet fragrante fidei flamma in cultus divini suavem nidorem & odorem, ceu hostias Deo gratas, adolere & sacrificare MATuTINAS & VESPERTINAS preces & Leiturgodias.

Domine labia mea aperies: Et os meum annunciabit laudem tuam.
Exordiri eas solet MYSTOCHORODIA, ubi Mystæ, sive Sacerdoti præcinenti ex Psalmo 51. *Domine labia mea aperies*; Chorus succinit; *Et os meum annunciabit laudem tuam.*

Quo ipso Exordio Leiturgi Ecclesiastici, & Cantores & Concionatores, primò apud DEum magnam benevolentiam captant, cum humili professione imbecillitatis humanæ, quæ non apta est invocationi & laudi divinæ. Homines enim, se mutos esse in divinis, & peccatores os clausum habere, cum Origene *homil. 38. in Levit.* vel se balbutientes, cum Mose *Exod. 4.* fateantur oportet. Majorem enim cum DEo gratiam ac benevolentiam ineunt hac fiduciæ plenâ invocatione

DEi,

DEi, qui solus clausa labia & os mutum in Laudis divinæ prædicationem aperire valeat, uti promiserat balbutienti Mosi *Exod. 4.* Ego ero in ore tuo, doceboq́; te, quid loquaris. Quod & Psaltes λκιτκργὸς David arripit *Psalm. 40.* Dominus inseruit ori meo canticum novum. Hoc exordio deniq; de Deo gratuitam in cultum Lκιturgicum attentionem sibi cum fiducia pollicentur, simulq́; Ecclesiæ cum attentione docilitatem insinuant; quòd nimirum nihil, nisi divinum, Deoq́; gratum, & ab ipso inspiratum, labijs & ore sint cantaturi & prædicaturi.

Cúmq́; Ecclesia valdè periclitetur sub piarum Lκιtur- *Deus in adiu-* giarum exercitiis, quæ invisa sunt Satanæ, ejusq́ue Organis *torium, &c.* Hæreticis, Tyrannis, alijsq́; turbatoribus, tàm invisibilibus, quàm visibilibus hostibus, qui sæpè coetum piorum vi & armorum strepitu, vel incendijs, vel clamoribus invadere & disturbare ausi fuerunt: adversùs hostilem impetum præmuniunt sese Lκιturgici, hac sequenti Mysto-Chorodia: qua à Sacerdote præcinente ; *Deus in adjutorium meum intende*, provocatur Chorus ad succentionem ; *Domine ad adjuvandum me festina.* Quem Prologum Lκιturgodiæ, ex Psal. 69. desumptum, nobis de notâ meliori commendat non tantùm Chaldæus Paraphrastes, qui ait, hunc Psalmum Davidi pro fasciculo thuris fuisse in manibus; verumetiam ipsius Psalmi titulus, qui sonat, quòd Victori, sive Magistro Symphoniæ, traditus sit Psalmus Davidis ad recordationem, sive in μνημόζυνεν divinæ liberationis ac custodiæ; quam etiam pro libera & pacata cultus divini Lκιturgodia impetratam Ecclesia gaudeat recordari, cum publica ἀναμνήσει, & grata prædicatione beneficiorum. Similem huic, Psalmi 38. titulum augent & explicant Græci L X X. quòd sit recordatio Diei Sabbathi. Qui autem Primus Psalmi 69. verba initialia cum S. S. Trinitatis glorificatione cani instituerit, videatur infra in Coronide, sub horis Canonicis.

Δοξολογία S. Trinitatis subjungitur in Lκιturgodiæ *Gloria Patri, &c.* exordio ; *Gloria Patri, & Filio, & Spiritui Sancto : Sicut erat in principio, & nunc & semper, & in secula seculorum, Amen.* Qua glorificatione Trinitati gratitudinem declarant Lκιturgi, certi de exauditione promissa Esaiæ fa Efaiæ 65: Adhuc te loquente adfum. Primum verficulum Nicena Synodus dicitur edidiffe; & antiquiffima Ecclefia Græcorum, monente Bafilio δοξολογίαν hanc l'falmis adjecit: *Gloria Patri, & Filio, & Spiritui Sancto*: ut publicè την τριάδα & ομοϋζίαν perfonarum profiteretur. Ac ne novum ampliùs Macedoniani dicerent effe de Spiritus Sancti divinitate dogma, Hieronymi fuafu additus eft hic verficulus; *Sicut erat in principio, & nunc & femper, & in fecula feculorum*. Atq; hos duos verfus Hieronymus putatur mififfe Damafo Papæ, qui ipfius rogatu eos in fine Pfalmorum cantari inftituit. De more δοξολογίαν hanc canendi, in monophonis AEgyptiorum Pfalmodijs recepto, dictum eft fupra Membro I. hujus partis cap. 1. in difcurfu de Chorali Mufica, & Pfalmodiâ Veterum.

Invitatorium. Quia verò non fufficit, ut vel folus Sacerdos, vel tantummodo Cantorum Chorus, atq; unus & alter Deum laudet, ad laudes gregatim conjungendas vel certè devotione unanimi attendendas, *Invitatorio* excitatur univerfa Ecclefia, defumpto ex Pfalm. 96: In quo προτροπή & exhortatio multiplicem caufam jubilandi & exultandi, ex Deo ejusq; beneficiis depromtam, piis & gratis animis obtendit; Et αποτροπή, five dehortatio, ab induratione cordium, propofito trifti exemplo cœcæ & obftinatæ multitudinis, quę in deferto periit, ingratos feriò avocat. Eam autem ad matutinas Leiturgodias invitationem inter alia fuppeditaffe videtur Angeli cum Ifraële colluctantis δέησις, & oratio admiratione digna: *Dimitte me, quia afcendit aurora*. Vbi addit Paraphraftes Hierofolymitanus: *Appropinquat enim hora Angelorum ad celebrandum Deum* Gen. 32.

Vehementi autem motu Spiritus Sancti plena eft interpretatio Pfalmi 96. ad Ebr. 3. & 4. extans, quod illi nimirum, qui in æternam requiem ingredi volunt, Chriftum nequaquam contemnere, fed affiduo cultu & veneratione profequi debeant: *Venite, exultemus Domino, jubilemus Deo falutari noftro. Quoniam Deus magnus est Dominus, & Rex magnus fuper omnes Deos. Hodie fi vocem ejus audieritis, nolite obdurare corda veftra, ficut in Meriba, fecundum diem tentationis in deferto.* Vnde quoq; Veteres

res diebus Dominicis, preces matutinas ab hoc Pſalmo exordiri conſueverunt; ut nimirum animum ſuum ad auſcultationem & meditationem verbi cœleſtis excitarent, nevè impiorum Iſraëlitarum exemplo Chriſtum, ejuſq; verbum quiſpiam contemnere auderet. Profanis enim Evangelij contemtoribus Deus juramento interpoſito minatur, quòd in æternam requiem ingredi non debeant.

De Pſalmodijs in Chorali Muſica ſatis dictum eſt. Cum Pſalmodijs autem, quod hîc indicandum reſtat, *Antiphonæ* (quas ordinavit *Celeſtinus* Pp anno Chriſti 426.) cantantur; dictæ ab ἀντὶ, quod contra, & φωνὴ, quod idem eſt, quod vox & ſonus: ſecundùm hujus enim Melodiæ tonum Pſalmodia intonatur ab uno unius Chori, & a duobus Choris alternatim cantatur, eaq; abſolutâ, Antiphona ab omnibus perfectè repetitur, & communiter canitur. *Antiphona* Græcis vox reciproca, quòd viciſſim canatur, inquit Polydorus *(l. 5. de rer. inv. c. 13.).* Mittimus ex hac canendi viciſſitudine Durandi allegoriam de Caritate, inter duos non pauciores conſiſtente, que ab uno capite incepta, & in omnibus membris conſummata, ad unitatem tendat, & ad commune ſurgat gaudium.

Antiphonæ cum Pſalmodiis.

Cæterùm *Pſalmi* generaliter dividuntur non ex arte, ſed uſu ſic probante, in *Majores & Minores. Minores* ſunt omnes Pſalmi Davidis, & cantica veteris Teſtamenti. *Majores* ſunt ex Evangelio ſumpti, ubi habentur Zachariæ, Mariæ, & Simeonis cantica. Hi cum aſcenſu, illi verò aliquot notis in uniſono poſitis, inchoantur: & in Pſalmis Minoribus, quando medium deſinit in dictiones indeclinabiles, monoſyllabicas, Hebræas, atq; barbatas, tum ultima ejus nota elevari ſolet.

Pſalmi Majores & Minores.

Cúmq; Veteres, *Tonorum tropos* triplices numeraverint; Pſalmorum, Introituum & Reſponſoriorum: hîc *Tropus* nihil aliud eſt, quàm brevis Melodia, cujuſq; Toni repercuſſione incipiens, quæ ſingulis Pſalmorum verſibus in fine adhibetur. Et ſignificatur poſt Antiphonarum finem per dictionem, in clauſula poſitam, EVOVAE, quæ omiſſis conſonantibus, *ſeculorum Amen* ſonat.

Pſalmorum Toni. EVOVAE.

K   Con-

Conſtitutio Troporum, Majoris & Minoris Pſalmi intonationi conveniens, petatur ex Loſſij Pſalmodia, vel aliorum Muſicorum inſtitutionibus.

Damaſus inſtituit primus, ut Chorus alternis vicibus Pſalmos caneret: quanquam non nemo tradit, id antea ab Ignatio Epiſcopo Antiocheno inſtitutum fuiſſe quippe qui per quietem audiviſſet Angelos, ad eum modum viciſſim Pſalmos concinentes. (*Polyd. de inv. l. 6. c. 2.*)

Pſallendi rationem per *Antiphonam*, id eſt, Choros, ſibi alternatim ſuccinentes, primus Conſtantinopoli inſtituiſſe legitur Chryſoſtomus, æmulatione quadam Arianorum, qui ad Oratoria ſua extra urbem procedentes, inter eundum ea modulandi ratione utebantur, ſingulari quadam pietatis ſpecie. Ne itaq; ſimpliciores à ſaniori Eccleſia, hypocriſi illâ abalienarentur, ſimilia ipſe quoque inſtituit, & quidem majori cum ſplendore & magnificentia. (*Socrat. lib. 6. cap. 8. & Sozom. lib. 8. cap. 8.*) *Antiphonas* enim cum Pſalmis canendas omnino Græcos inſtituiſſe, ex Græco colligitur vocabulo; qui mos ad univerſas exivit Eccleſias. *Ambroſio* Antiphonarum cantus in Eccleſijs Latinis à Sigeberto tribuuntur. Et I V O in Chronico ſub Valente refert, Vigilias, *Antiphonas*, Mediolani primùm ab *Ambroſio* cœptas, emanaſſe ad omnes Provincias. Syricius quoque *Antiphonas* Pſalmis admiſcuit. *Balæus*. Fuit autem Syricius natione Romanus, patrem habuit Tiburtium; in Epiſcopatu Damaſo ſucceſſit, anno imperij Gratiani & Valentiniani ſexto: Chriſti Anno 387. *ſecundùm Proſperum*. Familiaris fuit Ambroſio, Mediolanenſi Epiſcopo, cujus ad Syricium aliquot extant Epiſtolæ: ut quæ in ordine quadrageſima nona eſt, & quinquageſima quarta, in qua Patrem eum ſuum nominat. Mortuus eſt circa annum Domini quadringenteſimum, poſteaquam Romanæ ſedi præfuiſſet annis quindecim: juxta *Socrat. lib. 7. cap. 9. & Sozom. lib. 8. cap. 25. ad Damaſum:* decimo ſexto verò ſecundùm Proſperi Chronicon.

Reſponſorium. RESPONSORIuM eſt illud canticum, quod pleriſque in Eccleſijs canendo vel recitando a puero præmiſſæ lectioni Evangelij, vel Epiſtolæ, Chorus ſubjungit; ſic dictum, quòd ejuſdem

Lectionis argumento, vel documento myſtico, aptè reſpondet & conſonat, per textum ſeu typum maximè congruum: Vel quia à pueris decantato verſui totus reſpondet Chorus.

De Reſponſorijs Polydorus hæc conſignavit: Reſponſoria verò, quæ novitio quidem vocabulo ſic dicunt, Itali primùm inveniſſe traduntur. Sunt qui *Reſponſorium* etiam *Gradale* vocent, quòd juxta gradus ſuggeſti cantetur. (*Polyd. lib. 5. de invent. rerum, cap. 11.*

Vt autem Pſalmorum Tropos in Tonis ex clauſula *Evovae*, ſic Introituum & Reſponſoriorum ex verſuum melodia conſtituunt Veteres. Poſteritas verò tantùm Pſalmorum tropos propter rerum intonationes probat, Introituum & Reſponſoriorum tonos ex alijs modis cognoſcendos relinquit.

Dum laudum divinarum materiam Eccleſia meditatur & tractat, ab Ambroſio & Auguſtino evocatur in campum ampliſſimum, unà cum cœleſtibus & terreſtribus creaturis, univerſarum rerum conditorem & Gubernatorem, atq; generis humani Redemtorem celebrandi, conjunctâ pro beneficijs gratiarũ actioni precatione, ut Eccleſia hîc beneficiorum Chriſti per fidem particeps, hæreditate æternæ ſalutis tandem ornetur. *Te DEum laudamus.* Volunt autem quidam, quòd, cùm Auguſtinum, de Manichæis converſum, baptizaſſet beatus *Ambroſius*, dixerit: *Te DEum laudamus*; Auguſtinus verò reſponderit: *Te DEum confitemur.* Illo iterum dicente: *Te æternum Patrem*; hic reſponderit: *Tibi Omnes Angeli*; & ſic totum Symbolum ab Ambroſio & Auguſtino alternatim eſſe compoſitum: ad quem modum in quibuſdam Eccleſiis mutati Chori, vel Chorus cum Eccleſia, mutatis vicibus & verſibus, hoc Symbolum alternatim decantare conſueverunt.

HYMNuS, qui poſt Reſponſorium cani ſolet, eſt laus, *Hymnus.* DEo reddenda, cum Cantico & Carmine, vel rhythmicè, vel metricè, ad certos ſyllabarum numeros compoſito.

Hymnum Auguſtinus in Pſalmum LXXII. ita definit: HYMNI, inquit, laudes ſunt DEi cum Cantico: *Hymni* Cantus ſunt, continentes laudem Dei; Si ſit laus, & non ſit Dei, non eſt hymnus; Si ſit laus,

laus, & DEi laus, & non cantetur, non est hymnus: Oportet ergo, ut, si sit *Hymnus*, habeat hæc tria, & laudem, & Dei, & Canticum.

Quæ descriptio Hymni cum Ode practica coincidit: de quo modulationis genere, ab alijs distincto, commemoratum est in discursu de Chorali Musica & Psalmodia Veterum: de quo etiam *in subseq: Theoria Organices cap. 9.* tractabitur. Et fuisse aliquam differentiam inter *Psalmos, Hymnos, & Odas Spirituales*, innuit D. Paulus, hæc sacra exercitia commendans non sine distincta enumeratione, Col. 3. Eam Pauli admonitionem Chrysostomus, & ex illo Theophylactus, interpretati, *Hymnos* quidem Angelis, *Psalmos* Sanctis hominibus adscribunt, & utraque sub genere *Spiritualium carminum* contineri perhibent. Polydorus simpliciter disseruit; *Psalmus*, inquiens, & *Hymnus* utrumque Græcum; ac alterum Latinis Canticum, alterum Laus dicitur. *lib. 5. de rerum invent. cap. 13.*

Lætitiæ communis *Hymnorum* & Cantuum Theophilus Alexandrinus meminit, paschali libro primo. De Ecclesiis etiam Insularibus attestatur Epiphanius lib. 3. Tomo 2 in doctrina compendiaria de fide Catholica; *Matutini*, inquiens, *Hymni* in Ecclesia perpetuò fiunt, & orationes matutinæ lucernalesquè, simul Psalmi ac orationes. Et Ephrem *lib. de pœnitentia cap. 2.* Festivitates nostras honoremus in Psalmis, Hymnis, & Canticis Spiritualibus.

Hilarius autem, Pictaviensis Episcopus, qui vixit sub Constantio, primus Hymnorum carmine floruit; & post eum *Ambrosius* Mediolanensis Episcopus *Hymnos* instituit, ideoquè *Hymni Ambrosiani* dicuntur, quòd ejus tempore primùm in Ecclesia Mediolanensi cantari cæperunt: Augustinus enim refert *(lib. Confess.)* Ambrosium, cùm à Iustina Imperatrice, Arrianæ perfidiæ damnatâ, persecutionem pateretur, instituisse *Hymnos & Psalmos* secundùm modum Orientalium decantari, ne populus mœroris tædio contabesceret; quod ad omnes fuit postmodum derivatum. Quemdadmodum etiam Antiphonarum Cantus; sic & *Hymnos* in Ecclesiis Latinis D Ambrosio Sigebertus tribuit, atque tam *Hymnos*, quam *Antiphonas*, Mediolani primùm ab Ambrosio cœptos esse,

Et Vespertina.

esse sub Valente, memorat Ivo *in Chronico*. Et quod D. Auguft. (*lib. 9. Confeff.*) affirmat, *Ambrosium*, Mediolanensem Antistitem, canendi *Hymnos & Psalmos* morem primùm apud occidentales instituisse populos, non utique multùm abhorret à sententia eorum, qui *Damaso* assignant. Nam cùm ambo per idem tempus fuerint, & quod unus coepisset, ab altero ratum haberi oportuerit; non injuriâ & ambo ejus rei autores dici possent. (*Polyd. 6. lib. de rerum invent. cap. 2.*)

Hymnorum *Vespertinorum* facit mentionem Hilarius in expositione Psalmi 64: *Dies, inquit, in orationibus D Ei inchoatur; dies Hymnis clauditur*. Et Psal. 65; *Audiat, inquit, orantis populi consistens quis extra Ecclesiam, vocem; spectet celebres Hymnorum sonitus, & inter divinorum quoq; Sacramentorum officia responsionem devota confesionis*.

Manè Christianos & *Psalmos*, & *Hymnos* cecinisse indicat D. Ambrosius, idq; à quibusdam non factum reprehendit, *in libro de jejunio cap. 15*. Et *Imperator Theodosius* junior medius Hymnos canendo prævivit, privato habitu incedens, ut testatur Niceph. *lib. 14. cap. 3.*

Vitalianus verò canendi modum invenit decentissimum, quo *Hymni sacri* canerentur, tametsi id ante eum Gelasio & Gregorio non nemo assignat, adhibuitq; ad eum Organa, *teste Polydoro de rerum invent. lib. 6. cap. 2.* Durandus refert ex institutione Papæ Galesij, ac approbatione Conciliorum Toletani & Agathensis, *Hymnos* in divinis officijs esse decantatos.

Et certum est, *Hymnodiam* à magnis viris eximiâ liberalitate & devotione singulari subinde stabilitam & auctam fuisse. *Theophilus* enim Imperator multum impendit cantilenis operæ, HYMNOS quosdam & carmina componens, ac canere ea jubens, de quibus est: *Benedicite* quarti Toni, quod ex *Audi filia*, octavi toni, translatum à se, atq; concinnatum, in Ecclesia clarâ voce cani mandavit. Ac ferunt, eum carminis amore illectum, in solennibus ad magnam ædem conventibus, ne manus quidem ad cantus artificiosam agitationem detrectasse, Clerumq; Musicæ exercendæ causâ centum libris argenti donasse. *Cedrenus.*

(*Hymnum Theodulphi vide in Missodia de Sequentijs.*) *Infesto Palmarum*

marum solebat in Græca Ecclesia cantari Carmen, à *Theophilo* Imp. Musicis concentibus ornatum: *Exite gentes, exite populi.* (Zonaras tomo tertio.)

LEO II. Pontifex, vir doctissimus, ut ejus scripta indicant, Musices peritus, *Psalmodiam* composuit, *Hymnósq*, ad meliorem concentum redegit, artem exercitatione confirmans. (*Platina.*)

STEPHANuS Laodicensium Episcopus nocturnum de Sancto Lamperto Martyre (cujus quoque vitam & passionem descripsit) cantum; Item de Sancta Trinitate, inventioneq; Stephani Protomartyris, dulci & regulari modulatione composuit, & suo tempore in Ecclesia cani instituit, anno 903. (*Sigebertus in Chron.*)

RATHBODuS XIV. Episcopus Vltrajectensis, varios in Sanctorum honorem Cantus composuit, circa annum salutis 900. (*Trithemius.*)

HYBALDuS, nepos Milonis monachi, septem liberalium artium peritus, in Musica præcipuè claruit, & de multis Sanctis cantus dulci modulatione composuit, (*Sigebert. in Chronicis, Anno 879.*)

Et quis nescit præter suprà commemoratos tot pios HYMNOGRAPHOS poëtas?

MOSES Hebræorum legislator, cum Sorore MARIA primus *Hexametrum* carmen DEo opt: max: modulatus est, sive *Heroicum:* postquam Israëliticum populum per rubrum mare duxisset incolumem. (*Exod. 15.*)

Hymnorum Lyricorum DAVID Rex autor fuisse videtur: apud Græcos SIDON, filia Ponti, *teste Eusebio*.

Philo Iudæus ait, THERAPEVTAS (sic enim ille Christianos anachoretas vocat) solitos canere *Hymnos*, & sacra carmina componere.

SYNESIuS Cyrenæus Episcopus Ptolemeensis, qui sub THEODOSIO juniore vixit, decem *Hymnos* sacros Divinitati consecravit, qui elegantiâ cum antiquis certare, pietate etiam superare possunt: Eos latinitate donarunt Viri doctiss. *Guil. Canterus Vltrajectensis*, hinc *Fr. Portus Cretensis.*

GENNADIuS Afer, Pont. Rom. *Hymnos* scripsit, qui adhuc in sacris habentur ritibus.

Quibus non inferiori loco annumerandi sunt *Hymnorum* scriptores; *Paulinus* Nolanus Episcopus; *Aurelius* Prudentius; Clemens Hispanus sub Theodosio Iuniore; *Licentius* Hipponensis, Augustini amicus; *Beda* venerabilis anno 732. *Paulus* Diaconus; *Rabanus* Maurus Fuldensis, Bedæ discipulus, sextus Moguntinorum Pontifex, Parisiensis scholæ fundator; *Theodulphus* Pontifex Aurelianensis: *Hudalbertus*, Cenomanensium Antistes primò, deinde ab Honorio secundo Pontifice Max Turonensis Episcopus factus; ut taceam nostri seculi *Hymnologos* ipsâ Lusciniâ suaviores, *Philippum, Fabricium, Siberum* & alios

Priusquam concluditur Hymnorum Leiturgia, referenda hîc venit per abusum inventio & compositio Hymni, festo *Iohannis Baptistæ* dicati, qui nostris in Ecclesiis correctiùs decantatur, & nemini non notus est: *Vt queant laxis resonare fibris &c.* Vnde sex Musicales voces sunt desumptæ, *Guidonis Aretini*, qui sub Conrado II. & Henrico III. Impp. floruit, operâ. At manifesta est idololatria, quòd *Paulus* quidam nomine, Romanæ Ecclesiæ historiographus, aliquando sub exhibitione Paschalis facis, ber Oſterfertzen/ raucedinem persentiscens, pro recuperanda vocis integritate hunc *Hymnum* composuerit, atq; eo ipso *Ioannem* vocis clarioris patronum invocaverit, cujus quippe natali die, muto patri Zachariæ vox sit reddita, cumq; ipse præcursor & præco Domini, *Clamantis vox* Esaiæ encomio proclametur.

Tantum de Hymnis: sequitur Magnificat.

MAGNIFICAT *B. Virginis Mariæ* ϑεοφόρε,Canticum ab initiali voce sic appellatum, ode est Eucharistica, qua Christi mater cùm ϑεοτόκιας beneficium sibi licèt despectæ & humili præstitum, tùm Ecclesiæ benefacta, gratuitò & magnificè ex pollicitatione, contra malignorum voluntatem, collata, intimè ac medullitus celebrat. *Magnificat.*

Inter *Psalmos*, quos *Majores* vocant, hoc Mariæ cum Zachariæ & Simeonis cantico commumeratur. Sunt autem *Psalmi Majores*, quos Spiritus Sancti majori cum luce, tempore novi Testamenti, exhibito

Chri-

Christo, inspiravit, & quidem *Majoribus*, h. e præcipuis in Ecclesia ejus seculi personis, Christo carne spirituq́; proximè cognatis, eundemquè coràm cum læticia contuitis; cujusmodi homines ob rem & corpus, ad spem & umbram collatum, *majoris*, quàm prisci sunt felicitatis; à quibus *majus*, h. e. præcipuum beneficium Dei, videlicet adventus Christi, promissa priscis facta explentis, celebratur; ob id *majores* inscribi dignissimi Psalmi, quippe ad finem usq; seculi in *majore*, h. e. Novi Testamenti Ecclesia Catholica, pleno ore & corde, domi forisquè decantandi.

Ex ijs Psalmis μεγαλυνῳδία sanè Leiturgodiæ Ecclesiasticæ pars maximè insignis ac frequentissima est. Etenim MAGNIFICAT illud tam magni fecit pia vetustas, ut omnibus Tonis, Tonorumq́; differentijs, cujusq́; Dominicę ac Festi solennitati congruentibus, post Antiphonas ritè concini instituerint μελοποιίας periti artifices Musici.

Et D. LuTHERuS Megalander *Magnificat* in Postillis domesticis seu privatis vocare dignatur *Canticum. Magisterij*, Ein Meister Gesang/ quòd frequenti ac decenti consuetudine in Ecclesiæ congressibus dignissimum sit, jugis Sacrificij instar, destinari *Leiturgodijs Vespertinis*. Quippe sub mundi vespera & seculo ultimo, in Novo Testamento, exhibitum Messiam hac gratiarum actione excipit cum Maria, humilis & indigna Ecclesia, sibimet gratulans de DEi erga humiles contemtosquè misericordiâ, de Christi in superbos contemtores potentiâ, de fide denique Dei in promissis servandis verissimâ.

Etiam omnibus omnium ordinum hominibus assiduam hanc Leiturgian pervolvendam inculcat, singulis conveniens argumentum, quod acutissimè innuit p. m. Reverendus vir *Simon Musæus*. Siquidem *Et Misericordia ejus à progenie in progeniem timentibus eum.* Fecit potentiam in brachio suo, dispersit superbos (Hæreticos) *mente cordis sui :* Hæc verba templorum valvis & Scholis affigantur.

Quæ sequuntur: *Deposuit potentes* (Tyrannos) *de sede, & exaltavit humiles :* aulis & curijs appendantur.

Deniq;

Et Vespertina.

Denique: *Esurientes implevit bonis, & divites dimisit inanes:* domesticis januis, cellis penuarijs & cubiculis adscribantur.

Præterea scitè & mirificè nobis commendat hanc memorabilem B. Mariæ ODEN, quòd personarum cognominum cognatíque argumenti canticis, in Veteri Testamento præcantatis, unanimi consensione correspondeat.

Nam ad chori Ecclesiæq; DEum collaudantis, sedulam in castitate & integritate operam designandam, *Almah*, sive illibatæ virginitatis Sponsa MARIA, Christi mater, in Novo Testamento prima hujus carminis conditrix fuit & præcentrix: sicuti olim *Mirjam*, Mosis soror, *Almah*, sive virgo præcentrix, prima fuerat in Veteri Testamento, ubi omnium primam *Oden* Deo celebravit, cum fœminis reliquis, & virginibus, priori virorum Choro respondens; ceu Veteres constat στροφαις subjunxisse αντιστροφας & αντιχορίας. Par enim est ab omnibus, cujuscunque sexus & conditionis, celebrari DEum, Psal. 148. v. 10, & 13.

Quid? quòd eodem non tantùm cum Mirjam illius, sed etiam HANNAE in Veteri Testamento concinentis, Spiritu afflata hæc *Hannæ* alterius filia *Maria* canticum hoc ediderit, tam consona cum illis voce & mente, ut harum *trium* veluti *Charitum* Chorus harmoniâ incredibili, cum suavi & gravi gratiâ disertè concordare, aure facili, nec prorsus ægrâ, percipiatur expressè.

Nonne pari intonant modo utræq; Mariæ? *Luc. 1. & Exod. 15.*

Hæc:

Magnificat anima mea Dominum: Et exultavit Spiritus meus in Deo salutari meo. Quia respexit humilitatem ancillæ suæ; Ecce enim ex hoc beatam me dicent omnes generationes. Quia fecit mihi magna qui potens est, & sanctum nomen ejus.

Illa:

Cantabo Domino; quoniam triumphando magnificè egit: equum & ascensorem ejus dejecit in mare. Fortitudo mea & laus Dominus, factusq; est mihi in salutem: ille Deus meus, & decorabo eum: Deus patris mei; & exaltabo eum.

L   Etiam

Etiam uno ore ab utrisq; concinuntur generi humano exhibita DEi beneficia.

1. Misericordiam prædicant;

Hæc tali encomio:
Et misericordia ejus à progenie in progeniem, timentibus eum.
Illa verò hujusmodi:
Duxisti in tua misericordia populum istum, quem redemisti: Duxisti in tua fortitudine ad habitaculum sanctitatis tuæ.

2. Potentiam & justitiam;

Hæc:
Fecit potentiam in brachio suo, dispersit superbos mente cordis sui. Deposuit potentes de sede, & exaltavit humiles.
Illa:
Dextera tua, Domine, magnificata est in virtute: Dextera tua, Domine, fregit inimicum, &c. Cadat super eos tremor & pavor in magnitudine brachy sui: &c.
Et paullò antè:
Triumphando magnificè egit : equum & ascensorem ejus dejecit in mare, &c.

3. Veritatem;

Hæc Novi Testamenti Maria posterior:
Suscepit Israël puerum suum, recordatus misericordiæ suæ: Sicut locutus est ad patres nostros, Abraham & semini ejus in secula.
Illa Veteris Testamenti Maria prior:
Introduces eos & plantabis eos in monte hæreditatis tuæ, ubi habitaculum mansioni tuæ fecisti Domine, ubi sanctuarium firmaverunt manus tuæ Domine.

Ex choro *Mariæ*, quæ *Mosis* fuit *soror*, hæc *Maria, Christi mater*, digressa, mox videtur tàm unanimi concentu *H A N N A E Samuelis matri* sese conjunxisse, ut verba & sententias nonnullas ex *Hannæ Ode, 1. Sam. 2.* mutuata, aut inde edocta jure putetur.

1. Illa

Et Vespertina.

1. Illa inquit:
Magnificat anima mea Dominum, & exultavit Spiritus meus, &c.
Hannah item:
Exultavit cor meum in Domino.

2. Illa inquit:
Fecit mihi magna, qui potens est.
Et hæc:
Non est fortis, sicut Deus noster.

3. Illa:
Et sanctum nomen ejus.
Hæc:
Non est sanctus, ut Dominus.

4. Illa:
Deposuit potentes de sede, & exaltavit humiles.
Esurientes implevit bonis.
Hæc:
Infirmi accincti sunt robore, & famelici saturati sunt panibus.

Denique in utroque Hymno multa sunt consimilia, nec mirum; quia consimile tractant argumentum: ibi virgo peperit; hic sterilis est fœcundata.

O utriusq̃, Testamenti suavissimam harmoniam: ō concordiam salvificam: Unius Christi, unius Spiritus, unius fidei testificationem & obsignationem certissimam, evidentissimam: quæ vel sola Megalynodiæ commendationi sufficere posset.

Colophonis loco post orationem EVLOGO-DIA, a pueris imperfectæ ætatis canitur: BENEDI-CAMuS DOMINO. Denotari quippe volunt quidam, quòd omnis laus nostra puerilis sit, & imperfecta

Benedicamus Domino: Deo dicamus gratias.

L 2   planê

LITURG. MATUT. ET VESPERT.

planè, ad opera & beneficentiam DEi, quem laudamus, comparata: Quicquid enim dici poteſt, minus laude DEi eſt: vel iſto puerorum cantu admonemur de puerili ſimplicitate, & ſimplici fidelitate, à Chriſto in omnibus, ad regnum cœleſte contendentibus, deſideratâ, (*Marc. 10.*): quam univerſus Chorus imitatus, floridorum inſtar Cherubim, reverenter & humiliter DEi mirabilia in finem uſq; extollit, cum grata memoriq; recordatione.

Nunquam enim ingrati animi oblivione eſt omittenda *Eulogodia*, Læturgiæ Eccleſiaſticæ εὐχαριστικῇ clauſula; quâ poſt ritus Læturgiæ, in congreſſibus peractos, cum gratiarum actione, tanquam ad plus dandum invitatione, Deo accepta beneficia referre Chriſtiana pietas exigit: Namq; Deus ille munificus eſt, qui ex promiſſi tenore in ſacrarijs & Oratorijs ad nos pervenit, benedicens nobis, (*Exod. 20.*) καὶ εὐλογητὸς ὁ Θεὸς, εὐλογήσας ἡμᾶς εὐλογία πνευματικῇ, hoc eſt, *Benedictus Deus eſt, qui benedixit nobis benedictione ſpirituali, Epheſ. 1.* Cúmq; Dominus ex Sion benedicat nobis, *Pſal. 127.* & populo ſuo, imò Hæreditati ſuæ Dominus benedicere ſit rogatus, *Pſalm. 28. & 27.* certè pro tam almæ benedictionis impetratione, ad gratæ Benedictionis remunerationem nos viciſſim devinctos eſſe decet, prout *Eulogodiâ* iſtâ Euchariſticâ: *Benedicamus Domino*; &, *Deo dicamus gratias*, tres pueri, ex quorum Hymno puerorum *Eulogodiam* deſumptam eſſe volunt, in fornace Babylonica ab igne illæſi, DEum omni εὐλογίας genere proſecuti ſunt.

Ad illam publicam *Eulogodiam* Eccleſiæ cœtum exhortatur etiam Regius Pſaltes *Pſalm. 68.* In Eccleſijs, inquiens, *Benedicite DEo Domino, de fontibus Iſraël.* Et perſolvere tenentur pij, quod ipſorum nomine ſpondet *Pſalm. 144. Sancti tui benedicant tibi*: Ibidem iterum: *Benedicat omnis caro nomini ſancto ejus in ſeculum, & in ſeculum ſeculi.*

LAUS DEO TRINO
& VNI,
Benedicto in ſecula,
AMEN.

CORO.

CORONIS LEITVR-
GODIAE.

Non alienum hîc planè erit, coronidis loco quę-dam adijcere de *Litanijs, Horis Canonicis,* & *D. Virginis Pſalterio,* quod vocant.

DE LITANIIS.

ΛΙΤΑΝΕΙΑΣ *Litanias* (ineptè *Letanias*) à λιτανεύειν, quod ſupplicare eſt, Græcam ſecuti vocem, Latini vocant Supplicationes, ſive Rogationes. Vulgo *Præceſsiones* nominant, quòd binos præcedendo bini longo ordine ſequantur, à loco ad locum progrediendo, ac magna voce orando.

Quidam malunt PROCESSIONES appellare, quia ea ſacrificalis pompa publicè procedit: Quo Græci reſpexére, qui eas προσόδους vocant.

Latinius dixeris SuPPLICATIONES PuBLICAS Nam & apud Romanos ethnicos publicæ fiebant ſupplicationes, non ſolùm re feliciter geſtâ, ad agendum Dijsgratias; ſed & imminente periculo, ut averterent, & averruncarent mala, prodigia & portenta. Decernebantur videlicet hæ ſupplicationes Senatus-conſulto in aliquot dies, duos, quindecim, viginti, plures paucoréſve, de conſilio Pontificum & Decem-virorum qui libros Sibyllinos inſpexerant, aperiebantur templa, Divorum ſimulacra in lectulis, quibus faſciculi ex verbenis (ſtruppi vocantur Feſto) loco pulvinarium inſternebantur, collocabantur, Senatores & patritij cum conjugibus & liberis coronati plerumquè: quandoq; verò omnes tribus ſimul & ordines, præeunte Pontifice maximo, nonnunquam Duumviris, ſequentibus è veſtigio pueris ingenuis & libertinis, ac virginibus patrimis & matrimis coronatis, aut lauream manu præferentibus, & modulata voce pronunciantibus carmen. Atque ita tota urbs ad ſolemnem precationem converſa vel mala deprecari, vel ri, vel fausta precari, vel grates persolvere pro insigni quadam victoriâ. Vnde apparet etiam ethnicis persuasum fuisse, preces communes u- nanimi voce & consensu prolatas, Deo magis acceptas esse: vnde & in- ter fragmenta Petronij Arbitri hoc exstat distichon:

Nos quoq́; confusis feriemus sidera verbis:
Et fama est junctas fortius ire preces.

Exempla supplicationum hujusmodi plurima exstant apud Cice- ronem, *3. Catilin.* Cæsarem, *4. Bell. Gallic.* Livium, *lib. 21 & 40.* Lampri- dium, *in Commodo.* Vopiscum, *in Tacito.* Videantur Augustinus, *de civit. Dei, lib. 3.* Ioh. Garzias Gallecus l. C. *tract. de Expens. & meliorat. cap. 21. n. 36.* Peucerus *de Divinat. tit. de Augurijs & aruspicina.*

Apud Christianos *Processionum* usum jam inde à principio Chri- stianismi fuisse, testimonio est Tertullianus libro ad uxorem altero; Et videri potest, Christianos à Iudæis mutuatos esse has *processiones*, quasi mysticè voluerint imitari eos, qui primi occurrerunt CHRISTO, ex Bethania se Hierosolymam conferenti.

Litaniarum aliæ *Majores* sunt, aliæ *Minores.* Mamercus Claudianus, Vienensis Episcopus *Minores* in Gallia, Salutis anno 458. (*Volaterranus*, cum Ptolomæo Lucensi refert ad annum 454.) instituit, quæ triduo an- te Domini ascensum eduntur, quo tempore rei atrocitate territis Gallis, in ipso meridie lupi ferę́q; alię Vrbes ingressæ, in homines grassabantur; quotidieq́; aut tellus movebatur; aut de cœlo tacta loca vel ruebant, vel comburebantur. Alcimus Avitus, Vienensis Episcopus peculiari homiliâ, ternis diebus ante ascensionem celebratas, & inde in omnem Galliam derivatas ait. Sidonius eadem planè cum Avito commemo- rat, *in Epistola 7. ad Mamercum:* item *lib. 5. Epistolâ ad Aprum.*

In Concilio Aurelianensi primo, circa tempora Hormisdæ Pp. qui sedit anno Christi, 515. novem annos, de *Litanijs* hisce ita definitum est, cap 29. Rogationes, id est, *Litanias* ante Ascensionem Domini placuit celebrari, ita ut præmissum triduanum jejunium in Dominicæ adscensionis solemnitate solvatur. Per quod triduum servi & ancillæ
ab ope-

ab opere relaxentur, quò magis plebs universa conveniat. Quo triduo omnes abstineant, & quadragesimalibus cibis utantur. Translatus est hic canon *in c. rogationes. 3. de consecrat. distinct. 3.* Hinc manaverunt & reliquæ sunt, etiam in quibusdam reformatis Lutheranorum Ecclesijs, solemnitates illæ, quæ circa ea tempora celebrantur. Vulgò vocant die BetWoche. Verùm post *Agapetus* Pontifex, qui sedit anno Christi 534. dicitur primus constituisse in singulos Dominicos dies; in templis vel circa templa habendas *Litanias.* A *Leone* III. in Aurelianensi concilio posteriori, per universam Ecclesiam hujusmodi supplicationes stabilitæ fuerunt. (*Fulgosus lib. 2. cap. 1, & Egnatius lib. 2. cap. 1.*)

At *Gregorius Magnus* MAIORES LITANIAS, sicut & Psalmodias & processiones anno Christi 591. instituit, quas omnis ordinis populus, septeno ordine incedens, alternis caneret, VI Kalend. Majas celebrari solitas, cum per id tempus quodam morbi genere laboraretur, quo inguinibus statim tumescentibus multi mortales interirent. Cujus pestis causam fuisse prodigiosum Tiberis incrementum, Paulus Diacon' prodit, quòd recedentibus inde undis, ingens serpentum numerus in urbem invaserat, ac usq; eò aërem tabefecerat, ut inguinibus subitò tumefactis passim homines perirent. Quod malum *Pelagius secundus* (in cujus locum *Gregorius* surrogatus postea fuit) precibus avertere conatus, jejunium ac *Litanias* indixit; sed & ipse inter alios interijt, anno Christi 579. *Gregorius* ergo multitudinem ad rem divinam hortatus est, constituitq; ut ab universa civitate supplicaretur, sed discretis ordinibus: ut clerus universus à Iohan Baptistæ templo; prophana virorum multitudo à D. Marcello; Monachi à Iohanne & Paulo; Sanctimoniales à Cosma & Damiano; Matronæ, quæ in matrimonio erant, à Protomartyre; viduæ à Vitale; puerorum & puellarum chori à Cæcilia suppliciter procederent, atq; ubi omnibus esset templis supplicatum, ad ædem virginis, cui Novæ cognomentum est, omnes reverterentur. Ferunt, cum hæc pararentur, adeò pestilentiam atrociter incubuisse, ut populo in concione stante octoginta exanimati sint. Nec Gregorij & populi

populi supplicantis preces incassum sunt missæ. Pestilentia sensim remittens brevi extincta est. (*Sabellicus lib 5. Enneadis octava.*)

De ea paulò aliter Sigonius Anno 590. Dirâ pestilentiâ Romanam urbem affligente, *Litaniam Majorem* vulgò dictam, in festo S. Marci celebrari solitam, instituisse fertur *D. Gregorius Magnus* Pp. ut feriâ quarta prima luce clerus egrederetur ab æde SS. martyrum Cosmæ & Damiani, cum Presbyteris regionis sextæ; Abbates cum monachis suis, ab æde SS martyrum Gervasij & Protasij cum Presbyteris regionis quartæ; Abbatissæ cum congregationibus suis, ab æde SS. martyrum Marcellini & Petri cum presbyteris regionis primæ; omnes pueri & puellæ, ab æde SS. martyrum Iohannis & Pauli cum presbyteris regionis secundæ; omnes Laici, ab æde S. Protomartyris Stephani cum presbyteris regionis septimæ; omnes mulieres viris orbatæ, ab æde S. Euphemiæ cum presbyteris regionis quintæ; omnes conjugio sociatæ, ab æde S. Martyris Clementis, cum presbyteris regionis tertiæ; E singulis autem ædibus in hunc modum egressi, in ædem B Mariæ convenirent, ac longis ibi fletibus & gemitibus Domino supplicantes, peccatorum veniam implorarent. Iussit quin etiam, ut convocati Clericorum Chori per triduum psallerent, & Domini misericordiam invocarent. Itaque ab illo traditum nunc quoq; manet, ut post *Missarum Introitum* novies Domini Christivé misericordia expofcatur.

Horâ igitur tertiâ venerunt ipsi canentium chori ad templum, per campos urbis clara voce Domini misericordiam implorantes Dum autem populus supplices ad Deum voces effundit, repentè octoginta homines in turba exanimes conciderunt. *Gregorius* haudquaquam exterritus continuò populum monuit, ne ab obsecratione cessaret, sed multò intentiùs in studium divinæ precationis incumberet. Interim indies magis pestilentia sæviebat. Ad cæteros autem casus, quibus homines passim absumebantur, hoc etiam mali accesserat, quod multi cum sternutarent, alij cum oscitarent, repentè spiritum emittebant. Quod cùm sæpius eveniret, consuetudo inducta est, quæ nunc etiam observatur, ut sternutantibus salutem precando, oscitantibus signum Crucis

cis ori admovendo, præsidium quærerent.   Quibus rebus permotus *Gregorius*, ad cætera cœlestis iræ piacula, anno 591. religiosam in die *Resurrectionis* supplicationem instituit, atque solenni in pompa sanctam Virginis DEi genitricis imaginem extulit.   Hæc ex ore ejus Lucæ Evangelistæ manu affabrè ad vivum expressa, jam tum in æde D. Mariæ ad præsepe in Exquilijs sita, eximiâ populi religione conservabatur.   Factum est autem, ut imaginem ipsam, quâcunq; ferretur terrâ, pestilentis cœli gravitate cedente, optata salubritas sequeretur.   Qua de re Deo gratulantibus omnibus, ecce Angelus sanctam virginem his vocibus è cœlo alloquens est auditus: *Regina cœli lætare, alleluja*; *Quia quem meruisti portare, alleluja*; *Resurrexit, sicut dixit, alleluja*.   Quam ubi Gregorius auribus orationem excepit, statim divino instinctu, spiritu scilicet, in hunc modum explevit; *Ora pro nobis Deum, alleluja*.   Exinde *Antiphona* solennis Ecclesiæ paschalis argumento læticiæ mansit.   Neq; ita multo post Angelus super Hadriani molem astans, ac strictum mucronem vaginâ recondens conspectus est.   Quo viso Gegorius exhilaratus, converso ad populum ore;   Bono, inquit, omnes animo estote: nam optatus divinæ iræ, ac furentis jampridem pestilentiæ finis, Deo ipso annuente, ostenditur.   Atq; ita, ut ille præsensit, ipse deinde morbus elanguit.   Ab hac re moli S. Angeli nomen est inditum. Hæc ex Ritualibus recenset *Sigonius lib. 1. Regni Italiæ*.   Vnde quid fide dignum sit & recipiendum, prudens lector facilè dignoscet. Stephanus 3. Pp. nudis pedibus *Litanijs* incessisse legitur; anno Christi 768. *Litaniæ* etiam ante festum Ascensionis instituit *Adrianus*, anno Christi 800.

Sed controversia est, quam obiter attingere libet, apud Iuris Pontificij consultos; An ad has Litanias sive rogationes publicas & processiones teneantur accedere omnes Clerici territorij, vel duntaxat (ut loquuntur) omnes de territorio baptismalis Ecclesiæ?   Et quidem Archidiaconus, celebris ejus juris interpres, *in c. quando. 38. distinct.* existimat, quod omnes clerici Episcopatus teneantur singulis annis venire ad Litanias ad Ecclesiam majorem.   Argumento utitur hoc, quod *in d. c. quando*, æquiparentur Litaniæ & Concilium.   Iam verò ad Concilium quotannis bis comparere tenentur. *c. propter. c. non oportet. & tot. distinct. 18.*

At verò Abbas Panorm. *in c. nimis. de excess. prælat. Felin. in c. dilectus. de offic. ordinar.* Cardinal. *in Clement. unic. de reliq. & vener. sanct.* ab Archidiacono secessionem fecerunt, & opinantur solùm teneri eos Clericos comparere, qui sunt in territorio Ecclesiæ baptismalis. Quorum opinio, ut antea recepta erat, ita & in Concilio Tridentino nupero confirmata est. *Session. 25. c. 13. de reformat.* Iohan. Garz. *de expens. & melior. cap. 21. n. 37. & seq.*

Atq; hæc de Litanijs cùm minoribus túm majoribus.

DE HORIS CANONICIS.

PReces horarias sive CANONICAS, quas vocant, *Hieronymus primus,* Eusebio Cremonensi & plerisq; alijs, qui cum eo vixerant, instituisse fertur, quibus divinæ in Templis laudes canerentur, quas Patres deinde receperunt, imitati carmen *Davidis* dicentis: *Septies in die laudem dixi tibi.* Sunt autem qui tradant, & inprimis D. Cyprianus morem celebrandi primam, tertiam, sextam & nonam horam à *Daniele* sumtum, quòd ille ter in die positis humi genibus patrio ritu, manè horâ sextâ & nonâ precari consuevisset. Ita, teste D. Hieronymo, TRIA *sunt orandi tempora: manè,* id est, hora tertia, quum Spiritu Sancto afflati sunt Apostoli: *sexta,* quum edendum est; sic Petrus Apostolus, volens cibum capere, ascendit circa horam sextam in cœnaculum orandi causa: *nona,* tùm idem Petrus & Iohannes perrexerunt ad templum precandi gratia.

Postea PELAGIuS II. (*Sigeberto & Cranzio lib. 2. Metrop. 2. testibus.*) decrevit, ut ipsæ septem *Canonicæ horæ* quotidie à Sacerdotibus recitarentur, velut præsens remedium humanæ imbecillitati futurum, quo sicuti IuSTuS *septies* in die cadit, ita per orandi curam toties resurgat. (*Anno Christi 555.*)

Singulis autem horis *Gregorius* præfationem dedit initium Psalmi mi David : *DEus in adjutorium meum intende; Domine ad adjuvandum me festina:* subjecitque Hymnum illum; *Gloria Patri & Filio, & Spiritui sancto.* Vt totidem etiam horæ in honorem Deiparæ Virginis quotidie recitarentur, instituit *Vrbanus* II. in concilio, quod in Gallis ad Claromontem habuit.   Et *Hieronymus* rogatu *Damasi* digessit Psalterium in septem partes, ad numerum dierum unius hebdomadæ, ut quilibet dies certum Psalmorum numerum haberet, qui caneretur.   Quod ita distinctum nunc ex ipsius Damasi decreto in omnibus templis legitur.

Deus in adiutorium meum intende, &c.
Gloria Patri, &c.

Fertur idem Pontifex omnium primus, rogatu Hieronymi, *(teste Sigeberto) Hymnum,* qui tribus divinis Personis redditur, ad extremum quemq; Psalmum adjecisse, quem in Nicæno conventu editum memorant.   *Damasus* instituit, ut ad singulas horas canonicas recitaretur, pressâ tamen voce, S Y M B O L u M, quod ad differentiam Nicæni Symboli vulgò brevius, & A P O S T O L I C u M appellatur: quamvis multi tradant, istud non illud in Nicæno concilio editum. *Polyd. lib. 6. cap. 2. de Invent. rerum)*

De horis Canonicis hæc sufficiant.

DE PSALTERIO D. VIRGINIS.

MOdus orandi per rotulos ligneos, quos vulgus modò *Preculas,* modò *Pater nostros* appellat (ij numero quinquaginta quinq; perforati ita ordine distinguuntur, ut post denos singuli majusculi affigantur filo : & quot hi sunt, toties Dominicam precem ; quot illi, toties Angelicam salutationem ter numerum ineundo recitent, terquè Symbolum brevius inferant.   Et id D. M A R I A E Virginis P S A L T E R I u M nuncupant) à *Petro Eremita* Gallo, Ambianensi inventus, qui circa annum Sal. M XC. egit cum *Vrbano,* ut bellum Asiaticum à Christianis Claromonte susceptum fuerit, quo Hierosolyma recepta sunt.

Hodie tantus honor ejusmodi calculis accessit, ut non modo ex ligno, succino & Corallio, sed ex auro argentoq; fiant, sintq; mulieribus instar

inſtar ornamenti (*Polyd. lib. 5. c. 9. de rer. invent.*) Nimirum rationem habuit ille vitæ militaris negocioſæ ſimul & otioſæ, ut quantum ab hoſtibus carnalibus daretur otij, id contra hoſtes ſpirituales impenderetur, ſatiùs eſſe ratus, Oratione licet perfunctoriâ, quàm ludo vel fabulis tempus fallere.

Cæterìm cùm non quàm multæ, ſed quanta cum fide preces fiant, καρδιογνώςης ille ſpectare ſoleat: omnibus in univerſum in omni vita cum Chriſto ſemper orandum erit, ita quidem, ut preces ponderentur potiùs, quàm numerentur.

PARTIS PRIMAE,

IV. Membrum:
THEORIA ORGANICES SIONIAE:
hoc est,

Contemplatio Inſtrumentalis Muſicæ, cùm in Veteris, tùm Novi Teſtamenti Eccleſiâ uſitatæ;

Ex Bibliis, Eccleſiæ Scriptoribus antiquis & recentioribus, alijsq́, Autoribus collecta.

I. CAPUT.

De Autoribus Muſicæ Inſtrumentalis & quidem ſacra, carminibus Pſalmorum ad cultus divinos à Regibus & populo Dei adhibitæ; itemq́, de propoſitione & ſummâ hujus Theoriæ.

IVBAL (Nomen יוּבָל *quod à patre Lamech Iubali inditum videtur, à* יוּבָל *Sono, clangore, buccinatione & productione Iubili deſcendit. Eſt autem* יוּבָל *à verbo* הוֹכִיל, *quod ducere, producere, deducere & reducere ſignificat:* Wie den die Stimmen vnd der Klang in der Muſic, hoch vnd tieff/ *remiſsè vnd* ſubmiſsè zugefallen pflegen: Auch die Poſaunen darnach gezogen werden/ daher das deutſche Wort (fallen) vnd lateiniſch intervallum kompt. *Ex quo patet, & patrem Lamech, Muſicum primum vel ſaltem Muſices haud ignarum fuiſſe.*) *Geneſ.* 4, 21. memoratur primus Autor tractantium *Citharam, & Organum:* Quibus nominibus per Synecdochen comprehendit Moſes omnia Inſtrumenta Muſica, tùm ψηλαφητὰ, ſeu κρυϛὰ, quæ Ariſtoxenus apud Athenæum *lib. 4.* Dipnoſoph ἐντατὰ nominat; tùm πνευματικὰ, five ἔμπνευϛα, quæ digitis ventoue moventur.

In Religionis autem exercitio publico DAVID primus conſtituit, *Cantores* Inſtrumentis præſtò eſſe, ut *1. Paral. cap. 15. v. 16.* annotatum

tum est; *Dixit Principibus Levitarum, ut constituerent de fratribus suis Cantores in Organis Musicorum, Nablis videlicet, & Lyris, & Cymbalis, ut resonaret in Excelsis sonitus lætitiæ.*
  Patris sanctioni SALOMONEM subscripsisse *2. Paral, 5.* indicatur: *In Templi enim inauguratione egressi sunt Sacerdotes, tàm Levitæ quàm Cantores, id est, & qui sub* Asaph *erant, & qui sub* Heman *& qui sub* Idithum *filij & fratres eorum, vestiti byssinis, Cymbalis & Psalterys & Citharis concrepabant, stantes ad orientalem plagam Altaris.*
  Atq; poëticè, ac organicè psallendi studio, *Psalmi* non solutâ & liberâ, sed ligatâ & numeris astrictâ oratione sunt à Davide conscripti. Id quod non tantùm Titulus & Epigraphe ostendit, dum Psalmi *Cantica* & *Hymni* dicuntur, eò quod metrico dictionis genere conditi fuerint; (quia vero non unum adhibuit Propheta carminis genus, sed varia, ideò factum est, ut tota ratio sacræ istius poëseos oblivione submersa jaceat, unde qui illam erueret, nemo hactenus fuit) verùm ex Musicis insuper Instrumentis patet, ad quorum pulsationem & harmonicam modulationem Psalmi in Tabernaculo & Templo decantati sunt; quod fieri non potuisset, nisi numeros illi haberent.
  Attestatur idipsum *Iosephus lib. 7. Antiquit : Iudaicarum cap. 10.* sic scribens: *Cæterùm* DAVID *perfunctus jam bellis ac periculis, & in altissima pace degens, vario genere carminum Odas & Hymnos in honorem DEi composuit, partim trimetro versu, partim pentametro; Instrumentisq́; Musicis comparatis docuit Levitas, ad pulsum eorum laudes Dei decantare, tàm Sabbati diebus, quàm in cæteris Festivitatibus.*
  Discrepant quidem Patrum sententiæ de alio, quàm Davidis nomine, Psalmis præfixo, cuiusmodi est, *Asaph, Ethan, Idithun* Filij Core, &c. Eos cum Davide, Mose, Salomone autores Psalmorum faciunt Isidorus *libro de officijs,* Hieronymus *in Epistola ad Sophron;* Athanasius *in Synopsi Sacræ Scripturæ.* Quandoquidem *2. paral. 29.* דברי & verba seu poëmata, ut reddit Lutherus, Psalmorum æquè Asapho ac Davidi assignantur. Et quemadmodum videntur dicti *Psalmi Le David* à Spiritu Sancto Davidi dictati; Sic inscriptos esse volunt Psalmos *Le Asaph*

Theoria Organices. 87

faph à Spiritu Sancto inspiratos *Asapho* & *Libnei Coræ* id est, filijs Coræ divinitùs suggestos. Attamen Augustinus *lib. 17. de Civit. Dei, c. 14.* & Cassiodorus *in præfatione Psalterij, Asaph, Idithum, filios Coræ* non autores, sed administratores, Psalmos cùm voce, tùm Organo decantandi, statuunt.   Siquidem de *Asapho, Idithum, Heman* & reliquis *1. paral. 15. & 16. &. 25. 2. Paral. 5.* expressè scriptum est; quòd David illis ministerium cantandi, & Instrumentis Musicis ludendi demandaverit   Et *1. Paral. 25.* de ijsdem legitur, quòd in Citharis prophetaverint.   Solebant enim ad Citharam & alia Instrumenta Psalmos vivâ voce decantare, quod non absq; peculiari agitatione Spiritus Sancti fiebat.   Is enim hoc medio in illis id temporis excitari & invitari voluit, id quod etiam ex historia Elisæi *2. Reg. 3.* luce meridianâ clariùs elucescit.

Cum quo consonat Sabellicus, *Enneadis 1. lib. 20.*   DAVID Rex, *omnibus gentibus pacatis, Religionis studia complexus,* HYMNOS TRIMETROS *edidit, & cum his* PENTAMETROS VERSUS *plurimos, qui Sabbathis, festisq; diebus sacris solennibus canerentur: adjecit his* DECACHORDAM CITHARAM, &c.

Qualia verò priscis temporibus fuerint *Instrumenta,* ne divinare quidem possumus; Iucundum tamen erit nec contemplatione indignũ, præcipuas Instrumentorum species cùm ex Psalterij Davidici, tùm ex Mosis, Prophetarum, aliorumq; Hagiographorum officinâ depromtas, in theatrum producere, atq; eorundem usum cum Antiquitate Christiana, & pijs literæ conjecturis & Allegoriæ mysterijs quasi adumbrare & animadvertere.   Denique Organicam, Novi Testamenti Ecclesiæ receptam, assertamq; adducere.

Sed prius de varia Chori Musici conditione, qualis sub Davide alijsq; pijs principibus Iudæis fuerit ; itemq; de titulis, plerisq; Psalmis præfixis agendum esse existimavimus.

Quàm accurata enim fuerit Chori sacri instructio quàm stipata majestas, quàm ordinata in eo officiorum functio & sedulitas, quàm deniq; magnifica erga Cantores in victu & amictu

mictu liberalitas; jucundum est contemplari & auscultare ex V. T. monumentis.

Instructionem & majestatem Chori Levitarum, adeóque Musicorum & ætas certa, & numerus satis firmus edocet.

II. CAPUT.
De ÆTATE Levitarum adeoq́; Musicorum,
cum conciliatione diversæ supputationis & Anagoge.

Mnium Levitarum exercentium opus in ministerio domus Iehovæ, *ministerium* incipiebat AETAS matura & florida, siniebat profecta & languida. Eligendi enim erant à nato *triginta* annos & deinceps, usq; ad natum *quinquaginta* annos; quod præceptum fuit *Num. 4. v. 3. & 43. v. 4* præstitum item à Mose, Aarone & Principibus Israëlis, dictis locis; etiam à Davide *1. Chron. 23. v 2.*

Diversa autem videntur *initia ministerij* statui. Sic enim *Num. 8. v. 24. & 1. Chron. 23.* inquit textus: Hoc est, quod ad Levitas attinet à nato *viginti quinq; annis* & deinceps venito Levita, ad militandam militiam in ministerio tentorij conventus, id est, ad consistendum in statione cum reliquis & observandam rationem ministerij. Hîc *quinq; annorum* discrimen intercedit; Quod ipsum quinquennium vel spacium quinque annorum à *vicesimo quinto ad tricesimum annum* Levitis ad tyrocinium primum venientibus datum fuisse arbitrantur diversi numeri conciliatores; ita ut *viginti quinq; annos* nati reliquis accensi ministrare tenerentur; sed anno demum *trigesimo* suum munus plené exsequi inciperent; ad ministrandum itaque electum fuisse Trigenarium intelgimus, comprehensis institutionis præmissæ annis.

At *1. Chron. 23. v. 23. & 26. & 2. Chron. 31. 16. & Hezra 3. 8.* exercentes opus in *ministerio* fuisse à nato *viginti annos* & deinceps leguntur.

THEORIA ORGANICES. 89

tur. Quo in loco, puta, notat *Tremellius* fecundum numerationem communem Ifraëlitarum omnium: quia *Liberi* ad illam ætatem ufque fignificabantur appellatione *Taph*, id eft, parvulorum. (*1. Chron. 27. v. 23.*). Etfi id ex quorundam locorum analogia credibile videtur effe, Levitas inde â puero fuiffe *Catechumenos* ad vigefimum annum ufque: *post vigefimum* fuiffe admiffos in obfervationem *ministerij*, ad quod erant inftituti, fed θεωρικὴν folum ad *quintum & vigefimum* ufque: Ex eo tempore fuiffe occupatos in fecundaria quadam adminiftratione donec *trigefimum* attigiffent.   Inq; hunc modum â Davide, Gade & Nathane Prophetis, legitimè conftitutum effe ex verbo DEi, â Salomone & Ezechia frequentatum difertè dicitur, (*2. Chron. 8. verf. 26, & 29. 25.*)

Atque hæc collatio & conciliatio diverfitatis de ætate electi ad minifterium â nato 20. 25. & 30. annos fufficiat.

Ea autem fupputatio ab initij & functionis anno 30. uti & 25. ad termini & vacationis annum 50. rationibus non caret evidentibus. In genere enim Theodoretus *quæst. 13. in Num.* argutè exponit: ἐπειδὴ ἡ μὲν πρώτη ἡλικία τελείαν οὐκ ἔχει τῶν ἀγαθῶν καὶ τῶν κακῶν διάκρισιν, ἡ τελυταῖα δὲ ἀσθενέστερον ἔχει τὸ σῶμα, ἀποκρίνει τίνων καὶ τὴν γεότητα καὶ τὸ γῆρας, καὶ τὴν μὲν διὰ τὸ ἀτελὲς τῆς ψυχῆς, τὸ δὲ διὰ τὸ τῆς σώματος ἀσθενές. Quoniam, inquit, *prima ætas* non habet plenam bonorum & malorum difcretionem: *poſtrema* vero debiliore eft corpore, ideò fecernit tùm *juventutem*, tùm *ſenectutem*: illam quidem ob imbecillitatem animi: hanc verò propter corporis infirmitatem.

In fpecie de anno 25. ad 50. Ifidorus ἀλληγορίζει *cap. 6. allegor. in Num.* & citatur *in decret. distinct. 77. cap. 1. in veteri lege:* Quid per annum *quintum* ac *vigefimum*, in quo flos juventutis oboritur, nifi contra unumquodque vitiorum, bella fignantur? & quid per *quinquagenarium,*

rium, in quo & Iubilæi requies continetur, nisi interna quies, edomito bello mentis, exprimitur? quid verò per vasa tabernaculi, nisi fidelium animæ designantur? Levitæ ergò ab anno *vigesimo & quinto* tabernaculo serviunt, & *quinquagenario* vasorum custodes fiunt: ut videlicet, qui adhuc impugnantium vitiorum certamina per consensum delectationis tolerant, aliorum curam suscipere non præsumant: cum verò tentationum bella subegerint, cum jam apud se de intimâ tranquillitate securi sunt, animarum sortiantur curam. *(Sed quis hæc prælia sibi perfectè subigat, cum Paulus dicat* Rom. 7. v. 23. *Video aliam legem in membris meis repugnantem legi mentis meæ, & captivum ducentem me in lege peccati? Sed est aliud bella fortiter perpeti, aliud bellis enerviter expugnari: in istis exercetur virtus, ne extolli debeant: in illis omninò extinguitur, ne subsistant.)* Verum hæc magis placet anagoge, præsertim de 30. anno ad 50.

1. *Sacerdotali* quippe muneri, non quivis promiscuà electione præficiendi, qui imperiti & inepti sunt, & nil præter velle afferunt, *(Magistratus* enim, ut præclarè illud Biantis videtur dictum, *virum ostendit)* sed eos qui moderationis & discretionis fidem faciant. *Tricenarius* etenim, ex tribus denarijs compositus numerus, perfectionem quandam signat roboris virilis: & usque ad illud tempus, Dionysio annotante, proficit homo in rationis vigore ac viribus corporis.

Maturitatem omninò ætatis, quæ cum prudentia & gravitate conjuncta sit, requirit DEus, & ad cultum suum non nisi judicio firmatos usuque edoctos vult admitti, cum adolescentiæ protervæ intemperans lascivia & præceps temeritas & imperitia debitæ sacrorum venerationi non exiguum pariat contemptum & profanationem. Et *Christus* ipse non prius quàm trigesimum esset ingressus annum, docendi ministerium suscipere & subire voluit. Quo ipso & hunc Legis apicem explens ad *ministerium* liberam ætatis electionem & Christianam in annorum supputatione licentiam obedientia sua nobis restituit ac reliquit, ut etjam juniores aspirare & admitti rectè possint, ad *ministerium* Ecclesiasticum, cujus efficaciam à nullius ætate pendere certum est, astipulante non tantùm Novi Testamenti scriptore Apostolo *Epist. ad Timoth. 1.*

cap. 4.

cap. 4. v. 12. Nemo contemnat juventutem tuam; verùm etiam apud Vet. Teſtamenti Notarium Ieremiam *1. cap. verſ. 7.* ipſo DEo proteſtante: Ne dicas, puer ſum; ad omnia ad quæ mittam te ibis, & univerſa quæ præcipiam tibi loqueris.

Κακοζηλίαν itaq; animadvertimns in Decreto, quod aliquem ad Sacerdotium promoveri ante *triceſimum* annum vetat: veluti *Canon* habet *1. diſt. 78:* Si quis triginta annos ætatis ſuæ non impleverit, nullo modo Presbyter ordinetur, etſi valde dignus ſit. Et *Canon 2.* Nemo Presbyter conſecretur, qui minor triginta annis ſit. *Canon 4.* Presbyter ante 30. annorum ætatem non ordinetur, quamvis ſit probabilis vitæ, ſed obſervet uſque ad præfinitum tempus; Dominus enim noſter Ieſus Chriſtus trigeſimo anno baptiſatus eſt, & tunc prædicavit. Cujuſmodi *Canones* ipſi Pontificij obliti, abolitos eos eſſe voluerunt, aut certè ſuis exemplis effecerunt.   Quandoquidem Sixtus IV. Iohannem puerum, Ferdinandi Regis Neapolitani filium Tarentinæ Eccleſiæ præfecit: Leonem X. filium Laurentij Medicis 13. annorum puerum, Cardinalem conſtituit INNOCENTIuS VIII.

2. Ex annorum diverſa ſupputatione ad præparationem & functionem miniſterij, & ad inſpectionem hæc quoque oritur *Anagoge*: Per ſaltum ad ſuperiores gradus quoſvis promiſcuè admittendos non eſſe. Nazianzenus *in laudib. Baſilij, nauticam* vult obſervari *legem,* quæ gubernatori primùm remos committit, deinde ad proram collocat. Et legem ſimiliter *militarem,* quæ militem primùm delegit; deinde centurionem, tum Imperatorem. *Paulò poſt:* Cum nec medici, nec pictoris nomen quiſquam obtineat, niſi prius morborum naturas expenderit, aut multos colores miſcuerit, variasque formas penicillo expreſſerit: Antiſtes contrà facilè invenitur, non elaboratus, ſed recens quartam ad dignitatem ſimul ſatus & provectus, quemadmodum Gigantes Poëtæ finxerunt. Vno die ſanctos fingimus, eosque ſapientes & eruditos eſſe jubemus, qui nihil didicerunt, nec ad Sacerdotium quicquam ante contulerunt, præterquam velle.

Πλάτωμεν αυθημερόν τούς αγίους, και σοφούς είναι κελεύομεν, τους ουδέν σοφισθέντας, ουδέ του βαθμού προσενέγκενlας lι πλήν του βούλεσθαι. De concilio Cyprianus *lib. 4. cap. 2.* de Aurelio *lib. 2. ep. 5.*

Notatu quoque digna est quinquagenariæ ætatis vacatio & cessatio grandioribus concessa, ut tamen præessent autoritate, doctrina & consilio tanquam Ephori Iuniorum & ductores. *Quinquaginta* enim *annos* nato licentia erat revertendi â militia sacri ministerij, ita tamen ut in alios obeuntes militiam in tentorio conventus, inspectionem haberet. *Num. 8. v. 25. & 26.* Nam cum robur corporis laboriosa ista postularet provincia: Senibus etiam aut jam fathiscentibus aut languescentibus missio dabatur tempestiva, ne qua *ministerij* sacri pars ob ætatis infirmitatem neglecta jaceret, ut supra ex Theodoreto annotatum; Siquidem vis corporis â 50. anno decrescere incipit.

Anagoge hinc elicitur:

1. Non urgendos nimis esse ultra modum, qui se alacriter impendunt: nec exigendum plus, quàm facultas patitur.

2. *Senes* non prorsus tollendos ac removendos esse: sed junioribus Inspectorum loco præficiendos. Agrestes itaque & inhumani sunt hodie, qui senes de ponte prorsus abijciunt, & ob quemvis languorem sæpe numerò benemeritis & dignitatem eripiunt ac penè vitam.

Atque hactenus de Levitarum *adeoq.* Musicorum ætate *ad* ministerium *suscipiendum & deponendum.*

Sequitur frequentia Chori & firmus Musicorum numerus.

III. Caput.
De Numero Musicorum.

NVmerus *Musicorum Davidicorum* non exiguus in Levitarum Catalogo & recensione ampla connumeratur & accensetur, (*1. Chron. 23.*

Nume-

Theoria Organices.

Numerus Levitarum per familias fuit : 38000.
Colliguntur sic:
Qui præessent operi domus Iehovæ.   -   -   24000.
Moderatores ac judices.   -   -   -   -   6000.
Ianitores.   -   -   -   -   -   -   -   4000.
Laudantes Iehovam Instrumentis.   -   -   -   4000.

38000.

Huic integro Catalogo Levitarum, *Chorus* quoq; *Musicorum* connumeratur, quorum fuerunt *quater mille*, annumerando scilicet cum Discipulis Doctores ducentos octoginta octo; de quibus *1. Chron. 25. cap. v. 7.* distinctione Tremelliana. Fueruntq; numero illi (*filij Asaph, Heman, Idithun*) cum cognatis suis edoctis Musicam Iehovæ, omnes *Doctores ducenti octoginta octo*.

Chori hujus amplissimi ἰυ]αξίαν maximè decorarunt & stiparunt *viginti quatuor ordines*, quorum discrimen DEo sortitione reliquerunt æquè parvi atque magni, Doctores cum Discipulis: qui non tantum *1. Chron. 25.* recensentur, verùm etiam Nehemiæ *cap. 12. vers. 9.* pertinguntur.

Porrò in libro Hezræ *cap. 2. v. 41.* ad templi restaurationem à reditu populi ex Babylonia recensentur *Musici posteri Asaphi centum viginti octo.* Capite Hezræ dicto *v. 65. Cantores & Cantatrices ducentæ* leguntur, quos Levitæ ad revocandum in usum Musicam sacram (quam septuaginta annorum captivitate oblivioni tradiderant) instituta profectione pecunia compararant.

IV. Caput

IV. Caput.

De distincta variaq; Musicorum per familias & classes distinctorum functione, & in ea exquisita per seriem sedulitate.

Vsicorum officia, producit ordinata Levitarum functio, quæ triplicis erat classis: Ministrantium Sacerdotibus prima legitur, *1. Chron. 23. & 24.* Musicorum secunda, *1. Chron, 25.* Ianitorum tertia, *1. Chron. 26.*

Functionis inter Muficos distinctos, quæ fuerit distinctio & observatio sedula, extat fideliter consignata cùm passim in Biblijs, tùm libri citati *1. Chron. cap. 6. cap. 15. cap. 16. cap. 25. &c.*

Cantores enim, quos constituit David ad ministerium Musicum in domo Iehovæ, ex quo quievit arca, memorantur *1. Chron. 6.* ex filijs Chore, posteris Kehathitarum, *Heman* Musicus; ex posteris Gerschom, *Asaph* qui stabat ad dextram arcæ *v 39*; ex posteris Merari, *Ethan* (qui & *Ieduthun cap. 9. v. 16.* & passim) qui stabat ad sinistram illius *verf. 44.* Vbi non tantum cuilibet designati loci distinctio, qua munia inter se diversa ; sed familiæ sive tribus etiam origo, qua inter se cognationem habuerunt *Musici,* disertè indicatur.

Quippe *Levitas* & ex *Levi* tribu oriundos fuisse *Cantores,* evincit Genealogia *1. Chron. 6. Num. cap. 4. v. 17. Levi* enim habuit filios tres, *Gerschon, Kehath, Merari.*   Quibus nominibus involutum mysticum & allegoricum evolvit Rabanus. גֵּרְשׁוֹן *Gerson* enim advenam, קְהָת *Kahath* Patientiam sive dentes molares, מְרָרִי *Merari* amara vel amaritudinem significat.   Quicunq; sanè *ministerio divino* & functioni sacræ ritè consecratur, in hoc mundo se vagum & peregrinantem advenam esse deprehendit; & patientiæ studio deditus oracula sacra sub concione & cantione, dente discretionis molere atque comminuere secundum materiæ & auditorum qualitatem connititur: quin & amarescere sibi seculum attestans, alios à mundi voluptatibus revocare & abstrahere non dubitat.

Cæte-

THEORIA ORGANICES.

Cæterùm *1. Chron. 15.* ad tranflationem arcæ è domo Obed-Edomi in tentorium in civitate fua erectum, edixit David principib. Levitarum, ut inftituerent agnatos ipforum *Muficos* cum *Inftrumentis Muficis, Nablijs Citharis q̃, & Cymbalis* refonaturos, extollendo vocem cum lætitia *v. 16.* Inftituerunt ergo Levitæ illi *Hemanem* filium Ioelis & ex cognatis ejus, *Afaphum* filium Bereciæ, & è Meraritis cognatis fuis *Ethanem* filium Kufchajæ. *v. 17.* Pòft in arcæ deportandæ folennitate *Inftrumentales Mufici* diftincta obierunt munia fedulò, concinentes & concinnantes *Oden mixtam (Chabakuc. cap. 3. v. 1. Pfalm. 7. v. 1.)* confcriptam non uno tantum aut altero metrorum genere, fed ex varijs intercurrentibus: quæ Hebræis *Ode Erratica* dicitur, id eft multiplex, quæ omnibus rationibus Muficæ decantabatur fimul. Tullius Græca voce dixit *Synodiam.*

Itaque *Heman Afaph & Ethan* Cymbalis chalibæis refonabant, id eft, exercebant Muficam διάτονον *v. 19. 1. Chron. 15.* Ipforum cognati fecundani: Zecavja, Hazziel, Scheniarath, Iechiel, Hunni, Eliab, & Mahafeja & Benaja cum *Nablijs acuta Symphonia* (Hebr. *virgineis:* ut παρθένεια genus Muficæ vocatum Dorib.) *v. 20 :* vel, ut vulgus Muficorum dicit, cum *Nablio alto & fuperiore :* five ut veteres vocabunt *foni,* fcilicet *acuti : fynemmenis, diazeugmenis & Hyperboleis :* qui foni optimè vocibus virginum referuntur. Sunt autem hæc plerunque in *Chromate* pofita, fecundo genere Mufices.

Mattithia verò Eliphele, Miknèja, Hobed-Edom & Hazaria cum *Citharis* gravi *Symphonia* (Hebr. *Octava,* quam Mufici vocant *diapafon*) præerant. *v. 21.* id eft, ut vulgus vocat *Baffo & Tenore,* five ut veteres, *Hypatis & Mefis,* id eft imis & medijs fonis. Quod genus Cantionum ferè in *Harmonia,* tertio genere Mufices pofitum eft.

Arcâ Iehovæ allatâ, iterum difpofuit David è Ievitis miniftros tam ad prædicandum, quàm ad celebrandum & laudandum *Iehovam* Deum *Ifraëlis. 1. Chr. 16. v. 4. Afaphum* primariū *Cymbalis* refonantem, & fecundanos agnatos cū Inftrumentis *Nabliorū* & cum *Citharis. v. 5.* Quo die tradidit

didit David primùm, Pfalmum 105, ad celebrandum *Iehovam* in manum Afaphi & cognatorum ejus. *v. 7.* Reliquit etiam *David* coram arca fœderis Afaphum & cognatos ejus *v. 37*; Et cum eis *Hemanem* & *Ieduthunem* & reliquos electos, qui expreffi funt nominibus ad celebrandum *Iehovam*, quoniam in feculum benignitas ejus *v. 41:* Penes ipfos autem *Hemanem* & *Ieduthunem, tubas* & *Cymbala* pro refonantibus, & inftrumenta Mufica Dei, fc: reliquit *v. 42.* (*Quomodo autem* Tubis *clangendum fuerit folis Sacerdotibus, ex 1. Chron. 15. 24. & 16. v. 16. 2 Chron. 5. & 7. &c. Num. 10. videatur in titulo:* Tuba.)

Viciffim diftinxit *David* cum principibus militiæ, ad minifterium in filios *Afaphi* & *Hemanis* & *Ieduthunis*, eos qui Citharis Nablijs & Cymbalis prophetabant, h. e. facras cantiones canebant. *1. Chron. 25. 1.*

Eorum, qui fub Afapho fummo fuarum familiarum præfecto, in prima Muficorum claffe fuerunt conftituti, functio erat *prophetare ex præfcripto Regis. v. 2.* h. e. Hymnos decantare Propheticos & didafcalicos confcriptos à Davide & in Ecclefiam receptos.

Eorum qui fub *Ieduthune,* cum *Cithara Prophetare* de celebrando & laudando Iehova *v. 3.* five commemoratione liberationum præteritarum ut *Pfalm. 39. & 77.* five ad Dei laudem universè prædicandam.

Eorum denique qui fub *Hemane* vidente Regis erat, *prophetare in verbis Dei* de extollendo cornu, *v. 4.* h. e. Hymnis facris, pertinentibus ad Regis aut regni robur & amplitudinem : quæ cornu elatione ferè in facris libris exprimuntur.

Poft Davidicam Chori fanctionem, cum diftincta & fideli Muficorum functione commemoratam, memoranda venit de *Chori Conftitutione* follicitudo *Salomonis*, aliorumque Regum & Ducum piorum, & ab ijfdem requifita Muficorum fides.

Salomone arcam Tzijone in aditum templi ædificati collocante, Levitæ Mufici omnes ex *Afapho* ex *Hemane* ex *Ieduthune* cum Cymbalis Nablijs & Citharis aftabant ad orientem altari, & cum illis *Sacerdotes* ad centum viginti clangentes *Tubis*. Igitur factum eft pariter clangentibus & Muficis edentibus concentum unum, laudando & celebrando Ie-

THEORIA ORGANICES. 97

do Iehovam, cum efferrent concentum *Tubis, voce, Cymbalis* ac *Instrumentis Musicis*, cumq; laudarent I E H O V A M, quia bonus est, quia in seculum benignitas ejus (*Psalm. 136.*) ut intus domum Iehovæ impleret nubes; propter quam nec sacerdotes quidem possent consistere ad ministrandum, quod implevisset *Gloria* I E H O V AE *domum DEi. 2. Chron. 5. v. 12. &c.*

O divina, Deo acceptissima Musica, quæ Deum ipsum commovet & cælo in sacrarium deducit, ut signum aspectabile suę præsentiæ edat.

Postea domum Dei consecrante Salomone, consistebant etiam Levitæ cum Instrumentis Musicis Iehovæ, quæ fecerat David Rex ad celebrandum Iehovam, quoniam in seculum benignitas ejus, per Hymnum Davidis (*Psalm. 136.*) traditum in manum ipsorum: Sacerdotes verò alij clangebant Tubis é regione eorum, omnibus Israëlitis astantibus. *2. Chron. 7. v. 6.*

Constituta demum festorum annuorum solennitatè, constituit etiam *Salomo*, secundum rationem Davidis patris sui, distributiones Sacerdotum in ministerio eorum, & Levitarum in custodijs ipsorum, ad laudandum & ministrandum coram Sacerdotibus. *2. Chron. cap. 8. dist. Tremell. v. 26.*

Et *Iosaphat* non contemnit Iachazielem Levitam è posteris Asaphi, Spiritu Iehovæ prædicentem de victoria contra Moabitas, Musicorum Choro non parum adjuta. *2. Chron. 20. v. 14. &c.* Surrexerunt enim Levitæ è posteris Kehathitarum & è posteris Korachæorum ad laudandum Iehovam Deum Israëlis voce magna summè. *v. 19.* Et Iosaphat constituit Musicos Iehovæ, & laudantes decorum sanctitatis, qui procedendo ante expeditum exercitum dicerent; *Celebrate Iehovam, quoniam in seculum benignitas ejus. v. 21.* Quando autem inceperunt cantum & laudem, disposuit Iehova insidiatores contra Hammonitas, Moabitas & montanos Sehiris procedentes in Iehudam, ita ut afficerentur plagis, & alter alteri esset perditor. Quapropter Iosaphat cum

O popu-

populo per triduum prædâ direptâ, die quarto congregaverunt se in convallem *Benedictionis:* unde reversi sunt Ierufchalaima cum *Nablijs* & cum *Citharis* & cum *Tubis* ad domum Iehovæ. *v. 22. ad 27.*

O divina, Deo gratissima Musica, quæ Deum cœlo in castra & prælia deducit, ut sese hosti terribilem, populo suo victoriosum & gloriosum Ducem mirificè exhibeat.

Post hæc *Ezechias* Dei cultum restituens, restituit quoque Levitas in domo Iehovę cum Cymbalis, cum Nablijs & cum Citharis ex præcepto (*1. Chron. 23.*) *Davidis* & *Gadis* videntis Regij & *Nathanis* prophetæ: nam à Iehova præceptum illud erat per Prophetas ejus.

Itaque adstantibus Levitis cum *Instrumentis Davidis,* Sacerdotibus verò cum *Tubis*, edixit Ezechias ut offerrent holocaustum ; & quo tempore cæpit holocaustum, cæpit Musica Iehovæ cum ipsis *Tubis,* idq; cum canticis traditis & Instrumentis Davidis Regis Israëlis.   Intereà tota congregatio incurvabant sese, cum *Musici* canerent, & *tubicines* tubis clangerent ; omnia hæc, usque dum absolutum esset holocaustum. Cum autem absolvissent offerre, procidentes *Rex* & omnes qui præsentes erant cum eo, incurvarunt se adorantes.   Edixitq; Ezechias Rex & principes Levitis, ut laudarent *Iehovam* verbis *Davidis* & videntis *Asaph*; qui cum laudassent, dum agitaretur lætitia illa, inclinato vertice incurvaverunt se, honorem exhibentes.   *2. Chron. 29. v. 25. & sequentibus.*

O divina Musica, quam divinis adhiberi cultibus, cum divina veneratione dignati sunt Reges & Principes in humili & supplici demissione.

Denique in magno Paschate *Iosiæ,* cui nullum à Samuelis diebus comparari potest, *Musici,* posteri Asaphi (quibus incumbebant vices tunc, cum hoc Pascha celebratum est) in statione sua erant secundum præceptum Davidis, tùm *Asapho,* tùm *Hemani* & *Iduthuni* videnti Regis datum. *2. Chron. 35. 15.*   Propter hunc *Iosiam* Musicæ fautorem lamentatus est etiam Ieremias ; dixeruntque omnes *Musici* & *Musicæ* in lamen-

Theoria Organices.

mentationibus suis de *Iosia*, usque in hunc diem, quæ dederunt pro statuto in Israële; & ecce scripta sunt in lamentationibus. *2. Chron. 3 5. 25.*

Post reditum é *Babylone* non defuit templo reædificando Levitarum *Musicorum* opera. Fundantibus enim structoribus templum Iehovæ, constituerunt Sacerdotes indutos cum *tubis* & Levitas posteros Asaphi cum *Cymbalis* ad laudandum Iehovam, cum *canticis* traditis à Davide Rege Israëlis; qui sonus plenus fuit vociferationis, mistæ fletu priorem domum recordantium, & lætitiâ extollentium vocem à longinquo auditam. *Hezra cap. 3. v. 10. &c.*

Et in *restauratione urbis Ierusolymorum* à *Nechemia*, ad dedicationem muri requisiti sunt Levitæ ex omnibus locis eorum, qui reducerentur Ierusolymam ad celebrandum dedicationem & lætitiam, idque gratiarum actionibus, & *Musica, Cymbalis, Nablis* & *Citharis*. Itaq; congregati sunt posteri Musicorum, tùm ex planicie circa Ieruschalaima, & villis, tùm ex campis: Constituiq; inquit Nechemia, *duas classes celebrantium magnas*, quarum progressiones erant, *Vnius* ad dexteram à superiore parte muri ad portum sterquiliniorum. Sequebantur autem istos Hoschaja, & dimidium principum Iudæ, & Sacerdotes cum Tubis; Zecarja ex filijs Asaphi, & cognati ejus, cum Instrumentis Musicis Davidis viri Dei: & Hezra legis peritus antecedebat illos. Classis verò celebrantium *altera* procedebat ex adverso, quam Ego, inquit Nechemia, sequebar, dimidiumq; populi à superiore parte ejusdem muri, ab ea quæ est supra turrim furnorum ad murum latum usque. Deinde substiterunt duæ illæ laudantium classes in domo Dei, Ego quoque & dimidium antistitum mecum, Sacerdotes quoque; resonabant etiam *Musici* cum *præfecto suo (brevitatis studio nomina propria lectori in loco citato committimus)* Nechem. *12. v. 27. &c.* Vbi etiam Nechemia prædicat *observationem Musicorum* secundùm præceptum Davidis & Salomonis. Nam temporibus Davidis & Asaphi à priscis temporibus, primores Musicorum cum Musica laudationis & celebrationum Deo assistebant. *v. 46.*

O 2 O divi-

O divina Mufica, in falutem Ecclefiæ & Reipublic. dedicationi Templorum & Murorum adhibita, cum celebratione divina!

Hactenus de Muficorum functione difcretè conftituta & præftita: reftat honorifica eorundem fuftentatio & exornatio enarranda.

V. CAPUT.
De victu & amictu Muficorum.

Honore præmio ac ornamentis non defraudabat olim pius Magiftratus fidos *Chori Mufici alumnos*, quibus æquè ac reliquis Levitis fua ceffit merces pro minifterio, & portio decimarum, *Num. 18. v. 26.* ijfque licuit illis vefci, *Num. 18. v. 31. Deut. 18. 8.*

Et conftat non tantum poft tempora *Mofis* & *Iofuæ*, à *Davide, Salomone, Ezechia, Iofaphat, Iofia* Choros amplos *ampla liberalitate honestè* fuftentatos fuiffe; verùm etiam temporibus difficilioribus *Zerubbabelis* & *Nechemiæ*, omnes Ifraëlitæ conferebant *portiones Muficorum* & demenfum cujusque diei quotidie; *Nehem. cap. 10. v. 40. cap. 12. v. 47. & v. 44.* Præfecti funt etiam eo die homines cubiculi ad thefauros, ad oblationes, ad primitias, & ad decimas; ut colligerent in ea, ex agris civitatum, portiones legales pro facerdotibus & pro Levitis: nam lætitia Iudæorum erat de Sacerdotibus & de Levitis confiftentibus, quod videlicet in minifterio fuo deinceps effent permanfuri, ac non per agros (ut ante) erraturi. Sic (*Nehem. cap. 13. v. 10. &c.*) providam *in congregandis alendisq́ Muficis* curam & follicitudinem fuam pio cum voto prædicat Nechemia; Cognofcens, inquit, portionum Leviticarum nihil fuiffe datum, ideoq́; diffugiffe quemque in agrum fuum *Levitas* & *Muficos* & curatores operis; contendi cum autiftibus, ac dixi: quamobrem derelicta fuit domus DEi? Et congregatis illis reftitui illos in ftatione fua:

Omnesq́;

Omnesq́; Iudæi attulerunt decimas frumenti, muſtiq; & olei in theſauros. Et Quæſiores dedi ſuper theſauros, Schelemiam ſacerdotem, & Tzadok ſcribam, & Pedajam ex Levitis &c. qui fidi reputabantur, quorum erat diſtribuere cognatis ſuis. *Recordare mei, Deus mi,* in hac re: & ne ſinito deleri benignitates meas, quas exercui erga domum Dei mei & erga obſervationes ejus.

Attendite hîc quæſo auribus arrectis & cordibus apertis, atque debitum erga *Muſicos* pro officio beneficium perpendite æquiores, quicunque (longè impares Nechemiæ benignitati) *Muſicis,* ne habeant unde vivant, ſtipendia vel ſubducitis ac imminuitis, vel denegatis ac eripitis: qua iniquitate & inhumanitate inimicam Dei recordationem & retributionem graviſſimam vobis attrahetis certiſſimè, in ſalutis veſtræ excidium & animarum exitium æternum. Communicet itaque is, qui audivit (tàm cantione quàm concione) verbum, ei qui audire facit eum, in omnibus bonis. Non erretis, Deus non illuditur. *Gal. 6. v. 6. & 7.*

De amictu Muſicorum quod reliquum eſt; ornabantur *Cantores veſtitu ſacro.* Tunicis enim byſſinis induti, à Sacerdotibus lineas habentibus, diſtinguebantur Inde Levitæ *Muſici* omnes ex *Aſapho,* ex *Hemane* & ex *Ieduthune,* tàm filij eorum, quàm cognati eorum, induti byſſo cum *Cymbalis* & cum *Nablijs* ac *Citharis* aſtabant ad orientem altari. *2. Chron. 5. v. 12.* Addit etiam Ioſephus libr. VIII. *Salomonem* ſtolas *Levitarum hymnos canentium* ex byſſo ducenties mille feciſſe; Libro autem XX, eoſdem pro ſtola byſſina lineam Sacerdotalem impetraviſſe, tempore Agrippæ Regis Iudææ. Ex tribu, inquit, quicunque hymnorum Cantores

tores erant, Regi fuaferunt, ut convocato Concilio fibi concederet ftola linea uti, perinde ac facerdotibus licebat. Rex autem, ex fententia eorum qui concilium inibant permifit, ut priore vefte pofita lineam inducerent.
Atque hæc qualifcunque in veteri Teftamento congregati Chori, & in eo canentium alumnorum contemplatio & aufcultatio fufficiat.

VI. Caput.
De Titulis, plerisq; Psalmis præfixis, qui generalem formam moderandi Muficam indicaffe videntur.

Vnc & de titulis Pfalmis præfixis. Et quidem in genere tenendum eft, quòd communem vocem plerique tituli Hebraici, quos *Claves* Pfalmorum Hieronymus rectè appellat, Pfalmis præfigunt *Lamnazeach* לַמְנַצֵּחַ: cujus differens interpretatio vel finem ac formam, vel principalem adjuvantem Pfalmodiæ vocalis & Organicæ indicat. נָצַח *Nazach* enim aliàs vincere, aliàs finire, aliàs continuare fignificat. Hinc *Lamnazeach* redditur à Septuaginta εἰς τέλος, *in finem*, quod Hieronymus de Chrifto allegoricè exponit, qui finis eft Legis, atq; fidelium fcopus & Anchora in adverfis: à Capnione *ad invitandum*; ab alijs, *ad continuandum*, five *ad canendum jugiter, & in perpetuum*; quo nomine Symphoniaco vel Chori Mufici Magiftro, ad continuam feriem Pfalmorum in ftudio pietatis & Religionis exercitio decurrendam, tale commendatur carmen, quod ex præcedentibus continuo ordine doctrinæ de Summo Bono quafi annexum dependeat; ab alijs *ad victoriam*, five *ad vincendum*, ab alijs *ad triumphandum*, fcilicet per preces, quæ funt arma Eccleſiæ, quibus victoriam fibi comparat; à Chaldæo *ad laudandum*; à Luthero *ad præcinendum* vel *præcentori*; ab Hieronymo *victori* id eft principi in arte
canen-

canendi; à Rabinis *Præposito Cantorum,* ad cujus imperium canebantur Psalmi à Cantoribus & pulsatoribus. Vt enim præfecti bajulantium & cædentium, *2. Paral. 2, & 1. Paral. 23.* è Levitis constituti, ad urgendum opus DomusDomini, ut continuè & indesinenter cultum Dei spectantia ex Legis præscripto fierent, *Menatzechim* dicuntur & connotantur: Sic in Titulis Psalmorum concinnâ interpretatione vox accipitur pro Moderatore Chori Musici inter Levitas, qui reliquis præerat, præcinebat, & ἐργοδιώκτης erat, der Capellmeister.

Quibus verò modulationum differentijs *Psalmus, Canticum, Canticum Psalmi,* & *Psalmus Cantici* voce & Instrumento canendus fuerit, infra ex Prologo Psalmorum cum Basilio Hilarius docebit, qui addit ibidem: His quatuor Musicæ artis generibus competentes singulis quibusque Psalmis superscriptiones sunt coaptatæ. Vocabulum illud *Lamnazeach* præfixum in Epigraphe habent omnes Psalmi, in vulgata versione inscripti; in finem: in germanica, vorzusingen: qui numero sunt quinquaginta tres.

VII. Caput.
De variis Instrumentorum speciebus, quæ eliciuntur ex Psalmorum inscriptionibus.

Vnc tandem de *Instrumentis Musicis*: Quorum nonnulla in titulis Psalmorum denominantur, nonnullorum etiam in Psalmis ipsis fit mentio.

NEGHINOTH Instrumentum notat Musicum, manu pulsatum, sive Cantionem & pulsationem, *Psal. 69. 13.* Cantiones factus sum bibentibus à נגן (ut supra F. Ascensiones: Sic Abominationes. *Psalm. 86.*) *Nagan,* quod est cantare, modulari, & manu pulsare Instrumentum *1. Sam. 16. 16. 2. Reg. 3. 15.* Perinde ut שׁיר Schar est ore canere. Iunguntur Musici vocales & Instrumentales *Psalm. 68. 26,* נֹגְנִים אַחַר שָׁרִים *Scharim Achar, nogenim,* id est, Cantores postea

Poftea Mufica Inftrumenta pulfantes. *Pagninus.* Lutherus reddidit, Spielleute.

Indicat itaque hæc Tituli vox adhibita, quòd Pfalmus ille non modò vocali harmoniâ decantatus, fed etiam Inftrumentis Muficis pulfatus fuerit; Ideoq; carmen hoc traditum effe Symphoniaci Chori Magiftro, ut ille ad fides decantaret. Communis enim eft fententia interpretum, & D. Lutheri, quòd Inftrumenta Mufica, feu variæ & jucundæ modulationes hac voce denotentur. Septuaginta reddiderunt, ἐν ὕμνοις: Hieronymus, *in Canticis.*

Vtrum verò *Neginah (Schindlerus vertit, Symphoniam, ut* & *Arabs.*) Inftrumenta fint Symphoniaca ψηλάφητὰ five κρϙϛὰ, quæ manu folummodo percurruntur; an verò πνευματικὰ, quæ fpiritu, aëreque attracto per fiftulas fonum edunt, certò conftare nequit, de quo cum quoquam litem movere nulli proderit. Præfigitur *Pfalmo 4. 6. 53.*

Neghinoth עַל־הַשְּׁמִינִית *fuper octavam* (quod additur in Epigraphe *Pfalm. 6. & 12.* juxta Latin. 11.) variè defcribitur, Tremellius *ad* gravem Symphoniam vertit. *Arnobius* intelligit *de die hebdomadis octava*, quæ eft Dominica: quafi die potiffimùm fefto ejufmodi Pfalmis, homines ad pœnitentiam &c. fint excitandi plus, quam diebus cæteris. *Scheminith* octava, fœmininum eft ordinale; &, ut *Vatablo* placet, innuit Melodiam & certam rationem Toni, quæ octava fuerit, ficut Tonorum ordines Mufici diftinguunt; ut a Symphoniacorum præfecto decantaretur voce intenfiffimâ & clariffimâ. Non defunt, qui eam vocem initium alterius cujufdam carminis fuiffe autument, ad cujus harmoniam Pfalmus adaptari debeat. Patres allegoricè accommodant ad diem judicij extremi, qui exactis feptem millibus annorum fub initium octavi millenarij venturus fit: vel qui revolutioni feptem dierum & feptimanarum finem impofiturus fit Alijs etiam eft *Cithara*, quæ in ordine Inftrumentorum, follennitatibus adhibitorum, *Octavum* locum tenuit; vel illud Inftrumentum pulfatile ὀκτάχορδον, quod fuit octo Chordarum; quod & Chaldæus: *Pfalm. 6.* vertit: כִּנָּרָא דִתְמָנְיָא

THEORIA ORGANICES. 105

אְתְּמָנְיָא נִימַיָּא *Cithara octo chordarum*: ſicuti etiam mentio fit *Decachordi, Pſalterij & Citharæ, Pſ. 33. v. 3, & 92. v. 3.* de quo mox ſuo loco.

NECHILOTH (in inſcriptione *Pſalmi 5. Victori* אֶל הַנְחִילוֹת *ſuper Nechiloth*;) variæ licèt ſit verſionis, tamen Inſtrumenti quoque Muſici notationem continet. Nam VVolderus interpretatur, ad *Hannechiloth* h. e. ad Inſtrumenta excavata & πνευμα[ικὰ, quæ ſuſurrantem ſonum immiſſo vento edunt: ad hæreditatem DEi Eccleſiam colligendam & convocandam inventa. LXX. reddunt ὑπερ τῆς κληρονομᾶσης pro ea, quæ hæreditatem conſequetur. Hieronymus & Lutherus: *ſuper hæreditates*, vel *pro hæreditatibus*, intelligitur Eccleſia, ex Iudæis & Gentibus Chriſto collecta; à נָחַל *Nachal* hæreditavit *Pſal. 2. Thargum* vertit *ſuper Choros*, hoc eſt, ad canendum in Choris ſeu tripudijs. *Trem.* Magiſtro Symphoniæ ad *Pneumatica* Inſtrumenta.

Rabbi David (Nechiloth) dicit ea fuiſſe Muſicorum Inſtrumentorum genera, quæ ſubulata ſunt, atque excavata; cujuſmodi fuerunt Sacerdotum *Tubæ*, & Levitarum *Buccinæ:* quod genus Inſtrumentorum quia ſonum edit immiſſo vento, *pneumaticum* appellatur. Hebræi deducunt à נְחִיל *Nechil*, quod eſt apum ſibilus, quod ſonus eſſet ſimilis apum ſibilo. *Rab. Sal.* exponit *de Exercitu,* ſic enim appellatur apum multitudo, & *Pſal. 18. 5.* Exercitus impiorum: quia Cantor hoc carmine oravit contra exercitus hoſtium, Iſraëlitas, apum inſtar, magnis copijs oppugnantium

MACHALATH (in titulo *Pſal. 53.* juxta Latinos 52.) Præcentori עַל מָחֲלַת ſuper Machalath. Chaldæus vertit: *ad laudandum ſuper Choros.* מָחֲלַת *Machalath* videtur idem eſſe cum מָחוֹל *Machol &* מְחוֹלָה *Me holah*, quod choream & tripudium ſignificat *Thren. 5. 15.* verſus eſt in luctum מְחוֹלֵנוּ Chorus noſter, à radice חוּל ut ſentit R. Ionah. Schindler: luſit tibijs חוּל vnde German: Hol/ & inverſè Loch/ ein löcherig Jnſtrument/ vel חָלַל ut placet Kimhi, quæ ſignificat tripudiare, ducere chorum vel choreas. Vnde מָחוֹל tripudium, plurale מְחוֹלוֹת. *Tremellius* reddit: *Ad pneumaticum inſtrumentum.* Eſtque *Machalath*, nomen Inſtrumenti Muſici, quod ad Spiritualem exultationem

P

nem & lætitiam in decantandis Psalmis adhibitum fuerit. Idem cum *Chaldæo* sensisse videntur LXX. qui nomen Μαελὲθ retinuerunt. *Latinus* codex per metathesin legit Amaleth; pro quo per imperitiam scribarum irrepsit *Amalech*. Idem *Machalath* extat in Epigraphe *Psalm. 88.* juxta Latinos 87. עַל מַחֲלַת לְעַנּוֹת Al machalath leannoth.

Prout vocabula aliâs aliter significant, duas istas voces variè exponunt interpretes. *Lutherus:* de infirmitate afflictorum; quia in hac precatione supplex, vel animi, vel corporis ægritudine vehementer afflictus, divinam opem implorat. עֲנִי *Oni* enim est afflictio. LXX. verterunt ὑπὲρ μαελὲθ τοῦ ἀποκριθῆναι pro Maëleth ad respondendum, posteriori per respondendi verbum expresso, quia עֲנָה respondere & exaudire significat, iterum prius μαελὲθ retinuerunt, quasi esset nomen vel Instrumenti Musici, vel alterius rei proprium. *Alij* reddunt per chorum ad exultationem: עֲנוֹת Anoth enim est vox cantantium, exultantium, & tripudiantium *Exod. 32. 18.* Nonnulli pro Instrumento Musico habent; *Chaldæus,* super oratione ad Laudem.

GITTITH (præfixum habet titulus *Psalmi 8. 81.* juxta Latinos *80*; & *84.* juxta Latinos *83.*) *Præcentori* vel *ad continuandum* עַל הַגִּתִּית super Haggitthith. LXX. ὑπὲρ τῶν ληνῶν *pro torcularibus*, reddit. Nam גַּת Gath Torculare est, quo vinum ex uvis exprimitur. Per Torcularia alij Spiritualiter intelligunt calcatoris Christi (*Esai. 63.*) Evangelicum in Novo Testamento ministerium, cujus beneficio fructus fert vinea.

Alij Psalmos sic inscriptos esse arbitrantur, quòd tempore vindemiæ in honorem Dei decantati fuerint. Ritè autem psalmorum συμφωνία & series postulat, ut cum de vinea carmen *Psalmi 79.* egerit, de Torculari in quo fructus cernuntur, dicatur *Psal. 80.* Tremellius: *Magistro Symphoniæ ad* (stationem) *Gitthæam*, vertit. Vult enim Psalmos hos tres ejusdem inscriptionis, circa arcam, in Zionem exportandam, scriptos & cantatos fuisse ad *Gitthæam* viam, commorationem, observationem, aut si quid aliud hujus generis exprimendum subintelligitur. Tres sunt omnino, inquit Tremelli⁹, Psalmi hac inscriptione, 8. 81. & 84.

quos

quos omnos videtur fcripfiffe David, cum arcam Dei Kiriath-jearimis exportare Tzijonem cogitans, deponi apud Hobed-Edomum curaviffet eam, motus offenfione Huzzæ, & occafionem fumfiffe ex rebus præfentibus, ut eos confcriberet. Octavum igitur Pfalmum cecinit judicio meo, cùm ex urbe fylvarum arcam in domum Hobed-Edomi deduceret: Similiterq; octuagefimum primum, cùm irruptione in Huzzam Deus Gloriam fuam, feveritatemque judiciorum fuorum teftatus effet, ut populum in Religione officioq; coherceret: Pfalmum verò octuagefimum quartum, cum inde Arca Tzijonem deducenda effet. Alij cum *Chaldæo* interprete & *Luthero* habent pro *Inftrumento Mufico*, quod in oppido *Gath* fit inventum, unde nomen & originem traxerit, quafi *Cithara Gatthenfis*.

Atque hæc funt Inftrumenta Mufices Davidicæ, quæ fub varijs Titulorum interpretationibus obfervaffe, pio Cantori jucundum erit & gratum.

VIII. CAPUT.
De Inftrumentis variis cùm Pfalmorum, tùm aliorum
Hagiographorum; & primò quidem DE ORGANO.

Equuntur alia ex ipfis Pfalmis, alijsq; Hagiographis depromta, & à quibufdam fcriptoribus & literaliter & myfticè definita.

Quæ in Davidis & pòft Salomonis Choro ex fuperiori Chronicorum annotatione funt adhibita Inftrumenta, iftorum ipfe meminit David, his præfertim fequentibus Pfalmis: *Pfal. 33.* Celebrate Dominum in *Cithara*, in *Nablo* & *Decachordo* canite illi. *Pfal. 81.* juxta Lat. 80. Sumite Pfalmum & date *Tympanum, Citharam* jucundam cum *Nablo*. Iterum Pfal. 92. juxta Latinos 91: Bonum eft celebrare Dominum fuper *Decachordo*, & fuper *Nablo*, & fuper *Higgajon* in *Cithara*. *Pfal. 98.* juxta Lata Latinos 97 : Canite Domino in *Cithara*, in *Cithara* & *voce Pſalterij:* In *Tubis* & voce *Tympani.* Et *Pſal. 147*, juxta Latinos 146. v. 7 : Canite Deo noſtro in *Cithara. Pſal. 149.*: Laudent nomen ejus in Choro, in *Tympano* & *Cithara* canent ei. *Pſal. 150.* Laudate eum in clangore *Tubæ*, laudate eum in *Nablo* & *Cithara* ; Laudate eum in *Tympano* & *Choro:* Laudate eum in *Pſalterio* & *Cithara*; Laudate eum in *Cymbalis* ſonoris: Laudate eum in *Cymbalis* gratulatorijs.

Qualia verò Inſtrumentorum genera fuerint, quæ DAVID magnus ille Dei Vates invenit, alijq́; uſurparunt, vix ſciri poteſt, præterquam quod Nomina connotant & innuunt, atque Antiquitatis ſcriptores qualicunque deſignatione adumbrarunt.

ORGANON, ut κἀτ' ἐξοχήν ob præſtantiam nomen generale meretur, ita ſummum ſibi inter Inſtrumenta vendicat locum.

Dicitur modò עָגָב & עוּגָב *Vgabh Gen. 4 21. Iob. 30. 31. Pſ. 150. &c.* ab עָגַב amare: quia ſono ardentes ciet affectus & amores עֲגָבִים dictos: Vnde Tharg. *Agabim* vertit Canticum Organorum *Ezech. 33.* Aliàs dici volunt חָלִיל *Chalil* ab חוּל vel חָלַל *Chorum duxit*, cantavit, de quo ſuprà ſub MACHALATH. Inde Choro & lætitiæ ſerviens dicitur Inſtrumentum חָלִיל *Tibia, Corna-Muſa* quidem R. Sal. ſic dicta, (חוֹלֵל enim idem eſt quod abſit; vel חָלַל vulnerare, occidere, vel transfoſſione evacuare, & privare) quod ſit concava: *Eſai. 5. 12. & 30. 29.* Vbi quidam *Organum* exponunt.

Ex Ioſepho cap. 7. Antiquit. videtur quibuſdam, *Organa* à Davide confecta, diverſa fuiſſe à noſtris, quorum nunc uſus in templis eſt perquàm frequens: quandoquidem illa plectro pulſabantur ; noſtra verò inflantur follibus, unde multis meatibus, quaſi cicutis imparibus, vox erumpit, concentumq́; efficit   Atqui Ioſephus hoc loco dicens: *Diverſa faciens Organa &c.* videtur primò *Organum* pro Inſtrumento quocunque Muſico ponere.   Idipſum ſentit Auguſtinus, qui Inſtrumenta Muſicorum cuncta ſpeciatim excellentiora etiam Organa vocat. *Polyd. lib. 1. cap. 15.* Deinde *Diverſa*, id eſt, non uniformia, ſed varia Organa ſcribitur à Ioſepho, David docuiſſe, ut Levitæ ſecundùm

ea Deo

eo Deo hymnos edicerent, per Sabbatorum dies, aliasque solennitates. Deniq; Iosephus ibidem varias subjungit Instrumentorum species, quæ mox narrabuntur.

Credibile itaq; est, ORGANuM, licet generale sit omnium vaforum Musicalium vocabulum; tamen olim etiam appropriatum fuisse ei, cui folles adhibentur, quibus aër stanneis vel ligneis inflatur cicutis, sonoraq; clavium tactu modulatio profertur. Sic enim *Organa* de finiuntur, quæ à follibus spiritu turgidis accipiunt coactum aëra: hic pro arbitrio Magistri qui ea pulsat, in cellas cannis confines transfusus, mox erumpit in sonum. Antiquitus duabus *Elephantorum* pellibus (*ut ait Hieronymus*) concavum jungebatur, per quindecim quidem cicutas, duodecimq; fabrorum sufflatoria sonitus nimius concitabatur, ita ut ab *Hierosolymis*, ad montem usque *Oliveti*, sonus veluti tonitrus audiretur.

De nostri seculi Organis Ecclesiasticis infra suo loco cap. 14. dicendum.

IX. CAPUT.
De Cithara & Chordis; de Nablo & Cymbalis, &
de Psalterio decem Chordarum.

CITHARA כנור *Cinnor* est plurale tam mascul: quàm fœmin. כנורים & כנורות *Cinnorim* & *Cinnoroth*. Ob formam Citharæ similem mare Galileæ, quod aliàs Tiberiadis & stagnum Genezareth, Chaldaica paraphrasi, Iam-Ginesar, *Plinio lib. 5. c. 15.* Genesara, *Straboni lib. 16.* Lacus Genesereticus dicitur, à *Cinnor* volunt dictum *Cinnereth* quasi mare *Cithara*, Das Harffen Meer. *Num. 34. v. 11. Deut. 3. v. 17. Ios. 12. 3.* Et celebre est Cithara CHRISTI Evangelica in navigio *Luc. 5. & alibi*. Lætitia piorum in Ecclesia, *Citharæ* usu durante, eodemq; cessante, Tristicia impiorum in Babylone designatur summa; *Apocal. 14. & 18 capp.*

Celebrationem Dei בִּמְנִּים in CHORDIS *Pfal. 150, 4.* arbitramur derivari à מִנִּי chaldaicè *Manno Ier. 51. Askenatis (qui pater gentis* Tuifconum, der Deutschen/ *hinc Iudæis* Afcenazim *dictorum, creditur; licet vicinior sit sonus populorum qui* Saſſones *nominantur, vel potiùs ijs, qui* Afcanij:) filio, fecundum Berofum, cujus pofteri, tefte R. AbenEzra in Obadiam cap. 1. terram Chanaan poſſederunt, quoufque à Iofua expulfi fuerint. Vt & fupra cap. 7. de Gitthim Cithara Gatthenfi dictum eft: Sic & hic de *Minnim Cithara, vel Teſtudine*, qua ufi fuerunt *Alemanni* qui vocantur *Ierem. 51.* Blaset die Posaunen unter den Heyden/ Heiliget die Heyden wieder sie/ Ruffet die Königreiche *Ararat, Meni* vnd *Askenas.* Ex quo videre licet, vocatum Lutherum contra Babel, wie er Tetzelio zu Tantze gepfiffen / vnnd darüber Iaphet mit seinem Sohne *Gomer, Askanas* vnd *Manno* in Sems Hütten zuwohnen kommen. *Gen. 9.* Si autem fpectatur Litera genuina, his verbis Ieremias Apoftrophen inftituit ad hoftes tanquam adminiftros judiciorum DEi, adverfus Babylonem per Medos & Perfas Cyri exercitu explendum, in liberationis fpem populo DEi recuperandæ: Attollite, inquit Propheta, vexillum in terra, buccina clangite in gentibus, comparate contra iftam gentes promulgantes, convocate contra iftam regna Ararati, (*id eſt Aſia majoris*) Minni, (*id eſt Armeniæ minoris, quæ nomen ſuum habet compoſitum ex Aram id eſt Syria, & antiqua hac ipſius appellatione Minni: Nam Armeniam olim Syriâ fuiſſe comprehenſam, teſtis eſt Plinius lib. 5. natural. hiſtor. cap. 12.*) & Achenazi. (*nomine Aſchenazi omnes hæ regiones, Armenia utraque & minor Aſia ſynecdochicè notantur: Eas ante à Cyro occupatas, quàm Babylonem invaderet, teſtantur omnes hiſtoriæ.*)

R. D. exponit in Inftrumento quodam ex Muficis Inftrumentis: Quidam; In fpeciebus fc: multis Muficorum Inftrumentorum: R. Abrah: Inftrumentis multis, quorum eadem eft Mufica.

NABLuM feu NABLIuM נֵבֶל *Nebel* à נָבַל concidere. Vnde נָבֵל Vter, qui compreſſus collabitur. Sic נִבְלֵי שָׁמַיִם Vtres cœli h. e. Nubes velut in utres digeftæ. *Hieron.* Concentus cœli *Iob. 38. 37.*

Eftque *Nablum* Inftrumentum illud Muficum, quòd interpretes
nunc

THEORIA ORGANICES.

nunc *Pfalterium*, nunc *Lyram* transferunt.   Secundùm aliquos *Chorus*, vulgò *Corna Mufa*, quod fit inftar utris pleni. *1. Sam. 10. 5.* CYMBA-LA צְלִצְלִי Tzeltzelim à צָלַל tinnuit, ftrepuit צְלִיל Sonus, ftrepi-tus. Sunt autem duo Inftrumenta ærea (*unde forma dualis* מְצִלְתַּיִם *1. Paral. 14. v. 16.* & *2. Paral· 5. & alibi extat.*) quæ fe invicem percutientia fonum reddebant.   Laudare Deum jubetur Ecclefia *Pfal. 150. v. 5. & 6.* שָׁמַע בְּצִלְצְלֵי In Cymbalis auditus, *id eft*, fonoris. בְּצִלְצְלֵי תְרוּעָה In Cymbalis ovationis, *id eft*, fonantibus altè.   מְצִלּוֹת *Zach. 14. 20.* Tintinnabula, quæ in regionibus montofis appenduntur Equis, prænunciantur referenda in ærarium Domus DEi, ut deinceps in facros ufus occupentur.

Hujufmodi Inftrumenta in Davidis Choro adhibita *Iofephus* indicato loco fic annotat, & defcribit: *Organorum*, inquiens, fpecies hæ fuêre: *Cinnyra*, five *Canora* CITHARA decem Chordis coaptata intenditur, & plectro pulfatur: NABLA duodecim fonos continet, & digitis carpitur: Cumque his aderant & CYMBALA ærea, bene magna, atque lata.   Confignat eadem Sabellius Enneadis, lib. 20. David, Hymnis adjecit *Decachordam Citharam, Nabla* 12. vocum, *Cymbala* ærea, grandia, & lata.   Hieronymus in Epift. de Inftrumentis Muficis ad Dardanum fcribit, *Citharam* apud Hebræos viginti quatuor chordas habuiffe, factam ad formam Δ literæ.   Eadem ex Iofepho & Hieronymo citat Polydorus Virgilius *de inventione rerum lib. 1. cap. 15.*

Annotavit etiam aliqua Auguftinus & Caffiodorus de iftis Inftrumentis, fed Allegorijs tandem implicata.   Et quidem *Cithara & Pfalterij*, five *Decachordi* (ὀκτάχορδον vide *Pfal. 6.* Titul: fupra: Neginoth pro octava.) defcriptiones *Allegorijs* involvens, ita commentatur Auguftinus.

Cithara est lignum illud concavum, tanquam TYMPANuM pendente teftudine, cui *ligno chordæ* innituntur, ut tactæ refonent.   Non *plectrum* dico quo tanguntur, fed lignum illud *dixi concavum*, cui fuper jacent, cui quodammodo incumbunt, ut ex illo, cum tanguntur, tremefactæ, & ex illa cavitate fonum concipientes, magis canoræ reddantur.

tur. Hoc ergo *Cithara* in inferiore parte habet: *Pfalterium* in fuperiore. *Hæc est diftinctio.* Iubemur autem modò confiteri in *Cithara*, & pfallere in *Pfalterio decem Chordarum.* Non dixi, in Cithara decem chordarum, neque in hoc Pfalmo, neque fi fallor, alicubi. *Et paulò pòst:* Mementote *Citharam* ex inferiore parte habere, quo fonat, *Pfalterium* ex fuperiore. Ex inferiore vita, id eft, terrena, habemus profperitatem & adverfitatem, unde DEuM laudemus in utroque, ut femper fit laus ejus in ore noftro, & benedicamus Domino in omni tempore. Eft enim quædam *terrena* profperitas, eft quædam terrena adverfitas: ex utroque laudandus eft DEuS, ut *Citharizemus.* Quæ eft *terrena profperitas?* cum fani fumus fecundum carnem, cum abundant omnia, quibus vivimus, cum incolumitas noftra fervatur, cum fructus largè proveniunt, cum folem fuum oriri facit fuper juftos & injuftos. Hæc omnia ad vitam terrenam pertinent. Quifquis inde non laudat DEum, ingratus eft. Nunquid, quia terrena, ideo non Dei funt; aut ideo aliter ea dare cogitandum eft, quia datur & malis? Multiplex eft enim Mifericordia Dei, patiens eft & longanimis. Inde magis fignificat, quid fervet Bonis, cum oftendit, quanta donet & Malis. *Adverfitas* autem ex inferiore utiq; parte de fragilitate generis humani in doloribus, in languoribus, in preffuris, in tribulationibus, in tentationibus. Vbique laudet DEuM qui *Citharizat:* Non attendat, quia inferiora funt, fed quia regi & gubernari non poffunt, nifi ab illa fapientia, quæ attingit ufque ad finem fortiter, & difponit omnia fuaviter.

PSALTERII verò Allegoriam ibidem hoc pacto fubjungit *Augustinus*, diftinctionem præceptorum Decalogi adhibens ufitatam.

Iam verò, inquit, cum attendis *fuperiora* dona Dei, quid tibi contulerit præceptorum, quia doctrinâ cœlefti te imbuerit, quid tibi defuper ex illius veritatis fonte præceperit; convertere & ad Pfalterium, & pfalle Domino in *Pfalterio decem Chordarum.*

Præcepta enim legis decem funt. In decem præceptis legis habes *Pfalterium:* perfecta res eft. Habes ibi dilectionem Dei in tribus, &

dilecti-

Theoria Organices. 113

dilectionem proximi in septem. Et utique nosti, Domino dicente, quia in his duobus præceptis tota lex pendet & Prophetæ. Dicit tibi DEus desuper, quia Dominus DEus tuus DEus unus est. Habes *unam chordam.* Non accipias in vanum nomen Domini Dei tui, habes *alteram chordam.* Observa diem Sabbathi non carnaliter, non Iudaicis delicijs, qui otio abutuntur ad nequitiam. Melius enim utique tota die foderent, quam tota die saltarent: Sed tu cogitans requiem in Deo tuo, & propter ipsam requiem omnia faciens abstine ab opere servili. Omnis enim qui facit peccatum, servus est peccati, & utinam hominis & non peccati.

 Hæc tria pertinent ad dilectionem DEi: cujus cogita *Vnitatem, Veritatem, & Voluntatem.* Est enim quædam voluntas in Domino, ubi verum Sabbathum, vera requies. Vnde dicitur; Delectare in Domino, & dabit tibi petitiones cordis tui. Quis enim sic delectat, quam ille qui fecit omnia, quæ delectant? *In his tribus Caritas Dei, in septem alijs Caritas proximi,* ne facies alij, quod pati non vis.

 Honores patrem & matrem, quia vis te honorari à filijs tuis.
 Non mœchaberis : quia nec mœchari uxorem tuam post te vis.
 Non occides : quia & occidi non vis.
 Non fureris : quia furtum pati non vis.
 Non falsum testimonium dicas : quia odisti adversùm te falsum testimonium dicentem.
 Non concupisces uxorem proximi tui : quia & tuam non vis ab alio concupisci.
 Non concupisces rem aliquam proximi tui : quia si quis tuam concupiscit, displicet tibi.

 Converte & in te linguam, quando tibi displicet, qui tibi nocet. Hæc omnia præcepta DEi sunt, sapientia donante data sunt, desuper sonant, tange *Psalterium,* imple Legem, quam Dominus DEus tuus non venit solvere, sed adimplere. Implebis enim amore, quod timore non poteras. Qui enim timendo non facit malè, mallet facere, si liceret. Itaque etsi facultas non datur, voluntas tenetur. Non facio,

Q   inquit;

inquit; Quare? quia timeo Nondum amas justiciam, adhuc servus es? Esto filius Sed ex bono servo fit bonus filius; Interim timendo noli facere, diices & amando non facere.

Quò autem plerorumque dictorum *Instrumentorum* sacer *usus* & *abusus* simul & semel sub uno intuitu occurrat, meditatio de hisce conjungi potest sub contemplatione *Tympani*.

X. CAPUT.

De Tympano, ejusq́ ; usu & abusu.

YMPANuM תֹּף Toph, (plurale תָּפִים & הַתֹּף est, Tympanum pulsat, tympanizat *Nah. 2. 7.* תּוֹפֵפוֹת Tympanistriæ *Psal. 68. 26.*) Instrumentum est, quod parte una planum, membranâ clausum, intus vacuum, baculis sive fustibus pulsatur: Vnde τυμπανίζειν translatè idem quod *fustibus cædere* significat, *Hebr. 11.* ἄλλοι δὲ ἐτυμπανίσθησαν ὅ ωςςοδεξάμθροι ἴω ἀπολύτρωσιν, *fustuario mulctati sunt, fustibus cæsi & contusi &c.* Sunt qui vertunt: *distenti sunt*, ut respiciatur persecutio, quam exercuit Antiochus.

Legitur passim in Bibliorum codice, ut aliorum, ad lætitiam adhibitorum, sic etiam *Tympani* vetustissimus & varius usus. *In valedictionem* Tympani pulsu dimittebant amicos, ne cui discessus honestus & apertus verteretur in opprobrium fugæ clandestinæ; cujusmodi Iacobo obijcitur a Labane: Cur clam fugisti, & furtim surripuisti te à me: neque indicasti mihi, ut dimitterem te cum lætitia, & cum canticis, instructus *Tympano* & *Cithara? Gen. 31, v. 27.*

Et *in gratulationem* pro felici reditu, gratoq́; accessu, cùm novos hospites, tum suos reduces læti excipiebant Tympano.   Sic a victis Hammonitis redeunti Iephthacho filia unica obviat, cum Tympano & Choris, *Iudic. 11. 36.* Atque Davide, Saule, populo & servis Saulis ab aliqua pugna contra Philistæos revertentibus, ex omnibus civitatibus

Israë

Theoria Organices. 115

Iſraëlis foeminæ, & earum choreæ obviam prodeunt, cum Tympanis, præ lætitiâ, & cum Panduris, Heroum geſta alternè canentes. *1. Sam. 18. 6. 7.* Et arcam fœderis, cum pompa ſolenni introducendam, comitatur David, & tota Domus Iſraëlis, geſtiens præ lætitia coram IEHOVAH, cum quovis Inſtrumento, & lignis abiegnis, nempe cum Citharis & cum Nablis, & cum *Tympanis* & cum Siſtris, & cum Cymbalis. *2. Sam. 6. v. 5. 1. Paral. 14. v. 8.*

Publicum quoque voluntariæ deditionis, acceptationis, ſubjectionisque *ſignum*, & gratiæ captandæ ſtudium præ ſe ferebant, excipientes Holophernem coronis, Choreisq́; & *Tympanis. Iudith. 3. v. 9.*

Inſtrumentis præterea, quibus Ordinarij Cantores Davidis & Salomonis laudes Dei feſtivas in Templo celebrabant, *1. Paral. 24. 2. Paral. 7.* non excluſum fuiſſe *Tympanum* videtur: cum paſſim eum in finem, videlicet beneficia Dei celebrandi gratiâ, Tympani pulſus præcipiatur. *Pſal. 81. 2.* Sumite Pſalmodiam & date *Tympanum*, Citharam jucundam cum Nablio. *Pſal 94. 3.* Filij Sion laudent nomen Domini in Choro, in *Tympano* & Cithara *Pſal. 150.* Laudate Dominum in *Tympano* & Choro.

Sic olim glorioſam Pharaonis ſubmerſionem Mirjam, Aaronis ſoror, feſtivè celebrat, arripiens *Tympanum* in manu ſua, & poſt eam egreſſæ omnes fœminæ, in *Tympanis* & Fiſtulis, *Exod. 15. v. 20.* Atque ut Holophernis detruncati cædem victorioſam, cum feſtivitate DEo acceptam referant, exhortatrix eſt Iudith: Incipite DEo meo canere *Tympanis*, modulamini ei Pſalmos. *Iudith. 16. v. 2.*

Quid, quod reliquis Inſtrumentis, quæ excitandi in Prophetis Spiritum vim habuerunt, *2. Reg. 3. 15.* annumeretur expreſsè *Tympanum, 1. Sam. 10. 5?* Vbi futurum prænunciat Samuel Sauli, ut, occurrat turbæ Prophetarum, deſcendentium de excelſo, ſcilicet Gibhæ (qui locus Synagogæ & coetui ſacro deſtinatus erat,) cum Nablio & cum *Tympano*, & Tibia, & Citharâ ante ſe, qui prophetabant.

Cæterùm ab eo *Tympani* uſu ſolenni apud Veteres, quævis Deo devota lætitia & exultatio allegoricè depromitur, & Tympani voce per

Meto-

Metonymiam exprimitur.   Huc ſpectat *Allegoria* elegantiſſima, *Pſal. 68. v. 25.* quæ aliis Cantoribus & Citharædis Tympanotribas conjungit: Præceſſerunt Cantores, poſtea Citharædi, in medio virginum *Tympana* pulſantium. Vbi Pſalmographus nominat Eccleſiaſtici Chori præcentores Prophetas, de Chriſto vaticinantes; hos qui ſecuti ſunt, Evangeliſtas & Apoſtolos ob conſonantiam inter ſeſe, & cum ijs conſentientem, *Citharædos* nominat: Virgines, quæ ſeſe immiſcuerunt, Tympana pulſantes, ſunt nondum corruptelis vitiatæ Eccleſiæ, adhuc tenellæ, quas Apoſtoli per Samariam, Aſiam, aliasq; regiones paſſim plantarunt.

Eâdem alluſione *allegoricâ* mirificum contra Aſſyrios judicium Dei prædicitur, celebrandum a Iudæis exultantibus, *Eſa. 30. v 32:* Erit omnis locus, qua tranſibit virga fundatiſſima, cum *Tympanis* & Citharis, id eſt, exhilarabitur liberatione Dei. Et quod hoc tanto beneficio habebunt, quod lætentur & unde glorificent Deum, deſignat *ibid. v. 29.* Illud canticum futurum eſt vobis, ut noctis, qua ſanctificatur feſtum & lætitia animi, qualis euntis cum tibia, ut veniat in montem *Iehovæ*, ad rupem Iſraëlis.   Quò itidem quadrat *Allegoria* promiſſionis, de inſtauratione à Deo, & de gratiarum actione ſolenni ab Eccleſia, *Ier. 31. v. 5:* Adhuc ædificaturus ſum te, ut ædificaris virgo Iſraëlis, adhuc ornabis te *Tympanis* tuis, & procedes cum Choro ludentium.

Porro *Tympani* aliorumq; Inſtrumentorum, & his deſignatæ lætitiæ *abuſus* ex Bibliorum teſtimonijs occurrit, cùm Epicuræorum mundanus in luxu, convivijs & ἐπιχαιρεκακία; tùm Idololatrarum Diabolicus, & abominabilis in cultu, ſacrificijs & ἀςοργία.

Epicuræum abuſum opponit Iob Tzophari & amicis, de infelicitate impiorum ſtolidè diſſerentibus, *Iobi 21. cap. v. 7. & 12.* Cur improbi vivunt? convaleſcunt validis viribus, vociferantur ad *Tympanum* & Citharam, & lætantur ad ſonum Organi. Væ intonat Eſaias, qui poculis invigilant, in quorum convivijs eſt Cithara, ac Nablium, *Tympanum*, Tibiaq; ac vinum: Opus autem Iehovæ non intuentur, & factum manuum ejus non conſiderant, *Eſai. 5. v. 11. & 12.*

In

Theoria Organices. 117

In ultionem ἐπιχαιρεκακίας Gentibus, qui Ecclesiam oppresserant, summum denunciat idem Propheta luctum & mœrorem, abjectis & cessantibus Instrumentis, *cap. 24. v. 8. & 9.* Cessabit gaudium *Tympanorum*, desinet strepitus exultantium, cessabit gaudium Citharæ. Et *Iob. cap. 17. v. 6.* se contra malevolos, quos perstringit, sustinet restitutione in dignitatem: Futurum, inquit, ut restituat me ad præsidendum populis, quamvis *Tympanotribarum* materia ante fuerim. Ac si dicat: Fuerunt læti de me antea, quemadmodum qui lætantur ad Tympanum. Sic *Nah. 2. 7.* prænunciantur Ninivitarum Heri Heræque, quòd cum servis & ancillis suis eodem loco habebuntur à Scythis, Assyriam obtinentibus, & pro eo, quòd ancillæ Psaltriæ, Sambucistriæ & Symphoniacæ prosequuntur Dominas, tum omnes in deportationem abeuntes edent concentus querulos & lamentabiles. E statione, inquit Propheta, posita deportabitur *Ninive*, deducetur cum ancillis suis, comitantibus voce simili columbarum, quæ *Tympano* pulsant ex animo suo.

Idololatricus & planè Diabolicus, & ab omni φιλοςοργία alienissimus fuit usus ille *Tympani*, quando in valle *Gehinnon* Hierosolymæ, versus orientem & meridiem vicina *Moloch* idolo candenti (erat ea statua ænea & concava, figurâ Regis, unde etiam מֶלֶךְ quasi מֶלֶךְ id est Rex, nomen habet, ita fabrefacta, ut brachia porrigeret, & subjecto igne incandesceret *Levit. 18.*) cremandos imponebant, & abominandi incendij & conflagrationis spectaculo devovebant liberos, adhibito sonitu *Tympani* & aliorum Organorum Musicorum, ne ejulatus liberorum à parentibus exaudiretur. Hinc orta est ejus loci appellatio *Tophet*. Nam תּוֹף Toph significat Tympanum, vel latitudinem à תָּפָה : Erat enim locus amplus, idololatris frequentatus *Ierem. 7. & 19.* Quò alludit *Esai. cap. 30. v. 33.   Præparata est ab heri Tophet*: qua voce notat Propheta singulare judicium, quo in Regem Babyloniæ erat usurus Deus; Quandoquidem illa impurissima sacrificia maximâ pompâ fiebant palam ad portam Hierolymorum.   Incendium & conflagrationem exustorum

in valin valle Hinnon allegoricè accommodat Esaias Babylonij Regis exitio, in oculis Ecclesiæ illustrissimo.

Ob inauditam immanitatem in loco tam amplo, significatur hujus loci nomine, lata & spaciosa Gehenna seu Infernus, & accipitur pro reproborum supplicio, & loco cruciatus, in æternum reprobis destinato, ubi perpetuò torquebitur Sathan, cum Angelis suis, *Matth. 5. 22. Marc. 9. 43.* Crudelitas ista adolendi prohibetur cum comminatione lapidationis, *Levit. 18. & 20.* Mentio hujus perpetratæ impietatis fit *Ios. 15. 8. Nehem. 11. 2 Chron. 28.* & passim.

Abusum denique *Tympani* & Instrumentorum impium adauxisse etiam legitur Iuliani κακοζηλία & prava æmulatio. Is enim ut Templa gentilia Christianorum Ecclesijs conformaret, jussit in ijs non tantùm altaria & primarias sedes ædificari, *Sozom. lib. 5. cap. 16.* verùm etjam Tibias & *Tympana*, & Cymbala & Symphonias in templis eum habuisse ex Arnobij *lib. 7. contra Gentes* patet.

Ad extremum *Tympano* admoneamur, ut nos, qui nos Christi gregi fatemur assertas oviculas, cum lupo hostilitatem servemus. *Tympanum* enim ex ovis pelle nil insonabit, insonante Tympano ex lupi pelle confecto, *Alciat. emblem.* vel post mortem formidolosi: & *Albert. Crantz. in Vandalia lib. 11. cap. 9. de Zischa.*

Atque hæc de *Tympano*, Instrumentis sacris annumerato sufficiant: de quo plura in Profana, humana & Liberali Organica.

XI. CAPUT.
De Tuba & Buccina.

Nstrumentis sacris annumeranda est & cum *Tibijs* TUBA vel BUCCINA, cùm *argentea*, tum *arietina:* Alia nominatur שׁוֹפָר Schophar *Tuba, buccina cornea Exod. 19. 16.* plur. שׁוֹפָרוֹת & שׁוֹפָרוֹת *Iud. 7. 10. & Ios. 6. 4.* à שָׁפַר pulchrescere: quod decorum sit & jucundum auditu Instrumen-

THEORIA ORGANICES.   119

mentum, aut etiam arte perpolitum, & elaboratum.   Alia est חֲצֹצְרָה
Chazerah *Num. 10. 2. Hof. 5. v. 8. 2. Paral. 29. Pfal. 98. &c. Tuba clafsica.*
חָצַר clanxit tuba. (*Ex Hiph: geminatum* ב *non legitur, licet fcribatur.*

Harum *Tubarum ufus* in populo Israëlitico cùm passim alibi, tùm præcipuè *capite decimo Numerorum* disertè traditur, ubi Moses divinitus jubetur parare & usurpare *Tubas*, quæ non caruerunt *mysterijs*.

1. TuBARuM *numerus* binarius indicatur: *Fac tibi duas tubas*: ad denotanda mysticè duo Testamenta, sive Tubam *Legis & Gratiæ*; aut, ut visum Ruperto, ad præfigurandum duplicem Christi adventum; quorum alter *Gratiæ*, alter *Iudicij*.

2. *Materia* fuit argentum purum, solidum vel ductile: *Fac tibi duas Tubas argenteas, opere ductili facies illas*: ad significandam maximè Verbi cœlestis puritatem, quod argento comparatur purissimo, *Pf. 12. v. 7.* De materia quarundam Tubarum arietinâ vel corneâ, mox inferetur.

3. *Vsus* duplex, *Politicus & Ecclesiasticus*. *Ille* vel ad cogendum cœtum, vel ad movenda castra, *v. 3*. *Hic* vel ad excitandam fiduciam de auxilio divino contra hostes, *v. 9*; vel ad generandam hilaritatem, & lætitiam pro beneficijs in diebus festis, calendis vel initijs mensium, *v. 10.* his verbis: *Et in die lætitiæ vestræ, & in temporibus statutis vestris, & in capitibus mensium vestrorum clangetis Tubis* בַּחֲצֹצְרוֹת (εἰς σάλπιγξιν, *super holocaustis vestris, & super sacrificijs pacificorum vestrorum;* (שַׁלְמֵיכֶם unde German: eine Schalmeyen / qua tempore pacificationis utebantur) *Erunt{q_3} vobis in memoriam coram Deo vestro: Ego Iehovah Deus vester.*

Quo respexit *Pfal. 81. Buccinate Tubâ in Neomenia, in tempore constituto, in die festivitatis vestræ.* Vbi notatur tempus, quando illa solennior celebratio Dei sit instituenda.   Etsi enim Deum quotidie laudare debemus, publicæ tamen ejus celebrationi festa destinata sunt. Vult itaque Psaltes in Novilunio cùm omni, tùm imprimis illo, quo Iudæi festum *Tabernaculorum* celebrabant ejusmodi anniversariam divinæ bonitatis δοξολογίαν institui.   Nam mense septimo Iudæi festum Tabernaculorum quotannis ita celebrabant, ut Calendis septimi mensis clangore Tubæ populum convocarent, & sacros conventus agerent:

die

die postea decimo ejus mensis, *Festum Expiationis*, & decimo quinto, *Festum Tabernaculorum*, quod sub tabernaculis è frondibus contextis agebant, ad recordationem Castrorum, sub quibus in deserto quadraginta annos mirabili Dei beneficio sustentati fuerant.

Quia verò tres illæ solennitates, *Calendæ* nimirum, feriæ *Expiationis*, & denique *Scenopegia*, in unum mensem incidebant, unoq; conventu populi peragebantur, ideo pro uno festo sumuntur sæpe. Etenim mensis ille TIZRI, primus antiquitus, juxta festorum ordinem apud Iudæus septimus, totus ferè sacer ac festivus erat, quasi quoddam mensium *Sabbathum*, jam frugibus ex agro collectis maximè ferijs accommodatum. *Origen. homil. 23. in Num.* Mensis ejus die primo, annum civilem pariter inchoante, instituebatur festum *Tubarum*, sive *Buccinæ* & *Clangoris*, ita dictum, quòd in eo inter sacrificia *cap. 29. Num.* descripta, Tubarum sonitus & clangor audiretur, *Levit. cap. 23. v. 24.* sive in memoriam Isaaci, hoc ipso die liberati ab immolatione, ut Rabini opinantur, idem *Cornu festum* appellantes, fabulando mandatum à Deo, ut arietino cornu clangeretur, quòd aries inter fruteta hærens cornibus, pro Isaaco monstratus ac immolatus esset. *Genes. 22. v. 13*; sive potius ob recordationem bellorum contra Amalecitas gentesque alias, Duce & autore Deo gestorum.

Reliquæ festi *Tubarum* notationes de hominis militia, & similes, ad Allegoriarum classes remittendæ sunt. A vero autem non absonum, quòd ob multa festa incidentia in hunc mensem, ejus initium inprimis solenne & otio & clangore & sacrificijs fieri oportuerit, ut tanto nobilior & notabilior esset totus mensis, & ad observationem sequentium festorum coetus universus solenni excitaretur παρασκευῆ.

Succurrit hîc quoque solennis celebratio quinquagesimi sive IuBILAEI anni, *Levit. cap. 25.*

Eum *Iubilæum*, quem Eusebius Cæsariensis in Chronicis, à numero quinquagesimo Hebræis sic dici scribit, Latini à *Iubilo* derivant, ut annotavit Augustinus. Quidam á primo Musicorum Instrumentorum

THEORIA ORGANICES.

torum autore, *Iubal* fluxisse nomen autumant. Hebræorum fert opinio, à *Iobel* appellari, verbo Arabico, quod Cornu significet arietinum: Vnde Aquila Græcè κεραΐινην reddidit, sive, propter cornu istius usum, sive, ut quibusdam placet, propter formam solùm cornu arietini. *Indictio Iubilæi* fiebat decimo die mensis septimi, in ipso nempe Expiationis festo, *Levit. 25. v. 9.* ubi *Tubarum* clangoribus denunciandus erat toti populo optatus ille Remissionis Libertatisque annus. De *Buccinis* quærit Abulensis *quæst. 6. & 7. in Iosuam part. 1.* fuerintne corneæ an argenteæ, & ex metallo sive argento fuisse concludit: propterea quòd asservatæ, & in deserto asportatæ fuerint. Dissentiunt tamen LXX. Interpretes cum Hieronymo.

4. *Clangor* diversus indicatur *cap. 10. Numer: Simplex & æqualis*, διάτονον Græci vocant, ad convocandum multitudinem, ubi duabus simul canendum Tubis, *v. 3*; vel ad Principes congregandos, ubi unâ saltem utendum, *v. 4. Inæqualis* & *varius* תְּרוּעָה *Theruah* dictus, (Schindler. vociferatio, ein Feldgeschrey / *Psalm. 47.* Iubilatio.) vel à fractura, tremulaq́; voce ad canendum classicum, sive ad impetrandam profectionem: *v. 5. 6.* Si clanxeritis Taratantarâ & vel si taratantarizabitis tubis *v. 9. &c.* Vbi ad clangorem primum prima acies, ad secundũ secunda, & sic consequenter moveri jussa est *v. 5. 6.* Græci reddiderunt σημασίαν significanter: quo juxta Theodoretum *quæstione 15.* allusisse creditur Apostolus *1. Corinth. 14. v. 7. 8.* ὅμως τὰ ἄψυχα φωνὴν διδόντα, εἴτε αὐλὸς, εἴτε κιθάρα, ἐὰν διαστολὴν τοῖς φθόγγοις μὴ δῷ, πῶς γνωσθήσεται, τὸ αὐλούμενον, ἢ τὸ κιθαριζόμενον, καὶ γὰρ ἐὰν ἄδηλον φωνὴν σάλπιγξ δῷ, τίς παρασκευάσεται εἰς πόλεμον; Quin & inanima vocem reddentia, sive tibia, sive Chitara, nisi distinctionem sonis dederint, quomodo cognoscetur, quod tibiâ canitur, aut Citharâ? Etenim si incertam vocem Tuba dederit, quis apparabitur ad bellum? ἄδηλον φωνὴν Theodoretus habet μὴ εὔσημον.

Peculiaris etiam planè fuit usus in promulgatione Legis divinæ in monte Sinai: *Exod. 19. v. 13.* Iumentum enim & Homo ascendere permittuntur in montem Sinai (unde promulgebatur) quum tractim sonuerit Cornu. id est, audietur διάτονος sive continens unius toni sonus. Q. d. Erit huic interdicto montem attingendi locus, donec istud audiatur, quod in extremis ferè cantionibus observatur.

Et ex communi usu voluit cognosci DEus à populo, quando Religio loci illius esset desitura, discedente Domino, & sacram hanc actionem terminante per signum ejusmodi. Nec sine mysterio conceditur aliquis in montem ascensus, protracto longiùs sono Buccinæ: Mysticè enim hîc significatum est, tùm ad Deum propiorem nobis patere aditum, quando vox uno quondam loco conclusa, per Christum diffusa & protracta, toti orbi innotuit.

5. BuCCINATORES ipsi Sacerdotes sunt. Quo indicatum dubio procul, & in actionibus præcipuam Sacerdotum esse autoritatem, nec promiscuæ multitudinum turbæ cedendum, sed gravitatem servandam esse & modestiam; & omnium actionum exordia à sacris semper ducenda, sive ab imploratione nominis divini, *Coloss. 3. v. 17.* Quicquid egeritis sermone aut facto, in nomine Iesu facite, gratias agentes Deo & Patri per eum.

Tubarum Allegoria quadruplex. Nec inconveniens hîc piè & jucundè observare *Allegoriam Tubarum quadruplicem*, ex vario earundem usu & mentione passim in sacris literis, desumtam.

1. Significatur officium Sacerdotum, quorum est *clangere Buccinâ*, *Ezech. 33. v. 3. & 6.* hoc est: Auditores terrere, juxta etiam solari. Iubentur enim buccinatores isti inflare Tubas, sive minatrices illas & castigatrices scelerum, de quibus *Esai. 58. v. 1. Clama, ne cesses, exalta vocem tuam quasi* Tubam, *annuncia populo meo sua scelera. Sophon. 1. cap. v. 16. Dies* Tubæ *& vociferationis super civitates munitas, & super terras excelsas: & angustijs afficiam homines, & ambulabunt ut coeci, quia Iehovæ peccaverunt:* sive consolatrices & Evangelicas, de quibus *Esai. 27. v. 13. Et in die illa clangetur* Tubâ *magnâ, & venient, qui perierant in terra Assur, & expulsi fuerant in terram AEgypti: & incurvabunt se Iehovæ in monte sanctitatis Hierusalem.* Ita

Ita Auguftinus *tom. 10. ferm. 106. de tempore: Sacerdotales illius temporis* Tubas *quid aliud præfiguraffe credimus, quàm hujus temporis Sacerdotum prædicationes, per quas non ceffant peccatoribus terribili fono aufterum judicium nunciare, triftem Gehennæ interitum prædicare, & quodam comminationis ftrepitu aures delinquentium verberare? &c*

Et in promulgatione Legis, Clangor Buccinæ *Exod. 19. v. 16.* five minifteria Angelorum fignificat, quorum difpofitione Lex data eft, *Actor. 7. Galat. 3*; five Legis vim animos omnium penetrantis; etjam quando *Exod. 20. v. 18.* populus fub montis fumantis radice inter tonitrua & lampades ad clangorem *Tubæ* confternatus deprecatur, ut Deum loquentem deinceps non audiat coràm, nifi interventore & mediatore Mofe; inde non folùm terror hominum ad divinæ majeftatis confpectum, & voluntatis divinæ feveritatem proditus eft, Legis officium, quod terrorem metumq́; animis incutiat, patefactum; fed anagogicè infuper indicatum eft, in communi Redemptionis opere, μεσιτην tantò magis requiri, quanto major offenfi DEi erat indignatio. Quapropter probi Paftoris munere fungens Mofes oratione confolatoria perterrefactos erigit.

Caveant quibus canunt buccinatores furda eos aure præterire; ne redarguantur Proverbio, quo Chriftus perverfitatem Iudæorum accufat *Matth. 11. v. 16. & 17 : Cui afsimilabo gentem iftam? Similis eft puerulis, qui fedent in foris, & clamant fodalibus ac dicunt:* Tibijs *cecinimus vobis & non faltaftis, lamentati fumus vobis, & non planxiftis.*

Allufio eft ad Iudæorum liberos, qui fæpius in foro vel plateis fub dio ludentes, *Zach, 8. v. 5.* modò facra nuptialia, modò pompas funebres imitabantur. Vt autem fingula tantò majore frequentia inftituerentur, plerumque coævos ad ejufdem ludi focietatem provocabant: fin horum quidam ita morofi effent, ut ad ludendnm perfuaderi non poffent, vel certè eundem levibus de caufis inciderent, aut diffolverent, ijs μισανθρωπίαν & inhumanitatem fuam exprobrabant hoc cantico: *Cecinimus vobis, & non faltaftis; lamentati fumus, & non planxiftis.*

R 2 Accom-

Accommodatur ad pertinaciam Iudæorum, qui nec Baptiſtæ doctrinâ, & vitâ ſeveriore, nec Chriſti humanitate permoveri poterant, ut Evangelio crederent: ſed in altero gravitatem morum deſiderabant: Nonnulli etjam illius ſolitudinem ac temperantiam obſeſſionis Diabolicæ; ac viciſſim, hujus φιλανθρωπίαν, & familiariorem cum 'lijs converſationem ebrioſitatis vel temulentiæ nomine traducebant, ut nimirum ubiq; haberent, quod carperent, & obſtinationi ſuę prętexerent. Eodem adagio noſtrates auditores redarguendi ſunt, qui nec benignis, nec aſperioribus, nec duris, nec mollibus verbis flecti poſſunt. Vbi Synecdochicè accipiuntur *Naniæ funebres* pro aſperâ & triſti oratione, quæ animum mœrore afficiat, *Cantus Tibiæ* pro dictis lenibus, quæ animi clementis indicia ſunt, & auditorum corda exhilarant. Fruſtra itaq; buccinantes, qui neque Legis, neque Evangelij clangore animos movere poſſunt, ſolentur ſeſe cùm Iohannis, tùm Chriſti optimorum buccinatorum exemplis.

2. *Verbum Evangelij* efficax quaſi *Tuba* eſt. Hieronymus *in 7. cap. Ezechielis. Ejus ſonus exit in omnem terrarum orbem, Pſal. 18. Rom. 10.* Ita Clemens Alexandrinus in protreptico ſuo: σάλπιγξ ἐϛὶ χριϛοῦ τὸ ἐυαγγέλιον: ὁ μὲν ἐσάλπισεν, ἡμεῖς δὲ ἠκύσαμεν. Tuba eſt *Chriſti Evangelium &c.*

Et ſub feſto TuBARuM propoſita fuit imago prædicationis Evangelicæ, cujus clangor inſtar *Tubæ, Zach. 9. v. 14*; quæ exaltatur ut *Tuba, Eſa. 58. v. 1*; quam pródromus Chriſti, vox ilia clamantis, inflavit ante Expiationis magnæ feſtum in Novo Teſtamento. Rectè igitur figuram lætitiæ in converſione gentium fuiſſe dicit Rodolphus *in 1. cap. Levit:* Solennitatis, inquit, noſtræ principium, quaſi prima dies ſeptimi menſis, temporibus Apoſtolorum fuit, quando prima gentium facta eſt vocatio clangentibus *Tubis*, mundum ſcilicet perluſtrante tonitruo divinæ prædicationis.

Sic Origenes *homil. 23. in Num.* allegoricè transfert ad eum, qui ex ſacrarum literarum ſono interiore lætitiam percipit. Quis eſt, inquit,

inquit, qui feſtivitatem gerat memoriæ *Tubarum*, niſi poteſt Scripturas Propheticas & Evangelicas, atque Apoſtolicas, quæ velut cœleſtis quædam perſonant *Tuba*, mandare memoriæ, & intra theſaurum cordis ſui recondere? qui ergo hæc facit, & in Lege Dei meditatur die ac nocte, iſte feſtivitatem gerit memoriæ *Tubarum, &c.*

Iubilæi etiam anni denunciatio *Tubarum* clangore, quid myſticè voluit aliud, quàm ut adventus Chriſti, cujus miniſterium in 30. *Iubilæum* Moſaicum incidit, quibuſdam quaſi notis exprimeretur; atque ut *Iubilæus* Evangelij verus adumbraretur, in quo læta & ſonora voce annunciatur remiſſio, libertas, reditusq; ad amiſſa quondam cœli bona? *Actor. 3. 38. Iohan. 8. 36. Galat. 3. 3.*

Ioſuæ libro cap. 6. Sacerdotes ſeptem, portantes ſeptem *buccinas* arietinas, ante arcam IEHOVAE clangunt *buccinis*, donec ſeptima vice ad auditum *Buccinæ* ſonum, & populi vociferationem muri Ierichuntis corruebant, & civitas capiebatur: Sic etiam per Apoſtolorum non tantùm 12; Sed diſcipulorum quoque 70. prædicationem ſonoram CHRISTuS, cum DEo fœderis autor, toti mundo obviam importatus, innotuit, cujus quiete ſeptimo die, regnum mundi collapſum, & portæ Inferni dirutæ ſunt.

Iudic. libro cap. 7. leguntur Midianitarum caſtra diſcurrentia ſeſe mutuis lanienis confeciſſe, ubi principio vigiliæ mediæ cum Gideone trecenti, qui lamberant, in tria agmina diſtincti, *Buccinis* in dextra clanxerunt, ſimul comminuendo hydrias vacuas, & faces ſiniſtrâ tenuerunt. Ita quoque ex ore infirmorum ſonantis in exili Eccleſia Evangelij clangor de Meſſia, mane è mortis tenebris in vitam emergente, in quo fax Deitatis eluxit ſplendidè, ſtygios hoſtes in fugam convertit miraculosè.

Cumq; ſtatim à Chriſti Aſcenſione & Seſſione ad dextram Patris, Spiritu Sancto effuſo, Evangelij clangor per Apoſtolos, Evangeliſtas, Doctores & Paſtores datos *Epheſ. 4.* toti mundo inſonuerit; omnes jubentur populi *Pſal. 46.* manibus plaudere, & voce orationis congratulari Deo, qui elegit nobis hæreditatem noſtram, quandoquidem aſcendit

scendit DEuS in jubilo, *Dominus* in voce *Tubæ.* Vt enim in solenni ritu, quo David arcam fœderis in urbem Hierosolymam adduxit, *2. Samuel. 6.* Tibicines & *Tubarum* strepitus, omnisque generis organa Musica adhibebantur: Sic impertitâ Discipulis benedictione, inter panegyrica, ἐπινίκια Angelorum, non sine Discipulorum votis & præconijs, imò cum precibus & gratulationibus Ecclesiæ, & militantis in terra, & triumphantis in cœlo, veluti *Tubæ* jubilo manifestata & glorificata est perruptoris prævij Christi in cœlestem arcem ascensio, *Actor. 1. Ephes. 1. & 4. 2. Corinth. 15.*

Interea cum ad *Tubam* Evangelij clangentem, sub Christi vexillo, vita hominis Christiani nihil aliud sit quàm militia, *Iob. 7.* assiduè velut è speculis & turribus Templorum prospiciendum & animadvertendum est in *Tubas septem*, septem Angelis à Deo datas, *Apoc. cap. 8. Tubarum* cantu secuturas in Ecclesia hæreses, & veræ doctrinæ corruptelas, & certamina gravissima impiorum Doctorum significari præmonemur, ut cauti periculo imminenti opponamus fidos speculatores, qui verbi sinceritate, & ardenti invocatione veritatem propugnent.

In accommodatione septem *Tubarum* ad singulas hæreses dissensio est.

Lutherus annotat, primæ *Tubæ* sonitu *Tatianum* & *Encratitas* prænunciari; secundæ *Tubæ* ascripsit *Marcionem*; tertiam *Origeni* accommodat; quartæ *Tubæ Novatum*, & ab eo ortos *Catharos* attribuit. *in præfatione Apocalypseos Germanica :* Alij, temporum & historiæ seriem secuti, ad *Nazaræorum* & *Ebionitarum*, vel *Mineorum*, ut Hieronymus *tomo 3.* appellat, primam *Tubam* accommodant; Secundam ad *Gnosticorum* furores; Tertiæ *Tubæ Samosatenum* & *Arium* deputant; Quartæ *Pelagium* attribuunt; Quintæ *Tubæ Abbadon*, filius perditionis, Romanus AntiChristus confertur *cap. 9.* Sexta *Tuba* ibidem *Mahometis*, & *Saracenorum* ac *Turcarum* exercitus & blasphemias depingit. De *Tuba* septimi Angeli *cap 10. Apoc.* mox sub 4. Allegoria Tubarum.

3. *Tuba* vel *Buccinator* etiam dici potest fidelis quisque, Dei laudes grato sonans ore, & fidei constantiam attestans. Nostrum quippe Cideo-

Gideonem, Ducem prævium sequentes, & respicientes, Christianos in militante Ecclesia decet *Buccinâ* apertæ confessionis clangere, & grato corde tot tantaq; beneficia Dei prædicare, donec fractâ hujus corporis mole, facem fidei ardentis, & spem beatæ immortalitatis præferentes perruinpamus ac penetremus mortem, & hostes sibi ipsis mortiferos. Origenes ostendit, *homil. 23. in Num*: quomodo quisque celebrare possit festum *Tubarum*. Et si quis potest, inquit, in gratias illas Sancti Spiritus promoveri, quibus inspirati sunt Prophetæ, & psallens dicere: *Canite initio mensis Tuba, in solennitatibus ejus, Psal. 80.* & qui scit in Psalmis jubilare ei, dignè agit solennitatem *Tubarum*.

Huc spectat allusio *Psal. 97*: ψάλατε ἐν σάλπιγξιν ἐλαταῖς, *Psallite in Tubis ductilibus*. Sic enim Ambros. *in lib. de fide Resurrectionis, tomo 3.* Faciat, inquit, amicus Dei rationabiles *Tubas* duas ductiles; argento probato h. e. pretioso verbo compositas, & ornatas, quibus non raucum increpans terribili sonitu murmur interstrepat, sed *sublimes gratiæ* DEo continuâ jubilatione fundantur. Et August. *8. tomo in Psal. 97.* per *Tubam* Ductilem animum putat significari tribulatum. *Ductiles Tubæ* tundendo producuntur; si tundendo, ergo vapulando eritis *Tubæ ductiles*, ad laudem Dei productæ. Si cum tribulamini proficiatis, tribulatio tunsio, profectus productio est. *Tuba ductilis* erat *Iob*, quando repente percussus tantis damnis, & orbitate filiorum, tunsione illa tantæ tribulationis factus *Tuba ductilis* sonuit: *Dominus dedit, Dominus abstulit, &c.* Vide *Gregor. Mag. lib. 30. Moral. cap. 4.* Etiam cavent fideles, ne per hypocrisin in gloriæ popularis aucupium *Tubâ* Pharisaicâ *buccinantes Matth. 6.* ostentent ac venditent Eleemosynas, aliaq; opera, quibus præstandis, Legis *Tubâ* provocante, omnino astricta est Fidei obedientia.

4. Præmonet *Tuba* impijs horribilem & tremendum, pijs triumphalem & exoptandum diem judicij, quo Filius hominis venturus in nubibus cœli, cum potestate & gloria multa, missurusq; est Angelos suos *cum voce Tubæ magna*, *Matth. 24.* Et *1. Thessal. 4.* Ipse Dominus cum

cum hortationis clamore & voce Archangeli & *Tuba* Dei defcendet de cœlo. Et *1.Corinth. 15.* momento & jctu oculi ad *ultimam Tubam* ἐν τῇ ἐσχάτῃ σάλπιγγι (σαλπίσει γὰρ canet enim) & mortui fufcitabuntur incorrupti, & nos commutabimur. Tunc certè Hierichuntis inftar, *Iof. 6.* hic Orbis ruinam trahet, ad *Tubas* feptem, h. e. infinitorum Angelorum, arcâ fœderis fe gloriosè exhibente in terra promifsâ confpiciendam, ubi periodi feptimus gyrus revertetur, ut ferè emerfi 6000. annorum, tandem Sabbathum æternum *Tubarum* feftum & *Iubilæum* annum celebremus feftivitate perenni.

Huc Chryfoftomi expofitio *homil. 47.* ad populum Antiochenum, & *homil. 77. in Matthæum* Καὶ τί βούλονται αἱ σάλπιγγες, ἢ ἡ ἠχή; πρὸς διανάςασιν, πρὸς εὐφροσύνην, πρὸς ἔκςασιν τῶν ὁρωμένων ἐκπλήξεως. Quid *Tubarum* ille fonus vult? ad exufcitationem, ad gaudium, ad exprimendum rerum futurarum ftuporem.

Nec fruftra *Tubæ* formam in cœlo apparuiffe aliquando contigit, prodigijq́; loco habitum narrat Niceph. *lib. 15. cap. 20.* Nubes, inquit, *Tubæ* fpecie ad dies quadraginta vifa eft. Et certè olim in exequijs, veluti ad filiam Iairi terræ mandandam, *Matth. 9.* adhibitæ fuerunt & *Tubæ,* & *Tibiæ,* non tantùm ob lugentium dolorem, & mœrorem mitigandum; fed etiam gratiâ excitandi animofitatem, qua in militante Ecclefia Stygios Midianitas, ad Gideonis Chrifti clangentem *Tubam,* five lætam Evangelij vocem, fractâ corporis hujus mole, face fidei ardente, *Iudic. 7.* perrumpamus, eluctati fpe refurrectionis ex morte ad vitam æternam, ubi in noviffimo Chrifti reditu, clangorem edente *Tubâ* extremâ, capitibus elevatis triumphaturi funt pij. *Tuba* illa qualis fit futura, videatur *Chryfolog. ferm. 103.*

Caveant autem tunc Epicuræi fubfannatores, qui cum *Tibicinibus illis* ad Iairi defunctam filiam, Chrifto Duci vitæ, refufcitandi mortuos tam facilem, ac è fopore dormientes evocandi virtutem ac efficaciam

caciam planè derogarint; ij fanè ex illuftrati & creduli *Iairi* ædibus, h. e. credentium Ecclefia expulfi, æternis involventur tenebris, ubi *væ væ* ejulabunt, plenis fine fine buccis.

XII. CAPUT.
De Tintinnabulis, Nolis & Campanis.

Vnc *Tintinnabulum, Nola, & Campana,* quid fonent in Ecclefia attendamus.

TINTINNABuLuM Inftrumentum eft æneum; πεποιησμένον five factitium nomen, à voce quam facit *Tintin*: ὁ κώδων Græcè; Hebræis פַּעֲמֹן *Exod. 28. v. 33. 34. cap. 39. v. 26.* à Percuffione vocatum: פָּעַם enim eft percutere, pulfare vel conteri, & quafi tinnitum facere.

Tintinnabulorum u S u S facratiffimus fuit in Veteris Teftamenti Ecclefia: Vbi fummi Pontificis pallium, five Ephod, five tunica fuperhumeralis, ut Hieronymus reddidit, ornabatur ex *malogranatis* trium præcipuè colorum, & ex *Tintinnabulis* aureis, quibus in ingreffu & egreffu Sacerdos fonum cieret. De quo *Exodi cap. 28. v. 33. 34. 35.* fic legitur in delineatione Ecclefiaftici operis, Mofi præfcripta: *v. 33. Facies & in fimbrijs ejus* (Ephod) malogranata *ex hyacintho & purpura & vermiculo cocci: in fimbrijs, inquam, ejus per circuitum*; Tintinnabula *aurea in medio illorum per circuitum. v. 34.* Tintinnabulum *aureum unum & malogranatum*; tintinnabulum *aureum alterum,* & malogranatum *in fimbrijs pallij per circuitum. v. 35. Erit autem super* Aharon *ad miniftrandum, & audietur sonus ejus, quando ingredietur Sanctuarium coram* Iehovah, *& quando egredietur; & non morietur.*

Et delineationi refpondens effectio extat *Exodi cap. 39. v. 24. 25. 26. V. 24. Feceruntq, in Fimbrijs pallij* malogranata *ex hyacintho, & purpura, & vermiculo cocci, & byffo retorta. V. 25. Feceruntq, &* Tintinnabula *ex auro puro, posueruntq,* Tintinnabula *illa in medio* malogranatorum *in fimbrijs*

fimbrijs pallij per circuitum, in medio, inquam, malogranatorum. V. 26. Tintinnabulum & malogranatum *in fimbrijs pallij in circuitu ad ministrandum, quemadmodum præceperat Iehovah ipsi* Mosi.

Idem iteratur in Ecclesiastico *cap. 45. v. 11. Qui globulis, inquit, aureis succinxit eum, crebrisq́ circum circa* Tintinnabulis, *quæ sonos ederent, ipso incedente, atq́ in Templo tinnitum ederent, in memoriam filiis Israël, & populi sui.*

Fimbrijs appensa *Malogranata* notant εὐωδίαν, quâ per Christum Deo accepti reddimur: *Tintinnabula* prædicationem Verbi cœlestis, longè latéq́; sonantem. Vtq́; *malogranata,* quæ grana plura uno cortice continent, & tegunt, hîc *Tintinnabulis* juncta sunt; Sic in Ecclesiæ Catholicæ cœtu mentes ὁμοθυμαδόν collectæ, unius cordis & oris concentu unam fidem & confessionem de uno eodémq́; Deo, deq́; unius Sacerdotis beneficijs conjungunt.

Quod autem *Aaroni,* non hac veste in conspectum suum prodeunti, Deus interminetur mortem; sic interpretatur Gregorius Magnus *part. 2. Curæ Pastoral. cap. 4. & lib. 1. Epist. 24. Sacerdos,* inquit, ingrediens, vel egrediens moritur, si de eo sonus non audiatur, qui iram contra se occulti judicis exigit, si sine sonitu prædicationis incedit. Vestimentis *Tintinnabula* inhærent, ut vitæ viam cum linguæ sonitu congruere, ipsa quoque bona opera clament *Sacerdotis.*

Memorabile quoque est, *Salomonis Templum* super tectum *Tintinnabula* habuisse, quibus absterritæ aves abigerentur, eorumq́; fuisse quadraginta memorat *Euseb. Præpar. Evang. lib. 9. cap. 4.*

In recentiori Ecclesia, quod hîc inserere libeat, ut *Tintinnabula* censerentur *Nola* & *Campanæ* vocabulis, obtinuit consuetudo á *Campaniæ Nola.* *Paulinus* enim, *Nolæ* urbis Campaniæ Episcopus, primus in sua Ecclesia CAMPANAE majoris fusionem & usum invenisse proditur, & ad pia munia transtulisse, ut nimirum ejus sono exciri possent remotiùs habitantes, ad conciones, precationesq́;: *Gilbertus Cognatus lib. 3. Narrat. Petr. Hisp. fil. p. 2. cap. 9.*

Etiam *Campanula* nomen reperitur in literis Cyrilli Hierosolymitani,

mitani, inter Beati Auguſtini *epiſtolas 206.* quo loco, in S. Magnæ uſum *Campanulæ* tum invaluiſſe, convocandis ad rem divinam Sanctimonialibus, autor meminit. Quanquam eam Cyrilli Epiſtolam eſſe non pauci dubitant, putatur tamen, ſi alterius ſit, non illo admodum inferior eſſe autor. Manifeſtum eſt, uſum *Tubarum*, quibus concio Iudæis indicebatur *Num. 10. Matth. 9.* poſt occupaſſe *Campanas* : quarum publicum ſignum ad Dei cultus, vel ritus publicos cogendi populum, ne Eleuſinius cenſeatur congreſſus in Chriſti Eccleſia, ἐυ]αξίας ἕνεκα, non duntaxat toleratur, verùm etiam conſervatur. *Rup. Abb. Tujecenſ. de divin. offic. lib. 1. cap. 16.*

Calliſtus III. Pontifex mandavit, ut aſſiduo rogatu Deus flecteretur, in meridie *Campanis* ſignum dari fidelibus omnibus, ut orationibus eos juvarent, qui contra Turcos continuò dimicabant. Crediderim tum ego precibus omnium, Chriſtianos, ad Bellogradum contra Turcos dimicantes, duce *Ioanne Vaivoda*, aſtante etiam *Ioanne Capiſtrano* ordinis Minorum, crucemque pro vexillo hoſtibus inferente, eos Bellogradum oppugnantes ingenti clade ſuperaſſe, *ſcribit Platina.*

Atque hîc non piget inſerere, quæ Eccleſiarum Brunſvicenſium conſtitutio pia, à Chriſtianiſſimo IuLIO Duce p. m. præſcripta, de Campanæ pulſu PRO PACE, præcipit & admonet. *Fol. 50. ſub titulo.*

Kirchen Ordnung auff den Dörffern.

Weil auch gebreuchlich/ daß die BetGlocken Abends/ Morgends vnd zu Mittage geleutet werden/ ſo ſol das Volck vermanet werden/ wenn ſolches geſchicht/ daß ſie ihr Gebet zu Gott dem HErrn für Frieden vnd alle zeitliche vnd ewige Wolfahrt thun/ vnd jhr Geſinde auch darzu halten/ ſie ſeyn im Hauſe/ im Felde/ oder wo einer iſt/ vnd daß ſie ſich des nicht ſchemen/ Denn es iſt Gott ein geſellig/ vnd jhnen ſelbſt ein nützlich Werck.

Von der BeteGlocken/ oder pro pace leuten.

Man helt im Bapſtumb Morgens/ Mittags vnd Abends einen ſonderlichen Glockenſchlag/ dadurch das Volck vermahnet ſol werden/ die

Jungfraw Mariam anzuruffen. Weil aber die hochgelobte Jungfraw Maria solche Ehre/die Gott allein gebüret/nicht haben wil/vnd auch wieder Gottes Wort ist/sol davon das Volck vnterrichtet werden.

Es kan aber der Blockenschlag an jhm selber/wie auch in den benachbarten reformirten Kirchen behalten werden/ vnterscheid der Morgends-Mittags- vnd Abendstunde/dem Volck damit anzuzeigen/vnd daß dadurch das Volck erinnert vnd vermanet werde/daß sie Morgends/Mittags vnd Abends für gemeinen Frieden vnd gut Regiment bitten sollen: In welchem Gebet man gleich für die Obrigkeit/vnd wieder alle Feinde/des gemeinen Christlichen Friedens/bittet. Daher man es in den benachbarten reformirten Kirchen sehr fein nennet: die BeteBlocke/oder/pro pace leuten: Vnd ist Christlich/gut vnd nützlich/daß das gemeine Volck darzu gewehnet werde/daß sie solches nötigen Gebets nicht vergessen. Weil es aber gar offte vergessen wird/kan der Blockenschlag dazu erinnerung geben/daß sie an solch Gebet zuthun gedencken/wenn sie hören pro pace leuten/sie seyn im Hause/im Garten/auff der Gassen/oder auff dem Felde. Vnd man mag alßdann die Kinder im Hause auch singen lassen: Erhalt vns HErr bey deinem Wort/etc. Item: Verley vns Frieden gnediglich. Solch Gebet ist in diesen letzten gefehrlichen Zeiten hoch von nöhten.

Religio sanè læta fuit *Campanarum* donatio ; quarum ereptio mœsta fuit rebellionis ultio ; translatio earundem mira Naturæ in metallo, si placet credere, evasit indignatio.

VRSuS *Particiacus* Venetorum Dux, *anno sal. 865*. Saracenos classe vicit prope Gradum, auxilio Basilij Imp. Græci, cujus est postea Protospatharius factus. Gratitudine proinde animi, & officio cum Basilio certans, duodenas magni ponderis, artificijque haud vulgaris dono ei misit Campanas, suntq; Venetorum munere tùm primùm Græci *Campano* ære usi. *Sabel. lib. 1. Enn. 9. & lib. 3. Dec. 1. Bergamas in Nicolao I. Pontifice.* BONIFACIuS VIII. Anagninus anno 1300. Basilicam Petri *Tintinnabulis* æreis suavissimis exornavit. *Volat. lib. 22.*

Vicissim BuRDEGALENSIBuS, qui ob salinas & vectigalia adversus *Henricum II. Francorum Regem* rebellarunt, *anno 1547*. ob seditio-

seditionem *Campanæ* omnes sunt ereptæ. *Sleidan. lib. 25.* Contendunt nonnulli Autores insigni miraculo fidem facere, quod in amolitione vel translatione *Campanæ,* Gallorum Rege Clothario, visum tradunt. *Sanctus* enim *Lupus,* Senonensis Episcopus, egregiam quandam, eximijque sonitus *Campanam* in æde Sancti Stephani collocârat: Vbi eam gratissimi sonitus esse accepit Clotharius Rex, Parisios, velut in Regiam urbem, deferendam mandaverat: *loco mota,* ut referunt scilicet, *sonum* mox amisit, quandoquidem *Lupus* Episcopus ei rei non fuerat assensus.   Id cum Rex animadvertisset, reddendam pristino loco jussit. Cum igitur referretur, à septimo milliario consuetum sonitum edidit, obviante populo, miraculi gratia.   Propterea jure etiam sacris ritibus Ecclesiarum *Campanæ* dedicari consueverunt.   *Incertus autor apud Surium, tomo 5. mense Septembri.*

Quod superstitione non caret, *Gregorius* IX. Pp. *Campanas* ad Eucharistiæ confectionem adhiberi jussit. *Cranz̧. lib. 8. Saxon. cap. 9.* Et *Iohannes* XIIII. Pp. primus idololatrico cultu baptizatis *Campanis* nomina dedit, & Lateranensis Ecclesiæ *Campanæ* suum communicavit: *Balæus, Centuriâ secundâ Scriptorum Britanniæ.*

Apertam insuper redolet idololatriam, & sacrilegas repræsentat ineptias, vis illa Satanam clangore abigendi, *Campanis* baptizatis collata.   Vnde planum est, eos, qui fulmine Excommunicationis erant Satanæ traditi, *Campanarum* etiam usu tinnituq; interdictos fuisse, quò Leoni in miseros exclusos istos ferociendi major esset libido &c: Bonifac. VIII. *in C. alma mat.* § *adjecimus, de sententia Excommunicationis.*

At *Maximilianus* I. Imp. Aug. publico edicto hujusmodi profanationem blasphemam ex Ecclesiæ sacris, verbi divini præscripto id sic postulante, exturbavit. *Petr. Mart. in cap. 18. lib. 1. Reg.*

Fides denique penes autores sit facilis, de illius *Campanulæ* virtute abdita, quæ *furta* & *mortem* non aliter atq; si animata res fuisset, prodere consueverat.   Tradunt enim Divo Medardo quendam furto surripuisse taurum, cujus collo *tintinnabulum* suspensum erat.   Vbi domo in tuto fuit taurus, fur tintinnabulum abdidit, ne illius sonitu furtum proderetur. Mirum accidit; in cubiculo, in fcrinio, in arca, ubiq; femper quibuflibet latebris fponte tintinnabulum fuum edebat fonum, admirantibus eam rem etiam vicinis, qui fonitum animadverterent, abfque ullo alterius motu. Cum igitur nemini hominis furtum innotuiffet, eâ re confcientiæ ftimulis exagitatus, rem amicis aperuit: quorum fuafu ad Medardum accedens, taurum reddidit, etiam veniâ impetratâ: Fortunatus Presbyter *in vita S. Medardi apud Surium Tom. 3.*

Tradunt præterea in Budicenfi monafterio Saxoniæ æneam quandam *Campanulam* extitiffe, fonoram quidem, & eo nomine prærevercnter affervatam, quæ, cum ex earum numero Sanctimonialis quæpiam è feculo migratura effet, præter ullum humanum opus auxiliumúe fpontè ingentem reddebat fonum. *Gobillinus Perfona in vita Sancti Meinulfi Diaconi. Surius tomo 5. Octobri.*

In χαλκηχωδῆ(ια Cafparis Hembergij Vezlarienfis, veluti deteftabilis reijcitur ufurpatio *Campanarum*, adverfus tonitruum horribilem fragorem & nubium conflictationem.   Phyfici, citra impietatis notam, fuas fervent rationes, fonitu nubes diffipandi, & tempeftates difcutiendi; de quibus in Parte II. de *Mufica profana &c.* Quin pulfui *Campanarum* non fuperftitiosè affuetæ Ecclefiæ, ingruente fulminis & fulguris periculo, pium fpectent ftudium eliciendi preces, quibus nubes tranfeuntibus, *Ecclef. 35, 19.* ritè pulfanti certò aperietur, *Matth. 7. Luc. 11.* ubi lingua precantis non fuerit χαλκὸς ἠχῶν, ἢ κύμβαλον ἀλαλάζον, æs refonans & Cymbalum tinniens, *1. Corinth. 13, v. 1.* h. e. fonus fine mente, quæ fidei in Deum, & caritatis erga proximum vacua, inani & obftreperâ loquacitate fonum edat, Deo non acceptum: veluti *Campana* alios ad cultum provocans, feipfam ad eundem, quem non intelligit, provocare nefcit.

Cæterùm memorabiles funt, quæ ob amplitudinem eximiam celebrantur *Campanæ*, *Parmenfis*, *Mediolanenfis*, *Lauretana*, & quæ per omnem Germaniam celeberrima eft, *Erfordienfis*, de qua *Ortelius in Thuringia.*

Memorabiliorem tradunt, qui orbem perluſtrârunt, compertam in Orientalis Indiæ regno Pega, æneam *Campanam*, ambitu patentem ad palmos ſupra quadraginta quinque, diametro, ſeptemdecim; quæ omnes, quæ in Europa ſunt, *Campanas* amplitudine ſuperare cenſetur. *Ferdinandus Mendez Ieſuita, anno Domini 1554.*

Ad calcem annectatur mirum illud, quòd in AEthiopia non tantùm templa, ſacella, altaria, ſcabella, januas, clauſtra, ac quicquid ſupernè infernè ſpectatur, uno è ſaxo excavetur, ut tradit *Franciſcus Alvarez, rerum AEthiopicarum cap. 44. & 55*: Verùm etiam *Campanas*, quas nos ære conficimus, illi lapidibus excavari peragunt, quod præcipuè in Barra contingit, *Alvar. c. 29. & 44. Et Ortellius in Altiſsimis*: vixque ferreæ reperiuntur in Argote regione, *eodem autore cap. 52.*

Tantum de *Tintinnabulis*, in Veteri Teſtamento myſticè uſurpatis; itemq; de *Nolis* & *Campanis* in recentiori Eccleſia; atque de harum ſignis cùm pio, tùm ſuperſtitioſo, vel juxta opinionem mirando, & buaſi divino modo adhibitis.

VSuM *Tintinnabulorum & Campanarum* horologicum, reſervabit ſibi Organica profana & politica ſive Liberalis enarrandum.

XIII. CAPUT.
Tranſitio ad Inſtrumentalem Muſicam, quæ in Novo Teſtamento à patribus aſſerta eſt.

Heoria, quæ Veteris Teſtamenti Inſtrumentis conſpectis, cœperat etiam in recentioris ſeculi turribus & Templis Campanas contemplari, nunc porro ſeſe convertit ad ἑρ-γον ORGANICES MuSICAE, quæ in Eccleſia *Novi Teſtamenti*, Veterum etiam ætate, non fuit ignorata, nec inuſitata. Quod etiam non tantùm humana voce; (*de quo in Tractatu Choralis Muſicæ*) ſed *Inſtrumentis* etiam *Muſicis* Pſalmos ac Hymnos modulati ſunt Veteres; Eum, inquam, uſum atteſtantur antiquiſſimum monumenta Scriptorum, qui cùm doctam diſcretionem Muſices, tùm ejuſdem

dem & privatam & publicam exercitationem, non aliunde quàm ex usu Ecclesiæ desumserunt, & introduxerunt. Namque accuratè distinguunt Patres inter *Psalmum, Canticum* seu *Oden, Hymnum, Canticum Psalmi, Psalmum Cantici.* Quæ differentiæ Carminum à modulatione sunt desumtæ.

Quod enim canit *Organon* & Instrumenti solùm Musici modulamine editur Carmen, à Veteribus appellatur PSALMuS.

Quod voce solùm humana canitur, & remoto Organo personat, alijs ODE PRACTICA, alijs CANTICuM, alijs HYMNuS dicitur, (*de quo in Laturgodia Matutina & Vespertina.*)

Quod verò carmen, voce *humana* ad Musicum *Organon* accedente concinitur, aliâs PSALMuS ODES vel CANTICI, aliâs ODE vel CANTICuM PSALMI, pro præcinendi vel succinendi modo vocatur. *Basilius Magnus in expositione Psalmi 29. ita recenset ac definit:* Ὁ ψαλμὸσ λόγοσ ἐςὶ μϒσικὸς, ὅζαν διῤύθμως κατὰ τὰς ἁρμονικὰς λόγϒς πρὸς τὸ ὄργανον κρϒήται. h. e. PSALMuS est Oratio Musica, quando concinnè juxa rationes metricas ad *Instrumentum* pulsatur. ODES duas facit species, unam quidem *Theoricam,* alteram *Practicam.* Priorem ita definit: ΩΔΗ δέ ἐςι, ὅζα θεωρίας ἔχεται ψιλῆς, καὶ θεολογίας. id est: ODE est, quæ succinctam complectitur contemplationem, & de DEO sermonem. Quodcunque igitur siletur carmen, & compositione absoluta servatur, ODEN THEORICAM à Basilio dictum intelligimus.

PRACTICAM hoc definit modo: ΩΔΗ ἢ φωνὴ ἐμμελὴς ἀποδιδομήνη ἀναρμονίως, χωρὶς τῆς συνηχήσεως τῶ ὀργάνϒ: id est: ODE seu *Canticum* est vox concinna, ad numeros edita absque *Instrumenti* concentu. Cujus formulare, & primum Musices Canticum in gloriam & laudem sempiternam DEO liberatori ex AEgypto canit atque describit Moses, `Exod. 15.` his verbis: Tunc CECINIT (יָשִׁיר futurum pro præterito, LXX. ᾖσαν) Moses & filij Israël

THEORIA ORGANICES. 137

fraël *Canticum* (אֶת־הַשִּׁירָה LXX. ἣν ᾠδὴν) hoc Domino, & dixerunt ad dicendum; *Cantabo* (אָשִׁירָה LXX. ἄσωμεν) Domino, quia magnificando magnificatus eſt. Vnde latinum vocabulum *Gaudium* à גאה. Deniq; ΨΑΛΜΟΝ ΩΔΗΣ, id eſt, PSALMuM CANTICI arbitramur, inquit, *Ἰὼ ἀκόλυθον πρᾶξιν τῇ θεωρίᾳ* h. e. quando Carmen, ad numeros compoſitum, adhibito Inſtrumento, viva voce concinitur.

Hæc in prologo Pſalmorum ita reddidit *Hilarius*: *Pſalmus* eſt, cum ceſſante voce, pulſus tantùm *Organi* concinentis auditur.

Canticum eſt, cum cantantium chorus libertate ſua utens, neq; in conſonum Organi aſtrictus obſequium, hymno canoræ tantùm vocis exultat.

Canticum autem *Pſalmi* eſt, cum Organo præcinente ſubſequens & æmula Organo vox Chori canentis auditur, modum Pſalterij modulis vocis imitata.

Pſalmus verò *Cantici* eſt, cum *Choro antecanente* humanæ cantationis hymnos, ars Organi conſonantis aptatur, vocifq; modulis præcinentis, pari Pſalterium ſuavitate modulatur.

Inde illud, ut placet quibuſdam Theologis, colligere licet, quod Hilarij & Baſilij Magni ætate, quâ hæc introducta diſcretio, non inuſitatum fuerit, ſuppreſſa voce, Inſtrumento Muſico Pſalmos & Hymnos in Eccleſia concinere; cùm hæc non aliunde, quàm ex uſu Eccleſiæ, potuerint depromi.

Atque ut Apoſtoli monitu, *Coloſſ. 3.* Verbum Domini habitaret inter eos copioſè in φιλοφροσύνῃ Conviviorum, privatis Pſalmodijs *(de quibus in Chorali Muſica) Inſtrumenta* quoque *Muſica* à Chriſtianis licitâ & piâ exercitatione fuiſſe addita & uſurpata, *Clemens Alexandrinus*, qui circa annum Chriſti 200. floruit, *lib. 2. Pædagog: cap. 4. diſertè memorat* : Et ſi ad *Lyram*, inquit, vel *Citharam* canere & pſallere noveris, nulla in te cadet reprehenſio, Hebræum juſtum Regem imitaberis, qui Deo eſt gratus & acceptus: Exultate juſti in Domino, no, rectos decet laudatio (*dicit Propheta Pſalm. 32.*) *Confitemini Domino in* CITHARA, *in* PSALTERIO DECACHORDO *ei pſallite.*

Et, quam privatim adhibere licuit, *Inſtrumentalis* Muſica publicis Eccleſiæ congreſſibus non fuit apud Veteres excluſa. Neque enim hîc obſtat, quod ſcribit *Iuſtinus Martyr*, in quæſtionibus ad Orthodoxos, *quæſtione 107.* de Inſtrumentis Muſicis, deque pſallendi conſuetudine hoc pacto: Cum ab infidelibus ad deceptionem inventa ſint carmina, iis verò qui erant ſub Lege injuncta fuerint propter mentis ſtoliditatem; cur illi, qui doctrinam perfectam gratiæ, & à moribus modò dictis alienam ſuſceperunt, in Eccleſiis utuntur *Cantilenis* ad conſuetudinem infantium ſub Lege? *Reſpondet autem Iuſtinus*: Ipſum canere non ſimpliciter conveniens eſt iis qui erant ſub lege, ſed adhibitis Inſtrumentis canere & cum ſaltatione & crepitaculis. Proinde in Eccleſiis tollitur è Cantilenis uſus talium Inſtrumentorum & aliorum, quæ ſtolidis conveniunt, & relictum eſt ſolum canere.

Nam licèt verba iſta id quidem innuere ac inferre videantur, quod tum temporis in publicis Eccleſiæ congreſſibus *Inſtrumentalis Muſica* non fuerit in uſu: Tamen hoc de abrogatis crepitaculis & ſaltatione dictum, futilia tantummodo & ad laſciviam comparata Organa, qualia in Bacchi Orgiis uſitata fuerunt; non omnia indiſcretè Muſicorum Inſtrumenta concernit.

Etenim Eccleſiam nec tunc quidem Organico concentu caruiſſe, oſtendunt quæ ſubjungit Iuſtinus ibidem inter pulcherrimos fructus Pſalmodiarum (ἡδύνᾳ γὰ ψαλμωδία τὴν ψυχὴν &c:) hæc interſerens verba: Ῥῆμα γὰ ἐςι Θεῦ τὸ κỳ ἐνθυμόυμϟον κỳ ἀδό μϟον καὶ ἀνακρυόμϟον. h. e. Nam Verbum Dei eſt, ſive mente cogitetur, ſive canatur, ſive *pulſu edatur.*

Hîc evidenter a Iuſtino indicata eſt triplex ratio expromendi verbum. Una fit κατὰ τὴν ἐνθύμησιν, quando ratione concipitur, &

oratio-

oratione profertur; altera δἰ ἀσμάτων, per cantilenas humana voce expreſſas: Tertia deniq; δἰ ἀνάκρουσιν, per *Inſtrumentorum Muſicorum impulſionem.* Hoc enim propriè iſta vox denotat, & maximè præſenti in loco; cum illi τὰ ἄσματα Cantilenæ opponantur; niſi cæcam velis ſta-tuere partitionem, ab Autore inſtitutam. Atque ita *Muſicam Inſtrumentalem* non omnino rejectam, ſed potiùs introductam & uſitatam fuiſſe apud Veteres, ex Baſilio, Hilario, Clemente Alexandrino & Iuſtino Martyre expreſsè demonſtratum eſt.

XIV. CAPUT.
De ORGANO Eccleſiaſtico
noſtri ſeculi.

AD hodierni denique ſeculi Organa Eccleſiaſtica directè decurrit inſtituta Muſices Inſtrumentalis contemplatio.

ORGANO ὀργάνων, ſive Inſtrumentorm Principi admirandam excellentiam, & venerandam autoritatem in Eccleſijs,quæ concilient, plurima in ſtructura ejus concurrunt. Nam certè plùs, quàm in reliquis Inſtrumentis, verſata fuit Majorum induſtria, in *Organis* artificiosè condendis, & fundendis, non tantùm ex ærea, argentea, aurea, verùm etiam ex ejuſmodi materia admirabili, quam Natura ad opus Organicum Arti negaſſe videtur. Id verò ubi & quando. vel quorum memoriâ olim factum ſit, mox referetur.

Singulorum etiam membrorum, quæ ad integrum Organi corpus requiruntur, tam aptè & firmè diſpoſita conſpicitur conſtructio, ut præter id, quod nihil, tam ad externam ſpeciem, quàm ad interiora & vivifica quaſi viſcera deſit, etiam ſingulæ cicutarum imparium ad clavium harmonicum tactum, & Regiſtrorum, ut vocant, tractum convenientem modò clariùs, modò preſſiùs, perpetuo tamen & longè fortiori poſſint animari ſpiritu per follium ſufflationem, quàm Inſtrumenta ea, quæ humano anhelitu (qui ob fragilitatem, & respirationem inflantis crebro intermissus est) flatum hauriunt.

Quid, quod *Syrinx* illa multisona, genus Diatonicum & Chromaticum in se continens, plurium hominum choros, variasq; modulationes & voces pueriles virilesq; personante vento suaviter exhibeat, & sonos Instrumentorum omnium referat sola? seu Tympanum velis & Cymbalum, seu Cornua & Bombyces, seu Dolzainas, & Rackettas, ut vocant, seu Lituos & Sordunos, seu Tubas & Buccinas, seu Tibias & Transversas, seu Lyras & Violas; quæ cuncta aliaq; plurima artificiosissimum illud opus systematum dulcissimorum, quæ & pedibus & manibus reguntur, mirabili exprimit suavitate: ut qui solum hoc Instrumentum habet vel audit, audire & habere cætera cuncta videatur. Taceo, quod in ijs pulsandis, vel mediocriter eruditus, eximios aliorum Instrumentorum Magistros facile vicerit: quippe cui ad negotium capessendum manus pedesq; sunt instructi.

Etiam hac arte organica latiùs sese nullam effudisse scientiam certum est: siquidem humana industria eò progressa est, ut in summo hujus artis *Organicæ* gradu subsistat necesse sit, & vix aut ne vix quidem vel acutissimi ingenij apice solertissimo indagare audeat quid amplius, perfectius, artificiosius, quod in artificiosissimo, perfectissimo, amplissimo *Organi* opere adhuc desideretur.

Quod si ipse summus *Organi* artifex & excultor Regius Psaltes, quale hoc tempore ab excellentissimis extruitur Magistris, spectasset, auscultasset, contrectasset; non dubium est, quin ingenti affectus artificij stupore, ardentiq; accensus fervore Spiritus, hoc illis sui seculi laudatissimis longè anteposuisset *Organis*.

Quam excellentis etenim ac multisoni sit operis vivum divini *Organi* Instrumentum, ob oculos & aures conspiciendum & auscultandum statuit *Hieronymus Diruta Italus* in libelli sui Musici præfatione. Nec piguit hîc verba Autoris ex Italico Idiomate in latinum transferre.

Omnes artes (inquit) & scientiæ, quæ humana ratione & intelligentia percipiuntur ac cognoscuntur, per providentiæ divinæ profundam bonitatem, ad prin-

principale intelligens, quasi ad suum doctorem, se referunt, quod ob eminentiæ fastigium ab omnibus intelligitur & celebratur. Vnde est, cum absolutè in *Philosephia mentio fit Philosophi,* Aristoteles *intelligatur;* in *Medicina cum Medici,* Hippocrates; *In Poësi, ex Latinis* Virgilius *Poëtæ titulo decoratur, in Italico Idiomate* Petrarcha; *In Theologicis, cum absolutè Propheta citatur plerumque* David *intelligendus venit; & Apostoli nomine* Paulum *commendant. Siquidem jam dicti viri, quilibet in suo munere, omnes in eodem genere præclaros superavit; quapropter ob excellentiam nomen professionis, in qua excelluerunt, sibi soli vindicârunt.*

Quod olim etiam in arte Musica obtinuit, ubi titulus eminentiæ Orpheo *&* Amphioni *ascriptus est. Idem videre est hoc tempore in titulis* Instrumentorum musicorum *evenire, adeò ut illud ab excellentia* Organum *appelletur, quod omnia reliqua Chori Musici Organica quasi complexu suo continet, quandoquidem omnes eas qualitates includit, per quas genuina indoles & dignitas Musicæ, in sonorum & tonorum dulcedine agnoscatur. Propterea modo denominatum* Organum, *veluti* Rex omnium Instrumentorum, *quo majestas divina in congregatione fidelium celebrari & honore affici solet, meritò habetur.*

Eandem ob causam manus *in humano Corpore Organum aut Instrumentum Instrumentorum nominatur, scilicet ejusmodi Organum, quod in operando omnibus alijs munijs, quæ ad rem perficiendam requiruntur, officio suo præest atq; succurrit.*

Vocem autem Organi *vera sua significatione ab omnibus non percipi, nullus dubito, qui hac opinione feruntur, hanc vocem tantum denotare* Organum pneumaticum, *quod in templis & Choro præter alias Voces in usu est, de quo in Psalmo extat* 150: Laudate Dominum in Citharis & Organo. *Quemadmodum verò* Testudo, Cithara, Lyra *& reliqua* Instrumenta, *quæ pennis concitantur, nomen* Instrumenti *assumunt, cùm qui arte ea contrectat, eum in finem facit, ut canendi & pulsandi artificium excolat: ita* Organum *summo in apice eminentiæ constitutum, suo complexu omnia* Instrumenta *quasi includit.*

Nobilitatis autem & excellentiæ decus præ reliquis canendi Instrumentis
T 3   *mero-*

meretur, quia ad vocem hominis, per Spiritus & manus opificium, quàm proximè accedit; fiſtulæ etiam, quacunque ex materia fabrefactæ aſperam arteriam hominis repræſentant, per quas Spiritus defertur, ac tonum atq; Vocem format. Quin ea re dici poſſet Organum *eſſe* artificioſum animal, *quod beneficio artis & manus hominis quaſi loquatur, ſonet & moduletur, hancq; ob cauſam tantis ſumptibus exornatum in templis collocari, ut honori & laudibus tantùm deſtinatum vocibus ac tono, magnifica & admirabilia divinæ potentiæ opera concelebret.*

Non inconcinnè itaque ab excellentia denominatum Organum, *humano corpori, quod ad actiones perficiendas, ab anima animatur & dirigitur, aſſimilatur.   Etenim ut tum demum ſumma cum delectatione ad ſe oculos allicit, cum dulci ſuo ſono aures demulcet; ita etiam tum homo oculos aliorum in ſe convertit, cum ſuaviloquentia ſua aures auditorum occupat, exprimens internam diſpoſitionem & Spiritus effigiem, quæ Organi veluti anima eſt: porrò* folles *ad unguem* pulmones *referunt;* fiſtulę aſperam arteriā; claviculæ *affabre* dentibus *conveniunt; qui verò* tonos *Organi arte efficit, eſt loco* lingu*ę, cùm* manuum *artificioſa agilitate efficit ſuavem conſonantiam, quodammodo cum dulcedine loquitur.*

Propterea huic qui ſe ſtudio dedit, omnem movere lapidem debet, ut exquiſita diligentia ad exactam Organi pneumatici tractandi ſcientiam perveniat. Sin ſecus fiat, dignitas hujus præſtantiſſimi Inſtrumenti *vileſcet, ac perinde erit ac homo, toto quidem corpore venuſtus, ſed blæſa balbutientiq; lingua præditus, quo modo cætera quoque deformantur.*

Cæterum ut pulchræ & affabrè pictæ imagines ſpectantium oculos alliciunt; ita ſuavitas dulcis harmoniæ tacitas cogitationes & receſſus affectuum penetrat, audientium aures cum illabitur.

Quamobrem ſuo quaſi merito in templis ſedem ſuam Organum *occupat, ut ejus beneficio pia & devota pectora invitentur, ac dulci ejus reſonantia ad laudes, quæ Deo optimo Max. decantantur, audiendas alliciantur.*

Atque certum eſt, inter omnia illa, quæ Inſtrumenti nomen merentur, primatum tenere Organum; *cùm omnem dulcedinem & ſuavitatem, quæ ex concentu reliquorum Inſtrumentorum conficitur, ſibi ſoli vendicet, eumq; eminentis-*

Theoria Organices.

nentiæ gradum consequatur, quod nullum sit canendi Organon in hisce terris, quo proprius sanctorum Angelorum suavis harmonia & cantus ad laudem Dei repræsentetur. Idipsum in Organo ad D. Petrum in Perusio expressum hoc *versiculo:* Hæc si contingunt terris, quæ gaudia cœlo? *quasi dicat: si in hisce terris ea est concentus & harmoniæ dulcedo, quantum gaudium & lætitia erit Angelici Chori & beatorum spirituum supernè in cœlestibus?*
Et hactenus ille.

Quis igitur non videt, quòd ex Instrumentis, solum hoc admirandum *Organon* (reliquis in usum humanum aptatis) publico Dei præconio, ac Religionis excolendæ attentioni devovendum, conservandumque jure optimo duxerit Ecclesia?

At, qui optandus esset sciri, *Autor* nostri tàm concinni *Organi* nusquam proditur, cum magna nominis ejus jactura. Id quod hisce *lib. 1. cap. 15.* & iterum sequentibus, *lib. 3. cap. 18.* valde conqueritur Polydorus: Multa, inquiens, novissimis temporibus Instrumenta Musica inventa sunt, quorum auctores jam in oblivionem venerunt; ex quibus propter suavitatem concentus, omni admiratione & laude digna sunt illa, quæ *Organa* nuncupant, valde quidem ab illis dissimilia, quæ DAVID Iudæorum Rex fecerat, quibus Levitæ sacros Hymnos concinerent, sicut nos his pariter canimus. Item alia id genus sunt, quæ *Monochordia*, *ClaviCymbala*, varieq; nominantur: eorum tamen æquè inventores, magno quidem gloriæ suæ damno, in nocte densissima delitescunt. *Hæc ex Polydoro.*

Quando autem *Organorum* usus in Ecclesia primùm receptus fuerit, discrepant annales.

Vitellianus Pp. Constantino III. regnante, cantum & *Naula*, quæ *Organa* appellant, in Templis instituisse legitur apud *Volat. lib. 22. Anno DCLIII. Et Polyd. lib. 6. cap. 2.* de Inventione, & *Crantz lib 2. Metrop.* referunt: *Vitalianus I. Pontif.* regulam Ecclesiasticam composuit, & cantum ordinavit, adhibitis ad consonantiam, (ut quidam volunt) *Organis.* Vel quod etiam Guil Perkinsus Anglicus Theologus Academiæ Cantabrigiensis, in problemate de Catholicismo consignavit, habucrunt buerunt ortum *Instrumenta pneumatica* circa annum Domini DCLX. (*Platina in Vitaliano:*) vel anno DCCCXX. (*Aimonius de gestis Franc. lib. 4. cap. 114.*) Navarrus *in lib. de Oration. & Horis Canon. cap. 16.* ait, temporibus Aquinatis usum *Organorum* nondum receptum fuisse. Obijt autem Thomas de Aquino anno Christi 1274. supputante Chytræo.

Quo vero tempore & quorum memoriâ in Galliam & Germaniam introducta fuerint, & in Italia & alibi *Organa* admirandi artificij extiterint, ex fide dignis historiographis colluſtrare & colligere licet.

Aventinus in annalibus Boiorum *lib. 3.* annotavit, *Constantinum VI.* Copronymum, *Leonis* Filium, qui circa annum Domini 742, imperium Constantinopolit. tenuit, *Pipino* Regi Francorum, *Caroli Magni* Imperatoris patri per legatos, quorum princeps Stephanus Episcopus Rom. fuit, misisse Instrumentum Musicæ maximum, rem usque ad id tempus Germanis & Gallis incognitam, & ait, cicutis ex alto plumbo compactum, simulque follibus inflatum, manuumq; pedumque digitis pulsatum, *Organonq;* appellatum & primum in Francia visum fuisse. (*Lambert. Schafnab. eum Mariano Scoto l. 3. factum hoc, An. 758. annotavit.*)

Vnde liquet, genus id Musicæ Instrumentalis, quod hodie καῖ' ἐξοχὴν ΟΡΓΑΝΙΚΗΝ nuncupamus, non usque adeo vetus esse in Gallicis, Germanicisq; Ecclesijs.

Vt autem fides habeatur & Aventino, qui tempore Pipini *Organa* incognita Gallis, & Platinæ, qui trecentis ante Pipinum annis à Vitaliano *Organa* templis imposita esse asserit; tenendum est, quod Platina intelligere videatur informe illud Instrumentum Musicum, cujus quindecim Cicutæ inflabantur, vento duodecim Sufflatorijs emisso; cujusmodi Hierosolymis in Oliveto ad tonitru sonitum crepabat: vel, quod innuat *Instrumentum Hydraulicum* antiquissimum, *Organon* nomine peculiariter appellatum: *Vitruvius lib. 10. Architect. cap. 13.*)

Quamvis autem externa forma parum differant, ita tamen inter sese *discernenda* sunt *Hydraulicum* & *Organum* nostrum. *Illius* quippe corpus unà cum Cicutis ex ære fusum unico Cicutarum ordine constabat,

bat, & sonum per aquam infusam diversimodè reddebat. *Hujus* verò corpus ex ligno compactum receptaculis plurimos Cicutarum ordines continet, & sonum flatu follibus immisso dispargit antico, postico, pectorali, laterali, & pedali, ceu vocant & distinguunt Corpora; Clavium item ordine vel duplici, vel triplici, vel quadruplici digitis pedibusq́; tacto.

Venetijs Leander, referente quoque Majolo, *colloq. 23.* valdè sonora *ex Vitro* confecta *Organa* sese vidisse testatur. Sed & ex *Alabastride* lapide non modò *Organa* ipsa, verùm etiam tactilia omnia, unde Organa vim spiritumq́; suscipiunt, conficta visa sunt. Neapolitanus etenim artifex cum ea construxisset, magnumq́; in modum sonora reddidisset, ad *Federicum* Mantuæ Ducem detulit, donoq́; obtulit: sese opus illud valde mirandum spectasse affirmat Leander in Thuscia, quandoquidem lapis ejusmodi in Volaterrano agro nascitur.

Auctores novarum rerum in Musicis fuêre inter Christianos memorabiles.

Georgius Sacerdos Venetijs oriundus, à Baldrico, comite Pannoniæ Ludovico Pio commendatus Musicæ Hydraulicum Instrumentum, quod *Organon* vocant, ad Aquas Graneas conflavit: (*Aimonius lib. 4. cap. 113. de Francis. Aventinus lib. 4. Annalium.*

Gilbertus, Rhemensis præsul, qui postea *Silvester* Secundus nuncupatus est, Romanus Pontifex, *Organa* suæ summæ Mathematices beneficio construxit, quæ calefactæ aquæ violentiâ modulatos emittebant sonos; anno Domini 997. ut Erfordiensis & Genebrandus testantur.

Quid quod *Boethius* ille Martyr, simul Mathematicus, Philosophus, insignisq́; Poëta *Chiterini* Musici instrumenti inventor traditur? ut Bergomas & Genebrandus recolunt, anno Domini 515.

Et, quod omittendum non erat, *Sabellicus l. 8. Enn. 10.* refert, circa an. sal. 1470. Venetijs fuisse virum, in Musica arte præstantissimum, *Bernardum*, cognomento *Teutonem*, argumento gentis, in qua ortus esset: qui *Primus* ibi in *Organis* auxerit numeros, ut & *Pedes* quoque juvarent concentum, funiculorum attractu.

V   Atqui

Atqui utrum in Gręcis, Italicis, Aſiaticis, Aphricanis Ecclefijs antiquius fit *Organon*, ſic dictum καί' ἐξοχην; affirmari ac certò ſciri vix poteſt.

XV. CAPUT.

Epilogus παραινετικὸς ſive Erhortatorius ad Muſicæ fautores, & artifices, pro Organis in Ecclefia non abolendis, ſed piè aſſervandis, & in Dei cultum rite exercendis.

AD extremum, ut ἐπίλογ⊕ non ματαιόλογ⊕, ſed χρησόλογος, non cum vaniloquentiâ, fed cum utilitate diſertâ conjunctus adſciſcatur; quam præter Biblia fide digni Theologi veteres & recentiores, alijq; Antiquitatis ſcriptores commonſtrarunt, & ſuppeditarunt, *Theoriâ Organices* hac qualicunq; benevolè fruatur quiſque optimus Organicæ Muſices fautor & amator, ſive is arte & ſcientia Organorum deſtitutus, ſive inſtructus fuerit.

Si quis enim arte pulſandi *Citharas* & inflandi *Tubas* aut *Buccinas* deſtituitur, ille corde ac ſpiritu canat, ut Paulus jubet *Epheſ. 5.* & Regula Theodoreti monet: Efficiamus, dicentis, nos noſtra corpora *Citharas*, rationis compotes, & utamur pro *Chordis* quidem *dentibus*, & pro *are labijs: Lingua* verò agitata concinnum pulſet *ſonum*; mens autem linguam moveat. Hæc *Cithara* gratior eſt Deo, quàm illa, quæ animâ caret, & quando fides ſine fide pulſantur; ſicut ipſe teſtis eſt ad Iudæos, per Vatem exclamans: Averte à me ſonum concionum tuarum, & vocem *Organorum* tuorum non audiam, *Amos 5.*

Quicunq; verò Inſtrumentis canendi ſtudio deditus fuerit, quod *Organicinis* officium eſt, laudi ac honori *Muſices Organicæ* ex animo faveat & cupiat, ut tam in ædibus privatis honeſtè, quam in æde ſacra piè occupetur & exerceatur.

Etenim honeſtis quoq; convivijs & colloquijs non invidet Deus lætitiam oblectandi, cùm *naturali*, tùm *artificiali* & *Inſtrumentali Muſica*, modò

THEORIA ORGANICES. 147

modò in Domino fiat, *Psal. 33, v. 1*. Id quod & superius de usu Instrumentorum in Convivijs demonstratum est. Sicut enim Carbunculus fulget in auro fabrefacto ; Ita Carmina ornant Symposion, *Syr. 32*. Atq; vinum & Musica exhilarant cor, *Syr. 41*. præsertim ubi hilaritatem ferunt tempora lætiora, quibus locum habet Paulinum: Gaudete cum gaudentibus, *Rom. 12*. & *Ecclesiasta* illud. In die bona fruere bonis. *Eccles. cap. 7*.

Maximè autem danda est opera, ut, quæ nonnulli amoliri & Templis extrudere non erubescunt μιϲόμϻϲοι & ἄμϻϲοι *Organa*, ad Ecclesiæ devotionem publicam posita retineantur, & ritè usurpentur.

Quanquam enim quibusdam harmonica ea Musica reijcitur, tanquam confragosa, qua ita detineantur astantes, ut verba percipere non queant; & quæ saltem delectet, aures titillet, & inanibus sonis mulceat: *P. Mar. clas. 3. cap. 15. B. Coll. Maul:* Negari tamen non potest, quòd veluti clangore *Buccinæ* ad arma animantur milites, ita in Ecclesiæ hîc militantis congressu, & spirituali militia, ipsa vocum varietas, & *Organorum harmonia* pias mentes vehementer exstimulet, ad serias preces & gratiarum actionem. Neque frustra ipse Spiritus Sanctus Instrumentali concentu utitur, quando Citharæ Davidis malignus Spiritus in Saule cessit. *1. Samuel. 16*. Et Elisæus, vocatus à Ioramo & Iosaphato Regibus, ut de eventu belli contra Moabitas vaticinaretur, Psalten, qui Instrumentum Musicum pulsaret, accersivit, quo insonante Spiritus Sancti numine & instinctu repletus est: *2. Reg. 3*. Et quod Deus in sui nominis cultum, *Instrumentalem Musicam* potius ambiat, quàm renuat, attestantur plures numero *Psalmi 33. 98. 144. 149. 150. &c*:

Ac tametsi ceremoniæ Levitarum & Cantuum abrogatæ sunt: nihilominus *Organorum* clangor, & elegans *Instrumentorum concentus*, qui in Veteri erat mandatus, in Novo Testamento, quippe ἀδιάφορος, qui nec mandatur nec prohibetur, Christianis concessus est, tanquam res, quæ pertinet ad externam δημοσύνω & σωματικὴν γυμνασίαν, *1. Corinth. 14. 1. Tim. 4*.

V 2   Id autem

Id autem præcipuè spectandum & observandum *Organicis Musicis*, ut eò intendant nervos, quò Musica *Chordis* sonans *non sine corde* consonet, vel, ut Theodoreti verbis utar, fides sine fide non pulsentur. Vanum enim est, *fides* intendere, & *fidem* remittere. Tunc sonant fides in auribus Dei, cum clamat fides in cordibus nostris. Quomodo autem fides esse poterit in animis, nisi fidei institutionem perceperimus auribus? Ex auditu enim fides est, *Rom. 10.* Vt igitur fides formetur intus in pectore, & fides rectè tangatur plectro, Psalterij Davidici & Instrumentorum usum, tam literalem, quàm mysticum omnes supplicationum & divinarum laudum amatores contemplentur, meditentur, sectentur. Pulsate & aperietur vobis, inquit Christus, *Matth. 10.* Pulsandum omnino est *Davidis Citharâ, Davidis plectro*; quod fit, quando LAUDAMUS Dominum in sono Tubæ, Deum CELEBRAMUS in Psalterio, LAUDAMUS in Tympano & Choro, in Chordis & Organo, LAUDAMUS in Cymbalis bene sonantibus, LAUDAMUS in Cymbalis jubilationis.

Crebra certè repetitio ejusdem exhortationis ad laudandum Dominum, & tot Instrumentorum conjunctorum coacervatio in tot Psalmis, quid aliud vult, quàm ne segniter & oscitanter, sed alacriter, ardenterq; spe & fiduciâ Majestatem Christi celebremus? Et D. Paulus nos vult esse πνεύματι ζέοντας, fervere Spiritu, *Rom. 12 :* Idq; non saltem animo & viva voce, sed etiam *Instrumentis Musicis* declarandum est. Atque ut Domino & in conspectu Domini, *Psal. 98.* rectè canatur, cum *voce* & *Instrumentis*, Fidei quoque bonorumque operum conjuncta sit harmonia. Cùm enim Paulus *1. Corinth. 13,* omnia alia præclara opera *æri sonanti* & Cymbalo tinnienti comparet, si charitate & dilectione proximi careant, meminerimus, Christianis *Tubam* ingenuæ confessionis, *Nablum* & *Citharam*, *Tympanum* & *Psalterium* fraternæ dilectionis inprimis commendari.

Proinde, quod restat, junctis votis impetrandum est, ut quæ ipsâ carent animâ, animas pias animent, & moveant ORGANA, per a-
picem

picem devotæ fidei ἔνθεα καὶ σύφωνα, atque acri & suavi intensione & sono aures penetrent, mentes afficiant, & cum fide vitæ harmoniam excitent.

Ideoque precibus clemens annuat vivificator ille DIGITUS DEI, Spiritus Patris, Christiq; nostri; is nostras cum DIGITIS MANUS PEDESQUE, SENSUS, MENTESQUE, & cum CHORDIS CORDA, cumq; FIDIBUS FIDEM vitamque, donec Angelorum Choro coelesti inferamur, hîc benignè regat ac dirigat, agitet ac vegetet, in lætitiam Sioniæ Ecclesiæ salutiferam, atq; in gloriam Nominis ac Numinis TRINUNIUS æviternam, A-MEN.

PRÆTERMISSA
Ad cap. IV. Membri Primi, de Pſalmodia.

Quando ſupra de Hebræorum accentibus egimus, ſtrictiùs eam rem attigimus: ne tamen & curioſiori deeſſem, fuſiùs hæc ex MUNSTERO, AVENARIO & SCHINDLERO collecta (qui pluribus & ex profeſſo hoc agunt) hic ſubnectere quaſi corollarij vice placuit.

Et ſanè accuratam olim Iudæis fuiſſe Melodiæ obſervationem, etiam in lectione & pronunciatione textus Biblici, indicat cùm accentuum Grammatici, Rhetorici & Muſici doctrina, tùm quorundam accentuum nomina & notationes. Quandoquidem enim Muſicâ modulatione ſolent Iudæi lectiones Bibliorum ſabbathinas ſecundum multiplices formas accentuum in Synagogis cantillare, Muſicus accentus inde נִגּוּן Modulatio ſive Melodia vocatur, Græco vocabulo Tropus: Vtuntur enim eo pro Notulis cantionum ſuarum.

Et ſcitè Grammaticus accentus dicitur טַעַם Taam, Guſtus, qui lectionem, vel cujuslibet dictionis prolationem, reddit ſuaviorem, acuendo ſyllabas, & ſapidiorem, diſtinguendo dictiones ab alijs, quò vox ſonet eminentior.

Rhetoricus verò alius dicitur vel מֶתֶג Meteg, Retinaculum ſive Frenum; ſeu רֶסֶן id eſt, capiſtrum. Nam ut Equus freno & capiſtro dirigitur & retinetur ingreſſu ſuo; ita quoq; retinet Lectorem virgula recta deſcendens, ſiniſtram verſus appoſita puncto vocali, cujus pronunciationem inſtar freni remoratur, ne præcipitet ſyllabas in dictione. Alius vocatur מַקֵּף Maccaph, Connexio, videlicet virgula ſupernè interpoſita duabus dictionibus, quas ita connectit, ut efferantur uno accentu quaſi compoſitæ.

Grammatici accentus non habent aliquam propriam figuram vel ſignum in Biblijs, ſed eorum loco ſucceſſerunt Accentus Muſici. Vnde vbicunq; in dictione videres ſyllabam aliquam Tropo Muſico ſignatam, ibi Grammaticum accentum ſcias habere locum. Et ſatis quidem eſſet, ſi ille ſolâ erectâ virgulâ infra vel ſupra ſignatâ exprimeretur, niſi Muſicorū cantillatio acceſſiſſet.

Præter alios autem accentus, qui verſus vel periodi vel finem, vel cum reſpiratione Colon, vel Commata notant, plurima accentuum ſpecies à vocis varietate, quam ſignant, denominationem ſortitæ ſunt:

Hinc ex REGIBUS nominantur.

טִפְחָא Tiphcha, Palma ſive palmæ ſimilis; vel טַרְחָא Tarcha, **Labor**; id eſt voce defeſſa & ſubmiſſa canendus.

וַרְקָא *Zarka*, Sparſor, *ſeu voce ſparſa canendus.*
גֶרֶשׁ *Gereſch*, Expulſio, *ſeu impulſa voce cantandus.*
פַּשְׁטָא *Paſta*, Extenſio, *ſeu extenſa voce canendus.*
פָּזֵר קָטָן *Pazer Katon*, Diſperſor parvus, *ſeu ſparſa ac tremula voce canendus.*
פָּזֵר גָּדוֹל *Pazer gadol*, Diſperſor magnus, *quia geminus eſt.*

Ex MINISTRIS:

מֵירְכָא *Mercha*, Productio, *ſeu producta voce canendus: & Mer-cha Cephula* כְּפוּלָה *ſive* geminum.
מְכַרְבֵּל *Mecharbel*, Involutor vocis.
עִלּוּי *Illui*, Exaltatus, *ſeu altiori voce canendus.*

Qua autem figura, & quibus in ſyllabis ac locis ſcribantur hi & alij accen-tus, cùm ex Grammaticis addiſcendum, tùm ex Bibliorum Typis Hebræis obſer-vandum eſt. Muſicus *itaque accentuum uſus in eo conſiſtit, quòd Iudæi in Synagogis ſuis juxta illos, tanquam Muſicas intervallorum Notas, cantil-lant Lectiones Moſis & Prophetarum ſabbathinas: Et propter Harmoniæ varietatem etiam variæ & multiplices ſunt Accentuum Hebræorum figuræ, ut quælibet dictio ſicut Melodiam ita & accentum peculiarem habeat.*

Ac licet cum Poëſi Iudæorum etiam Muſica interciderit: notandum ta-men, triginta accentus duntaxut in 21. Biblicis libris inveniri; in Iob vero, Proverbijs & Pſalterio non omnes inveniuntur, ob verſiculorum brevitatem. Quo autem autore *cum officijs accentuum, & figurarum numerus mul-tiplicatus ſit, incertum eſt; niſi quod multi putant, puncta vocalia & notulas accentuum ab eiſdem Magiſtris inventa. Elias enim (qui putat Biblia diſtin-cta fuiſſe accentibus, antequam puncta vocalia acceſſerunt) totum hoc negoci-um, cum antea, Cabaliſtis teſtibus, tota lex quaſi* Paſuc *ſeu ſententia una eſſet & omnia ſine verſuum diſtinctione, cohærerent, tribuit* Iudæis Tiberitis, *qui dicti ſunt* בַּעֲלֵי הַמָּסוֹרֶת Magiſtri *Maſoreth h. e.* Traditionis, *& habita-bant in* Moëſia Paphlagoniæ, *ijdem omnia caſtigata in Biblicum etiam re-degerunt corpus, & ſurrexerunt anno poſt deſtructum templum ſecundum 436. qui eſt annus Chriſti 476.*

Et hæc de accentibus Hebræorum hoc loco ſufficiant.

SYNTAGMATIS
MUSICI
TOMO PRIMO.

Conjuncta
PARS ALTERA:
videlicet,
HISTORIA
D&
Musica extra Ecclesiam,
Quæ
Profana, Liberalis, Ingenua, Humana, Genialis, &c. dici potest.

DUOBUS MEMBRIS COMPREHENSA:

Quorum

Prius
De Vocali Musica, atque generaliore Musices cognitione, quæ tàm Vocali, quàm Instrumentali ferè Communis:

Posterius
De Musica Instrumentali,
sive Polyorganodiâ.

VIRIS
GENEROSIS MAGNIFICIS
NOBILISSIMIS AMPLISSIMIS
DNN.
SAXONICÆ Electoralis ⎫
BRUNSVICENSIS Ducalis ⎭ *Aulæ*

Secretioribus alijsq; Consiliarijs Universis & singulis,

Mæcenatibus Musica sincerißimis.

Hanc Partem Alteram Syntagmatis Musici,
Tomum Primum continuantem

fido animo
serio voto
grato studio

destinat
consecrat
dedicat

Michaël Prætorius C.

GENEROSI, MA-
GNIFICI, NOBILISSIMI,
AMPLISSIMI VIRI, MOECENATES
devotè colendi.

Ureolum est & cedro dignum, quod ἐρανοδιδά-
κτος ille gentium Doctor à nobis exigit 1. Thess. 4,
11, quando præcipit, quemq; ἡσυχάζειν καὶ πράτ-
τειν τὰ ἴδια, id est, quiescere vel agere res proprias. Opponit
invicem Quiescere & Agere: illud in alienis observari vult,
hoc in proprijs.

Idem ferè videtur innuere πολυθρύλλητον illud, ἀνέχε ϗ
ἀπέχε: Sustinere quippe propria concernit. Abstinere aliena. In illis vult Tolerantiam & assiduitatem; in his Absti-
nentiam & tranquillitatem.

Propria agere Justitiæ est, quæ à Platone vinculum humanæ societatis, & anima rerum publ. audit, consistitq; ἐν τῷ τὰ
αὑτοῦ πράττειν, καὶ μὴ πολυπραγμονεῖν, in eo videlicet, ut
quisq;, quod sui officij est, faciat, & aliena ne appetat. lib. 4. de
repub. Nimirum in omni republica, velut in domo quadam
perampla multa sunt, eáq; diversa officia, quæ ut non uni o-
mnia, ita nec cuivis quodvis demandari, & quasi per sortem
distribui debet, sed pro natura, ingenio & industria, alijs atq;

alijs hæc illáve danda & commendanda sunt. Commissum munus quilibet, quâ potest, & par est, diligētiâ obire debet, & intra ejusdem carceres se continere, de alijs neutiquam sollicitus, multò minùs ijs sese immiscens. Quod si fiat, semotis procul turbationum fluctibus & factionum procellis, Resp. in tuto navigat, & ad portum pertingit quàm prosperrimè.

Aliena mittere, Sapientiæ est. Sic enim Rex ille omnium, qui sunt, qui fuerunt, quiq; futuri sunt, mortalium sapientissimus Salomon, in libro suo, quem Egesippus & Irenæus πανάρετον σοφίας nuncupant, inquit cap. 12, v. 11.

וּמְרַדֵּף רֵיקִים חֲסַר לֵב

juxta interpretationem LXX.

οἱ δὲ διώκοντες μάταια, ἐνδεεῖς φρενῶν:
vel ut Symmachus transtulit:
ὁ δὲ ἐπισπεύδων εἰς ἀπραγίαν.
Aquil. & Theod: εἰς κενά.
vulg. Qui sectatur otium, stultissimus est.

Lutherus ad Hebræam veritatem, cum Græcis Interpretibus reddidit:

Wer vnnötigen Sachen nachgehet / der ist ein Narr.

Hac Parœmia Theologus, linguarum non ignarus, reprehendi attendit vacuitates, רֵיקִים, vel ut Græca habet versio, Vanitates; Germanica, **Vnnötige Sachen.**
Quo nomine non tantum comprehenduntur & reprehendūtur; 1. ἀτεχνία, Inertia, quādo vitæ artis expers & laborib.

vacua

vacua transfigitur turpi otio : 2. Item Ματαιοτεχνία, quæ Quintiliano lib. 2. cap. 21. supervacua artis imitatio est : 3. nec non περιεργία, quæ, quod serio tractandum est, levi brachio transilit, & è diverso ei, quod perfunctorie agendū erat, immoratur: quam perversitatem Clemens Alexandrinus lib. 5. stromat. & Athenæus lib. 5. c. 1. disticho Agathonis accusant ejusmodi:

Τὰ μὲν πάρεργον ἔργον ὡς ποιȣ́μεθα;
τὸ δ' ἔργον, ὡς πάρεργον ἐκπονȣ́μεθα.

Talemq́; diligentiam improbat Nazianzenus his versibus:

ἔργον πάρεργον ȣ̓δαμῶς ἔργον λέγω,
τῶν γὰρ παρέργον δὴ καταφρονητέον.
Laborem non necessarium nequaquam laborem voco,
Nam non necessaria negligenda sunt.

Verumetiam sub vanitatis & vacuitatis nomine φρενήσεως & insipientiæ damnat omnem ἀλλοτριοπραγμοσύνην & πολυπραγμοσύνην. Est autem αλλοτριοπραγμοσύνη, se alienis immiscens, propriis neglectis, Temeritas; πολυπραγμοσύνη autem ad multas res aggressio, earumq́; omnium actio, quod vitii nomen fœdissimi elegantissimè exponit Gellius lib. 11. cap. 16. Eam in rebus Curiositatem ex Plutarchi Pericle καινοπραγίαν, & cum eodem πολυπραγμ. πλῆθ۞ πραγμάτων καὶ καινότητας καὶ μεταβολὰς nominare licet: quoties delicatuli, successu rerum suarum desperato, artem consuetam deserentes, insueta inexpertaq́; negotia aggrediuntur, quorum multitudine obruti, ex alio ad aliud vitæ genus, subinde mutatum, levi & inconsidera-

to pede transiliunt infelicissimè, ut Salomonis margini ascriptum innuit Lutheri proverbium Germanicum: **Vierzehn Handwerck/ funffzehn Vnglück.**
Vulgò fertur hic versus, vero non absonus:
Τῆς πολυπραγμοσύνης ȣδὲν κενεώτερον ἄλλο:
Nil curiositate vanius extitit.
Et dignum notatu grave illud Tetrastichon, quo tragicum vitæ exitum finiit ille in Borussia:
*Quid juvat innumeros mundi cognoscere casus
Si fugienda facis, si facienda fugis?
Disce meo exemplo mandato munere fungi.
Et fuge ceu pestem τὴν πολυπραγμοσύνην.*
Hæc & hujusmodi alia ego etiam in ista mea tenuitate perpendens, Mœcenates colendi, cùm ante aliquot annos præter spem & expectationem Choro aulico *dirigendo* à Reverendissimo & Illustrissimo Principe ac Domino Dn. HENRICO JULIO Episcop. Halberst. & Ducæ Brunsv. & Luneburg. Domino meo olim clementissimo, laudatæ ac beatæ recordationis, ex clementia singulari præfectus essem; in hanc curam mihi incumbendum esse duxi, ut Musicam, officii demandati partem potissimam, respicerem, eamq́;, quâ possem fide & diligentia, in scholarum & Ecclesiarum emolumentum, excolerem exornaremq́;. Quare à Pietate exorsus non tantùm Divi Lutheri & aliorum cantiones germanicas, item Leiturgiæ Ecclesiasticæ Latinas, ex chorali harmonicè concinnavi; verùm etiam sano optimorum amicorum instinctu studium & conatum suscipere non dubitavi, ex autoribus cùm vetustioribus, tùm recentioribus eruendi con-

struendíq; *Syntagma musicum* quo Ecclesiasticæ & Ethnicæ, sacræ & profanæ, vocalis & instrumentalis Musicæ, rationem & usum proponerem, atq; in theatrum literarium exponerẽ.

Utinam verò studio nunquam interrupto meis mihi perlitare Musis licuisset, multò profectò limatius hoc præsens, multò expeditus cætera, multò cumulatiùs plura prodiissent in publicum *Opera* Musica. At verò, quia perinvito (veritatem testor) animo ad alias quoq; functiones aulicas pertractus fui, non potui, quin cognatorum & amicorum quorundam operam adhibere adminiculantem & subsidiariam mihi sumserim. Ita videlicet districtum me habuerunt itinerũ difficultates, supplicum efferendæ quærelæ, fluctuantes pauperum causæ, literæ exarandæ, molestiæ domi natæ, valetudo corporis adversa, cùm id genus aliis: Ita, inquam, æquitatis amor, afflictorum commiseratio, Christiana Charitas, à multis capitis, à multis famæ, à multis deniq; fortunæ discrimen abigere me compulit. Quis miretur, si à studio Musico vel dudũ excidissem? Nihiominus cum sacrosanctâ Musicâ nil prius mihi sit aut antiquius, eâ excolere pro virili & exornare, quoad ejus licuit, alloboravi quàm studiosissimè. Quodipsum præter alia Musices opera plurima, aspirante gratia Divina & accedente Spiritus Sancti auxilio, à me pro ingenii mei tenuitate quondam nata, & juris ususq; publici facta, hoc etiam testatum reddet Syntagma Musicum.

Posteaquam enim Syntagmatis istius tomum primum incepi, præmissâ primâ parte de *Musica sacra sive Ecclesiastica*, quam *Psalmodia*, *Missodia* *Leiturgodia*, *Organodia* absolvit, nunc eundem conficiendum

duxi

duxi hac secunda ex Antiquitatis monumentis asserta Parte; quæ continet Historiam, cùm de Musica veterum Ethnica, tum Politica, in usu & lusu extra Ecclesiæ limites ingenuo & liberali: Cujus partis duo sunt distincta membra, quorum prius de Musica vocali & generaliori Musices cognitione, atque usus frequentatione tàm vocali, quàm instrumentali ferè communi; posterius de Musica veterum organica & Instrumentis agit.

Nullus autem puto, me ὑπὲρ τὰ ἐσκαμμένα (quod dicitur) πηδᾷν, limitem transilire, aut falcem in alienam messem immittere si Musicé, etiā extra Ecclesiā apud Ethnicos, in Deorum gentilium cultibus, & sacrificiorū ritibus, conviviorumq; & humanitatis societatibus receptā & usurpatā, ex testimoniis Antiquitatis, Philosophorū, Poëtarū, ac Philolologorū, in prosceniū publicū produxero. Plurimum inde lucis hodiernæ afferetur Musicæ, non tātum Ecclesiasticæ, quæ illam idololatricam piè & sanctè abominatur, & majestate sua πολλοῖς παρασαγγαις post se relinquit: sed etiam Politicæ liberaliori, quæ illam licitè & honeste imitatur, jucundā gravitate, graviq; jucunditate ei vix ac ne vix quidem cedit.

Illud ipsum Opusculum, Generosi, Magnifici, Nobilissimi & Amplissimi Viri, Mæcenates plurimùm colendi, vestrarum nominum auspicio spectabili in lucem prodire adeoq; vestræ omnium Autoritati clarissimæ humiliter dedicare & consecrare, videlicet debui, ita volui; mihi persuasissimum habens, me sub patrocinio & tutela V. V. &c. M. M. adversus quorumvis obstrigillatorum impetus tutum fore, omnesq; eorum virulentos morsus facilè evitaturum.

Nec

Nec V. V. M. M. &c. dedecori erit Musices patrocinium suscepisse. Quamvis enim ea ferè voluptatibus tantummodo inserviat,& propterea à σκυθρώποις quibusdam Scythis, quibus hinnitus equorum;& cur non rudentis sibilus pecoris Arcadici,quavis harmonica modulatione dulcior est, in nullo habeatur precio,attamen Vosmetipsos,Viri Generosi,Magnifici, Nobilissimi & Amplissimi, Vos, inquam, hac προσφωνήσει modestâ in testimonium voco,certus equidem Vestrum neminem inficias iturum;sed fassuros omnes: *Vitam humanam voluptatibus carere non posse.* Quæ enim hæc vita esset,quæ,omni oblectamento omniq; lœtitiâ destitutâ, in perpetuâ degeretur anxietate & tristitia? Quo fit, cùm ad voluptates feramur omnes; honestas autem sinceras & tempestivas pauci intelligant, ut inconcessas, turpes & intempestivas pleriq; persequentes, in flagitijs & sceleribus vitam omnem miserrimè transigant, & tamen interea nunquam in solidis sint gaudijs Xerxes Persarū Rex præmium fertur proposuisse ijs,qui novum aliquod excogitassent Voluptatis genus. O miserum illum, ô infelicem Regem, qui in opibus tantis,& tanta rerum omnium copia & abundantia non reperiebat,quo se oblectare posset, sed per totum suum regnū, quod erat amplissimum, per totam Asiam omnium deliciarum feracissimam, fugientes persequebatur voluptates Quod Xerxi dare non poterat quicquid in terrarum orbe jucundum & amœnum vel ad fruendum,vel ad spectandum erat;id nobis largissimè præbet Musicæ voluptas,pariter & suavitás,quâ sive magistrâ,sive ministrâ, nunquam molestia nobis

Y

bis aut tœdium ullum obrepere, quin potiùs gaudium honestissimū inde redundare & resilire nullo non tempore potest.

In Ecclesiâ quàm suaviter demulceat mentē verè devotā, quanto spiritus vigore cor animet, soletur, roboret, quátosq́; pietatis affectus moveat, Syntagmatis Musici διάνοια de Psalmodia; ὑπομνήματα de Missodia, ἐξήγημα de Leiturgodia, θεωρία de Instrumentis, satis (ita nullus ambigo) demonstrāt.

In societate civili, & vita privata quos cieat animi simul ac corporis motus, quàm vegetè relaxet restauretq́; vires, gravioribus prostratas negotijs, & quàm varios secum domi militiæq́; trahat affectus & effectus ingenua Musica demonstrabit, opinor, Musica Syntagmatis hæc pars altera. Ecquid enim jucundius veterum Sacrificia, Convivia, Funera & Studia, cantu musico & organis instructa, aspectare coràm; & velut impræsentiarum auscultare?

Quocirca hujus Partis nuncupationê non alijs magis convenire arbitratus fui, quàm Vobis, Musices Fautores & Censores æquissimi; quos certum est, quoties post arduas Principum occupationes, & grandia consiliorū mométa delassatos animos sentiatis, musicis chordis, instrumentis sonoris, & vocibus decoris, pectora permulcere adeoq́; seria animi cogitata humanioris Musices jucūditate attemperare, id quod Philosophi, Oratores & Poëtæ se fecisse contestantur.

Μεταβολὴ πάντων γλυκύ, inquit ille. Et cùm homo ad negotium sit natus, otio voluptatis licitæ, ceu medicamento, utitur, ut ita vicissitudine quietis ad consueta munia alacrior revertatur. Hinc tota hominis vita, si Aristoteli in 7. polit. credimus, in πόνον κ̀ ἀνάπαυσιν dividitur: Latini vocant Negogotium & Otium, sive intermissionē. Necessario proinde in viris occupatis requirit præcedens πόνος & exercitatio suam ἀνάπαυσιν & quietem, veluti paratissimū laboris condimentum. Sic in corporis motu statio sessionis quies est, stationis decubitus, decubitus deambulatio. Et quemadmodū in longis peregrinationibus planiciem minùs odiosam montis facit acclivitas, & collium asperitatē subjectæ valles minuunt: Ita labores in quocunq; disciplinæ genere præter alia studia practica refocillare Musica solet: quemadmodū in hac Syntagmatis parte pleniùs suo loco cōmonstrant exempla Poëtarū, Oratorū, Philosophorum & aliorū, in vita tàm togata, quàm bellica.   Eosipsos, Colendi Mœcenates, æmulo Musices amore licitè & honestè sectamini, quotiescunq; res arduas & serias harmoniæ Nectare & Ambrosia suaviter dulcoratis, & gnaviter graviterq; attemperatis, Musica non ut cibo, sed ut obsonio utentes.

Proinde cùm Pindari illud verum sit: ὅσσα δὲ μὴ πεφίληκε ζεὺς, ἀτύζονται βοὰν πιερίδων ἀΐοντα, id est, Quæcunque Iupiter non amat, ea consternantur, si vocem Pieridum audiant; Vos certè Apolline natos Musicæ fautores & assertores agnosco lectissimos, & veneror dignissimos, quorum nominum patrocinijs hanc Syntagmatis musici partem Antiquitatis cantu & instrumentis stipatam, fido destinem animo, merito consecrem voto, grato dedicem studio.

Fretus itaq; Vestrâ erga alios etiam Musarum alumnos Magnificâ Humanitate, orare & obsecrare non desino, ut hoc vile & exile opusculum, è penore musico depromtum, promtis excipiatis manibus, serenis aspiciatis frontibus, benevolis pervolvatis mentibus, & Vobis isti usmodi mea studia commendata habere dignemini.

Hoc si expertus cognovero, additur mihi animus, ut propitio DEO, quæ subinde succurrent Musices Paralipomena, quæq; diligens porro observabit lectio, in medium proferã, & juris publici faciam. Quoipso sicubi fortè per meam tenuitatem Musica evadet comtior & ornatior, non tantùm eam Vobis, sed & omnes ejusdem cultores, obstringetis plus quàm arctissimè. Ita valete

VIRI
Generosi, Magnifici, Nobilissimi, Amplissimi, Mœcenates devotè colendi.

Dresdæ,
MensIs febrVarII DIe qVInCto,
Anni Christi
eCCe VenIo CItò CItò; ô nVnC MI ChrIste.

Membrum Primum
PARTIS SECUNDÆ,
Tomo Primo
Conjuncta:
De
MUSICA VOCALI, ATQUE GENEraliore Musices Cognitione.

Caput I.
De MUSICA extra ECCLESIAM, ab Ecclesiastica, generaliter nominibus distincta, ejusdemq́, primis ac generalioribus principiis.

Usque hac dictum fuit de Chorali sive veterum Psalmodia, Missodia, Læturgia Matutina & Vespertina, & Organica Musica, intra pomœria limitesq́ue Ecclesiæ Dei Christianis recepta & piè usitata. Nunc ad Musicam, etiam extra septa Ecclesiæ, viæ ac Methodi excursum instituere & dirigere, opere precium erit, ab antiquis decantatam & excultam. Musices enim suavitas non tantum ad sinceræ Religionis cultum & veri Dei invocationem coarctata est in Templis ædibusq́ue Christianorum privatis; Verùm extra usum verè sacrum & divinum, ad Ethnicos quoque emanavit & profana superstitione atque superstitiosa profanatione sese diffudit in Ethnicorum Deorum, Heroumq́ue celebrationem. Unde hujusmodi à vera Religione remotam lubet nominare *profanam* vel Ethnicè sacram, sive Ethnicè divinam Musicam. Quandoquidem etiam homines artibus ac moribus emollitos vel emolliendos in studio & consuetudine vitæ tam civili quàm agresti sua dulcedine occupatos detinet, nunc *Liberalis* & *ingenua*, nunc *Politica* & *Humana* latiori nomine, dici poteſt. Quia denique ſolatium ad oblivionem moleſtiarum humanarum affert,atq; ipſa etiam bruta animadvertitur voluptate mirificè perfundere, *Genialis* non inconvenienti nuncupetur appellatione.

Cæterùm Tria nonnulli ſtatuunt genera, ex quibus Muſica conſtet. Unum genus eſt, quod Inſtrumentis agitur; alterum, quod fingit carmina, ex quo ut Poëſis pars ſit Muſices, neceſſe eſt: tertium, quod Inſtrumentorum opus Carmenq́; dijudicat. Ex quo rectè ait Cic. de Oratore lib.1. Muſicam verſari in numeris & vocibus & modis. *Polyd. de inv. lib. 1. cap. 14.* Extra omnem autem dubitationis aleam ſitum hoc eſt, quod Muſica ante *Jubalem*, priuſquàm artificio ſonoq́; Inſtrumentorum Muſicorum eam induſtriè exprimeret & redderet, quam *Inſtrumentalem* vocamus, antea naturæ beneficio inventa, & humano vivæ vocis uſu culta fuerit, quæ *Vocalis* dicitur: Cujus ortum & initium ante progreſſum in primo limine ritè inquirit hujus membri ingreſſus. Omnium autem fermè rerum initium infirmum & informe eſt, ut Tempus meritò vocari poſſit Lex & Linea rerum, cujus progreſſu quæ parvis ſurgunt principiis, immenſa capiunt incrementa: quod non tantum in proceritate arborum, maturitate frugum, ſtata ſtatura hominum, ſed in omnibus rebus videre eſt. Idipſum de Muſices ſtudio affirmandum eſſe quis neget, cujus perexigua fuerunt principia?

Opinio non falſa eſt, *Muſicam* ex articulatæ vocis uſu *ortum* traxiſſe. Sermonis enim communicatione mutua, quæ homines à brutis differre facit, ſylvis & ſolitudinibus relictis congregati, uſum ſermocinandi excoluerunt in dimenſione Rythmorum, quos aurium menſura & ſimiliter decurrentium ſpatiorum obſervatione, Quintiliano teſte, generatos protulerint ad modulationis formam vocis ſono variato: qualis videtur Poëſis fuiſſe in illis (de quibus Ennius loquitur) verſibus;

Quos Fauni vateſq́; canebant.

Atque hoc ipſo ſimul per imitationem conati fuerunt repræſentare Cantillationes avicularum, quæ ſuavi modulatione minurizan-

DE MUSICA VOCALI.

tes, exercendi cantus suavitate auribus instillata, mentibus cupiditatem & desiderium reliquerunt.

Huic opinioni fidem facit Poëta Lucretius:

At liquidas avium *voces imitarier ore*
Ante fuit multò, quàm lenia Carmina cantu
Concelebrare omnes possent, auresą́ juvare.

Et Ponticus Chamæleon Musicam ab antiquis excogitatam scribit *avium* imitatione in solitudinibus canentium, referente Athenæo *lib. 9. cap. 13.* Unde & Scaligero videtur modulatio in pastionibus inventa primùm vel Naturæ impulsu, vel avicularum imitatione, vel arborum sibilis. *Scal. lib. 1. c. 4.*

Et certè *Natura*, quæ rerum omnium mater & omnium artium prima Magistra est, ab initio Musicam docuit, & mortalibus veluti muneri dedisse videtur. Siquidem homo statim natus cum in cunabulis vagire incipit, continuò nutriculæ cantitantis voce sopitus dormitat. Etjam animantibus, quibus ad sonum quempiam vox apta est, suus insitus est concentus, quo omnis ager suo tempore resonat. Ecquis docuit *Lusciniam* varios canendi modos? hæc enim avicula sonum edit perfecta Musicæ scientia modulatum, qui nunc continuo spiritu trahitur in longum, nunc variatur inflexo, nunc distinguitur conciso, copulatur intorto, promittitur, revocatur, infuscatur ex inopinato: interdum & secum ipsa murmurat: plenus, gravis, acutus, creber, extentus: & breviter, audire l cet omnia tàm parvulis in faucibus concini, quæ tot exquisitis tibiarum tormentis, ut ait Plinius, ars hominum excogitavit. *Polyd. lib. 1. cap. 14. de invent.*

Est omninò in Musicis etiam ἐμφύτα, & ut Platoni dicuntur, Igniculi naturales & seminaria artis, & ἐπιτηδειότητες, ut Aristoteles nominat, propensiones & proclivitates.

Ab aliis verò Tria *Principia* depræhensa sunt: *Mæror, voluptas* & *Enthusiasmus* sive Numinis afflatus. *1. Dolores* etenim mirabili quodam ductu & flexu lubrico vocem ad modulos flectunt lachrymosam & luctuosam. Principium hoc confirmant etiam infantes qui statim plo-

rant,

rant, quod crurum brachiorumq́; recté producendorum causa fasciis colligantur, ac ita à supplicio miseram vitam vivere incipiunt. *Polyd l.1.cap.14.* 2. Effervescens autem & ebulliens *gaudium* vocem reddit uberius effusam. 3. *Afflatos* autem *spiritu* (de quo Poëta Sulmonensis: *Est Deus in nobis, agitante calescimus illo,*
Sedibus æthereis Spiritus ille venit) eò rapi spectamus, ut etiam futura ratione pandant metricâ & harmonicâ. Quod si quoque Amoris vis ad solem producatur, patebit clariore luce, nullam prorsus affectionem acutiorem & accuratiorem ad harmonicos sonos addere stimulum atque jucunditatem. Unde tritum illud Græcorum apud Plutarch. 1. Sympos. μυσικὴν δ' ἄρα ἔρως διδάσκει: quæ jucunditas, qui amor Platoni παντὸς ἐπιχειρητής, ut qui nihil prætereat intentatum, sed omnibus sese inserat & insinuet rebus.

Denique *Ocium*, voluptatis & lasciviæ pater, & *æmulatio*, alma artium nutrix & auctrix, effecerunt, ut natæ sint variæ species cantiuncularum. Alterum, cum singuli sub æstivam reducti umbram saturi canerent amores: Monoprosopos hæc. Altera, cum aut forté aut consilio convenissent ii, quos inter vel amor vel odium excitatum fuisset; aut esset æmulatio obtrectatióve propter vel cantum, vel gregem, vel amicam. Cujus cantus duo modi: Unus cum sine numero certo, sine lege versus funderent; cui non est idcirco nomen impositum, quia vulgaris esset ac liber & naturalis, neque tàm quæsitus arte, quàm oblatus ultrò: Alter in quo sententias æmulas, versus & similes
& pari modo reponerent; quod iccirco appellarunt ἀμοιβαῖο. *Scal.lib.1.c.4.*

CAP. II.

CAPUT II.

De artis Musicæ Inventoribus, ex inventione Cala-
morum, Chordarum, malleorum, sonorum & proportionum
auscultatione.

Non minus in Musica, atque in aliis artibus, Φύτα sive Naturam adjuvat & perficit μάθησις καὶ ἄσκησις, institutio & exercitatio, ἐμπειρία, ἱστορία, ἢ ἐπαγωγή; (quæ tria artium communia sunt primordia & *adminicula*) hoc est, Experientiâ, observatione & inductione, adhibitâ ab Ingeniis, Genio divino ad illam artem excitatis.

Verissimum est enim, de Ethnica quoque, illud Plutarchi de Musica: Σεμνὴ ὖν κατὰ πάντα ἡ μουσική, θεῶν εὕρημα; *Omnibus modis veneranda est Musica, cùm Deorum inventum sit.*

Est autem Ethnica Musica non ita vetusta, & Musicæ sacræ Ecclesiasticæ, quæ vocis usu & arte *Jubalem* auctorem habet, & pòst Patriarchis, atq; Israëlitis statim ab Ægyptiacâ emigratione usitata & frequens fuit, longè cedit antiquitate. Siquidem nullam (cum Græcorum gestis omnibus ante Olympiades, Censorino teste, fabulosis & incertis) fidem merentur, & incertissima illa, quæ de primo Musicorum seculo à Græcis non nisi per ambitionem antiquitatis ficta sunt.

Nemo est, qui credat, apud Græcos Musicam fuisse prius inventam, literis in Græciam primùm advectis à *Cadmo.* Eum, (licèt idem ab Herodoto, seculo ante Abrahamum Anno mundi 1948. natum, ducentis videlicet amplius pòst diluvium, (An. mundi 1636.) annis inseratur) Eusebio Josuæ (circiter 2493. Annum mundi) Duci σύγχρονον computat, & Abrahamo amplius quadringentis annis juniorem statuit. MANETHO centum præterea annis posteriorem facit.

Omnium primi apud Ethnicos censentur Musicæ Inventores, *Mercurius, & Apollo*; Ille inventa Testudine ex nervis trium chordarum

Z   insta

instar trium anni temporum, auctore Diodoro Siculo *lib. 1. cap. 2.* tres instituit voces; *Acutam* ab æstate, *Gravem* ab Hyeme, *Mediam* à Vere. *Jul. Scal. lib. 1. Poët. cap. 43. & 48.* Effecit deinde Tetrachordum, linum pro chordis, tum non inventis, intendens, quod Lyra Mercurii dictum fuit. Insuper testudine mortua, ad ripas Nili inventâ, Calamos agglutinans, ac novem deinde chordas super calamis, tanquam ansulis, intendens, jucundùm quid modulatus est. *Lucian. in dial Apoll. & Vulc: Pausan. in Arcad. Nicander in Alexi-pharm. Homerus in Hymno Mercurii, ubi Lyræ septem Chordas attribuit. Nat. Com. lib. 5. cap 5.* Hic verò, videlicet Apollo, Citharâ ad boves Admeti inventâ, *Musicæ Deus* habitus fuit. *Pausan. in prioribus Eliacis, Ovid. Metam. 1. Apollinem hunc* vetus Historiographus Manetho, ætate Cadmi superiùs supputata, natum adstruit. Et colligunt Chronologi, plerosque cum Apolline Musicæ cultores floruisse circa seculum Gedeonis Judicis Israëlitici, Anno mundi 2671. ex calculo Chytræi, plus annis centum ante captam Trojam, cujus eversio facta est Anno mundi 2782. Apollinis *Filius Orpheus,* circa Tholæ & Jairi Judicum tempora, habuit *Herculem* & *Musæum,* Evmolpi filium, condiscipulos, sub præceptore Lino, Apollinis & Terpsichores Filio.

 Idem seculum celebravit *Amphionem, Hyagnin, Phrygem,* ejusque successorem *Marsyam. Euseb. lib. 10.* de præpar. Evang. *Zethum* & *Amphionem* fratres, qui Cadmi temporibus vixerunt, Musicæ autores indigitat.

 Pòst Esaiæ seculo circiter annos centum ante exilium Babylonicum vixit *Terpander,* auctor Musicæ artis eximius, Homeri abnepos, vel, ut alij, Hesiodi Filius.

 Et Arion, Herodoti, Ovidij & Gellij historiâ celebris, septem sapientibus in Græcia σύγχρον@ fuit, vivo Jeremia, ac Nabuchodonosore Judæos Babylonem abducente captivos.

 Porrò *Solinus* Musicæ artis studium ex Creta manasse putat, cum *Idæi Dactyli, Jovis vagitum* crepitu ac tonitru æris occultando, observatos inde modulos in versificum ordinem transtulissent. Berosus scri-

DE MUSICA VOCALI. 171

sus scripsit *Bardum*, Gallorum Regem, Musicam invenisse, indeq; Gallis Philosophos & Poëtas Bardos vocari. Laërtius & Boëthius *lib. 2.cap. 10 & 11*.apud Græcos asserit, *Pythagoram* Musices invētorem fuisse per malleorum, ferientium inæqualia pondera, & per chordarum inæqualitatem vel inæqualem extensionem, & per Calamorū inæqualem longitudinem. Vixit autem *Pythagoras Cambysis II.Monarchæ Persarum* seculo, Anno mundi 3 4 3 4.Tarquinio superbo, ultimo Romanorum Rege, rerū potito, ante Christum (quippe Anno mundi 3962.) natum 528. annis. Is primus, quam pepererat proportionum ignorantia, imperfectionem Musicæ animadvertit, cujus certitudo solo dijudicabatur auditu, maximè fallaci sensu, nec satis acuto & minus apto ad sonorum discrimina, in minoribus intervallis subtiliter dignoscenda. Certam itaq; intervallorum Musicorum distantiam certis proportionibus contineri, eamque non auditui subjacere, animadvertens, intervalla certissimis rationibus ad oculos evidentissimè demōstravit Demonstrationū inventionem à fabris ferrariis tali desumsit occasione, Boëthio teste: *Pythagoras (ait) cum certam intervallorum distantiam inquireret, relicto aurium judicio ad regularum momenta migravit. Nec enim credidit humanis auribus, quæ partim natura, partim etiam extrinsecus accidentibus permutantur, partim ipsis variantur ætatibus. Nullis etiam deditus instrumentis fuit, penes quæ sæpe multa varietas ac inconstantia nascitur, dum nunc quidem, si chordas velis aspicere, vel aër humidior pulsus obtundat, vel siccior exsiccet, vel alio quopiam modo statum prioris constantiæ permutet. Et cum idem esset in cæteris Instrumentis, omnia hæc inconsulta, minimaq; æstimans fidei, diuq; æstuans inquirebat; quanam ratione firmiter & constanter consonantiarum momenta perdisceret. Cum interea divino quodam motu, præteriens fabrorum officinas*, pulsus malleorum *exaudivit, & diversis sonis unam quodammodo concinentiam personare : ita igitur ad id, quod diu inquirebat, attonitus, accessit ad opus: axuq; considerans, arbitratus est, vires ferientium efficere diversitatem sonorum, idq; ut apertiùs liqueret, imperavit, ut malleos inter se permutarent. Sed sonorum proprietas non in hominum lacertis hærebat: sed mutatos malleos comitabatur.* Ubi igitur id animadvertit,

Z 2 *malleo-*

malleorum pondera examinat. Et cùm quinq; fortè essent mallei, dupli reperti sunt pondere, qui sibi secundùm diapason consonantiam respondebant. Et ex his eum, qui duplus erat ad minimum, comprehendit esse sesquitertium alterius, ad quem diatessaron sonabat. Et rursus eundem duplum reperit esse sesquialterum ad eum, cum quo in diapente consonantia jungebatur. Duo verò hi, ad quos superior duplus, sesquitertius & sesquialter esse, probatus est, ad se invicem sesquioctavam proportionem perpensi sunt custodire. Quintus verò malleus, qui cunctis erat inconsonans, rejectus est. Cùm igitur & ante Pythagoram consonantia Musicæ partim Diapason, partim Diapente, partim Diatessaron, quæ omnium minima consonantia putabatur, vocarentur, primus Pythagoras hoc modo reperit, qua proportione sibimet hæc sonorum diversitas jungeretur. Et ut sit clarius, quod dictum sint, verbi gratia, malleorum quatuor pondera, quæ subterscriptis numeris contineantur, 12.9.8.6. Hi igitur mallei, qui duodecim & sex ponderibus librabantur, Diapason, sive octavam in duplo consonantiam personabant. Malleus verò duodecim ponderum, ad malleum novem ponderum, & ulterius, malleus octo ponderum ad malleum sex ponderum, secundùm sesquitertiam proportionem, in quarta, sive in diatessaron, consonantia jungebantur. Novem verò ponderum ad sex, & duodecim ponderum ad octo, quintam, sive diapente consonantiam, in sesquialtera proportione permiscebant. Rursus novem ponderum ad octo in sesquioctava proportione resonabant Tonum. Hinc igitur domum reversus, varia examinatione perpendit, an in his proportionibus ratio consonantiarum tota consisteret, atq; nunc pondera, quæ recens inventis proportionibus respondebant, chordis aptans, earum consonantias aure dijudicabat. Nunc verò in longitudine chordarum duplicitatem medietatemq; observans, cæterasq; proportiones aptans, integerrimam fidem diversa experientia capiebat. Et se nihil diversum à vero invenisse lætabatur. Hæc Boëthius lib. 1. Musices, cap. 10. & 11.

Et Plutarchus de Musica sic attestatur: *Pythagoras, inquiens, judicium Musicæ per sensum rejecit, quòd tenuem ejus virtutem prædicaret. Quocirca non auditu, sed harmoniæ convenientia, judicium de ea faciebat, atq; ad diapason usq; sistere Musicæ cognitionem esse satis censebat.*

Placi-

DE MUSICA VOCALI. 173

Placitis Pythagoræ multo tempore receptis approbatisq; qui contradiceret, & tanta autoritate Philosophi theoremata impugnare auderet, nemo extitit præter *Aristoxenum* ex Italia oriundum, Tarentinum patria, Aristotelis auditorem. Hic circiter annum mundi 3620. cognomen *Musici*, ex peritia artis quod adeptus fuerat, explevit, & demonstratione statuit stabilivitq; à Pythagoræa diversam. Ex sonis enim Musicis, qui tanquam naturales res auditui subjecti sunt, argumentatus est, cùm sensus circa proprium objectum falli nesciat, organo probè affecto, intervallo non nimium distante, & medio non turbato, aut impedito, dijudicationem ac pronunciationem de intervallorum consonantiis elici ac convinci non ratione proportionum, sed beneficio & officio auditus, qui perceptioni sonorum propriè est destinatus sensus. Immò sublato auditu, omnem tolli de sonis disputationem addidit; Et licèt aliquid rationi & proportioni detur, auditum tamen in sonorum dijudicatione non modò non seponendum, sed omnino præponendum esse; cùm vulgato axiomate, quod prius non fuerit in sensu, in intellectu sit nihil. Et propterea per alias etiam, præter multiplicem & superparticularem, proportionum species, auditus exploratione formari consonantias, pronunciavit. Id quod verissimum ipse usus legitimus, à quo artificiosa suavitas & elegantia harmoniæ pendet, etiam extra Pythagoræ proportiones (multiplices & superparticulares) formandis harmoniis convenientes, maximè probat in Consonantia, quæ sexta, veteribus Tonus, sive Semitonium cum diapente, similiter in Undecima, quæ veteribus est Diapason cum Diatessaron. Atq; hinc Musices studiosi in diversas sunt divisi sectas, *Canonicorum & Harmonicorum*. *Canonici* adhærebant Pythagoræ, & in sonorum dijudicatione rigidè persequebantur rationis examen, & proportionum *Canones*. *Harmonici* sectabantur Aristoxenum, & in harmonia judicanda plus autoritatis ac fidei tribuebant auribus, quàm rationi.

Dissidentium Musicorum litem, 481. annos gliscentem, pòst, Antonino Pio, circiter annum Christi 139. (juxta annales Pantaleonis Candidi) imperante, composuit ac sopivit *Claudius Ptolemæus Pelusius*, ex-

cellens

cellens ille Mathematicus. Is media incedens via tantundem cum Ariſtoxenicis ſenſui, cum Pythagoræis tantundem rationi attribuit. Etenim tum demum judicium enaſci putavit ſincerum, ubi ſenſus & ratio conſono nituntur conſpiratu: Quod ipſum & in Aſtronomia comprobavit, quum rationis libra ab oculis non abit diverſa. *Cœlius lib. 15 cap. 11 A L.*

A Ptolemæo, ubi anni 400. nodum completi effluxerant, ſeculum arti Muſicæ donavit (quem invidit mors violenta anno 527.) *Anitium Manlium Severinum Boëthium*, ex ſtirpe patricia nobiliſsimum, Romæ Conſularem, Philoſophum & Theologum eximium, qui hinc inde de Muſica apud Græcos diſperſa congeſsit, & latino ſermone translata poſteris per manum tradidit, ac poſt ſe laudabilem & fructuoſum nitorem artis, ex profunda caligine emergentis, reliquit.

Noſtræ deniq; memoriæ ſeculum *Joſepho Zarlino Clodienſi Italo*, Chori Muſici apud Duces Venetos Magiſtro, acceptum refert, non tantùm indagatam eſſe veram & legitimam proportionem novarum conſonantiarum, utpote Ditoni & Semiditoni, Sextæ item minoris & majoris, quæ ante ducentos vel circiter annos per Organa Eccleſiaſtica Harmoniis inſeri cœperunt: verumetiam quòd multorum aliorum intervallorum forma, in veris & juſtis proportionibus ab illo inventa, fruamur. Verùm de his *Sethus Calviſius* in Exercitatione 2. plura annotavit.

Caput III.
De Doctoribus, Scriptoribus, Cultoribus,
Diſcipulisq́; Muſicæ eximiis.

Ximiæ artis ſcholam & diſciplinam commendant, exornant & ſtipant autoritate eximii viri; quos inter eminent primo loco Doctores & Scriptores non vulgares.

ALCIDAMAS Eleates Philoſophus, Muſicus clariſsimus, diſcipulus Gorgiæ Leontini, de Muſica elegantiſsimos libros ſcripſit. *Suid.*

DE MUSICA VOCALI.

ANTISTHENES Athenienfis, Socratis auditor, de Mufica commentatus eft. *Laërt.lib.6.*

ARISTOXENUS Tarentinus, ex fuperiori mentione notus, qui animam dixit effe Harmoniam, ut tradit *Cicero* in Tufc. fcripfit in omni genere libros, de Mufica præfertim. *Suid.*

DEMOCRITUS Abderites librum edidit de concentu & harmonia. *Laërt.lib.9.*

DIONTSIUS HALICARNASSÆUS, fub Adriano Cæfare Sophifta, cognomento Muficus, quòd in ea arte plurimùm fe exerceret, fcripfit rhythmicorum commentariorum libros 24, hiftoriæ Muficæ libros 36, in quibus Tibicinum & Citharædorum & poëmatum omnis generis meminit, Muficæ difciplinæ, five difputationum lib. 22. Quæ in Platonis Repub. Muficè dicta funt. *Suid.*

EPICURUS Athenienfis fcripfit Ariftobulum, five de Mufica. *Laërt.lib.10.*

HERACLIDES Ponticus, Speufippi auditor, libros duos Mufices de his, quæ apud Euripidem & Sophoclem reperiuntur, fcripfit: item de Mufica duos. *Laërt.lib.5.*

LASUS Herminæus Achæus, (qui floruit principante Dario, Olymp. 58.) primus de Mufica fcripfit, & dithyramborum certamen primus protulit. *Suid.*

SOTERIDAS Epidaurius fcripfit Muficæ libros tres, ut ait *Dionyfius*, & Volaterr. *lib. 19. Anthrop.*

THEOPHRASTUS Erefius Harmonianῶν librum unum, de Muficis librum unum, de Mufica libros tres edidit. *Laërt.*

TIMOTHEUS fcripfit verfus de Mufica lib. 19. *Suid. & Cic. 2. de Legib.* Et inter alios, qui Muficam exemplis & præceptis docuerunt, celebris eft *Timotheus.* Is cum in arte Mufica omnium præftantifsimus effet, duplicem mercedem exigebat ab iis, quos ab aliis Magiftris malè inftitutos acciperet: quòd hi priùs dedocendi, quàm erudiendi erant; à rudioribus autem & ignaris fimplicem. *Alex. ab Alex. lib. 2. c. 25.*

Porrò

Porrò eximia diſcipulorum claſsis, ex Populis junioribus & ſenibus, Philoſophis, Imperatoribus deniq; & Ducibus collecta, palæſtram Muſicam nobilitat eximiè, & plures invitando frequentiorem reddit.

LACEDÆMONII Muſicam diſcebant, non tamen exercebant, ut ſaltem judicare poſſent artem, quam deperditam ter apud illos conſervatam ajunt. *Athen. lib. 14. c. 11.*

HYBERNI agriculturam cæterasq; artes non magnoperè exercent, præter Muſicam, cujus peritiſsimi ſunt, & voce elegantiſsimi ac velociſsimi. *Polyd. & Balæus cent. 13. Script. Britanniæ.*

ARCADES omnem vitam cantionibus, & id genus ſtudiis impendunt. Cæteras artes apud eos ignoraſſe, nulla prorſus ignominia eſt; Muſicam neſcire nemo poteſt, quia neceſſariò diſcitur: ejus imperitiam fateri, illic turpiſsimum eſt. Idcirco vates Mantuanus in Bucolico ludicro ſubinde in cantilenæ mentione *Arcadas* plurimis efferre laudibus non deſinit:

———————————— *Soli cantare periti*
  Arcades.

Nec modò pueros, ſed & adoleſcentes ad XXX. uſq; ætatis annum Muſica imbuendos curabant. *Cælius* lib. 9. A. L. ex Athenæi lib. 14. c. 11. & Polybio. & *Sabellicus* lib. 2. Ennead. 2.

Et ARISTOTELES 8. polit. *juvenes* Muſica erudiri vult, inter alias cauſas ob eam, ut *ſenes* facti de ea poſsint judicare. Etenim inter ingenua exercitia connumerans, præcipit omnino cives ſuæ Reipub. in ea inſtitui & exerceri, dum *juvenes* ſunt; *Seniores* verò juvenu concentibus intereſſe, tanquam cenſores & judices.

TILESIAS THEBANUS adoleſcens, in optima veterum Lyricorum Muſica eximius, cùm ad ſcenicam & picturatam Muſicam *Philoxeni & Timothei* poëmatum animum adjeciſſet, contuliſſetq; ſe ad modulos condendos, nihil tamen in Philoxeneo genere præſtare laude dignum potuit, propter optimam inſtitutionem à teneris, quam eluere nequibat. *Plut.* de Muſica.

SOCRATES in ſenectute didicit Muſicam à *Conno* fidicine, quem

ob idi-

DE MUSICA VOCALI. 177

ob idipsum, quia praeceptore eo usus fuerat Socrates, pueri, ὡς γεροντοδιδάσκαλον, irridebant. Cum autem Socrati dicebatur; Nunquid non verecundaris in senectute his operam dare studiis? Majorem respondit verecundiam esse, in senectute ignorantes esse, quàm in senectute studere. *Plato.*

PYTHAGORAS *Samius* non vulgare studium Musicae impendit, adeò, ut universi machinam ex Musicis rationibus compositam esse diceret. *Athen.* lib.14. c.13.

Quin & divinus *Plato* multum studii in arte Musica collocavit, & auditor fuit *Draconis* Athenienfis, & Metelli Agrigentini. *Plut. de Musica.*

SCYLAX Cariandaeus Mathematicus, claruit arte Musica.

SIMON MAGNESIUS, insignis Musicus, neglecto superiorum Musicorum more, *Simodiam* introduxit, sicut & *Lysis Lysodiam. Volat.* lib. 19. ex Strabone.

Cujusmodi cultores Musicae ex Philosophis, Oratoribus & Poetis passim, & praecipuè in Instrumentali Musica occurrent.

Imperatores & Duces producantur.

OSYRIS insignis Musicus fuit, quemq; Musicorum multitudo semper sequebatur, inter quos & novem Musae fuisse dicuntur. *Diodor. Sic.* lib. 1. c. 3.

Scriptum reliquit *Pausanias* in Atticis, *Cygnum Ligurum* fuisse Regem eorum, qui habitarunt in Gallia Transpodana, laude Musicae artis clarum. Mortuus ab Apolline in avem sui nominis mutatus fingitur. *Lucian.* in Dialogo, qui cygnus inscribitur. *Natal. Comes* lib.7. Mythol. c.9.

C. CALIGULA canendo ne publicis quidem spectaculis temperavit, quò minùs & Tragaedo concineret: Totum enim eum canendi voluptati deditum fuisse, usus Musices histrionicus evicit. *Suet.* in Caligula.

NERO puer inter caeteras disciplinas etiam Musica imbutus fuit: pòst imperium adeptus, *Terpnum* Citharoedum vigentem tum praeter alios accersivit, diebusq; continuis post cœnam canenti in multam noctem assedit, donec paulatim & ipse meditari exerceriq; cœpit, inq; ea arte Musica tantum profecit & excelluit, ut etiam jactitare non dubitaverit morti vicinus: Quantus artifex perit. *Sueton. & Fulg.* l.8.c.7. *Erasm.* in adagiis.

ALEXANDER, facundiâ Græcâ excellens, ad Musicam pronus cecinit, sed nunquam alio conscio, nisi pueris suis testibus. *Cuspinianus.*

JOH. PICUS MIRANDULA primis adolescentiæ annis genus omne Musicæ artis adeò excoluit, ut excogitata per ipsum modulamina, notatæq; debitis concentibus harmoniæ celebres haberentur. *Ioan. Franciscus* in ejus vita.

Et plures alios heroas variis Instrumentis modulatos fuisse, convenienti audiemus loco.

Ut finem imponam huic capitulo, ob singularem admirationem aliis Musicis annumerandus est *Ioan. Fernandus*, qui, licèt cœcus, ita insignis evasit Musicus, ut solus memoriter quatuor vocum carmen componeret, id quod vix alii scribendo consequi possent. *Fulgosus.*

CAPUT IV.
De inventione in Harmoniæ generibus in Tetrachordis; h. e. de Chordarum, sive clavium, sive vocum numero aucto, & ad δὶς διὰ πασῶν *apud veteres, hodie plus ultra, constituto.*

Tetrachordum, MERCURII inventum, quod certo modo ac ordine dispositum fuit, ut Diapason, Diapente, & Diatessaron consonantias comprehenderet, passim apud Scriptores celebratur. Veteres enim ante Pythagoram, & post eum, & ad nostra usq; tempora, reverenter Musicâ usi, simpli-

ciores

DE MUSICA VOCALI.

ciores modos approbarunt. Cujus rei argumento sunt LACONES, qui non connivebant, sed graviter animadvertebant in eos, qui priscæ Musicæ transiliissent limites. *Terpandro* enim Lesbio, ex Hesiodi vel Homeri nepotibus, ubi primus Septichordam lyram, h. e. ex *Tetrachordo* heptachordum constituit, mulctam *Ephori* dixêre. *Plut.* in Lacon. institutis. Et *Artemon* scribit, *Timotheum Milesium* usum fuisse compositione, quæ plures habebat chordas, quàm *Magadis*; quare reprehensus fuit apud *Laconas*, quòd Musicam antiquam corrumperet. *Athen.* lib. 14. cap. 4.

Idem, cum novitatis studio (cujus humana natura perquàm avida) Leges Musicæ transcenderet, non modò sibilo sed etiam convitio explosus fuit.

Quomodo autem veteres, qui simpliciorē Musicam amaverunt, in Tetrachordis constituendis intervalla disposuerunt, & inde *Harmoniarum genera tria*, nim: *Diatonicum, Chromaticum* & *Enharmonicum* constituerint: quiq; postremorum duorum Inventores sint; de iis legatur *Sethus Calvisius* in Exercitat. 2. pag. 94. usq; ad 99.

Quomodo item ad *Mercurij* Tetrachordum plures ab aliis atq; aliis subinde adjectæ sint chordæ, quas veteres pro *Clavibus* aut Vocibus Musicalibus (quarum inventionem Choralis Psalmodia. c. 4. attigit) usurparunt; quia post *Macrobium* commentario in Somn. Scipionis, & *Boëthium* lib. 1. de Musica & in proœmio, in jam dicta Excrcitat 2. S. C. pag. 100. ad 104. diligenter annotata reperiuntur, ubi & earum nomina & numerus refertur pag. 105. 106. 107. hic recensere nolui.

Quæ etiam apud *Vitruvium* lib. 5. de Architectura cap. 4 de Harmonia secundum *Aristoxeni* traditionem traduntur, *Philander* ibidem annotavit, cùm ad veterem tantummodo Musicam faciant, hic lubens volens prætermisi: Quemadmodum & ea, quæ de Inventione vocum Musicalium ex Tetrachordis, adjectis & recens in Belgio innovatis, apud *Calvisium*, sæpius citata Exercitatione 2. pag 119. ad 123. leguntur.

Harmoniæ rationem primus extulit in lucem *Ariſtoxenus*, repertis etiam inſtrumentis: deinde *Ptolemæus, Nicephorus*, & *Gregoras*. Commentatores in ea fuerunt *Pappus, Theon, Alypius, Gaudentius, Iſacius, Apuleius, Boëtius*.

Exhibet etiam de vocum affectionibus & Tetrachordis Synopſes cum brevi declaratione elegantiſsimas *Thomas Freigius*, in Methodo ſua de Muſica.

Verùm & iſta, quia tantùm ad veteris, non novæ noſtræ, Muſicæ deſcriptionem pertinent, ſciens omiſi, & lectorem benevolum illuc remiſſum volui.

Hoc tamen non omittendum eſſe putavi, quod *Ambroſius Leo Nolanus* duplicem cauſam, ob quam antiquitas in δις διὰ πασῶν conſiſtendum duxerit, aſsignat:

I. Quòd ipſa Natura videatur hanc Symphoniarum veluti metam præſtituiſſe; quippe quæ modum hunc humanæ tribuerit voci, ut ad decimum quintum duntaxat gradum intendatur: Ultra quem ſi quis conetur progredi, nõ jam illa vox genuina, ſed coacta factitiaq;, & *gannitus* magis, quàm vox videatur: Rurſus ſi alrius nitaris eam deprimere, protinus à ratione vocis in *Screatum* quempiam degeneret. Proinde cùm ubiq; conveniat *Artem*, quoad licet, *Naturæ* reſpondere, non abs re Veteres iiſdem cancellis circumſcripſerunt rationem artis, quibus Natura vocem humanam circumſcripſerat.

II. Adhæc (quæ diſſertatio etiam ſuperiori capite, ſed alia meditatione ac intentione, commemorata eſt) *Boëthius* lib. 4. de Muſica, Harmoniam Muſices non ratione tantùm, verùm & ſenſu perpendi oportere ſcribit. Et *Ptolemæus* Pythagoræorum quorundam ſententiam rejicit, qui in dijudicãdis Harmoniis plurimùm tribuerint rationi, minimum ſenſui; cùm dicerent, ſenſum ſemina modò quædam cognitionis miniſtrare: at perfectam ſcientiam ratione conſtare. Rurſum *Ariſtoxeni* refellit opinionem, quòd plus ſatis tribuerit ſenſibus, perpuſillum autem rationi: cùm *Muſicam Harmoniam* ita temperatam eſſe oporteat, ut neq; ſenſui ratio refragetur, neq; ſenſus rationi reclamet.

Neq;

DE MUSICA VOCALI.

Neq; dissentit à Ptolemæo *Aristoteles* lib. 2. Physicorum, negans Musicam merè Mathematicam esse, sed partim ratione, partim sensibus constare. Quod fieri nequaquam potest, si semel ultra *decimam quintam* intentionem, h. e. δὶς διὰ πασῶν processum fuerit. Nihil autem vetat ratio, quò minùs vel millesimum usq; ad tonum progrediare, recurrentibus subinde videlicet iisdem Harmoniis, quas complectitur διὰ πασῶν. Neq; secùs hîc procedere liceat, quàm fit in Numeris Arithmeticis, ubi non aliter agnoscitur ἡμιόλιος in duodecim millibus, & octo millibus, quàm in quatuor & sex. Cæterùm Harmoniæ sensus ultra decimam quintam vocem velut evanescit, jamq; non magnoperè refert, quæ sit Harmoniæ ratio, quam non approbat sensus: & ideò non approbat sensus, quia non evidenter percipit. Porrò quò minùs percipiat intervallum æquo longius, in causa est: Rationis vis in immensum se porrigit; at ediverso sensus corporis admodum angustis limitibus cohibetur. Quod enim accidit in *Oculorum* sensu, ut, si longiùs semota sint ea, in quæ fertur videndi vis, obtundatur ac deficiat visus, eoq; magis deficiat, quo majore distent intervallo: id multò magis accidit *aurium* sensui, quippe minùs agili, quàm oculorum. Jam verò quod usu venit sensibus in percipiendis iis, quæ objiciuntur; idem usu venit animo, per sensum dijudicanti; Si *Colorem colori* propiùs admoveas, &, quemadmodum Græci dicunt, πορφύραν παρὰ τὴν πορφύραν, nonne protinus dignoscit ex collatione sensus, quantum alter ab altero discrepet, aut alteri cum altero conveniat? Itidem si *vocem voci* vicinam exhibeas, incunctanter dijudicant, quæ sit alterius cum altera vel concordia, vel discordia: sin plus justo difsitas intervallo, mox incipit anceps esse judicium. Porrò quemadmodum citiùs hebetatur *aurium* sensus, quàm *oculorum:* itidem citiùs obtunditur illarum, quàm horum judicium: propterea quòd altera res ex altera pendeat. Id ipsa Experientia docet. Pulsa Chordam quandam in Organo, simulq; tange eam, quæ sit ab hac octava, statim rationi suffragans sensus plenè percipiet Harmoniam, & absolutissimam esse judicabit. Rursus pulsatâ quâpiam, simul move aliam, quæ sit ab illa decima quinta; statim & perci-

A a 3   piet &

piet & approbabit sensus Symphoniā, agnoscens eam, quam paulò antè senserat in διὰ πασῶν. At verò, si tacta ima, moveris ab hac decimam nonam, nihil quidem obstrepit ratio, quò minùs sit Harmonia, quæ fuerat in διὰ πασῶν cum διὰ πέντε : verum auris, acceptis vocibus, non perinde percipit Harmoniæ rationem. Quòd nisi sensus certos quosdam terminos haberet, intra quos certum illius & exploratum judicium sopiretur, nihil vetuerit, si libeat vel usq; ad χιλιάκις διὰ πασῶν Symphoniam procedere. Neq; enim ratio quicquam offenditur numero, modò eandem agnoscat analogiam. Verùm corporis sensibus Natura suos quosdam limites præscripsit, ultra quos progressi, sensim jam incipiunt quasi caligare, hallucinarique; neq; jā certò, sicuti solent, sed ceu per nebulam, ut ajunt, ac per somnium judicare. Non conveniebat autem, ut cujus incertum esset judicium, id ad artis præcepta traheretur. At quoniam ultra decimum quintum vocis gradum veteres intellexerunt evanescere judicium aurium, ibi metam Harmoniarum figendam esse judicarunt, ne meritò quis objicere posset ἀφανὲς Μουσικῆς οὐδὲν ὄφελος. Jam igitur Neoterici, qui contra veterum autoritatem ultra summam chordam τετράχορδον adjecêre, ad imam item adiecta una: non perinde flagitium fecissent, si in decima nona chorda terminassent Harmoniarum progressum: propterea, quòd hæc ima ad summam relata, si non auribus, certè rationi perfectam symphoniam repræsentant. Atqui in vigesima neq; sensus est Harmoniæ, neq; Harmonia perfecta; asserente hujus dissertationis autore, anteà nominato *A. L. Nolano.* Nihilominus *Guido Aretinus* veterum chordis sive clavibus *quindecim,* insuper *quinq;* , unam videlicet Gamma inferiori, reliquas nempe bb. cc. dd. ee. superiori loco, addidit.

Hodiernum seculū præter has assumsit *Septem,* quæ in magna C incipiunt, & in clave à binis virgulis notatâ desinunt: ut ita integræ quatuor octavæ (duplum quàm veteribus receptum fuit) his *Viginti Septem* clavibus, excepto Semiditono, comprehendantur: cùm Clavichordia & alia Instrumenta Musica usq; ad Clavem C̄, imò interdum usq; ad F̄, tribus virgulis notatam ascendant.

CAPUT V.

De Musica Vocali.

Caput V.
De Inventoribus Melodiarum quarundam apud veteres, quas ipsi Modos seu tonos vel tropos vocabant.

Odorum apud veteres planè alia fuit ratio, ac nostro hoc tempore; Nam nostrates Modi Musici speciebus Diapason, quas veteres ignorabant, discernuntur: quorum doctrinam plurimi præstantissimi nostro seculo Musici ex *Glareano* & aliis in lucem ediderunt, præsertim multoties citatus *Calvisius* in Exercitat. primâ; *Johannes Magirus*, & alij.

Tres autem apud veteres (autoribus *Polymnesto* & *Sacada*) extiterunt *Melodiæ*, seu, ut tùm temporis vocabantur *Modi*, Toni sive Tropi: nim: *Dorius Phrygius* & *Lydius* (als wie man jtzo sagen möchte / diß ist ein Polnischer Tantz / ein Welscher / Frantzösischer / Deutscher Tantz / oder Melodey.) In singulis his Tonis *Sacadas* fecit flexionem & Strophen, docuitq; Chorum cantare *Dorium* primâ, *Phrygium* alterâ, & *Lydium* tertiâ: ob quam varietatem *tripartitum* fuit dictum hoc carmen. Quanquam in commentariis Sicyoniis, in quibus Poëtæ recensentur, *Clonas* hujus tripartiti carminis inventor relatus sit. *Plut.* de Musica.

Pronomus Thebanus quomodo excogitarit Tibiis iisdem omnes modos Dorios, Lydios & Phrygios incinere, attendatur in Polyorganodia.

Dorios etiam legitur excogitasse *Thamiras*, *Polyd.* lib.1 cap.15. Legimus etiam *Linum* Chalcidensem, vel Thebanum, Apollinis & Terpsichores filium, primum ex Phœnicia literas in Græciam intulisse, & primum Lyricos modos & Doricos concinuisse.

Phrygios modos *Marsias Phryx*, *Polyd.* l. 1. cap.15. vel ut alii, *Marsias*

Lydus,

Lydus, Satyrus, Lyricus Poëta, Judicum Hebræorum tempore, effinxit.

Lydiis modis carmen in Pythonis obitum *Olympum* cecinisse Principem, *Aristoxenus* ait, libro primo de Musica.
Sunt, qui *Menalippidem* modulorum horum referant autorem. *Pindarus* in Pæanibus Lydiam harmoniam in Niobes nuptiis vult doceri cœptam. Alii *Torebum* hanc usurpasse harmoniam primùm, ut tradit *Dionysius Jambus*. Sunt, qui *Lydiam* à *Cario*, Jovis & Torrhebiæ filio, primùm repertam velint, qui cùm fortè erraret, incidit in paludem, quam mox de matris nomine Torrhebiam jussit appellari: ubi cùm Nympharum, quas etiam Musas interpretantur *Lydi*, ut autor *Stephanus* est, præsuaves inaudisset cantus, edidicit. *Plinius. Cœlius.* lib. 8. cap. 3. Antiq. Lect. *Amphionem* Lydios invenisse modos, notat *Valerius Probus* in Alexin Virg. & *Polyd. Verg.* lib. 1 cap. 15.

Laudatam *Lydiam*, quæ Mixolydiæ est adversa, assimilem Jadi, ab Atheniensi inventam, memorant *Damonæ*.

Jonicos modos sinistros, τὰ μέλη σκαιὰ, *Pythernus Tejus* primus protulisse creditur. A *Pindaro* statuitur Modorum Scoliorum inventor *Terpander*.

Idem *Terpander Lesbius* ante Archilochum modos certos & leges instituit, quas ab se & à discipulo vocavit κηπίωνα & περπάνδριον; à regionibus Doricis duos, Bœotium & Æolium: idcirco quia in Bœotia extitisse creditus est primus Citharædus *Amphion*, Jovis & Antiopes filius: à temporum autem celeritate duos, τροχαῖον & ὀξὺν, quod multis constabat Pyrrhichiis: & septimum πτράοιδον, qui erat ex horum quatuor côpositus, Æolio, Terpandrio, Cepione & Bœotio. *Scalig.* lib. 1. Poet. cap. 48. ex Plut de Musica.

Mixolydiæ inventricem principem fuisse *Sappho*; apud *Aristoxenum* est dictum; à qua eam acceperunt Tragici, qui mox eandem cum Doria copulaverunt: quorum hæc magnificentiam refert & majestatem, illa affectus ciet. In commentariis harmonicis tibicen *Pythoclides* proditur ejus autor. *Lamproclem Atheniensem, Lysis* prædicat.

Hypolydium cùm tonum *Polymnasto* tribuunt, tùm remissionem & digressionem longè ab eo factam tradunt majorem. *Plut.* de Musica.

Ex omnibus his enarratis liquidò patet, quòd non satis apud veteres de certis inventoribus modorum constet, sicut & illorum definitio, quid & quales essent veterum modi, omnino ignorata vel non satis explicata fuit, dum propria & genuina Modorum differentia, quæ ex collocatione semitoniorum in qualibet specie Diapason definitur, latuit, ad *Claudium Ptolemæum* & *Boëthium* usq;. Quid, quòd hi ipsi dispositionem illam non tàm disertè explicare, quàm qualis esse debeat, conjecturâ colligendum relinquere videantur? Donec nostrum seculum ab hinc centennio elapso, *Franchini Gafori* Laudensis schola & professio Brixiæ in Italia, Modorum doctrinam primùm edocuit, illustratam ex Boëthio.

A quo *Franchino* secundus fato prodiit *Henricus Glareanus* Helvetiâ oriundus, Daduchos ille Chori Musici, qui felici genii & ingenii ductu duodecim invenit modos, quos firmis & verè Herculeis in suo Dodecachordo, quem suo operi inscripsit titulum, astruxit rationibus, anno Servatoris super sesquimillesimum quadragesimo septimo.

Caput VI.

De diverso horum Modorum seu potiùs Melodiarum affectu & effectu, & discreto eorundem selectu.

T Modorum quilibet, apud veteres, suam habebat propriam phrasin, suumq́, ambitū; sic etiam suos affectus & effectus. Fuerunt enim peculiares moduli, ad affectus diversos destinati, ut ex *Cassiodori* Epistola, quā *Lilius Gyraldus* de Poëtar. hist. Dial. 9. citat, apparet: *Dorius*, inquit, prudentiæ largitor est & castitatis effector; *Phrygius*, pugnas excitat, votum furoris inflammat; *Æolius*, animi tempestates tranquillat, somnumq́; jam placatis attribuit; *Asius* intellectum obtusum acuit, & terreno desiderio gravatis coelestium appetentiam bonorum operator indulget; *Lydius*,

De Musica Vocali.

contra nimias curas animæ tædiaq; repertus, remissione reparat, & oblectatione corroborat. Ex *Gyraldo*, quod hic ex Cassiodoro refert idem *Camerar.* operarum succis. cent. 1. cap. 18.

Et *Plato* in Modis efficaciam animadvertit diversam : Is *Lydiam* harmoniam rejicit, quod lamentationibus ea sit accommodata; *Ionicam*, quia mollis; at *Doricam*, ut bellacibus viris & temperantibus congruam, elegit; non quod ignoraret, ut in secundo Musicorum libro tradit *Aristoxenus*, referre eas aliquid ad Rempub. circumspectam. *Plut.* de Musica. Idipsum de Platone his verbis commemorat *Hadrianus*: Apud priscos tria Harmoniæ genera numerantur; inter quæ *Lydios* modulos, ut luctui & funeralibus aptiores, respuit *Plato*; quemadmodum & *Ionicos*, ut solutiores & mollitie infames; *Doricos* laudat, ceu temperatis ingeniis congruos, quibus persimiles sunt, quos *Æolios* nominabant. *Hadrian. Iunius* Cent. 1. adag. 48. *Plut.* de Musica sic inquit: Τούτων δὴ τῶν ἁρμονικῶν τῆς μὲν θρηνωδικῆς τινος οὔσης, τῆς δ' ἐκλελυμμένης, εἰκότως ὁ Πλάτων ἀπορρίψας αὐτὰς τὴν δωριστὶ ὡς πολεμικοῖς ἀνδράσι καὶ σώφροσιν ἁρμόζουσαν εἵλετο.

Varia insuper rhythmorum genera, quæ apud veteres in usu fuerunt, adducit *Aristoteles* 8. Politicorum; ex quibus *Æolius* modus simplex erat, *Asius* varius, *Lydius* querulus, *Phrygius* religiosus, *Dorius* bellicosus.

Phrygiis modis excitari impetum ad insaniam docet *Philosophus*, quando loco dicto asserit, τὴν μιξολυδιστὶ afficere ὀδυρτικωτέρως καὶ συνεστηκότως μᾶλλον, τὴν δὲ δωριστὶ μέσης μᾶλλον καὶ συνεστηκότως: ἥδε Φρυγιστὶ ἐνθουσιασμός.

Dorica igitur erat animis componendis commoda harmonia. Idcirco idem *Philosophus* in eodem ita sancit; Pueros docendos esse τὴν δωριστὶ, quia media, καὶ πρὸς ἀνδρείαν μᾶλλον: & Doricæ tribuit τὸ ἀνδρῶδες, τὸ μεγαλοπρεπὲς, καὶ τὸ σφοδρόν. 8. Polit.

Jonica erat modulatio florida & jucunda:

Dorica honesta & gravis. Hinc *Lucianus* in Harmonide: Τῆς ἑκάστης ἁρμονίας τὸ ἴδιον: τῆς Φρυγίου τὸ ἔνθεον, τῆς λυδιᾶς τὸ βακχικόν, τῆς δωρίς τὸ σεμνόν, τῆς ἰωνικῆς τὸ γλαφυρόν. Consule *Alex. ab Alex.* lib 4. c. 2. *Athen.*

lib. 14.

DE MUSICA VOCALI. 187

lib. 14. cap. 6. *Jul. Cæf. Scalig.* lib. 1. Poëtices. *Brodeum* in Epigrammatis.
Æolica ſtatuitur commoda exultationibus.
Ionica vetus afpera;nova mollis.
Phrygia & *Lydia* proximæ,utraq; acuta. Idcirco luctibus adhibebantur: ut alii Lydiis modis concinerent Epicedia, alii Epithalamia. *Scalig.* lib. 1. cap. 19.

Illud etiam animadverſione dignum; quòd omnes *Gallorum cantus* ac moduli, quibus etiamnum ruſtici delectantur ſummoperè, *Ionici* ſint,aut Lydii; (quem Muſici quintũ & ſeptimum appellare poſſent:) à quibus tamen *Ariſtoteles* & *Plato* pueros & fœminas abſtinere; ac Doriis modis exerceri voluerunt: Jonicos enim & Lydios incredibilem vim ad molliendos animos habere putant. Rectiùs in Aſia minore Jonici ac Lydii prohibebātur: cùm cœlo Aſiatico nihil mollius ſit. Utiles tamen eſſe judicantur populis montanis, & qui ad Aquilonem poſiti ſunt: quorum natura, præter locorum ac cœli temperiem, ferocior & agreſtior eſt. Eam ob rem Eccleſiæ Chriſtianæ Duces olim ac Pontifices in ſacris laudibus cantus Ionicos ac Lydios vetuerunt; Doriosq́; ſolùm probaverunt, quibus etiamnum in ſacris precibus ſæpius,quàm reliquis uti ſolemus. Et *quemadmodum* fera animantia ſolent à manſuetariis, unguibus ac dentibus detractis, exarmari: *ſic* Ionici ac Lydii cantus hominum ferocium & crudelium animos, feritate detracta, multò mitiores ac tractabiliores efficiunt. Quod quidem Gallis contigiſſe putatur, qui huius Imperii Leges non tam diu pertuliſſent, niſi mores illorum, quos *Julianus Imp.* feroces, ac ſervitutis impatientiſſimos fuiſſe tradit, flexibiles Muſica reddidiſſet. *Bodinus* lib. 4. de Repub. cap. 2. Cæterum diverſitatem affectuum in his Modis ſeu Melodijs mox etiam hiſtoricè illuſtra-
bit Muſicæ uſus & effica-
cia varia.

Caput VII.

De voce & pronunciatione in cantu, deq; vocis utili, necessario, decoroq; exercitio, docili imitatione, ac suavi audiendi voluptate ac oblectamento.

IN Organorum diversitate, quibus conceptus harmonicus exprimitur, *vox humana*, quam *Archelaus* Apollodori F. Milesius Anaxagoræ discipulus, primus definivit aëris percussum, tanquam viva cantus anima excellit; non modo quia naturalis est, verumetiam, quia mentis humanæ conceptuum harmonicorum nuncius est & index.

Vocis sanè *modulatio* canenti salubris, necessaria & decora est, cujus suavitate perfusus auscultantis animus mirè afficitur: unde ut cantum voce ritè efforment, exercitium vocis indefessâ operâ excolendum, cantoribus serió incumbit. Et quidem *cantio*, quæ voce peragitur quotidie, mirifica est palæstra, non ad sanitatem tantùm, sed ad valetudinem, non illam quidem palæstricam, eamq;, quæ vestiat carne, incrusterq;, ædificii more, cute: verùm quæ vitalibus maximè & principibus partibus robur verū & solidam firmitatem conciliet. Nam vires à spiritu confirmari ostendunt aliptæ, qui athletis mandant, ut renitantur frictionibus, easq; obiter interpellent, atq; animum adhibeant semper eis corporis partibus, quæ emolliuntur & contrectantur. Quippe vox, quæ spiritus motio est, non in superficie, verùm quasi in fontibus invalescens, circa viscera calorem alit, extenuat sanguinem, venam omnem repurgat, omnem arteriam aperit, cogi & coagulari non permittit humorem superfluum, sicut fecem in vasis, quæ alimentum recipiunt & conficiunt.

Est autem cumprimis cavendum, ne lædantur nervi in musculis. Siquidem *Galenus* Medicus ostendit nervos quosdam minutos, &, capillorum instar, subtilissimos, partim à dextro, partim à sinistro latere musculis gutturis immissos, quibus vel laqueo interceptis, vel cultro abscissis, vocis impotens animal redderetur, nihil alioqui, quin cæ-

tera

tera peragat, impeditum: Et eos nervos non tantum *Alexandro Dama-fceno* Boëthii præceptori, cùm de voce & respiratione controversia incidisset, promittebat *Galenus* se ostensurum; verumetiam insertionem magna cum gloria perfecit, *Gal.* lib. de præcognit: ad posthumum.

Vocis insuper naturæ inservit aspera arteria, fistula seu canna illa, quæ ex ore & faucibus deorsum deducta in pulmonem descendit; per quam aër accipitur & redditur. Ejus arteriæ caput, vocatum *Larynx*, proprium est instrumentum vocis, quæ fit in rimula arteriæ, quæ dicitur γλωτῆς, lingula: Eâ coarctatâ vox & sonus acutior, dilatatâ, gravior editur. Et ultima trium cartilaginum, ex quibus asperæ arteriæ caput compositum est, dicitur *Cymbalaris*, non quòd Cymbali formam præ se ferat, sed quòd ibidem vox sonet, perinde ac si Cymbalum pulsaretur. *Pollux* inquit ἐπιγλωτίδα, sive Laryngis operculum esse simplicis tantùm vocis Instrumentum: sed Linguam Articularis, id est, Sermonis esse Organum immediatum. Γλῶσα πληκτρὸν dicitur, ὅτι πλήττουσα τὸν ἀέρα, λόγον ἀπεργάζεται, quod aërem feriendo sermonem efficit.

Dentes deniq; non parùm juvant pronunciationem, vocisq; modulationem.

Quanquam Medicorū professioni vocis argutæ ac sonoræ pharmaca permittimus: jucundum tamen, & vocali Cantori non inconveniens est cognoscere industriam & curam, in voce acquirenda & tuenda olim adhibitam.

DEMETRIUS SCEPSIUS, libro quinto decimo de Troico apparatu, eos bonam inquit habere vocem, qui ficu non utuntur, ac idcirco *Hegesianactem*, Alexandrinum historiarum scriptorem, à principio cùm esset pauper. Tragicum fuisse asserit, & aptum ad fingendum atq; sonorum, quia intra decem & octo annorum spacia ficus non gustasset. *Athen.* lib. 3 c. 3. *Cœl.* lib. 19. c. 14. *A. L.* Et Zamæ in Africa aquam canoras reddere voces testatur *Plin.* lib. 31. c. 1. Turpe omnino esset ad canendum negligere culturam vocis, sine qua omnis deest cantui gratia & lepos; cùm ad dicendum in vocis pronunciatione (sine qua C.

Macer,

Macer, licèt acutiſſimus, potiùs veterator, quàm orator eſt *Ciceroni* in Bruto) multum ſtudii & laboris collocatum eſſe conſtet.

ISOCRATES ſolitus eſt dicere ad familiares de diſcipulis ſuis, ſe quidem decem minis docere, cæterùm qui ipſum docuiſſet audaciam & vocalitatem, ei ſe decem millia daturum. Quæ quoniam naturæ ſunt, non artis, à præceptoribus dari non poſſunt: *Plut*: in vita Iſocrat.

DEMOSTHENES cùm ſibi non tàm artem, quàm pronuciationem deeſſe animadverteret, ſubterraneũ locũ domi ſuæ ædificavit, in quem ſingulis diebus deſcendit, vocis componendæ causâ: ſæpe etiam duos aut tres menſes continuò ibi egit, raſâ alterâ capitis parte, ut ne, ſi vellet, quidem egredi inde præ verecundia poſſet. *Ælianus*, lib. 7. variæ hiſtoriæ. Et *Plut*: in Demoſthene. Iſtorum in voce comparanda ſtudium longè ſuperavit Muſici cantus amor, in *Nerone* indefeſſus. Is enim eorum quicquam non omittebat, quæ generis ejus artifices vel conſervandæ vocis causâ, vel augendæ factitarent. Etenim ut inter Cantores connumerari poſſet, & vocalis fieri, ſemetipſum per vomitũ, & ſeceſſum, ſive Clyſterem, ſummo ſtudio purgavit, abſtinuit pomis, cibisq; officientibus, oleo præterea condito veſcebatur, & plumbeam laminam pectori impoſitam gerebat, & ſuſtinebat ſupinus: donec blandiente profectu (quanquam exiguæ vocis & fuſcæ) prodire in ſcenam concupivit, ſubinde inter familiares Græcum proverbium jactans: *Occulta Muſica nullum eſſe reſpectum*. *Sueton: & Fulgoſ*. lib. 8. c. 7. *Plinius* lib. 19. c. 6.

Vocis bonitas optanda quidem nobis eſt primùm; deinde quæcunq; ea fuerit, tuenda & exercenda, ſic ut omnia, quæ proferentur ſono vocis, rebus, quæ canuntur, accommodato, proferantur.

Inprimis *vocis decorum* ut obſervetur, ea non ſit graviſſima: ne ſubmiſſo murmure debilitetur omnis intentio, ac cantus modulatio ſupprimatur ac obſcuretur. Sic κυκλοβόρȣ φωνὴ, *Cyclobori vox*, de iis dicebatur, quibus vox eſſet vitioſa raucaque. Eſt enim *Cycloborus* Atticæ torrens, ingenti ſtrepitu defluens. *Ariſtoph*. in Equitib. *Eraſm*. in Adag. Nec purum vocalem cantum obfuſcant ἄτυποι, qui non habent

bent

DE MUSICA VOCALI. 191

bent in lingua explanatam vocum impreſſionem, ut qui lingua ſunt craſſiore. *Hot.* de verb. Juris. Itidem qui φιχιδίζειν & βατ]αρίζειν dicebantur. Φιχιδίζειν autem, id eſt, phicidiſſare dicebâtur vulgò, puerorum obſcœnis amoribus dediti: Quidam malunt ad eos referre, qui literæ ρ immodicè & ad faſtidium uſq; conſueverint uti : Siquidem ea gens literam σ ſolita eſt in ρ commutare. Quo quidem vitio notantur & *Eretrienſes*, atteſtan:e Proverbio, ἐρετριεων ρ, *Fretrienſium Rho*. Hodie jocus eſt vulgi in Picardos, cum Lutetianæ fœminæ, ob linguæ delicias, ρ vertant in σ, Maſia ſonãtes præ Maria. *Eraſm.* in adag. Βατ]αρίζειν dicebantur vulgò, qui balbutirent, quibuſq; hæſitans & impedita eſſet lingua, quod Græci τραυλίζειν appellant. Quod vitium ab humore immodico naſci docet *Hippocrates* : unde in pueris ac temulentis ferè accidit. Fit potiſſimum in τ & ρ (in qua litera & *Demoſthenes* multũ laboravit, *Alex.* lib. 6. c. 14.) pro quibus ſonant τ λ. Unde fit, ut ægrè ſuum ipſorum vitium pronuncient τραύλωσιν.

Ariſtoteles, Sectionis XI. problemate 30, diſtinguit τραυλότητα, ψιλλότητα & ἰχνοφωνίαν. Τραυλότητα definit, cùm quis literam quampiam non poteſt exprimere, non quamlibet, ſed certam aliquam : hanc *Theodorus* vertit blæſitatem. Ψιλλότητα verò, cum litera quæpiam aut ſyllaba ſupprimitur, veluti cum πιτ]έυει dicitur, pro πιϛέυει: hanc *Theodorus* vertit balbuciem. Ἰχνοφωνίαν autem, cum non valent expeditè ſyllabam ſyllabæ contexere pronunciando; quam *Theodorus* vertit linguæ hæſitantiam.

Propter huiuſmodi linguæ vitium multos cognominarunt, utpote *Battum, Bambalionem, Balbum*.

Batto, cuidam Thebano, vox fuit exilis, linguaq; parùm articulata: cui *Pythia* dixit: βάτ]' ἐπὶ φωνὴν ἦλθες, Batte ad vocem veniſti. *Hiſych. Eraſm.* Et *Herodotus* in Melpomene ait, Battum fuiſſe appellatum, lib. 4.

M. Fundanium *Cicero* III. Philip ſcribit cognominatum *Bambalionem*, ab hæſitantia linguæ. Et Græci Grammatici tradunt βαμβαλίζειν valere tremere corpore propter frigus, atq, horrere: hujuſcemodiq;

aliquem

aliquem dentium tremorem oftendere arbitrantur voluiffe *Homerum*, cum in χ Iliadis de Dolone jam capto cecinit, ὁ δ' ἄρ' ἔςη τάρβησέν τε βαμβαίνων, tanquam metu ille impeditam linguam haberet, &, cùm vellet loqui, exprimere verba non poffet, fed balbutiret. *Victorius* lib. 17. *Valerius* lect. c. 14.

Hîc quoq; monendi funt Cantores, ut ftudeant fincerae pronunciationi citra confufionem aut perverfam corruptionem literarum: Sic enim, quod canitur, cum intellectu aufcultantes afficit. Sit itaq; A non obfcurum, fed clarum; cujus literae genuinum fonum docet *Terentianus*, prifcus Grammaticus, hoc Sotadeo:

>*A*(inquit) *prima locum litera sic ab ore sumit:*
>*Immunia rictu patulo tenere labra,*
>*Linguamq́, necesse est ita pendulam reduci,*
>*Ut nisus in illam valeat subire vocis:*
>*Nec partibus ullis ferire dentes.*

E fit purum, non ut alicubi EI.
O rotundo ore efferatur, neq; item obfcuretur. &c.
S non fit exafperatus fibilus, fatis eft, fi fit fibilus, quem quia fpirat, ferpertina eft habita & dicta litera.
Σ illud, nihil tale meritum, *Athenienses* in perpetuum exilium egerunt; Et ut puellas & amatores molles imitarentur, *Poëtæ* Athenienfium non folùm minùs frequentandum fibi cenfuerunt, fed relegandum etiam ultra Scythiam, ut verfus univerfi effent ἄσιγμοι. Etiam Magiftrorum dicendi quidam dixiffe fertur, ferarum fonum videri vix dignum.

Quin & Muficos ipfum Σ habet minùs faventes, ut ajunt dipnofophiftæ. Sic enim apud *Athenæum*: Τὸ δὲ ΣΑΝ ἀντὶ τᾶ Σ Δωρικῶς εἰρήκασιν. Οἱ γὰ Μυσικοὶ καθάπερ Ἀριςόξενος φησὶ, τὸ σῖγμα γύγειν πάρη τᾶντο, διὰ τὸ σκληρόςομον εἶναι καὶ ἀνεπιτήδειον αὐλῷ.

Terentianus autem de S non prorfus finiftrè fentire videri pofsit his verfibus:

>*S promptus in ore est, agiturq́; pone dentes*

Sic

DE MUSICA VOCALI.

Sic lævis & unum ciet auribus susurrum.
Neq; enim carpitur lævor, neq; lævis susurrus
Insuavis est.

Relinquamus S Suevicum, sibilum superfluâ aspiratione exasperans, quo & alii & simii quidem utuntur, qui peregrinitatem quoque absq; ratione colunt.

Porrò videndum est, ne vox sit acutissima: canere enim omnia clamosè, insanum est. Siquidem in vociferationibus nimis commotis & asperis efficit spiritus impetus, & contentio inæqualis rupturas & convulsiones. *Plut:præcept.sal.* Auscultantis item aures obtundit, & animum stupore corripit. Ut itaq; æquabili sono correspondeat concentus, moderatione quadam regenda est vox, quam nimis acutam & magnam edit Natura.

Cujusmodi vocem firmam & ferream *Homerus* tribuit Stentori, quâ vincere alios quinquaginta potuit. *Erasm.*in Adag. *Homer.* Iliad. ει. ὃς τόσον αὐδήσας χ' ὅσον ἄλλοι πεντήκοντα. Et *Carneadem*, Cyrenensem Philosophum & Dialecticum insignem, *Plutarchus* scribit fuisse μεγαλοφωνότατον, id est, maximæ & sonantissimæ vocis, adeò, ut Gymnasii princeps eum monere cogeretur, ne tantoperè clamaret. At ille; Da ergo mihi vocis modum; Respondit Gymnasiarcha: Modum habes auditores tuos. *Plutarch.*de Garrulitate.*Laërt.*lib.4.

ANTIPATER Stoicus eam vocis magnitudinem cùm nec posset nec vellet assequi, aggressus Antilogiarum concinnare libros, cognominatus est καλαμοβόας Calamo-vociferans. *Cælius* lib.19.c 15. Etiam inter alia, quibus *Æschines* lapidat Demosthenem, τὸ βοιωτιάζειν objicit, quòd Bœotorum more vociferaretur immodicè, & indecorè, instar bovis (vel quòd Bœotorum partibus faveret) *Erasm.*in Adag.

Faceta est clamosi reprehensio, quando, stentoreâ voce quodam clamante, quædam ex adstantibus fœminis plorare consuevit: Ille mulierem ad se vocatam rogavit, quæ causa esset fletus, num voce sua cõmota lacrymas effunderet? Respondit illa: sibi à marito moriente asellum relictum, inopiæ suæ præsidium: Eo defuncto ægrè se victum tolerare: Itaq; quoties illum audiat, magna voce boantem, videri sibi *asi-*

num suum rudere, cujus recordatione ad fletum vel invita compellatur. *Poggius* in Facetiis.

Quondam servos venales & præcones commendabat vox nimis clara & firma: Unde de *M. Cœlio*, qui clara firmaq; voce valuit, ne miremini, inquit *Cicero*: nam hic unus ex his est, qui proclamarunt; significans illum fuisse præconē, & hoc usu contigisse, ut esset vocalis. *Erasm.* in Apophth. Sic ludens *Cicero*, vociferantes, dicit, claudis esse similes, qui ex imbecillitate sic ad clamorem, ut illi ad equos, confugerent. *Plutarch.* in Cicer. & in Apophth.

Alioqui vocis magnitudo laudi tribuitur Naturæ Heroum fortissimorum, quibus *Homerus* Epitheton apponit; quod sint βοὴν ἀγαθοὶ. Nam ubi magna & clara est vox, etiam thorax est magnus; Ergo (ut Medici docent) cor quoq; calidum, unde animositas; & cerebrum robustum, unde robur corporis provenit.

THRASTBULUS, Dux classis, superavit vocis magnitudine omnes Athenienses sua tempestate, *Sab.* lib. 8. En. 3.

Hujusmodi clara voce gaudent, qui pericula in tempore avertenda acclamant. DARIUS Rex cùm è Scythia fugeret, & ad pontem, quem Iones propter Scythas interruperant in Istro, nocte intempesta venisset, suspicatus se proditum, mox Ægyptium quendam omnium hominum vocalissimum, supra ripam Istri positum, jussit inclamare Hystiæum Milesium Tyrannum: Hic auditus acutissimi, illum sæpius inclamantem ad primam inclamationem exaudivit, & Darium cum exercitu è Scytharum eripuit manibus, cùm ratem in Istro cum reliquis Ionibus contra Scythas in Darii gratiam tueretur, eam tamen solvisset, quantum scilicet, ne Scytharum sagittis socii infestarentur, satis erat. *Herodot.* lib. 4.

PESCENNIUM NIGRUM Imp. legimus voce adeò fuisse canora, ut in campo loquens per mille passus audiretur, ni obniteretur ventus. *Cœlius*, lib. 19. c. 12. *A. L.*

CAROLUS quoq; MAGNUS voce virili & clara fuisse legitur, licèt corporis formæ seu proceritati non respōderet. *Cranz.* lib. 2. Saxon. *c.* 7.

ERICO

DE MUSICA VOCALI.

Erico II. Danorum Regi vetustissimo, & admodum procero, vox tam sonora fuit, ut non solùm à præsentibus, sed etiam à remotissimis liquidò exaudiretur. *Saxo* lib.12.

At Heroibus suam relinquamus laudem, & quæ Cantoribus conveniat vox, quæ minùs, dignoscatur.

In intermediis inter imum sub imumq; spaciis est consistendum. Atq; ad vocem obtinēdam nihil est utilius, quàm crebra mutatio, nihil perniciosius, quàm effusa sine intermissione contentio. Solent inepti omnia sine remissione, sine varietate, vi summa vocis, & totius corporis contentione & canere & dicere: quod vitium in se, ubi peragratâ Græciâ & Asiâ rediit, mutatus *Cicero* emendavit.

Et ad vocis moderationem *Grachus* tantam scientiam & diligentiam adhibuit, ut servum Erycinum, literatum hominem & peritum, post se occulto loco haberet, qui concionanti inflaret eburneolâ fistulâ sonum, quo illum aut remissum excitaret, aut à contentione revocaret.

In omni quippe voce est quiddam medium, sed suum cuiq; voci: gradatim ascendere & intendere vocem, utile & suave, & illud idem ad firmandum vocem salutare est. A principio clamare in cantu, agreste quiddam est. Est deinde quiddam contentionis extremum, quod tamen inferius est, quàm acutissimus clamor. Est item contrà quiddam in remissione gravissimum, quo tanquam sonorum gradibus descenditur præcipuè ad finem cantus.

Hæc varietas, & hic per omnes sonos vocis cursus & se tuebitur, & concentui afferet suavitatem. Hæc siquidé summa causa est cantionis, & in ea pronunciationis, ut vox sit animi interpres & nuncia. Sunt enim voces, ut nervi in fidibus, atq; ita sonant, ut à motu animi sunt pulsæ.

Ad *Cantum*, vel Discantum exprimendum vox parva & exilis requiritur, & magis puerum decet esse ἰχνόφωνον, quàm Chærephontem. *Cœlius*, lib.13.c.1.A.L. Ubiq; cum moderatione vox clara & sonora cantui conciliat venustatem, si Cantor naturâ fuerit λαμπρόφωνος, h.e.

Cc 2   vocis

vocis sonantioris, qualis *Æschines Tragœdus* celebratur, teste *Plutarcho*, in vitis decem Rhet.

In cantu *florido*, (de quo in Tomo IV.) qui Choralem cantum harmonia & consonantiis, ceu flosculis, eleganter exornat & effloresc ere facit, agilis & flexibilis vocis velocitas suam omnino meretur laudē; quoties præcipuè sonos, notulis majoribus descriptos, cōvenit discerpere, & hinc inde vagabundo vocis velocioris motu exprimere per fusas & semifusas, quas *Chromata*, id est, colores appellant veteres; Unde videtur Germanis assumpta dictio **Coloriren.**

Fictam & alienam ab homine assumere vocem & in oratione & in cantione magnū est dedecus, & naturæ violentum. Λαρυγγίζειν Græcis dicuntur, qui non loquuntur naturali modo, sed dilatato gutture effundunt immanem vocem: Quemadmodum & canunt nonnulli. Quod vitiū *Demosthenes* objecit Æschini, quòd non ex animo loquens vocem præter naturam intenderet. *Erasm.* in Adagiis.

Sunt, qui voces avium, pecorumq; & aliorum quorundam hominum sic imitantur atq; exprimunt, ut nisi videantur, discerni omnino non possint. *Augustinus*, lib. 4. de civ. Dei, cap. 23. MAGNES ex Icaro urbe Comicus, omnium animantium voces imitatus est, & ab iisdem nomen fabulis suis indidit: quemadmodum ARISTOPHANES Ranarum coaxatum, Avium voces, Vesparum bombos imitatus est. *Gyrald.*

In quendam vocis absonæ *Ausonius* sic ludit:
    Latratus Catulorum, hinnitus fingis Equorum,
      Caprigenumq́; pecus, lanigerosq́; greges
    Balatu assimilas: Asinos quoq; rudere dicas,
      Quamvis Arcadicum fingere turpe pecus.
    Gallorum cantus, & ovantes gutture corvos,
      Et quicquid vocum bellua felis habet.
    Omnia cùm simules ita verè, ut ficta negentur;
      Non potes humana vocis habere sonum.

Democritus tamen ostendit, Homines summis in rebus esse bestia-

DE MUSICA VOCALI. 197

rum diſcipuloſ,& inter alias oloris & luſciniæ,in cantu & voce fingenda,ſuaviter modulantium. *Plutarch.* de animantium comparatione. Lectu dignus eſt *Ovidius* in Philomela,de proprietatibus avium. Et Muſicæ quidem ac Poëſi augurio eſt fauſto *Luſcinia*, quãdo in ore *Steſichori* Poëtæ infantis cecinit. *Plinius* lib.10.c.29; atq; Tiſiæ, Heſiodi Filii,infantis ori inſediſſe dicitur. Luſcinias, cæteris ſuaviores ac vocaliores,tradunt Thraces circa Orphei ſepulchrũ nidificaſſe. *Pauſan.*in Bœoticis.*Natal.Com.* Mythol. lib.7.c.14. CHRYSIPPUS Luſcinias,in quibus elegantiæ ſtudium natura expreſſit,non alendas putat, & eos,qui alunt,graviter increpat. *Plutarch.*in lib.de Republ. Nefandæ itaque ſunt & deteſtabiles *Heliogabali* epulæ,quas inter alias delitias luſciniarum linguis inſtruxit. *Lamprid.*

Cæſares juvenes habuiſſe leguntur Luſcinias,Græco atq; Latino ſermone dociles: præterea meditantes in diem,& aſſiduè nova loquẽtes,longiore etiam contextu: *Plinius* lib.10.c.42. Unde apud Romanos olim Luſciniæ immenſo precio vendebantur, ampliore etiam, quàm olim Armigeri: *Plinius* lib.10.c.29. Seſtertiis ſex candidam, alioquin, quod eſt propè inuſitatum, veniſſe ſcribit, quæ Agrippinæ, Claudii Principis conjugi, dono daretur. Quanquam meritò deridenda eſt *Laconis inepti ſtoliditas*,qui, cùm aviculæ corpulentiam voci non reſpõndere, ſed vulſis pennis exiguam carnem reperiſſet, Luſciniam abjecit,veriſſimum tamen de ea pronunciavit: *Nil aliud, quàm vox es Luſcinia.*

Et certè,qui Luſciniæ dulciſonæ varias voces,& cantus imitatione reddentem detrectaret, dum ſæpe audiiſſet ipſam, vel alter *Ageſilaus* eſſet. *Plutarchus* in Apophth.

Valde & nimiùm, ſub morbo etiam, & ad obitum uſq;, Luſciniæ cantum amavit ULADISLAUS JAGELLO, Polonorum Rex : Is enim, cùm nocte præcedente,quæ præter temporis rationem frigida fuerat, in ſilvis Luſciniæ cantu ſeſe de more oblectans, cœli intemperiem pertuliſſet,obiit febre correptus: *Cromerus* lib.20.

Et cùm Patavio,animi gratia, per Oporinas ferias Venetias profecti essemus, scribit *Zuingerus* sub annum salutis 1558. in parte urbis eminentissima & frequentissima, quam Rivum altum vocant, Turcus quidam mercator complures aviculas, quæ ob vocis suavitatem in precio habentur, venales conspicatus, aliquot nummis aureis redemptas,eo solo nomine,ut earum libertati consuleret, spectantibus cunctis & applaudentibus manumisit. *Zuingerus* Theatr. volum. 14. lib. 1. f. 2905.

 Ne autem longiùs digrediamur, sed ut vocis circumplexæ & moderatæ observationes, imitationésq; contrahamus & finiamus, operæ pretium est,colophonis loco hoc addere; videlicet in singulis affectibus,quorum pulsum tactumq; voces exprimunt, vivam accommodationem spectandam esse. In alio enim affectu aliud vocis genus requiritur tàm canendo,quàm dicendo: qua de re *Thrasymachus* jam ante Aristotelem ἐν ἐλέοις quædam præcepisse videtur.

 In miseratione igitur vox cantus erit flexibilis, plena, interrupta, flebilis,quæ vel lacrymas excutiat.

 In iracundiæ textu vox contraria est, acuta, incitata, crebrò incidens.

 In voluptatis cantu, tenerum, lene, effusum, hilaratum vocis optatur.

 Dolor sine commiseratione grave quiddam & imo pressu ac sono obductum requirit.

 In blandiendo, faciendo,satisfaciendo, rogando levis vox & summissa est.

 Atq; hæc de vocis moderatione in dictionum & affectuum cantu: ad quam exercendam *Medicina* continuanda est,ut à cœna post Solis occasum frictiones & certorum spaciorum inambulationes teneantur. Recreandæ voculæ causâ necesse est mihi ambulare, scribit jam ætate gravis *Cicero* ad Atticum. *Quintilianus* huc adjungit Unctiones, temperantiam Veneris & victus: ejusmodi diætam à *Nerone* observatam suprà scripsimus.

CAPUT

DE MUSICA VOCALI.

Caput VIII.
De Musices cognatione cum Ethica, Physica, & Mathematica.

Artes inter se cognationis vinculo connexæ sunt omnes: Sic Musicam etiam certa analogia & ratione cognatam, & cum Naturali & Morali adeoq; Civili, nec non Mathematica Scientia conjunctam esse, certo est certius: Unde à Musico bono bonum Physicum, bonum Ethicum, bonum Jurisconsultum, bonum Politicum, bonum fortemq; Polemicum & Mathematicum non abhorrere colligimus.

Nam *Plato* in 4. Politicorum *Justitiæ Universalis* definitionem, quòd sit obedientia omnium virium erga Deum, declarat ipse ex similitudine de Harmonia. *Ut* enim in cantilenis voces præcipuæ sunt; ὑπάτη Infima, id est, Bassus, ἡ χορδὴ μουσικὴ βαρὺν φθόγγον ἀποτελοῦσα, Chorda Musica gravem sonum perficiens : Μέση, Media, id est, Tenor & Altus : καὶ Νήτη, q: νεάτη, seu prima vox, id est, Discantus. *Ita* in anima facit tres partes, quarum Primam & Supremam, in qua est cognitio, ratiocinatio, judicium, & libertas voluntatis, nominat ἡγεμονικόν, cujus sedem in cerebro esse dicit, & confert cum ὑπάτη. Quia ut hæc vox infima gravissima est, ita regit cæteras; ideoque, de *Platonis* sententia, judicium rationis certum est, hoc est, Lex Naturæ, seu Notitiæ naturales sunt veræ & immotæ. Secundam partem animæ, quam in corde collocat, θυμικόν nominat, quia cor ciet affectus, qui sunt satellites, ministri & executores rationis. Et hanc comparat ad μέσην, quia aliàs affectus obtemperant rationi, aliàs contumaciter repugnant. Infimam deniq; partem animæ nominat τὸ ἐπιθυμητικόν, quia continet appetitiones vegetativæ potentiæ, quarum sedes est in Epate. Hanc partem, cùm longisimè ea absit à ratione, sicuti sitis & fames, minùs reguntur consilio, transfert ad νήτην, seu νεάτην, h. e. Supremam vocem.

Sicut igitur in Musica, cùm voces aptè & concinnè inter se consonant,

sonant, suavis & dulcis harmonia efficitur: *Ita* cùm inferiores vires, videlicet affectiones & appetitiones in cibo & potu & cæteris voluptatibus, obtemperant rationi, quæ tenet principatum, dulcissima est omnium virium in hominis natura inter se conformitas; quam concinnitatem, seu harmoniam virium inter sese postea *Plato* inquit primam justitiam & primam virtutem esse.

 Porrò Virtutis definitione asserta, quòd sit consensus & Harmonia inferiorum virium cum recta ratione, quæ est Lex Naturæ, adeoq́; cum ipso Deo: εἴδη ψυχῆς, seu, ut cum *Aristotele* loquamur, Potentias animæ, τὸ ἐπιθυμητικὸν, τὸ θυμοειδές, καὶ τὸ λογιστικὸν, confert *Plato* ad tres Ordines in optimè constituta Repub. qui sunt τὸ χρηματιστικὸν, τὸ ἐπικουρικὸν, τὸ βουλευτικὸν, & ostendit ἀναλογίαν inter se partium, qua fit, ut eâdem ratione virum justum dicamus, sicuti totam civitatem. Etenim si parti, principatum tenenti, reliquæ inferiores se subjiciant & accommodent, & singulæ cum fide faciant officium proprium; effici statuit statum illum, consentaneum naturæ, tanquam sanitatem, & pulchritudinem, & optimum habitum totius animi: seu tanquam Harmoniam trium chordarum totius systematis Musici, νεάτης, ὑπάτης, καὶ μέσης, & cæterarum, quæ his interjectæ sunt, in unum concentum conspirantium: Sin contrà fiat, discessione partium factâ, morbum illum existere, seu deformitatem, sive imbecillitatem animi, quæ vitium nominetur, veluti confusum & absonum quendam ululatum discrepantium sonorum.

 Physicæ cognatam vim Musicæ prodit usus, qui in omni vita locum habet, ut mox demonstrabitur infrà, nec modò in ludicris rebus ad remissionem & relaxationem animi, verùm etiam in seriis. Animus enim noster concentu & Harmonia mirificè delectatur: Eamq́; ob causam *Plato* animam harmonicè à primo opifice creatam asserere non dubitavit. Quandoquidem *simile suo simili oblectari solet*. Rationem horum in numeros transfert *Plato*. Subest tamen occulti quid, hoc est, divini, quod aliquando corporea mole exuti perfectè cognoscemus.

Ad

DE MUSICA VOCALI. 201

Ad *Arithmeticæ* cum Musica, sacratissima arte, cognationem quod spectat, certum est Musicam subjici Arithmeticæ. Numerus enim, sine complicatione cum alio consideratus, puram ponit Arithmeticam. At si fuerit complicatus cum alio subjecto, & servaverit considerationem Arithmeticam, ut considerari potest cum sono, & consurgit Musica, quæ subjicitur Arithmeticæ, & considerat numerū sonorum. Non inscitè Græci decentem carminis motum εὐρυθμίαν vocant. *Numerus* certè *amusis est*, quæ æquando operi Musico semper est adhibenda, & nihil est uspiam, quod ultra citraq́; numerorum præscriptum rectè geri possit. Unde intelligimus, Musicam quandam cognationem habere cum judiciis, in quibus si quid præter præscriptum fiat, æquè dissonant secum pariter, ac dissident omnia. *Themistoclem* propterea ajunt, cùm ab eo Simonides Poëta iniquum judicium efflagitaret, his verbis elusisse hominis petulantiam: *Neq́ tu Simonides, bonus Poëta esses, si præter numerum caneres: neq́ ego bonus Princeps, si præter legem judicarem*.

Cum *Astronomia* quod commune, vel cognatum habeat Musica munus ac officium, porrò attendatur. Ex cæteris profectò disciplinis Musica & Astronomia non parum conferunt pro recta appetitionum conformitate: Ratio est, quia duo sunt sensus, cum animo summoperè juncti, rectæ nostræ institutioni præsertim destinati, ad quos etiam præcipuè pertinet imitatio, Visus scilicet, & auditus. Visui conducit Astronomia, per quam cœlestia intuentes, ad eorum imitationem internas animi appetitiones rectè componimus: Propterea in Timæo dicit *Plato, homini tributos esse oculos, ut inspicienti regulatissimos cæli motus congruentem modum suis appetitionibus imponeret*. Musica respondet auditui: quæ ob rationes & proportiones, ex quibus constat, miram habet cum anima, rationis compote, antipathiam & sympathiam; ut unusquisq́; in seipso manifestissimè experitur. Propterea ut visus & auditus germani sunt sensus, nostræ institutioni inservientes: ita duæ illæ disciplinæ, eis proportione respondentes, germanæ à veteribus denominatæ fuerunt.

Dd   Con-

Constat inde, quàm salutare censeri debeat Symbolum illud *Pythagoræ*, dum dixit: *Qui congruenter animum à perturbationibus purgare studet, salem adhibeat, cantuq́; ad lyram utatur.* Sal sapientiam indicat, quæ cum prudentiæ recta ratione juncta, salutarem in appetitionibus consonantiam parit.

Astronomicam præterea cum Musica cognationem, Jano Dousa Filio, eruditè ad Lectorem de lib. rerum cœlestium scribente, repræsentat *Jopas*, qui apud *Virgilium*, principem Poëtarum, inter regias epulas errantem Lunam Solisq́; labores ad citharam canit. Nec ob aliam causam *Orphei Chelyn* in sidera relatam ab antiquis arbitremur, quàm quòd Astrorum cognitionē Musicis Poëticisq́; modulis quàm maximè cognatam crederent. Nam & ipse Orpheus in Hymnis cœlum universum Apollinis Citharâ temperari testatur: Et *Pythagoræi*, dum incredibilem Harmoniæ cœlestis suavitatem sibi fingunt, *Sirenas* suas etiam illic evexerunt, quæ molem illam, tot siderum collucentibus oculis contextam, discordi quadam concordia, & acutorū cum gravibus temperatione modulantur: adeò ut etiam floribus Hymnos assignent iidem, quibus alii Soli, alii Lunæ, plausu quodam cœlestibus Camœnis respondente, accinant & gratulentur.

Hinc clarissimi quidam Mathematicorum, stellarum configurationes, & motus earum in Epicyclis, & longitudinum altitudinumq́; differentias, Diatonicis, Harmonicis & Chromaticis rationibus accommodârunt. Hinc apud illos *Saturnus Dorio, Jupiter Phrygio, Mars Lydio, Mercurius Phthongo* movetur.

Adhæc Astrorum positus ad Orientem, vel Occidentem, gravissimis sonis; ubi ad cœli meditullium pervenêre, acutissimis comparantur.

Sed & in Hymnis Deorum *Stropha* extimi cœli conversionem, *Antistropha* septem siderum contrarios motus, *Epodos* terræ quietem indicabat.

Et dierum ordo, ut quidam censent, de septem stellarum vocabulis appellatus, ratione quadam Harmoniæ, quam διαπασῶν nominant, cum cœlestibus illis anfractibus rotationibusq; congruente, distinguitur.

Atq; hæc sanè de Musices cognatione cum Ethica, Physica, Arithmetica & Astronomia, ex aliis retulisse, & obiter tantùm attigisse sufficiat. Si cui libido esset philosophandi, illi amplissimus hîc pateret campus, mihi sanè tantum otii non contigit, neq; adeo operæ-pretium visum fuit.

Caput IX.

De Musicæ vi & efficacia, atq; usu παθηλικῷ ad affectus cùm placidè sedandos, tùm rapidè excitandos.

Tanta profectò est Musicæ δύναμις & ἐνέργεια, ut nec *Platonis* melle tinctâ loquelâ, neq; *Demosthenis* gradiloquentiâ satis queat prædicari. *Musica* enim perito instructa artificio, ebullientium instar fluctuum maris, Affectuum ac perturbationum vehemens & suscitatrix & domitrix est; quæ modò rationem adeò percellit, penetrat ac obnubilat, ut de sua sede deturbari videatur; modò effervescentes animi motus in placidum & tranquillum collocet portum. Meliorem hunc usum scitè commendat *Dion Chrys.* Orat. 32. ad Alexandrinos, Musicam inventam asserens θεραπείας ἕνεκα τῶν ἀνθρώπων τῶν παθῶν, καὶ μάλιστα δὴ μεταςρέφειν ψυχὰς ἀπηνῶς καὶ ἀγρίως διακειμένας, propter medicinam humanorum affectuum, & potissimùm, ut in rectum possit reducere statum mentes, sævitiâ & feritate affectas. Et Musicâ, ait *Plato*, elegantiæ & côcinnitatis opificem, hominibus à Deo non deliciarū causâ, aut pruritus auriū data, sed côcessam, ut animi periodos & harmonias turbulētas & erraticas in corpore, Musarū & Gratiarū penuriâ, sçpenumero per infolentiam & improbitatem lafcivientes, iterum revolvat decenter & reducat: ὅσα δὲ μὴ πεφίληκε ζεὺς, ἀτύζονται βοὰν Πιερίδων ἀΐοντα: ut eft apud *Pindarum*; Quæ non amavit Jupiter, hæc obftupefcunt graviùs, cùm Pieridum audiunt vocem: fiquidem efferantur fremantq;. *Plutarchus* de Superftitione.

Ut enim, quando in corpore humano humor aliquis vel quantitate vel qualitate excellit, fit ὑπόςασις, & ex ὑποςάσει ςάσις: *Ita* quando in corde & arteriis fpiritus, fit perturbatio & commotio.

Similitudinem videntur habere fpiritus cum humoribus, nimirum, ut alii fint *Cholerici*, à quibus ira, indignatio, ἐπιχαιρεκακία; alii *Sanguinei*, qui gaudium, amorem, pudorem movent; alii *Pituitofi*, à quibus timor & fegnities; alii deniq; *Melancholici*, invidiæ, triftitiæ & fimilium inftrumenta. Sed hi affectus animi Muficà fuaviter leniuntur, quoniam inæqualia adæquantur. PYTHAGORAS quoque cenfuit repentinos animi motus & mentis perturbationes nulla re magis, quàm vocum concentu emulceri. *Alex.* ab *Alex.* lib.2.c.25. *Seneca* lib.3. de Ira cap.9.

Sententiam hanc, & hîc, & fuprà de Modorum affectu affertam, viva exempla & hiftoriæ comprobant.

HOTHERUS, Hodbrôdi Suevorum Regis, ab Helgone Danorum Rege cæfi, filius, Muficæ omnigenæ peritiffimus, ad quofcunq; volebat motus, variis modorum generibus humanos impellebat animos; gaudio, mœftitiâ, miferatione, vel odio mortales afficere noverat. *Saxo* lib.3.

Et fama eft EMPEDOCLEM AGRIGENTINUM cantiunculà quadam furibundum adolefcentem, nudóq; ferro hofpitem impetentem fuum, compreffiffe atq; fedaffe. *Zuingerus* in theatro vitæ humanæ.

ACHILLES, Chironis Centauri difcipulus, in Iliade accinens Citharæ veterum res geftas, furorem & indignationem, contra Agamemnonem conceptam, fopire videtur. *Ælianus* lib.14. de var. hift. & *Athenæus* lib.14.c.10.

ISME-

DE MUSICA VOCALI. 205

ISMENIAS, Choraules peritissimus, Antigenidis discipulus, teste Boëthio, multis ægritudine laborantibus omnes animi molestias abstersit.

CLINIAS, Philosophus Pythagoræus, si quando ad iracundiam se præcipitem ferri sensisset, mitigatus est animo, Musicâ & chordis. *Ælianus* lib.14.de variis histor:& *Athenæus* lib.14.c.10. *ex Chameleonte*.

Et GILIMER Vandalorum Rex, obsessus in monte Papua à Belisario, Musicæ vim & solamen in miseriis intellexit, quando præter panem ad famem sedandam, & præter Spongiam ad lacrymas abstergendas, etiam Citharam ad tristitiam pellendam petiit ab hoste. *Procop.* lib. 4. Vandaliæ, & *Cedrenus.* Et *Joach. Garcæus* D. in Asylo, h. est. in exegesi Psal. 90.

In quinto dogmatum Hippocratis & Platonis scripsit GALENUS verba *Posidonii Philosophi*. Damon, inquit, Milesius, cùm ad Tibicinam accesissset, quæ Phrygiis modis adolescentes quosdam temulentos ad furorem usq; incenderat, jussit ad Doricas leges tonum demittere: quo illi demulsi quievére.

Boëthius in præfatione Musicæ hoc tribuit Pythagoræ, quòd incentione modi Phrygii incitatum adolescentem, patriâ barbarum, vino temulentum, irâ furentem, quum jam ædibus amicæ, quæ rivalem admiserat, ignem admovere tentaret, tibicinâ jussâ Spondæos succinere, ad sobriam mentem revocarit.

TIMOTHEUS, cùm ad Alexandri mensam caneret Orthium modulum, Regem repentè, velut insanum, statuit in pedes, coëgitq; in arma prosilire: rursus remittente cantu, continuò & Regis remisit affectus. *Sabellicus* lib. 10. c. 8. ex Plutarcho.

ALEXANDER quoq; Antigenide tibicine aliquando carmen modulante Harmatium, usq; adeò velut lymphatico impetu permotus est & exarsit, ut concussis armis proripiens, è mediis epulis manus propè accumbentibus injecerit; illectus bellico sono, verum ostendens illud Laconicum: *Urget enim ferrum scitè fidibus canere*, suffragiumq; adjiciens Spartiatis cantantibus.

In ferrum serpit, Citharam pulsare perite.
Nec ita multò post molliori sono & mitiori Cithararum ictu ab armis ad epulas fuit revocatus; referente *Henrico Salmuth*, in lib. 1. de rebus memorab. Gvidonis *Pancirolli*, tit. de Musica ex Plut. Orat. 2. de Alexandri fortuna & virtute.

Nec rarò videmus, Heroës concentuum suavitate impetus suos intempestivos veluti fregisse. Allegari posset exemplum D. Lazari Suendii, nostri seculi excellentis & militaris herois, qui sæpenumero Turcarum impresiones magna cum laude tàm suorum, quàm hostium fregit, quem scimus, & ipsemet vidi & audivi, inquit *Camerarius*, Musica Instrumenta mitiora ad refrenandos & demulcendos generosos impetus, intempestivè occurrentes, adhibere solitum fuisse. *Camer. Centur. 2. cap. 81.*

Quid quòd & Musicus modus picturæ, quæ dignoscenda exponitur, ritè adhibitus, oculos & animum contemplantis mirificè adficiat?

THEON, cùm pinxisset virum armatum, qui excursionem ex urbe repentè faceret, & furore quodam correptus in hostes irrueret; non tamen priùs exhibuit picturam, quàm Tibicinem juxta collocasset, quem jusit carmen Orthium canere, penetrans & clamosum, quàm fieri posset maximè, & quod ad prælium animaret. Simul ac igitur auditum est carmen asperum & horrendum, atq; tubâ quasi armatorum expeditionem sonante, picturam ostendit, & miles conspectus est, cum efficaciorem cogitationem de excurrente in animis hominum cantus excitaret. *Ælianus* lib. 2. var. hist.

Apud ERICUM II. cognomine BONUM, Daniæ Regem, Citharœdus quidam de sua arte disserere cœpit, suo cantu homines ad furorem, amentiamq; pertrahi posse jactitans. Rex novitate rei motus, specimen professionis edere jusit. Annuit ille: at ne qua nocendi hominibus ansa daretur, jusit priùs omnis generis arma efferri, & certis in locis collocari custodes, qui cognito vesanorum strepitu irrumperent, ereptamq; Citharam capiti illiderent, ne & ipsi in rabiem agerentur, reliquos à mutuis verberibus arcerent. Primò quidem inusitatæ se-

verita-

DE MUSICA VOCALI. 207

veritatis concentum edidit, quo auditores in mœrorem ftuporemq́; funt everfi: Deinde adeò fuavem & jucundam harmoniam, ut mutato animo gaudium etiam externis geftibus, & motu totius corporis proderent: Tandem verò acrioribus modulis concitati, vociferari & tumultuari cœperunt. Cuftodes irrumpunt, ut Regem cum aliis furentem contineant. Sed ille effractis atrii foribus arrepto enfe quatuor transfodit. Vix tandem pulvinarium mole, undiq́; congeftorum, obrutus, contineri potuit. Menti reftitutus, Hierofolymam expiandorum homicidiorum caufa petens, Haraldo filio Regni procuratore relicto, in Cypro defunctus eft, atq́; ibidem cum conjuge fepultus, uti *Saxo* lib. 11. Daniæ teftatur.

Ad hanc hiftoriam refpicit citatio *Camerarii*; Sic enim adducit in Centur. 1. c. 18. Lyfius Gyraldus refert hiftoriam Danicam de Mufico, qui tanta modulandi vi excelluit, ut fe audientes mente alienare, id eft, modò lætos, modò triftes, imò furiofos efficere poffe, gloriari folitus fit: idq́; eum in præfentia Regis præftitiffe. Et addit, fe propè paria non femel apud Leonem X. fpectaffe. *Et in Cent. 2. c. 81.* Et noftra ætate Inftrumenta Mufica habemus, quæ fimilem (nempe Timothei Milefii modulis) vim habere cernimus; & in Danica hiftoria, neo non & in Cornelii Agrippæ libro legimus; Muficum quendam tanta modulandi vi gloriari folitum, ut fe audientes mente diceret abalienare poffe, cumq́; id Regis Daniæ juffu facere cogeretur, adftantium animos foni varietate flectere eft aggreffus. Itaq́; inufitatæ feveritatis concentu edito, quadam veluti mœfticia & ftupore omnes complevit, ut extra fe pofiti viderentur: Dein mutata modulorum ratione in plaufum, læticiamq́; deflexit, ut & corporis motu geftirent: poftremò acrioribus modis ad tantum amentiæ adftantium animos concitavit, ut in furorem ac rabiem quandam præcipites traherentur. *Hæc Camer.* Quis non ftupefcat ex tam varia vi Muficæ, qua animum hominis in tantas perturbationes è rationis fede præcipitari, & extra fe rapi videmus?

Et

Et cùm BACHUM Tyrrheni navicularii tranſvecturi, & Nymphis nutricibus redditūri, ſpe prædæ perdere voluiſſent, ipſe hoc intelligés, juſſit comitibus, ut ſymphoniacè canerent. Quo cantu adeò oblectatos Tyrrhenos ferunt, ut ſaltare etiam ceperint, & animis laſciviendo ſeſe in mare projecerint. *Olaus* lib. 15. cap. 29.

Huc referendum eſt illud *de Corybanteo furore*, in Cybeles Sacerdotibus, qui ita correpti fuerunt, dum ad Cymbalorum pulſum cantando & ſaltando ſacra faciebant, ut & ipſi capita jactarent, & alios in ſimilem agerent rabiem. Hinc dicti ſunt *Corybantia æra*; & ipſi Sacerdotes Corybantes, vel à κορύπτειν, quod eſt caput jactare, vel à pupillis oculorum & genis, quas κόρας Græci vocant: quòd iſti Jovis cuſtodes cogerentur non tantum excubare, ſed etiam apertis oculis dormire. More enim leporum dormire, eſt κορυβαντιᾶν, & tantundem quod inſanire, & κακοδαιμονιᾶν, malo agi genio. Alii volunt dictos à galero, quæ Græcis κόρυς dicitur, quòd galero quodam capita tecti, inſaniendo luderent. A *Natali Comite* attingitur hic furor, lib. 9. Mythol. c. 5. de Rhea. Hujuſce Deæ, inquit, famuli & Curetes, & Corybantes vocati ſunt: nam cùm inſaniam & beluinam quandam rabiem imitarentur, vocati ſunt Corybantes, à jaciendis capitibus, inſanorum more. Et *cap. 7. ejuſdem lib. 9:* Hos, inquit, Curetas memorant ſpiritu afflatos Bacchico, & valdè tumultuoſa armorum agitatione cum ſtrepitu, fragore, cymbalis, tympanis, tibiis, vociferatione inter ſacrificia uti ſolitos, ut præſentes perterrefacerent, deæq; reverentia & metu adimplerent. Et *Plato* ſcribit, ſi illam tantùm modulationem acutè ſentiunt, quæ ejus DEI eſt, à quo corripiuntur, & ad illam modulationis formam & geſtus & ſermonis copiam habent expeditiſſimam: Cæteros autem ritus contemnunt. *Camer.* op. ſuc. l. c. 81.

De Tarantulis & S. Viti morbo, ſub capite, de virtute Muſicæ medica.

⬥§(:)§⬥

CAPUT

Caput X.

De efficacia, ac usu Musicæ πολιτικῶ καὶ πολεμικῶ, ἤ ϛρα-τιυλικῷ, *sive civili ac militari; cùm in Repub. ad seditionem restinguendam, pacem alendam, libertatemq́; recuperandam; tùm ad Martem, in castris accendendum.*

DIOGENES quidem CYNICUS cuidam jactanti Musicam peritiam respondit:

Γνώμαις γδ ἀνδρῶν εὖ μὲν οἰκῦνῆαι πόλεις,
Εὖ δ' οἶκ@:ὑ ψάλμοισι κὴ περιίσμασιν. *Laërt.* lib. 6.

At ignoravit, Psalmis & cantilenis optimas quasq; sententias Reipub. utiles mensurari, exprimi & inculcari posse.

TYRTÆUS, Archimbroti F. Milesius aut Atheniensis, Spartanus tamen dictus, ab aliis etiam Mantinæus, Elegiographus & Tibicen, ætate penè par septem Sapientibus, Olymp. 35. Elego & Heroico carmine scripsit permulta de Repub. Lacedæmoniorum. *Suidas.*

Inter alias certè etiam hanc μυθολογίαν, ac fabulæ interpretationem, dicuntur *Orpheus, Thracius* Theologus, & *Amphion* Thebanus, silvas, saxa, feras cantu suo traxisse; quòd homines, in agris dispersos, ad civilis vitæ cultum in cœtum & societatem publicam congregaverint, partim legibus, partim jucundâ modulatione.

Quid quòd Musicæ gravis suavitas, suavisq; gravitas non rarò Oratoris, vel Poëseos loquentis vice, cùm in Repub. togata ac nonnihil mota, tùm in societate militari, sive castrensi perfuncta est?

Testatum faciunt historiarum monumenta, in pacificis Legationibus, & ad seditiones sedandas, vel etiam in recuperandæ libertatis stimulum adhibitam sæpe fuisse Musicam.

Complures ex Barbaris Legationes de pace concilianda, instrumentis Musicis instruunt. hostium animos emolliendi gratiâ.

THEOPOMPUS, libro historiarum quadragesimo sexto, Getæ, inquit, Citharas habentes, easq́; pulsantes, legationes de conficienda pace faciunt. *Athenæus* lib. 14. c. 11.

TERPAN-

De Musica Vocali.

TERPANDER Lacedæmoniis aliquando inter se dissidentibus, ex Oraculo seditionem eorum cantus suavitate sedavit. Unde ab eo tempore Lacedæmonii, quoties Cantorum aliquem audirent, protinus exclamabant: μετὰ λέσβιον ᾠδόν: quod postea in Proverbium abiit de eis, qui secundas partes assequuntur. *Gyrald. ex Plut. de Musica.*

Et SOLON, in concionem progressus, Elegiâ cecinit, & Atheniensès ad recipiendam Salaminem incitavit, Legemq́; (quæ jubebat, ut qui de Salamine recuperanda mentionem facerent, morte multarentur) abrogare coëgit. *Polyænus,* lib.3. & *Laërt.* lib.1.

Unde liquidò patet, Musicam canendo in Rebuspub. & concionibus Oratorum partes explevisse, & dicendi persuadendiq́; vim oratoriam suavitatis gravitatisq́; motu ac efficacia superasse.

Ut porrò ad Musicæ usum, in Præliis, ceu efficacissimum, ita frequentissimum, digrediamur; constat in castris apud plerosq; Cantum & sonum Musicum, ejus suavitate peritè attemperata gravitate, vel etiam desides & ignavos ad arma animasse alacriter; fortes & magnanimos Heroës ad hostiles impetus inflammasse acriter, non sine victorioso pugnæ exitu.

Quanquam ACHIVI nullâ Musicâ in bellis utebantur, sed tantùm conspiratu tacito nitebantur, referente *Homero:*

Οἱ δ' ἄρ ἴσαν σιγῇ μένεα πνείοντες ἀχαιοὶ,
ἐν θυμῷ μεμαῶτες ἀλεξέμεναι ἀλλήλοισιν.

Gellius Noctium Attic. lib.1. cap.1: pleriq; tamen populorum & nationum non nisi concentu sonoro castris educi voluerunt.

Ac licet SOLTMANNUS, de quo cap.14. dicetur, præter omnes artes liberales & Musicam detestatus sit: Nihilominus ipsi *Turcæ,* alioquin instrumentis Musicis carentes, bellicis Tympanis, quorum usus apud eosdem & in nuptiis est, pertinaciter uti non desinunt.

Indi Cymbalorum & Tympanorum pulsu, & flagellis aërem & tympana verberantes, in hostem irruunt. *Alexand.* lib.4. cap.2. *ex Athen.* lib.4. cap.11. *& Suida.*

Ægyptijs

De Musica Vocali.

Ægyptiis proficiscendi hora significatur Sistro, *Alexand.*lib.3. c.2. *Persis* proficiscendi hora significabatur cornu. *Idem ibidem.*

CYRUS Persarum Rex, ne hostium efferis clamoribus milites perculsi trepidarent, Hymnum Polluci & Castori canere jussit. Quo concentu effecit, ne improvisa formidine caperentur. *Alexand.* lib.4. cap.7.

Galatis barbara Tuba horribili sono bellicum occinuit. *Alex.* lib.3. cap.2.

Lacedæmoniis ad tibiarum modulos & rhythmum & moderatum pedis ingressum prælium committere moris fuit: ac primùm quidem conserendarū manuum signum tibiâ dari solebat. Proinde de omnibus quoq; victoriam reportarunt, Musica & modulorum concinnitate eos ducente. Nec enim ut aliæ gentes in præliis ineundis utebantur cornibus, aut lituis, sed tibiarum modulis, ut animi moderatiores redderentur: nihil magis ad victoriam conferre rati, quàm ne in primo statim congressu animi militum ferocirent, sed ad tibiæ cantum componerentur, & cum rhythmo æqualiter procedentes, integros servarent ordines.

Spartæ in arce ad lævam Minervæ, Poliuchi sive Chalciæci dictæ, Musarum ædem dicarunt, quòd Lacedæmonii in prælia exeunt, non ad Tubæ cantus, verùm ad Tibiarum modos & Lyræ cantiunculas. *Pausanias* in Laconicis. *Thucyd. Polyb.* lib.4. *Fab.* lib.1. *Plutarchus* in Lycurgo.

PROCLES & TEMENUS Heraclidæ adversùs Eurysthidas, Spartā tenentes, bellū gerebant. Heraclidæ rem divinam fecerunt Palladi, montium Hyberbacteria offerentes. Eurysthidæ repentè in eos irruere & manum conserere: At Heraclidę nihil turbari, sed Tibicines, ut omni studio præirent, jubere. Quibus pręcedentibus, ac tibias inflantibus, armati ad cantū & numerū sequétes, irruptos ordines servabant, & hostes vincebāt. Experiétia eos docuit, Tibiā habere vim &

DE MUSICA VOCALI.

irritamentum in pugnis. Quin & Oraculo, victores se fore didicêre, simul ac cum tibicinibus bella gererent. Neq; pugna Leuctrica ad tibicines pertinens Oraculum confutat. In Leuctris enim non præeuntibus tibicinibus Lacones cum Thebanis pugnā inibant, quibus patrium erat, fistulatoriam artem exercere. Itaq; colligi manifestè ex Oraculo potuit, penes Thebanos victoriam futuram Lacedæmoniorum, qui sine Tibia pugnam capesserent. *Polyænus* lib. 2. Porrò instructa Spartanorum acie cùm adesset hostis, Rex simul capellam immolabat, indicebatq;, ut omnes coronas sumerent, & ut tibicines canerent, jubebat, Castoris carmen, simul etiam ordiebantur classicum canere. Carmen Embaterium dicitur. Quæ res severam simul atq; horribilem edebat speciem numeris ad tibiā incedentium, neq; turbantium aciem, neq; animis fluctuantium, sed modestè & hilariter ad modos euntium in certamen. Neq; enim nimia percelli trepidatione probabile est ita comparatos, aut plus satis ferocire; sed animum fiducia & audacia suscipere stabilem, quasi Dei præsente favore. *Plutarchus* in Lycurgo, & de Musica.

Cuidam autem Agesilaum roganti, *quam ob causam Spartanæ ad tibiarum cantū inituri præliū exercerentur?* Ut, cùm ad numerū, inquit, incedunt, appareat, qui formidolosi sint, qui fortes. Nam Anapæstorum ictus strenuis addebat animum, meticulosis pallorem & tremorem incutiebat. Itaq; cùm pes non responderet ad modulos tibiarum, prodebatur ignavorum imbecillitas. *Plutarchus* in Lacon. Apoph. & *Aristot.* in Problem. referente *Gellio* lib. 1. c. 11.

Et GRÆCORUM *mos* fuit, duos concinere Pæanas, Marti quidem in hostibus congrediendis, Apollini mox bello absoluto. Illum priorem Enyalium vocant. Dioscuris Palladem primam Enophon incinuisse nomen prodidit *Epicharmus*, ex quo præcinente tibia congredi cum hostibus Lacones orsi sunt. *Cæl.* lib. 9. cap. 8. Antiq. lect. & *Alex.* lib. 4. cap. 2.

ATHENIENSES pæana canentes, & Hymnos Jovi, congredi cum

DE MUSICA VOCALI. 213

hostibus solent: quod frequens etiam apud reliquos Græcos fuit. *Alex. ab Alex.* lib.4. c.7.

LYDI, cùm ad bellum exeunt, cum Tibiis & Syringibus in acie instruuntur, ut asserit *Herodotus. Athen.* lib.12.cap.4. Sic HALYATTES, Lydorum Rex, in bello contra Milesios, luxu barbarico, fistulatores & fidicines, quin etiam fœminas tibicinas adhibuit. *Gell.* lib.1.c.11. Noct. Att. ex *Thucydide* & *Plut.* de Musica.

CRETENSES Citharâ, fidibus & tibiis utuntur in præliis, quibus instructas acies accendunt. *Alex. ab Alex.* lib.3. c.2.

In Romanis Legionibus educendi exercitus, & certaminis conserendi signum Tubarum & Cornuum concentum, & si quando silentio educendæ forent, tesseram fuisse accepimus. *In Prætoriis castris* Romanorum buccina semel, in Consularibus verò bis signum dabatur, qua pedites; Equites verò Lituo ad pugnam advocabantur. Eratq; mos militaris, ut, quoties movenda erant signa aut castra, & ad reliqua belli munia, soli Cornicines signum darent: Excubias verò somniq; & vigiliarum tempora buccina designarent: Si autem Legiones ducendæ in hostes, & acie decernendum foret, aut receptui canendum, Cornua & Tubæ eodem concentu canerent. Si conciones advocarent, aut silentium indicerent, per Tibicinem indicebatur. *Alex.* lib. 3.c.2. & lib.4.c.7.

Cæterùm ad excitandos militum animos TYRRHENUS PISÆUS primus invenit Tubam æneam, cùm antiquitus convocarentur incitarenturq; milites cornu bubulo. *Plinius.*

At usus Musicæ militaris ut contrahatur, colophonis loco nominatim producendi hîc sunt ex bellicis cantoribus insigniores & victoriosi.

TRITONEM fabulantur Concham à se inventam ad bellum adversus Gigantes attulisse, quam cum inflasset, & eâ inauditum sonum edidisset, Gigantes immanem aliquam belluam, ac formidabilem rati, se in fugam verterunt. Itaq; victoria facilis Diis cessit. *Natal. Com.* Mytholog.lib.8.c.3.

MISENUM ÆOLIDEN *Virgilius* celebrat:

———————— Quo non præstantior alter
Ære ciere viros, Martemq́, accendere cantu.

OLYMPUM *Heraclides* narrat pro singulis carminibus versus suos & Homeri numeris adornasse, eosq́; cantasse in præliis. *Plutarchus de Musica.*

TIMOTHEUS MILESIUS tempore Philippi Macedonis, Alexandrum suis modulis excitabat, & ad res bellicas alacriùs instruebat. *Suidas.*

HERODOTUM tubicinem Megarensem *Amaranthus Alexandrinus* scribit milites, cùm, Demetrio Antigoni F. civitatem obsidente, Helepolim muris ob pondus non possent subducere, duabus simul inflatis tubis coëgisse, ut machinam promptè subducerent. *Athen.* lib. 10. c. 1.

TYRTÆUS Elegiacus & Melicus Spartanos ad Martem adversùs Messenios accendit. *Plutarchus* in Messenicis.

Eo deniq́; prælio, quo VALDEMARUS Suenoni III. Danorum Regi & vitam & regnum eripuit, Valdemari exercitum tam crebri corvorum greges intervolasse produntur, ut complures se erectis militum hastis feriendos objicerent. Medias acies interequitabat Cantor, qui parricidialem Suenonis perfidiam (ut qui hospitii simulatione inter medias epulas Canutum interfecisset, Valdemarum pariter, nisi fuga elapsus esset, perditurus) famoso carmine prosequendo, Valdemari milites per summam vindictæ exhortationem ad bellum accenderet. *Saxo* lib. 14.

Nunc porrò usus militaris historias Musicas excipiat Musices
Virtus Ethica.

CAP.

De Musica Vocali. 215

Caput XI.
De usu Musices θριαμφικῶ *in pompis & solennitatibus triumphalibus.*

NEc parvæ Musicæ cedit dignitati, quod *Triumphi* solennitates eâ olim solenni adhibitâ usu factas novimus celebriores, in cujus rei fidem hæc de Triumphorum pompâ ex *Pancirollo* adscribenda duximus, cuius narratio huic instituto non erit incommoda.

De Triumphi igitur solennitate hæc scribit *Pancirollus*.

Die triumphali festum per totam agebatur urbem, templis omnibus apertis, & Nobilibus ita mensas instruentibus, ut de cibo & potu Militibus inde suppeteret. Senatus triumphanti obviam procedebat usq̃ ad portam Capenam, per quam ingrediebatur: postea in capitolium se conferebant. Sequebantur tubicines & buccinatores, Classicum, *ut in conflictu usurparant, occinentes. Postea ducebantur currus spoliis hostium devictorum onusti: Postea statuæ & simulacra urbium expugnatarum, ipso etiam modo, quo cum hostibus conflictum erat, repræsentato. Deinde sequebantur spolia omnis generis hostibus erepta.*

Inde alii tubicines: *quos ad sacra facienda, quinquaginta aut centum plus minus boves sequebantur, sertis ornati, & cornua inaurati &c. Pone sequebantur currus Regum & Ducum captivorum, & ipsi captivi. Tandem Triumphator aureo insidens curru instar turris fabricato, quatuor candidis vehebatur equis. Hic purpuream gerebat vestem, auro intertextam: dextera manu ramum è Lauro; sinistra sceptrum eburneum tenebat. Quaquaversum* suaviter canebant tibicines & citharœdi, *aureas in capite coronas gestantes, & purpura vestiti: quorū in numero quidam aurea ad talos usq̃ indutus veste, scurriles jocos & scommata in hostes conjiciendo, risum po-*

pulo

pulo movebat; *Et quæ alia adduntur.* Si quis præmium aliquod obtinuerat, illud manu præ se ferebat, ni Triumphantis laudem pæana canendo, & multa simul ridicula immiscendo.

Postea omnibus aliis peractis, sub capitolio porticibus cœnabant, usq; dum advesperasceret. Tum enim tibiis & variis instrumentis Musicis *Triumphantem domum comitabantur, atq; ita festivam illam solennitatem finiebant.*

Ovantes *verò olim non invehebantur curru, ut triumphantes, neq; laureati, nec tubis concinebatur* (Oratio *enim* minor *erat* triumpho) *sed pedibus ingrediebantur calceati, vel equo ingrediebãtur, equitibus & amicis comitati, modulantibus multis tibiis.* Nam qui citra vim, benevolentiâ, gratiâ & verbis confecissent rem, non Martialem illum & trucem ducebant triumphum. *Modulatio tibiarum addita, quia* tibia pacis *sit* insigne. *Vid.* Livium *lib.6.dec.3.* Plinium *lib.18.c.29.*

In triumpho clangor *tubarum,* in ovatione concentus *tibiarum:* ille *Martis,* hic *Veneris* est.

Erat & *genus cantilenæ,* καλλίνικ@- dictum, quod partâ victoriâ canebatur *victoribus,* quos & honoris caussa καλλίνικες appellabant: ut Jo Pæan, aut Jo triumphe. Tripudiantes autem cantilenam illam canebant. *Athenæus* lib.14. *Muretus* lib.3.var.lect.cap.11.

Quem morem absq; dubio traxerunt *à Iudæis,* ubi pompa triumphalis magnificè celebrabatur. Nam universus populus cum mulieribus, virginibus atq; pueris ex urbe effusus magna cú læticia, cum cantu, instrumentis musicis atq; tripudiis obviam procedebat, illorum laudes carminibus celebrabat, ut scribit *Stuckius* lib.1. antiquit. conviv. cap.21.

C A P.

Caput XII.

De efficacia Musicæ ἠθικῇ πρὸς τὴν ἀρετὴν, ad mores honestos, contra feritatem componendos, & ad virtutem, utpote Humanitatem, Castitatem, Temperantiam &c. contra perturbationes & vitia conservandam.

Uemadmodum Musicæ sua vis & efficacia est πρὸς πάθη, ad vehementes rapidosq; affectus excitandos sedandosque: *ita* liberali & ingenuo usu Musica πρὸς ἤθη, ad morū virtutumq; honestatem conducit plurimùm. *Musica* certè liberalis & ingenua optimorum morum est informatrix, & vitæ disciplina corrigens, & in melius mutans animorum ferocitatem; Altrix est pulcherrimarum virtutum & medicina, præservans animos adversùs ægritudines, ut nulla inficiantur turpitudine, sed omnem luxus ac libidinis fomitem respuant.

Quod attinet mores emolliendi, artificium Musicum scitè adumbratur Mythologiâ de Orpheo & Amphione, qui finguntur à Poëtis silvas, feras & saxa cantu & Cithara movisse ac traxisse. Et quidem Orpheum tantâ canendi peritiâ excelluisse scribunt, ut flumina ad ejus cantum firmarentur, aves advolarent, feræ properarent, silvæ, & saxa, & venti, & omnium vel sensu carentium genera accurrerent. Sic enim *Venusinus Poëta* lib. 1. Carminum:

Aut in umbrosis Heliconis oris,
Aut super Pindo, gelidóve in Hæmo,
Unde vocalem temerè insecutæ
   Orphea sylvæ:
Arte materna rapidos morantem
Fluminum cursus, celeresq́ ventos,
Blandum & auritas fidibus canoris
   Ducere sylvas.

F f   Et

Et *Apollonius lib. 1. Argonaut.*
Αὐτὰρ τόν γ' ἐνέκυσιν &c.
Hunc referunt duros lapides & flumina cantu
Detinuisse suæ captos dulcedine vocis.
Sylvestres fagos inter confinia terræ
Threiciæ, quæ nunc frondent, vestigia cantus
Illius esse ferunt: quas secum adduxerat Orpheus,
Vertice Pierio Citharæ dulcedine & artis.

De *Amphione* fabulantur ita: Jupiter tres filios ex Antiopa genuit, Amphionem, Zetum, & Calaim. Propterea maritus Lynceus Thebanorum Rex eam repudiavit. Pueri cùm adolevissent, ulti repudium matris, Lynceum interemerunt, & Dyrcem ejus conjugem, pulsoq; Cadmo sene, Thebas possederunt; & Amphion Cithara lapides movisse dicitur, atq; ita muros Thebanos condidisse, ubi saxa in structuram sponte assilierunt, numeris Musicis illecta, Amphione Lyram suaviter pulsante.

Figmentis de *Orpheo* & *Amphione* hanc involverunt Poëtæ veritatem; Viros nempe bene dicendi & canendi peritos, in rudes adhuc mortales, rupium incolas, qui sine ullo morum delectu & sine legibus viverent, ferarumq; ritu per agros nullis conditis tectis vagarentur, incidisse, & tantum orationis & modulationis suavitate valuisse, ut ad mansuetius vitæ genus homines traduxerint, illos in unum locum convocarint, & ad obsequii civilis pellexerint disciplinam, civitates condere docuerint, legibusq; civitatum obtemperare, matrimoniorum fœdera servare: quod fuit antiquorum Poëtarum & Musicorum munus creditum.

De utrisque *Horatius* in arte Poët.

Sylvestres homines sacer interpresq́; Deorum
Cædibus & victu fœdo deterruit Orpheus,
Dictus ob hoc lenire Tigres, rapidósq́; Leones:
Dictus & Amphion, Thebanæ conditor urbis,
Saxa movere sono testudinis, & prece blanda

Ducere

De Musica Vocali.

Ducere, quò vellet: fuit hæc sapientia quondam,
Publica privatis secernere, sacra profanis,
Concubitu prohibere vago, dare jura maritis,
Oppida moliri, leges incidere ligno.

Sic Mythologia Ethica fingitur *Orpheus* placatis inferis, id est, animi perturbationibus, in lucem adducere conatus esse Eurydicen, quæ nihil aliud est, quàm Justicia & æquitas. At fuit ea rursus ad inferos retracta, ob nimium Orphei amorem: quia neque justiciæ quidem opus est, nimis esse cupidum: nec nimis cedendum est vel honestis cupiditatibus, quæ in gravissimas animi perturbationes inducunt, quas sola placari & sedari fas est ratione. *Natal. Comes* Mythol. lib. 7. c. 14. & lib. 8. cap. 15.

Rectè itaq; *Dion Chrysost.* asserit, Musicam inventam esse propter medicinam humanorum affectuum, & potissimùm, ut mentes, sævitiâ & feritate affectas, in rectum reducere possit statum: ut superiùs *cap. 11. ex Orat. 32. ad Alexandrinos* citatum.

Eandem ob causam NUMA POMPILIUS de Diis Deorumq; rebus versus composuit, iisq; in sacris ludisq; publicis ritè cantatis, ferocissimam gentem ad humaniores mores transtulit. *Zuingerus* Volum. 4. lib. 3. fol. 1141.

Et verissimum illud fuisse affirmant, APOLLINEM certis quibusdam Citharædicis normis à se inventis vitam multis mortalibus produxisse, abstulisseq; feritatem. *Lud. Vives* de laudibus Philosophiæ.

Scribit quoq; THEODERICUS, Rex Gothorum, ad Boëthium, ut Citharædum mittat, qui dulci sono fera corda gentilium demulceat. *Theodericus* Epistolarum lib. 2.

ARCADES Musicam ex artibus solam discunt, & per omnem vitam exercent, nec id lasciviæ causâ, vel deliciarum; sed ut præter labores assiduos in colendis agris, vitæ duritiem atque asperitatem, & austeriores mores, ex cœli tristicia quadam provenientes, hac quasi dulcedine remolliant ac contemperent. Hujus rei argumentum ingens ex *Cynethensibus* est; qui cùm instituta majorum pervicaciùs aspernari cœpissent, in eam brevi feritatem abiére, ut in nulla Græciæ totius civitate scelera majora, aut crudelitatis exempla ederentur immitiora. *Cælius* lib. 9. c. 9. Antiq. Lect. ex Athenæi lib. 14. c. 11. & Polybio. Ft *Sabellicus* lib. 2. Enneadis 5.

Et hujus rei memorabile exemplum narrat *Bodinus* de Repub. Cynethensium Arcadiæ populorum, qui neglectis canendi legibus, Urbanitatem ac Humanitatem cum feritate commutarunt, & gravissimis Bellorum civilium fluctib. tàm diu jactati sunt, quoad Reipub. ac Civium interitus sequeretur (*Poly.* lib. 4.) Id quidem mirum omnibus visum est, quamobrem ex omnibus Arcadibus soli Cynethenses tàm feroces ac barbari essent: quousq; Polybius omnium primus animadvertit, propter desertum Musicæ studium id illis accidisse: cùm sanctissimis majorum legibus accuratè caveretur, ut omnes cives ad annum usq; trigesimum in ea studia diligenter incumberent. Qua quidem ratione primi legum latores sapienter Arcadiæ populos feroces ac barbaros, ut qui montes accolunt, ad humaniorem & mitiorem vitæ cultum pertraxerunt. Idem propè judicandum relinquitur de Gallis, quos *Ælianus* (*in epi. ad Antiochum Mysopogona*) Imperator, is qui transfuga appellatur, barbaros ac feroces & libertatis studiosissimos appellat: qui nunc tamen nullis Europæ populis Humanitate cedunt: nulli magistratibus tractabiliores, nulli principibus magis obsequentes, optimè certè sunt à natura, melius etiam à disciplina instituti: & maximas suavissimè canendi laudes, omnium finitimorum judicio, assecuti dicuntur. *Bodinus* lib. 4. de Repub. lib. 2.

Hinc veteribus Græcis curæ fuit, ut in Musica institueretur Adolescentia: Cujus animos Musicâ arbitrantur informandos & dirigendos ad decorum. *Plutarchus* de Musica.

Et gravi sanè consilio *Aristoteles* vult, Seniores juvenum concentibus interesse, tanquam censores & judices: ne effœminato aliquo molliq; rhythmo animi juventutis corrumpantur. Lib. 8. Politic.

Quantum item ad obsequii connubialis, & œconomicæ conversationis Humanitatem in rusticis, & austeris etiam uxoribus valeat Musicæ

DE MUSICA VOCALI. 221

ficæ fuavitas, facto demonstravit *Thomas Morus* Anglus, qui maritus maluit esse castus, quàm Sacerdos impurus. Virginem duxit admodum puellam, claro genere ortam, rudem adhuc, utpote ruri inter parentes ac sorores semper habitam, quò magis illi liceret illam ad suos mores fingere. Hanc & literis instituendam curavit, & omni Musices genere doctam reddidit, planeq; talem penè finxerat, qua cum lubuisset universam ætatem exigere, ni mors præmatura enixam liberos aliquot è medio sustulisset. Paucis mensibus à funere uxoris viduam duxit, magis curandæ familiæ, quàm voluptati, quippe nec bellam admodum, nec puellam, ut ipse jocari solebat, sed acrem ac vigilantem matremfamilias. Vix ullus maritus tantum obsequii impetravit imperio atq; severitate, quantum hic blandiciis jocisq;: Effecit etiam ut mulier jam ad senium vergens, ad hoc etiam animi minimè mollis, postremò ad rem attentissima, Citharâ, Testudine, Monochordo, Tibiisq; canere disceret, & in hisce rebus quotidie præscriptum operæ pensum exigenti marito redderet. *Erasmus* in ejus vita.

Hinc non nisi qui barbaræ feritati sunt innutriti, & alieni ab omni humanitate, cum morum cultu civiliori Musicam quoq; suavitatem oderunt, & detestati sunt. SOLTMANNUS, Turcarum Imperator, cùm à Rege Francisco I. Gallorum peritissimos in omni genere Musicæ artifices dono accepisset, illis primò summoperè delectatus fuit; Mox cùm Constantinopoli summo studio populum ad audiendum concurrere, & earum artium disciplinam affectare cerneret, veritus ne animi effoeminarentur, Instrumentis omnibus confractis & igni absumtis, Musicos ipsos Gallo remisit. Cavit enim perfidus Mahometus omnia ea, quæ animos excitare & mollire possent; Vinum, Musicam, Artes deniq; omnes Liberales.

In usu autem hoc Musices morali, cautè attendere decet modestos Musicos, ne de se illud cum opprobrio dici audiant: *Turpe est Doctori, cum culpa redarguit ipsum.* DIOGENES itaq; CYNICUS Musicos in jus vocabat, quòd cùm Lyræ chordas congruè aptarent, animi mores inconcinnos haberent. *Laërt.* lib. 6.

Præterea ut morum conformatrix; sic quoq; Virtutum altrix, & expultrix vitiorum efficacissima est *Musica* Liberalis, & præcipuè *ad Castimoniæ* atque *Temperantiæ* honestatem conservandam vim confert & efficaciam eximiam.

CLYTÆMNESTRÆ *pudicitia* non priùs ab Ægistho expugnari & corrumpi potuit, quàm Demodocum, Poëtam & Musicum Citharædum, qui castum amorem in illius animo fovebat, è medio sustulisset. Hunc enim Musicum Agamemnon, ad bellum Trojanum iturus, domi reliquerat custodem, ut Clytæmnestræ conjugalem probitatem per muliebrium virtutum laudes; concentus sui Musici hortamento accenderet, & conservaret illibatam. Testis *Homerus Odyss.* 3:

ὅ δ' εὔκηλ@ μυχῷ ἄργε@ ἱπποβότοιο &c.

Ille verò (Ægisthus) desidiosus in secessu Argi equos pascentis,
Crebro Agamemnoniam uxorem demulcebat verbis.
Et illa quidem primò abnuebat facinus indignum
Diva Clytæmnestra; mente enim utebatur bona.
Præterea enim aderat Præcentor vir, cui plurimum mandarat
Atrides ad Trojam proficiscens servare uxorem.
Sed cùm jam ipsum fatum Deorum irretivit perire,
Tùm verò ipsum Poëtam ductum ad insulam desertam,
Dereliquit avibus lacerationem & rapinam fieri.
Ipsam verò volens volentem duxit suam domum.

Tanta erat vis Musicæ in *Castitate* tuenda.

Eandem quoq; ob causam PHEMIUS, Demodoci frater, ab Ulysse Penelopæ uxori custos datus esse fingitur, qui (ut *in 1. Odyss.*) βίᾳ τοῖς μνηστῆρσιν ἀείδει coactus apud procos canebat, non turpes fabulas, sed miserabilem Græcorum reditum à Troja. Coactus autem canebat ἀείδε παρὰ μνηστῆρσιν ἀνάγκῃ; quia non ut procos oblectaret, sed ut Penelopen custodiret in Ithaca, ab Ulysse relictus erat. *Eustath. in 3. Odyss.* & *Suidas.*

De Musica Vocali.

CASSIODORO autem Dorius modus *Prudentiæ* largitor est, & *Castitatis* effector. *Athenæus* lib. 14. c. 6.

Porrò omnes antiqui & moribus & legibus constituerunt, ut Deorum immortalium Hymni in conviviis canerentur ad *Temperantiam*, honestatemq́; retinendam. Nam cum Cantilenæ concinnæ essent, Deorumq́; accederet metus, uniuscujusq; mores facilè componi posse videbantur. *Athenæus* lib. 14. c. 11.

Quin & ob hanc causam *ad cœnas & convivia* Priscorum *solebat introduci Musica*; quòd elidere vim fervidiorem vini valeat, ut alicubi refert *Aristoxenus*. Ille enim induci Musicam dixit: quia cùm vinum de statu dejicere soleat illorum, qui eo sunt largè usi, corpora & mentes: Musica modico suo temperamento & competenti, ad diversum statum revocat ea & mollit. *Plutarch*. de Musica.

Quid quòd & illis, qui *ebrietate & crapula inducti* aliquid mali perpetrabant, tibias & concentum accommodarunt, ut ingenia his modis irrigata honestiores maturescendo mores acquirerent. *Ex Diotogene Pythagoræo*, lib. de Sanctitate.

Et quàm accommoda fuerit temulentiæ sedandæ Lex Dorica, cùm historia de adolescente amante & amente, sub usu Musicæ παθη-τικῶ *ex Hippocr. Plut. & Boëthio* ostendit, tùm Philosophorum testimonio confirmat & comprobat *Scaliger*.

Etiam *Fortitudinis* cotem esse Musicam, ejusdem cùm usus militaris, tum reficiendi virtus suis capitibus commonstrat.

Caput XIII.

De virtute Musicæ ἰατρικῇ ἢ θεραπευτικῇ, sive Medica & sanatrice, ad pellendos corporis morbos.

Uemadmodum animi ægritudinem Musicæ vi cùm excitari, tùm sedari ostensum est, *in capite XI.* de efficacia παθητικῇ: Sic certò est compertum, *Musicâ corporis morbos leniri* & curari. Constat enim invicem animam & corpus compati, *Aristotele* teste de Anima, & passiones mutuò sustinere, titillationes itidem & oblectamenta invicem sibi communicare. Et annotant Veteres, à Musica, interventu animæ, sic curari corpus, ut, interventu corporis, curatur medicamentis anima. *Bodinus* lib. 3. Dæmonom. c. 6. Cui rei fidem conciliant testimonia, historiæ & exempla, quibus confirmatur Musica medela, non tantùm in genere variorum, sed etiam nominibus definitorum morborum; quales sunt Pestis, Ischias, Phrenesis, Insania, Morsus viperarum, Phalangii &c: Magna certè est cum harmonia consensio Naturæ; (*Boëth.* lib. 1. de Musica) quæ malè affecta remedium & mitigationem in Musicis Instrumentis invenit.

Naturalem Musices vim *Strabo* & *Quintilianus* non ignoravit, qui censet eam mederi corporis morbis. *lib. 1. c. 16. Instit. Orat.* Sed & *Democritus* scripsit, plurimos morbos Tibiarum concentu mitigari, aut etiam pelli. *Aul. Gell.* lib. 4. c. 13.

A TERPANDRO Lesbii & Jones à plerisq; morbis liberati fuerunt cantus dulcedine. Floruit Olympiade 35.

Etenim quàm & Charites, & læticia, & Musæ, & bona valetudo affines sint, teste *Scaligero*, ex Oraculi consilio colligi potest, quod ARGIVÆ TELESILLÆ datum ait *Plutarchus*: Ea summo loco nata, fuit affecta morbo; qui cùm Medicorum ope major esset, à Diis auxilium petiit coacta. Responsum est, ita demum sanitatem restitutum iri, si Musas coleret; ad quas cùm frequenti opera animum appulisset, sta-

tim

DE MUSICA VOCALI. 225

tim convaluisse scribitur.   Præter valetudinem quòd robur etiam consecuta sit, legatur sub efficacia & usu Musices bellico *Scaliger* lib. 1. Poët. c. 2.

Cybelen, fistulæ Cymbali & Tympani inventricem, pecorum & puerorum morbis lenimenta excogitasse scribunt.   Quibus cùm multi curarentur pueri, eam *Magnam matrem* nominarunt.   *Diod.* lib. 4.

Thaletem Cretensem, forte quadam à Pythio editâ, adiisse Lacedæmonios, eosq; Pestilentiâ ope Musicæ liberasse, tradit Pratinas. *Plutarch.* de Musica.

Sic Homerus luem, quæ in Græcorum castris grassabatur, Musicâ fuisse refert curatam.   Verba ejus sunt Iliad. α.

οἱ δὲ πανημέριοι μολπῇ θεὸν ἱλάσκοντο, &c.

Magnum perpetuò Numen cantu celebrabat
Carmen Achivorum soboles scitum modulando,
Phœbum cantabat, quo aures illi exhilaratæ.

Unde & Pæanas dictos esse, docebit caput de Nominibus Canticorum specialibus.

Ischiadicos & Coxendicum dolore laborantes Bœotiorum plures Ismenias Thebanus, Antigenidæ discipulus, Tibiæ cantu, bonæ valetudini restituisse narratur.   Tantus Hominis Naturæ cum Harmonia consensus est, *Boëth.* lib. 1. de Musica.   Et *Theophrastus*, lib. de afflatione Numinis, Ischiadicos scribit sanos fieri, si more Phrygio harmoniam aliquis indigena illis accinerit.   *Athen.* lib. 14. c. 10.

Albertus, Ernesti F. Bavariæ Dux, *Podagra* sub Imperio Friderici Imperatoris laborans, sepositis curis cæteris, sectatus Musicam, assiduis cantibus ac sonis animum oblectavit.   *Æn. Sylv.* cap. 14. Europæ.

A *vipera morsis* auxilio esse Tibicinem, modulatè canentem, putavit *Macrobius*.   Nec non *Theophrastus Eresius* memoriæ prodidit, quarundam viperarum morsibus cantus tibiarum aut fidicinum, atq;

alia Organa artis Musicæ, modulatè adhibita, aptissimè mederi. *Alexand.ab Alexandro* lib.2.c.17. Et *Cælius* lib.6.c.13.

Phreneticos mente imminuta & valetudine animi affectos, nulla re magis, quàm Symphonia & vocum concentu resipiscere, & sanitati restitui, censuit *Asclepiades Medicus*, ibidem.

Fama est EMPEDOCLEM Agrigentinum cantiuncula quadam, furibundum, nudoq; ferro hospitem impetentem suum, compressisse atq; sedasse.

Hîc *S. Viti morbum* ejusq; curam recensere operæ precium duxi haud pœnitendum, Nempe Insania quædam ex sanguine ortum suum trahens, Germaniā olim, Evangelij luce propemodū interstinctà, frequens invasit & occupavit; quem morbū à S. Vito immissū, superstiosa plebs credebat. Ea bellico tympano & fistula bellica non tàm curabatur, quàm magis efferebatur; sic ut miseri homines eo correpti supra naturales vires & saltando & exiliendo per aliquot dies absq; intermissione viros etiam fortissimos defatigarent: & quamvis viribus lassi conciderent, linteis tamen in sublime excuterentur, quòd quies ipsa periculosa esset, nec prius hic furor cessaret, quàm partim labore consumeretur, partim sudore exhauriretur morbi materia. *Zuing*. Idem refert *Camerarius* centur.2.oper: succis.c.81.

Quid obsecro iis apud nos, & inferiori Germania olim, & non ita pridem illud accidit, qui furore quodam, quod genus vulgus *morbum Sancti Viti*, vel Modesti appellat, nostra vernacula lingua 𝔅𝔢𝔦𝔱𝔰 𝔇𝔞𝔫𝔷 vocamus, exagitantur? Eos enim, ut *Bodinus* in methodo hist. quoq; observavit, ad lasciviam & inconditam saltationem furor impellit, quam Musica Lyra imitantur, deinde numeris ac modis gravioribus utuntur: idq; sensim faciunt, quousq; modi ac numeri gravitate planè conquiescant. *In sua Dæmonia* lib.2.c.4. dicit, non magis expeditam ejus curandi rationem esse, quàm ut sedatè graviterq; cogantur saltare.

Et alibi sic *Bodinus* refert: Quos ad septentrionem furor invadit, hi assiduè aut rident, aut saltant: qui morbus D. Viti appellatur à Germanis.

manis. Curatur autem fidibus & cantu primùm incitato, deinde sedato: sive abalienatos sensus Musica revocat: sive morbos corporis concentus sedata mente curat: sive mali Genii, qui furiosos sæpissimè cruciant, divina Harmonia fugantur. *lib.5. de Repub. cap.1.*

Horum amentium hominum Anno CIƆ CCC LXXIII. magnam multitudinem venisse ex finibus Rheni & Mosæ in Flandriam, gregatim choreas ducentes, ac continenter saltantes & cantantes, haud secus ac furiis quibusdam exagitarentur, scribit *Ludovicus Maleanus* in Annal. Flandr. lib. 14. existimatq; talia rudibus accidisse mortalibus in tenebricosissima illa ætate , propterea quòd à pueritia in lege Dei non instituerentur. Circa idipsum tempus ex Aquisgrano, in Hannoniam, atq; inde in Franciam venisse mirabilem sectam tàm virorū, quàm mulierum, præter omnem verecundiam chorizantium , scribit *Petrus Præmonstratensis*. Hi videbantur sibi in sanguinis flumine saltare, quamvis astantes nihil tale viderent. Monstratur sanè adhuc facellum in monte prope Ravensburgum, urbem Sueviæ, in quo arx egregia ædificata est, qui mons à Vito hodierno die nominatur, quòd singulis annis, non ita pridem, turba tripudiantium , quasi Divo illo sacra celebrarent, & ejus ope sani fierent, eò saltando recurrere solita esset. Sed cum aditu prohiberentur, & sacellum illud in alios usus destinaretur, iste concursus hactenus cessavit. *Hæc ex Camerario, de Viti S. morbo.*

Congrua est hîc *de Tarantula* ex genere Phalangii narratio, cui multi docti Scriptores fidem faciunt. Nam apud Campanos & Neapolitanos Phalangio percussos, quod vulgò Tarantulam dicunt, nullo alio remedio sanari compertum est, quàm si protinus Tibicen varios concinat modos.

Est autem *Tarantula* aranei species, sic dicta, quòd in Tarentino agro copiosa in terræ cavernis reperiatur , & per æstatem messores ex improviso impetat, ut ocreati metere cogantur. De Tarantula & Tarentatis *Philippus Camerarius Centur. 2. meditat. hist. cap. 81.*

hæc refert: *Generosus & nobilis quidam Neapolitani Regn. vir, cùm mensem unum atq́, alterum unà essemus, mihi multa memoratu digna narravit. Inter reliquos sermones aliquando etiam de venenatissimo animalculo, ex infectorum genere, quod ab Italis Tarantula vocatur, mentio incidit, ideoq́, quæ sibi comperta essent, recensuit. Ajebat is, insectum illud miris modis infensum esse agricolis, cùm vel in arando, vel messis tempore in colligendis fructibus occupati ruri esse solent, eosq́, incautos morsu suo letali vulnere lædere, ita ut contra ejus virulentos ictus nulla remedia satis efficacia hactenus excogitari potuerint. Ob hanc rem, ajebat, eo tempore rusticos plerunq́, ocreatos in agris conspici, ut hoc munimento laboribus tutiùs vacare possint. Læsos autem vel ictos à Tarantula, mox veluti veterno correptos procidere, neq́, excitari posse, nisi peculiari Instrumento Musico, ad ictum miræ Naturæ solertia veluti destinato, cujus sono Tarentatos* (ita enim eos vocari ajebat) *excitatos resurgere, & perpetuo motu, saltando veneni vim eos digerere solere: rarissimè autem, & non nisi robustiores, pristinas vires & valetudinem integram recuperare: Imbecilliores verò vel mente captos, vel ineptos ad labores, tristes & stupidos reliquam tempus vitæ suæ absq́, spe pristinæ valetudinis recuperandæ consumere. Hæc Camerarius* testimonio Nobilis Neapolitani.

Et *Simon Majolus* colloquio 5. adducit mirabilem *de aranea Appula* prægrandi historiam; Illa si quem læserit, pestifer quidem est morsus, at Musices concentu sanatur. *Petr. Hisp* silv. p. 3. c. 12. Addit idem Majolus ex Alexandri ab Alexandro genialibus: Huic morsui medetur quælibet Musica, sive tibia sit, sive Lyra, aut quodlibet Instrumentum. Læsus enim cùm jam audit Musicæ sonitum, se dat in choream, qua tàm diu exercendus est, ut delassetur, ut veneni vis dissipetur, qua nondum dissipata, adhuc subest mortis periculum: ideoque perseverandum illi est, donec dissipetur vis illa: nam & aliquãdo contigit, læsum hominẽ delassasse plures sibi succedentes Musicos. Vis enim illa veneni sensus obstupefacit, & persæpe etiam mortem inducit: quin si evadat mortem insensatus redditus, tota vita perseverat,

nisi

De Musica Vocali.

niſi Muſica, ut dictum eſt, ac chorea ſibi medeatur. Hæc *Majolus* citat.

Ex Veteribus *Julius Solinus*, citante etiam *Camerario*, Phalangium, inquit, aranei genus eſt: ſi niſum quæras, nulla vis eſt; ſi poteſtatem, ictum hominem veneno interficit.

Ex Recentioribus autem *Joan. Porta* ita ſcribit *Mag. Naturali* lib. 2.c.21: Eſt Phalangii genus quoddam, quod à Tarento in Apuliæ partibus Tarantula dicitur; Univerſa enim Regio ſic eis laborat, ut perpauci ſint, qui evadant; Eorũ morſus acerbior eſt, quàm Veſpæ ictus, & homines, qui ab eis icuntur, diverſis afflictantur caſibus: multi enim perpetuo canunt, illacrymant, delirant: Sed omnes ferè ſaltant. Meſſores enim, dum operi incumbunt, ignariq́; doli, ſæpe acriter percutiuntur, Muſiciſq́; adhibitis modulis, animum delinientibus, permulcentur, eiſq́; in ſanitatem reſtituuntur. In quibuſdam cavernulis vitam degunt, easq́; in ſegetibus condunt.

Sed operæ precium eſt hîc verba *Alexand. de Alex.* aſſcribere, qui in hujus rei deſcriptione prolixior eſt. *Tarantula*, inquit, *aranei genus eſt, dirum animal, tactu peſtilens, etiamſi caſu ſpectes, vilem & ſine noxa putabis. Et ſanè reliquo anni tempore minimè perniciofa, aut exitialis, vix aliquid nervorum aut virium ad nocendũ habet. Cùm autem æſtu anni flagrantiſſimo, aſſiduo ſole Apuliæ campos* (ubi peculiare hoc malum exiſtit) *torreri certum eſt, tùm maximè ſeu afflatu noxio, ſeu æſtu accenſa, morſu virulento peſtiferam perniciem affert, cui tanto malo vis eſt, ut quemcunq́; morſu percuſſerit, niſi celeri remdio ſuccurratur, aut ſtupor exitialis primo, deinde certa nex ſubſequatur, neceſſe eſt, aut ſi qui fortè vitæ damnum evaſerint, veluti abalienati mente, & ſemivivi, continuo ſtupore & hebeti ſenſu oculorum auriumq́; affecti, vitam miſerabilem ægerrimè ducant. Huic peſti tam præſenti malo, quantum caveri humanâ diligentia voluit, unum hoc ſalubri remedio eſſe compertum eſt; ſi protinus Tibicen aũt Citariſta varios concinat modos: tunc enim morbo ejuſmodi percuſſus, qui moribundus & ſermonis & oculorum ſenſus amiſerat, quiq́; nec ingredi nec ſari, neq́; aliquo ſenſu frui valuerat, mox ubi tibiam aut citharam admotam propius audit, illo miti ſono &*

concentu captus & demulsus, veluti è gravi somno excitus, oculos attollit parumper, mox se in pedes erigit, ac sese recipiens paulatim pro modulo & pulsu sonorum, servata psallendi lege, ingreditur, tunc enim ingravescente sono, quasi permulsis animis & confirmatis exultabundus, maximo nisu atq; impetu in saltus gestusq; indecoros, neq; à pulsu Citharæ dissonos erumpit, ita ut etiam rudes & ignari, psallendi modos docti, in ludo videantur.

Ubi pergens recensere & hæc addit:

Cùm per Apuliæ campos ferventißimos, ubi hoc malum peculiare existit, sub cane iter faceremus, inquit, *undiq; oppida & vici tympanis, fistulis aut tibiis circumsonabant. Cujus rei causam quærentibus nobis relatum est, Tarantulæ morbo affectos undiq; per oppida curari. Cumq; ejus rei gratia in pagum quendam diverteremus, invenimus adolescentem, morbo ejusmodi affectum, qui velut repentino furore ictus, & mente abalienatus, corporis motu non indecorè, & manuum pedumq; gestibus ad tympanum psallebat non inconcinniter; utq; vehementiùs modos acciperet, quasi illo pulsu demulceri animus, & leniri dolor videretur; sensim & placidè aures tympano admovere, mox caput manus & pedes crebro motu concutere, & demum in saltum se attollere videbamus. Quares cùm ludo & risu prorsus digna visa foret, interim is, qui tympanum pulsabat, sonitu parumper intermisso, pausam fecit. Atq; illum morbo affectum, ubi præcentio illa quievit, velut attonitum, stupentiq; similem, repentè animo linqui, & omni sensu destitui cernimus. Rursus resumto tympano, ubi primùm modulos audivit, pristinas illum vires resumere, & acriùs in choreas insurgere spectabamus. Creditum est, quod à vero non abhorret, vim illam veneni, virulento morsu & sanie conceptam, Harmonia & vocum concentu per totum corpus diffundi, atq; inde fato nescio quo dilabi & exinaniri. Ideo illos, qui morbo ejusmodi laborarunt, si quid reliquiarum residuum fuit, quod penitus curatum non sit, si quanao sono extrinsecus, vel concentu illorum aures affici contigerit, veluti mente consternatos toto animo & corpore concuti, ac manibus pedibusq; gestire compertum est, donec vis illa tabifica penitus extincta fuerit.* Alexand. ab Alexandro *Geniol. dierum lib. 2. c. 17.*

Atq; hisce historiis virtutem Musices medicam commonstrasse satis sit.

Caput XIV.

De usu Musicæ Philosophico, sive Scholastico, πρὸς παιδευσιν καὶ ἀνάπαυσιν, institutioni discentium, & refectioni doctiorum, atq; occupatorum, conducente.

ET Philosophorum Scholæ, & ingenuis negociis occupatorum ædes, Musices exercitium coluerunt frequentissimè: Cujus suavitate cùm discentium memoria illecta, doctrinarum primordia avidè imbiberet, & firmiter conservaret; tùm doctiorum graviorúmq; virorum ingenia, studiis & occupationibus defatigata, honesti otii feriis & quiete rebus seriis aliquantum interpositâ, vires alacriter recolligerent, & oblectata ad severiora excitarentur studia.

Græci adolescentes, Musicæ & Poëticæ potius vacabant, in quibus excellere pulchrum putabant. Et tametsi *canendi ad tibiam ars* libero homine indigna prius visa foret, ad eamq; sola mancipia admitterentur: ævo mox succedente tanti fuit honoris, ut ad illam nisi liber & ingenuus admitteretur nemo. *Alex.* lib. 2. gen. dier.

ARISTOTELES Musicam inter ingenua exercitia connumerans, vult omnes cives suæ Reipub. in ea institui, & exerceri, dum juvenes sunt. *lib. 8. Polit.* Id quod *Pythagoras* quoq; censuit; cujus discipuli tanti fecêre Musicam, ut summo mane excitarentur ad Lyram, & quietem capturi sono invitarentur. *Alex. ab Alex.* lib. 2. c. 25. Et multum studii Musicæ impendisse Pythagoram Samium, superior annotatio exhibuit.

Videtur omnino Græcorum sapientia per Musica Theoremata præcipuè tradita fuisse. Apollinem idcirco omnium Deorum, Orpheumque omnium virorum Musicæ peritissimos ac sapientissimos existimarunt, omnesq; eos, qui hac ipsa arte uterentur, Sophistas appellarunt. *Athen.* lib. 14. c. 13.

Cretenses jusserunt Libertorum filios cum quodam concentu & melodia *primùm* Leges perdiscere, ut ex Musica voluptatem caperent, & faciliùs eas memoria complecterentur, ne si quid contra Leges

admi-

admisissent, per ignorantiam se id fecisse possent defendere. *Secundum*, quod eis discendum proponebant, erant Hymni, in Deorum honorem facti. *Tertium* fortium virorum Encomia. *Ælian.* de var. histor. lib. 2. & *Athenæus* lib. 14. c. 11. Rectius sanè Cretenses judicarunt, quàm *Diogenes Cynicus*, qui cuidam, Musices peritiam commendanti, crassè respondit:

Γνώμαις γδ ἀνδρῶν εὖ μὰν οἰκῶν]αι πόλεις,
Εὖ δ' οἶκ(Θ)·ἃ ψάλμοισι κγὴ περελίσμασιν.

Laërtius lib. 6. Ignoravit Psalmis & cantilenis optimas quasq; sententias, Reipub. & Oeconomiæ utiles, & virtutum in viris præclaris specimina, mensurari, exprimi & inculcari posse.

Sic LACONES institutionis gratia affectabant Cantilenarum & Carminum elegantiam, quibus inerat aculeus, qui excitaret animos, spiritusq; motu occulto quasi œstro percelleret, & summa alacritate inflammaret. Dictio nuda erat & virilis; neq; argumentum habebat aliud, quàm elogia eorum; qui generosè vixissent, & pro Sparta occubuissent, quos immortalitati commendabant, & probra ignavorum; quòd acerbam atq; infelicem ducerent vitam; professionem item & magniloquentiam ad virtutem congruentem ætatibus. *Plutarchus* in Laconicis.

Apud *Romanos* quoq; majores natu in conviviis ad tibias egregia superiorum opera, & fortium heroű facta carmine comprehensa canebant, quò per hæc ad memoriam virtutis carmina ad eorundem factorum incitamenta juventutem redderent alacriorem. Quid hoc certamine splendidius; quid utilius? Pubertas canis debitum honorem reddebat, atq; arbitrabatur grande nefas & morte piandum, si juvenis vetulo non assurrexerat: defuncta virium cursu ætas ingredientes actuosam vitam favoris nutrimentis prosequebatur. Quas Athenas, quam scholam, quæ alienigena studia huic domesticæ disciplinæ prætulerim? Inde oriebantur Camilli, Scipiones, Fabricii, per quos res Romana ita fuit aucta, ut universo orbi imperaret. *Valerius Maximus* lib. 2. c. 1. *Cicero* lib. 1. & 4. Tuscul. quæst.

DE MUSICA VOCALI.

Summam eruditionem & animorum institutionem longè præclaram esse in nervorum vocumq; cantibus sitam, à Græcis semper ferè creditum. *Cicero* 1. Tuscul. quæst. Hinc veteribus Græcis præ aliis curæ fuit, ut in Musica institueretur Adolescentia, cujus animos Musicâ arbitrabantur informandos, & dirigendos ad τὸ πρέπον, quod conducat Musica ad omnia, atq; ad actionem omnem seriam, præsertim ad discrimina bellica. *Plutarch. de Musica.*

Ex DIOTOGENE PYTHAGORÆO constat, quod primi illi Legumlatores, cùm animadverterent, quòd hominum studia non possent omnino tranquilla esse, admiscuerint eis saltationem & rhythmum, motu certo & ordine constantes: adhæc Ludos concesserunt, qui vel ad mutuam conjunctionem promoverent, vel ad verum cognoscendum acuendumq; ingenium facerent. *lib. de Sanctitate.*

Et PLATO institutioni liberorum, circa quam totum studium, tanquam circa messis urbanæ sementem, adhibendum judicat, illi, inquam, institutioni adjungit Musicam, & hanc secundum ordinem ab ipso institutum conservandam monet: Nusquam enim, inquit, Musicæ modi mutantur absq; maximarum legum civilium mutatione. Arcem igitur seu φυλακτήριον struere oportet circa Musicā. ἡ γοῦν παρανομία αὑτῇ ῥᾳδίως λανθάνει παραδυομένη, κ᾽ ὡς ἐν παιδιᾶς γε μέρει, καὶ ὡς κακὸν οὐδὲν ἐργαζομένη. Et deinde incōmoda mutatæ Musicæ addit, quòd omnia publicè & privatim evertat. Quando verò bene incipientes pueri jocari & ludere legitimum per Musicam morem imbibunt, in contraria his omnino ac superioribus Musica tendit atq; augescit, erigens si quid antea in civitate jacebat: *lib. 4. de Republica.*

Institutionem qui Modi Musici juvent, *Cassiodori* judicio, existimantur Dorius & Lydius: quorum ille prudentiæ largitor est; hic bonorum effector eximius, qui intellectum obtusum acuit, ipsiq; terrenâ nauseâ gravato cœlestium inducit desiderium.

Hîc etiam commemoranda est *C. Gracchi institutio,* Musici Instrumenti beneficio pronunciationem informantis. Is quoties ad populum concionem habuit, servum Erycinum à tergo Musicæ artis peritum

ritum habuit, qui occultè eburneâ fistulâ, quam *Tonation* vocant, pronunciationis ejus modos formabat, aut nimis remissos excitando, aut plus justo concitatos revocando : quia ipsum calor atq; impetus actionis attentum, hujusce temperamenti æstimatorem esse non patiebatur. *Val. Max.* lib.8.c.10. *& Gellius* lib.1.c.11. *ex Cic. & Plutarcho.*

Præterea *Platonis* institutum erat, juventutem Musicæ disciplinis inter primas artes informari debere, ut hoc modo graviora studia honestâ voluptate lenire possint.

Quid quòd animi reficiendi gratia SOCRATES in senectute instructus à *Conno* fidicine, addidicit Musicam, non modò absque probri suspicione, verùm summa quoq; cum laude, majorem existimans inuri alicui turpitudinis maculam, hoc studium in senectute ignorare, quàm eidem dare operam.

Et PLATO, Musicæ, inquit, vacare exercitationi, loco honesti otii & voluptatis ingenuæ, duxerunt viri pacis belliq; artibus illustres.

HIERONYMUS FRACASTOREUS Veronensis, Mathematicus, Poëta, Medicus clarissimus, Musicâ unicè delectabatur, eaq; tanquam cote seriorum studiorum utebatur. *Auctor vitæ.*

RODOLPHUS AGRICOLA Frisius puellas amare se nonnunquam simulabat, verùm nunquam deperiit. In harum gratiam patriâ linguâ amatoria carmina quædam scripsit elegantissimè, quæ puellis præsentibus, primariisq; amicis voce & testudine suavissima modulatione canebat. Hujusmodi cantionibus animum intentiore studio gravatum interdum remittebat. *Gerard. Noviomagus* in ejus vita.

LUCIUS STLLA ut animum, laboribus & affectibus diversis laborantem, refocillaret, optimè cantasse dicitur.

EPAMINONDAM, Polymni Filium, Thebanum, Græciæ Principem, legimus fidibus præstantissimè cecinisse. Ut enim in Philosophiâ Præceptorem habuit *Lysiam Tarentinum*, Pythagoræum: sic cytharizare & cantare ad chordarum sonum edoctus est à *Dionysio*, carmina cantare tibiis ab *Olympiodoro*, saltare à *Calliphrone. Cicero* 1. Tusc. quæst. *Probus* in Epaminonda.

PERICLEM præceptorem habuisse in Musicis *Damonem*, memorant

rant plerique, *Aristoteles* Musica excultum apud Pythoclidem tradit. Apparet Damonem, cùm insignis esset Sophista, quo ad vulgus acrimoniam suam inumbraret, nomen prætexuisse Musicæ. Adfuit Pericli hic velut athletæ in Repub. aliptes & Magister, non fuit clàm tamen Lyræ Damonem velamento uti. *Plutarchus* in ejus vita.

LYCURGUS quamvis durissimas subditis suis leges injungeret, Musices tamen studium egregiè videtur amplexatus.

ALEXANDER, licèt graviter à Patre Philippo objurgaretur, citharæ operam dedit, ut haberet unde serias & severas de Monarchia & Principatu meditationes quandoq; reprimeret, aut exercitio majore fatigatum corpus reficeret.

Post ardua deniq; bella, Ducibus & militibus oportunū esse tempus utendi Musicâ, innuit HOMERUS, quando utile & jucundum exercitium invenit negociis vacuo Achilli, de quo *Valerius Maximus* refert: Homerus, inquit, ingenij cœlestis vates, Achillis vehementissimi manibus canoras fides aptavit, ut earum militare robur levi pacis studio relaxaret. *Val. Max.* lib.8.c.8. Nam cùm bellator esset & strenuus, Achilles, ex offensione, quam contra Agamemnonem conceperat, periculis bellicis abstinebat. Dignum igitur Heroë existimabat Poëta, ut animum ejus optimis modulamentis exacueret: quò ad expeditionem, quam brevi pòst suscepit, esset paratus. Id sanè efficiebat, Veterum res gestas ad memoriam reducendo. Præcones enim Agamemnonis cùm ad tentorium ejus adventassent, ipsum invenerunt fidibus ludentem, quod ex illis versibus constat:

Τὸν δ' εὗρον τερπόμενον φόρμιγγι λιγείῃ
Καλῇ δαιδαλίῃ ἐπὶ δ' ἀργύρεος ζυγὸς ἦεν
Τὴν ἄρετ' ἐξ ἐνάρων πτόλιν Ἠετίωνος ὀλέσσας
Τῇ ὅγε θυμὸν ἔτερπεν, ἄειδε δ' ἄρα κλέα ἀνδρῶν.

Accepimus ipsum quoq; Musicam tractasse *Herculem* ab Eumolpo doctum. *Natal. Comes* lib.7.c.1. *Theocrit.* Et complures sapientissimos CHIRON, ut memoriæ traditū est, docuit: qui pariter Musicæ ac Medicæ artis fuit Doctor. *Plutarchus* de Musica.

SIRENES quoq; apud Homerum canunt Ulyssi ea; quibus maximè delectabatur, quæq; ejus & ambitioni & scientiæ multiplici erant consentanea: dicuntq; quisquis illos cantus audierit, eum & cum delectatione recedere doctiorem. *Suidas.*

Sed tantum de Musicæ beneficio & usu in gratiam instituendi & reficiendi, quantum in promtu fuit, attulisse sufficiat.

CAPUT XV.

De admiranda vi, motu, & effectu Musicæ in Brutis, cùm per Naturæ inclinationem, tùm per institutionis assuefactionem.

Rodeant gregatim ad Scholæ Musicæ classes ex stabulis jumenta, ex nidis & maceriis aviculę & volatilia, ex spelæis feræ & animalia immania: quorum Naturam impetu tàm propenso in Musicum cōcentum ferri compertum est, ut eo non tantùm mirificè delectetur & gaudeant; verumetiam ejusdem incitamento cum admiranda institutione alliciantur & assuefiant ad actiones, etiam quæ captum planè excedere videntur brutum.

Quis nescit DELPHINUM, quem *Arion* Methymnæus, sive ex Methymna, Lesbi oppido, Citharædus & Poëta Lyricus, concentu Lyræ ad sese vocavit, ubi è Tarento Corinthum, ut *Herodotus* vult, navigaturus, pyraticæ navi sese non tutò commiserat. In ipso enim cursu à Prædonibus ad necem poscitur, ut potiantur vi pecuniarum, quas in Italia & Sicilia, ob artis præstantiam, meruisset. At rogavit, ut liceret saltem, Cygnorum more, sibi funebre carmen in mortis solatium canere, hisq; pecuniam profudit, ut ea ratione experiretur, an animos illorum placare posset. Illi autem his minimè persuasi, jusserunt, ut vel seipsum occideret, quò sepulturam consequeretur, vel in

mare

DE MUSICA VOCALI.

mare quàm citifsimè defiliret. *Arion* itaq; fpe fruftratus, cum fentiret illos nulla cantus fuavitate deliniri, foris confcenfis, toto apparatu inftructus, Orthium carmen modulari cœpit. Ad fuavitatem fonitus congregatos ferunt Delphinos aliquot; ipfumq; Ariona, non ignarum naturæ illius animalis (qua etiam Ulyffem, Telemachum, Cœranum, filium Melicertæ, & Enalium fervavit) defiliiffe in dorfum unius ex illectis, qui eum exceptum per longa æquorum fpacia placidè devexit ad littus Tænarium Laconiæ incolumem. Rem omnem *Plutarchus* in Convivio, & *Ovidius* non minùs luculenter expreffit:

Quod mare non novit, quæ nefcit Ariona tellus?
   Carmine currentes ille tenebat aquas.
Sæpe fequens agnam lupus eft à voce retentus;
   Sæpe avidum fugiens reftitit agna lupum.
Sæpe canes Leporesq́; una jacuêre fub umbra:
   Et ftetit in Saxo proxima cerva Leæ.
Et fine lite loquax cum Palladis alite cornix
   Sedit, & accipitri juncta columba fuit.
Cynthia fæpe tuis fertur vocalis Arion,
   Tanquam fraternis obftupuiffe modis.
Nomen Arionium Siculas impleverat urbes,
   Captaq́; erat Lyricis Aufonis ora fonis.
Inde domum repetens puppim confcendit Arion;
   Atq́; ita quæfitas arte ferebat opes.
Forfitan, infelix, ventosq́; undasq́; timebas,
   At tibi nave tua tutius æquor erat.
Namq́; gubernator diftricto conftitit enfe,
   Cæteraq́; armata confcia turba manu.
Ille metu pavidus, Mortem non deprecor, inquit:
   Sed liceat fumta pauca referre Lyra.
Dant veniam, ridentq́; moram, capit ille coronam,
   Quæ poffet crines, Phœbe, decere tuos.

Induerat Tyrio distinctam murice pallam;
Reddidit icta suos pollice chorda sonos.
Flebilibus numeris veluti canentia dura
Trajectus penna tempora cantat olor.
Protinus in medias ornatus desilit undas,
Spargitur in pulsa cærula puppis aqua.
Inde (fide majus) tergo Delphina *recurvo*
Se memorant oneri suppoſuiſſe novo.
Ille ſedet, Citharamq́; *tenet, preciumq́, vehendi*
Cantat, & æquoreas carmine mulcet aquas.

Ovid. 2. Faſtorum. *Gellius* lib. 16. c. 19. *Herod.* lib 1. *Natal. Com.* Mythol. lib. 8. c 14.

Et ſanè vero quàm ſimile eſt, ut Delphinum ad ſeſe excipiendum incitarit, Piratas quoque, ne ſuum abitum impedire vellent, eodem ſono permoviſſe. Hiſtoriam teſtata eſt non tantùm vetuſtas, ſed & ſtatua ex ære, quæ ibi loci viſitur monumentum rei geſtæ, ſimulachrum videlicet Delphini vehentis, & hominis inſidentis. *Sabell.* lib. 10. c. 8. *Plutarch.* in Convivio.

Et *Pindarus* autor eſt, ad Cantilenæ modos Delphinum marinum ſaltaſſe cum geſtu:

Quem movit in maris tranquilli concinens
Suave carmen profundo.

Saltantium certè ſpectaculo oblectati lumina attollunt, ac geſticulatione ſimul huc illuc armos ad ſonum jactant. *Plutarchus* lib. 7. Con. quæſt: 5.

Et hiſtoria ſubeſt fabulæ, quando Orpheus & Amphion ſylvas, ſaxa & feras cantu ſuo traxiſſe leguntur, quòd revera feras ſylvis & ſcopulis provocarint Muſica delectatas: Nam cervi & armenta paſtorali fiſtula mulcentur, & aves quædam cantu capiuntur.

Conſtat quoq; apud Septentrionales *Urſos, Delphinos, Cervos, Oves,* atq; *Vitulos,* imò & *agnos delectari Muſicis Melodiis:* rurſuſq; horriſonis

DE MUSICA VOCALI. 239

cornibus seu Tubis ab armentis arceri Lupos & Ursos. Itaq; Pastores bicornibus fistulis (*Sackpipas* illi vocant) ludentes, aliquando per Ursos rapti, continuè ludunt, donec fame urgente ursus discedat, alimoniam conquisiturus. Tunc accepto caprino cornu, interdumq; vaccino, sonum horridum excitant, & feram à reditu terrent.

Pecora & *armenta* fistularum sono audito avidiùs escam sumunt, atq; compressiùs pascuntur in herbis, uti *Paulus Diaconus* lib. 5. c. 37. meminit, & *Plinius Olaus* lib. 18. c. 31. hist. Septentr.

Equabus, quando ineuntur, carmen tibia accinitur, quod *Hippothoron* appellant. *Plutarchus* lib. 7. Con. quæst. 5.

Avibus non tantum naturâ insitum Musices amorem, sed ejusdem in illis admirabilem motum attestatur & *Strabonis* historia de Eunomi cicada. Is enim Timæum citat autorem, in Pythiorum certamine Eunonum Locrensem, & Rheginensem Aristonem in canendi certamen venisse. Aristonem Apollinem invocasse Delphicum, ut sibi canenti foret auxilio, quòd à Delphis Rheginenses olim essent profecti. Eunomus respondit Rheginensibus, ne certandum quidem omnino de Musica, apud quos Cicada, vocalisimum animal, voce careret. Utrisq; certantibus, eùm in Eunomi cithara una inter canendum chorda fracta defecisset, Cicada supervolans astitit, ac vocem alioquin defuturam suo cantu supplevit. Atq; ita victor declaratus statuam Citharœdi Locris posuit, cum cicada Citharæ insidente. *Strabo* lib. 6. Ejus simulachrum Delphis quoq; fuit cum Epigrammate, quod *in 4. lib. Græcorum Epigrammatum* legitur.

Nec sine causa *Cicadæ*, cùm quippe Musicæ sint, *sacratæ* sunt *Apollini*, qui patrius est DEUS Athenarum. Hinc Atheniensium vetustissimi capillis adhibuerunt implicandas τέττιγας, id est, Cicadas aureas; Ob quam causam etiam inter alias Τεττιγοφόροι dicti. *Cæl.* lib. 12. cap. 6. *Erasm.* in adag. Et do-

cet *Ly-*

cet *Lysias* in funebri concione, ac stylum exercens *Plato* in Menexemo, Thucyd. interpres: Ἐφόρων δὲ τέττιγας διὰ τὸ μυσικὸν. At fidem nescio quam meretur illud, quod *Marulus* annotat de aviculis & cicada concione commotis, quæ cum accentu & vocis elevatione fieri solet. Ad D. Franciscum, inquit, in solitudine concionantem aviculæ confluebant, neq; refugiebant manum ejus, usq; adeò obsequentes, ut non nisi ipse jussisset, abirent; non nisi ipse jussisset, garritum comprimerent: non quòd jussa intellexerint, sed quòd jubentis autoritatem virtutemque senserint. Cùm aliquando in horto inter fruteta deambularet, cicada ficulneam linquens, super evocantis manum consedit:& Deum laudare jussa, voce tinnula, gutture fistulato, suaviorem solito stridorem edidit. *Marulus* lib. 4. c. 5. Fides sit penes Autorem.

Ex superioribus autem, verisq; historiis satis superq; manifestum est, Naturam in brutis per se & sua facultate, insitàq; ὁρμῇ, Musicæ suavitate cum oblectamento moveri.

Nunc porrò memorandum, *quomodo Musicæ vi & beneficio artifici*, per vocalem sonum, sonoramq; vocem, qualis Naturæ eorum congruit, ratione destituta *animantia* legantur esse *instituta, & ad varias assuefacta actiones*, in quibus omnino τῦ λόγυ ἀνάλογόν τι videntur referre, tàm quadrupedes, quàm pisces & aves.

CROTONIATÆ tibiarum cantu Sybaritarum equitatum, Equis ad saltandum assuefactis, tibiæ sono tripudiantibus, perdidêre. *Sybaritarum* enim *Equos ad tibiam saltare assuetos*, Crotoniatæ in expeditione adversùs eos tibiis inutiles reddiderunt. Cùm enim tibiarum sonum Equi illorum audivissent, non exilierunt solùm, sed & sessores habentes ad Crotoniatas transfugerunt, teste *Aristot.* in Repub. & *Athen.* lib. 12. c. 6.

Huc quodam respectu, videlicet institutionis & incitamenti, commodâ voce & præcantatione facti, referri possunt exempla multa à Veteribus. *Elephas* Latinè scribit: *Cervi hinnulus* Græcè doctus est: *Equi, Cynocephali, Elephantes* Musicam Philosophiam & literas discunt; Alicubi cantu dulci, ac voce molli & alacri ita cicurantur *Leones* feri,

ac horac horribiles, ut unà cum canibus ad venandum feras abeant in sylvas & redeant: alicubi currui junguntur, quem trahunt equorum inftar, ut folebant Romani aliqui Principes triumphum agere de devictis hoftibus, ut currum Victoris Leones traherent, præeunte Muficorum catervâ, qui muti & ftupidi funt.

Ex Pifcibus Craffi murena omnium literis ac prædicatione celebrata eft: Ea vocem Craffi blandè vocantis audiebat, adnatabat, & fi quid ad edendum porrigeretur, accipiebat.

Aves deniq; advolant, moderamine vocis affuefactæ, ut grege fuo Muficam Brutorum Scholam ftipent, atq; in ea quid profecerint, fpecimine edant.

En L U S C I N I Æ apud *Plinium*; Motacilla apud *Ælianum* Græcè loquuntur, ad longiorem contextum.

C O R N I X Regis Ægypti ad id condocefacta, regias literas ferebat, quocunq; proficifci juberetur, ac reddebat quibus oportebat diligenter.

C O R V U S Cæfarem Auguftum falutare didicerat verbis hifcemodi: *Ave Cæfar victor Imperator.*

Hujufmodi plurima exempla recitat *Ælianus* de hiftoria animalium lib.2.c.11. lib.6.c.7. lib.8.c.4. lib.11.cap.25. lib.16.c.13. lib.17.c.26. *Plinius* lib.8.c.16. lib.10.c.42. & *Macrobius* lib.2. Saturnalium c. 42.

Et ad miraculû, fi fides *Plutarcho* de animal. docilis P I C Æ cujusdã probata imitatio, de qua *ibidem Plut*: his verbis: *Tonfor quidam, qui officinam Romæ habebat pro templo, quod forum Græcum vocant, garrulam ad miraculum usq; & loquacem alebat Picam.* Hæc verba humana, voces ferarum *& Organorum crepitus reddebat, nullius coacta, fed meditans ipfa, elaboransq; nihil prætermittere, quod non exprimeret & fimularet. Forte funus divitis cujufpiam illac* ad multas tubas ducebatur. *Quia verò eo loco confiftebat de more pompa: tubicines celebres, qui canere jubebantur, diu illic moram traxère.* Pica *poft illum diem muta & elinguis erat, neq; vocem fuam in laboribus neceffariis mittebat. Quapropter qui mirati ante fuerant ejus vocem, his majore miraculo erat filentium & mutum acroama, quibus* *quotidianum illac iter erat.* *Conjiciebatur autem in ejusdem artis opifices* Veneni *suspicio: major pars à* Tubis *suspicabantur præstrictum fuisse ejus auditum, atq; unà cum auditu ejus vocem extinctam.* Cæterùm neutrum *horum fuit, sed* meditatio *vi imitatrice in seipsam revocata, vocemq; velut organum aptante & instruente.* *Post enim repentè apparuit & eluxit vox, neq; ex solitis illis & pristinis simulacris quicquam, sed* Tubarum cantilenas iisdem periodis *sonabat, varietatesq; omnes ac vocum cunctos* numeros *peragebat.*

    Scholam Brutorum Musicam priusquam dimittimus, ad dimissionis horam audiendum probet profectum suum P S I T T A C us ille, qui procul dubio à quodam Leonis amico ita informatus, aut Dei providi, qui asinam loqui fecerat, instinctu, articulatæ præcentioni probè succinuit. Nam Leo Basilii Macedonis Imper. filius, à quodam monacho Theodoro Sandabareno, apud patrem insidiarum causa delatus, in carcerem conjectus, tandem hoc modo liberatur. In palatio Psittacus, in cavea suspensus, vociferari sæpius solebat: *Heu heu Domine Leo,* quod ipsum cum quodam tempore, quo ad convivium Imper. Senatores præcipuos vocasset, aliquoties reiterasset, mœsticiâ obortâ, convivæ cibo potuq; omisso cogitabundi sedebant. Quod animadvertens Imperator, causam tristitiæ perquirit. Illi oculos lacrymis oppleti: Qui, inquiunt, Imperator, cibum capiamus, voce bestiæ hujus objurgati, nos qui rationis compotes, & Dominorum studiosi credimur? Bruta hæc avis Domini sui nomen invocat: nos luxui dediti, in sontem oblivioni mandamus. His verbis mitigatus Imperator, Leonem carcere eductum in conspectum suum admittit, vestem lugubrem demit, comam superfluam auferri jubet, dignitatemque Cæsaris pristinam reddidit. *Cedrenus.*

    Apertam hanc Brutorum Scholam frequentiùs ingrediātur nonnulli ratione, qua præ reliquis animantibus præditi sunt, malè utentes, ἄμουσοι, quibus turpe sit, ratione carentium disciplinæ cedere, & nullo Musicæ motu ac vi tangi, & plus quàm Bruta brutescere. Imò pudor sit, multorum hominum Naturam non expugnari ac mollesce-

re blan-

re blandis menitis, doctrina & inflitutione multa: cùm animalia af-
fuefiant, quocunq; volueris, minori propè labore. *Omni animali faci-
liùs imperabis, quàm Homini.* Xenophon lib.1. Cyropædias.
Omni ἐ namq, ſuæ Naturæ debita ſolvunt.,,
Præter eum, plus his qui rationis habet.
Atq; hæc de motu & effectu Muſicæ in Brutis: De Saxis &
Sylvis cantu permotis dictum ſub ήθικῇ Muſices
efficacia.

Caput XVI.

De Uſu & Exercitio Muſices ἱερȣργικῷ in ſacris & ſacri-
ficiis Ethnicorum Deorum Dearumq́, peragendis.

Elebris olim in Ethnicorum ſacris ſacrificiisq́; fuit
tam *aſſæ vocis*, quam *organorum Muſicorum uſus*, adeò ut e-
undem in exercitio religionis negligere, fuerit religio.
Hujus rei varias adducunt rationes, quarum quaſdam e-
asq́; principes annotabimus. Et *primò* quidem Muſices, maximè organices, uſus apprimè fuit neceſſarius, πρὸς κατακλησίαν καὶ συλλογὴν καὶ
ὑποπομπὴν, ad multitudinis collectionem & dimiſſionem. Ad illa e-
nim ſacra indicenda & ad homines ad illa convocandos, iisq́; peractis
rurſus dimittendos, organorū iſtorum flatū pulſumq́; adhibuerunt.
Secundò, πρὸς τὴν τῆς ψυχῆς παρασκευὴν καὶ φιληκοΐαν, ad animum præ-
parandum, quia compoſitos animos ſacrificantiū eſſe oportere ſigni-
ficabant, cùm metro compoſitæ preces domo ad altaria eſſent offerendæ. Neq; enim animus domeſticis negotiis implicatus debet ad Deum colendum proficiſci: ſed omnia negotia pro viribus è memoria
obliteranda ſunt, cum ad aras accedimus.
Tertiò πρὸς τὴν μίμησιν καὶ ὁμοίωσιν θεϊκῆς φύσεως. Cùm Deos cœ-
leſtia corpora eſſe arbitrarentur, & numeris atq; proportionibus conſtare putarent, iccircò per hymnorum & inſtrumentorū & ſaltationū

rhyth-

rhythmum Deorum naturam imitabantur & oblectabantur sacrificãtes,& dies festos agentes,conviviis ac genio indulgentes,Deorumque ipsorum felicitatem aliquo pacto imitantes, pro viribus proximè ad Deorum immortalium naturam accedebant. Nam cùm præclarum Dei opus,mundum,concentu constare crediderint, omnia Musica diis grata esse meritò existimabant, ut scripsit *Natal.Com.*lib.9.c.7.

Quarto utebantur isto Musices organorumq́; concentu πρὸς ἐυθυμίαν καὶ χαρμοσύνην, ad illos qui sacris interessent exhilarandos, & ab omni tristitia ad læticiam hilaritatemq́; traducendos,quam in sacris festisq́; suis maximè requiri, diisq́; quos colebant, placere arbitrabantur,ut canit *Ovidius*:

Dii quoq́, ut à cunctis hilari pietate colantur,
Tristitiam poni per sua festa jubent.

Et *Aristoteles 8.* Polit. ιερὰ μέλη, sacros cantus dicit vim habere medicinæ & purgationis ad animos componendos & sedandos.

Quinto πρὸς ἐνθυσιασμὸν; non enim deerant inter Gentiles,qui homines istis tibiarum,cymbalorum, aliorumq́; instrumentorum sonitus divinitus afflari, & ad divinandum excitari opinabantur. *Jamblichus* de myst. Ægypt.sect.3.cap.9. scribit: Musicam magnam habere vim, & si soni, carmina atq́; cantus, qui singulis diis sunt consecrati, adhibeantur,ipsorum Deorum adventum atq; præsentiam effici posse confitetur. Plures rationes vide apud *Stuckium* de sacris & sacrificiis.

Erant autem *cantilenæ* illæ *in sacrorum ritu* peragendo *usitatæ* nihil aliud, quàm *commemorationes* eorum *beneficiorum*, quæ Dii ipsi in homines benignè contulerant,cum virium ipsorum Deorum & Clemêtiæ ac liberalitatis amplificatione,adjunctis precibus, ut benigni atq́; faciles precantibus accederent, ut ait *Philochorus* in lib. de Sacrificijs: Id quod omnis ratio conscribendorum hymnorum efflagitat, ut sentit *Nat.Com.*lib.1.c.10. & 16. & lib.9.c.7.

Singulos autem singulis Diis dicatos voluerunt, certosq́; hymnos, quos illorum festis sacrisque diebus decantarent, quod ex *Theodoreto* etiam constat,serm.4. ad Græcos infideles: *Ne,*ait,*cantemus*

Iulum

DE MUSICA VOCALI. 245

Iulum Cereri, neq; ipsi Rheæ Lityersam, ne Bacchò dithyrambum, ne Pæana Pythio Apollini, neve Dianæ concinamus Hipoepum: sed rerum omnium conditori Deo hymnos Davidicos proferamus &c. Sed de his alibi prolixiùs diximus.

Muſicorum porrò inſtrumentorum in ſacris ſacrificiisq́; multa fuit uſus frequentatus celebritate, quod ex ſequentibus ſatis ſuperq́; eſt manifeſtum. Tibiarum autem concentus in ſacrificiorum ſolennitate fuit frequentiſſimus. Hinc *ſacrificæ* à Seneca dicuntur *tibiæ*: *ſacrifica dulces tibia effundat modos.*
Et à *Plinio* lib.16. c.36. *Nunc ſacrificæ,* inquit, *Thuſcorum tibiæ è buxo fiunt.*
Teleſtes Poëta apud Athen. lib.14. dixit tibias ſacras, his verſibus:
Phrygûm Rex leniter perſonantium tibiarum ſacrarum
Cantum primus invenit, doricæ Muſæ æquiparandum
Æmulum: variè modulatum tenebroſi ſpiritus
Auram levem atq; pernicem arundine complectens.
Ovidius quoq́; ad illum uſum ſpectat, *lib.6. Faſt.*
Quæritur in ſcena cava tibia: quæritur aris.
Hoſtias namq́; apud Romanos ad præconem & tibicinem immolari fuiſſe ſolitas, *Cicero* clarè teſtatur, *in orat. contra Rullum: Erant,* inquit, *hoſtiæ majores, in foro conſtitutæ, quæ iis prætoribus de tribunali, ſicut à nobis conſulibus de conſilii ſententia probatæ ad præconem & tibicinem immolabantur.* *Idem* lib.2. de Ieg. *Popularem lætitiam in cantu & fidibus & tibiis moderanto, eamq́; cum divum honore jungunto.*

Livius item approbat *lib.9.* Tibicines ſolitos præcinere ſacrificiis Romanis, & thure incenſis altaribus tibicinem *Spondæum* canere juſſiſſe, ut duabus longis ſymphoniis quaſi duplicibus & jugibus vocibus proſpera Deorum voluntas firmaretur. Hic pes propterea *Spondæus* dictus, quod in ſacrificiis libantes eo maximè uterentur, cum Græci σπονδὴν libamina appellent.
Dionyſius quoq́; *Halicarnaſſeus* lib. antiquit. Rom. de tibicinibus in

ludis sacris & sacrificiis sic scribit: ἠκολοθοῦν δὲ τοῖς ἀγωνισταῖς χοροὶ &c. Hoc est: *Athletas porrò sequebantur saltatorum chori, divisi trifariam: primò virorum, deinceps impuberum, postremò puerorum.* Post quos tibicines, *inflantes antiqui moris tibias breves*, quarum hucusq́; permansit usus, Cithariståeq́; pulsantes eburneas septem fidium lyras, & quæ vocantur barbita, quorum vetus apud Græcos usus desiit: apud Romanos verò adhibentur omnibus antiquis sacris. Et paulò post; μετὰ δὲ τοὺς χοροὺς, Post hos Choros transibat agmen citharistarum ac tibicinum.

Plutarchus in lib. de Musica: Quin & hyperboreorum sacra adhibitis tibiis, citharis & fistulis in Delum missa, referunt antiquitus. Non igitur solùm fistulæ & tibiæ, sed alia etiam organa musica in sacris adhibita fuerunt. Horum omnium, ut & aliorum in sacrificiis rituum, pulcherrimam extare descriptionem affirmant in *columna Trajani Cæsaris marmoreâ*, antiquissimâ juxtà ac celeberrimâ, quæ Romæ in medio Trajani foro erecta, sola ferè inter alias vetustatis reliquias est superstes & integra, & reliquarum antiquitatum quasi quædam epitome verissimè dici possit. Postquam igitur Imperator ille, (pergit Stuckius) *pugnæ semper sacrificium præmittens*, proponitur, idq́; secundum tritam & pervulgatam Romanorum consuetudinem, quâ non licebat Imperatori cum hoste congredi, nisi priùs diis esset sacrificatum, illic Tibicinum præter alia descriptio etiam exprimitur.

Tibicines namque, *tubicines* & *liticines* erant ministri sacrorum, tibiis tubis & lituis inter sacrificandum insonantes, quorum non tantum imagines videri in illa Trajani columna, sed eorum passim in omnibus sacrificiis fieri mentionem memorant. Hi igitur interim dum sacrificium peragebatur tibiis, tubis & lituis canebant, *lauro redimiti*. Nec enim solæ *tibiæ* adhibebantur in sacris & sacrificiis, sed iisdem conjungebantur *lyræ, cithara, fistulæ, sistrorum, cymbalorum, tympanorumq́;* concentus. Imò *tubarum* quoque, *buccinarum, lituorum, cornuum* usum non apud Judæos tantùm, sed etiam apud Gentiles.

Hinc

DE MUSICA VOCALI. 247

Hinc *Armilustrium*, teste *Festo*, festum erat apud Romanos, quo res divinas *armati* faciebant: ac dum sacrificarent, tubis canebant. Et *Tubilustrium*, ut auctor est *Varro*, dictum, quòd eo die in atrio sutorio tubæ lustrabantur. *Festus: Tubilustria* dies appellantur, in quibus agnâ tubas lustrabant: quibus diebus adscriptum in Fastis erat, cum in atrio sutorio agnâ tubæ lustrarentur, ab eis tubos appellant: quod genus lustrationis ex Arcadiæ Pallanteo translatum ac venisse dicunt. *Ovid.*

Proxima Volcani lux est, Tubilustria dicunt,
Lustrantur puræ, quas facit ille, tubæ.

Et Tubicines, eodem teste, etiam ii appellantur, qui publicè sacra faciebant, tubarum lustrandarum gratia.

Tubæ, inquit *Varro*, à tubeis, quos etiamnum ita appellant tubicines sacrorum, qui tubis in sacrarum administratione canebant. Et *Eustath.* in 2. Iliad. inter sex tubarum species, quas ibi enumerat, unam vocat *Ægyptiam*, rotundam, quæ χνόυε sit dicta, quâ Ægyptios ad sacra sua usos fuisse, ejusq; clangore homines ad rem divinam convocasse scribit. *Pollux* similiter lib. 4. c. 11. tubæ ἐπίθθεγμα ἱερουργικὸν ἐπὶ θυσίαις, id est, sonum sacrum sacrificialem dicit, qui apud Ægyptios, Argivos, Tyrrhenos & Romanos in usu fuerit: indeq; Tubicinem, qui in sacris tubâ canebat (quod apud Judæos sacerdotum munus erat) ἱεροσαλπιγκτὴν sive potius ἱερὸν σαλπιγκτὴν, id est, Tubicinem sacrum & διαλυσάντην fuisse appellatum, forsan, quia tubæ clangore populum dimittebat.

Hoc nomine apud Romanos tibicines plurimi fiebant, magnusque illis tribuebatur honos Idibus Januariis, ut scribit *Plutarchus* quæst. 55. Roman. Illo enim die permissum erat vestem muliebrem indutis totam urbem circuire. Cujus moris hanc addit causam. Magnos nempe *Tibicinibus honores Numa* Rex religionis causâ contulerat: Quibus cum postea tribunis militum consulari potestate Rempub. administrantibus privarêtur, universi *Româ Tibur* secesserunt, propterea quod ab Appio Claudio & C. Plautio censoribus in æde Jovis, veteri instituto epulari prohibiti fuissent.

Cumq;

Cumq; jam nemo esset, qui sacrificiis præcineret, & religio urgeret animos Romanorum, legati jussu Patrum missi sunt Tybur, qui publicè peterent, ut darent Tyburtes operam, tibicinibus sibi quoquo modo restituendis: Qui cum Tiburtium hortatu nihil moverentur, dissimulato negotio, eos veluti ad festas epulas invitant, & adhibitis etiam mulieribus, per totam noctem compotatio, joci, choreæq; protrahuntur: tum subitò vino, cujus avidum fermè est genus hominum, obrutos tibicines curribus imponunt, ac Romam sopitos deportant circumactis vehiculis, non enim per temulentiam & tenebras animadvertere poterant, ubi locorum essent: Nec prius ludibrium sensêre, quàm plaustris in foro relictis plenos crapulæ & adhuc semisomnes lux oppressit. Tunc populi concursus eò factus, impetratumq; ut Romæ esse vellent, restituto illis vescendi jure. Erant autem pleriq; vestibus floridis & mulieribus amicti, ob nocturnam commessationem & convivium. Concessum præterea ut quotannis solenni cantu triduum per urbem vagarentur, & tali quidem habitu. Vide *Livium* decad.1.lib.9. *Sabell.* lib.6. Ennead. 4. *Valer. Max.* lib.2.c.1. Et Festis Quinquatribus Minervæ sacris Tibicines personati per urbem incedebant, & ad ædem Minervæ conveniebant, & personati quidem, ut illi ipsi, qui Tybure Romam reducti fuissent, indicarentur, ut scribit *Polyd.* lib.4.c.14.

De illo ritu *Ovidius* sic canit:
Cur vagus incedat tota tibicen in urbe,
   Quid sibi persona, quid toga longa velint?
Callidus ut possit specie numeroq, senatus
   Fallere, personis imperat ore tegi,
Admisceta, alios, ut hunc tibicina turba
   Augeat in longis vestibus ire jubet.

Quod verò supra de hymnis & cantilenis dicebamus, ritus instituendi easdem, adjunctis instrumentis Musicis in actu sacrificiorum, erat hujusmodi: Dum urerentur victimarum partes, aræ impositæ, laudes & *Deorum hymni circa ipsam aram* canebantur. *Strophe* quoq; ac *anti-*

De Musica Vocali.

strophi, moduli accinebantur ad imitationem *motuum stellarum*, ut ex *Aristox.* lib.1.de foram. tibiar. & *Bitone* lib. de instrum. Mus. annotat *Nat. Com.* lib.1. Mythol.c.18. Nam modò huc, modò illuc inter illa sacra saltantes volvebantur; atq; per*strophen* motum primum hujus universi: per *antistrophen* proprias singulorum planetarum motiones significabant.

Post cantiones quasdam ad aras Deorum finitas, accedebat aliquis sacra certis versiculis clausurus. Hunc appellabant ἐπῳδὸν: propterea quòd post alias cantiones & hymnos pronunciabat, teste *Galeno* lib.17.de off.part. Quæ autem reservatæ erant victimarum partes, hisce coctis vescebantur. Antiqui enim Diis prius sacrificantes, deinde ad relaxationem animi sese demittebant, festivitatesq; illas ornatè & hilariter transigebant. Et hinc vox μεθύειν vino indulgere, ὅτι μετὰ τὸ θύειν, quòd post Deorum sacrificia genio indulgerent. *Athen.* lib.8. c.13.

Quod ex his quoq; patet, quæ *Casaub.* in lib.1. Athen. c.8. scribit de trito illo dicto: ἄκαπνα γὰρ ἀοιδοὶ θύομεν. Jus namq; hoc est, inquit, cantorum atq; Poëtarum, ut sacrificent sine fumo, hoc est, lautè epulētur nullo suo sumptu. θύειν hîc potius τὸ εὐωχεῖσθαι, epulas post sacrificia, quàm sacrificandi actum significat: quia rem sacram, ut dictum, convivium opiparum sequebatur. ἄκαπνα ea vox denotat τὸ ἀδάπανον: quia dapsilium epularum symbolum apud Poëtas est ignis aut fumus, τὸ πῦρ εὐωχίας σημεῖον. In illis conviviis largiùs solebant homines vino & compotationibus indulgere, Diis primò per sacrificiorū ritum & Musices suavitatem placatis, quod & *Theognis* innuere videtur his versibus:

Φόρμιγγ' αὖ φθέγγοισθ' ἱερὸν μέλ⟨ος⟩;&c.
Cithara rursus sonetis sacrum carmen & tibia;
Nos verò libamenta Diis offerentes
Bibamus grata inter nos loquentes.

Et quia divinum quid animis imprimit vis Musica, propterea magnâ *reverentiâ* adhibuerunt concentum Musicum, insigni quadam gravitate ornatum, exclusa omni ineptia & lascivia, unde Tibicini cuidam in sacris inepte obstrepenti *Stratonicus*, desine, dicebat: bene dicere hic oportet, non male canere: εὐφημεῖν Græci dicunt, quia *linguis animisq́;* in sacrorum initiis *favere* jubebantur, ut autor est *Athenæus* lib. 8.

Memorant Scriptores, *matutinis* item vocum tibiarumq́; *cantionibus* solitos fuisse Gentiles Deos suos salutare, quod hæc *Arnobii* verba *lib.7.* satis ostendunt: Etiámne Dii æris tinnitibus & quassationibus cymbalorum (afficiuntur?) Etiámne tympanis? etiámne Symphoniis? Quid efficiunt crepitus scabillorum? ut cum eos audierint Numina, honorifice secum existiment actum, & ferventes animos irarum oblivione deponant? An nunquid ut parvuli pusiones ab ineptis vagitibus crepitaculis exterrentur auditis: eadem ratione & omnipotentia Numina tibiarum stridore mulcentur, & ad numerum cymbalorum mollita indignatione flaccescunt?

Quid sibi volunt, inquit, excitationes illæ, quas cantici matutini, collatis ad tibiam vocibus, faciunt? Condormiscunt enim Superi, remeare ut ad vigilias debeant? Quid dormitiones istæ, quibus bene ut valeant, auspicabili salutatione mandatis? Somni enim quiete solvuntur, occupariq́; ut hoc possint, lenes audiendæ sunt næniæ.

In *Delo* quoq; *Insula* nullum absq́; Musico concentu peragebatur sacrum. Prodibant autem puerorum chori, tibiis ac cithara præcinentibus, è quibus selectissimi quiq; saltabant. Eorum autem cantilenæ, ab usu saltationis, dicebantur ὑπορχήματα. (*Lucianus* in lib. de saltatione.) Jam ridem, quod diximus de usu Musices sacro, singillatim ex quorundam Deorum Dearumq́; sacrificiis perspiciemus.

Natal. Com. lib.2.cap.1.Mythol. annotat,] O VIS sacrificiis instrumentorum Musicorum concentum fuisse adhibitum, quippe qui simulatis sacrificiis adhuc parvus per cymbalorum tympanorúq; strepitum paternæ crudelitati à Corybantibus dicatur fuisse surreptus.

Idipsum in *Saturni* sacris, quæ ab ipso Saturnalia dicebantur, observatum,

De Musica Vocali.

servatum, ubi circa statuam ænea Saturni (quæ manus supinas in terrā inclinātes exporrigebat, quibus deinde humana hostia imposita, ignis vapore & calore torrebatur) incinentium tibiis & tympana pulsantium modulis opplebantur omnia, ne qua vox ejulantis exaudiri posset. Idem scribit *Stuckius* lib. de sacris sacrificiisque, isto nimirū Musicorū instrumentorum sonitu atq; strepitu impedire voluisse sacrificantes, ne vel hostiarum, quæ immolabantur, vel etiam hominum, ab iis qui sacris intererant, voces lugubres, tristes & ominosæ, quibus irrita fieri possent sacrificia, exaudirentur. Hujus rei (pergit) clarum manifestumq; exemplum & testimonium habemus in humanis illis sacrificiis (quales Saturno immolabantur) quæ omnis humanitatis expertia, immanitatum contra plenissima fuerunt: in quibus tympanorū, cymbalorum, aliorumq; instrumentorum gravissimi soni pulsabantur, ne lamentabiles miseri funestiq; illorum, qui igni cremabantur, fletus, ejulatus, clamores atq; vociferationes liberorum, præsertim à parentibus exaudirentur, quibus illi ad commiserationem commoverentur.

Cum libarent & litarent APOLLINI, submisse canebant & cum ordine, ut tradit *Athen.* lib. 14. Et merito hujus sacris & ludis Musica adhibita, quæ ipsius dicitur inventum. Unde & cicadæ ipsi fuerunt consecratæ, canorum omnino animalis genus. *Nac. Com.* lib. 4. c. 10. Quo loco & per sonum Lyræ Apollineæ mœnia Trojana extructa ex *Ovidio* memorat, qui ita canit:

Ilion aspicies, firmataq́; turribus altis
Mœnia Apollinea structa canore Lyra.

Imò hoc ipso Apolline Magistro Castores Musicam didicisse ferunt: multasq; reportasse coronas ex certaminibus cum imperitis cantoribus, ut notat *Casaub.* in Athen. lib. 15. c. 8. ad illum Simonidis:

Φοῖβος ἐπηγεῖται:&c.

Phœbus docuit Tyndaridas canendi artem:
Quam Cicadæ modorum nescia coronarunt corona.

Τέτζιγες sunt *mali Poëta* aut *Cantores*.

Plato in Ione autor est, *Tynnichum* Chalcidensem hymnũ in *Apollinem*, quem omnes cantant, composuisse, πάντων μελῶν κάλλιςον, omnium fermè cantilenarum pulcherrimum, verùm Apollinis & Musarũ instinctu, ut qui antea nullum poēma dignum memoriâ composuerat. Probatq́; hoc evidentissimo τκμηρίῳ & argumento, ὅτι ἐκ αἰ ϑρώπινα δ̓ρι τὰ καλὰ ταῦτα ποιήματα, ἀδὲ ἀνϑρώπων, ἀλλὰ ϑεῖα κỳ ϑεῶν, præclara hæc poëmata, divina Deorumq́; potiùs quàm humana hominumque esse opera. Hoc ipsum Deum (Apollinem) ostendere voluisse, eo ipso, quia ἐξεπίτηδες διὰ τῦ φαυλοτάτυ ποιητῦ τὸ κάλλιςον μέλ۞ ἦσεν, de industria per ineptissimum poëtam, pulcherrimam cecinerit melodiam.

In cujus rei fidem pulcherrima quædam præmittit, quæ hoc loco annotare precium duximus. *Socrates* ad Ionem hæc verba facit. *Ut*, ait, *benè, o Io, de Homero loquaris, ars tibi non præstat, sed ϑεῖα δύναμις, divina vis quædam te movet, sicut in lapide, quem Magnetem Euripides nominavit, nonnulli Heracliũ vocant. Qui lapis non solùm ferreos annulos trahit, sed vim etiam annulis ipsis infundit, quâ hoc idem efficere possint, ac, perinde ut lapis, alios annulos trahere.* Unde longa plerumq́; concatenatio ferri & annulorum invicem pendet, & omnibus his ex illo lapide vis attrahitur. Ita ipsa Musa Poëtas & Musicos divino instinctu concitat, poëtæ conciti alios furore corripiunt. Omnes itaq́; epici poëtæ boni, non arte, sed divino afflatu capti, omnia ista præclara poëmata, & melici boni similiter dicunt: ὡσπερ οἱ κορυβαντιῶντες ἐκ ἔμφρονες ὄντες ἀρχῦνται. &c. Id est: *Ut corybantes non sanâ mente saltant, ita melici poëtæ egregii non sana mente hos cantus effingunt: sed ubi in harmoniâ, & rhythmum insurgunt, & rapti bacchantur, quemadmodum bacchantes fœminæ, mente non sanâ, mel & lac ex fluminibus hauriunt, sanâ autem mente haurire nequeunt, idq́; tum effecit melicorum animus, quod ipsi narrant. Ajunt enim nobis Poëtæ, quod è fontibus quibus mel scaturit, haurientes, & à Musarum viridariis collibusq́; decerpentes carmina ad nos afferant, quemadmodum mel ex floribus apes, & instar apum volare se dicunt.*

Demetrius Byzantius lib. 3. tibiam & citharam & fidium cantum

Apolli-

De Musica Vocali.

Apollinem inveniſſe ex eo arguit, quòd inter Apollinis ſacrificia hymni canebantur cum tibiis: cujus etiam ſignum in Delo idem approbabat.

Fama quoq; eſt, *Olympum* ex tibicinibus Phrygiis tibiale carmen in Apollinis laudē condidiſſe, idq; *Polycephalum* eſt dictum. Et hunc fuiſſe primi olympi Marſyæ diſcipuli, qui cantus in Deorum laudem panxit, ſtirpem. Nam cum à Marſya, qui eum in deliciis habebat, canere didiciſſet tibia, carmina harmonica, quibus hoc tempore in Deorum feſtis Græci utuntur, invexit in Græciam, ut refert *Plutarchus*. Quemadmodum quoq; in honorem Apollinis *Pythici* inſtituebantur *ludi*, quibus Pythici tibiarum modi ſalientibus quinquertionibus præcinebantur, quod ſacrum id carmen Apollini eſſet, quia primus olympicas palmas tuliſſet. *Scaliger* lib.1. Poët.c.23. Mos, inquit, fuit, ut pulchrior ex omnibus hymnis, qui offerrentur in honorem Apollinis, caneretur.

Poſtea verò cantus ad citharam eſt inſtitutus atq; aulædorum ac tibicinum certamina.

In horum celebritate, matronas ſpectatæ pudicitiæ in propatulo epulari, omniq; ceremoniarum genere feſtum diem agere produnt, *puerosq́;* manibus amplexos pſallere, & hymnos *Apollini* canere, ſicut *Dianæ virgines*. *Alexand.ab Alex.* lib.5.genial.dicer. c.26.

Qualesq́; *Apollinares* illi *ludi* fuerint, & Prætoris verba docent: *Ludis publicis, quod ſine curriculo & corporis certamine fiat, popularem læticiam cantu & fidibus & tibiis moderanto, eaq́; cum divino honore jungunto.* *Scaliger* lib.1.Poët.c.30. & *Alex.ab Alex.* lib.6. c.19. Celebrabantur autem hæc *Pythia* Vere ineunte. *Polydorus* lib.2.c.14. In Romanorum, inquit, ludorum pompa addebantur quoq; ordine tibicines utres & tibiolas inflantes, citharœdiq́; lyras ſeptichordas, eburneas, & quæ barbita nuncupata ſunt, habentes. Præibant choris viri ſinguli ſaltationis & tripudii modum præmonſtrantes, bellicos motus procelevmaticis & rhythmis imitantes. Atq; hunc demum ordinem tibicines alii & citharœdi vario ſequebantur concentu.

Theognis quoq; teſtatur *in Hecatombæis Apollini ſacris* frequentem fuiſſe Muſices uſum, cum ita canit:

Ἡρὸς ἐπερχομένυ κλειτὰς πέμπωσ' ἑκατόμβας
Τερπόμενοι κιθάρῃ καὶ ἐρατῇ θαλίῃ,
Παιάνων τε χοροῖς ἰαχαῖσι τε σὸν περὶ βωμόν. *Id eſt:*
Vere adveniente inclytas offerant hecatombas
Oblectantes cithara & amabili convivio
Pæanumq́, choris, hymnisq́, tuam circa aram.

Ex *Platonis* verbis, quæ modò citavimus, percipimus *Orgia* vel *Dionyſia* ſacra in BACCHI honorem inſtituta, cum harmonia muſica, rhythmis & ſaltationibus fuiſſe celebrata, quæ & *Trieterica* dicebantur. *Ovid.* 6. Metamor.

Nocte ſonat Rhodope tinnitibus æris acuti.

Dithyrambus erat hymnus in honorem *Bacchi*, de quo alibi multa diximus.

Euripides quoq; in Baccho teſtis eſt, Orgia feſta Baccho ſacra ſaltatione ad muſicam celebrari fuiſſe ſolita. Quæ qualia fuerint, ex iis etiam quæ *Cruquius* ad illa Horat. lib. 1. Carm. Od. 18. annotat:

    ―――*ſæva tene cum Berecynthio*
    Cornu tympana.

Alludit Poëta ad ſacra *Baſſarica* vel *Bacchanalia*, & polliceturiis ſacris ſe invito Deo nunquam interfuturum, hoc eſt, non bibiturũ, plusquã ſatis eſſet, niſi in ἀρχιποσία fortè cogatur ad æquales calices: iccircò ei abblanditur, ut ſe inter potandum a furore tutum præſtet. Idem enim eſt ac ſi dicat: Noli me afflare ebrietatis furore, ut tympano ſacrorum tuorum & cornu audito, ad amentiam adiguntur Bacchæ & myſtæ tui fanatici & Enthei redduntur. Unde *Lucret.* lib. 2.

Et Phrygio ſtimulat numero cava tibia mentes.

Arcades quoq; Baccho & Libero Patri cantu & choreis ludos celebrabant, ſinguli pro ætatis ratione, quos primus *Melampus* Amytheonis filius ad Græcos detuliſſe dicitur *ex Ægypto*, ubi fœminæ ſtatuas per pagos præeunte tibia circumferebant, Bacchum canentes.

De Musica Vocali.

Apud Græcos deinde alternis annis acta sunt magno cum clamore, cymbalorum strepitu, tympanorumq; crepitu. *Polyd.*lib.3.c.17.

Epilenæa vocabantur item sacrificia & certamen & cantilenæ, quæ fiebant *vindemiæ* tempore. Nam cantando certabant inter calcandas uvas, qui citius plus musti exprimeret, & Bacchi laudes canebant inter calcandum. Persuasum itaq; fuit antiquis, iratos Deos Deasq; harmonicis modulaminibus placari, & ad beneficia conferenda instigari posse, quod vel hinc est perspicuum. Persæ namque cùm bello Græciam premerent, *Dianæ Caryatidis* sacra à virginibus fieri solita, sunt intermissa. Quocirca agrestium aliquot in fanum officii ergo sese intulerunt, & peculiaribus cantiunculis *Dianæ* laudes cecinêre. Quos cantus cum valdè probari vel religio jussisset, vel numerorum lepos persuasisset, ex casu mos, deinde etiam lex facta est Bucolico carmini.

Nonnulli *Orestem* ajunt è Tauris *Dianæ* signum deferentem, oraculo monitum, elui debere septem fluviorū de uno fonte erumpentium aquâ. Inventis in Italia amnibus propè Rhegium inde in Siciliam profectum, in pago quem Tyndariden vocat *Strabo*, Deæ signum statuisse, & Numinis laudes, unà cum agrestibus, à quibus receptus fuerat, non sine cantu instituisse. Alii hanc afferunt narrationem: *Syracusis* orta seditione, mutuis utrinq; cladibus exercitam occidionem, ab iis qui reliqui bello fuissent, *Dianæ* placandæ consilium initum, ad quam civitatis calamitatem, tanquam autorem, referebant. Itaq; agrestium frequentia Deæ templum donis auctum, Numiniq; & his & cantionibus pacato, initium factum anniversariæ festivitatis: ac propterea *Dianam Lyam* cognominatam, contrario sanè usu atq; accepimus nos; *Luem* namq; morbum dicimus, cujus vi corpora solvantur. Illi *Deam Lyam* vel *Luam* nuncuparunt, propterea quod intestinam discordiam sustulisset. Hæc annotat *Scaliger* lib.1.Poët.c.4.

Circa templum Delphicum primùm instituit *Choros* & *Latonæ Dianæ* ortum carminibus celebravit, natione Delphus, ortu Apollinis filius, & juxta *Ovid.* lib.11.Metamorph.

Carmine

De Musica Vocali.

Carmine vocali clarus, citharáq; Philammon, ut scripsit *Plutarchus* lib. de Mus.

Veneri quoq; offerebant harmonicos cantus, qui curas amatorias leniebant, quale melus primus excogitasse dicitur *Alcmam*, ut alibi dictum. Sic & *Paris*, Priami frater, hymnum in Venerē scripsit, quem *Ceston* veteres vocarunt, in quo Veneris laudes complectitur, eamque Palladi ac Junoni præfert. *Suidas.*

Cumq; Palladi (cui tibiarum usum & Musices inventionem quidam adjudicarunt, referente *Natali Com.* lib. 4. c. 5.) Lacones ædem statuamq; ponere decrevissent, *Gittadas* Lacedæmonius solus dignus inventus est, qui & statuam poneret, & hymnum componeret, quem in eius Deæ celebritate canerent.

Arion autem *Methymnæus* omnibus mortalibus prior *Orthia* carmina in *Palladem* decantavit. *Nat. Com.* d. l.

Sic & *Thesmophoria* in honorem Cereris agebantur sacra, ut & *Ambarvalia* à singulis agricolis celebrabantur, Cererisq; laudes cantando cum tripudiis: idq; ineunte Vere: *Nat. Com:* lib. 5. c. 14.

Cybeles quoque Sacerdotes cum tinnitu cymbalorum & sonitu Tympanorum sacra facere solebant, ut est apud *Strabon.* lib. 10.

Unde & Tympanum illi tribuerunt, quia in ejus pulsabatur sacris, quæ à castratis Sacerdotibus illa mater Deorum *Rhea* vel *Cybele* colebatur, cum magno tibiarum cornicumq; strepitu,

Tympana quam mulcent, tinnitusq; æris acuti.
Nat. Comes lib. 9. c. 5.

Ovidius lib. 1. de Ponto:

Ante Deûm matrem cornu tibicen adunco
Cum canit, exiguæ quis stipis ara neget?

Illæ etiam tibiæ dicebantur *Berecynthiæ*, quæ matris Deorum sacris adhibebantur, ad quarum cantus à convivantibus saltabatur, ut Tympana nos buxusq; vocant Berecynthia matris.

Memoriæ quoq; prodiderunt, in sacris Herculis ad magnam aram,

De Musica Vocali.

aram, *Salios* sacrorum ministros cum cantu psallere consuevisse. *Alex. ab Alex.* lib.1.genial.dier.c.26.

Insuper apud Romanos Martio mense *Anciliorum festa* & sacri dies cœnis sumptuosis & commessationibus cum cantu & symphonia opiparè & hilariter celebrabantur, quibus *Salii* sacerdotes cum tripudiis ad tibiam, solenniq; saltatu ancilia ferentes, ornatiq; prodibant, ipsiq; gladiolis illa percutientes, cum gressu & gradu composito, pulsu pedum ad sonum vocis modulato per capitolium & forum perque urbem incedebant.

Eodem modo *Bonæ Deæ* sacra peragebantur nocte à solis mulieribus, inter magnum concentum. Quemadmodum & *Lacones* per trium dierum spacium *Hyacinthia*, hoc est Hyacinthi sacrificiũ hoc modo celebrant. Pueri citharam in sagulis succincti pulsant, ad tibiamq; canentes, omnes chordas in rhythmo *anapæsto* plectro percurrentes, acuto Deum percinunt tono.

Alii in equis ornatis theatrum percurrunt, multiq; adolescentum chori, qui poëma aliquod vernaculum canunt, ingrediuntur, inter quos salvatores immisti deliram motionem ad tibiam cantumq; effingunt.

Celebrabantur porrò apud Romanos 12. Cal. Maji, qui dies *natalis* fuit urbis *Romæ*, feriæ *Parilia* dictæ, nunc *Romanas* appellant, extructo dicatoq; Fortunæ urbis templo ab optimo & festivissimo μυσικοτάτῳ *Hadriano*. Eum scilicet diem cum solenni celebritate quotãnis festum agebant non solùm Romani cives, sed etiam quotquot externi homines tunc Romæ sunt. τότε ἐξάκυς ⊙ ἐγένετ &c. *audiebatur per universam civitatem strepitus tibiarum, cymbalorum sonus, ac tympanorum fremitus, cum multorum, qui cantabant, vocibus. Omnes per civitatem in honorem Deæ* βαλλίζωσι *ad tympana crepitantia, cymbalavé saltant.* Inde *Gallis* est *Bal* & *Ballet*. *Athen.* lib. 14.

Hinc satis constare puto, quàm celebris olim fuerit in sacrificiisq; festisq; diebus *Musices usus*, quæ instituto huic nostro sufficiant.

Ll   Cap.

Caput XVII.

De Usu Musices συμποσιακῶ, in epularibus & convivialibus hilaritatibus.

MELPOMENEN, *Jovis filiam* & *Solis vocem* in dialogo de furore Poëtico nūcupavit *Plato*, quòd totius mundi sit temperatio & concentus, & quicquid vitali regitur spiritu, dulcisono Musices flectatur & capiatur modulamine. Unde olim etiam *conviviorum* solennitatibus adhibita fuit Musici concentus suavitas. Cujus rei testem habemus *Isaac. Casaubonum* lib.4. animadvers. in Athen. cap. 23. *Apud veteres*, inquit, *Græcos & Romanos*, conviviorum hæc ratio fuit, ut postquam corpora dapibus satiassent, oculos auresq́; variè oblectarent. Ideò finitis epulis, acroamata tibicines & saltatrices, & qui dicebantur Bacchi artifices *in cœnationes introducebant.*

Et *Varro* de vita populi Romani. *In conviviis*, ait, *pueri modesti, ut cantarent, (& assà voce & cum Tibicine) carmina antiqua, in quibus laudes erant majorum.*

Hanc consuetudinem *Syracides* 32. cap. Carbunculi atq; Smaragdi, duarum pretiosissimarum gemmarum, similitudine commendat atq; amplificat, Musicamq́; in conviviis omninò vult adhiberi, ceu maximum illorum decus & ornamentum. Verba ejus hæc sunt: *Concentus Musicorum in symposio est quasi insigne carbunculi in ornatu inclusum aureo. Et modulatio cantorum adhibita ad suave vinum, est tanquam sigillum smaragdi in apparatu aureo positum.*

Hoc quoq; ex *Homeri* multis locis constat, ut *Odyss.*ę. ubi Ulysses unà cum Eumæo subulco ad ædes suas appropinquasset, sic canit:

——————— περὶ δὲ σφεας ἦλυθ' ἰωὴ &c.
Circumvenit autem sonitus citharæ concavæ
In ipsis cepit canere Phemius.

Quæ audiens Ulysses inquit:

γινώσκω δ' ὅτι πολλοὶ ἐν αὐτῷ δαῖτα ὕθενται ἄνδρες: &c.

Cognos

De Musica Vocali.

*Cognosco autem quod multi in ipsa convivia faciunt
Viri, quoniam nidor quidam ascendit, cithara verò
Sonat, quam convivio Dii fecêre amicam.*

Et *apud eundem Poëtam* exstant de Musica epulari, &, quæ illius quasi individua comes, saltatione testimonia. Hinc *Odyss. α.*
μολπή τ' ἀρχηστύς τε. (τὰ γὰρ ἀναθήματα ἐςὶ δαιτός.)
Et *Odyss. φ.*
μολπῇ καὶ φόρμιγγι· τὰ γὰρ ἀναθήματα δαιτός.

Hic modò μολπὴν καὶ ὀχηςόν, cantum & saltationem, & iterum μολπὴν καὶ φόρμιγγα, cantum & citharam, eleganter sanè, vocat ἀναθήματα δαιτός, id est, donaria conviviis dicata, sive ut *Hesych.* interpretatur, κοσμήματα, ornamenta conviviorum.

Eustath. Odyss. α. Manifestum est, inquit, hæc non cujusvis atque vulgaris, sed magnifici, sumptuosíq; convivii esse anathemata, id est, ἱερά τινα κειμήλια, sacra quædam donaria. Eandem ob caussam *idem Poëta* φόρμιγγα, quæ præcipuum fuit organum musicum, *Odyss. ρ.* Deos dicit fecisse δαιτὶ ἑταίρην, epularum sociam. Et *Odyss. θ.*
ἤδη μὲν &c.
*Jam quidem convivio explevimus animum æquali
Citharáq́, quæ convivio congruens est lauto.*

Hic citharam συνήορον δαιτὶ θαλείῃ, id est, epulo splendido aptam & accommodatam appellat. Et *Horatius* lib.1.Carm.Od.32.
*O decus Phœbi, & dapibus supremi
Grata testudo.*

Et *lib.3.Od.11.* testudo vel Lyra dicitur
Divitum templis & amica mensis.

Duplicis autem *apud Homerum Musicæ & melodiæ fit mentio. Una,* ἡ ἐν τῇ φωνῇ, quæ voce constat: *altera,* ἡ ἐν τοῖς ὀργάνοις, quæ instrumentis constituitur musicis. Plerumq; autem in conviviis vox sive vocalis musica, quam ἀοιδήν, μολπὴν ἱμερόεσσαν καὶ ἡδεῖαν sæpe appellat, organis musicis conjungitur.

Idem Poëta memorat procos (porcos penè fcripferam) ceu homines voluptuarios ad vefperam ufq; hujufmodi cantiunculis atq; faltatiunculis indulfiffe, *Odyſſ.* ρ.   τοὶ δ' ὀρχηςύι:
> *Hi autem* (proci) *faltu & cantu*
> *Delectabantur. jam enim & egreſſus erat meridianus dies.*

Et *Odyſſ.* α.   ὁ δ' εἰς ὀρχηςύντε:
> *Hi verò ad tripudia & dulcem cantum,*
> *Converſi oblectabantur; exſpectabat autem veſperam adventare:*
> *Dum autem hi oblectabantur, niger veſper venit.*

Cauſaub. lib. 4. animadv. c. 28. in Athen. notat, Homerum non unum aliquod in poëmatis fuis defcripfiffe convivium: fed varia ac diverfa, quemadmodum diverfa funt hominum ingenia & differentes mores.   Hinc eft, quod acroamata parciùs *alibi* introducit in cænationes, tanquam ἀναθήματα δαιτὸς, non ut toti in iis fint convivæ: *alibi*, inter præcipuas & fummas convivantium voluptates inducit cantores & alios rerum muficarum peritos.   Hujus generis conviviorum exempla effe ait in illis, quæ apud nequiffimos procos & delicatiffimos Phæaces agitantur; temperatorum in iis quæ apud Neftorem & Menelaum.

Omninò igitur *Muſica conviviis eſt adhibenda*, quippe quæ εἰς διαγωγὰς καὶ συνουσίας, ad vitæ degendæ confuetudinem inventa eft, quia maximam homines exhilarandi vim habet.   Item εἰς ἀνάπαυσιν καὶ τῆς διὰ πόνων λύπης ἰατρείαν, ut quæ quafi medicina fit data hominibus ad recreationem, peractis laboribus.

Tefte enim *Muſæo ἐν τοῖς ἥδιςον ἀείδειν*, jucundiffimum hominibus canere.

Præterea in conviviis maximè requiritur *hilaritas* honefta atq; moderata, ad quam efficiendam, nihil videtur Muficâ effe aptius efficaciusq;.   Quæ læticiæ in epulis apprimè neceffariæ, parens eft atq; procreatrix: mœroris contra atq; triftitiæ, quæ conviviorum labes atque macula, expultrix.   Et ad'extinguendos irarum furores, qui non rarò

inter

De Musica Vocali.

inter convivas oriuntur, præsentissimum est remedium. Περιαιρουμένη γδ την ςυγνότητα, ποιεῖ πρᾳότητα καὶ χαρὰν ἐλευθέριον, cum tristitiam, austeritatemq; tollat, mansuetudinem læticiamq; liberalem parit. Meritò igitur ceu optima ὕβρεως καὶ ἀκοσμίας contumeliæ atque immodestiæ medela adhibetur. Quod namq; & *temperantiæ* in conviviis Musica consulere verè dicatur, ex adagio illo apparet, quo *Musicus apparatus* dicitur, pro mediocri & frugali, ut recitat *Damascius Syrus* in historia, quam de Philosophis scripsit: τὴν δὲ, ait, τροφὴν: &c. *Victu sortitus est moderatum & frugalem, neq; ob egestatem præparcum, neq; propter opes diffluentem, sed medium atq; Musicum, pro fortunis verè temperatum adinstar Doriorum modorum.*

Unde antiquorũ moribus & legibus fuit constitutũ, teste *Athen.* lib. 14. ut Deorũ immortaliũ Hymni cõmuni voce ab omnibus in cõviviis canerétur, ὅπως καὶ διὰ τούτων τηρῆται τὸ καλὸν καὶ σωφρονικὸν ἡμῶν, utq; sese mutuò *ad temperantiam honestatemq;* colendã atq; tuendam adhortarentur. *Nam cùm cantilenæ sint concinnæ, si Deorum sermo accesserit, hoc pacto singulorum mores graves redduntur atq; compositi.* Id probat *Philocnori* testimonio, qui affirmat, veteres non semper solitos fuisse διθυραμβεῖν, *dithyrambos* canere, sed *Dionysium* quidem libantes canebant inter vina & ebrietatem, *Apollinem* autem adhibito ordine, quiete & tranquillitate. Hinc colligit Athen. *Musicam antiquitus non levis, vulgaris popularisq; tantùm voluptatis causâ in convivia fuisse introductã.*

Arcadas quoq; Musicæ studiosissimos, hymnos atq; pæanas in Deorum atq; Heroum suorum lionorem canere consuevisse accepimus. Illorum enim pueri à teneris annis secundum legem hymnos atq; pæanas canere assuescũt, quibus singuli juxta patria instituta Heroas indigenas atq; Deos decantare atq; celebrare soliti fuerunt, apud eundem *Athen.* lib. 44.

Cyrus apud Xenoph. lib. 4. Expedit. ad milites, *Nunc ut religiosi, & fortes, & temperantes viri, cœnam sumite, Diis libate, pæana præcinite, simul id quod imperatum est, curæ vobis esto*, ut recitat *Stuckius* lib. 3. antiquit. conviv. cap. 20.

Cantabantur etiam ab antiquis vel *Philosophicæ vel Astronomicæ cantilenæ* in conviviis: cujusmodi est apud *Virgilium* cantus Jopæ in convivio *Didonis*, apud quem 1. Æneid.

citharâ crinitus Iopas
*Personat auratâ, docuit quæ maximus Atlas,
Hic canit errantem Lunam, Solisq́ labores,
Unde hominum genus & pecudes, unde imber & ignis,
Arcturum pluviasq́ Hyades, geminosq́ Triones,
Quid tantùm Oceano properent se tingere soles
Hyberni, vel quæ tardis mora noctibus obstet.*

Præterea clarorum etiam *hominum virtutes*, resq́; præclarè gestas in conviviis carminibus & cantionibus celebrarunt, quibus nimirum se invicem ad illorum imitationem instigarent & incitarent. Quod ex pluribus item locis *Homeri* constat, ut *Odyss. θ.* αὐτὰρ ἐπεὶ πόσιος &c.

*Ut dapibus depulsa fames, vinoq́ refecti
Musa jubet canere hinc illustria facta virorum.*

Et *Penelope apud Homerum* Odyss. α. talia ad *Phemium* περίκλυτον, inclytum cantorem verba facit: Φήμιε, πολλὰ γὰρ ἄλλα: &c.

*Phemie, multa sanè alia mortalium oblectamenta novisti,
Gesta hominumq́ Deorumq́ quæ celebrant cantores,
Horum unum ipsis cane assidens.*

Et *Cicero* in Bruto: Carmina in epulis esse cantata à singulis convivis ad tibicines de clarorum hominum laudibus, est in originibus. Ad eundē ritū alludit & *Theognis* hisce versibus: καὶ σε σὺν αὐλίσκοισι:

*Et te cum tibiis sonoris juvenes viri decenter
Amabiles pulchrè & canorè canent.*

Respicit ad veterum morem, quo carmina in conviviis & publicis solemnibusq́; congressibus & certaminibus recitabantur: & tibiis, Lyra, aliisq́; instrumentis utebantur. Item, cum præcones Agamemnonis ad tentoriū *Achillis* adventassent, illum citharâ canentem illustrium virorum præclarè res gestas, invenerunt, ut est *lib. 9. Iliad.*
μυρμιδόνων δ' ἐπί τε κλισίας: &c. ubi Latina versio sic habet:

Myrmidonumq́ adeunt juxta tentoria naves:

Mulcen-

De Musica Vocali.

Mulcentem citharâ hunc mentem invenêre sonorâ,
Pulchrâ,ex argento, cui clara manubria: & illam
Ceperat è spoliis urbs diruta ut Eerionis
Hac animum mulcens cantabat facta virorum.

Canebantur quoq; aliquando *cantilenæ ad mundi mirabilitatem pertinentes*,& ad infinitam divinæ mentis,summiq; opificis sapientiā, aut astrorum cognitionem: cujusmodi sunt quæ canuntur apud *Apollonium* lib.1. Argon. Et tanta quidem illorum cantorum fuit modestia & temperantia,ut neq; inter convivia procorū Penelopes turpia & lasciva canerentur: quamvis essent juvenes ad omnem libidinem, omnemque intemperantiam maximè propensi: sed canebatur apud hos reditus Græcorum in patriam laboriosus sanè ac perdifficilis.

Harum verò cantilenarum & cantorum & poëtarum *præsides Musæ* putabantur,quarum dux creditus *Apollo*,unde *Musagetes* dictus,ut scribit *Nat.Com.* lib.7.c.15. Quid quod Diis epulantibus canere Apollinem & Musas ferunt,ut annotat *Muret.* lib.6. var. lect. c. 16. quod *Homerus* etiam innuere videtur Iliad. α. ᾧδ᾽ ἔτι θυμὸς ἐδεύετο: &c.

Neq, amplius animus indiguit convivio æquali
Neq, Lyrâ perpulchrâ, quam tenebat Apollo,
Musisq, quæ canebant invicem excipientes se voce pulchrâ.

Porrò apud *Romanos* quoq;(quos *Athenæus* lib.14.μυσομανεῖς vocat) usitatā fuisse in epulis Musicam,ex multis literarum monumentis, & quidem abusum illius luxuriosum *Cicero* quibusdā in locis perstringit. *Orat.pro Cælio,* Accusatores quidem libidines,amores,adulteria,Bajis acta convivia, cōmessationes, cantus, symphonias, *Ver. σ.* Curritur ad prætoriū, quo istum è convivio illo præclaro reduxerant paullo antè mulieres cum cantu & symphonia.

Livius testatur post victoriā Asiaticā demū convivalia ludorū oblectamēta,ut psaltrias & sambucistrias,in epulis fuisse adhibitas, *Deca.3.* *Valer. Max.*lib.2.Majores natu,inquit,in conviviis ad tibias egregia superiorū opera carmine cōprehensa pangebant,quò ad ea imitanda juventutem alacriorē redderent. *Quintil.*lib.1.c.17. Sed veterum quoque Romanorum epulis fides ac tibias adhibere moris fuit.

Illas

Illas autem *tibias*, quarum usus in conviviis erat, *conviviales* dixerunt, erantq; pusillæ & æquales, ad significandum *æqualitatem convivarum*. Iccircò rotunda olim mensa, ne quem sibi prælatum quispiam conquereretur: Et *Ceres* ideò non solùm *spicifera*, sed etiam *legifera* appellata, cui ob eam rem agerent Θεσμοφορια, ut eadem sit ciborum & justitiæ inventrix.

Has item *epulonum tibias* appellabant, propterea quòd vinum esset anima conviviorum. *Spartani* etiam excellentium virorum *laudes* & ignavorum fœda *scelera* in epulis ad lyram cantare solebant, referente *Alex. ab Alex.* lib. 5. c. 21.

De Lacedæmoniis scribit *Philochorus*, quòd cùm Messenios vicissent, Tyrtæi poëmatis inflammati consuetudinem eam observarunt, ut si cœnas essent facturi, *Tyrtæi poëmata* canerent, referente *Athenæo* lib. 24 c. 12.

Huc referre lubet, quod de *Alexandro M.* scribitur, qui refecto in Gedrosia exercitu, incessit *commessabundus diebus septem* per Carmaniam. Inter alia circumsonabant omnia loca fistulis, tibiis, carminibus, cantilenis. Ipse Alexander chororum ludos spectavit, amasiusq; ejus Bagoan choragus palmam obtinuit, exornatus Rex medio theatro transiit, & ad latus eius consedit, imò propter Macedonum applausum, complexus & dissuaviatus est. *Plutarchus* in Alex.

Ejusmodi autem laudatoria carmina apud Græcos in περιδείπνοις, id est, *cœnis funebribus* olim in primis fuerunt usitata: unde proverbium illud promanavit de homine illaudato: Οὐκ ἐπαινεθείης οὐδ᾽ ἐν περιδείπνῳ, id est, *Non possis laudari ne in parentalibus quidem*. *Antiquus* enim *mos* erat, præsertim *Atticis*, in cœnis funeralibus, quas Græci περίδειπνα vocant, encomiis, epicediis & epitaphiis laudare vita defunctum, etiamsi parum meruisset in vita.

Observandum porrò, ut scribit *Stuckius* lib. 3. conviv. antiquit. c. 20. antiquitus cum cantores, auloedos, citharœdos, tibicines, item mulieres sambucistrias, psaltrias, citharistrias, aliosq; Musices peritos fuisse adhibitos, qui convivas cantilenis musicisq; instrumentis oble-

ctarent:

DE MUSICA VOCALI.

ctarent: tum ipsos convivas partim voce, partim fidibus canere consuevisse. Nam more receptum fuit, ut omnes communi voce pæana sive *hymnum* aliquem *in Bacchi aliorumq́; Deorum honorem* caneret, idq́; cùm ab initio, tùm in fine cœnæ, quando libabant: & deinde unusquisq́; accepto myrti, aut lauri ramo *propriam cātionem* canere, atq́; etjam *Lyram*, quæ circumferebatur, pulsare cogebatur. De illa consuetudine idem scribit *Plutarchus* lib. 1. συμποσ. quæst. 1. ut mox dicetur. Unde *Themistocles*, cum renuisset pulsare fides, habitus est indoctior, ut refert *Cicero* & *Fabius* lib. 1. instit. orator. Quem tamen consultò à cithara abstinuisse, quòd eam amplitudini suæ nequaquam convenire arbitraretur, scribit *Platina* lib. 2. de opt. cive.

 Dici verò volunt ἄσυρκον, ἀπὸ τῦ ἄσαι καὶ ἀρχεῖν, quasi cantum subministrans vel suppeditans: vel legendum quidam putant ἄσαρχον, ἀπὸ τῦ ἄσαι καὶ ἀρχεῖν, quod incipere & lacessere significat, quòd qui illam myrtum tenebat, canere incipiebat, & reliquos ad idem faciendum suo exemplo lacessebat, secundum *Scholiast. Aristoph.* καὶ γδ ὁ ἐξάρχης δάφνην ἢ μυρρίνην κατέχων ἧδε, id est, qui primus laurum, sive myrtum tenebat, is canebat, unde etiam ἔξαρχον possis legere, id est, *præcentorem*, quòd qui eam acceperat, canendo præibat.

 Sic παιᾶνα ἐξάρχειν *Xenophon* dixit, epularum factâ mentione.

 Quod de *Fabio* diximus, illius de lyra circumlata hæc sunt verba: Unde, ait, etiam ille mos, ut in conviviis post cœnam circumferretur lyra. *Cicero* lib. 1. Tuscul. quæst. Summam, inquit, eruditionem Græci sitam censebant in nervorum vocumq́; cantibus: Igitur & *Epaminondas*, princeps Græciæ, fidibus præclarè cecinisse dicitur.

 Idem *Galenus* testatur lib. 1. *Therapeut.* ubi scribit, turpissimum olim habitum, si lyra abesset à conviviis, ἄπλεσθαι δὲ πάλαι κατὰ τὰς τοιαύτας συνόδους καλὸν ἐνενόμιστο, sicuti iterum in ejusmodi congressibus retigisse honestum erat.

 Pindarus in Olympion. Odyss. 1. prout Latina verba ex Græco translata referunt:

M m   Resplen-

Resplendet autem & Musices in flore, qualiter ludimus frequenter nos viri circa mensam amicam. Sed doricam citharam è clavo exime.

Tria autem fuerunt *apud Græcos convivalium carminum genera,* sicut testatur Artemon apud *Athenæum* lib. 15. *Primum,* quando omnes canebant. *Secundum,* quando omnes canebant quidem, non tamen ordine, cum ex quodam ambitu cantum exciperent. *Tertium* verò in omnibus ordinem servabat, quem tamen non omnes animadvertebant, quod tamen σκολιὸν fuit appellatum. Canebant autem sapientes, atq; singuli oden aliquam pulchram in medium afferebant, quæ sententiam ἐιωφελῆ, vitæ utilem haberet.

Hujus item antiquorum in epulis canendi consuetudinis *Clemens Alexandrinus* lib. 2. pædag. c. 4. luculentam mentionem facit his verbis: Cæterum, inquit, πρὸς τὰς συμποτικὰς ἐυωχίας καὶ τὰς ἐπιψεκαζέσας κύλικας, id est, *in symposiis & inter rorantia sive distillantia pocula, ad psalmorum hebraicorum similitudinem* ἆσμα *vel carmen canebatur, quod* σκολιὸν *appellabatur,* communiter omnibus voce (παιανιζόντων) pæana canentibus: nonnunquam etiam ἐν μέρει περιελιτ]όντων τὰς προπόσεις τῆς ᾠδῆς, id est, per cantici vices propinationes circumagentibus. Qui autem ex iis erant μυσικώτεροι Musicæ peritiores, etiam ad lyram canebant. Solebant convivæ προκαλεῖσθαι ἐξ ὄνομα κλίδην, id est, nominatim provocare, cui propinaturi erant, & lyram tradituri.

Scolia autem appellantur ἐ κατὰ τὴν τῆς μελοποιίας τρόπον, ὅτις σκολιὸς ἦν, id est, non ob carminis modum, quòd is obliquus ac difficilis esset (λέγυσι γὸ τὰ ἐν ταῖς ἀνειμένοις σκολιά, nam quæ sunt in remissis, *Scolia* appellantur,) sed cùm tria essent genera, autore *Cassandro Artemone,* ut modò dicebamus, eorum quæ in cōviviis decantari consueverāt, *primum,* quod omnes secundum legem canebant: *secundum,* quod ab omnibus quidem canebatur, sed κατά τινα περιφορὰν ἐξ ὑποδοχῆς, ita ut ambitu sive circuitu quodam atq; successione omnes cantum exciperent: *tertium,* quod similiter in omnibus ordinem servabat, quo jam non am-

plius

De Musica Vocali.

pliùs omnes participabant, sed illi tantum, qui sapientes esse videbantur, secundum locum ordinemq;, qui cuiq; sorte obtigerat. Hoc ergò quia solum ἀταξίαν ἴυα, ordinis quandam confusionem obtinebat, & neq; simul ab omnibus, neq; ordine quodam atq; successione, sed prout contingebat, quovis loco atq; ordine canebatur, σκολιὸν fuit appellatum. Hoc autem dum demum canebatur, quando carmina omnibus communia atq; necessaria erant finita.

Plutarchus lib.1. sympos. probl.1. Quin etiam, inquit, carmina illa in conviviis decantari solita, quæ vulgò σκολιὰ id est *obliqua sive tortuosa* appellantur, cratere in medio proposito, & corollis distributis, decantare, forsan neq; pulchrum neq; convivio aptum esse videatur. Et tamen *Scolia*, nonnulli ajunt, non esse genus carminis sive cantilenæ obscuræ, sed inde sic appellata, ut sequitur. Nam primò omnes communi voce carmen Deo (Baccho) canere solebant, illum celebrantes. Deinde unusquisque propriam cantionem, accepto myrteo ramo, quem iccircò ἄσαρκον appellabant, διὰ τὸ ᾄδειν τὸν δεξάμενον, quia is qui illum acceperat, canere solebat. Et quia simul quoque Lyra vel Cithara circumferebatur, quam artis quidem illius peritus pulsare, carmenq; illud concinnè modulari, sonumq; chordarum ad vocem attemperare ; musicæ autem imperiti id recusare solebant, hinc *Scolion* fuisse nominatum, quòd illud neque omnibus esset commune, neque etiam facile : Et ideò Musicæ ignarus per jocum, accepto laureo ramo seu myrteo, cogebatur ad eum canere. Alii tamen myrtum non ordine traditam fuisse ajunt, sed à lectulo ad lectulum transmissam, ut mox dicemus. Itaque διὰ τὸ ποικίλον καὶ πολυκαμπὲς τῆς περιόδου, id est, ob varietatem & tortuosos in circuitione flexus, *Scolion* videtur dictum.

De his carminibus hæc scribit *Scaliger* lib.1. Poët. cap.44. Canebantur in conviviis σκολιὰ μέλη (in quibus virorum fortium laudationes continebantur, nihilq; à Pæanibus differunt, nisi materiâ sive argumento (in quibus poculū circumlatū δῶς appellabatur, quod non liceret absq· cantu vel præpinare vel excipere. Nonnulli putarunt, σκολιὸν carmen esse, quod à primo cœptum, nequaquam à proximo, sed *ordine flexuoso*, ultrò citroq; exciperetur. Neq; hoc displicet: convenit enim cum poculo, quod canenti propositum præmium dicebamus. *In Nuptiis cani solitum* à discumbentibus lauro & myrto coronatis, nemo dubitat.

Tres erant *recitandi modi*: *Unus*, cum plures concinebant in choris & nuptiis: *alter* cum in conviviis non succedebant seriatim, sed ut cuiquã visum fuisset, à cantu myrti laurivè ramus dabatur ei, qui magis idoneus judicaretur. Alii malunt à primo lecto cœptum, altrinsecus primo lecto datum ramum simul cum cantionis jure, inde ab illo ei, qui secundus erat in secundo lecto: ab hoc ei, qui exadversum in altero secundo discumbebat, ita erat σκολιὸν sicut reptatio serpentum, & quasi serræ dentes. Carminis verò materia non solùm erat in laudibus virorum fortium, ut quidam putarunt, sed etiam in communibus sententiis, & quocunq; genere adhortationis ad benè beateq; vivendum. Eo carmine qui vicissent, poculo donabantur, quod à cantu illo ᾠδὸς dicebatur. Hæc *Saliger*.

Quod ex sequentibus etiam est manifestum. Nam, *Suida* teste, Dicæarchus etiam in libro de certaminibus musicis, *tria* dixit esse *Odarum* sive carminum *genera*: τὸ μὲν ὑπὸ πάντων ἀδόμενον καθ' ἕνα ἑξῆς: *Aliud* quidem quod ab omnibus canebatur: *aliud* quod à singulis ordine: *aliud* quod à sapientissimis ὡς ἔτυχε τῇ τάξει, id est, quovis ordine. Vel ut *Aristoxenus* & *Phyllis* Musicus senserunt, quoniam in nuptiis circa unam mensam multis collocatis lectis, singuli ex ordine myrtos tenentes canebant gnomas & amatoria. Circuitio autem erat σκολιὰ, flexuosa.

Ab *Aristophanis Scholiaste* in comœd. σφῆκες hæc adduntur. Alij verò ajunt, moris fuisse, ut is qui non posset in symposiis canere, accepto lauri aut myrti ramo, ad illum caneret. Sunt qui dicãt, per ἀντίφρασιν σκολιὰ fuisse appellata τὰ παροίνια μέλη, illa epularia carmina. Nam illa oportebat esse ἁπλᾶ καὶ εὔκολα, simplicia atque facilia, ut quæ inter compotandum canerentur. Sed hoc non benè ab illis dicitur.

Nam

DE MUSICA VOCALI.

Nam τὰ δύσφημα ἐπὶ τὸ εὐφημότερον μεταλαμβάνεται, οὐ μὴν πύμπαλιν, id est, ea quæ mali sunt nominis ad prosperiorem appellationem convertuntur, non contrà. Verùm quia non ordine lyra convivis tradebatur, sed alternatim, propter obliquam illam Lyræ circumlationem, carmina illa σκολιὰ dicebantur.

Cælius lib. 12. c. 15. *Scolia*, inquit, Græci interpretantur συμπότικὰ ἄσματα, convivales cantilenas. Sic verò nuncupari Etymologici tradunt, quòd vinolenti jam, καὶ χολιᾶς ἔχοντες τὰ αἰσθητήρια ἄδουσι, id est tortuosis hebetibusque, ac retusis sensibus ea concinant.

Pollux lib. 6. c. 17. καὶ παροίνια δὲ ἄσματα ἦν, καὶ σκολιὰ, καὶ μυρσίνην δέ τινες ἐπὶ δεξιὰ περιφέροντες, καὶ ἔκπωμα, καὶ λύραν ᾄδειν ἐξίου. Id est. Erant etiam convivales quædam cantiones, scolia ad myrtum circumlata, nec non poculo atq; lyra cantum exigebant.

Scolia *Meliti* inter alia celebrantur ab eruditis, quæ Carica haberent aulemata, incentiones flebiles.

Interdum in conviviis à discumbentibus melos cani solitum memorant, quod dicebatur *Harmodium*, cujus erat initium : φίλτατε ἁρμόδιε, οὔτι που τέθνηκας; Unde illud facetissimum ex comica officina : οὐ δὲ παρ᾽ ἐμοὶ τὸν ἁρμόδιον ᾄσεται. *Apud me nunquam Harmodium canet*: id est. Mecum convivia non agitabit. *Cælius* lib. 27. antiq. lect. c. 26. *Interpres* verò *Aristoph.* in fab. cui titulus ἀχαρνεῖς, unde dicterium hoc sumptum, indicat, cantilenæ genus fuisse, quod in compitis cani consueverit in Harmodium & Aristogitonem, quòd hi Pisistratidarum tyrannidem sustulissent.

Præterea *Ægyptios* in conviviis *canere solitos cantionem Manerotem* dictam, scribit *Plutarchus* de Iside, quem Manerotem Regem fuisse, ajunt, & inventorem Musicæ. *Alij* hoc non esse nomen proprium contendunt, sed genus loquendi & epulantibus conveniens, quasi dicas, *Secunda adsunt*. Aliter *Herodotus* lib. 2. refert: Ægyptii, inquit, in conviviis lugubrem cantionem, quam *Linum* vocant, (a *Lino*, qui Ægyptiacè *Maneros* dicitur, filio primi Regis Ægyptiorum, quem immaturà morte defunctum, hoc lugubri carmine prosecuti sunt, quæ sola primaq; cantilena apud ipsos inſtituta fuit) decantare conſueverunt, ut & Græci, ut ſcilicet vel inter pocula mortalis conditionis memoriam refricarent.

Vero quoque ſimile eſt, Ἀρχιλόχου μέλ⊕, *Archilochi cantionem* in conviviis fuiſſe decantatam. Hoc nomine dicebatur hymnus, qui ad multos poterat accommodari, qualem ferunt Archilocho fuiſſe repertum. Nam cum Pindarus & alii hoc genus lyrici, ſingulos propriis laudibus exornarent, Archilochi carmen idem erat in omnes, quod cithara canebatur: Citharædus tantum ad ſingula cantionis intervalla, victorum nomina voce ſuâ repetebat: veluti ſi Herculem laudabat, accinebat, Tenella Callinice χαῖρ᾽ ἄναξ ἡράκλεις: aut aliud, ſi quem alium canebat, ut annotat *Eraſmus* in Adagiis. *Plutarchus* item ſcriptum reliquit, inter alias cantiones conviviales cantiunculas celebrem fuiſſe illam, quâ decantarunt: πέντε πίνε, τρία πίνε, ἢ μὴ τέτταρα. *Bibe quinq;, bibe tres, aut nec quatuor cyathos* Hinc *Auſonius*:
Ter bibe vel toties ternos, ſic myſtica lex eſt.
Tres cyathos ad numerum *Gratiarum*, aut *novem* ad numerum *Muſarum* intellige. Credebant enim *numeros impares ad omnia efficaciores eſſe*. Vide *Cælium* lib. 7. c. 26.

Atq; in hanc rem jocatur *Ariſton*: *Quemadmodum,* ait, *in Muſica hemiolij proportio* ſymphoniam reddit diapente, dupla, diateſſaron, quæ ſymphonia præter cæteras hebes & obſcura eſt, & epitrito conſtat. *Itidem & in bibendi harmoniis tres eſſe ſymp' onias vini ad aquam*, διὰ πέντε, διὰ τριῶν & διὰ ποσάρων. Nam diapente ſymphoniam ex hemiolio conſtitui, ſi tres aquæ cyathi duobus vini cyathis admiſceantur: Quod ſi duobus admiſceas duos, dupli proportionem exiſtere: Diateſſaron harmoniam fore, ſi uni vini cyatho tres aquæ cyathos addideris.

Memoratu dignisſimum eſt, quod *Pauſanias* in Bœoticis ſcribit, ſuo tempore ſibi oſtenſum fuiſſe locum, ubi *in Cadmi nuptiis* ipſæ Muſæ cecinerint. Huic enim Cadmo Thebanorum Regi, Harmonia

Jovis

DE MUSICA VOCALI.

Jovis & Electræ filia in matrimonium data, & nuptiis à Diis Deabusq; dona fuêre tributa. *Ceres* frumenti fructum largita est, *Mercurius* lyram, *Pallas* monile & peplum & tibias, *Electra* sacra magnæ matris, & cymbala ac tympana. In iisdem *Apollo* cecinit ad citharam, *Musæ* tibias inflarunt, ac Dii reliqui multa dona dederunt. *Natalis Comes* lib. 9. cap. 14. Id ipsum *Theognis* ὁμόψηφ⊕ approbat, quando ita canit:

Μοῦσαι καὶ χάριτες κοῦραι διὸς,&c.
Musæ & Charites Jovis filiæ, quæ olim Cadmi
Ad nuptias venientes, pulchrum cecinistis carmen,
Quod honestum, gratum est. quod verò non honestum est,
non est gratum.
Is sermo immortalium venit per ora.

Fuit igitur hoc : ὅτι καλὸν φίλον ἐςὶ; τὸ δ' οὐ καλὸν, οὐ φίλον ἐςὶ, principium carminis, vel unde etiam *Theognis* illud hauserit.

Sic *Clio* duos habuisse fertur filios, Julemum & Hymenæum prorsus contrariæ sortis: quod hic lætis conviviis & nuptiis semper adesset: ille verò ejulatione & luctu suas aleret cogitationes. Quod *Aristophanes* apud *Athen.* in dictionibus Atticis annotat, ἐν γάμοις, inquit, ὑμέναι⊕: ἐν δὲ πένθεσιν Ἰάλεμ⊕. Per hos diversissimæ conditionis Cliûs filios significare voluerunt illos, qui ad virtutem & hujus præmium, honorem, aspirant, nunc asperâ premi, nunc prosperâ levari fortuna. Imò omnes totius vitæ nostræ decursu, modò dulcem canimus Hymenæum, modò ἰαλεμίζομῳ, dum usq; nubila serenis, dura mollibus, amara dulcibus, solatia castigationibus permiscentur.

Hinc dicitur ille assiduo in nuptiis frequentatus more *cantus Hymenæus*, propter Hymenæum; cantuum Epithalamicorum inventorem & præsidem, id quod declarant *Plutarchi* verba in sympos. ἡ δὲ γαμήλι⊕ τράπεζα, κατήγορον ἔχει τὸν ὑμέναιον μέγα βοῶντα, καὶ τὴν δᾷδα καὶ τὸν αὐλὸν, Convivium nuptiale cum cantu conjugali

Hyme-

Hymenæi altè clamantis, & faces & tibiæ. Quibus verbis recenset *tria* præcipua ferè *nuptialium ceremoniarum genera*, quæ ab omnibus ferè gentibus fuerint usurpata, quæ sunt *Hymenæus*, *fax* atque *tibia*.
ὑμὴν & ὑμέναιος Polluci est ἅμα τὸ γαμήλιον, cantus nuptialis. Item τὸ τοῖς γαμοῦσιν ἐπαυλούμενον.
Athenæus lib. 14. dicit, ὕμνον γαμικὸν & τὴν ἐν γάμοις ᾠδήν. *Hesych.* ᾠδὴν ἐπιγάμιον & ἐπιθαλάμιον, quod nimirum ad thalami fores decantari fuerit solitum.

 Hymenæus ille canebatur cum choreis, ita ut unus quispiam caneret, quoad Epiphonema subinferret. Quo pronunciato universa chorea Hymenæum totidem numeris recinebat, ut refert *Scaliger* lib. 3. c. 101. ubi addit etiam, multiplex fuisse in nuptiis carmen. Nam in ipso convivio nuptiali Scolia canebantur, ut dicebamus. Post cœnam Epithalamium, cum in cubiculum deduceretur.

 Fuit & quoddam mistum ex narratione & cantione, quale pulcherrimum illud *Catulli*, quod malè inscripsit *Argonautica*. Est enim *Pelei Epithalamium* mistum. Quin extat & *Claudiani Epithalamium* suavissimum, eius generis quod canebatur. Postea hæc ex *Catullo* addit, diversa initia, ad Hymenæum statim:

> *Collis ô Heliconii*
> *Cultor, Uraniæ decus,*
> *Qui rapis teneram ad virum*
> *Virginem, ô Hymenæe!*

Alterum autem initium à tempore, ad juvenes,

> *Vesper adest, juvenes consurgite, vesper Olympo*
> *Exspectata diu vix tandem lumina tollit.*

 Iisdem Græcis ἀμοιβαῖον carmen in nuptiis modulatis vocibus canere solenne fuit, quod festo nuptiarum die Pelei & Tethidis, Deos decantasse olim ferunt cum acclamatione: ὑμὴν ὦ ὑμέναιε ὦ ὑμὴν, ut scripsit *Aristoph.* in Avibus. Carmen autem Amœbæum, non solum cum Hymenæi nomine, sed etiam aliud, ut:

Currite

DE MUSICA VOCALI.

Currite ducentes subtegmina currite fusi; Et virgines versus à cantore auditos recinebant, ait enim:

Vos item simul integræ
Virgines, quibus advenit
Par dies : agite in modum
Dicite, ô Hymenæe Hymen,
Hymen ô Hymenæe.

Græcis item nubentium matribus tenere *faces* in nuptiis negotium datur, quod δᾳδȣχῶν dixêre: simulq; carmina & Fescenninos versus & sacrum hymnum, quem *Epithalamium* vocant, decantare, atq; in his quinq; Deos precari solebant, ut novæ nuptæ volentes & propitii adessent, prolemq; fæcundarent, Jovem adultum, Junonem adultam, Venerem, Dianam & Suadelam. Juventusq; cum strepitu & cantu *nuces* spargebant, ut annotat *Alex. ab Alex.* lib.2.genial.dier.c.5.

Simili modo, teste *Festo*, apud Romanos deductio Sponsæ præcedente Tibicine, & puerorum puellarumq; cantibus inter se respondentium, celebrabatur: *ô hymen hymenæe, hymen hymen ô hymenæe*. In eorundem nuptiis celebris ille canitur *Talassius* dictus cantus, propter Talassium juvenem bello fortem, cui formosissima ex Sabinorum filiabus adducta fuit virgo. *Plutarchus.*

Notandum denique, Musicam olim & in principio, & in medio, & in fine convivii fuisse adhibitam.

Adhibebant & aliam consuetudinem, qua *pretiosiores dapes inferentes* solenni quadam pompa tibicinibus utebantur. Ita enim coenante *Severo Imperatore* observatum fuisse, scribit *Macrobius* lib.3. Saturn. c.16. ut cum inter alios cibos lautos & pretiosos Accipenser piscis adponēdus esset, nō nisi à coronatis ministris, cum tibicinis cantu inferretur, ut memoriæ tradidit *Pancirollus* lib.1.de reb.memor.f.507.

Coqui etiam olim epulas ad tibiæ sonum appararunt: Unde *Eubulus apud Athenæum* lib.9.ait, moris fuisse, ut si quid peccasset coquus, tibicen vapularet.

Ex his omnibus perspicuum est, quanta apud antiquos fuerit tributa symphoniacis concentibus in symposiacis conventibus dignitas, quanta gratia, adeò ut ipsis nullum convivium suave videretur, Musicæ subtractâ jucunditate.

Nec obstat, quòd *Plato* in Protagora scribit, ubi *plebejorum hominum conviviis Musicam tantùm assignare videtur*, cujus hæc sunt verba, ex Græco in Latinum sermonem conversa: *Qui cum nequeant propter inscitiam invicem propriâ voce suisq; sermonibus ipsi colloqui, mercede exhibita, tibicines introducunt, & aliena voce, hoc est, tibiarum flatu, convivium transigunt. Ubi autem boni præclariq; & eruditi convivæ conveniunt, neq; tibicinas ibi, neq; saltatrices, neque cantatrices ullas videas, sed voce propriâ, remotis iis nugis jocisq;, convivium celebrare, & alternis interrogationibus responsionibusq;mo destè disserere, etiamsi vinum abundè bibant.*

Non autem ἁπλῶς & absolutè *Plato* musicam ex conviviis ejicit, sed vel lascivâ & mollem atq; libidinis incensivâ intelligit Musicam, vel (nec injuriâ,) jucundissimos sermones, ut vera animi oblectaméta, illi præfert. Alias non video; quomodo constare possit, quod à *Xenophonte*, Socraticæ disciplinæ alumno, in id convivium, in quo & Socrates esset & Antisthenes, atq; alii sapientiâ præstantes viri, non modò Philippum γελωτοποιὰς χάριν, excitandi risus artificem, verumetiã, sublatis epulis, Syracusanum cômessatorem cum tibicinâ, & saltatrice, & formoso puero (tanquam jucunda θεάματα atque ἀκροάματα) introduxit, qui tum saltando, tum fidibus canendo, summâ eos, qui aderāt, voluptate perfunderent.

Potest huc accommodari illud ex *Plutarcho* lib.1. sympos. probl. 1. quo distinguit inter ea, quæ ad cœnas & convivia requiruntur ὡς ἀναγκαῖα tanquam *necessaria*, ut sunt, vinum, cibi, obsonia &c. Et inter illa, quæ ὡς ἐπεισόδια τῆς ἡδονῆς ἕνεκα, *voluptatis gratiâ* introducuntur, ut ἀκροάματα, θεάματα, γελωτοποιοί, quibus ut præsentibus delectantur convivæ, ita absentibus illis citra molestiam carent, neque convivium eo nomine tanquam imperfectum culpatur.

Muretus lib.6. var. lect. c.15. omninò ad convivia, relaxationis animi gratia, adhibendâ censet, & *objectum* illud *ex Platone solvit. Nam*, ait, *si semper tam facundi* ac diserti convivæ *contingerent, quàm illi sunt* Platonici, *tum fortasse non immeritò talia omnia excluderentur.* Quos equidem arbitror, *si Apollinem vidissent ipsum cum lyra & plectro ingredientem, uno ore omnes oraturos fuisse, ut aut abscederet, aut ne cantu suo sermones abrumperet institutos: Et tamen, ni valdè fallor, non multò turpius fuisset, tibicinæ alicujus cantum audire, quàm vel orationem Aristophanis, vel quæ de Socratis temperantia ebrius Alcibiades intemperantissimè narrat.* Hæc *Muretus.*

Caput XIIX.

De Usu Musicæ ὀρχηματικῷ sive saltatorio; deq́; quibusdam saltationum præcipuarum speciebus, varióq́; earundem usu.

Musica ac saltationis adeò arcta est *conjunctio*, ut meritò hæc illius dicatur comes & pedissequa; unde & *Terpsichore* una novem Musarum *saltationis* scribitur *inventrix*, quæ cum Melpomene mutuas jungit operas; hæc namque cantum, illa saltationes & choreas plurimùm observat. Quapropter *Homerus* plerumque, præsertim in epularum descriptionibus, *cantum & saltationem conjungit.* Ut *Odyss. α.*

Μολπή τ' ὀρχησύς τε (τὰ γὰρ ἀναθήματα δαιτός)
Cantus saltatióq́; (hæc enim sunt ornamenta convivii.)

Et *Odyss. θ.* αἰεὶ δ' ἡμῖν δαῖς τε φίλη κίθαρίς τε, χοροί τε
Semper autem nobis conviviúmq́; gratum, citharáq́; choríq́;.

Et *Odyss.* N.

ἄλλῳ μὲν γὰρ ἔδωκε θεὸς πολεμήϊα ἔργα
ἄλλῳ δ' ὀρχυστήν τε καὶ ἱμερόεσσαν ἀοιδήν.
Alii enim tribuit DEUS bellica opera,
Alii autem artem saltandi. alii citharam & cantum.

Hic *Homerus saltationem,* tanquam δῶρον θεόσδοτον *divinum donum* extollit, simúlq́; innuit, eam esse prædulcem musicam, quæ non sit à saltatione sejuncta.

Ut porrò quædam de saltatione dicamus, exordium sumamus à nominibus, εἰς γὸ τὸ ὀρθῶς διδάσκειν δεῖ πρῶτον ἐξετάζειν τὰ ὀνόματα, *ad benè docendum, nomina primùm expendere oportet.*

Hebraicè saltare dicitur פָּן! Sinnek, Deut. 33, 22. נָתַר Natar, Job. 37, 1. Levit. 11, 21. רָקַד Racad, Eccles. 3, 4. Tempus plangendi, & tempus saltandi: & alia nomina.

Græcè χορὸς, teste *Suida*, καὶ οἱ χορευταὶ, καὶ ὁ τόπος, non modò saltatores significat, sed locum etiam saltationis, in quo choreæ ducuntur, qui etiam χορηγεῖον, χορεῖον χορήγιον, χοραγεῖον dicitur.

Eustathius idem dicit, ὁ χορὸς non modò significat τὸ χορεύειν, & τὸ χορευτικὸν πλῆθος, ἀλλὰ καὶ τὸν τόπον ἐν ᾧ ταῦτα. Chorus non modò saltationem & saltantium multitudinem significat, verum etiam locum saltationi aptum.

Plato χορὸν ἀπὸ τῆς χαρᾶς *à gaudio* deducit, quòd sit quædam gaudii testificatio.

Χοροδέκτης, ὁ τοῦ χόρου ἐξάρχων, qui & χορος τάτης, χοροποιός, κορυφαῖος χοροῦ dicitur, & χοροδιδάσκαλος chori magister. χοροτύπης, qui in choro vel chorea terram pedibus pulsat: inde χοροτυπία, ipsa actio solum pedibus plaudendi inter saltandum. χοροκιθαριστὴς, qui cithara in choro pulsat; χοραύλης, qui tibias in choro vel ad choreas inflat: Nam & citharas & tibias choris adhibitas fuisse, *Horatius* testatur, his versibus *lib. 1. Od. 1.*

――――― *me gelidum nemus*
Nympharúmq́, leves cum Satyris chori
Secernunt populo: si neq́, tibias
Euterpe cohibet, nec Polymneïa
Lesboum refugit tendere barbiton.

ὄρχησις etiam dicitur saltatio, quam vocem, præter alias notationes, alii ἀπὸ τῶν ὄρχων, à vinearum ordinibus, in quibus inter vindemias primitias Baccho offerentes choreas agebant, deducunt. Alii παρὰ τὸ ὀρέγειν τὰς χεῖρας, quia consertis & extensis manibus fiat Chironomia: proprieq́; quæ manibus exercetur, saltatio dicta est.

Latinis porrò *Chorus* non modò saltantium canentiúvé collecta est multitudo, sed etiam *coævorum* cantus atq; saltatio ipsa, teste *Servio* in

illud

DE MUSICA VOCALI.

illud Virg: *Omnis quam chorus & socii comitantur ovantes.*

Modi etiam *Chorici* dicuntur, ad quos saltatio exercetur, & hinc *Choreus* pes metricus, cujus in Choris multus erat usus, quo item conscripti versus choreis apti reddebantur, nomen sumpsit. Quidam à *Saliis* Martis sacerdotibus saltationem volunt denominari. Nam in sacris eius cymbala concutiebant circum aras, motus quosdam corporis edebant, per urbem etiam interdum cursitabant.

Plato lib. 1. de leg. ait, πηδᾶν *animantes* à natura habent: *homo* autem, qui rhythmum, numeros & harmoniam intelligit, motum corporis concinnitate quadam numerosa exornavit.

Unde autem primam *saltationes duxerint originem*, variæ sunt Scriptorum opiniones.

Lucianus de saltatione, ad observationê diversi motus stellarum errantium & fixarum refert. Cumq; Musæ dicantur Jove genitæ, sintq; præcipuè earum *Terpsichore* chorearum inventrices, simili modo saltantium species è cœli siderumq; circumvolutionibus, eorumq; gressu & regressu, tanquam harmonia & cœlesti quadam chorea, divinitus prodiisse, quidam memorant.

Stuckius lib.3. antiquit.convival.c.21 Ab ipsa natura saltationes promanasse scribit. Nam cùm homines, ipsius naturæ impulsu, cùm adversis tùm secundis in rebus, & animis, & corporibus vehementiùs commoveantur, variosq; motus ac gestus edant: accessit deindè ars, qua hi ipsi naturales corporis motus, gestusq; numerosi facti fuerunt, atq; harmonici. Quod divinus *Plato* innuere videtur *lib. 2. de leg.* ubi scribit; ita ardentem juvenum omnium naturam esse, ut neq; corpore neq; voce quiescere possit, sed sine ordine semper clamet atq; saltet.

Quis autem *primus choreas instituerit*, in controversia est positum

Quidam scribunt *Musæum & Orpheum*, absq; dubio, quia musici fuerunt & Poëtæ, ac omnia sacra cum saltatione instituerunt. Alii faciunt *Erato* saltationis inventricem.

Nec desunt, qui saltationis originem *Hieroni Siculo* Tyranno ascribunt. Hic namque, ut suam tyrannidem stabiliret, populo interdixit mutuis colloquiis. Quare cœperunt homines in Sicilia sensus & cogitationes nutibus & gestibus corporis exprimere.

Phidamonem hominem nobilem in Delpho apud Pythium delubrum primùm choreas instituisse, circa annum mundi 3929. tempore Gedeonis, scribit *Eusebius* in Chronicis.

Scaliger lib. 1. c. 18. Poët. *saltationem definit* motum compositum, numerosum, cum gestu effingentem rem aut personam, vel quam canit, vel quam tacet. Saltatio enim quædam *sine cantu* fuit, eaq; vetustissima. Deinde cantus additus, quam postea χορείαν appellarunt, τὴν μετ' ᾠδῆς ὄρχησιν, saltationem *cum cantu*. Et apud *Platonem* 2. de leg. χορεία γε μὴν ὄρχησις τε καὶ ᾠδὴ τὸ ξύνολον ἐςὶν. Chorea verò omnis tripudium simul est & concentus.

Hinc inter ὀρχεῖσθαι & χορεύειν hoc ponunt discriminis, quòd τὸ χορεύειν sit *saltare cum cantu*: ὀρχεῖσθαι autem sit rhythmicè moveri etiam *sine cantu*. *Xenoph*. dixit ὀρχεῖσθαι ἐν ῥυθμῷ, ad numerum saltare.

Postremò etiam adjuncta fuêre instrumenta musica, ut audiemus.

Jam, priusquam ad varias saltationum species progrediamur, quædam *de ipsarum studio & exercitio* præmittamus.

Plato lib. 2. de leg. scribit, Deos genus hominum laboribus naturâ pressum, miseratos, ἀναπαύλας τῶν πόνων, remissiones laborum ipsis dedisse, atq; adjunxisse *Apollinem* μουσηγέτην, Musarum ducem, & *Bacchum* συγχορευτὰς concelebratores chorearum, *illosq́, tribuisse hominibus sensum rhythmi & harmoniæ participem, eosq́, movere nos cum voluptate, chorumq́, nobis ducere cantibus & saltationibus nos invicem copulantes*. Et PINDARUS *Apollinem* vocat ὀρχηστὴν, saltatorem.

Ipsos quoq; *Deos Deasq́,* Ethnici fecêre *saltantes*. Sic enim *Musæ* apud Hesiodum, & Anacreontem animi gratia *saltant*, καλλίκομοι κοῦραι Διὸς ὀρχήσαντ' ἐλαφρῶς. *Quidni saltet etiam Jupiter otiosus*, ut ὀρχεῖτο πατὴρ ἀνδρῶν τε θεῶν τε.

Apud *Apulejum* lib. 6. in illo epulo nuptiali Psyches, & ejus mariti, in quo etiam *Jupiter, Juno, cæteriq́, Dii* accubuerunt, *Apollo* cantavit

ad ci-

DE MUSICA VOCALI. 279

ad citharam, *Venus* suavi Musicæ superingressa, formosa saltavit, scenâ sibi sic concinnatâ, ut *Musæ* quidem chorum canerent, tibias inflaret *Satyrus*,& *Paniscus* ad fistulam diceret,referente *Stuckio* lib. 3. antiquit. conviv. c. 21.

Etsi forsan hæc quibusdam videantur potiùs esse poëtarum figmenta,quàm rei veritati convenire: vel inde saltationis studium non fuisse vulgare, non obscœnum,vel inde probari potest,quòd hoc ipsum a sua dignitate neutiquam alienum Heroës arbitrati sunt.

Duris Samius in 7. hist. scripsit: PERSARUM REGEM semel in anno saltare consuevisse, idq́; temulentum: quo die sacra Deo suo,quem *Mithru* vocabāt,faceret,teste etiā *Athenæo* lib. 10. ἐν μιᾷ τῶν ἑορτῶν: &c. *In sola festivitate, qua à Persis Deo,* Mithro *dicto,celebratur, Rex inebriatur, & Persarum more saltat.* Rectè sanè & saltatio & ebrietas conveniebat Regi illi, eo potissimum die. *Vascones* enim nostri, inquit *Scaliger*, *Mitrum asinum dicunt.* Ea die totà præterea Asia nulli omnium idem facere fas erat.

Ut hic sicco pede prætereamus,*quomodo sancti* item homines *tripudiis* ad animi lætitiam & εὐχαριστίαν erga Deum testificandam *usi fuerint*. DAVID enim ephod cinctus lineo Mecarcer, id est, saltabat corám Arca Domini, ἀνεκρούετο ἐν ὀργάνοις ἡρμοσμένοις, quod licèt saltationem non exprimat,mox tamen Michol,Saulis filia, videt ac ridet, sed injuriâ,Davidem ὀρχούμενον,saltantem,*2.Sam.6.*

MARIA, Mosis soror, Pharaone aquis obruto, atq; deleto, organis lusit,& choreas cum mulieribus duxit,sicut scriptum *Exod 15.*

Valdè etiam PLATO lib. 2. de legib. *saltationem commendat,* tanquam in qua variarum rerum repræsententur imitationes: Ἐπειδὴ, inquit,μιμήματα τρόπων δεῖ τὰ περὶ τὰς χορείας &c: *Quoniam in chorea variorum morum, variarumq́; rerum variis infortuniis, moribusq́; gestarum imitationes fiunt, quibus illa quæ dicuntur, aut declarantur, aut sub specie saltationis exprimuntur, vel naturâ vel consuetudine, vel utrisque probante, atque animo eorum conveniunt, quos gaudere illis laudareq́;, & honesta nuncupare necesse est.* Quo nomine *Socrates* quoq; saltationem perdiscendam arbitrabatur, velut multum insit venustatis in apto concinnoque motu & corporis efformatione composita.

Jam ut ad varias & præcipuas *saltationum species* deveniamus, variosque usus, alias relinquentes distinctiones, quas apud *Scaligerum* lib. 1. Poët. c. 18. *Lucianum, Pollucem* legere licet, ad *quadruplicem* annotatas saltationum species accommodabimus *usum*; ἱερατικὸν *in choris* sacris ; συμποσιακὸν *in epulis* & conviviis; πολεμικὸν *in armis*; θεατρικὸν *in ludis* theatricis.

Quod ad ἱερατικὸν spectat usum, *Lucianus* hoc respectu vocat *exercitium divinum ac mysticum*, quod in Deorum cultum, atque honorem celebrari fuit solitum. Nulla enim sacra, nullæ festivitates, ceremoniæ, initiationes, sine saltatione peragi consueverunt. Hujus rei *Orpheum* & *Musæum* primos scribunt autores, quos, ut cum rhythmo & saltatione initiationes fierent, sanxisse memorarunt.

Sic *Corybantes* in Phrygia, *Curetæ* in Creta, in *Rheæ* Deæ suæ honorem, cujus erant sacerdotes, saltationibus vacabant. Et in *Delo* nulla sacra peragebantur, cui saltatio non fuisset adhibita. Nam prodibant *puerorum chori*, qui tibiis ac cithara præcinentibus saltabant, quos subsecuti optimi, facto delectu, choreis excipiebant. Eorum cantilenæ, ab usu saltationis, dicebantur ὑπορχήματα, quæ concinebant saltantes *in altaris ambitu*, cum jam igni admota essent sacra. Cumq; saltantes & canentes aram obibant & circumdabant, ita progrediebantur, ut à sinistris dextrorsum pergerent prius *Zodiaci modo*, deinde à dextris lævorsum *pro ratione primi mobilis*. Et illi qui mysteria vulgò prodiderant, dicebantur ἐξορχήσασθαι, desultasse. Huc alludere videtur *Athenæus* lib. 14. ubi scribit: ἐν ὀρχήσει γὰρ καὶ πορεία καλὸν &c: *In saltatione & progressione pulchra res est concinna figura & pulchritudo, turpis autem inconcinna & supra modum lasciva motio. Propterea Poëtas ferunt, saltationes olim Liberis assignasse, & figuris saltationum usos fuisse tantum, pro signis eorum quæ voce canebantur: semper in iis animum servantes virilem & generosum: quam ob caussam* ὑπορχήματα *appellarunt, quasi dicas, saltatio-*

nes

De Musica Vocali.

nes voci subservientes. *Si quis autem figuras exprimeret non servato modo, & cantionibus congruens nihil diceret in saltatione, eum improbabant.* Ubi annotat *Casaubonus* in Athen. lib. 14. c. 6. venustè dicitur, λέγειν κατὰ τὴν ὄρχησιν, pro exprimere aliquid saltando, congruentia saltationis cum eo quod voce canitur.

Quas vocat figuras saltationis, *Aristoteles* nominat rhythmos figuratos *lib. de Poët. c. 1.* οἱ ὀρχησταὶ διὰ τῶν σχηματιζομένων ῥυθμῶν μιμοῦνται καὶ ἤθη, καὶ πάθη, καὶ πράξεις. *Saltatores per figuratos numeros imitantur & mores & perturbationes & actiones.*

Proprium verò hujus studii vocabulum est σχήματα, & σχηματίζειν idem quod saltare. Quod ait de appellatione hyporchematum, antea diximus cap. 18, ex *Luciani* lib. de saltatione.

Hyporchematicæ Poëseos & *saltationis* duos fuisse *autores*, scribit *Athenæus, Xenodamum* & *Pindarum.* *Scaliger* lib. 1. Poët. c. 18. ὑπορχηματικὴ, inquit, multùm conveniebat choris concinentibus. Eratq; *Cretensium* propria. Numerant *duo* præterea *Cretensium genera: Orsiten* & *Epicredion.*

Laconicarum etiam meminit *Pindarus*, in quo erant hæc verba: λάκαινα μὲν παρθένων ἀγέλα. *Virginum* enim fuit ea primùm: posteà *viri* quoq; additi. Canebant in ea *Liberum* patrem, & *Venerem*, & *Pæanas:* verùm frugalissimis modis, qui ex eo παρθένιοι appellati sunt. Distinguebantur in duos, προσωδικὲς & ἀποστολικὲς. Malè igitur hos quidam confundunt, diversi enim sunt modi. *Prosodion*, (ut notat *Casaub. in Athen.* lib. 14. cap. 7.) carmen est, ab iis cantari solitum, qui *Apollinem* accedebant. Inde προσωδιακὸν μέτρον apud metricos & prosodiaca saltatio. *Apostolicus modus*, ut ex nomine licet conjicere, is est, qui convenit τοῖς ἀποστόλοις vel ἀποστολεῦσι: quæ erant apud Græcos *præfecturæ nauticæ* vocabula.

Huc referri posse videtur *Trichoria Lacedæmoniorum* saltatio, ex instituto Lycurgi. Quæ *triplici* constabat *choro*, Senum, puerorum, juvenum.

O o   *Senum*

Senum prima erat cantio, eaq; talis:
ἄμμες πότ᾽ ἦμεν ἄλκιμοι νεανίαι. Id eſt,
Nos fuimus olim ſtrenui juvenculi..

Secunda *puerorum*.
ἄμμες δέ γ᾽ ἐσσόμεσθα πολλῷ κάρρονες,
Præſtantiores nos futuri olim ſumus.

Tertia *juvenum*:
ἄμμες δέ γ᾽ εἰμὲν. αἰ δὲ λῆς αὐγάσδεο.
At nos ſumus: vel experire ſi velis.

Syracuſani Dianæ Chitonæ ſive Chitoneæ honori propriam habebant *ſaltationem* ad *tibiam*, ab ipſa nominatam, eadem voce, *Chitoneam*. Cui Dianæ fuit & cognomentū *Caryatidis*, à Laconiæ vico, cui Caryæ nomen erat, hinc καρυατίζειν verbum ſaltationis, quem modum edocti fuerunt à regionis illius principibus Caſtore & Polluce. *Scaliger*.

Indos ſimiliter ſcribunt manè è ſtrato excitatos, *Solem* precibus venerari, & *ad orientem* converſos, ſaltatione Solem ſalutare, ſeq; ipſos cum ſilentio conformantes, Dei choream imitari, atq; effingere. Et hæc Indorum fuit precatio, chorus, ſacrificium: ſicq; *bis in die, mane* himirum atq; *veſperi* Deum venerari conſueverunt.

Lucianus, Salios apud Romanos, *in Martis* Dei ſui honorem graviſſimè, religioſiſſimeq; ſaltaſſe refert.

Dionyſia quoq; atque *Bacchanalia*, eodem teſte, olim maxima ſui parte ſaltationibus atq; tripudiis conſtabant.

Hodie, inquit *Stuckius*, qui ad nos veniunt è Syria, teſtantur, Chriſtianos, qui degunt in illis regionibus, *die Reſurrectionis Dominica*, nec non aliis celebribus feſtis venire in templum cum lyris, & citharis, & pſalmos inter ſe cantare, ac unà, ſobriè tamen & modeſtè, ſeorſim viros, & ſeorſim mulieres ſaltare, qui ſanè illorum mos ab Ethnicis videtur promanaſſe, qui falsò ſibi perſuadebant, Numen hujusmodi tripudiis placari.

Et hæc de uſu ſaltationum ſacro.

Sequi-

De Musica Vocali.

Sequitur *convivialis & epularis*, qui & ipse quoq; apud omnes ferè gentes usitatissimus fuit: Hinc crebra apud *Homerum* in epulis *saltationis* & *cum Musica* ferè conjungitur: ita ut hæ duæ quasi perpetuæ fuerint conviviorum appendices. Sic apud Phæacenses fatetur *Rex Alcinous* in usu fuisse *Odyss. θ.*

Ἀιεὶ δ' ἡμῖν δαῖς τε φίλη κίθαρίς τε χοροί τε.

Nobis verò semper convivium, citharæ, choreæq́; grata & accepta sunt. Quod ex sequentibus elucet, ubi Rex afferri jubet Demodoco citharam, ad quam ille postea pulchrè cœpit canere, cantionem nimirum de Veneris & Martis amplexu, quæ aliquot versibus describitur:

Αὐτὰρ ὁ φορμίζων: &c.
Cæterum ipse citharœdus cœpit pulchrè canere
De Martis amore, pulchreq́; coronatæ Veneris.

De saltatione ipsa sic canit *Poëta*:
——————————— ἀμφὶ δὲ κῦρα
Περθῆβαι ἵςαντο; &c.

Circum autem juvenes, jam pubescentes stabant docti saltatione, quatiebant autem divinum chorum pedibus.

Et ULTSSES, domum reversus, saltationes instituit domi, ut putent nuptias esse in domo Penelopes, αὐτὰρ θεῖος ἀοιδὸς: &c.

At divinus cantor tenens citharam stridulam
Nobis præeat amatrice ludorum saltatione.

Hoc est jussum Ulyssis, quod statim in actum deducitur.   Sic enim subjungit: ——————— ὁ δ' εἵλετο θεῖος·:
Ipse autem cœpit divinus cantor Citharam
Concavam, in ipsis autem desiderium movit
Cantusq́; dulcis, & strenuæ saltationis,
His autem magna domus strepebat pedibus
Virorum ludentium pulchrizonarumq́; mulierum.

ATHENÆUS etiam testatur, Homerum quoque illam saltationem cognovisse, quæ fit *ad cantum*, ὄρχησιν πρὸς ᾠδήν.

Porro *apud Græcos* inprimis saltationes olim in conviviis fuisse adhibitas, accepimus.

ATTICI, (inquit *Athenæus* lib.4.) ἐν τοῖς συμποσίοις (*in conviviis*) solebant ὀρχεῖσθαι ὑποπίνοντες: (*saltare simul bibentes:*) ubi etiam sententiam Alexidis adducit, ἅπαντες ὀρχοῦντο εὐθέως, ἂν οἴνου μόνον ὀσμὴν ἴδωσι: (*omnes statim saltabant, ubi tantùm vini odorem perceperunt.*)

SCALIGER saltationes quasdam fuisse memorat in nuptiis *ad Hymenæos*. *Ad Cyathum* in Tricliniis: quæ erat species Ionicarum, & παρῴνιον dicebatur, cujusmodi fuit illa, quam vocarunt *Angelicam*. Erat ea extra Triclinia, qua nuncium agebant, prospectātes primùm, tum autem suspenso gradu circumspectantes.

LUCIANUS in lib. de saltatione *Phrygiam* saltationem conviviis & compotationibus dicit esse convenientissimam, quam ebrietate compulsi sæpè homines exercent. Hinc *Bacchus* quoq; θεὸς λυαῖος καὶ χορεῖος. dictus fertur, quòd curas solvat, & auctor sit chorearum, ut est apud *Plutarchum* sympos.3. probl. 6.

SYBARITAS quoq; tradunt vel *equos* etiam in conviviis introduxisse, ita institutos, ut incinentis tibiæ cantu audito arrigerentur, ac pedibus ipsis prioribus manuum vice, gestus quosdam chironomiæ, motusq; ederent ad numerum, & saltarent; de quibus plura scribit *Angel. Politian*. Miscell. cap. 15.

De THRACUM saltatione militari in conviviis mox dicemus.

MACEDONES quoq; cum symposiis, tùm saltationibus maximè fuisse addictos, quidam memoriæ prodiderunt. Et *Athenæus* tradit, *Polysperchontem* Macedonem, sæpius in symposiis, talari indutum tunica, sicyoniisq; calceatum cothurnis, ad tibiam, magnâ cum licentia saltasse.

Es his frequentem in conviviis saltationum perspicimus usum, quemadmodum hodie etiam nullum ferè agitatur convivium, præsertim nuptiale, cujus non proxima socia sit saltatio, juxta Gallorum dictum, *Apres la pance, la danse*, ingluviem sequitur saltatio. *Stuckius.*

In

DE MUSICA VOCALI. 285

In funeralibus quoq; absq; dubio *conviviis* erat saltatio *Gingra* dicta, quam edebant ad cognominem tibiam.

Tempora verò alia alias etiam exigebant: in *messe*, peracta messe, in *vindemiis*, ad *focos* noctes hybernas cum excubarent. Item *festis diebus*, ut non unam cantionem, ita diversas agitabant saltationes, quas arbitratu suo nominabant.

Præterea ut ad *militarem saltationum usum* accedamus, qui sumptis armis fiebat, unde ἐπόπλι.⑤ dicta saltatio, quæ item fuit omnium utilissima & laudatissima.

Lucianus autor est, LACEDÆMONIOS à Castore & Polluce καρυατίζειν (quod supra etiam attigimus) artem edoctos, omnia cum carminibus facere, & ad tibiarum quoq; modulos, rhythmum, moderatumq; pedis ingressum prælium committere, fuisse solitos.

Ephebos quoq; illorum non minore studio saltationi, quàm ὁπλομαχίᾳ armis exercendis operam navasse. Fuit illis peculiare quoddam saltationis genus, quæ *Hormus* dicebatur. Saltationem verò in armis non modò rei militaris exercitationem fuisse, quæ ab armatis pueris peragebatur, eâq; belli imago repræsentabatur, impetus & ardor adorientium & celeritas fugientium: verumetiam *pœnæ genus*, qua afficiebantur juvenes cum deliquissent, unde *Pyrricharii* fuêre dicti. *Stuckius.*

Sic ÆTHIOPES olim, non aliâ quàm saltandi ratione, illatis jam signis *bellum* ingrediebantur, nec quisquam Æthiopum vel sagittam excussam emittebat avulsam à capite (hoc enim vice pharotræ utebantur, tela capiti circumponentes) nisi prius saltavisset, & *saltatione hostibus terrorem* incussisset.

Hujus generis est saltatio *Pyrrhicha*, quam ἐνόπλιον etiam vocat *Pollux* lib. 4. c. 14. quia armati saltabant.

De ratione nominis variant autores. *Plinius* nomen sumpsisse à *Pyrrho* Achillis filio, scribit *lib. 7. c. 56.*

Athenæus & *Eustathius* à *Pyrricho* Lacedæmonio dictam putant.

Oo 3 *Alii*

DE MUSICA VOCALI.

Alii ab *ignea* ejus *vi* sic volunt nominatam. Unde & Pyrrhichio pedi nomen, qui impetum habet similem militis in prælium ruentis.

Pyrrhichæ hujus saltationis facies vivis coloribus depingitur in convivio *Seuthæ Thracum Regis* apud *Athenæu* lib. 1. ex Xenophonte in Ascensu, ubi illud convivium ita describitur: *Posteaquam fœdera percussissent & cantibus celebrassent, surrexerunt primi Thraces, & ad tibiam cum armis saltarunt, gladiis utentes: alter deniq, alterum percutiebat, ut omnibus is vulnerari videretur, atq, consulto cadebat, quo efficiebatur, ut omnes exclamarent. Tunc victor eum armis spolians abibat, canens sitalcan*: Is erat illis cantus, qui Græcis pæan. *Alii ex Thracibus alterum tanquam mortuum auferebant, cum tamen nihil mali passus sit. Postea Ænianes surrexerunt & Magnetes, qui etiam καρπαίαν saltationem dictam, in armis tripudiarunt. Argumentum & consuetudo erat talis. Quidam positis armis arat & serit, crebrò respectans metuentis moda, supervenit latro, quo viso resumptis armis pugnat pro bobus: idq, in numerum & ad tibiam.* Scaliger sæpius citato loco, *lib. 1. Poët. c. 18.*

Fuit etiam Pyrrhicha saltatio alia dicta *Dionysiaca*, in qua *Liberi* patris apud Indos gesta saltabant. Accinebant simul & pulcherrima: nec non ex tibiis ὄρθιον νόμον.

SCALIGER de seipso scribit: Hanc, inquit, Pyrrhicham nos & sæpè & diu coram *Divo Maximiliano*, jussu *Bonifacii* patrui, non sine stupore totius Germaniæ repræsentavimus. Quo tempore aliquando vox illa Imperatoris, *Hic puer aut Thoracem pro pelle, aut pro cunis habuit.*

EPICHARMUS in Musis tradit, *Minervam* Dioscuris *Enoplion* vel armatam saltationem cecinisse. Hinc *Plato* in Cratylo ipsam quoque *Pallada*, ὑπὸ τῆς ἐν ὅπλοις ὀρχήσεως vult dictam, quia ὀρχεῖσθαι idem sit quod πάλλεσθαι. Cantum verò Enoplium *duobus dactylis* constare putant & *Spondæo*, ut: Hostibus obvius exit, Aggrediturque vagantes.

ATHE-

DE MUSICA VOCALI.

ATHENÆUS lib. 14. Saltationis, inquit, olim in choris genus fuit εὔρυθμον, καὶ μεγαλοπρεπὲς, decorum, magnificum, quodque eas ferè motiones, quæ in armis fiunt, imitabatur. Ob id *Socrates* eos, *qui optimè saltant, ad bellicas res* etiam esse *idoneos.* Cujus hos scribunt in poëmatis versus:

Οἱ δὲ χοραῖς κάλλιςα θεοὺς τιμῶσιν, ἄριςοι
ἐν πολέμῳ. Hoc est,

*Qui rectè scivêre choris decorare Deos, hi
Optimi & in bello.*

ὥσπερ ἐξοπλησία τις ἦν ἡ χορεία, καὶ ἐπίδειξις οὐ μόνον τῆς λοιπῆς εὐταξίας ἀλλὰ καὶ τῆς τῶν σωμάτων ἐπιμελείας. *Est enim saltatio velut armatura instructa ad procinctum meditatio, in qua spectatur non tantum ordinis conservatio & modestiæ, sed etiam qua corpus diligentia curatum sit.* Unde *Athenienses* ducem sibi creavêre *Phrynichum*, quòd in fabula saltasset aptè Pyrrhicham. Apud *Lacones* etiam ἐμβατήρια μέλη erant ἐνόπλια, quemadmodum prisci Lacedæmonii *Tyrtei* carmina concinebant. *Arcades* præterea *armati,* ad armorum rhythmum tibiarum carmina canebant & saltabant, ut refert *Athenæus* lib. 1.

Fuit & *Castoreum* quoddam saltationis genus vocatum, in honorem *Castoris*, à Lynceo cæsi, institutum, in quo *juvenes armati* tripudiabant. *Natal. Com.* lib. 8. c. 9.

Phæacum quoque saltatio fuit μετὰ τῆς σφαίρας cum pila, de qua etiam *Athenæus* lib 1. *In Hoplopœa, puero citharam pulsante, alii consertis manibus cum cantu & saltatione pedes agitabant.*

Postremò jam paucis *de theatrico saltationum usu* dicamus, quia pleraq; scripsimus in cap. de usu Musices theatrali.

Fuit autem *theatralis saltatio*, teste *Luciano,* & *Scaligero, triplex*, pro modo, numero, genere fabularum. Ünam in *Tragœdia*, quam dixe-

runt

runt ἐμμέλειαν, quæ gravis erat & modulata, oratorum gestu propior. Unde *Agamemnon* agens Hylas, cum sese fecisset grandiorem, correptus est à Pylade præceptore; ἀλλά σὺ μὲν, inquit, μακρὸν οὐ μέγαν ποιεῖς: (verùm tu quidem facis te longum non magnum.)

Altera in Comœdia, solutiore licentia κόρδαξ fuit dicta.

De *Samathero Logotheta* scribit *Nicetas* lib. 3. apud Manuelem Comnenum Imperatorem, quòd potuerit ad lyram canere & cytharam pulsare, atq; *cordacem saltare*, pedesq; celeriter, huc & illuc agitare fuerit promptissimus.

Tertia saltatio, lasciva, inconstans *in satyris* appellata σικιννὶς, à *Sicinnio* quodam barbaro.   Fuit ea maximè motoria gesticulatione creberrima & celerrima.

Κολαβρίζειν quoq; *Græcis* est σκιρτᾶν lascivè *saltare*, Id genus saltationis petulantis & lascivæ κολαβρισμὸς est dictus.   Cantiones quas inter colabrissandum cantitabant, κόλαβροι vocabantur, parumq; erant honestæ & spurcidicæ. *Athenæus* lib. 15.

Fuit & saltatio *molliuscula*, *Anthema* à floribus dicta, quos hisce numeris accinebant: ποῦ μοι τὰ ῥόδα; ποῦ μοι τὰ ἴα; ποῦ μοι τὰ καλὰ σέλινα: *Ubi mihi rosæ? ubi mihi violæ? ubi mihi formosum apium?*

Addamus & hoc ex *Athenæo* lib. 14. *Pueros Arcadum* ad Timothei & Philoxeni modos tibiales in theatris *quotannis* saltare.   Apud quos aliis se disciplinis eruditos negare, haud indecorum est: *ignaros* verò *canendi & saltandi* se fateri, *turpe* censetur.   Iidemq; gressus ordinatè & pedetentim ad tibiam suspendere meditantur, publicâq; impensâ & diligentiâ, saltatione cum exercitati fuerint, sui *profectus in theatro specimen* quotannis edunt.

Erat & saltatio quædam, quam dixerunt τοῦ κόσμου ἐκπύρωσιν *mundi incendium*.   NERONEM verò, scribit *Scaliger*, saltare potuisse ῥώμης ἐκπύρωσιν, dignumque censet, cujus ἐκπύρωσιν saltaret totus mundus.

Ex his omnibus perspicuum est, quanti veteres fecerint saltatio-

nis stu-

DE MUSICA VOCALI. 289

nis ſtudium, de quo *Plato* quoq; multis in locis mentionem fecit: *lib. 2. de leg.* inquit: ὁ καλῶς ἄρα πεπαιδευμέν☉, ᾄδειν τε καὶ ὀρχεῖσθαι δυνατὸς ἂν εἴη καλῶς, id eſt: *Quisquis ergò benè diſciplina inſtructus eſt, & ſaltare & cantare benè poteſt,* ubi quoq; τὴν τῇ μυσικῇ καὶ τῇ παιδιᾷ μετὰ χορείας χρείαν ὀρθὴν εἶναι, *choream cum ludis & muſica rectè cohærere* pronunciat. Et multa ruditate refertum ait, ut aliter tibia, citharaq; utaris, quàm ad tripudium opus ſit atq; cantum. Nudo autem utroq; uti abuſus eſt præſtigiatrici oſtentationi ſimilis, & à Muſis admodum alienus.

Et *in fine ejusdem libri, chorea unam partem,* dicit, *in voce eſſe,* per numeros & concentus: *alteram in corporis motu,* per numerum & figuram. Ejus originem ita declarat: Οὐκοῦν αὖ ταύτης ἀρχὴ μὲν τῆς παιδιᾶς, &c. *Igitur & hujus quoq; ludi principium eſt, quòd quodvis animal naturâ ad ſaliendum comparatum eſt. At homo accepto rhythmi ſenſu, ſaltationem & genuit & peperit. Quum autem concentus rhythmum illum quaſi in memoriam revocaret & exuſcitaret; illi ambo unà conjuncti, choream luſumq; pepererunt,* ut in principio dicebamus.

Caput XIX.
De Uſu Muſices θεατρικῷ in ludis ſcenicis & theatricis.

Non minus in Comœdiis, & aliis fabularum generibus, ludisq; ſcenicis, frequenti conſuetudine celebris, jucunda varietate inſignis, *modulata vocis* fuit *uſus;* ejusq; vel *naturalis,* quo nomine Cantores veniunt, qui aſsâ voce canunt, Chorus ipſe, primùm in ſcena, poſt extra ſcenam: præterea *artificialis,* illorum qui modos Tibiis faciebant.

Chorus eſt pars poſt actum introducta cum concentu. Hunc tractum non fuiſſe uniuſmodi, ſcribit *Scaliger* lib.1. Poët. cap.9. *Totus* enim aliquando fuit *cum cantu* & *motu* & *geſtu* & *ſaltationibus* ad tibias. Choro autem de Comœdia nova ſublato, explebat officium *tibicen*.

Pp   *Primos*

Primos choros instituisse ferunt *Arcades* ex Dionysiacis tibicinibus, Timothei ac Philoxeni legibus, quibus & totius Musices attribuunt primordia. Chori tamen Philoxeno longè sunt vetustiores, adeò ut olim *actio Satyrica* in Tragœdiis *solo choro* constiterit.

    Scaliger d.l. primum *Philammonem* Delphicum ad aram patriam in *honorem Apollinis* choros disposuisse scribit.

    Lucius verò *Anilius* devicto ac triumphato Gentio Rege Illyriorum, in Circo scenam extemporaneam exhibuit. Ludosque edidit cum Thymelicis tum primùm, quos in Orchestra constituit. In Proscenio autem Tibicines cum choro. De qua re ita scriptum memoriæ prodidit *Athenæus* lib. 14. deipnosoph. *Lucius Anilius* (Athen. Anitius) Romani exercitus Imperator, debellatis Illyriis, & Gentio, illorum rege, cum liberis capto, & Romam abducto, ludis victoriæ caussa editis, quovis risu digna multa fecit, ac excogitavit, ut est apud *Polybium* lib. 30. Nam accersitis è Græcia clarissimis artificibus, extructàque in circo maximâ scenâ, primos induxit tibicines simul omnes, *Theodorum, Bœotium, Theopompum, Hermippum, Lysimachum,* in Græcia celeberrimos. Eos in proscenio stantes simul omnes, cum choro tibiis jussit canere. Motu corporis tibiarum modis apto illis per scenā lentè incedētibus misit, qui admoneret non placere illam cantionem, itaq; certarent vehementiùs. Dubitantibus ipsis, quidnam mandaretur, significavit è lictoribus quispiā, ut in sese mutuo versi cōcinerēt, ac *pugnæ specie* repræsentarent. Quidnā vellet Anilius, tibicines ubi cognoverūt, tibias cantu inflantes, qui *ardori pugnantiū* militū conveniret, omnia permiscuerūt, medios choros perturbatos cum extremis confundétes, insanis modis ac temerariis cōplentes omnia, & trbiarū concentu dissoluto, in sese mutuo vicissim impetū fecerunt. In hos etiam ex adverso, perstrepétes chori ad scenam quatientes irruebant, ac rursum *velut terga vertentes*, pedem referebant. Ut autem saltator quidā præcinctus, ex tempore sese obvertens in tibicinē obvium, manus extulit, tanquā pugillatu dimicaturus, ingens plausus ac clamor spectatorū obortus est. Cōmissis illis duobus etiamnū decertantibus in orchestrā *saltatores* duo procefferunt ad placidos concordesque

tibia-

DE MUSICA VOCALI.

tibiarum sonos,& in scenam cum tibicinibus & saltatoribus, qui in caput se provolverent, ascenderunt quatuor pugiles, His omnibus simul pugnantibus, gratissimum & lætissimum spectaculum fuit.

Polydorus autor est *lib.3.c.13* ubi scribit; In ludis Scenicis, anno U. C. CCC. XCI. C. Sulpitio Petico. C. Licinio Stolone Coss. teste *Livio*, ex Hetruria ludiones accitos, qui sine carmine ullo, sine imitandorum carminum actu, ad tibicinis modos saltantes haud indecoros motus dabāt. Postea successu temporis post annos centum & viginti, *ludus* paullatim *in artem* versus est, cum in Scena Comici, Tragiciq; & cæteri Poëtæ sua recitarent Poëmata: in ea etiam adhibebantur tibicines, citharœdi & hujusmodi, qui vel *in fine cujusq; actus* canerent. Cujusmodi fuerint illi ludi, Apollinares scil: supra cap. 18. dictum est. Quos autem Ludiones ex Hetruria dicunt accitos, imitata postea *Romana juventus*, primò incōditis inter se carminib. jocularia fundétes: nec motus interim absoni à voce. Deinceps non inconditum & rude carmen, sed modulatas Satyras, descripto ad Tibicinem cantu decoroque motu peragebant.

Livius Andronicus ab Satyris digressus *fabulam* argumento fecit, factamq́; cùm sæpius egisset, obtusâ demū frequenti usu voce, puerū, qui caneret, ante Tibicinem statuit: inde ut ad Tibicinis latus *Histriones* canerent, receptum, & quæ plura recitat *Sabell.* lib.3. Enn. 4.

De Musicis instrumentis, in ludis adhibitis apud veteres, ita scribit *Johannes Baptista Pineus* ex illo Horat.

Tibia non ut nunc, orichalco juncta, tubǽq́;
Æmula.

Verisimile est, inquit, urbium theatra initiò fuisse parva: & propterea scenā habuisse tibias tenues ac simplices. *Tenues* intellige, solas absq; aliis instrumētis Musicis: *simplices*, quia earū foramina tantum essent quatuor. Postea verò aucto populo aucta quoq; fuisse theatra; & primò additum *lituum*: deinde etiam *tubam*. Ut sit sensus *Horatii, Tibiam junctam* fuisse *orichalco*, id est, associatâ lituo ex orichalco confecto: neque tantùm Musicam ex tibiis, sed etiam ex tubis constitutam. Ergò *tibiam* factam *tubæ æmulam* · quia tuba cōmixta cum ipsa, sonum suum non amiserit: quanquam ita acutus hic fuerit, ut tubæ strepitum imitaretur, ut annotat *Salmuth* lib.1.in Panciroll.de reb.memorab. tit.de Aurichalco.

Quales fuerint *tibiæ dextræ* vel *sinistræ,* quibus modos fecerunt, dicetur ubi de Tibia agemus.

Prisci verò Latini in pagis & oppidis unico tantùm tibicine fabulas agitabant, ad cujus modulatum vocem ac gestum accommodabāt histriones, alioqui ob imperitiam non servaturi carminis rationem. Is igitur tibicen, posteaquam uni actori præcinuerat, cogebatur ad alterum huic responsurum transire, eiq; vicissim incentu tibiæ, metri modulos præire, atque hinc rursus ad alium : quòd rusticani homines absq; præeunte tibicine numeros probè observare non possent.

In ludis theatricis vel scenicis quoq; addebantur, qui in genere dicebantur *Thymelici,* quales sunt Cytharœdi, Psaltæ, lyristæ, tibicines in scenam dispositi, ut spectatorū aures demulcerent, à *Thymele* muliere saltante, & histrioniā exercente, sic dicti. Et saltatores in orchestra simul cum choro & modos facientibus erant, de quibus postea planiùs & pleniùs. Prodibant etiam *Hilarodi* in veste candida, virili, auro coronati, calceis primùm usi, deinde crepidis : similes his Aulodos, Magodos, Lysiodos dicit *Scaliger* lib.1.Poët.c.52. Erat *Aulodus* Hilarodo per omnia similis & par : Sed *Hilarodus* puero puellâvé psallente canebat : *Aulodus* tibicine modos faciente. Aulodo & Hilarodo præmiū corona, tibicini & Psaltæ nulla. Ac quemadmodum hi duo similes: ita Magodo & Lysiodo argumentum idem, modus diversus. *Ille* mulieribus personis virilia negocia & ad tympanum : *Lysiodus* muliebria virilibus agere & ad cymbalum. Et hæc introducta inter fabulas à quibusdam, sicut & *Mimi* & *Satyri.*

Hisce non absimilia habemus apud *Athenæum* lib.14: Ubi *Hilarodos* etiam *Simodos* vocari ait, quod *Simus* Magnes aliis poëtis hilarodus elegantior ac concinnior, ut inquit *Aristocles* de choris.

Ut autem & hoc addamus, *Hilarodi vox* significat, hilaria, fausta, læta canentem, ut de amoribus & aliis rebus jucundis, sed condita quadam gravitate tragica.

Ilalon

DE MUSICA VOCALI.

Ilalon tibiam ac fistulam *Hebræis* dici monuit me (inquit *Dalechampius* in margine ad Athenæum) D. Mitalerius Viennensis, indeq; vocatos fortassis fuisse *Ilalodos*, quos *Hilarodos* nuncupamus.

Cæterùm eosdem cecinisse cantus Magodos & Lysiodos, affirmat *Athenæus* ibidem.

Aristoxenus scribit, post Tragœdiam *Hilarodiam* esse gravissimam, post Comœdiam summam esse *Magodiæ* gravitatem. *Magodiam* porrò idcircò nuncuparunt, quòd illis cantionibus *magorum* prodigiosa miracula exponantur, medicamentorumq; declarantur vires. Ea de caussa (addit *Dalechampius*) *apud Persas honor* habebatur *Magis*, quòd putarent illos admirabili quadam potestate ventos posse cohibere, pluvias ciere, tum etiam, quòd illos crederent simplicium pharmacorum facultates optimè novisse. Illis cantionibus non dissimiles esse reor conciones & musicos *cantus medicorum circumforaneorum*, quos *Charlatanos* vocat Italia.

Illis, quæ supra de choro diximus, hæc, majoris perspicuitatis gratia, addere operæ pretium duximus.

Chorus autem, ut rem ab initio repetamus, in Comœdiis, Tragœdiis & Satyris peculiariter dicebatur *multitudo illa, quæ saltabat & canebat inter actus:* interdum & interloquebatur, histrionis personam sustinens.

Dici volunt ἀπὸ τῆς χαρᾶς à *læticia:* Unde *Plato* 2. de legib. dixit, Deos nostræ calamitatis misertos, συγχορευτὰς & χορηγοὺς choreæ cantusq; duces dedisse nobis Musas & Apollinem μουσηγέτην, eosq; movere nos cum voluptate, chorumq; nobis ducere ᾠδαῖς τε καὶ ὀρχήσεσιν ἀλλήλους ξυνείροντας, cantibus & saltationibus nos invicem copulantes.

Ad eum autem modum, quemadmodum in acie militari fit, disponebantur in Orchestra, quum staret chorus, quæ erat pars quædam theatri, chori propria, dicebaturq; χοροστασία quasi *in distinctas stationes chori divisio.* Cum ingrediebantur εἰσόδιον, quando accedebant, canebant προσόδιον; vocabatur πάροδ@ vel παρῳδία. Tum aut stantes canebant, quod στάσιμον nominarunt & συνόδιον, tum narrabant rei eventum.

Sed qui necessitate evenit exitus, utpote redeuntium denuò, erat μετάϛασις σεcεϛιο. Qui verò post hanc est introitus ἐπιπάροδ۞ accessus reciprocus: in qua si saltatio prolixior, erat κόρδαξ: Si præcisior, κομμάτιον, ibi lugebant. Exitus autem chori postremus ἄφοδ۞ & ξυνέξοδος, discessus vocabatur. Et carmen quoddam quod exeuntes cantabant, ἐξόδιον. In Synodia vel ϛασίμῳ Græci geminis concinebant tibiis, in cæteris unicâ tantum.

    Partes porrò *Chori* duæ, Ordo & jugum. Et *Chori Tragici*, sunt juga quinq; ex tribus, & *ordines* tres ex quinque. Quindecim namq; constituebant chorum. Et juxta tres simul introibant personæ, si *secundum juga* accessus fieret: Sed si *secundum ordines*, quinq; ingrediebantur. Verùm apud veteres in *choro Tragico* quinquageni erant, usq; ad Æschyli fabulam, quam dedit Eumenides; turba enim ad harum multitudinem obstupefacta, lege ad quindenos est reductus numerus: ita ut essent paria, id est ζυγὰ vel juga quina, ex ternis versibus; unde qui cantum incipiebat, κορυφαῖ۞, proximus παραϛάτης, tertius τριϛοϛάτης nuncupabatur. *Laërtius* autor est: eum qui cantum inciperet, altiore sono vocis usum: quo cæteri mediocri exciperent tono, atq; subsequerentur.

    Comici porrò *chori* personæ erant viginti quatuor, *juga* sex, quæ singula ex quatuor constabant. *Ordines* verò erant quatuor, quilibet sex viros continens. Carminum verò in choro decantatorum apud Comicos unum est παράβασις transgressio, cum ea, quæ Poëta ad theatrum loqui instituit, chorus præteriens eadem dicit. Hujus παραβάσεως vel transgressionis partes erant septem. *Prima* κομμάτιον, quæ erat brevioris partis constitutio, unde & nomen à præcisione vel incisione. *Altera* pars dicta *Anapastica*, quia plerumq; in *Anapasto* metro consisteret: postea suppositis etiam aliis pedibus nihilosecius nomen retinuit. Hanc quidem & παράβασιν dicunt, postquam μακρὸν brevis quædam est cantiuncula, uno absq; respiratione impetu decantata. Post hanc erat *Strophe* interius præcantata à choro ad spectatores converso, motuq; in dextram partem flexo. Cui *Antistrophos* respondebat, ubi cho-

rus

rus in latus finiftrum movebatur, & totidem numeris priora veftigia paribus temporibus relegebant. Qua reverfione fubterlabentium adverfum *motum Planetarum* referri profitebantur. Dicitur & ἀντωδὴ, à cantu cantui refpondente. Huic *Epirrhema* fuccedebat vel *Epodos*; quo in ftatu diverfa à fuperioribus accinentes, ftantesq; terræ quietem repræfentabant: cui *antepirrhema* refpondebat, quam ultimam transgrefsionis partem fedecim, non amplius, verfibus conftare, lex fuit.

 Semichorus, ἡμιχόρειον; *Chori divifio* διχορία; *alterna chori refponfio* ἀντιχορία: hæc tria hoc effe videntur, ut choro in duas partes divifo hæc ipfa res fit διχορία, utraque verò pars femichorus, fed quæ alternis cantant, ἀντιχορία vocentur. Præterea in choro *dextræ* partis *præfes* δεξιοςάτης dicebatur: *finiftræ* alæ *dux* ἀριςερoςάτης: *Laterum præfes* λαυροςάτης: qui poft hunc τριτοςάτης. Anteibat chorum *dux*, inde χοραγὸς dictus. *Choragium* χορήγιον, locus ipfe, in quo erat Choragi apparatus. Hæc ex occafione de choro (quæ ex *Julii Pollucis* lib. 4. c. 15. & *Scalig.* lib. 1. Poët. c. 9. & 11. collegimus) dicta fufficiant.

 Coronidis loco tantum adjiciamus, quæ idem *Scaliger* fcribit *lib. 3. Poët. c. 97.* Negat (*verba Scaligeri*) Ariftoteles ἀντιςρόφους habuiffe Choros tragicos, quia non in narratione fimplici, fed in imitatione verfarentur. Itaq; etiam leges illas, quas νόμους dicebamus, fuftulit: permifit cantiones, neq; hanc ob caufsā harmonias illas duas admififfe, τὴν ὑποδωριςὶ, καὶ τὴν ὑποφρυγιςὶ. Quia, inquit, ejufmodi harmoniæ nō conftant cantionū formulis, quæ dicitur μέλη, quæ potifsimū pertinēt ad Choros. Sed propterea quòd *Chori* fint in primis ἠθικοὶ, illam, quæ vocabatur φρυγιςὶ, eis maximè cōpetere. eâ nāq; actiones aptifsimè repræfentari. Abolet etiam ab ufu chori τὴν ὑποδωριςὶ: quòd hæc magnifica effet ac ftataria; quorum neutrum conveniat Choris. Scenicis igitur negociis aptari hypodorion; quoniam ea interfint Regum atque Heroum: Phrygium decere perfonas humiliores: è quibus chori conftent. Quæ fuit caufsa, ut eorum animi demitterentur ad lamentabiles conqueftiones in canticis, quæ à turbulentis abhorrent.

Cum igitur Chorus sit otiosus curator rerum atq; eventorum, quæ in fabulis exciperentur, non ei competebat harmonia πϱακτικὴ, qualis hypodorion & hypophrygion.

Caput XX.

De usu Musices ἀγωνιϛικῶ ad certamina & ἀγωνίσματα Musica; ubi & victorum ἀγωνιϛήϱια & Antagonistarum κολαϛήϱια vel supplicia.

Sse quandam *æmulationem honestam*, quâ quis ad virtutis ædem sibi sternit iter, & superioris insignia imitari satagit studia & conatus, vel quâ inter æquales, & qui pari passu ambulant, alter alteri quasi stimulum & calcar addit, ferventiori ingenii nisu labori cuidam incumbere, extra omnem positum est dubitationis aleam, & hæc ipsa æmulandi ratio versatur in rebus laude & honore dignis, ut est apud *Aristotelem* 2. Rhet.

Præter hanc est *temeraria* quædam *æmulatio* vel æmula temeritas, quæ vituperii incurrit notam, quâ quis ipse ignavus & ignarus alium artis alicujus peritum temere æmulatur, nec artus humerosq; suos librat atq; expendit, onusq; sibi imprudenti κακοζηλία excœcatus imponit, cui non est ferendo, immemor illius *Apellæi: Ne sutor ultra crepidam:* Et propterea non rarò magnas suæ *temeritatis* dant *pœnas*; quemadmodum de *Nearcho*, Pittaci Tyranni Mytelenensium filio, de quo hæc recitat *Lucianus* πϱὸς τὸν ἀπαίδευτον πολλὰ βιϐλία ὠνούμϱνον: *Orphei*, inquit, *caput unà cum lyra in Hebrum fluvium projectum ad Lesbum pervenit. Lesbii lyram in Apollinis templo suspenderunt. Hanc post multum tempus Nearchus, sacerdote multis pecuniis corrupto, clàm abstulit, & similem aliam substituit, sperans se divina quædam carmina, quibus sylvæ atq; feræ mulcerentur, cantaturum. Verùm cum interdiu se in civitate parum tutum esse arbitraretur, noctu in suburbio inconditè pulsans, canes excivit, qui infelicem citharœdum discerpserunt. Itaq; Orpheum non musicis modis, sed mor-*

tis ge-

DE MUSICA VOCALI. 297

tis genere imitatus est, nisi quod is à mulieribus, hic à canibus laceratus est. Hæc *Lucianus* dicto loco.

Utriusq; æmulationis in Musicis certaminibus veterum, fida rerum gestarum, conda promaq; historia, nobis porrigit exempla: lubet igitur tenui filo & stilo illa agonismata & certamina Musica percurrere, initium facientes à primis & rudioribus Musices initiis.

Inter majorū auctorū partem convenit, *in Sicilia* inventū carmen *Bucolicum*, appellatumq; βωκολιασμὸν: Propositis verò præmiis certare consuevisse Priscos, non vasis aut bucula, aut capro, sed pane, in quo essent ferarum expressæ imagines: ipsi aut stantes, aut sedentes, aut ducentes gregē, cum pera erant *omnium seminum* referta genere, quod Græci πανωπερμίαν nominant. Habebant etiam vinum in utre caprino: & ad manum baculum pastoralē, quod Latini *pedum*, ab usu consistendi atq; adhærendi, Græci καλάβροπα, & à venatione λαγωβόλον vocant, etiam κορύνη dictum, à clavæ specie, quam præ se fert crassitie capitata. Canebant autem coronati. *Cervorum* quoq; *cornua* proposita illis certaminibus legimus.

Victi *victor* panem, peram, utrem auferebat: atq; ex eo libabat Musis. *Victus* abibat per suburbia ac viculos: neq; enim ei urbē ingredi licebat. Panem quoq; rogare ad vescendum, ex præscripta lege mos fuit: quippe qui suum justo in certamine amisisset. *Victor* urbem abibat Syracusarum: in qua manendi, quoad ejus liberet, jus fuit. Tantum vero aberat ut panem rogando victi conditione uteretur, ut ultrò civium limina tum frugibus, tum vino aspergeret, porriciens libamēta cum cantu hoc:

δέξαι τὰν ἀγαθὰν τύχαν, δέξαι ὑγίειαν,
τὰν Φέρομεν παρὰ τῆς θεᾶ τὰν ἐκαλέσσατο τήνα.

Transiit deinde in artem *lusus*, atq; etiam in *quæstum* abiit. Circumire igitur provincias & certare in Italia, qui se βωκολιαςὰς prædicarent, atq; alio nomine λυδιαςὰς. Unde & *Ludionum vox* perpetua mansit Latinitati. Inter quos ea tempestate præstitit *Daphnis*, adeò ut heroum ritu, à pastoribus certatim ejus interitus fuerit celebratus.

Q q   Ute-

Utebantur autem fiftula, mufico inftrumento, ut fcribit *Scaliger* lib.1. cap.4.

In *certaminibus convivalibus*, qui carmine illo, quod σκολιὸν dicebatur (de quo cap. 19. de ufu Mufices in conviviis pluribus dictum) viciffent, *poculo* donabantur, quod à cantu illo ᾠδὸν appellabatur, cum *cæteris in certaminibus* acciperent *Lyrici* juvencā, quam & immolabant, & hircum *Tragici*, taurum *Epiri*, *Bucolici* vel vini vel lactis libatione contenti erant: idque Apollini, Mufis, Baccho & Gratiis. Nam præmia à victo auferebant, non ea ab judice donabantur, ut fcribit *Scaliger* prolixè lib.1.Poët.c.44.

ATHENIENSES accepimus olim extruxiffe ædificium, & indigitaffe ᾠδεῖον *Odeum*, quafi cantilenarium dicas: cujus habebat interior defcriptio multa fedulia, multasq; columnas, tectum erat fubvexū & acclive in unum affurgens faftigium: imaginem ferunt & fimulacrum fuiffe tabernaculi Regis. Ædificavit illud *Pericles:* qui ingenti ftudio in id incubuit, ut certamen Muficorum PANATHENÆIS celebraretur, digeffitq́; & ordinavit id ipfe *Agonothetes* & *Athlothetes* creatus, quemadmodum certantes tibiâ & voce vel citharâ canerent, atq; ejufmodi impofterum in odeo exhibita fuerunt certamina Mufica, ut legere eft apud *Plutarchum* in Pericle.

DION quoq; autor eft, *Trajanum* etiam Romæ *Odeum* ejusmodi fabricaffe, operâ Apollodori architecti. *Panciroll.* rer.mem.lib.1.f.83.

PAUSANIAS in Achaicis memoriæ prodidit, Herodæ Altici juffū atq; impenfis conftructum pulcherrimū ᾠδεῖον, defunctū uxoris monumentum. *Scaliger* dict.l. in hoc Odeo Altici theatri Ægyptiorum Regum ftatuas fuiffe, fcripfit *Paufanias*.

Extra theatrum quoq; loca dicata Mufis *Scaliger* afferit, eodem dicta nomine, *lib.1. Poët. c.21.*

Et cùm *Ludi Pythici* celebrari cœpti effent, antiquiffimū omnium fuit certamen, ut *hymni in Apollinem* cum tibiis ad citharā canerentur præmio propofito: Et *primus* quidem omnium pfallendo vicit *Chryfothemis* è Cretâ, cujus pater *Carmanor* Apollinem de cæde Latronis Eubœenfis facrilegi purgaffet. Confecutos poftea *Philammonem* Chryfofthe-

DE MUSICA VOCALI.

sosthemidis ipsius, & Philammonis filiū Thamyrim. Nam *Orpheum* mysteriorum scientia & reliquâ vitæ dignitate elatum, tum etiam *Musæum*, quod Orpheum sibi, quem æmularetur, proposuisset, negant in Musicum illud certamen descendere voluisse, ut scribit *Pausanias* in Phocicis. Id quod *Scaliger* approbat *lib.1 c.23.* qui in illis ludis Græcorum introductos scribit tibicines cum citharœdis; item citharistas sine cantu: quorum appellarent πυθικὸν νόμον, sic *Delphis* ad *ludos Pythios* citharœdi, tibicines & fidicines concurrebant, ut scribit *Alex* lib.6. cap 19.

Iisdemq; certaminibus præmia fuisse proposita, ex *Philosophorum coryphæo*, sect. 31. probl. 11. elici potest; ubi rationem reddit, quare in ludis veterum, certantibus proposita fuerint ἀγωνιστήρια vel ἆθλα: *Virtuti* verò *nulla*, vel quòd sibiipsi præmium sit, unde *nuda* pingi fuit solita, quædq; instar *Trianguli*, vultu stat semper eodem: δεῖ, inquit, τῆς ἀγωνίας τὸ ἆθλον κρεῖτ]ον εἶναι· ἐπεὶ μὴν γὰρ τῶν γυμνικῶν ἀθλημάτων τὸ ἆθλον αἱρετώτερον καὶ βέλτιον τῆς ἀγωνίας· σοφίας δέ τι ἂν ἆθλον βέλτιον γένοιτο; In certaminibus verò olympicis præmium erat corona ex oleastro, quod patet ex *Aristoph. Pluto*: ὁ Ζεὺς δήπου πένεται, &c.

Jupiter sanè pauper est: quod te palam profectò docebo. Nam si dives is esset, quo pacto faciens is certamina Olympi, illic, quo Græcos omnes quinto quoquo anno coëgit, per Præconem pronuntiaret athletas victores, ubi coronasset oleastri corona? nam magis auro decuit, si dives is esset. Cumque Olympiade XLIIX. *tibicines & citharœdi & aulœdi* recepti essent, reportavit palmam de tibicinibus *Sacadas Argivus*, de citharœdis *Cephalo* Lampi filius, de Avlœdis *Echembrolus* Areas, ut scribit *Nat. Comes* lib.5. cap.1. *Sacadas* verò postea binis Pythicis ludis præmium meruit, teste *Pausania* in Phocicis. Alterâ verò *Pythiade*, quod olympiade 48. accidit, ut *coronarium* duntaxat certamen, submotis præmiis, relinqueretur, cum primum pecunia esset præmium victorum. Hujus 48. Olympiadis anno tertio *Amphictiones* demum certamina Musica instituerunt: *cantus ad citharam*, ut pridem, cantus etiam ad tibiam: *Pausanias.* Octavâ *Pythiade* lege ludorum comprehensi, qui as-

sis fidibus canerent & certarent, quâ coronatus fuit *Agelaus Tegeates*, ut est apud *Nat. Com.* lib.5. cap.2.

Laureâ autem *victores* donabantur corona, ut ex Epiniciis Pindari videre est, quæ corona propria illorum ludorum existimata est, idque cùm ob perpetuum victorem, tùm quia *laurus* credebatur *Apollini grata*, ob Ladonis filiam *Daphnen* in laurum conversam : δάφνη namq; est Laurus. Vide *Ovidium* 1. Metam. *Nat. Com.* lib.4. cap.10.

Alii tamen censent, multò ante instituta fuisse *Pythia*, quàm Daphne ab Apolline sit amata, & primis Pythiorum temporibus non erat adhuc inventa laurus. Antequam igitur inveniretur, vel ex palma, vel ex œsculo coronæ victoribus dabantur. Alii *poma* quædam Deo consecrata, victoribus donari solita, dixerunt, ut scripsit *Ister* in lib. de coronis.

Quemadmodum & veteribus Principibus usitatum fuit, convocatis hinc inde *doctis Poëtis*, Musicis propositis præmiis, instituere musica certamina. Ad illam consuetudinem videtur alludere *Theognis* sic canens :

εἴθ᾽ εἴη σ᾽ ἀκάδημε ἐφήμερον ὕμνον ἀείδειν: &c.

Utinam posses Academe amabilem hymnum canere. Præmium verò in medio puer pulchram coronam haberet.

Libet jam *singularia quædam certamina* annectere *Musicorum*, ubi agmen mihi ducat N E R O Imperator, qui fidibus delectatus fuit ad insaniam usque; & in theatris Musicâ certavit inter citharœdos, Cajo Telesino & Suetonio Paulino Coss. eiq; victori magno applausu corona imposita est, ut autor est *Xiphilinus* in Nerone. Quàm trepidè verò anxiéq; certaverit, quantâ adversariorum æmulatione, vix credi potest. *Adversarios* quasi planè ejusdem conditionis observare, captare, infamare, secretò nonnunquã, ex occursu maledictis incessere. *Iudices* autem, priusquã inciperet, reverétissimè alloquebatur, omnia se facienda fecisse, sed eventum esse in manibus Fortunæ, illos ut sapientes & doctos viros fortuita debere excludere, & quę alia scribuntur.

In

In certamine ita legi obediebat, ut nunquam exscreare ausus, sudorem quoq; frontis brachio detergeret. Quin & in *Græciam* cantandi studio navigavit, omnibusq; ejus gentis spectaculis, cantu & certaminibus citharisticis sese adjungens interfuit.

Idem NERO reversus *è Græcia Neapolim*, quod in ea primùm artem Musicis protulerat, albis equis introiit, disjectâ parte muri, ut mos hieronicarum est. Neapoli enim primùm citharœdi habitu prodiisse Neronem, memorat *Suetonius*: ac nè concusso quidem repentè motu terræ theatro, ante cantare destitit, quàm inchoatum absolveret νόμον. Et *Romam* eo curru, quo Augustus triumphaverat, venit, & in veste purpureâ, distinctaq; stellis aureis chlamyde, coronamq; capite gerens Olympicam, dextra manu Pythiam, præeunte pompâ cæterorum: cum titulis, ubi & quo cantionum, quovè fabularum argumento vicisset. Statuasq; suas citharœdico habitu posuit. *Suetonius.* Et civitates Achaiæ omnes citharœdorum coronas, in Musicis agonibus partas, ad Neronem miserunt. Quinquennale etiam ludicrum primus, ad morem Græci certaminis, *è Græcia Romam* traduxit: *Joviq;* Capitolino dicavit: in quo tàm versu quàm prosâ oratione, Græce Latinéque, tùm Musica per Citharœdos & cithanistas, tùm Gymnicis ludis certabatur, ut scriptum reliquit *Alex.* lib. 6. c. 19.

DOMITIANUS quoq; Imperator instituit quinquennale certamen Capitolino Jovi, idq; *triplex: Musicum, Equestre, Gymnicum,* ut annotant *Dion* & *Suetonius.*

EUNOMIUS quoq; Locrensis Citharædus cum Aristone Rhegino Musico in ludis Pythicis in aream descendit. In hoc certamine ferunt Aristonem invocasse Apollinem Delphicum, ut sibi canenti foret auxilio, quòd à Delphis Rheginenses olim essent profecti: Eunomium autem respondisse, Rheginensibus ne certandum quidem omninò de Musica, apud quos Cicada vocalissimum animal voce careret. Cum autem utrisq; certantibus, Eunomio chorda una fractâ defecisset, *Cicada* supervolans astitit, & supplementa vocis fecit, atq; ita victor est declaratus, ut scriptum reliquit *Strabo* lib. 6.

HIPPARCHION & RUFFINUS, præcipui apud Græcos citharœdi, quum folennibus ludis, qui decimo quoquo anno apud Juliopolitas agebantur, inter fe certaturi effent, theatri tumultu commotus Hipparchion obticuit: Unde proverbio occafio data, *mutus Hipparchion*, de illis, qui repentè filent, à quibus tamen grande aliquid exfpectatur, ut notat *Erafmus* in chiliadib.

STRATONICUS citharœdus, cum adverfarios Sycione fuperaffet, trophæum Æfculapio pofuit, infcribens: *Stratonicus ex malè citharam pulfantibus*, ut fcribit *Athenæus*, lib. 8. c. 7.

ARISTONUS citharœdus, cum fexies viciffet Pythia, ut Lyfandri Lacedæmonis gratiam iniret, pollicitus eft, cum denuò victoriam habere contingeret, præconis voce pronunciaturum Ariftonum Lyfandri fervum victorem fuiffe; apud *Plutarchum* in Lyfandro.

ELEATHEREN quoq; narrant, Pythicam palmam vocis cauffa reportaffe, cùm alioqui cantilenam non fuam decantaffet: *Hefiodum* verò *repulfam* tuliffe, quòd carmina fua ad lyram canere non didiciffet; tefte *Paufania* in Phocicis.

NICOSTRATUS & LAODOCUS Citharœdi, cum inter fe concertarent, dixit Nicoftratus, Laodocum effe *in magna arte parvum*, fe autem *in parva arte magnum*; fatiusq; fibi effe non domum divitiis, fed artem ftudio & diligentia augere; ut prodidit *Ælianus* lib. 4. de var. hift.

Eodem modo, fed infelici planè, ut fingunt, eventu, MARSIAS APOLLINEM in certamen Mufices provocare non dubitavit, & eâ quidem lege, ut victo victor, quodcunq; libuiffet, imperaret; *Paufania* atteftante in Phocicis. In illo certamine cum *Apollo* citharam pulfaffet, mox ore canebat: At *Marfyas* tibiis inflandis tantum erat peritus, quare etiam victus pœnas dedit fuæ temeritatis.

Alij his addunt, quòd *Nyfæi Judices* fint electi. Nam primùm tibiis ita eft ufus *Marfyas*, ut auditus ftupore repleretur, appareretque ob fuavitatem longè præftare adverfario. Cum verò judicibus fimul artem oftentare decreviffent, ajunt, *Apollinem* rurfum ad citharam cantum accommodaffe, quare vicit tibias repetitas. At *Marfyas* nitebatur docere judices, quòd præter omnem æquitatem vinceretur: quòd artis & non vocis comparationem fieri oporteret, ad quam cithara & tibiæ

DE MUSICA VOCALI. 303

essent referendæ, non autem res duas cum una debere conferri. *Apollo* respondit, quod nihil plus æquo obtineret, quia Marsyas, quòd sibi conveniret, fecisset, cum tibias inflasset: oportere igitur hanc legem utrisq; imponi, ut vel ambo vel nemo ore uteretur, sed solis digitis proprium usum ostenderet. Illud certamen commissum fuit non procul à Celænis, vel Apamna civitate juxta lacum. Victus igitur ab Apolline *Marsyas*, de pinu, arbore propinqua, *suspensus, excoriatus* fuit. Pænituit tamen celeriter *Apollinem* tātæ acerbitatis, quare *chordas Citharæ* infregit, quas cùm *Musæ* invenissent, *Mesen* addiderunt, *Linus Lichanon, Orpheus hypaten, Thamyris parhypaten*, ut est apud *Natal. Com.* lib. 6. Mythol. c. 15.

Simili fide Poëtæ tradunt, SIRENAS aliquando *Musas* in certamen cantus *provocasse*, Junonis suasu: verùm hæc temeritas illis malè cessit. Cùm namq; prius alatæ essent Sirenes, Musæ alas victis evulserunt, coronasq; ex illis factas capitibus imposuerunt: quod factū memorat *Crobylus* lib. 1. in Creta juxta civitatem illa de caussa *Apteram* dictam. Hoc nomine postea *alatis capitibus Musæ* putabantur fuisse, præter unam, quæ illarum erat mater, ut recitat *Nat. Com.* lib. 7. c. 13.

Ex *Nicandro* item *lib. 4. Alteratorum* accepimus, *novem* FILIAS PIERI (qui eo tempore regnavit in Emathia, quo Jupiter cum Mnemosyne in Pieria Musas genuit) chorum suum *Musis opposuisse* · certamenq; Musicum in Helicone fuisse commissum. Quando autem filiæ Pieri canebant, omnia caligine obscurabantur, nihilq; ad choream obtemperabat. At Musarum cantu sistebatur cœlum, astra, mare, flumina, & Helicon voluptate delinitus, ad cœlum usq; crescebat: donec eum consilio Neptuni Pegasus inhibuit, verticem pede percutiens. Quia verò certamen inierāt cū deabus, Musæ eas in aves transformarunt numero novē.

De THAMYRA à Poëtis, quibus quicquid fingendi semper fuit æqua potestas, hæc accepimus, illum carmen adeò sonorum & concinnum composuisse, ut ab ipsis Musis compositum videretur, propter eaque Musas elato animo convitiis affecisse, inq; certaminis arenam provocasse, verùm cum ipsius vitæ dispendio. Cum namque in Messenia ex Oechalia civitate Dorium versus proficisceretur, *Musas obvias* habuit, & cum iis pactus est, si vicisset, se velle cum omnibus congredi: sin

victus

victus fuisset, illarum arbitratu se pœnas subiturum (ut scripsit *Myrlea-nus Asclepiades*) & statim *victus, oculis captus est, & canendi scientia privatus*: ut ex *Homero* Iliad. β..refert *Natal. Com.* lib. 6. c. 14.

Quemadmodum & *Linus*, Amphimari Neptuni & Uraniæ filius, cum de Musices gloria certaret cum *Apolline*, ab eodem *occisus* est, ut scribit *Pausanias* in Bœoticis. Aurea sanè *Hesiodi* sententia, quam si observassent, facilè hoc malum evitare potuissent, quando canit:

Αφρων δ' ὅσκ' ἐθέλει πρὸς κρείοσονας ἀντιφερίζειν,
Νίκης δὲ ςέρεται, πρός τ' αἴσχεσιν ἄλγεα πάσχει.

Id est:

Stultus est, qui voluerit cum potentioribus contendere;
Victoria enim privatur, & præter pudorem dolores patitur.

Muß den Spott zum Schaden haben.

Caput XXI.
De usu Musices θρηνητικῶ in funerum & exequiarum deductionibus.

Est certè omnium consensu *Musica* omnium miseriarum & dolorum efficacissimum solamen, saluberrimum Nepenthes, & præsentissima Panacéa, qua ceu emplastro & malagmate quodam tristitiæ vulnera obligantur & leniuntur, molestiarum gravitas minuitur atq; abigitur: adeò ut non absq; ratione *Nutrix illa apud Euripidem Medea* hominibus illis succensere videatur, quòd harmonicos concentus læto fortunæ cursu adhibuerint, hymnosq; tantùm *in conviviis* cecinerint: nullus verò Musicam ostenderit, quæ tristitiam abigat & repellat. Quare ex illius nutricis sententia, in luctu potius quàm re læta adhibenda esset Musica: quia convivia satis ipsa per se læta sunt, *in luctu* autem quærendum aliquid, quo minuatur dolor, quod ipsum annotavit *Muretus* lib. 6. var.

lect.

lect. c. 16. Subjicere libet *Euripidis* verba ex Græco in Latinum traducta: ubi nutrix illa sic loqui introducitur:
(Καιούς δὲ λέγων, κ' οὐδὲν τι σοφούς &c.
Id est:
Ineptos si dixeris, nec ulla ex parte prudentes;
Majores homines, non errares.
Quod quidam Hymnos ad celebritatem
Et ad compotationes & circa epulas
Invenerunt, vitæ jucunda oblectamina.
Stygias verò mortalium nullas tristitias
Invenit Musicâ & multichordis
Canticis sedare, ex quibus mortes
Gravesq́; fortunæ subvertunt domos.
Atqui has quidem utilitas mederi
Canticis mortales. Ubi verò lauta
Convivia, quid frustrà intendunt vocem?
Præsens enim habet oblectationem à sese
Convivii frequentia hominibus.

Hac absque dubio causâ moti veteres, cantus & instrumenta musica in exequiis peragendis adhibuerunt. Quemadmodum *de Trausis*, gente Thracibus finitimâ, *Herodotus* scribit *in Terpsichore: Edito*, inquit, *infante, cum ploratu* commemorant, quantum calamitatum illi perferendum sit vitam ingresso, contrà *defunctum* hominem *cum lusu lætitiaq́;* efferunt, recensentes quàm multis malis subductus sit: ut eleganter & prolixè hac de re scribit *Erasmus* in adag. *Optimum non nasci.* De *Getis* quoq; refert *Pompon. Mela* lib. 2. de situ orbis, quod arbitrati fuerint, longè melius esse mori, quàm vivere. Proinde *puerperia* lugebant, *funera* autem & lusu & festo cantu celebrabant. Hoc etiam *Causianis* attribuitur.

Et *mortuos* olim *ad tubam ferri solitos* indicat *Maro* in Æneid.
It cœlo clamorq́; virûm, clangorq́; tubarum.
Et *Persius:*

Hic tuba, candela, tandemq́ beatulus alto
Compositus lecto.

Romæ quoque nobiles & fortunati homines efferebantur cum tuba, quod *Propertius* innuit:

Nec mea tunc longâ spacietur imagine pompa,
Nec tuba sit fati vana querela mei.

Præterea tibiæ quoq; ac tympana adjungebantur, & ea omnia, inquit *Polydor.* lib.6.de Invent.c.10.ut hominum, mortuos lugentium, animi languentes, ejusmodi sono excitati, minus dolorem sentirent, qui ijs oblectamentis facilè distrahi soleant. Illas *tibias funerales* & dextras appellarunt. *Pratinas Phliasius* vocat νηνιδόνας:

Habebant itaq; *Romani* suos Tibicines, qui post ultimam conclamationem præcedentes funus, nœniam funebrem, quâ laudes defuncti & facta recensebant, pudorem, integritatem, fidem, canebant, non saltabundi, ut olim, sed stantes Phrygio modulo. Is enim modus erat accommodatior.

Siticines apud Romanos erant, qui apud *sitos*, hoc est, *vitâ functos & sepultos*, canerent tubâ diversâ à cæteris tibicinibus. Alij *sicinistas* vocant. *Gellius* lib.20.c.2. Græcis τυμϐαῦλαι dicuntur.

Galen. ϐομϐώδεις, δ᾽ εἰσὶν ἔπερι, τοῖς ἐξευρυτάτων αὐλῶν ἐοικότες ὁποίας ἔχυσιν οἱ τυμϐαῦλαι καλέμϕυοι.

Nonius etiam scribit *Siticines* dici, qui apud funeratos & sepultos, hoc est, jam sitos, canere soliti erant, honoris causa, cantus lamentabiles. Iidem Romani *Præficas*, quæ luctui præficerentur, precio conducere solebant, quæ cantu & funebri carmine lamentarentur, summasque defuncti virtutes non sine miseratione decantarent. Hunc lugubrem cantum *Nœniam* vocarunt, quam Phrygum ajunt inventum. *Nænia* quoque Deæ sacellum ædificarunt ab urbe semotum extra portam viminalem, quod cantu querulo funeribus præesset, ut autor est *Alex. ab Alexand.* lib.2.c.4.

Nænia carmen erat lugubre, quod in laudem mortui ad tibiam canebatur à præfica sola, cæteris flentibus: cujus inventorem *Horatius* Simonidem Poëtam fuisse significat.

Olyphyr-

Olyphyrmum quoq; numerant inter Poëmata, quæ à lugentibus, aut aliâ quâ fortunâ mœstis canerentur.

Distinguit verò *Scaliger lib.1. Poët.* inter *Nænias, Epitaphia,* & *Epicedia*. Quæ ad rogum dicerentur, inquit, erant *Næniæ:* quæ ad tumulū, *Epitaphia:* quæ in exsequijs, cum justa persolverentur, *Epicedia*.

Quidam *Linum* Poëtam primum *Threnos* fecisse narrant. Alij verò eum Herculi succensentem, quòd esset ineptior ad discendum, ab irato ingrato discipulo interemptum affirmant, ab reliquiisq; discipulis defletum carmine, quod ab ejus nomine & nota ejulationis αἲ, *Ælinum* appellarunt.

Monodia quoq; dictus cantus lugubris, usu potius, inquit *Scaliger*, quàm ratione. In Monodijs solum affectum posuére, ἠθοποιΐαν verò nullam prosopœiam nullam. *lib.3. Poët. c.122. Monodiam à Threno* distinguit. Fuit enim *Monodia*, quoties è Choro prodibat unus, qui defuncti memoriam lugubri carmine celebraret. Ad tibiam fiebat id Lydiis modis.

Elegiam quoq; in funeribus primùm dictam par est, id quod videre est apud *Ovidium* in funere Tibulli.

Theoclen quendam, sive Naxius ille, sive Eretriensis fuerit, furentem tradunt effudisse primum *Elegos*.

Neutiquam porrò εὐλεγίαν dicimus, παρὰ τὸ εὐλέγειν τὰς τεθνεῶτας, ut autumant Grammatici: sed à miseratione, quasi ἐλεόν λέγειν. Iccirco Elegos *Horatius* vocavit miserabiles. Ἐλεός quoq; est nocturna avis apud *Aristotelem*, quam nos ululam dicimus.

Simplicius etymon, ἒ ἒ λέγειν. idem enim quod αἲ αἲ in Ælino, nam utraq; interjectio frequens omnibus Tragicis.

Didymus Elegiam definivit θρῆνον ᾀδόμενον πρὸς αὐλόν. Est enim tibia lugubre instrumentum. Quare *ex ludis Pythicis repudiata* fuit tota *ars aulœdorum*, quia in jucundum quiddam præ se ferret, cum elegi funebresque cantiones tibijs convenirent. *Scaliger* lib.1. Poët. cap.23.

Translatus postea *Elegorum usus* ad longè diversissima: scilicet *ad amores*, non tamen sine ratione. Nam & frequens conquestio in amoribus & verissima mors, quæ à nobis amentissimis amentissimo atque ingratissimo vivitur sexui, ut loquitur *Scaliger* lib.1.Poët: cap.50.

Magna verò fuit *apud antiquorum funera tibicinum frequentia*, unde etiam factum, quòd cum infinito ferè Tibicinum numero funera gravarentur, nec parum insumeretur pecuniæ, *decemviri plures in funere Tibicines, quàm decem prohibuerint*. Nam si *Tullio* fides habenda, voluerunt decemviri, ut mortui tribus riciniis & vinculis purpuræ, decemq; tibicinibus efferrentur. Quo respexisse videtur *Ovidius* 6.*Fastorum*:

Cantabat fanis, cantabat tibia ludis,
Cantabat mæstis tibia funeribus.
Adde quod Ædiles, pompâ qui funeris irent,
Artifices solos jusserat esse decem.

Atq; is quidem Tibicines iccircò adhibebantur, ut ad funebres eorum tibias (quas flamini audire nefas erat) *næniæ*, mortui hominis laudandi causa, canerentur, autore *Festo*.

Præficis peculiare fuisse *carmen*, commune omnibus funeribus; quod privatum facerent, mutatis nominibus defunctorum & familiarum, *Scaliger* docet *lib.1.Poët. c.55*.

JUSTINIANUS verò muliebrem Lessum in funere, convertit in cantum, & præficarum loco *Psaltrias* substituit. *In Novella 59.* enim meminit mulierum feretrum præcedentium & psallentium. *Henr. Salmuth* in *Guid. Panciroll*. lib.1.tit.de exseq.mortuorum, f.728.& seqq.

Alexandriæ obolis conducuntur, qui mortuos fleant: quod munus sollicitè adeò ac plenè præstant, ut ad eos pertinere funus putes. Ii igitur abire vocantur *threnodi*. *Cælius* lib.17.c.21.

Homerus Iliad.ω. in funere Hectoris luctuosæ facit mentionem Musicæ his versibus:

παρὰ δ' εἷσαν, ἀοιδοὺς
θρήνων ἐξάρχους, οἱ δὲ στονόεσσαν ἀοιδὴν

DE MUSICA VOCALI.

οἱ μὲν ἀφ' ἐθρήνεον. Id est, *juxta q; collocarunt cantores; Luctus principes, hi flebile carmen lamentabantur.*

Quemadmodum & *Græcis* in luctu *nenias* decantari sæpius invenimus, qui *apio coronati*, defuncti laudes recensere carmine, quod *Ialemon* vocant & res memoratu dignas claro præconio celebrare assueverant. Senatoribus verò ac patritiis atq; summis ducibus *tubâ*: minoribus & plebeis *exequiali tibia* canebant *tibicines*. Quam tibiam non in funeribus modò, sed in sacris, in ludis & conviviis adhibebant: Imperatoribus autem *pluribus tubis* mœstum clangentibus: quod à caribus & Phænicibus deductum autumant, qui in funebri pompa brevibus tibiis magnitudine palmi, lugubre quiddam & stridulum sonantibus, uti soliti fuerunt, ut scribit *Alex. ab Alex.* lib.3.c.7. Eæ autem t biæ Phænicum lingua *Gringes* vocantur, quod iis in Adonidis luctu soleant uti, Adonidem enim Gringem appellant, ut notat *Erasmus* in Adag. *ex Athenæo* lib.4. dipnos.

Plato quoq; *lib.7. de legib.* mentionem facit *caricæ Musæ*, quam interpretatur ὀηκυνδίαν ᾠδὴν, lugubrem cantionem.

Hesychius indicat, ad pompas funebres *conduci* solitas *è cariâ fœminas*, carinas dictas, quæ lamentantium personam agerent.

Tympana etiam inter alia instrumenta olim in *funerum* deductione adhibebantur, ut refert *Aphrod.* in probl.

In *Pythonis funere* tibias inflasse & funebre carmen modosq; *Lydios* accinuisse fertur *Olympus* teste *Aristoxeno*.

Ex his aliquantum constare arbitror, quàm celebris apud antiquorum parentalia fuerit Musices usus, quem comprobat, quod *Achillem demortuum* à Musis deploratum, cumq; *musicis instrumentis* ejus pompam exsequialem ductam fuisse, propterea quòd & ipse citharæ pulsandæ artem addidicisset, memorat *Natal Com* lib.9. c.12.

Et frequentissimum fuisse, *næniam atq; cantu lugubres* decantari etiam *in Imperatorum & magnorum ducum funeribus* deducendis, liquidò manifestant, quòd *funus Augusti* Senatus Rom. inter alia complura *triumphali pompâ* ducendum curarit, præcedente victoria, quæ in curia erat, *canentibus næniam Principum liberis utriusq; sexus*, ut scribit *Suetonius*.

Mortuis ATTILA & BELA Hunnorum Regibus, lectissimi Equites magnifica illorum facta modulato cantu cecinerunt. *Sigon.* lib.13.imp.occid. *Bonfin.* lib.7.dec.1.

In DEMETRII funere, theatrico apparatu peracto, *Xenophanes* quidam ingeniosissimus modulator tàm incredibili suavitate carmen sacrum apud *Plutarchum* cecinisse legitur, ut & remorum pulsus carmini respondentes flebilem efficerent concentum, magna cum sonoritate conjunctum.

Quod de *Trausorum* & *Getarum* consuetudine diximus, hoc *Ludovicus Cortusius*, JCtus Patavinus, suo tempore celeberrimus, in suo testamento posteritati ni fallor, in mentem revocare voluit. Is enim, ut *Bernhardinus Scardeonius* de claris JCtis Patavinis lib.2.refert, moriens, contra communiorem mortalium morem, ex testamento *interdixit* suis propinquis *lachrymas*, & solitas funerum lamentationes *Ennij* summi vatis exemplo, (qui tale sibi conscripsit *Elogium*:

Nemo me lachrumis decoret, neq; funera fletu
Faxit cur? volito vivus per ora virûm.)

& quæcunq; lugubria solent ad mœsticiam parari, abesse prorsus voluit, addita etiam ex legato gravi mulctatione hæredi, si id facere neglexisset. *Contrà* verò pro his *acciri jussit*, Musicos, Cantores, Citharœdos & *Tibicines* omnis generis, qui vario concentu, unà cum Clero funeris pompam partim præirent, partim sequerentur, usq; *ad quinquaginta*, quibus singulis *mercedem* dimidij aurei nummi dandam statuit. Et quod *duodecim puellæ* innuptæ amictæ *viridibus pannis* feretro subirent, usq; ad templum, ubi se sepeliendum mandaverit: quæ omnes pariter de more lætantium, quæcunq; vellent, modulantes alta voce concinerēt, relicta singulis certâ pecuniæ quantitate, dotis causâ &c.

Obijt anno salutis M.CCCC.XVIII.16.Cal.Aug. sepultus *Patavi* in *æde* vetustissima *S. Sophiæ*, ubi ejus Epitaphium videre licet, referente *Camerario* cent.1.operar.succis.c.12.

CAP.

De Musica Vocali.

Caput XXII.
Variæ Veterum Cantiones.

ATHENÆUS *lib. 14. deipnosoph.* recenset aliquot veterum cantionum genera & ὀνομασίας: multæ namque fuêre cantilenæ, aliæ alijs artibus, temporibus, nationibus convenientes.

PISTORES habebant, quam canerent ad molas, ἱμαῖον vocabant: ut est apud *Aristoph.* in Atticis & *Callimachum* in Hecate. *Athen.* ἱμαῖ@ ἡ ἐπιμύλι@ (ᾠδὴ) καλουμένη, ἣν πρὸς τὰς ἀλέτους ᾖδον. Cantio *Hymæa*, quam & *Epimylion* vocant, cantari solitam ab ijs, qui in pistrino molunt: ab ἱμαλός voce fortassis dictam, quæ Doriensibus fuit mensuræ genus: ἱμᾶν quoq; significabat trahere & haurire apud *Athenæum* & *Aristotelē*. Unde quidam *Himæan cantionem* propriam fuisse scribunt aquam haurientibus. *Callimachus* ἀείδει, inquit, καὶ πύτης ἀνὴρ ὑδατηγὸς ἱμαῖον. ἱμαλίς quoq; significat genium, qui molendinis præerat, estq; inter Cereris cognomina. Eadem ἐπιμύλι@ ᾠδὴ dicitur etiam ἐπαυτλαῖ@ & ἐπίνος@, autore *Hesychio* & sic esset eadē nominis ratio ac τοῦ ἱμαῖ@. Nam ἱμᾶν est ἀυτλεῖν. Manifesta etiā erit ratio, si dicatur ἐπακταῖ@, ab ea quæ dicitur Poëtis ἀκτή cerealis seu farina, ut notat *Casaub.* lib. 14. in *Athen.* c. 3.

Ælianus lib. 7. de var. hist. scripsit, Pittacum admodū laudasse μύλην: addidit & rationem, propterea quòd, inquit, parvo in loco diversis esset potestas ad exercitandum.

Laërtius in vita ejus scribit, ipsum ad molas sese exercere solitū nec mirum sordidus enim fuit, & *naturæ sequitur semina quisq; suæ.* Inde etiam *molaris* illa *de Pittaco* extat cantilena apud *Plutarchum* in convivio sapientum: Ἄλει μύλα ἄλει. καὶ γὰρ Πιττακός ἄλει μεγάλας Μυτυλήνα βασιλεύων.

Oda illa, quam mulieres, cum pinserent, cantillarent, dicebatur quoq; τὸ πτιστικόν vel πτισμός. Unde *Phrynichus*: Ego nunc nobis cantabo *Ptisticum* & *Nicophron* in Mechanicis: Verùm nunc accine nobiscum *Ptismum* aliquem.

NAUTARUM quoq; fuit cantio quædam, & ὑγλαρον est μῶλος quoddam musicum & nauticum παρακελευστικόν in commentarijs Aristophaniorum Acharnensium.

Et

Et *Duris Samius* refert in Alcibiadis navi ab exilio redeuntis Chrysogonum fuisse quendam modulatorem, qui tantâ arte remigum manus gubernabat, ut cum illi remorum pulsum cum Chrysogoni cantu conjungerent, jucundam audientibus redderent harmoniam, ut autor est *Cælius* lib. 9. antiq. lect. c. 10.

Sic Athenis facilis ac tuta in Delum & navigatio. Unde fiebat ut qui illuc solverent, inter navigandum *securi*, nihilq; metuentes *canerent*. Mos autem erat *Atheniensibus*, ut quotannis navim solenni apparatu, religionis causa, Delum mitterent, quod indicat *Plato*. Hinc consentaneum est, qui hac vectabantur, Hymnos quosdam in Apollinis laudem solitos fuisse decantare, ut scribit *Erasmus* in Adagiis.

Pausanias scribit, *Pronomum* tibicinem *Chalcidensibus* Euripi incolis cantilenam præscripsisse, ut eo carmine *Delum* venientes, loci numina salutarent.

Ad nautarum, cantiones referendum illud ex ornithogonia, ubi inter alia commendantur nautis *auguria cygnorum:* quòd iis in tempestate visis, nautas hilariter canere & τὸ εὐφημεῖν suaviter inclamare constet. Proptereaque, quia sub mortem suavissimè canere dicitur,

Cantator cygnus funeris ipse sui,

Adscribendum hoc censent periclitantibus nautis, quod illi sub mortem, quam ob oculos versari cernunt, cygnis apparentibus dulciùs modulentur, certò persuasi, se liberatum iri.

Cygnus in auguriis nautis gratissimus ales;
Hunc optant semper, quia nunquam mergitur undis.

Cruquius in Horatio:

TELAM TEXENTIUM cantilena fuit dicta αἴλινος, cujus meminit *Epicharmus* in Atalantis. *Non* autem *hæc confundenda* cum aliorum scriptorum *alino*. Nam illi ælino nihil commune cum textoribus, sed tristis cujusdam cantionis est nomen, ut in versu intercalari apud *Æschylum* αἴλινον, αἴλινον εἰπέ. τὸ δ' εὖ νικάτω.

Eustathius de lino & ælino cantilenis disputans, ἡ μὲν τοι, ait, ἐξ Ἐπιχάρμου χρῆσις ἐθέλουσα τὸν αἴλινον ᾠδὴν τῶν ἱστουργούντων εἶναι οὐ τὸν Λίνον τὸ κύριον ἐγκεῖσθαι τῷ αἰλίνῳ βούλεται, ἀλλὰ τὸ λίνον. id est, Epicharmus vult, αἴλινον

fuisse

DE MUSICA VOCALI. 313

fuisse cantilenam telam tractantium, & à lino appellativo nomen habere, non à Lino proprio. *Linum* enim scribunt ab Hercule interfectum, & à reliquis discipulis carmine, quod ab ejus nomine nota ejulationis, *Αἴ, Æ linum* appellarunt. *Euripides* verò scribit Linum & Ælinum cantari ὀ μόνον ἐν πένθεσιν, ἀλλὰ καὶ ἐπ᾽ αὐτυχεῖ μολπῇ, non solum in luctu, sed etiam in lœto feliciq; cantu.

Cantilena ad LANIFICIA accini solita dicebatur ἴυλος. *Semus Delius* verò *lib. de Pæanibus* scribit, *ordini manipulos* separatos, vocatos fuisse Ἀμάλας, collectos & in unum fasciculū colligatos ἄλας & ἰύλας.

Itaq; & *Cereris* fuit *cognomentum*, quæ in segete viridi χλοή, *Chloë*, in matura *Iulò* ἰυλώ dicebatur. Sic ab ijs quæ Ceres invenit, & fruges, & hymnos quibus dea celebrabatur, ἄλας nominabant, δημητριύλος & καλλιύλας *Cereris cantores*, suis canticis acclamantur, & segetum fertilitatem atq; copiam rogantes, canantesq;,

πλεῖςον ἄλον ἵει,
πλεῖςον ἄλον ἵει.

Plurimos spicarum manipulos mitte.

Appellarunt autē ἄλας qnasi ὅλας, *ex pluribus* enim manipulis fiebat *unus* ἄλος, vel à torto vimine, quo constringebantur. Nam ἄλον est συνεςραμμένον πλεῖςον ἄλον ἄλον ἵει, ἄλον ἵει sic emēdat *Casaubonus* in Athen.

De hac cantione ita scribit SCALIGER lib. 1. c. 4. Poët. *In Messe* Cererem & Liberam plurimùm in ore habebant, quod carminis genus nominabant ἴυλον. *Spicam* enim veteres sic vocabant, ab aceris tenuitate atq; aristularum: quare *lanam* quoq; eadem voce *ob filiorum* frequentiam. Atq; iccircò lanificarum benè ominantium hoc item ipso vocabulo dictas memoriæ prodidêre. Et *lib. 1. Poët. cap. 55.* annotat, hanc cantilenam communi nomine dici cum messorum cantu.

MESSORUM porrò cantus dictus fuit λυτιέρσης, ut est apud *Theocritum*, cujus hanc ferunt originem. *Lytierses* Midæ nothus regius celænas habitavit, qui agrorum cultui cùm præter modum studeret, viatores ad convivia invitatos cogere solitus fuit, ut secum essent in opere messorio. Pigriores etiam verberibus affecit, defatigatione verò laſſos obtruncavit,reſectis deinde atq; rejectis capitibus,tùm inter manipulos conditis cadaveribus cecinit. Unde ductum proverbium, ut qui non ex animo,aut coactus caneret, λυπηϱαν ὠδὴν ἄδειν, *Lytierſam cantionem canere* diceretur. Idem Lytierſes inſtituit,ut in honorem Midæ æſtivus (Thericos) aut *meſſorius hymnus* caneretur. Hunc quidam Herculis manu perijſſe ferunt, quod redargui ait *Scaliger* temporum ſupputatione. Quidam ipſum in meſſe nimio ſtudio captum atq; labore delaſſatum interijſſe. Sed quocunque fato uſus ſit,illud conſtat: Colonos ad Patris ſolatium *lugubrem cantum* condidiſſe,quem poſteri anniverſario cultu ad aras meſſorias celebrarent.

Ex JULIO POLLUCE *lib.4.cap.7.* & SCALIGERO *lib.1.Poët.c.4.* accepimus, *Maryandenos*,qui ſunt populi finitimi Bithynis,ſimili more, alia fabula eadem anni tempeſtate *cantionem* habuiſſe nomine *Borcon*, alij ſcribunt Borimon. Hic autem Borimus Upii Regis fuit filius,qui Jollæ quoq; & Maryandeni pater fuit. Hunc ajunt Juvenem in venatione meſſis tempore mortuum: alijs placet,puerum à meſſoribus aquatum miſſum, *correptum à Nymphis* diſparuiſſe,unde νυμφόληπ⎡ος⎤ vocatur. Id quod veriſimilius eſt: vetuſtiſſima namque tenuit conſuetudo, qua priſcorum Regum liberi armentorum cuſtodijs apponerentur, ſicuti de *Paride atq; Ganymede* ſcriptum eſt. Hic igitur Borimos vel Borcos potius honoratus fuit poſt fata lugubri inter Agriculturam cantione eodem nomine, *Heſych.* duobus locis nominat Bormum,vocatq; βῶϱμον, ait, θϱῆνον ἐπὶ βόϱμε νυμφοληπ⎡η⎤ μαϱιανδηνᾶ.

NYMPHUS lib.1.de Heraclea, de Maryandenis loquens, ait, Apud eos, cantiones itidem nonnullas audire & intelligere eſt,quas patriâ conſuetudine cantantes, hominem priſcum quendam nomine *Borcum*, inclamant,eumq; narrant viri divitis ac illuſtris gnatum,forma & ætatis vigore alios excellentem cum ſuis intentus negotijs, meſſoribus,quòd biberent,dare vellet, ad aquam hauriendam profectum evanuiſſe. Itaq; illum quærere indigenas, cum flebilium verſuum lamentis evocantes, quibus omnes ad hoc uſq; tempus uti perſeverarunt.

Huic

DE MUSICA VOCALI. 315

Huic similem facit *Scaliger*, quem Ægyptij *in Adonidis memoriam* vocabant *Adonyma* & *Adoniasmon* & *Adonima æden*, sicut ejusdem gentis cantus ille fuit *Maneros* dictus, ab eo, qui ipsius agriculturæ author extitisset: quem etiam Musarum discipulum autumant, inque convivijs canebatur. Hunc primi regis ipsorum filium, præmaturâ morte cum decessisset, instituta soli ipsi cantilena publica Ægyptij lamentis decorant, ut scribit *Herodotus* lib.2.

ARISTOXENUS lib.4.de Musica referente *Athenæo*, lib.14. scribit, priscas foeminas cecinisse cantionem quandam *Calycen* dictam. *Stesichorus* meminit *Calicæ*, quæ *Evathli* juvenis amore capta, à Venere precatur ejus nuptias: contempta verò à fastidioso & renuente juvene, præcipitio sese interemit, id quod circa Leucarum factum est. Ejus virginis mores apprimè fuisse pudicos Poëta finxit, ut quæ consuetudinem juvenis non prorsus & quovis modo cuperet, sed optaret, si liceret Evathlio virgo nubere, aut si, quod in votis erat, obtinere non posset, abire vita.

Idem scribit *Harpalycen ab Iphiclo*, quem impotenter amabat, contemptam moerore contabuisse, institutumq; ab eventu illo virginibus cantionis certamen, quam *Harpalycen* nominant.

In *Eoris* de *Erigone* quædam canebatur, quam ἀλῆτιν vocabant.

APOLLINI quædam sacra cantio *Philelias* dicta est, ab intercalaris versu, qui proprius ei asmati. ἔξεχε, ἔξεχε ω Φίλ'ἥλιε.

In Sicilia quotannis *Cereri* Liberam quæritanti, accinebatur poëma, quod *Persephate* dicebatur. Tale est apud *Theocritum* Herculis in Hylæ desiderio. Fuit & illud in usu, quod in *Horarum gratiam* concinebatur, authore *Theodorico* Colophonico.

BALNEARIIS item suum erat, quemadmodum hodie *dulcianorum* apud Gallos.

Item FULLONIBUS & LIGNATORIBUS apud *Festum* lib.11. *Præficis* quoque peculiare fuit cantilenæ genus, ut supra *cap.23*. diximus.

De Musica Vocali.

Eorum qui PECUDES DUCEBANT ad pascua cantio fuit βυκο-λιασμός. Id genus cantionis reperit *Diomus Siculus* bubulcus. Quemadmodum & *Scaliger* lib.1. Poët. cap.4. modulationem in pastionibus primùm inventam, quod alibi annotavimus. Ποιμενικὰ illi dicebantur cantus, quibus opiliones sese atq; alios oblectarent. αἰπόλια à capellis quasi αἰγοπόλια: βυκολικά à bobus, quæ & nobilissima habita est. Συβώλια à suibus, quod canerent subulci.

Hujus generis extat Poëma, quod composuit *Friphanis* poëtria, Menalcæ venatoris amore capta: per varios enim sequuta saltus, canens semper atq; sævitiam objiciens: νόμιον inscripsit. Ejus paucula illa extant verba: μακραὶ δρύες ὤκα μενάλκα. *Scaliger* lib.5. Poët. cap.5. *Sero* appetente diei, quasi receptui cum canebant, *pastores*, ut è pastu greges evocarent suavissimis numeris.

Ovidius lib.4. Tristium, de varijs cantiunculis sic canit:
Hoc est cur cantet vinctus quoq̃ compede fossor
  Indocili numero cum grave mollit opus.
Cantet & innitens limosus pronus arenæ
  Adverso tardam qui vehit amne ratem.
Quid refert pariter lentos ad pectora remos
  In numerum pulsâ brachia versat aqua.
Fessus ut incubuit baculo saxoq̃ resedit,
  Pastor arundineo carmine mulcet oves.
Cantantis pariter, pariter data pensa trahentis,
  Fallitur ancilla decipiturq̃ labor.

IN VINDEMIA cum primùm mustum gustabant, ita canere mòs fuit: *Omnis gratia vel us, Novum vinum bibo, Veteri novo morbo medeor.* Unde & *Meditrina Dea*, cui libarent tunc, & *Meditrinalia sacra*, à medendo. *Scaliger* lib.1. Poët. c.55.

Homerus etiam meminit Musices & saltationis in Vindemia *lib.σ. Iliad.* his versibus:

τοῖσιν δ' ἐν μέσσοι σι παῖς φόρμιγγι λιγείῃ &c.

Id est:

DE MUSICA VOCALI. 317

Hos inter medios puer citharâ sonorâ suaviter citharizabat: chorda autem bellè resonabat tenellâ voce: hi autem pulsantes terram simul cantuq́ sibiloq́ pedibus tripudiantes sequebantur.

ADMETI NAENIA dicebatur tristis & lugubris cantilena, quod defunctâ *uxore Admeti,* quæ vitam mariti suâ cariorem habuit stridulæ quædam & lugubres cantilenæ decantarentur assiduè apud Admetum, donec mota Proserpina remisit uxorem Alcestiden, ut fabulantur. Meminit hujus *Euripides* in Alcestide. Et *Aristophanes* in Vespis:

ἄδει κλέων ὁ λαβόμενος τῆς δεξιᾶς
Ἀδμήτου λόγον.
Canit Cleonis apprehensa dextra
Verbum Admeti.

Interpres citat hos versiculos ex fabula Ciconijs:

ὁ μὲν ᾖδεν Ἀδμήτου λόγον πρός μυρρίνην
ὁ δ' αὐτὸν ἠνάγκασεν ἁρμοδίου μέλος.

Id est:

Atq́ is quidem canebat Admeti modos, Ad myrtum, at alter adegit Harmodij melos ut caneret.

Apud Spartanos, brumæ tempore cœlibes ex Magistratuum edicto cogebantur forum vestibus spoliati obire, *cantilenam* in se compositam concinentes, meritò nimirum ita puniri se, quòd non parerent legibus, teste *Plutarcho* in Lycurgo.

Huc referre libet, quod *Athenæus de choro Syrbeneorum* scriptum reliquit, in quo singulos oportebat canere, *quicquid visum fuisset & in buccam venisset*, nihil attendentes aut auscultantes, quicquid cantet vel assidens proximè vel chori ductor ac præcentor, sæpius ipse, quàm cæteri tumultuosior ac magis in compositus.

NUTRICIAS CANTILENAS *Jovianus* vocavit *Nænias:* propterea, quòd vulgus in Italia *Nutrices Nænas* dicunt: ut opinor, à cantiunculis, quæ sunt similes cantibus præficarum. At veterés Nutri-

Ss 3 cum

cum cantiunculas καταβαυκιλήσεις nominarunt. *Baucis* enim nomen in re futili, ut notat *Scaliger* lib.1.Poët.c.30.

Ex his perspicimus, datam scilicet esse Musicam, tanquam lac animæ, & gratissimum solicitudinis lenimentum, & laborum solatium atq; remedium, ad inducendam humanarum calamitatum oblivionem, quibus vita hæc nostra undiq; septa deprehenditur, cùm & ipsi agricolæ rudes & callosi, æstivo sole, intolerabiles alioquin labores, sylvestri Musa & cantu attenuent: & rustica anus, quæ vel antelucanis horis nere aut lanam ducere nunquam cessat, cantando omnia leviora facit: ut paulò ante ex *Ovidio* adduximus. Immò post imbres & turbulentissimas tempestates Musica fluctuantibus Nautis portus, ipsis infantibus à natura insita, quorum vagitum ad nutricum cantum sedari certū est, quæ sunt verba *Henrici Salmuth*, in lib.1.Pancirolli de reb. memorab. tit. de Musica.

Syntag-

SYNTAGMATIS
MUSICI TOMI PRIMI
PARTIS SECUNDÆ, MEM-
BRUM POSTERIUS.

DE MUSICA VETERUM OR-
GANICA ET INSTRUMENTIS
MUSICIS.

CAPUT I.
PROOEMIUM.

De Musis, & Apolline, omnis harmonici concentus autoribus & præsidibus, deq; earum numero.

MUSÆ antiquis omnium Poëtarum, Cantorum & cantilenarum autores putabantur, cui Musarum choro APOLLINEM adjunxerunt, quem propterea μυσηγέτην, quasi ducem & principem Musarum, vocari asserit *Ioh. Pier.*lib.47.Hieroglyph. Quemadmodum *Plinius* lib.37.cap.1. in Gemma illa(Italis Agata,Latinis Achates dicitur)Pyrrhi Epirotarum Regis,hujus rei imaginem nobis suggerit. Gemmæ enim isti vena

inerat,

inerat, quæ Apollinem in medio novem Muſarum choro cum inſignibus ſuis, citharâ canentem, repræſentabat.

Has Muſas quidam *Recentiores* Jovis ex Mnemoſyne dixerunt filias, quia eruditionis omnisq́; ſcientiæ promptuaria quædam cella ſit Mneme, vel memoria, à qua Mnemoſyne originé ducit. *Alij* Memmonis & Theſpiæ filias putarunt, unde apud Theſpienſes fuêre Muſarum ludi, qui *Muſea* dicti ſunt: in quibus proponebantur cantilenarum & harmoniæ præmia victoribus, ut ſcribit *Natal. Com.* Mythol. lib. 7. c. 15. Nutricem habuerunt Euphemem, ut memoriæ reliquit *Euphranor* lib. de Tibicinibus.

Easdem non modò Muſices muſicorumq́; Inſtrumentorum, verùm variarum etiam diſciplinarum inventrices ſcripſit, &, quid quæque invenerit, patefecit verſibus Græcis *Callimachus* in quodam epigrammate, quorum Latina translatio hæc eſt;

    CALLIOPE *reperit ſapientes provida cantus*
    Heroum: CLIO *citharam clariſſima: vocem*
    Mimorum. EUTERPE *tragicis lætata querelis.*
    MELPOMENE *dulcem mortalibus attulit ipſa*
    Barbiton. at ſuavis tibi tradita tibia fertur
    TERPSICHORE. *Divumq́;* ERATO *mox protulit hymnos.*
    Harmoniam cunctisq́; POLYMNIA *cantibus addit.*
    Uranie cœli motus atq; aſtra notavit.
    Comica vita tibi eſt, moresq́; THALIA *reperti.*

Alij Muſarum ſtudiorum varietatem his expreſſerunt verſibus:
    CLIO *geſta canens transactis tempora reddit.*
    MELPOMENE *tragico proclamat mœſta boatu.*
    Comica laſcivo gaudet ſermone THALIA.
    Dulciloquis calamos EUTERPE *flatibus urget.*
    TERPSICHORE *affectus citharis movet, imperat, auget.*
    Plectra gerens ERATO *ſaltat pede, carmine, vultu.*
    Carmina CALLIOPE *libris heroica mandat.*
    URANIE *cœli motus ſcrutatus & aſtra.*

De Musica Instrumentali.

Signat cuncta manu, loquiturq́; POLYMNIA geſtu.
Mentis Apollineæ vis has movet undiq; Muſas:
In medio reſidens complectitur omnia PHOEBUS.
Demetrius verò *Byzantius* lib.3. poëmatis, non Muſis, ſed ipſi A-POLLINI muſicarum rerum inventionem attribuit: ipſumq; & tibiam & citharam & fidium cantus inveniſſe, tradit. Cujus rei fidem facit quod *Pauſanias*, inter *Apollinis ſacrificia* hymnos cum tibiarum ſono decantari fuiſſe ſolitos ſcripſit. Et ejusdem *Apollinis* in Delo *ſignum* fuit, hoc habitu, ut dextrâ arcum, ſiniſtrâ Gratias teneret, & Gratiarum alia tibias, alia lyram, alia fiſtulam ori Apollinis admoveret. Hinc propter Muſicæ inventionem *Athenienſes Apollini cicadas*, canorum omninò animalis genus *conſecrarunt*, quod ex his *Ariſtophanis* eanrratoris verbis ex Græco in Latinum translatis liquet: Antiquiſſimi Athenienſium aureas cicadas capillis implicitas geſtabant, quoniam cùm muſicæ ſint cicadæ, ſacratæ ſunt Apollini: qui patrius Deus eſt illius civitatis. *Natal. Com* Mythol. lib. 4. cap. 10.

Platonici Muſarum nomine harmonicos *cœleſtium motuum interpretantur concentus*, & à Jove, mundi totius ſpiritu & mente, cœleſtes moveri ſphæras, unde Muſici cantus Muſarum nomine ſignificati cooriantur, quia ubiq; vigeat Jupiter, & cœlum, velut citharam quandam, verſet, harmonicosq; proliciat cantus. Unde *Marſilius Ficinus* in Jonem Platonis hæc annotat: *Jupiter*, inquit, *mens Dei eſt, ab hoc Apollo, mens animæ mundi, & anima totius mundi, octoq́; ſphærarum cœleſtium animæ: quæ novem animæ, novem Muſæ vocantur, quia dum cœlos harmonicè movent, muſicam pariunt melodiam: quæ in novem diſtributa ſonos, octo ſcilicet ſphærarum tonos, & unum omnium concentum, novem Sirenes Deo canentes producit. Quamobrem ab Jove Apollo, & Muſæ ab Apolline, id eſt, mente animæ mundi, chorus Muſarum ducitur: quia mens illa ſicut ab Iove illuſtratur, ſic & animas mundi ſphærarumq́; illuſtrat.* Et poſt pauca. CALLIOPE, ait, *Muſa vox eſt ex omnibus reſultans ſphærarum vocibus.* URANIA, *cœli ſtelliferi, per dignitatem ſic dicta.* POLYMNIA *Saturni propter memoriam rerum antiquarum, quàm Saturnus exhibet, &*

Tt *ſiccam*

DE MUSICA INSTRUMENTALI.

siccam frigidamq́; complexionem. TERPSICHORE *Iupiter: salutifer enim choro hominum.* CLIO *Martis, propter gloriæ cupiditatem.* MELPOMENE *Solis, quia totius mundi temperatio est.* ERATO *Veneris, propter amorem.* EUTERPE *Mercurij, propter honestam in gravibus rebus delectationem.* THALIA *Lunæ, propter viriditatem ejus, humore rebus exhibitam.* APOLLO *item Solis est anima: lyra ejus Solis corpus: nervi quatuor: motus ejus quatuor, annulus, menstruus, diurnus, obliquus: quatuor voces, neates, hypates: doriones gemini, quatuor sunt triplicitates, ex quibus quatuor qualitates temporum producuntur.* Hæc Marsilius.

Porrò *de numero Musarum* discrepantes sunt scriptorum sententiæ.

Scaliger lib.1.Poët.c.2. Priscis Theologis *duas* tantùm creditas Musas recitat, qui sese earum discipulos cecinêre: quarum altera sit dicta μελετα, quæ quidem meditando inveniret: altera ποιητα, quæ inventa certo disponeret judicio. Illámq́; contemplativam dixerunt, quæ res à sensibus abstractas doceret; alteram ab efficiendo, practicam, quæ circa effectionem & omnes res mechanicas versaretur. Propterea verò, quòd eruerent ex ipsis exordijs rerum ignota vulgò monumenta; *tertiam* quidam adjecêre, quam μνήμην à memoria nominarunt.

VARRO etiam *tres* scribit fuisse Musas: unam, quæ aquæ nascitur motu: alteram aëris icti efficit sonus: tertiam, quæ mera tantum voce consistit. Eandem vel aliorum etiam præter Varronem sententiam recitat & examinat *Scaliger: tres* nimirum à quibusdam creditas Musas & *triplicem Musicam,* in harmonia, quam sola voce constare dicebant: in aëre, quæ proficisceretur ab instrumentis: & in aqua, cujus Ctesibium authorem tradit *Vitruvius,* atq; hydraulicam nominasse. Verùm, inquit *Scaliger,* hi minus purè tantam rem providêre, quippe etiam vox in aëris ictu constat. Est enim aëris percussio, aut ipse percussus aër. Præsertim quum in Fistula & tibia eadem, quæ & vocis materia sit: nempe flatus ipse: Quin etiam aqua neutiquam sonum edat ullum sine aëre.

DE MUSICA INSTRUMENTALI.

D. AUGUSTINNS hanc de *Varrone* fert sententiam. Non audiendi sunt, inquit, errores gentilium superstitionum, qui *novem* Musas Jovis & Memoriæ filias esse finxerunt; refellit eos *Varro*, quo nescio, utrum apud eos quisquam talium rerum doctior vel curiosior esse possit. Dicit enim civitatem quandam, (*Gyraldus* colligit fuisse Sicyonem ex his versibus;

Tres solas quondam tenuit quas dextera Phœbi,
Sed Sycion totidem ternas ex ære sacravit.)

apud tres artifices, Cephisodotum, Strongylionem & Olympiosthenem, terna Musarum simulacra locasse, quæ in templo Apollinis dono poneret, ut quisquis artificium pulchriora formasset, ab illo potissimum electa sumeret. Itaque contigisse, ut operâ suâ illi artifices æquè pulchra explicarent, & placuisse civitati omnes novem, atque omnes emptas esse, ut in Apollinis templo dicarentur, quibus postea dicit *Hesiodum* nomina imposuisse. Tres autem propterea illa civitas locaverat, quia facilè erat animadvertere *omnem sonum*, qui materies cantilenarum est, *triformem esse* naturâ. Aut enim editur *voce*, sicut est eorum, qui faucibus sine instrumento canunt: aut *flatu*, sicut tubarum & tibiarum: aut *pulsu* velut in citharis & tympanis & quibusdam alijs, quæ percutiendo sonora sunt.

CENSORINUS *lib. de die natali,* Musas olim ait *tres* fuisse ideò existimatos, quoniam organum quondam tres habuit intensiones, *gravem, mediam & acutam.*

Hisce non astipulatur *Plutarchus in Sympos. quæst. 14.* ubi inquit: *Atq́ hujus rei causa non est tribus Musices generibus assignanda, diatonico, Chromatico & Harmonico: minusq́ tribus Musica diastematis,* νήτῃ, acuto: μέσῃ, medio: & ὐπάτῃ gravi.

Scaliger ternarium illum Musarum numerum à canentium numero per initia constitutum affirmat. Itaq; eo crescente ad quartam personam usque additam à nonnullis & *quartam* Musam. Auctâ deinde varijs in organis arte concentionum, etiam *septem* proditas. Postremo ad *novem* usque promotam frequentiam in eo

Tt 2   stetisse.

stetisse. Qui *novenarius Musarum numerus* usu postea receptus, & comprobatus est ferè ab omnibus; primò ob ipsius numeri τελειότητα, vel perfectionem, ut primi quadrati, procedentis ex primo numero impari, ac impariter impari: estq; qui primus dividitur in tres impares æquales.

FULGENTIUS novem Musas cum Apolline nihil aliud esse refert, quàm *decem humanæ vocis modulamina:* unde & *Apollinis cithara* depingitur *decachorda.* Et hoc ipso denario numero nihil aliud designatur, quàm *quatuor primores dentes, quos lingua percutit; duo labra, quæ sunt veluti cymbala verborum; linguam, plectrum; palatum, cujus concavitas profert sonum; asperam arteriam, quæ est meatus spiritalis; & pulmonem, qui veluti follis conceptum spiritum reddit & revocat:*

CAPUT II.

De Generali Musicorum instrumentorum distinctione.

Quod generalem Musicorum Instrumentorum distinctionem spectat, *Isidor.* Orig. lib.3.c.18. *tripliciter Musicam distinguit:* In *Harmonicam,* quæ voce constat, estq; eorum qui assâ, quod dicunt, voce cantant: In *Organicam,* quæ flatu maximè indiget: Deniq; in *Rhythmicam*, quæ motu & impulsu digitorum exercetur, & pertinet ad nervos & ad pulsus: cui dantur species diversarum cithararum, tympanum, cymbalum & sistrum vel alia, quæ metallico rigore percussa cum suavitate tinnitum reddunt. Omnia igitur organa Musica *Isidorus* ad duas illas distinctionis illius partes, Organicam & Rhythmicam referre videtur.

Quidam ita instrumenta Musica dispescunt, ut *quædam* dicantur ἔμπνευστα, à spiritu & flatu, cujus officio maximè indigent, & eodem à reliquis distinguuntur. *Quædam* verò sint ἐντατὰ, quæ chordis & fidibus intendūtur, quæ item καθαπτὰ & ψηλαφητὰ, quia *digitis* tanguntur

DE MUSICA INSTRUMENTALI. 325

tur & contrectantur; vel mediante etiam plectro : ψηλαφᾶν namque vox propriè de fidium contactu dicitur. Præter hæc sunt instrumenta *quædam* Musica, quæ dicūtur ἔνηχα sonora & ψόφȣ μόνον ϖϼασκἰασικὰ, crepitu solùm resonantia, apud *Athenæum* lib. 14. dipnosoph. ubi ἥν ȣ δήλιια καὶ χωρὶς τῶν φυσωμένων καὶ χορδαῖς διειλημμένων ἕτερα ψόφȣ μόνον παρασκἰασικὰ. καϑάπερ τὰ κρέμϐαλα. Id est: *Quin & alia diversa sunt, tum ab ijs, quæ animantis afflatu, tum ab ijs, per quæ protenduntur chordæ vel fides, crepitu solum obstrepentia.*

Johan. Guilielmus Stuckius lib. 3. antiq. convival. cap. 20. Prisci, inquit, sapientes *triplicem Musicam*, fecerunt, *mundanam, humanam, organicam.*

Mundanam eam censuerunt, quæ in concinno illo cœlestium corporum motu, atq; in elementorum dissimilimorum cōsensu, quasiq; concentu cernitur. Ejus motus concentū inde colligunt, quòd tātorum corporū motus tacitus esse non possit: & quia concinnus sit, suavem esse necesse sit. Quam harmoniam non modò *Plato* & *Ptolemæus* tradiderunt, verumetiam *Homerus* & *Augustinus,* alljq; viri graves & sapientes, videntur approbare.

Humana Musica videtur ea dici, quæ fit hominis voce.

Organica quæ fit organis, ad edendos concinnos sonos affabrè factis. Organorum autem (ut in Protheoria in Psalmos *Chrysosthomus* scribit) alia sunt ἐμφυσώμενα, sive πνἰμαϊκὰ, *Plutarcho* ἐμπνἰστα, quæ inflata ab hominibus sonum edunt, ut sunt cornua, litui, tutæ, buccinæ, tibiæ & fistulæ: Alia sunt ἔγχορδα, *Plutarcho* ἐντατα, quæ constant nervis & chordis, & vel plectro, vel digitis tanguntur, ut citharæ, testudines, lyræ, psalteria, sambucæ, pandurae, barbiton, nablium, pectis & alia hujus generis. Alia verò κρȣστὰ, quæ pulsantur, ut tympana, sistra, cymbala & campanæ. Unde & *sonorum tria genera* pulsantur, quorum *primum* viva voce animantis edatur: *secundum* fiat organorum inflatione: *tertium* deniq; pulsu.

Sed plenior Instrumentorum Musicorum distributio infrà in corollario tradetur.

Caput III.

De Fistulæ notatione, materia, structura vel figura, speciebus, inventione & usu.

Fistulam omnium Instrumentorum Musicorum origine & inventione esse primam, inter omnes fermè concors & unanimis est sententia, quippe *Pastorum inventum*, quod est vitæ genus antiquissimum, propterea primo loco de ea agere instituimus.

Nominis originem considerantes, *quidam* Fistulam dici volunt ad similitudinem fistulæ, vel tubi, per quem in aquæductu aqua elabitur. *Alij* à Græco φυσάω deducunt, quod est inflo, vel inspiro, expendentes soni fistularum effectionem; flatu enim vel spiritu sonoræ redduntur.

Scaliger lib.1. Poët. cap.4. Fistulam, hoc nomine Latinis vocari asserit ab hiatu.

Hebræi fistulam נקב Nækæb, à Nakab, id est, perforando, vocant, à perforatione foraminum.

Græcis σύριγξ dicitur, à sibilo, quem edit, conjunctum namque quendam stridorem vel sibilum habet fistulæ sonus, cum suavitate & dulcedine, quod patet ex illo *Theocriti* Idyll. 1. ἁδὺ δὲ καὶ τὸ συρίσδες (linguâ doricâ) *dulce canis fistulâ*.

Notationem habes Etymologicam; cape & *materiam*, quæ principiò fuit arundinacea, aut à cicutis petita. Neq; verum est, inquit *Scaliger*, quod ait *Servius*, cicutam esse internodia calamorum, sed frutex omnibus notus caule aut vacuo, aut eâ medullâ, ut facilè exenterari & exterebrari possit, quod Græci dicunt συριγγᾶσθαι, in fistulam excavari.

Galli etiam atq; accolæ insulani ex calamis fistulam fecerunt olim, quum alij ex avena compegissent. *Virg.* Eclog.1.

Sylvestrem tenui Musam meditaris avena.

Avena

DE MUSICA INSTRUMENTALI.

Avena sumitur pro fistula, ex avenæ culmo facta, quod paullò post dicit calamo agresti ludere, pro fistula ex calamo. Calamus enim proprie est frutex aquatilis fistulis aptus, canna minor & arundine. Structuræ modum & *figuram* quod spectat, *singulares* primùm fuêre tubuli, mox *bini* cohærentes, quæ lino aut cera jungebantur. Setæ quoque quia magis ad manum, quàm linum præstò essent, pro lino, usu fuêre receptæ. Crevit autem successu temporis tubulorum numerus ad *septenos* usque magnitudine, omnes inter se impares, sed certâ proportione ad alæ figuram: in summo quà inflabantur, æquales: inæquales, quâ exit spiritus. Eandem admodum ineptè *Romæ* à recentioribus pictam affirmat *Scaliger*, tanquam in utrem omnes cannas injicientem: propterea quòd ignorabant id, qua ratione possent distantia tubulorum ora percurrere non ineptè: Quæ nunc *organa* vulgò vocant, & referunt priscam Syringa reipsa & artificio ac suavitate superant.

Descripsit & materiam & modum & numerum *Poëta* illo versu Eclog. 2.

Est mihi disparibus septem compacta cicutis
Fistula.

Dispar hic non ad numerum referas, qui denotatur voce septem: sed ad quantitatem continuam, inæqualemq; magnitudinem, quia aliæ alijs sunt majores. *Cicutæ* nomine *Servius* hic significari ait spatium inter modos cannarum, ut fistula sit septem disparibus internodijs, cerâ fortasse compactis, quod displicet *Scaligero*, ut dicebamus.

Primam fistulæ *inventionem Pani*, Pastorum, venatorumque & universæ vitæ rusticanæ præsidi attribuunt, qui primus scribitur *septem* calamorum concinnè inter se connexorum fistulam excogitasse, ut canit *Maro* Eclog. 2.

Pan primus calamos cerâ conjungere plures
Instituit.

De Musica Instrumentali.

Quod ex Mythologia de *Syringe Nympha* à *Pane* adamata deducūt, quæ, ut fabulantur, cùm vim ipsius effugere non posset, in calamum scribitur conversa, ut canit *Ovid.* lib.1. Metam.

Panaq́; cùm prensam sibi jam Syringa putaret,
Corpore, pro Nymphâ calamos tenuisse palustres.

Cumq; ad ripas Ladonis fluminis Pan aliquantulum constitisset, *ventusq́; calamos* leviter agitasset, quidam perforati harmoniam emittere, ac suavem reddere sonum deprehensi sunt. Hos carpens Pan, fistulam, cùm illos inflasset, paulatim invenit: qui calami cùm nati essent in *Ladone* flumine, & Syrinx sive fistula quæ sonum emittebat, vocata fuit *Ladonis* filia, scilicet quæ nihil aliud erat, quàm *calamus*. Nam *Syrinx σύριγξ* vel fistulam vel cantum fistulæ apud Græcos denotat. Testatur & *Lucretius lib.5.* calamos à vento agitatos sibilum priùs emisisse, ac postea in locis paludosis id à pastoribus observatum dedisse facultatem inventioni, ut patet ex his:

Et Zephyri cava per calamorum sibila primum
Agrestes docuêre cavas inflare cicutas.

Hunc ipsum Pana memorant ad montes Nomios non procul à *Lycosura* urbe fistulam invenisse, ubi *Molpea* fuit vicus & templum Panos. Hujus rei narrationem legimus apud *Natal. Com. lib. 5.* Mythol. cap. 6. Hujus *Panos comites* congeneres Satyri & Tityri dicebantur: iccircò quâ canerent arundinem etiam *Tityrmum* Dores nominarunt, ut notat *Scal. lib.1.* Poët. cap. 4. *Polydorus* lib.1. de rer. invent. cap. 15. scribit, ex sententia Euseb. lib.2. de præp. Evang. *Cybelen* invenisse fistulam. *Euphonon* hexametrorum scriptor lib. de Poëtis lyricis tradit, fistulæ cui *unicus* & simplex est calamus, inventorem esse *Mercurium*: (μονοκάλαμ@ Grecis dicitur) vel, ut alij memoriæ tradiderunt, *Seuthen* & *Rhonacen* Medos, Ejus verò, quæ *multis* est compacta calamis (quæ πολυκάλαμ@ dicitur) *Silenum*: Illius autem quæ *cera* conglutinatur (τῦ κηρδέτε) *Marsyam*. κηρόπλαςον vocat Poëta quidā apud Plutarch. lib. περὶ τῆς ἀργησίας his verbis: ὁ τῶν βεκόλων κηρόπλας@ ὁπίσθεῖ δόναξ ἀχέζας ὑπνοδόταν νόμον. Id est, bubulcorum cera compacta fistula, canora,

sopori-

DE MUSICA INSTRUMENTALI.

soporiferos modos edit. Paullò antê dicebamus fistulam quandam *arundinaceam* à Tityris eorumq; nomine *Tityrmum* nominatam. Est & fistula alia *eburnea*, quam *Tonation* vocant, cujus singularem quendam usum mox subjiciemus. Pana, quem inventorem dicebamus fistulæ, alterâ manu septem calamorum fistulam, altera baculum incurvum gestare solitum fuisse dicit *Lucianus* in Baccho. Quem ipsum custodem ovium posse gregis ubera implere existimarunt, dum fistulam inflaret, ut scripsit *Ibicus* his versibus:

O Pan pascendis gregibus custodia fida,
Ut labra auratis addita sunt calamis.
Fistula dulce sonet, nivei quo munere lactis
Ad Clymeni portent ubera plena casas.

Fistulam quoq; ipsius *septem* calamorum, modò ventorum varietatem, modò harmoniam *septem tonorum* cœlestium significare tradit *Nat.* lib. 5. cap. 6. quia ad *septem planetarum* imitationem septem chordarum instrumenta musica priùs fuerunt inventa.

Imò *Nymphæ* dicuntur à Poëtis fistulâ Panos delectatæ circa illum tripudiare, Hydriades scilicet, sive aquaticæ, & Hamadryades, quemadmodum constat ex his carminibus:

Conticeant Pryadum colles fontesq́; perennes
Ipsáq́; conticeant pignora parva gregis:
Fistula dulce canit quia Panos, labra canoris
Humida ut illius addita sunt calamis.
Hunc circa statuere chorum molli pede Nymphæ
Hydriades pariter Nymphæ & Hamadryades.

Fistulâ autem olim usi pastores, qui *præmijs* propositis **fistulæ** flatu **certare** consueverunt, de qua re alibi diximus.

Theocrit. Idyll. 24.

Dulcis autem mihi cantus, & si fistula cano,
Et si tibia loquor, & si calamo, & si fistula compacta.

Virgil. Eclog. 3.

Cantando tu illum? aut unquam tibi fistula cerâ

DE MUSICA INSTRUMENTALI.

Juncta fuit? non tu in trivijs indocte solebas
Stridenti miserum stipula disperdere carmen?
Miserum Servius interpretatur, quale fiebat in trivijs & quadriviis à pastoribus in honorem *Dianæ*, id est, Proserpinæ, ad imitationem Cereris, eam inquirentis.

Similis locus est apud Theocrit. Idyll. 5.

Τὰν ποίαν σύριγγα &c.

Quam fistulam? tu enim quando serve Sybarita
Possedisti fistulam? quid non adhuc cum Corydone
Sufficit tibi stipula foramen sibilare habenti.

Tum propter hanc caussam Pastores fistulæ sono usi, quia *Pecora* & armenta, fistularum sono audito, avidiùs escam sumere atque compressiùs pasci in herbis meminit *Paulus Diaconus* lib. 5. c. 37. Itaq; Pastores, bicornibus fistulis (*Seckpipas* septentrionales vocant) ludunt.

Mantuanus *Tonium* fistulicinem paganum, *Saccomusa* ludentem in Bucolicis eleganter his versibus depingit:

Et cum multifori Tonius cui tibia buxo,
Tandem post epulas & pocula multi colorem
Ventriculum sumsit, buccasq́, inflare rubentes
Incipiens, oculos aperit: ciliúsq́, levatis
Multotiésq́, altis flatu à pulmonibus hausto
Utrem implet, cubito vocem dat tibia presso.
Nunc huc nunc illuc digito saliente vocavit
Pinguibus à mensis juvenes ad compita cantu
Saltidico, dulcíq́, diem certamine clausit.

Quam suprà diximus fistulam *Tonation*, hujus egregiam persensit utilitatem C. *Gracchus*, qui quoties apud populum *concionem* habuit, vel à tergo Servum Erycinum Musices gnarum astare jussit, qui occultè illà fistulà *pronunciationis* formaret modos, aut nimis remissos concitando, aut plus justo concitatos revocando, ut scriptum reliquit *Val. Max.* lib. 8. cap. 10.

Fistularum quoq; quibusdam populis *in bello* fuit usus, quemad-

DE MUSICA INSTRUMENTALI.

modum Lydos Syringibus & alijs inſtrumentis muſicis in acie inſtrui memorat *Herodotus*. Et Halyattes Rex Lydorum in bello contra Mileſios fiſtulatores adhibuit, ut notat ex Thucyd. *Gellius* lib.1.c.11.

Caput IV.
DE TIBIA. *Ejus notatione, deſcriptione, inventione & origine atq, partibus, variisq, ab Inventoribus ſpeciebus.*

TIBIÆ, inter Paſtores poſt fiſtulam vetuſtiſsimæ, hiſtoria & conſideratio locupletior, quam non absque ratione à vocis notatione, quæ ſæpiſſimè nos in rei perceptionem deducit, exordimur.

Stuckius lib. de Sacris & Sacrificijs gentilium fol. 111. *Tibiam* Hebraicè appellatam memorat חליל *Chalil*, quam vocem LXX. interpretes αὐλὸν tibiam verterunt ut Ep.5,12. & alibi. Quo loco Thargum אביבא *Abbuba* interpretatur, quod fiſtulæ ſit affinis. Rabbi Schelomôh hoc Inſtrumentum ſic dictum vult à *concavitate*, quod ſit concavum. Nam חליל *Chalil* eſt concavus. Unde *curva* tibia à Tibullo & *cava* ab Ovidio appellatur.

Tibullus Eleg. 2.
Obſtrepit & Phrygio tibia curva ſono.
Ovid. lib.6. Faſtorum.
Quæritur in ſcena cava tibia, quæritur aris.

Pagninus חליל tibia, inquit, ſunt qui dictam putent, quaſi prophanum inſtrumentū, cujus ſit uſus in publicis choreis & ſolemnitatibus.

Græcis αὐλὸς tibia appellatur ἀπὸ τοῦ ἀεῖν, à flando, vel flatu, quippe deſcribente Athenæo lib.5 deipnoſoph. αὐλὸς δ᾽ ἐςὶν ὄργανον, ᾧ διέρχεται τὸ πνεῦμα, organum, quod flatus permeat. Apud Latinos porrò *tibia* à tibijs ferarum & maximè oſſiculis cervorum nomen traxit, è quibus olim conficiebatur.

Vu 2   Tuſcc-

Tuscorum lingua Tibicines Subulones vocatâ Subula, vel potiùs Subulonis cornu similitudine. Est autem *Tibia*, eodem Stuckio definiente, Instrumentum Musicum, oblongum, teres & foraminosum, quod inflatū & digitis modò adductis, modò reductis, temperatum, non injucundam reddit harmoniam: Unde Cic. de claris Orat. *Si*, ait, *Tibia inflatæ non referant sonum, abjiciendas sibi Tibicen illas putet.*

Apollinis quidam Tibiam ducunt esse inventum, cui rei argumēto esse dicunt *simulacrum* illud *Deli*, quod suprà attulimus. Puerum præterea, qui laurum tempicam Delphos inferebat, Tibicen ponè assectabatur. *Plut. de Mus.*

Alij malunt *Palladis*, à qua Apollo sit edoctus; Hanc enim tibiarum usum excogitasse scribit *Nat. Com.* lib. 4. c. 5. Et lib. 6. c. 15. Non procul ab Apamea civitate juxta lacum, in quo ad usum tibiarum *optimi calami* gignuntur, tibias à *Minerva* fuisse inventas, fama est, quas cùm illa inflaret, seq; in lacu conspexisset, orisq; turpitudinem vidisset, & tumorem, illas *abjicit*, Secedite à me, inquiens, malæ corporis depravationes, ut est apud *Athen.* lib. 14.

Has tibias à Minerva abjectas *Marsyam* accepisse ajunt, quibus inflandis cùm sibi jam peritior factus videretur Apollinem ad *certamen* provocavit. Hinc quidam Marsyæ tibiæ inventionem assignarunt, ut *Diodorus* & *Eusebius* & *Metrodorus* in rebus Trojicis fistulam & tibiam primùm Marsyam scribit invenisse in Celænis, cùm prius unico calamo uterentur.

Alij putant *Hyagnidem* ante Apollinem tibia cecinisse. Hic enim, inquit Apulejus, primus in canendo *manus discapedinavit*, primus tibias *duas uno spiritu* animavit & levis foraminibus acuto tinnitu & gravi bombo concentum Musicum miscuit, ut annotat *Cælius* lib. 8. antiq. lect. c. 3. Alij aliter sentiunt.

Omninò verò in *Phrygia* primas tibias agnoscunt. Adducunt pro se *Mysorum* gentem, quæ fuerit tibiarum peritissima. Et *Alcmana* Poëtam, qui tibicines barbaro, nec alio nomine designavit, Sambas, Adon, Telus. Item *Hipponacten*, apud quem nomina ejusdem notæ:

Cion,

DE MUSICA INSTRUMENTALI.

Cion, Codalus, *Babus:* Unde proverbium κίων ἡ βᾶβυς αὐλῶ. *Scaliger* lib.1.Poët.c.20. *Julius Pollux* tibiarum, inquit, *partes* sunt, γλῶτ]α lingula, unde dicuntur γλῶτ]αι ἐξηυλημέναι lingulæ cantu attritæ. τρυπήματα foramina. Hinc αὐλοτρύπης tibiarum perforator. βόμβυκες, ὅλμοι, ὑφόλμια.

Tùm etiam φορβεῖα à Tibicinibus conveniunt: *Phorbion* autem dicunt pellem ori Tibicinis circumpositam, ne rimam labellum conciperet: scholiastes Aristophanis in vespis sic scripsit: φορβεῖα αἱ εἰσὶ τὰ δέρματα τὰ περὶ τὸ στόμα τῶν αὐλητῶν προσδεσμούμενα, ὅπως ἂν σύμμετρον τὸ πνεῦμα πεμπόμενον, ἡδεῖαν τὴν φωνὴν τοῦ αὐλοῦ ποιήσῃ. Translatè enim dicitur de corio velut capistro, quo Tibicines ora sua muniebant, aut ne nimio flatu labia scinderentur, aut ut expiati aëris moderatione inflatus lenior esset, sonusq; gratior auribus accideret.

Plurima autem accepimus tibiarum genera & nomina. Ab Inventoribus verò nomina ferè nulla, præter illam tibiam, cui *Libyn* cognomen fecit *Sirites,* qui in Libya primus Tibicen fuit. *Athen.* lib. 14. Libyn, inquit, Tibiam Poëtæ appellant, uti scribit *Duris* lib. 2. de reb. gestis Agathoclis, quòd Sirites primus tibicinum artis inventor, è gente Nomadum Libycorū fuerit, ὃς καὶ κατηύλησι τὰ μητρῷα πρῶτ@, primus ad matris Deorum sacra tibiam adhibuit. Verum hic *Sirites* non tibias reperit, sed *viam* excogitavit *inflandi* arte tibias, ut notat *Casaub.* lib.14. in Athen. cap.2. Alijs *Libyis* tibia, quæ & *matroa* dicitur inventum *Euterpes* maxime: quamvis eam *matri Deorum* quidam tribuant. Et ea de caussa absq; dubio Ovidius:

Ante Deûm matrem cornu tibicen adunco,

quod hoc tibiarum genere maximè mater illa Deorum delectaretur.

Est & *Athena* tibiæ genus, quæ forte *Palladis* fuit, nomen enim convenit, qua *Nicophelen* Thebanum ad Minervæ hymnum inprimis usum ferunt: Cumq; diversæ essent ob diversa modorum genera tibiæ, & non ijsdem ommnò Dorij, Lydij & Phrygij modi incinerentur, primus ejusmodi tibias excogitavit, quæ inflatæ *modos omnes* eædem redderent, ut *Pausanias* memoriæ tradidit in Bœoticis.

Caput V.

De variis Tibiarum generibus & appellationibus, à regionibus & gentibus defumptis.

Varia quoq; à varijs regionibus & gentibus memoriæ tradiderunt scriptores *Tibiarum genera*. *Tyrrhenos* non uno genere memorant contentos. Singulari canebant in sacris eâq; *ænea:* tanto apud eos in honore, ut non solùm ad ejus sonum *pugiles* certarent: verumetiam quum in servos *flagris* animadverteretur, tibiæ sonum adjungerent. Quin etiam quod mirère magis, inquit Scaliger, *coqui* ipsi ad ejus flatum epulas apparerent: Unde Eubulus apud Athen. lib. 9. ait *moris fuisse, ut si quid peccasset coquus, tibicen vapularet.* Altera fuit non singularis, sed *composita* ex *duobus tubulis*, quasi inversa Syrinx. Namq; infernè tubus minor inflabatur buccâ: unde spiritus in majorem subibat, movebatq; aquam, quæ intus erat, atq; ex ea multisonam edebat harmoniam.

Iulius Pollux lib. 4. Tyrrhena, ait, tibia, inversæ Syringi similis, cujus quidem *arundo ferrea* est, quæ infernè inflatur, spiritu quidem minore, sed propter aquam ebullientem major sono ipsius spiritus aura emittitur. *Multisonans* hæc tibia est, & ferrum vocem reddit validiorem.

Phœnices usos fuisse Xenophon tradit, *Gingris*, tibijs nempè palmū longis, stridulum sonum ac lugubrem edentibus, quibus & *Cares* mortuos lugent, nisi forte Caria Phœnice vocata est, ut apud Corinnam & Bacchilidem legitur. *Cinyris* non Gingris quidam legendum putarunt, quia κινύρας ἦχ۞ καὶ βόμβ۞ θρηνώδης sit. Eorum judicio adversantur citata pòst autorum testimonia. Hesychio γίγγρας & γιγγρῆα est μικρὸς αὐλὸς ἐν ᾧ πρῶτον μανθάνουσι, parva tibia, quâ *tyrones* prima rudimenta canent. Illas autem tibias Phœnicum linguâ Gingros vocari asserit Athen. quòd eas inflare moris esset in *Adonijs*, in luctu & threnis Adonidis:

Adonim

DE MUSICA INSTRUMENTALI.

Adonim enim, vel Adonidem, *Gingren* appellant. Alijs placet à fictitia voce γιγγρὶ nominatas esse tibias gingrinas. *Festus* deducit à gingrire, quod *de anseribus* propriè usurpatur, & Arnobio anserum clamor gingritus est, ut notat Isaacus *Casaubonus* in Athen. lib. 4. c. 23.

Julio *Polluci* quoq; *Gingras* est parva quædam tibia, lamentabilem emittens sonum, lib. 4. c. 10. Ubi dicit *Phœnicum* quidem eam esse inventū, Caricæ autem Musæ persimilem, ubi & illud nobis in superiorum fidem suggerit. Sed Phœnicum, inquit, lingua Adonim Gingram vocat, & ab hac tibia nomen desumpsit, in cujus luctu illam ad cantum accommodabant. Sicut affini voce apud affines *Ægyptios Ginglarus* habita est, pusilla tibiola sono acuto ad monodias. Gingrarum meminit Antiphanes in Medico, Menāder in Carina, & Amphis in Dithyrambo, his verbis ex Græco in Latinum translatis:

Habeo verò Gingram sapientissimum. Ecquis iste Gingras est? novum nostrum Inventum quoddam theatro nunquam monstratum: usitatum verò Athenis in convivijs jucundissimum.

Ab hoc instrumento dicuntur γίγγραντα μέλη, *luctuosa carmina* Axionico in Phileuripide. Athen. lib. 4. annotat *Alexandrinos* tibiarum inflandarum artem, *Auleticen* vocant Græci, præcipuè callere, non earum solum, quas (αὐλὸς παρθενίας καὶ παιδικὰς) *virginales* & *pueriles* nuncupant, sed illarum etiam quas (ἀνδρείας) *viriles* nominant, & Citharisterias, quod earum sonus citharæ modis concineret, & dactylicas: Virilium autem *perfectas* alias, alias his *perfectiores*, quod digitis multis opus esset in moderandis fingendisq; sonis. At *Etymos*, quorum meminit Sophocles in Niobe & Tympanistis, non alias remur esse tibias, quàm *Phrygias*, quarum usum *Alexandrini* quoq; non ignorāt, veluti & δυόπων (à *duobus* tantùm *foraminibus*, quibus pertusæ sunt, Itas sic vocant) & μεσοκόπων. *Hesych.* μεσοκοποι, ait αὐλοὶ οἱ ὑποδέιςεροι τῶν τελείων μέσοι.

Athen. scribit μυσοκόπας quasi *Musis dignas*, eas sic appellāt, aut Musas defatigantes. Alias ὑποτρήτας nomināt, subtus pertusas foramine,

praeter

præter ea, quæ in media fistula recto ordine patent, in ima parte obliquè aperto, quod minimo digito contegantur. *Elymorum* meminit quoq; *Callias* in Vinctis. *Iuba* tradit à Phrygibus repertas fuisse, vocariq; *Scytalias* ob earum crassitiem parem Scytalis Laconicis. Illos in usu quoq; Cyprijs esse Cratinus Junior in Theramene scribit. Habuêre & Alexandrini cognitas, quas *Hemiopos* dicunt, ab Anacreonte sic memoratæ: λις ἐρασμίη σ᾽ ὦ θέρᾳ ψ θυμὸν ἐσιδη, περένων ἡμιόπων ὑπ᾽ αὐλῶν ἀρχεῖσθαι: Videtur Poëta Artemonē compellare olim servū, postea luxus & mollitiei perfectum exemplum. In illum aut alium similis conditionis, similiumq; morum invehens Poëta; Quæ, inquit, libido, ô Serve te invasit, saltandi *ad teneras hemiopas* tibias, *Casaub.* lib.4.c. 24. in Athen.

Minores hæ sunt quàm perfectæ, & sono minus claro tanquam ex dimidio perforatæ. Eadem itidem *Hemiopos* tibia est cum puerili, ad canendi certamina minimè idonea, propereaque apta convivijs, quamobrem teneram vocat *Anacreon*.

Caput VI.

De variis Tibiarum generibus, à varia apud varias gentes materia.

Ultiplex quoq; apud diversas nationes olim ad tibias conficiendas quæsita *materia*. Scythæ anthropophagi & Melanchlæni item Arimaspi ex *aquilarum ac vulturum ossibus*, Apud Ægyptios multisonans, πολύφθογγος erat tibia, *Osiridis* inventum, *è calamo hordaceo*. Thebanis fuit *ferina* quædam tibia, quam ex *hinnuli* membris compegerunt, sed hujus exterior pars, *ære* inducta erat. Unde à ferarum ossibus θηρίον αὐλὸν nuncuparunt.

Jubas quoq; autor est è crurum *ossibus hinnullorum* & *capreolorum* tibias fieri solitas.

Ex *asininis* ossibus atq; *argento* confecerunt Theatrales. Cicero facit mentionem *eburnearum*. *Arundines* accepimus ex Theophrasto, & Plinio. Internodium radici proximum excidebant ad laevam tibiam; quòd subesset cacumini ad dextram.

Plinij locus est lib. 16. cap. 36. Sed tunc, inquit, ex sua tantùm *harundine* quamq; congruere persuasum erat: & eam, quae radicem antecesserat, laevae tibiae convenire: quae cacumen dextrae. Antiquissimam Scaliger è *Sambuco* emedullacam scribit. E *buxo* primi Phryges excavarunt eam, quae *Berecynthia* cognominata fuit antea dicta *Elymos*. *Cornu* verò adjectum fuisse tibiae Phrygię accepimus, de quo sic scribit Isaacus Casaubonus lib. 4. in Athen. c. 25. Cornu illud, quod adjicitur, tibiae Phrygiae proportione respondet codoni tubae, id est, eandem vim habet ad exacuendum gravem aliàs tibiae Phrygiae sonum, quam in tuba codon. Fuit eadem tubae Tyrrhenicae perquam similis. A *buxo* apud Poëtas buxea dicitur tibia. Ovid. 12. Metam.

Non illos citharae: non illos carmina vocum
Longaq́, multifori delectat tibia buxi.

Et Mantuanus:

Buxea quid laetos modulatur tibia cantus?

Est & tibiarū species latina, *obliqua*, unde eam πλαγίαλον vel πλαγίαυλον dixerunt, Libycorum inventum. Scaliger Afros primos invenisse notat eam, cui Plagion & Plagialon fecêre nomen, non quòd esset curva, ut quidam sunt arbitrati: sed quia à *latere inflabatur*, quemadmodum & Germanica.

Alij canunt in Phrygia à Mida primùm excogitatam. Tale instrumentum musicum est, quod hodie *cornu* vocant. Cornu etiam pro tibia Tyrrhenos & Cretas usos accepimus: etiam Romanos olim *ad praelia*, etiam Helvetios. Nunc Germani, inquit Scaliger, cornua è buxo efficta multis foraminibus inflant magno spiritu, non sine gratia & decore, praesertim in nocturnis festivitatibus, *vocem namq́, humanam in primis imitantur, eamq́ vehementer contentam*; Ad praelia verò tibias cum tympanis.

DE MUSICA INSTRUMENTALI.

Alexandrini quoque habuêre è *loto* exenteratam tibiam, cujus meminit Euripides tùm alibi, tùm in Bacchis his verbis:

Εν Φρυγίαις βοαῖς ἐνοπαῦσί τε
Λωτὸς ὅταν ἀκέλαδος
ἱερὸς ἱερᾷ
παίγματα βρέμῃ.

Hanc illi patriâ voce Φώπηγγα nominarunt. Græci, ut est natio sibi arrogans omnia, non Alexandrinis, sed Thebanis attribuunt.

Fuit & tibia ἱππο ΦόρΕ@ dicta, quam Libyes tuguria habitantes invenerunt; ejusque materia fuit *decorticata laurus*.

Cor ligni extractum, acutissimum dat sonum, & equorum acrimoniæ convenientem, hac enim apud *equorum pascua* utebantur, ut est apud *Jul. Poll.* lib. 4. c. 10.

Osiris ex cogitavit tibiam ex *hederaceis* internodiis multiforem: quum ante id temporis quaterna tantùm haberet foramina.

Nonnulli cætera à Diodoro Thebano, qui obliquos spiritui meatus aperuerit, addita prodidêre.

Hæc omnes à summo inflabantur directo flatu, præter illam, quam *Plagion* dixerunt, quæ ut dicebatur, à latere inflabatur.

Ægyptiorum πολύφθογγος tibia ex *hordeaceis* calamis conficitur.

Elephantinas apud Phœnices primùm fuisse per foratas testatur *Athen.* lib. 4.

Diversos quoque diversarum tibiarum tradiderunt sonos: *Lævarum* namq; tibiarum veteres sonum agnovêre gravem, *dextrarum* acutum.

Latini *sinistras* dicunt acutiores, aptasq; rebus ludicris: Item *Serranas*: quibus ajunt foramina fuisse æqualia, veluti spondaicis. Non igitur constant sibi. *Spondaicæ* enim rerum gravium affines fuêre, quarum usus ad hymnos Deorum. Hac de caussa Phrygiis *foramina* erant inæqualia, sicut dactylicis, propter inæqualia intervalla: qualia sunt in temporibus pedis dactyli, quæ *ludicris* adhibebantur & ad hyporchemata. *Dextras* autem apud Romanos *funeribus* fuisse dicatas, alibi

etiam

etiam diximus, quum tamen in funeribus Barbari acutissimis uterentur. Dextras autem & sinistras appellarunt à lateribus, unde inflabantur. *Hæc Scaliger.*

Illa autem tibia, quæ *Phrygia* dicitur, à dextra unum, à sinistra duo habuit foramina.

Romanæ verò tibiæ primùm quaternis foraminibus constabant, postea tot pertusis excultæ fuêre, ut haud multum abessent à tuba. Addamus & hoc, quod *Syriacas* audaciam atq; impetum spirare prodiderunt. His similes sunt *Bombyces.*

Lacones suas tibias ἐμβατηρίας appellabant, quibus ad pugnas utebantur. Sonum illum *Castorium* à Castore, Ledæ filio. Sic habes tibiarum discrimina ex supradictis à gentibus & regionibus atq; materia. *Numerum* quoq; *Geminæ* enim, ut dictum, apud Tyrrhenos, quem numerum à Marsya institutû prodidêre, quum antea essent singulares.

Singularis autem tibia dicebatur *Monaulos,* quam quidem Mercurii[1], alii Ægyptiorum inventum faciunt. Juba quoq; asserit, Ægyptios Monauli inventionem Osiridi ascribere.

Singulares etiam dicebantur *impares,* geminæ autem *pares.* Habes & figuram in magnitudine, inquit Scaliger. Nam Marsiæ tibias æquales fuisse puto: in Tyrrhenis altera major. Præterea *utre* addito *Ascaulon* longè diversa figurâ factam; Apud Mysos ac Pannonas tantâ acritate, ut penè tubam superet: apud Gallos plenior, raucior, gravior, moilior, adeò ut in cubiculis quoq; sine aurium offensione audiatur.

Insuper Tibia *Palæomagadis* vel *Magadis* dicta, eodem foramine tùm gravem, tùm acutum sonum edere poterat ἐν ταυτῷ, simul, ut scripsit Alexandrides in Hoplomacho, cujus senarium ita emendat Casaubonus:

Μάγαδιν λαλήσω, μικρὸν ἅμα σαὶ καὶ μέγα.
Loquar tecum ut Magadis altè & remissè.

Athen. lib 14. dipnos. dubitat *citharæné* genus sit, *an tibiæ.* De Magadi cithara postea agem*p* Jon Chius verò in Omphale quasi de Tibia sic ait:

Λυδός τε μάγαδις αὐλὸς ἡγείσθω βοῆς.
Lydia Tibia Magadis voci præeat.

Quem Jambicum verſum cùm interpretaretur Ariſtarchus, tibiæ genus eſſe dicit, contra judicium Ariſtoxeni, in lib de Tibicin.

Didymus etiam exponit citharisticam, & citharæ modis convenientem, memoratam ab Ariſtoxeno lib. 1. de tibiarum perforatione: quo loco *tibiarum*, ait, eſſe *genera quinq́;*, puellarum, puerorum, citharisticas, perfectas. Deeſſe itaq; apud Jonem oportet jungenda vocabula, *Magadin* tibiam vocari, quá etiam cum cithara canunt. Conſtat autem *Magadin* eſſe organum δίφωνον, quod ἐν ταυτῷ ſimul emittit vocem gravem & acutam harmoniâ, quæ dicitur διὰ πασῶν.

Jon Chius in Phœnice aliá tibiam vocat ἀλέκτορα, vel *gallum*, quæ dormientes cantu inſtar gallorum expergefaciat, his verbis:

ἐπῇδ' αὐλὸς ἀλέκτωρ Λύδιον ὕμνον Ἀχαιῶν.
Canebat vero Tibia Gallus Lydias Achivorum laudes.

Idem in cuſtodibus:

Πρόσθε δὲ τοι σύριγξ Ἰδαῖος ἀλέκτωρ,
Præcurrit verò fiſtula Idæus Gallus.

Buxeam innuit tibiam, ex Idæ lignea materia confectam.

Idem in 2. Phœnice:

Informem geſtabat, gravemq́; tibiam modis veluti curſu quodam acceleratis. Hos ſcilicet modos Phrygios innuit graves, quibus ideo accommodantur cornua, quorum ſonus tubarum ſtrepitui proportione reſpondet. Quid hic eſt, quærit Caſaub. lib. 4. cap. 25. in Athen. ἔκτυπος αὐλὸς, An Tibia canora & benè reſonans? *Sonus* namque ἔκτυπος eſt *clarus* & perſpicuus. Propriè locum habet in ijs, quæ de alio ſunt ἀκριβῶς expreſſa, &, ut Græci loquuntur, ἐκμεμαγμένα. Et ἐκμαχεῖον eſt expreſſa alicujus rei *effigies.*

CAP.

Caput VII.

De Multiplici tibiarum usu atq; ab eo, earundem ὀνομασίαις & nominibus, deq; singularibus quibusdam modis & cantu tibicinum.

Requentissimus fuit veteribus tibiarum usus in omni ferè festivitate, unde & peculiares ipsæ tibiæ sortitæ fuère denominationes.

Choricæ dicebantur à Choris, in quibus earum concentus adhibebatur, de qua re pleniùs alibi. Primum autem *Sacadam* Argivum docuisse ferunt choros *tribus modis*, Dorio, Phrygio, Lydio, ita ut ne miscerentur. Iccircò ca lex τριμερής, sive τριμελὴς dicta. Alij *Clonam* scribunt. Horum tonorum quilibet communes tonos veteres habebat, διάτονον & χρωματικόν. *Olympus* addidit ἐναρμονικόν. Quemadmodum & ab *ætatibus & sexu* varia accepère nomina. Diversæ enim ætatis diversisq; sexus in choris constituebantur homines. Hinc *virginales* tibiæ quibus virgines: *pueriles*, quibus pueri: ὑπερτέλειαι perfectissimæ, quibus ætatis perfectæ *viri* canerent. Idem Pollux, *Ad Parthenias*, ait, *tibias saltabant virgines; Puerilibus verò pueri accinebant; Tibiæ autem perfectissimæ virorum choris competebant.*

Præterea apud Lacedæmonios primum sub *Terpandro* factos in choris modos: in quibus saltata fuit γυμνοπαιδία. Postea sub *Thaleta* Gortynio, quo seculo duo floruerunt, *Polymnestus* Colophonius & *Sacerdos* Argivus, qui ad Terpandi æmulationem non γυμνοπαιδίαι, sed contraria canerent; quippe ἐνδύματα non nudi, sed induti. Sub Thaleta *Pæanes*, sub Polymnesto *Orthia*, sub Sacada *Elegias* exercebant. *Scalig. lib. 1. Poët. 20.* Pratinas Phliasius (ref. Athen. lib. 14.) scribit, cùm tibicines & qui choros conficiunt, mercenarij in orchestram magno favore spectatorum prodirent ægrè nonnullos tulisse, quòd tibicines, ut erat patrius mos, cum choris non accinerent, sed chori cantarent cum tibicinibus.

Quàm igitur adversùs illos, qui hæc committebant, stomachatus sit Pratinas, hoc hyporchemate (*saliari* carmine, quod saltantibus accinebatur) planum facit, crebris Pyrrhichijs refertum ob celeritatem:

> Τίς ὁ θόρυβος ὅδε;
> τί τάδε τὰ χορά,
> ματα; τίς ὕβρις ἔμολεν
> ἐπὶ Διονυσιάδα
> Πολυπάταγα θυμέλαν;
> ἐμὸς ἐμὸς ὁ Βρόμιος. &c.

Id est:

Quisnam hic tumultus? quæ injuria
Erupit in Dionysiaca obstrepera scena pulpita:
Mihi favet, mihi propitius est Bromius,
Mihi fremendum ac tumultuandum per montes
Concitato & vago cum Naidibus: Cygnorum instar
Varij modi sunt accinendi.
Tibijs cantiones præire gaudet rex Dionysius.
Post illas canat & saltet tibicen:
Tibia tantùm commessationum administra est,
Spectaculis commoda, quibus pugnant ardentibus animis
    pugiles,
Et ut quasi temulenti apud se non sint
In conflictibus bellicorum agminum duces.
Jam, ô Bacche rex, Phrynichi filium (Pratinam) varij chori
    præsidem
Pulsa & accende: calamo sacra ille prorsus
Loquitur, vultu gravi incedens versus rhythmo
Concinnos profatur: Adest nunc tibi terebro formatum corpus,
Arundo dextera, olim præstans virgo:
Meam Doricam Musam audi ô triumphator,
Hedera comam vincte, duplici janua in lucem edite.

Aliæ

DE MUSICA INSTUMENTALI. 343

Aliæ dictæ fuerunt ab usu *Nuptiales* tibiæ: has monaulos scribunt ad Hymenæos, qui illis accinebantur: *Anaxandrides* in Thesauro. ἀναλαβὼν μόναυλον ηὔλɛν ὑμέναιον sumpto Monaulo Hymenæum accinebam. *Protagorid.* τῷ τε ἡδεῖ μοναύλῳ τὰς ἡδίςας ἁρμονίας ἀναμιμνυρίζει. Et jam Monaulo suavissimos concentus summissa voce meditatur & cantillat. *Athen.* lib. 4. ubi etiam Photingia & monaulia, κώμων ȣ̓ πολέμων ὄργανα, commessationis non belli facit Instrumenta. *Amenias* in glossis scribit, Tityrinon monaulon appellari. Quod vero nunc vocatur καλαμαύλης arundinea tibia, monaulon quondam fuisse apertè declarat in Epigram. *Hedylus.* Alij binas dicunt fuisse junctas, easque impares; ac placet omen, inquit Scaliger, conjugij specie. Sic cantus nupitalis (testatur Pollux) duabus tibijs canebatur, quarum altera major, absolvebant Symphoniam. Parœnij & *conviviales* in convivijs parvæ erant utræque & æquales; compotationibus enim convenit æqualitas.

Ad hymnos idoneæ erant *Spondaicæ*; Ad Pæanes *Pithicæ*, quas & perfectas nominabant, canebant verò ineptum illud carmen Pythicum.

Citharisterias cognominarunt, quarum cantus cum cithara compararunt. Erant in exsequijs *Funerales. Paratretæ* etiam luctui conveniebant, acutè & lentè inflatæ, acutum & infractum spirantes. *Bombycibus* vero inflatus & furiosus cantus, rectis opus habet tibijs. Nonnulli etiam tibias *gradarias* vocarunt eas, quibus in itineribus utuntur, & *Dactylicas* ad saltationes. Alij non tibiarum, sed modulationum & carminum has species esse ajunt.

Tibias *subtheatricas* ad modos Tibicinum retulerunt. *Julius Pollux* lib.4.cap.10.

Philoxenus autem in tibijs *certos* constituit *modos*; Primus: quos legem *Loricam* dixit à novo harmoniæ genere, quod receptum Pindari ac Simonidæ tempore legimus inter leges Lyricorum. Idque dicebatur agi λοκριςί. Dicebantur leges νόμοι, quia

nefas

nefas esset aliter facere. *Plutarchus*, in opusculo de Musica, putat huic nomini datā hanc significationē ob certā modulationis legē, cui carmina adstricta esse solebāt. *Aristoteles* verò quærens, cur νόμοι vocentur ὅς ἄδουσιν, id inde esse dicit, quod antequam literas scirent, cantarent *leges*, ne eas oblivioni traderent: eumq; morem apud *Agathyrsos* mansisse. Alij *Olympum* tibijs primùm leges instituisse memorant, idque in *Apollinis* honorem, quam legem à numerorum frequentia πολυκέφαλον indigitavit. Alij *Crateti* ejus discipulo hoc ascribūt. Olympi autem eam extitisse legem, quam dixit ἁρμάτιον. Unde & alia καταδάκτυλ@ nominata, frequens Stesichoro Himeræo. Et Olympi sunt *Epitymbij modi*. Isaacus Casaubonus in Athen. lib. 14. cap. 2. αὐλήσεις modos tibiales vertit potiùs, quàm cantiones tibiales, etsi Latinis αὐλεῖν dicitur canere tibijs, & αὔλησις Cœlio Aureliano cantio tibiarum.

Sed ea interpretatio confundit discrimen, quod est inter ᾠδὴν, sonum humanæ vocis, & αὔλησιν, quæ tibiarum inflatu editur. Erant & alij tibiarum modi, pro diversitate argumenti diversi. Κῶμ@ erat ille tibiarum inflandarum modus, quo utebantur, quando ibant *comessatum*. Eodem dicebatur nomine saltatio, in comessationibus usitata; Festum item, quod magna cum hilaritate peragitur, tanquam à comessabundis, ut scribit Dionys. de situ orbis: κῶμον ἄγουσιν ἐριβρεμέτῳ Διονύσῳ.

Κῶμ@ item vocabatur D E U S *præses comessationum*. Hesiodus in asp.

> Ἔνθεν δ᾽ αὖθ᾽ ἑτέρωθε νέοι κώμαζον
> αὐλῷ.

Innuit *saltare ad tibiā* esse κωμάζειν πετράκωμ@ erat *cantilena tibialis*, ad quā *saltatio* exercebatur in *Herculis* victoris honorē tanquā ἐπινίκιον. Hesychii verba sunt: πετράκωμως μέλος τισὺν ἀρχήσει πεπαιημένον, εἰς ἡρακλέα ἐπινίκιον. Appallat μέλος, quam Athen. αὔλησιν: quia miscebatur in tetra como cantus cum tibiis. ἡδύκωμως quoq; Athenæo est αὔλησις: Hesychio

DE MUSICA INSTRUMENTALI.

fychio γένος ᾠδῆς in dicacitatibus & *lusibus*. *Mothon* item modus tibialis, cum saltatione cani solitus. In *Bacchanalibus* ἐπίφαλλον modum habuêre. In *choris* χορεῖον, qui apud Hesych. χορεῖον, αὐλημά τι. In *Panibus* καλλίνικον, idem & saltationis nomen: Jungebantur nempe tibiæ cum saltatione. Fuit & *Sicinnus* genus cantionis & saltationis, atq;, ut putat Casaub. etiam αὐλήσεως, *pyrrhichæ* affinis: militum nempe & σύντονου ⊙. Sicinno *tyrbe* non erat militaris αὔλησις, sed in circulis & stationibus coactæ hominum turbæ usurpari solita & in ridiculis frequentata. Insuper species est aut *pars comi* tibialis ille modus, qui dicitur θυρκοπικὸν, Quo *Amatores ante ostium* moram deprecabantur; hic Elegiis conveniebat. Fuit namque una ex legibus ea, quam *Elegon* appellarunt. Idem modus concitatior, quum desperata omnia, tum *fores invadebant* & κρουσίθυρ⊙ nominabatur. Nam comessatores inverecundi cum incaluerant vehementius, fores pulsabant, tibias simul inflantes convenienter ei, quod agebant. Ejusdem argumenti, sed remissior modus est, παρακλαυσίθυρον. Κνισμὸς itidem Hesychio μέλ⊙. Ἡ κνιστῷ αὐλγμενον, modus tibialis ad saltationem κνισμὸν dictum. *Pastores* etiam suum habuêre, quem vocarunt, βουκολιασμόν.

Modus etiam est *Hieraxius* unus. Est & *Cloca* tibialis modus, sicuti ὑπόθετος, quæ remitteret. Sunt & alia nomina κωμάρχιος, δεῖος, χοινίων, κηπίων ab autoribus modorum vetustiorum, addita posterius, quæ πολυμνάστα dicebantur. Erat quoq; *odontismus*, modus quidam tibiis canendi.

Modulatio etiam quædam *Castoria* est; quâ ut sæpius dictum, Lacones in *pugnis* utuntur, suo modo saltatorio. *Theracia* verò est Argolica; quam in *Proserpinæ* festis, *Anthesmophoriis* æstivo tempore tibiis faciebant.

Pythici verò νόμοι vel modi, qui *in Pythiis* tibia canebatur, partes erant quinq;: ratio ac tractus totus in *Apollinis* pugna.

In prima fuit πεῖρα: in qua Deus cati militis præ se fert prudentiam, omnia tùm circumspiciens, tùm designans, quid pugnæ conveniens sit.

Secunda κατακελευσμὸς, in qua hostem Draconem *provocat* ad pugnam.

Tertius actus est Jambicus in ipsa *pugna: Iambus* enim præliator pes est ac sanguinarius. Eo in actu tibia saltandi numeros edit bellicę tubę: & dentibus frendentem *Pythona*, qui sagitta jam ictus est, exprimit, quem *Odontismum* dixerunt.

Quarta pars modi erat spondẽον, ubi erat *victoriæ* repræsentatio & celebratio: quippe victis hostibus victimas cædebant ac Diis libabant, hoc autem est λυίβειν, & σπένδειν. *Postrema* καταχόρευσις, oratio exultantis Dei, in qua *tripudii* certis legibus terram quatiebat, & ad victorialia carmina saltabat.   Lege *Scalig.* lib.1. Poët. c.23. & *Jul. Pollucem* lib.4. c.10. Qui porrò modos αὐλήσεως vel cantus tibiarum dicit κρύματα, pulsationes, συρίγματα sibilationes, τερετισμὐς vel τερετίσματα fremitus νιγλάρὐς.

Scholiaster Aristoph. in Acham. ubi Poëta dicit: αὐλῶν, νελευςῶν, νιγλάρων, συριγμάτων dicit esse τρῆμα & μέλ⊕ μυσικὸν προακελευστικόν. De communitate verò & consensione tibiarum, quæ Græcis συναυλία dicitur, apud *Athen.* lib. 14. legimus, quæ de ea Ephippus in Mercatore scribit: Κοινωνεῖ γὸ ὦ μειράκιον &c. *Communis est, ò adolescentule, tibiarum atq; lyræ cantus musicus nostris lusibus: cùm enim probè concordant, eum si quis modum intelligat, voluptas tunc percipitur procul dubio maxima.* Συναυλία igitur *contibicinium* consonans tibiæ cantus cum alio quodam organo musico, aut voce etiam vel rhytmo, vel quando duo tibicines idem canunt, vel cithara & tibia συμφωνεῖ.

Semus Delius lib.5. Deliadis: συναυλία ἦν ὑς ἀγών συμφωνίας ἀμοιβαῖος αὐλῶ καὶ ῥυθμῶ χωρὶς λόγυ προσμελοδῦντ⊕, concentus tibiarum certamen fuit ac rhythmorum, absq; illius sermone, qui voce tibiæ modos æmularetur.

Antiphanes in Tibicine qualis esset συναυλία, ita declaravit:
A. quam quæso noverat is synauliam?
B. Illam enimvero scit adhuc: sed præterea canebant tibia, suorum docti concentuum numeros simul jungere cum dulci tibiarum sono, absq; sermone ingeniosè ac jucundè facientes reliqua, rectè indicantes singula nutu, quæcunq; proponerentur.

DE MUSICA INSTRUMENTALI.

Julius Pollux dicto loco, Athenis, inquit συναυλία quædam erat concentus Tibicinum in *Panathenæis* concinentium. *Nonnulli* verò συναυλίας accentus speciem esse putant, sicut & tibiæ cantum.

Telestes in *Asclepio* inquit: *Phrygum Rex καλλιπνόων αὐτῶν* leniter personantium tibiarum sacrarum *cantum primus* invenit, Δώριός ἀυλίπαλον μέσης, Doricæ musæ æquiparandum: νομοσαίολον ὀρφναί πνεύματος εὔστερον αὐρῶν ἀμφιπλέκων καλάμοις, varie modulatam tenebrosi (tibiæ obscuro tubulo abditi) spiritus auram levem atq; pernicem arundine circumplectens. Quidam *Ardalum voce* camere ad tibias instituisse scribunt, ap. *Polyd.* lib.1. c.15.

Alii ajunt *Pronomum* Thebanum primum tibia ad harmoniam cecinisse. *Scal.* lib.1. Poët. c.20.

Huc videntur posse referri, quæ Philochorus lib.3. Atthidis de Lysandro scribit: *Lysandrum* Sicyonium citharæ *cantum* junxisse cum tibia, quo genere concentus, primus est usus Epigonus. *Athen.* lib.14.

Caput VIII.

De Harmoniis & Modis Tibicinum Musicis.

Thenæus lib. 14. Deipnosophist. scribit; prioribus sæculis in musicis quod esset decorum & honestum observatum, διόπερ ἦσαν, inquit, ἴδιοι καθ' ἑκάστην ἁρμονίαν αὐλοί, &c. quapropter erant singulis harmoniis tibiæ peculiares, & ludis publicis, unicuiq; tibicinum, quæ modis quadrarent. *Tres* namq; olim habuere *harmonias* & *tria genera tibiarum* diversarum, quod discrimen tibiarum primus omnium *Pronomus* apud vetustiores sustulit, quod *Casaub.* lib.14. c.-. in Athen. ex Pausania in Bœoticis: Τέως μὲν γε ἰδέας αὐλῶν τρεῖς ἐκτῶντο οἱ αὐληταί· καὶ τοῖς μὲν αὔλημα ἦν αὐτοῖς τὸ Δώριον. Διάφορι δὲ αὐτῆς ἐς ἁρμονίαν τὴν Φρύγιον ἐπεποίηντο οἱ αὐλοί. τὸ δὲ καλούμενον Λύδιον ἐν αὐλοῖς ηὐλεῖτ' ἀλλοίοις. Πρόνομος δ' ἦν, ὃς πρῶτος ἐπενόησεν αὐλοὺς ἐς ἅπασαν ἁρμονίας ἔχοντας ἐπιτηδείως. Πρῶτος δὲ διάφορα ἐς τοσοῦτον μέλη. ὑπ' αὐταῖς ηὔλησε ταῖς αὐλοῖς.

Scaliger

Scaliger lib. Poët. c. 19. Per initia *tibiarum ac modorum duplicem* fuisse scribit rationem: *Doricam & Jonicam*. Duo enim fuêre liberi *Hellenis* ἴων & δῶρυς, quorum uterque, accepto à patre imperio, suam uterque partem ac nationem à sese denominavit. *Æolenses* inde Doriensium coloni. *Athen.* quoque tres annotat Græcorum nationes, *Æolas, Doras, Jonas*, quarum ut ingeniorum & morum, ita vestium & festivitatum & exercitiorum & artium non unus modus. Quare Harmoniæ modum, quem *Dores* statuerunt, *Doricum* nominant: quem *Æoles* cecinerunt, *Æolicum: Ionicum*, verò tertium, quem *Jonum* cantionibus audiverant.

Dorica vetus ratio, inquit, Scal. dicto loco, magnifica, sublimis, gravis, contenta, nihil habuit fusum, nihil solutū, nihil hilare, nihil molle: Sed plenum, vehemens, paucis modicisq; flexibus, bellicis conveniens numeris & motibus. (*Pannorum & Getarum Scytharumq., nostris etiam temporibus talem audivimus in Dalmatia ac Transylvania & Mysia superiore*) Athenæus ἡ μὲν ἒι Δώριος ἁρμωνία τὸ ἀνδρῶδες ἐμφαίνει;

Dorica Harmonia virilem præ se fert gravitatem & magnificentiam, non diffusa, aut hilarior, non varia, aut multiplex sed vehemens, severa & tetrica. *Æoles* exultationem addiderunt; tumidamque fecerunt atq; audacem: quanquam veterem simplicitatem retinuere, nec fregêre, sicut *Iones*.

Talis est (verba Scaligeri) *Germanorum, & bello apta, nec inepta conviviis, neque à conviviis aliena.* Itaque Lasus Poëta vocavit eam ἀμαβαρύφερμον. *Æolicus* igitur *modus* ἔχει τὸ γαῦρον καὶ ὀγκῶδες, ἔτι δὲ ὑπόχαυνον, superbus est, tumidus, subinanis & laxus. Hæc duo harmoniarum & modorum genera comprehendit *hypodorici concentus* νόμος, vel lex, quæ utriusque affinis, & quasi media efficta ab ambitiosis, dictaque iccirco ὑποδώριος. Hanc quidam *eandem cum Æolica* existimarunt, cujus facit mentionem Lasus Hermionensis hymno in Hermionem & Cererem: *Permitte me, Ceres, puellam,* (κόρη, vox illa Proserpinæ *privatim convenit*) *Plutonis uxorem Melibœam* (cui olim μέλαινα βᾶς

pud Cy-

DE MUSICA INSTRUMENTALI. 349

immolabatur apud Cyzicenos) *hymno laudare, adhibitâ vociq́; adjunctâ Æo*-lide *harmonia, quæ cum gravitate fremit.*

Jonici modi similes sunt moribus Jonum autorum, molles, fluxique numerorum creberrimis concisiunculis. *Iones* enim posteriores mollissimè, atq; ut jocatur Scaliger, nepotissimè vixerunt, quorum hi mores; τῶν σωμάτων εὐεξίας βρενθυομβύαι: *ob pleniorem corporis habitum gloriosi, animosiores, & reconciliationes inexorabiles, contentiosi, nulla comitate humanitateve adeuntes invitantibus, morum asperitate, citra ullum benevolentiæ & amoris indicium rigidi.*

Quapropter *Ionicorum modorum* genus ὔτε αὐθηρόν ἄντε ἱλαρόν ἐςι, minimè floridum & lætum est, sed austerum & durum, in quo tamen deprehendas elatum quidpiam, generositatis non expers. *Recentiorum* verò *Ionum* ἤδη τρυφερώτερα mores deliciis corruptiores, eorumque itidem cantus ab illo vetusto multum diversus.

Fama est *Pythermum* Tejum in eo modorum genere invenisse & composuisse σκαιὰ κέλη, unde absque dubio *sinistrarum* tibiarum appellatio, quarum *Ionica* sit *harmonia*, quia Jonicus inventor. Vero igitur simile est Jonicum *Pythermum*, cantum suum accommodasse Jonicis moribus.

Quartum harmoniæ genus extra Græciam *Phrygium* à Phrygibus. Et sanè hi, quùm primi dicantur tibiarum autores, rem ipsam quoq; instituisse videntur, nimirum τὴν Φρυγιςὶ ἁρμονίαν. Unde apud Græcos Phrygia fuêre usu recepta tibicinum nomina, *Sambas, Adon, Telus, Ceon, Codalus, Babys.* Aristoteles lib. 8. polit. c. 7. scribit, *Socratem* in lib. de dep. rectè administranda, præter *Doriam Phrygiam* etiam *reliquisse*, idque eam ob caussam, quia ex omnibus organis musicis tibiam improbarit & rejecerit: *eandem enim vim habet in harmoniis Phrygia, quam in organis tibia*, utrumque ad animos instinctu divino concitandos, & ad affectus commovendos valet. Et omnis bacchario, omnisque talis motus ex omnibus organis in tibiis est maximè: ex omnibus verò harmoniis & cantibus hæc organa cantibus *Phrygiis* maximè sunt decora.

DE MUSICA INSTRUMENTALI.

Phrygium itaque modum in *orgijs Bacchi & Berecynthiæ adhibebant.*
Et *Dithyrambus*, cujus argumentum originem duxit à Baccho, ὁμολογημένως ἐναι δοκεῖ Φρύγι@-, sine controversia *Phrygius* esse videtur. Unde *Philoxenum* cum τῇ δυρισὶ harmoniæ Dithyrambum aptare tentasset, ab ejus natura raptum εἰς τὴν Φρυγιςὶ,τὴν πϱοσήκουσαν ἁρμονίαν, in Phrygiam, convenientem harmoniam, prodidêre. Itaque hanc harmoniam Phrygijs cantibus aptare maximè conveniens est, ut est apud *Philos.dicto lib.8.Polit.cap.7.*

Quintam porrò harmoniam, haud multum à Phrygia distantem faciunt. Minus enim est incitata. Nam in Phrygia excitabatur *impetus* ad insaniam usq;. Quod ex his etiam Philosophi lib.8.de Repub. cap.5. verbis de modorum musicorum affectionibus perspicuum est. ἐν δὲ τοῖς μέλεσιν αὐτοῖς ἐςὶ μιμήματα τῶν ἠθῶν. &c. *In modis ipsis & cantibus sunt* imitationes morum. *Tantum enim inter se distant, harmoniarum natura, ut, qui audiunt, aliter atq̃, aliter afficiantur, neq̃, eodem modo ad unamquamq̃, earum moveantur: sed* ad has *quidam aliquantò mœstius & contractius, ut ad eam, quæ* mixolydia *appellatur: ad illas mentibus remollescant, ut ad remissas & molles: ad aliam moderati fiant, maximéq̃, sedati: cujusmodi quiddam efficere videtur sola ex harmonijs* Doria. *Phrygia autem ad mentem instinctu divino concitandam valet.* Quibus consonant verba *Posidonij* Philosophi, scripta à Galeno in quinto sententiarum Hippocratis & Platonis. Damon, *inquit* Milesius *cùm ad tibicinam accessisset, quæ* Phrygijs *modis adolescentes quosdam temulentos ad furorem usque incenderat: jussit* ad doricas leges *tonum demittere: quo illi demulsi quievêre.* *Accepimus &* Telestæ *Selinuntij super harmonia* Phrygia *&* Lydia *lepidissimos versus:*

> Πρῶτοι παρὰ κρητῆρας ἑλλήνων ἐν αὐλοῖς
> Συνοδαποὶ πέλοπ@- ματρός ὀρείας
> Φρύγιον ἄεισαν νόμον,
> Τοὶ δ' ὀξυφώνοις πηκτίδων ψαλμοῖς
> Κρέκον λύδιον ὕμνον.

E Græcis ad pocula primi cantum Phrygium
Montanæ matris cecinerunt Pelopis comites,

DE MUSICA INSTRUMENTALI.

Cum Pectidum sonis Lydias hymnus strideret.

Quidam *Siriten* è Libya, tibijs canendi primum authorem extitisse memorant.

Alij ajunt *Lydios modos* à *Caryo* Lydo inventos, qui Jovis habitus est filius & Torebiæ. Quare *Torebum* quoq; legas horum modorum authorem. Carium igitur illum sive Torebum nactum puellas quasdam prope paludem, quam de matris nomine dixit postea, ab illis cantionum modos didicisse, quos & coleret & doceret. *Scal.lib.1.Poët.c.19.*

Heraclides verò in tertio de Musica negavit harmoniam ullam vel *Phrygiam* vel *Lydiam* debere appellari, cùm tamen etiam ὑπερφρύγιον, μιξολύδιον & ὑπερμιξολύδιον inveniamus. Ad illud Horat. Epodo IX.

Sonante mistum tibiis carmen lyra
Hac Dorium illis Barbarum.

Sic scribit Cassiodorus epist.lib.2. *Phrygius,* inquit, pugnas excitat & votum furoris inflammat. Quare cum hîc Horatius non bellicos furores *Antonij* sed ejus fugam, trepidationemq; canere velit, non putarim τὸ *barbarum* hîc apposité exponi posse Phrygium, neq; ob eandē caussam I ydium, qui Bacchicus est & mollis, contraq; nimias animi curas tædiaq; repertus; sed *mixolydium*, qui auditores graviore efficit animo, contractioreq;, ut dicebamus ex *Aristotele*; à quo dissentit Plutarchus, qui Mixolydium cōcentum affectibus refertum & Tragoedis aptum facit. Reperisse eum primam *Sappho* Aristoxenus autor est, ab ipsaq; Tragicos didicisse, qui postea conjunxère *Mixolydios* modos cum *Doriis*, quorum alteri majestatē atq; auctoritatem, alteri affectus afferrent. *Damon* verò Atheniensis, ejus offensus gravitate adeò flexisse eam dicitur, ut illi contrariam fecerit: quam iccirco *Lydiam remissam* dici voluit.

Dorica igitur (ut pauci multi connectamus) erat apta animis componendis, perturbationum fluctibus æstuantibus, unde & Aristoteles sanxit pueros docendos τὴν δωρισί, quia media sit καὶ πρὸς τὴν ἀνδρίαν μᾶλλον. Hanc Plato in Lachete Harmoniā vocat μόνην ἑλληνικὴν, solā Græcā: *Æolica* exultationibus; *Ionica* vetus aspera, nova mollis. *Phrygia* & Lydia proximæ, utraq; acuta, hinc luctib. adhibitæ, quemadmodum 1. Olym-

pum ferunt ceciniſſe *Lydiis* modis Epicedia. Alii *Menalippidæ* attribuunt. Contra *Niobes nuptiis*, verum aliorum more, *Pindarum* accommodaſſe *Lydios* modos fcripferunt.

Lucianus in Harmonide. καὶ ἑκάςης, ait, ἁρμονίας διαφυλάττειν τὸ ἴδιον. τῆς Φρυγίου τὸ ἔνθεον, τῆς Λυδίας βακχικὸν, τῆς δώριον τὸ σεμνόν. Athen. li. 14. mentionem inijcit ἁρμονίας τῆς λοκριςὶ, quam animi affectus & mores fcribit indicare.

Poſtremo Scaliger *Legum* (νόμων) *muſicarum partes* omnibus modis communes facit has: θέσιν, foni demiſſionem in bifyllabis, ἄρσιν in trifyllabis, βάσιν æquabilitatem eodem tenore procedentem in pæconibus & proceleumatibus.

Συζυγίαν & διποδίαν reipfa dicit idem. Sed in longis pedibus διποδία non dicitur: breves enim unico tantum metro comprehenduntur. συζυγία autem tàm in διτήμοις & bifyllabis, quàm τρισήμοις, trium temporum & polyfyllabis. Commune enim nomen ad utramque conjunctionem & longiorum & breviorum.

Plutarchus lib. de Muſica de tibicinum nomis fcribit. Traditum eſt., inquit, *Olympum*, cùm eſſet tibicen, è *Phrygia*, tibicinum *nomum* feciſſe in *Apollinem*. Hunc *Olympum* ajunt avum fuiſſe eorum; qui defcenderunt à primo *Olympo, Marſyæ* difcipulo, qui nomos in Deos fecit. Is enim cum amafius eſſet Marſiæ, & ab eo artem tibia canendi didiciſſet, harmonicos nomos *in Græciam* intulit, quibus nunc Græci utuntur inferiis Deorum.

Verùm quia alibi plura fcripfimus de Harmoniis, hic
calamum fcriptionemque fi-
ſtamus.

Caput IX.
DE PERITIS quibusdam Tibicinibus & Auletices cultoribus.

Uit olim apud *Græcos* omnes summo in pretio Musica, ideoq; tibicinum artem, summo studio discere cupiebant, eratq; auletice ipsa, ut loquitur *Athen.* lib. 14. περι αυλοῦς.

Itaq; Chamæleon Heracleotes in lib. quem Exhortatorium inscripsit, tradit LACEDEMONIOS ac THEBANOS omnes huic arti operam navare, prætereaq; suo seculo HERACLEOTAS, qui Pontum incolunt & ATHENIENSIUM splendidissimos ut CALLIAM Hipponici filium, & CRITIAM Callæschri. Telestes enim in Argo tanquam divinam, hanc artem extollit, τὰν ἒν, ait, περι θεοτάταν ἑρμίω &c.

Hanc artem maximè divinam, Bromio concessit veneranda dea (Minerva) sublimis & elatus spiritus, cum eleganti & arguta velocis manus celeritate. Laudi namque est tibicini ἀχειρεία καὶ ἑσυχχειρεία, apta & velox manus motio vel agitatio.

Hinc multi quoq; PYTHAGORICI hanc artem exercuerunt, ut EUPHRANOR, qui de tibijs librum conscriptum reliquisse memoratur, & itidem ARCHYTAS. Aristophanes in convivatoribus, quanto studio huic arti quondam incubuerint, palam facit, cùm ait: ὅτις δ' αὐτὴν αὐλοῖς καὶ λύραις κατατέτριμμαι χρώμενος, εἶτα με σκάπτειν κελέυεις. *Cùm ejus gratiâ tibijs lyrisq́; tractatis mihi obtritæ manus sint, fodere nunc jubes.*

Tibiarum item ALEXANDRINI erant peritissimi. Nec earum solùm, quæ virgineæ puerilesq; vocabantur, sed earum etiam, quas viriles, perfectas, citharisterias, dactylicas &c. dicebant, referente *Philip. Camer.* cent. 1. oper. subcis. cap. 18. & *Athen.* lib. 4.

Notatu dignissimum est Hedyli Epigramma de Theone ipsiusq; filio.

filio THEONEM μόναυλον appellat, qui monaulo sciret canere, metri lex vetabat dicere μοναύλης.

Τ𝚞το Θέων ὁ μόναυλ⊙ ὑπ' ἠρίον ὁ γλυκὺς οἰκεῖ
Ἀυλητῆς μίμων κήν Θυμέλησι χάρις, &c.

Hos Græcos versus interpres *Athen*.lib.4. sic vertit.

Hoc Theon Monavlus sub tumulo festivus situs est
Tibicen, mimorum etiam in pulpitis ipsa gratia:
Cæcus initio senectutis. Gnatum ille Scirpalum
Adhuc infantem Scirpalum Eupalamum,
Natales suos cantans: ut qui potuerit (ripere.
Vel primoribus in hac arte viris ejus venustatis gloriam præ-
Glauces musa consuetos lusus ille tibia personabat
Et inter juvenes lepidum compotorem Battalum,
Vel Cotalum etiam, vel Pancalum: at Theoni
Calamaulita jam dicite, vale Theon.

Ad quos versus Hedyli, *Isaac. Casaub*. in Athen.lib.4.c.14. hæc annotat: Ἐυπαλάμ𝚞ς Græci vocant homines manu solertes: Poëta ait: *Scirpalum nomen hoc filio suo imposuisse, animo præsagientem futuram illius* τῆς αὐληλικῆς *peritiam. Tibicinum enim & eorum omniŭ, qui tractant organa* ἐνζῶτα καὶ ψηλαφητᾶ, *eruditos digitos esse oportet*. Sic paullò pòst ait *Athen*. EPIGONUM fuisse μ𝚞σικώτατον κατὰ χεῖρα. Significat & versu 6. cantilenarum illius dulcedinem. Et postea ait nomen Eupalami omen habuisse & evasisse illum tibicinum suavissimum. Ille enim tibia canebat musto ebria ludicra deorum, v.7. Battalus, Catalus & Pancalus nomina sunt sodalium Theonis, sive Eupalami, qui soliti dies condere cum ipso potantes, meritò igitur Poëta illos testes ciet dulcium Theonis modulaminum.

Nobilis arte inflandi tibias fuit CEPHESIAS, cujus, cùm aliquando discipulŭ cecidisset, qui contentius æquo inflasset tibias, elogium hoc sanè divinŭ: οὐκ ἐν μεγάλῳ πνεῦ ἀλλ' ἐν τῷ εὖ, τὸ μέγα. *Scal*.lib.1.Poët.c.18.

Thebis Bœotijs posita est statua PRONOMI tibicinis, qui unus maximè appositè omniŭ ad aures multitudinis per mulcendas tibijs cecinit: & totius corporis motu mirificè spectatores in theatris delectavit. Huic

viro

DE MUSICA INSTRUMENTALI. 355

viro Thebani & *Fpaminondæ Polymnidis filio* in eodem loco statuas posuêre, Pausania teste in Bœoticis. Unde distichon illud:

Ἕλλας μὲν Θήβας προτέρας προὔκρινεν ἐν αὐλοῖς
Θῆβαι δ᾽ πρόνομον, παῖδα τὸν οἰνιάδε.

SACADAS tibicen, primus Pythicū carmen Delphis cecinisse scribitur, & *Apollinem* iratum tibicinibus, propter *Marsyæ* & *Sileni* certamina, recon ciliasse, apud Paus: in Corinth. ANTIGONIDES Satyri F. Thebanus tibicen calceamentis Milesiis & lascivioribus primum usus est. Hujus meminit Plinius. Idem, ut est apud Cic. in Bruto, discipulo frigenti apud populum dixit: *Mihi cane & Musis*. De eo vide nonnihil apud Gellium.

ISMENIAS Choraules peritissimus, *Antigenidis* discipulus, teste Boëthio, multis ægritudine laborantibus omnes animi molestias abstersit. (ut supra c.15. Membri 1. dictum) *Graviores enim animi motus musico concentu demulceri componiq́, ignorat nemo.* Illustre & certū in Saule est exemplum, omnibus Christianis notum, ut alibi dictum. Et Apollonius in historijs mirabilibus scribit ex Theophrasti sententia, μουσικὴν πολλὰ τῶν περὶ ψυχὴν καὶ τὸ σῶμα γιγνομένων παθῶν ἰατρεύειν. ἰᾶται γὰρ φησιν ἡ καταύλησις καὶ ἰσχιάδα καὶ ἐπιληψίαν. Et testatur idem paullò pòst, plurimos adhuc suâ ætate præsertim *Thebanos*, cantionem tibialem ad *morborum medelam* adhibuisse. Galeno καταυλεῖν τῦ τόπᾳ est super affecto loco tibia canere. Verùm ut ad *Ismeniam* revertamur, solitus ille erat stellis uti fulgentibus & preciosis, ut ea ars pluris æstimaretur. Itaq; Smaragdū in qua sculpta fuerat Amymonæ, sex aureis denarijs in Cypro judicatâ emit. Et cùm duo relati essent, imminuto precio, malè curatū inquit; multū n. detractum est gemæ dignitati. Hujus æqualis & æmulus fuit DIONYSIO DORUS, ut scribit *Plinius* lib.37.c.1.

BATALus Ephesius tibicen, calceamentis fœmineis primus omniū in scena usus est, fractisq́; cantibus tibiarū *artem emollivit*. Hinc *Batali* vocantur *homines mulierosi*, & parùm viri homines. Erasmus in Adag.

AGATHON quoq; tibicen, alioqui cantilenarum suavitate commendabilis, sed mollitiei nota famosus. Ab eo *Agathonia cantio dicitur oratio blanda magis, quàm fructuosa.* Suidas & Zenodotus.

PHILI-

PHILISTUS Milesius Orator, musicæ primùm operam dedit, evasitq; clarissimus tibicen. Ad oratoriam demum conversus, auditor fuit Isocratis, qui eum ἀυλοτρομὴν vocabat. *Suidas.*

TELLEN tibicen & *Poëta* melius, (cujus meminit Diarchus Messenius) qui suavitate cantus sequenti proverbio locum fecit: ἄειδε τὰ τέλληνϙ, *Cane ea, quæ sunt Tellenis:* quod *optima* fuissent. *Volaterran.* lib.20. Anthropolog.

XENOPHANTUS tibicen in funere regis *Demetrij Poliorcetis* carmen sacratissimum accinuit: cui *concinente remigio,* clangor cum modulatione quadam velut in planctu respondit carminū ad tibias ambitibus; ut scripsit *Plutarchus* in Demetrio.

Fuit & alius Musicus, XENOPHILUS, patria Chalcidensis, qui annos 107. vixit, citra ullum corporis incommodum, quæ magna est homini felicitas. Autor Plinius.

SCOPELINUS tibicen, *pater Pindari,* Lyricorum Principis; apud *Gyraldum* de Poët. hist.

MIMNERMUS Colophonius Poëta eliographus & tibicen clarissimus: apud *Strabonem* lib.14. & *Volater.* lib.17.

EVIUS tibicen Hephæstionis, tanta fuit in existimatione, ut ei ædes restituerit, quas *pueri Eumenis* priores ceperant: apud *Plutar. in Eumene.*

LAMIA, ætate Demetrij formosa meretrix, tibijs optimè fertur cecinisse, & canendi suavitate magnam apud homines promeruisse gratiam. Quâ arte *Demetrium* Poliorcetem inescavit, ut illâ nihil haberet carius, quod majore benevolentiâ prosequeretur, autore *Plutarcho.*

EVCERUS fuit tibicen, natione Alexandrinus, ut est apud *Cornel. Tac.*

CANUS fuit choraules & tibicen, qui multas pecunias accepit à Galba, cùm eum in Cœna delectasset. *Mart.* lib.10. Et concupiscat esse Canus ascaules. Tranq. Cano autem choraulæ mirè placenti denarios quinq; donasse prolatos manu sua peculiaribus loculis suis.

TONI-

De Musica Instrumentali.

TONIUS nomen fistulicinis pagani apud Mantuanum scribentem in Bucolicis:

Et cum multifori Tonius cui tibia buxo.
Tandem post epulas & pocula multicolorem
Ventriculum sumpsit, buccasq́; inflare rubentes
Incipiens oculos aperit, ciliisq́; levatis
Multotiesq́; altis flatu à pulmonibus haustō
Vtrem implet, cubito vocem dat tibia presso.
Nunc huc, nunc illuc digito saliente vocavit
Pinguibus à mensis Iuvenes ad compita cantu
Saltidico, dulcíq́; diem certamine clausit.

PRONOMUS tibicen fuit, qui barba utebatur promissa, & vestitu nimis accurato, adeò ut mollitiei suspectus haberetur.

Macrob. scribit, OCTAVIUM HERENUM fuisse quempiam prima adolescentia tibicinem, qui artis suæ diffisus, mercaturam posteà instituerit.

De aliis tibicinibus passim & sparsim dictum, hæc modo scripsisse sufficiat.

Caput X.
De Imperitis quibusdam Tibicinibus, deq́; tibiarum ὀλιγωρία & contemptu.

Ervulgato tritum est sermone veriverbium; *Ars non habet osorem, nisi ignorantem:* quod ipsum in præsenti negotio verum. Imò nulla res ad tantam pervenit perfectionem, adeò ut imperitæ multitudinis morsus effugere potuerit virulentos, de quâ vere illud dictum: παντός τᾶ καλᾶ πράγματ@ Φαῦλ@ κριτὴς ὁ ὄχλ@: Unde antiquitus ignorantiæ argumentum habebatur à vulgo probari: Cum τοῖς ποχεῖς ἀρέσκειν σιτ τοῖς σοφοῖς ἀπαρέσκειν. Vulgus namq; de illis rebus, quæ laude digna, imperitè judicat, meritamque laudem detrahit, & contrà laude indignis laudem defert. Unde discipulo suo frigenti apud populum dixit Antigenides, *Mihi & Musis cane*, ut citat Cic. in Buto: & cap. 9. dictum est.

Propterea vulgi applausus & suffragia parvi fecerunt, quod Ælianus memoriæ tradidit de *Hippomacho* Tibicine, qui cùm videret à *plebe* laudari discipulum, quem tamen in arte peccare cognoscebat, baculo tactum desistere, jussit maximum, inquiens, erroris κριτήριον & argumentum esse, quòd ab ignarâ turba laudaretur. Cumq; Tibicini cuidam applausum fuisset, cōmoraretur̄q; in proscenio adhuc *Asopodorus Phliasius*, Quid hoc? inquit, manifestum certè est, ingens aliquod malū accidisse, quia non alio pacto à pluribus probaretur: apud *Athen*.lib.14.

Et quod *imperitos Tibicines* spectat, & temerario quodam ausu artem ostentantes, non modo reprehensionis, sed pœnæ meritam quoq; incurrere notam certum est. Hinc in sacrificio tibias inflaturo *inscito* quodam *Tibicine*, bona ominari me oportet, inquit *Stratonicus*, libemus jam atq; Deos precemur.

Ritibus namq; sacrorum receptum olim, ut cùm sacra facerent, abstinerent ab omnibus malis verbis: propterea, qui aderant, monebantur *præconis* voce, εὐφημεῖν, id est, favere linguis, & parcere verbis malè ominatis, attestante etiam *Ovidio* lib.1. Fastorum;

Prospera lux oritur, linguis animisq; favete.
Nunc dicenda bono sunt bona verba die.
Lite vacent aures, insanaq; protinus absint
Iurgia: differ opus lucida turba tuum.

Id verò maximè desiderabatur, cùm diis vota facerent: Hinc jocus hic Stratonici. Nam cū inciperet tibias inflare Tibicen indoctus & malus, homo facetus significans malum hujus sonum non minùs, quam mala verba, à sacris summoveri debere, quando, inquit, εὐφημία *ad preces necessaria, peractis istis, Diis vota nuncupabimus*, hoc est, postquam tibicen iste inflare tibias desierit: desinebat autem libatione & reliquis sacrorum ritibus peractis.

Telephanem inflare tibiam auspicatum, ut cantionis suę modos ac sonum

num benè adaptaret, id ineptè facientem reprehendit, & velut ructare dixit idem *Stratonicus.*

Idem *Phaonem* tibia *Canere* dicebat non Harmoniam, sed *Cadmum.* Cadmi vita fuit calamitosissima. Propterea, qui malè & miserabiliter canit, is *Cadmum canit.* Athen. lib. 8.

Et dignas sanè suæ imperitiæ & temeritatis dedisset pœnas *Babys* frater Marsyæ quando *Apollinem* ad canendi certamen provocavit, nisi *Pallas* intercessisset, admonens, illum usq; adeò infeliciter & indoctè tibiis canere, ut omninò negligendus esse videretur, κάκιον ait, βάβυς αὐλεῖ. Quibus verbis commotus & pacatus Apollo, Babyn adeò contemsit, ut eum ne supplicio quidem dignum existimaret, sed sua potiùs inscitia satis graviter punitum crederet, unde proverb. natum. *Babys multo deterius cantat,* ut scribit *Erasmus* in Adag.

Præterea in quibusdam malè feriatis hominibus imperitia cum contemptu est, unde illa non hominis, sed bruti vox, *Scytarum Regis Ateæ* qui *Ismeniam* (alii scribunt Hismeniam) Tibicinem jussit in convivio tibia canere. Stupentibus autem tibiæ modulamine, cæterisq; plaudentibus, ipse Rex malle juravit se *hinnientem* audire *equum:* Usq; adeò aures à Musis remotas, animumq; in præsepibus habebat, non ad Musicam, sed ad Asinos & Equos audiendos natum; ut autor est *Plut.* orat. 2. de fort. Alex.

Hunc *Ismeniam* cum audiisset *Antisthenes Cynicus* à quodam deprædicari, ut optimum Tibicinem: At inquit, est homo nequam; Non enim si probus foret, Tibicen esset. *Plut.* in vita Periclis.

Sic in contemptum tibicinum *proverbio* jactatum fuit apud Priscos, ut legitur apud *Athen.* lib. 8. *Tibicinibus nihil esse mentis,* his versibus:

Ἄνδρᾳ μὲν αὐληπῆρᾳ θεοί νόον ἐκ ἐνέφυσαν,
ἀλλ᾽ ἅμα τῷ φυσᾶν χ᾽ ὠ νόος ἐκπέταται.
Id est:
*Dii Tibicinibus nunquam mentem inseruère,
Sed simul ac flarint, avolat illico mens.*
De quibus versib. Is. Casaub. *in Athen. lib. 8. c. 4. sic scribit:* Non carent difficultate, inquit, versiculi lepedissimi, quib. negatur mens inesse tibicinibus. Posteriore istorum versuum dicuntur Tibicines, dum tibias in-

flant, mentem amittere. Si amittunt, Ergo habent. Quare falsum illud in priore, θεοί νόον ὀκ ἐνέφυσαν. Aut igitur commoda interpretatione molliendum, quod dictum videtur duriuscule. Et accipiendum quasi diceret, Datam quidem & Tibicinibus mentem à Diis: sed non firmam, nec perpetuam: verum quæ tunc illis adimatur, cùm tibias inflant. Aut legendum.

Ἀνδρί μὲν αὐλητῆρι θεοί νόον εἰ ἐνέφυσαν
ἀλλ' ἅμα τῷ φυσᾶν χ' ᾧ νόος ἐκπέπεται.

Stant ab hac emendatione particulæ μὲν & ἀλλὰ, si volumus earum vim rectà ratione expendere.

Alcibiadem excusant, quòd *tibias rejecerit*, earundemque studium improbarit, non tamen absque ratione, quia colloquia tolleret, & ori deformitatem afferret, adeò ut vix à familiaribus agnosci possit facies. Tum etiam eo nomine vituperasse ajunt Alcibiadem tibiarum artem, quod Numinum quoque judicium induceret: *Palladis* inprimis, quæ quum se cerneret in *Tritonide* palude facie deformari, quum buccas inflaret, tibias infregit.

Melanippides de Minerva tibias projiciente, & tibicinum artem vituperante scribit his verbis: ἔρρετε ἔγχεα σώματι λύμα. ἐμέ δ' ἐγὼ κακότητι δίδωμι; Abite *in malam rem corporis probra turpia. Egone animum applicem rei turpi.* κακότητα appellat τὴν τοῦ προσώπου ἀσχημοσύνην, id est, inde coram vultus compositionem tibias inflantium. *Ovid.* lib. 6. Fast.

Ars mihi non tanti est, valeas mea tibi dixit.

Apud *Plut.* περὶ τῆς ἀοργησίας Satyrus ut tibias abjiciat sic Minervam monet: οὔ πρέπει, ait, τὸ χῆμα· τοὺς αὐλοὺς μέθες καὶ θ' ὅπλα λάζευ, καὶ γνάθους εὐθημόνει. Clemens Alexandrinus lib. 2. Pædag. προνοητέον δὲ μάλιστα τῆς εὐσχημοσύνης. ᾗ καὶ τὴν Ἀθηνᾶν, φησὶν ὁ μῦθος, ἥτις ποτε ἦν, προμηθοῦς μὲν τὴν αὐτῆς τῶν αὐλῶν ἀποῤῥίψαι τὸ ἐπιτερπές, διὰ τὸ ἀπρεπὲς τῆς ὄψεως.

Telestes in Argo hae de re ita scribit:
In montium nemoribus divam Minervam,
Deformitatem oris visu turpem expavescentem,
Instrumentum statim è manibus abjecisse.

Athenis quoque fuit *Minerva, Marsyam* Silenum cædentis, *imago,*

quod

quod abjectas à se tibias sustulisset; ut scriptum reliquit *Pausanias*. *Aristoteles* etiam lib.8. Polit. cap.6. potissimum tibias è puerorum institutione abjiciendas censet, tum quia non sit organum ηθικὸν ἀλλὰ μᾶλλ᾽ ν ὀργιαστικὸν, ad mores mitiores exprimendos & inferendos aptum sed potius ad animos furore quodam Bacchico stimulandos accommodatum. His accedit tibiam hoc habere institutioni & doctrinæ adversarium, quòd tibiæ cantus prohibet ratione uti, τὸ κωλύειν τῷ λόγῳ χρῆσθαι τὴν αὔλησιν. Quocirca, ait, rectè veteres ejus usum in pueris ac liberis hominibus improbarunt, cùm antea eo usi essent: posterius verò spreta est atq; improbata tibia, cùm jam melius, quid ad virtutem faceret & valeret, quid non, judicare possent.

Tum verò probabilius est, propter quod tibiarum inflandarum disciplina nihil ad mentis agitationem conferat, ὅτι πρὸς τὴν διάνοιαν ἐθ᾽ ἓν ἐστὶν ἡ παιδεία τῆς αὐλήσεως. *Minervæ* autem *scientiam* & *artem tribuamus*, hanc dicit esse caussam, quod tibias Minerva abjecerit, ut diximus.

Caput XI.

DE CYTHARÆ & LYRÆ notatione, Inventione, partibus, chordarum numero & circa illum Lacedæmoniorum severitate, modis & cantu.

Ex genere illorum Instrumentorum Musicorū, quæ ὄργανα κατὰ μίτον quæ fidibus, nervis vel chordis intenduntur, unde & χορδαῖς διειλημμένα, ἔντατα, καθαπτὰ & ψηλαφητὰ, quæ fidibus intensa attrectantur vel digitis, aut plectro, sive arcu ex pilo equino fides illidente. Et inter alia ψηλαφᾶν Eustath. dicit esse musicum vocabulum, proprieq; de chordarum contactu dici. *Aristot.* lib.8. Pol. cap.6. hæc instrumenta vocat ὄργανα δεόμενα τῆς χειρουργικῆς ἐπιστήμης, id est, quæ scientiam, in manuum opere munereq; positam, desiderant. Ex horum, inquam, instrumentorum genere prima occurrit *Cithara*, quam quidam à Lyra vel Testudine separant, atq; illam *Apollini* attribuũt inventori, *Lyrã* verò *Mercurio*. Cui obstare videtur, quod signum *Apollinis*, quod arcum dextrâ, lævâ Charites habuit, quarum una lyram, non citharam: altera tibias: tertia fistulam ori admoveret. Qnid quòd *Mercurius* primus commentus esse scribitur *ex Testudine citharam*. Lyram autem antea fuisse Chelyn, vel testudinẽ appellatam memorat idem Eustathius. Posset igitur hinc colligi citharam eandem esse cum lyra. Interim tamen videtur inter hæc organa fuisse quoddam *discrimen*. Nihil tamen certi de hac re statuere licet, cum promiscuo non rarò usu accipiantur.

Dicta autem fuisse putatur κιθάρᾳ, quasi κινῦσα, vel καθῶσα τὰς ἐρωίας, ut ex antiquis tradit Eustath. Vocatur item κίθαρις, quæ vox etiam pro *citharæ cantu*, atque interdum pro ipsa citharistica *arte* usurpatur. Quod ex Homero constat, Odyss. α, κῆρυξ δ' ἐν χερσί κίθαριν περικαλλέα ἔθηκε Φημίῳ, Præco autem in manus citharam perpulchrã posuit Phemio. *Cithara cantum* significat Odyss. θ. Αἰεί δ' ἡμῖν δαίς τε φίλη κίθαρίς τε χοροί τε semper autem nobis conviviumq; gratum, citharæq; cantus, choriq;. Iliad. ν.

———— ἑτέρῳ κίθαριν καὶ ἀοιδὴν, alij citharam & cantum, id est κιθαριστικὴν scilicet τέχνην citharæ artem alij Deus tribuit. Dicitur & cithara alio nomine φόρμιγξ, ut apud Homer. Iliad. σ.

Τοῖσιν δ' ἐν μέσσοισι παῖς φόρμιγγι λιγείῃ Ἱμερόεν κιθάριζε.

Hos autem inter medios, puer cithara sonora suaviter citharizabat. Eustathlio hęc vox deducta videtur παρὰ τὸ φροίμιον, quod per syncopen dicitur pro προοίμιον, *Proœmium*, quod citharœdorum est proprium. Prius enim, quàm cantiones instituant, modos quosdam faciunt, quibus introducãt & attentos reddant auditores. Alij ita explicant, & dictam volunt παρὰ τὸ πηγείδεσθαι τῆσ ὄιμης, quasi προοίμιγξ. In conviviųs namq; *Deorum* solitum fuisse *Apollinem* citharam pulsare, deinde *Musarum cantum*, seu carmina fuisse subsecuta, prodidêre. Hinc apud Pindarum è secundo εἴδει Olympiorum ἀναξιφόρμιγγες ὕμνοι dicuntur, *hymni* vel cantilenæ, quæ *ad citharæ modos* canũtur, vel ad quas,

tan-

DE MUSICA INSTRUMENTALI.

tanquam ad regulam, νόμοι, vel leges citharœdicæ accommodantur. Eurip. verò scripsit δυσφόρμιγγα ἄπαν luctuosam calamitatem: quasi, quæ *lamentabili* & in suavi *cithara* sono sit decantanda.

Quo modo *Orpheum* ad inferos, sumptâ citharâ, descendisse, atque cum mirificam quandam lamentationem ob denatam *Eurydicen* cecinisset, lacrymas inferis excitasse memorant.

Λύραν, autem appellatam notat Eustath. quasi λύτραν, ut scribit *Nat. Com. lib 5. Mythol. cap. 5.* *Mercurium*, ait, *primum fuisse inquiunt, qui lyram invenerit, ut scriptum reliquit Pausanias in Eliacis prioribus, quam etiam* Apollini, *cùm pax inter illos post furtum orta esset, largita est.* Unde Lyra quasi *lytra* dicta fuit, præmium scil. & compensatio pro bobus.

Et porrò *lyræ inventionem* ita describit: *Erat autem testudo, quæ* χέλυς *à Græcis vocatur, in hunc modum formata, ut ait* Lucianus in dialogo Apoll. & Vulc. cùm *testudinem* mortuam ad *ripas* Nili *invenisset, brachia adaptavit, ac jugum induxit, calamosq́; postea agglutinans, & fundo subjecto quodam, ac novem deinde chordas super calamis, tanquam ansulis intendens, jucundum quid modulatus est.* Id cùm in monte *Cyllene* proximo fecisset, mons *Chelidorta* vocatus fuit, teste, *Pausania in Arcadicis. Nat Com. Mythol. lib. 5. cap. 5.*

Alij dicunt *tetrachordum* prius invenisse, ac *linum pro chordis intendisse*, quia chordæ nondum essent inventæ. Hanc *septem chordarum* fecit *Apollo*, accommodans ad *Panos* fistulam Jovis & Thymbris filij. Nam hic lino soluto & adempto chordas intendit, unde dictus est *linum invenisse. Nat.* lib. 5. cap. 5. Cujus rei breviter meminit *Nicander* in Alexipharmacis:

Αὐδήεσαν ἔθηκεν ἀναύδητον περ ἐοῦσαν
Ἑρμείης &c.

Id est:
Muta priùs fuerat, vocalem reddidit illam
Mercurius: demptâ carne è testudine, fundo
Brachia bina locat, super his chordasq́; tetendit.

Idem Homerus testatur hymno in Mercurium:

Ἑρμῆς τοι πρώτιστα χέλυν τεκτήνατ' ἀοιδόν

DE MUSICA INSTRUMENTALI.

Mercurius utiq, primum testudinem fabricatus est canoram.
Postea *lyræ* vel testudinis *fabricationem* his versibus describit:
Πῆξε δ' ἄρ ἐν μέτροισι ταμὼν δόνακας καλάμοιο,
Πειρήνας διὰ νῶτα διὰ ῥινοῖο χελώνης: &c.
  Id est:
  Fixit utiq, in mensuris sectis arundinibus calami
  Protensis per dorsa in pellem testudinis.
  Circa autem pellem extendit bonis consilijs suis:
  Ac cubitos (πήχεις) imposuit, jugum (ζυγὸν) autem aptavit ambo-
  Septem autem concinnas ovium extendit chordas,   (*bus*
  Verùm postquam construxit ferens amabile ludicrum,
  Plectro commovebat partim, hæc autem à manu,
  Graviter insonuit, Deus autem pulchrè canebat
  Ab extemporaneo conatus.

Ex quibus versibus præter alia *lyræ* vel testudinis *partes* percipere licet, quas has numerant.

πῆχυς dicitur pars citharæ, vel lyrę, *verticillos continens*, quibus fides intenduntur & laxantur; ipsi autem *verticilli*, quibus fides vertūtur & intenduntur, dicuntur κόλλοπες, item κόλλαβοι, Eustath. κόλλοψ, ὁ ⲡⲣⲁ τῆς ὕστερον κόλλαβος, δι' ὗ τείνονται αἱ χορδαί. Quidam scribunt ita dictos ab ipsa *materia*, ex qua fiunt. Est autem κόλλοψ *corium* durius, in cervicibus & dorsis boum ant ovium. Hom. Odyss. φ.
  ὡς ὅτ' ἀνὴρ φόρμιγγος ἐπιστάμενος καὶ ἀοιδῆς, &c.
  Sicut quando vir citharæ peritus & cantus
  Facilè extendit novo in sinu (κόλλοπι) chordam,
  Tangens utring, benè retortum intestinum ovis.

Et Lucianus. ἐνάψας δὲ νεῦρα, ἠδὲ κόλλοπι περιστρέψας, ἐμελῴδει ἄμουσόν τι καὶ ἀπῳδόν, quibus verbis significat, Si quis tangat *& attrectet chordas, non prius justa soni proportione verticillis intensas*, absonum & à *musica alienum concitari* strepitum, ἀγκῶνες item dicuntur *cornua citharæ*. Ζυγὸς in cithara vel lyra dicitur *jugū* & pars illa, quam sinistra manus amplectitur. Sic observat *Theophrastus* lib. 5. de plantis, *ilicem* arborem esse utilem non simpliciter ad lyram, verùm ad ζυγὰ tantummodò.

Πλῆκτρον

DE MUSICA INSTRUMENTALI.

πλῆκτρον in cithara, vel lyra dicitur id, quo fides ejus pulsantur. Pulsant enim radiolo, altera manu fides citharoedi, quod *plectrum* à percussione appellarunt: alterâ manu premunt nervos certis intervallis. Primus *Demopœtus* Sicyonius *plectri officium* ad solam manum transtulit. Quidam ab *Epigono* primùm omissum plectri usum scribunt. Sic unguibus & digitorum summitate etiam nunc citharæ nervos temperant. Cujus autem chordæ ferreæ, aut ex orichalco sunt, *penná* modulantur. Etiam digitalia argentea induerunt, quorum extrema pennarum cuspidibus muniantur.

Lyram autem non plectri percussione, sed *setarum* intentarum attritu tangunt, ut scribit *Scaliger lib. 1. Poët. c. 48.* qui, quod suprà dicebamus, de *Mercurio Lyræ inventore* ita scribit: *Lyra inventum Mercurio attribuunt: quum ad aridam testudinem offendisset pedem. Animadverso enim, quem ex intentis nervis ediderat, sono, lineas chordas intendisse. Deinde quum fratris Apollinis furto boves abegisset, iram ac supplicium novo chelys invento redemisse: vicißim, ab Apolline caduceum accepisse. Hujus hanc vim fuisse quidam scribunt, ut facile pax inter quosvis, eâ virgâ interpositâ, conciliaretur. Ejus cùm vellet experimentum rei facere Mercurius, inter duos angues acerrimè inter se dimicantes, illam conjecit, qui repente facti sunt amici, unde virga illa posteà geminis anguibus circumvolutis fuit insignita, qui concordiæ securitatem denotabant,* ut memorat Nat. com. *lib. 5. Myth. c. 5. &* Servius *in 4.* Æneid. sed ad lyram revertamur.

Acceptam Apollo *Lyram* ad *fistulæ,* cujus esset author Pan, *modulos* lineis exemplis chordis, atq; *nerveis* intentis adaptasse. *Nervos septem* esse numero instituit: quot ipse menses in utero fuisset genitricis. Quam ob caussam ἑπτάκτυπον vocat Lyram Pindarus Pyth. β. ejus interpres ἑπτάμιτον. Nam eâdem chordâ septem alioqui sonos edimus. Sunt autem *Nervi* vel *chordæ*, fides ex intestino contorto & arefacto, quæ musico instrumento intentæ, pulsu melodicos sonos reddunt. Dicitur & λίνον *linum* chorda citharæ, quòd olim ex lino fieri solerent, quemadmodum & μίτοι, vel *fila* à Philostrato appellantur, unde ὄργανα κατὰ μίτον vocata dicebamus, sic Synesius hym. 8. ὑπὸ Δώριον ἁρ-

366   DE MUSICA INSTRUMENTALI.

μογάν ἐλέφαντο δέτων μίτων λύρας Στάσω λιγυρὰν ὅπα ἐπεὶ συ μάκαρ. Ex ferro itē & chalybe,& orichalco fieri cōsuevere fides: χορδοτονία dicitur chordarū *intentio* in lyra & instrumentū χορδότνον, quo chordæ intenduntur.

Sed ut ad chordas redeamus, *octavam* additam scripsit Aristoteles, neque tamen eam, quæ media vocabatur antè, nomen amisisse. Alii ab *Apolline novichordam* scribunt Lyram editam, à *Musarum numero*, ut ait interpres Arati. Tametsi cum *Decachordo* etiam pingebatur: quippe cum Musis esset ipse decimus. Per quem numerum Fulgentius *decem humanæ vocis modulamina* denotari affirmat: *nempè* quatuor primores dentes, *quos lingua percutiat*; duo labra, *quæ sint veluti cymbala verborum*; linguam, *plectrum*, palatum, *cujus concavitas proferat sonum*; asperam arteriam, *quæ est meatus spiritatis: & pulmonem, qui veluti follis conceptum spiritum reddat & revocet*. Argivi verò *mulctam* dixere iis, qui *pluribus septenis* uterentur. Neque enim jus erat, inquit *Plutarch*. lib. de Musica, quondam pro sua cuique libidine, ut nunc, fidibus canere, neque harmonias & numeros immutare. Siquidem singulis carminibus suam retinebant intensionem. Hinc cognomen apud Græcos invenerunt, ut νόμοι dicerentur, quasi leges: quòd cujusque intensionis receptam formam violare nefas foret. Hinc gloriari soliti *Lacedæmonii, se* τρὶς ἤδη σεσωκέναι διαφθειρομένην τὴν μουσικήν h. e. terâ se musicos esse coërcitos, qui in emendanda veteris musicæ harmonia perversè fuerant ingeniosi. Rectè scriptum τρὶς consentiente historia, quæ in *tres* Musicos *Terpandrum, Timotheum* & *Phrynidem* similem ob causam animadversum testatur *Casaub*. lib. 14. c. 6. in Athen. Et quidem in senatusconsultò Lacedæmoniorum, quo *Timotheus* urbe pellitur, duæ notantur causæ, *primò* quòd veterem musicam novis corrupisset inventis: *deinde* quòd indecoris figmentis suis de *Semelæ* partu juventutis animos corrumperet. Fecerat enim Semelem in *Bacchi* partu deformiter & indecore ejulantem, nullâ habitâ ratione majestatis illius Dei: quem par erat minòre matris cruciatu & aliis legib. venisse in hanc lucem, quàm è vili popello homunculum aliquem *Casaub. lib. 8. c. 11*. Decretū illud Litius *Gyraldus* de Poë hist. dial. 9. ex Boëtio his *verbis* recitat, annotante *Camer*. in operis subcesivis cent. 1. c. 18.

Quoni-

Quoniam *Timotheus* Milefius, in noftram veniens civitatem, antiquū cantum negligit, & feptichordem citharam averfatus, multarum vocū confonantiam, h. e. polyphoniam inducens, infecit auditus juvenū per *chordarum multiplicitatem*, i. e, polychordiam & recentiffimum melos induxit, & *variam* pro fimplici & ordinata circuminduit modulationē, in chromaticum conftituens *melidiofin*, pro *enarmonió* faciens antiftrophon alternam; accitus verò in Eleufiniæ Cereris certamen, indecentē difperfit fabularum fucceffionem; *Semetes* n. dolores non fat juftè juvenes docuit: Edoceri dicimus de his Reges & Ephoros, accufandū effe Timotheum, reaffumendam verò undecim chordarū lyram excidentes fuperfluas, relicta feptichordi cithara, ut quivis intuens urbis gravitatem, caveat in Spartam inferre quidpiam inhoneftarum, indecentiumque confuetudinum.

Sic *Marc. Tull* 2. de leg. fuccinctè fcribit: Illa fevera Lacedæmon nervos juffit, quod plures quam feptem haberet in *Timothei* fidibus *incidi*. Nec tamen defuerunt, qui antores effent, Timotheum cùm invidiam novitatis à fe depuliffet, producta in medium vetufta *effigie Apollinis*, in ipfa urbe Lacedæmoniorum inventa, lyram tenentis, quę *novem nervos* haberet, fuiffe abfolutum, ut notat *If. Cafaub*. d. l.

Porrò *citharæ figuram apud* Græcos primùm fuiffe concinnatam *Cepionis* tempore, qui *Terpandri* fuit difcipulus, fcribit Scaliger: fuitq; hæc ipfa appellata *Afias*, propterea quòd à *Lesbiis Afianis* fuerit importata. Hanc Hieronymus autor eft effici folitam in modum Δ literæ, cum chordis viginti quatuor, & per digitos variis vocibus tinnulifq; ictibus in diverfis modis concitari.

Cruquius ad Od. 10. lib. 1. Carm. Horat. inquit: Ex Idiomatis *Italico*, *Alemanico*, *Gallico*, *Flandrico* lyra ad huc fuum nomen habet integrum, namq; & incurva eft & δελτωτȣ̃ *figuram* præ fe fert intuenti propiùs. Citharam effe vólunt vulgò nominatam *teftudinem* à *forma* teftæ ejus animalis; χέλυν *Ciftbre* aut potiùs citherne, quę vox à cithara paucis immutatis deducta videtur.

Legem a. pulfandæ citharæ dediffe ferunt *Olympum* Myfium, Poëtam melicū & elegiarum. Ante Archilochū certos modos, vel νόμȣς citharædicos

dicos *Terpander* inftituit, quos à fe & à difcipulo vocavit κηπίονα & τερ-παίνδριον.

A regionibus doricis duos, βοιώτιον & αἰόλιον : iccirco quia in Bœotia extitiffe creditus eft *primus citharædus Amphion*, Jovis & Antiopes filius quem in Muficorum breviario, principem citharæ & citharædicæ Poëfeos architectum appellat *Heraclides*.

A temporum autem *celeritate* duos τροχαῖον & ὀξὺν qui multis conftabat pyrrhichiis, & feptimum πετρεοιδὸν, qui erat ex horum quatuor compofitus, Æolio, Terpandrio, Cepione, Bœotio. Idem *Terpander* primus adjecit ad Heroicos verfus *Lydios* modulos. Et *Timotheus* Milefius Terpandri aut Neomyfi filius citharædus, Euripidi coævus, fub Philippo Rege Macedonum, fcripfit præter alia Nomos citharædicos multis verfuum millibus. *Scalig*.

Partes verò κιθάρῳ δικᾶ νόμᾶ, Terpandro dividente, hæ funt, ut eft apud Pollucem. ἔπαρχα, *præludia*, ἐπαρχεῖα *initia*, μέταρχα, κατατροπα *fugæ*, μετακατάτροπα *inflexiones*, ὀμφαλός *medium*, σφραγίς *figillum*, ἐπίλογος. ἐξάρχειν muficum verbum eft, & citharæ fonos & modos inchoanti peculiare, ut odyff. δ.

Μολπῆς ἐξάρχοντες ἐδίνευον κατὰ μέσσους.
Cantum incipientes faltabant in medium.

Hinc Stefichorus Mufam vocat ἀρχεσίμολπον h.e cantiones incipientem. Pindarus autem præfationes five proœmia, ἀγησίχορα, quòd choris & faltationibus præeant

Is *Cafaub*. lib. 4. c 27. in Athen. manifefto effe falfum fcribit τὸ ἐξάρχειν τῆς φόρμιγγος effe ἴδιον. Periti enim fermonis Græci fciunt, verbum hoc de omnibus promifcuè dici poffe, qui faciendi aut dicendi aut canendi exemplum aliis præbent, ut in choro facit κορυφαῖος. Solent etiam citharædi, ut & alii Mufici, difcipulis fuis proponere, quas T A-B U L A T U R A S vulgus nuncupat. Eæ funt defcriptiones phthongorum, ex quibus compofita fuerit alicujus cantici harmonia. Res fanè pulcherrima & ingeniofiffima : nam ea eft quafi fcriptura tonorum & foni.

Hujus præclari inventi auctorem facit *Erefius Phanias*, nobilis peripati-

DE MUSICA INSTRUMENTALI.

ripateticus, *Stratonicum* cioharœdum, & τῆς κιθαριστικῆς διδάσκαλον: quādo lib.2.de Poët. *Stratonicum* Athenienfem, fcribit, exiftimari primum omnium nudis citharæ fonis, quôs vox non comitaretur, multas fides adjeciffe, primumq; docuiffe concentus muficos ac (διάγραμμα) numeros, varietatesq; defignaffe: *apud Athen.*

Græcis autem διάγραμμα συςήσαθαι eft *Phthongorum fyftemata*, ut mufici appellant, *in tabula defcribere*, ac fpectanda oculis exhibere. Unde manavit *proverbium* de eo, qui *dicit idem fæpius*, & ut Poëta ait, *eadem oberrat chorda*, ἀφ' ἑνὸς διαγράμματος ἀεὶ τὸ αὐτὸ ὑποκρέκει. Vehementer namq; Muficis fœdum eft, in ijsdem fidibus fæpius hærere. Unde *Horatius* in arte Poëtica inquit:

————————*Et citharœdus*
Ridetur, chordâ qui femper oberrat eadem.

Præterea ad illa Horat. lib.4.carm. Od.3.

O teftudinis aureæ
Dulcem quæ ftrepitum Pieri temperes.

Annotat Cruquius. *Hoc ipfum*, inquit, *eft chordarum feu fidium proprium.*

Nam ψάλλειν, qued eft τῶν κιθαρωδῶν κυρίως, ἐπὶ τὸ τῷ ἄκρω τῶν δακτύλων τῶν χορδῶν ἅπτεσθαι, ut ait *Suidas*, Id eft, *citharœdorum eft proprium, qui extremis digitis chordas tangunt.* Mufici enim dicuntur fuas χορδὰς ψάλλειν apud *Ariftot.* in probl. vel fimpliciter ψάλλειν: ut eft apud *Plutarch.* in Pericle πρὸς τὸν υἱὸν ἐπιτερπῶς ψήλαντα, qui fuaviter fidibus tactis luferat. Et chorda dicitur φάλλεσθαι, quæ tangitur, movetur & impellitur. Hinc ὄργανα ψαλτικὰ & ἐπιψαλλόμενα, quæ pulfantur à pfallente.

Tandem ut de *Citharæ cantu* aliquid dicamus, *Stefandrum* Samium, fcribit Timomachus in Cypriacis, multum artem auxiffe, primumq; Delphis cithara Homeri pugnas cantaviffe. Alij *Oenopam* ad citharam primùm cantaffe, eum poft imitatis Achivo Polluce & Cynethenfi Diocle. Citharæ cantum innuit etiam *Poëta Venufinus* lib.1. Carm. Od. 15.

Imbelli cithara carmina divides.

Bbb   Cithara

Cithara, ut notum, *inepta* est rebus *bellicis*, ut quæ tubas & lituos requirunt, sed *apta mensis* ad hilaritatem & saltus. Unde Briseis ad Achillem scribit epist. 3. Heroid. molliciei ipsum incusans;
> *Et si quis quærat, quare pugnare recuses:*
> *Pugna nocet: citharæ, noxq́, Venusq́ juvant.*

Dividere autem *carmina*, esse videtur quibusdam, carmina per citharæ nervos partiri, quod citharœdi faciunt, cùm modulantur, nunc enim hanc, nunc illam chordam carpunt, & de cantilena huic & illi chordæ aliquid impertiunt. Hoc modo per citharam carmina dividuntur: vel potiùs cithara carmina canuntur audientibusq́; dividuntur.

Stuckius lib.3. antiq. conviv. c. 20. Apud *Hebræos Poretim* dicit proprium esse fidicinū, qui minutatim singula verba cantici instrumento musico accommodant & applicant, quod ferè fit imminutione, *Gallicè frendons. German.* ſcufſln ſive risli, appellantur. Præterea sigillatim explorandæ chordę instrumenti musicis & ad concentum harmoniamq; ejus quod canitur accommodandæ sunt. Hoc verbum usurpatur Amos 6. ubi Arias putat genus cantionis *diatonicum* significari, quod ad voluptates magis & ad permulcendas aures natum esse videtur quod minutis temporum sectionibus, & modulis crebrioribus, præter vocum consonantiam, cætera *avium garritus* imitetur. Nudos verò & *solos absq́, hominis voce citharæ cātus*, Menecharmus ait, primùm invenisse *Aristonicum Argivum*, qui Corcyrę habitavit sæculo Antiochi.

Notatu deniq; dignissimum est, quod scribunt, *Aspendium* Citharœdum *novum* citharâ *ludendi modum* invenisse, *una tantum sinistrâ* nimirum manu, reliquis citharœdis utriusq; manus fungi solitis officio, tenentibus *dextrâ* plectrum, id quod FORES CANERE appellabant: *sinistris* verò digitis chordas carpentibus, INTUS CANERE vocabant. Difficilè igitur visum est, quod Aspendius citharœdus faciebat, qui nequaquam utraq; utebatur manu, sed totam cantionem *intus & sinistra* tantum manu modulabatur: atq; ita tacitâ leniq; modulatione sinistra contactis chordis, cantilena peragebatur, ut vox ad citharœdum duntaxat, aut proximè assidentem perveniret. *Aspendius*

quoq;

DE MUSICA INSTRUMENTALI. 371

quoq; est civitas Pamphyliæ teste Stephano : Inde *Aspendy* dicebantur, apud quos citharœdi hoc artificio præcelluisse videntur, *ut refert Erasmus.*

Tandem citharæ sonum *Aristonicum* Argivum introduxisse scriptum reliquit Menecharmus. Coronidis loco huic capiti de cithara & lyra adjiciamus *encomium lyræ*, cui ob harmoniæ & sonorum in ea perfectionem hominis vitam persimilem asseruit *Euryphamus* Pythagoræus. Lyra enim his *tribus eget, constructione, concinnitate, contrectatione:* quibus respondent *in viro felici, facultas, habitus & actio,* quorum absolutio sine internis externisq; instrumentis servari non potest. *Piccol. grad. 8. Phil. mor. cap. 10.*

De Lyra apud Philostratum in Iconibus hæc legantur:
Lyram pulcherrimum inventum geminis cornibus jugo, & Chely primus Mercurius compegisse, & post Apollinem ac Musas Amphioni Thebano dono dedisse perhibetur. Is autem Thebas nondum muris cinctas habitans, cantus misit in lapides, & audientes lapides concurrunt. Hæc enim picturæ insunt. Primam igitur lyram despice, an pro dignitate picta sit. Cornu nanq;, capræ esse petulcæ Poëtæ ajunt: ipso autem cornu, musicus quidem ad lyram. Sagittarius verò ad sua utitur commoda. Lingua quibus lyra indiget, ex buxo, omnia valida ac levia. Ebur in nulla est lyræ parte Hominibus elephantem adhuc, & ad quid ejus cornibus uterentur ignorantibus, & Chelis nigra quidem, sed adfabrè, & ut rei natura exigit, perfecta est, orbes flavis inter se umbilicis adnexos circundata. Nervi autem partim quidem magadi appositi sunt; umbilicisq; occurrunt, partim verò sub jugo cavi videntur. Hic utiq; ipsorum habitus aptissimus, cum directi in lyra reclinentur. Amphion autem quid ait? Quidnam aliud, quàm canit, & altera manus, mentem ad lyram revocat, ipseque tantum aperit dentium, quantum canenti satis est. Canit a (puto) terram, quæ cum omniū genetrix, ac mater sit, muros sponte præbeat. Coma a. per se quoq; jucunda, fronti quidem oberrans, unà verò cum lanugine secundū aurē descendēs, auriq; nescio quid preferēs, ac cum

Bbb 2 mitra

mitra multò suavior, quàm gratias elaborasse Poëtæ ferunt. Dulcissimum ornamentum, & ad lyram postremum Mercurius amore captus, utroq; Amphionem munere mihi prosecutus videtur. Chlamys præterea quam gestat, à Mercurio & ipsa, neque enim uno constat colore, sed mutat, ac juxta irim variat. In edito autem sedet, pede quidem terram concinnè pulsans, dexterâ verò nervos plectens. Canit & altera manus, in rectum promissos habet digitos, quod solam plasticen ausuram crederem. Estò, quæ vero ad lapides pertinent, quomodo habent? Omnes ad cantum concurrunt, & audiunt, ac murus fiunt: & hic quidem jam exædificatus est, hic verò ascendit, ille nuper prævenit. Ambitiosi, ac suaves sunt lapides, musicæq; obsequentes. At murus portis septem, quot lyra tenoribus constat.

Caput XII.

DE VARIIS Instrumentis, Lyræ & Citharæ proximis, de Scindapso, Helicone, Barbito, Trigono, Sambuca, Phœnice, Nablo, Pandura.

Similitudine affinia Lyræ fuêre plura alia organa Musica. Σκίνδαψος *Scindapsus* fuit instrumentum musicum τετράχορδον, ejusq; chordæ ex *aurichalco* feriri solitæ, quo *mulieres* præcipuè *usa* traduntur. Numerus chordarum Lyra inferior: usus idem. Unde epitheton additum à Theopompo Colophonio:

Σκίνδαψ῀ λυρόεντα μέγαν χείρεσσι τινάσσων
Ὄξηνον, προμάλοιο τετογμένον αὐξήεντ῀.

Id est:

Scindapsum *magnum* lyræ similem *manibus pulsans & exacuens (acutiorem sonum moliens) ex viridi novellaq; myrica fabricatum*.

DE MUSICA INSTRUMENTALI.

In secundo versu Casaub. legit ὀξυΐνον *fagineum*. Nam ὀξύα Theophrasti, quam sciscimam indigitavit Theodorus Gaza, judicio eruditorum *fagus* illa est, operibus ligneis apta arbor. Ex hac arbore factum Scindapsum ait Poëta.

Sed videntur ad scindapsi fabricam non unius generis ligna desiderata. Ideò addit περμάλοιο τετυγμένον αἰζήεντ(ος), elaboratum *e ligno promali grandis*. τετυγμένον interpretatur Casaubonus non de præcipua Scindapsi materia: sed de ligno ad quasdam partes necessario. Apud Laërtium *Scindapsus* sumitur pro vilissimo instrumento.

Ἑλικῶν *Helicon* alterum instrumentum, *à Musarum monte* nomen ducens, & chordarum numerum à *numero* earundem. Ἐννεάχορδον *igitur* vel *novem chordarum* fuit ὄργανον: quemadmodum scripsit *Ptolem. lib. de Mus.* quarum chordarum tres sunt ἐκ διὰ τεσσάρων vel epitriti; tres autem διὰ πέντε seu hemiolii & τρεῖς διὰ πασῶν. Ab hoc instrumento Musas dici ἑλικωνιάδας quidam putant, quòd hoc ipso impensè gaudeant.

βάρβιτ(ος), vel βάρβιτον, *Barbytus* vel *Barbytum*. Instrumentum fuit musicum, multis intentum chordis, unde & Theocritus dixit βάρβιτον ἐς πολύχορδον. Neanthes *apud Athen. lib. 4.* τὸ βάρβιτον esse tradit *Anacreontis* εὕρεμα, inventum: hoc multùm est usa *Sappho* & *Alcæus*. Gravis ei sonus extitit & aptus *Doriis*: quocirca Pollux etiam βαρύμιτον dictum prodit, quasi quod βαρεῖαν τὴν φωνὴν vel φθόγγον gravem sonum reddit. μίτυς etiam fuisse vocatas τὰς νευρὰς alibi diximus, quoniam ante nervorum usum *lineis* utebantur staminibus.

Hujus mentionem facit Horat. lib.1. carm. Od.1.
— — *Si neq; tibias*
Euterpe cohibet, nec Polymneia,
Lesboum refugit tendere barbiton
Et Od. 32.
— — *age dic Latinum*
Barbite carmen
Lesbio primùm modulate civi.
Significat primum *Alcæum* barbito usum, unde *Lesboum* vocat ab

insula

infula Lesbo, propter Alcæum & Sappho egregios *Lyricos ex ea* infula oriundos. *Tendere* autem, *ad fides* pertinet, quibus barbiton tenditur plectrifq; five radiis percutitur. Unde *Halycarn.* lib. 7. βάρβιτα κέρκειν idem quod βαρβιλίζειν barbiton pulfare, quod apud *Athen.* etiam lib. 4. eſt ὄργανον ἐντατὸν, καὶ πολύχορδον, inſtrumentis intenſum, & multarum chordarum & citharæ genus gravius aliquanto ſonantis.

Trigonon eſt inſtrumentum muſicum, â triangulari figura nomen habens. *Juba* lib. 4. hiſt. theatr. à Syris repertum fuiſſe tradidit. *Athen.* lib. 15. τρίγωνον εἶδον ἔχυσαν, ἥτ᾽ ἤδε πρὸς αὐτὸ μέλῳ Ἰωνικὸν ἵν. Video habentem Trigonum, quo numeros *Jonicos* modulatur. *Athen.* lib. 4. inquit: *Alexander* ingenii ſui tale quidam documentum publicè *Romæ* præbuit in eo, quod *Trigonon* vocant, inſtrumento, ut ad inſaniam uſq; Muſices ſtudio inflammaverit Romanos, (μυσομανεῖν dicitur) multiq; numeros ejus ac κρούσματα pulſus etiamnum recordantur. Hujus Trigoni in Muſis *Sophocles* meminit.

Grieſippus *Adulteris* nocturnas cantiones eſt commentatus, quibus evocent fœminas, *trigono & Sambuca* ludentes. *Athen.* lib. 14. *Sambucam* autem, ſive Sambicam, quæ triangularis citharæ ſpecies eſt, *Lyrophænicem* appellant. Hujus inventorem fuiſſe *Ibycum* Rheginum affirmat, quemadmodum & Trigoni, *Heanthes* Cyzicenus lib. 1. de Horis. *Polyd.* lib. 1. c. 15. A bipſo Ibyco inſtrumentum *Ibycinum* fuit dictum, quo *Galli & Romani in militia* uſi fuerunt. Apud Athen. lib. 14. dicitur ὀξύφθογγον εἶναι μουσικὸν ὄργανον τὴν σαμβύκην καὶ τετράχορδον, acutum ejus eſſe ſonum, & quatuor fidibus tenſum organum.

Sambucam quoque uſitatam ſcribit *Parthis* & *Troglodytis* Euphorion. Certum autem eſt, vetuſſimos *Orientis populos* eo organo fuiſſe uſos: inde tranſiit poſtea ad Græcos res & nomen *Daniel Propheta* cap. 3. ᾗ ἂν ὥρα ἀκούσητε τῆς σάλπιγγος, σύριγγος, καὶ κιθάρας, σαμβύκης τε, cùm audieritis vocem Sambucæ. In *Chaldaico* textu eſt סבכא *Sabbeca*.

Semus Delius libr. 1. Deliadis ſcribit: Sambucâ primam uſam

fuiſſe

DE MUSICA INSTRUMENTALI.

fuisse *Sybilam*, nominatumque sic fuisse illud instrumentum à *Sambyce* inventore quodam.

Hieronymus ad *Dardanum*, modum conficiendi Sambucam ostendit quodammodo. *Sambuca* (inquit *Porphyrius in Ptolomæi harmonia*) triangulum instrumentum est, quod ex inæqualibus longitudine, sicut & crassitudine nervis efficitur. Hinc *Sambucistria* dicitur, quæ hoc instrumento ludit & utitur. *Euphorion scribit lib. de Isthmiis*, apud Mytilenen ex Musis unam cum Sambuca videri, Lesbothemidis opus.

Phœnicem Ephorus & Scammon lib. de Inventis, instrumentum vocant, repertum à *Phœnicibus*, ideoq; sic appellatum ab inventoribus. Semus autem *Delius* lib. 1. Deliadis ita vocatum censet, quia ejus artifex cubitum è palma, quæ Deli est, fabricatus sit, διὰ τὸ ἐκ τᾶ ἐν Δήλῳ Φοίνικος τὰς ἀγκῶνας αὐτῦ ἐξειργάσθαι.

Nablum esse *Phœnicum*, vel *Hebræorum* inventum, ipsum nomen indicio est, *inquit Casaubonus*. De Nablo ait Sopater, *neq, Sidonii Nabli fides sunt corruptæ*, in Portis:

ὄτε τῶ Σιδώνου νάβλα
Λαρυγγόφων⊙ ἐκκεχ᾽ ἐρωται τύπος.

Interpres sic vertit. *Neq, Sidonii Nabla strepitus è faucibus personans fidibus excitatur.* Organi excavatam & carinatam partem alveo similem ita vocat. Ap. Athen. λαρυγγόφων⊙ τύπος, inquit Casaub. *periphrasis est fidium, per quas intentas sonus editur, ut per guttur vox predit.* ἐκχορδᾶσθαι dicuntur absque dubio *fides, quando longo usu ipsarum sonus minuitur* & deficit. Idem Sopater in Myftaci servulo scribit:

Νάβλας ἐν ἄρτροις γραμμάτων, &c.
Id est:

Inter alia Musicorum instrumentorum *Nablas* suaviter canorus est: cujus lateribus affixa lotus inanima, emittit spirantem & animatam musam voluptatemque affert, chorum versus decantantem exhilarans ac Bacchico furore commovens.

Εὐάζων

Εὐάζων vox alludit ad illud *Virgilii*,
— — *Evantes orgia circum.*

Hinc apparet in *Orgiis Bacchi*, animos eorum, qui festum celebrarent, *Nablis* ad choreas & tripudia *Phœnices* incitare solitos: Hinc *diminutiva* vox *Nablium*, cujus fecit mentionem *Ovid*. 3. de arte amandi:

Disce etiam duplici genialia nablia *palma,*
Vertere, conveniunt dulcibus illa modis.

Protagorides quoque lib. 2. de festis conventibus, qui ad *Daphnen* fiunt, instrumenti Musici, quod *Panduram* vocant, meminit.

Pythagoras, *Trogloaytas*, inquit, *Panduran* ex ea *Lauro*, quæ in mari gignitur, fabricare. *Euphronon lib. de Isthmiis* scribit quos nunc *Nablistas*, *Panduristas* & *Sambucistas* vocant, nullis uti novitiis instrumentis, fidiumq́; gravi sono: *Barbiton*, cujus meminêre *Sappho* & *Anacreon*, *Trigona* & *Sambucas* esse procul dubio. Ex quibus perspicere licet, unum ac idem instrumentum non rarò pluribus vocari & indigitari nominibus.

Caput XIII.

DE MAGADI, Pectide, Psalterio, Epigoneo, Tripode, &c.

Uprà de tibiis mentionem fecimus Magadis ut tibiæ & attigimus dubitationem, *an tibiæ vel citharæ* genus sit, ibidemque, adduximus testimonia, quæ stant à tibiæ parte.

Duris lib. de Tragœdia dictam *Magadin* vult *à Magdo Thrace*. Apud *Athen.* 25. 4. numeratur inter instrumenta, quæ tensis fidibus sonora sunt, μάγαδιν οἶδα δὲ ὅτι καὶ μάγαδις ὄργανον ἐστιν ἐντατὸν, καθάπερ καὶ κιθάρα, λύρα, βάρβιτον. Novi & instrumentum *Magadin*, quod fidibus intenditur, quemadmodum cithara, lyra, barbitos. Et alicubi dulcissimus Anacreon inquit: ψάλλω δ᾽ εἴκοσι χορδαῖσι μάγαδιν ἔχων. *Magadin* habens, *viginti fidibus* cano. *Nota chordarum numerum.*

Idem

DE MUSICA INSTRUMENTALI.

Idem Anacreon *Magadin*, inquit, inſtrumentum dici, cantionibus aptum ψαλτικὸν ὄργανον, *a Lydis* repertum: quamobrem *Lydiæ* mulieres pſaltrias & cantatrices vocari *Ion autor eſt in Omphale:* Ἀλλ' αἱ Λυδαὶ ψάλτριαι παλαιθετῶν ὕμνων ἀοιδοὶ τὸν ξένον κοσμήσατε. At vos Lydiæ pſaltriæ vetuſtorum Hymnorum cantatrices ornate hoſpitem.

Euphorion in lib. de Iſthmijs ſcribit, *Magadin* priſcum eſſe inſtrumentum, ſeroq; admodum ejus mutatam eſſe fabricam unà cum nomine, vocatumq; fuiſſe à poſteris *Sambucam*, frequentiſſimum id eſſe apud *Mityleneos* à *Lesbothemide*, antiquo ſtatuario *unam ex Muſis* ſculptam, quæ illud teneret, ut ſuprà c. 12. etiam dicebamus.

Menæchmus lib. de artificibus, *Magadin*, ait, eandem eſſe cum *Pectide* & inventam à *Sappho*, ut mox dicemus.

Teleſtes in Hymenæo Dithyrambico, *Magadi quinq; eſſe fides* ait: *Alius alio clangore è cornu vociferans*, Magadin *irritabat (digitorum pulſu velut titillabat)* quinq; fidium *virgis diſtinctam, manum verſans celeriter, unde cui ſum iniit, eo recurrentem*.

Ariſtoxenus ſcripſit, *Magadis* & *Pectidis* absq; plectro uſum eſſe in canticis, ideoq; Pindarum in ſuo ad Hieronë Scolio, Magadin appellaſſe ψαλμὸν ἀντίφθογγον, (redditum mutuis vicibus: vel è contrarijs vocibus, quales ſunt *puerorum & virorum*, velut ſemper concentus adeſſet, nempe virorum & puerorum.

Phrynichus in Phœniſſis ait: ψαλμοῖσιν ἀντίασας᾽ ἀείδοντες μέλη. Cantici modos perſonantes reciprocatos.

Sophocles in Muſis:
Πολὺς δὲ Φρὺξ &c.
Phryges *multi* Pectidis *triangula*
Concentus reciprocos voce modulabantur.

Eſt autem hoc in quæſtione etiam poſitum, cum inſtrumenta πολύχορδα, quæ multis fidibus tenduntur, in uſum tardiùs venerint, quo pacto *Anacreontis* ſeculo *Magadis* nota fuit.

Sed ſciendum, Magadin eſſe antiquum inſtrumentum, cum diſertè Pindarus ſcribat *à Terpandro* excogitatam fuiſſe *Barbiton*, cujus ſonus *Lydiæ Pectidi* æquiparandus sit: *Barbiton* (inquit) Lesbius *Terpander* invenit primus: Cùm in coenis audivisset, sublimis Lydiæ *pectidis* canticum, suæ Barbito parem. Jam verò *Magadin* eandem esse cum *Pectide*, constat *ex Aristoxeno* & Menæchmo Sicyonio in lib. de artificibus, qui *Sappho* Anacreonte priorem, ante omnes *Pectide* usam fuisse scribit.

Euphorion lib. de Isthmijs scribit; *musica instrumenta, quibus multæ fides annectuntur, appellatione tantùm esse mutata, & antiquissimum fuisse illorum usum.*

Diogenes verò Tragicus in Semele, *Pectidem à Magade differre*, scribit.

Artemon lib. 1. de Bacchica intelligentia & studio, scribit; *Timotheum* Milesium opinione multorum *Magadidem* in usu habuisse, auctam fidium numero, ejusque rei caussa accusatum illum (ut cap. 11. pluribus annotavimus) apud *Lacedæmonios*, quod veterem Musicam labefactaret ac corrumperet, & cum fides supervacuas præcidere jam esset paratus, quidam, ostendisse stantem apud ipsos exiguam *Apollinis imaginem*, in cujus lyra tot essent fides, ab eodem situ & ordine porrectæ, ideoq; absolutum. Sophocles in Thamyra, facit mentionem *cantionum ad Pectidem*, easq; vocat κρȣτητὰ μέλη, quæ digito pulsatis organis, aut etiam quæ tibijs canuntur, *apud Athen. lib. 4.*

Sophoclis verba: ὄιχωκε γὸ κρȣτητὰ πηκτίδων μέλη. Telestes, τοὶ ὀξὺ φώνοις πηκτίδων ψαλμοῖς κρέκον Λύδιον ὕμνον, cum *pectidum* sonis acutis Lydius hymnus strideret. *Athen. lib. 14.*

Sopater Parodus verò *Pectidem* vocat δίχορδον, ut quæ duobus tendebatur nervis: *Pectis* barbara musa superbiens (carica Musa) duabus attersis fidibus in manum quomodo tradita est.

Vocarunt & organa quædam musica *Pariambidas*, quasi Jamborum asseclas & comites, quibus jambi accinebantur.

Apollo-

DE MUSICA INSTRUMENTALI.

Apollodorus autore Hesychio, παρὰ τὰς ἰάμβας αὐτὰς φησι πεποιῆσθ͵, ἃς οἰκιϑάρῳ δοιάδ᾽ϰσι.

Athen.lib.4. citat Epicharmum,qui in Periallo sic illarum meminit: Σεμέλα δὲ χορδαίει &c. *Saltat Semele ad tibiam & ad citharam & Pariambides, lætatur ea, sonorum frequentamenta cum audit, dum levi celeriq̃ manu subtus tangunt, argutoq̃* pectine *organa feriunt.* Casaub.lib. 4.cap.25.in Athen.

Apollodorus scribit *Magadin* olim fuisse, quod *nunc* vocamus *Psalterium*. Hoc organum, *ut autor est Jubas*, Alexander Citherius fidibus refersit, & cum in *Ephesiorum* civitate consenuisset, hoc ingeniosissimum artis suæ inventum in *templo Dianæ* deposuit & dedicavit. *Athen.lib.4.* Meminit Aristoteles *trigoni Psalterij*, cujus chordæ essent æquè intentæ omnes. Sicut autem pleraq; alia musica instrumenta *à Syris* mutuati sint *Græci*, ita hujus & inventum & nomen *Syris* imputarunt. Ac miratus sum sæpè *(scribit Causaub. lib.4. animadvers in Athen cap.25.)* jam inde à temporibus *Nabuchdonosori* vetustissimi Regis Babylonij, *Psalteriorum* nomen in ultimum ferè orientem penetrasse. Nam apud Danielem פסנתרין *Pesanterin*, Græca sunt ψαλτήρια.

Videtur autem Athenæus Psalterium distinguere ab alio organo, quod vocat ψαλτήριον ὄρθιον, quodq̃; proprio nomine *Lyrophænix* dicebatur. De hoc fortasse debent intelligi Chrysostomi verba in protheorijs ad Psalmos, ψαλτήριον τῶν ὀργάνων μέν ἦν πλῆν ὄρθιον, καὶ ἄνωθεν εἶχε τῶν φθόγγων τὰς ἀφορμάς.

Juba mentionem quoq; fecit *Lyrophænicis ac Epigonei*, quod nunc in rectum Psalterium transmutatum ejus nomen servat, qui in illo usus est.

Psalterium id apud *Nonium* in voce dicteria, *Orthopsallicum* Varro nominat: *Qui mobilis & Orthopsallica attulit Psalteria, quibus sonant in Græcia dicteria, qui fabularum collocant exordia.*

Dicteria, intelligit non jocos & sales: sed τὰ δεικτήρια, τὰ ἐνδόσιμα καὶ τὰς ἀναβολὰς, qui artis suæ fidicinæ specimē & experimentū præbēt. Dictum putant, quòd rectum pulsaretur, vel quia sonaret intensos numeros,vehementes & acutos,quales cecinit *Arion*, cùm eum Delphinus excepit. *Herodot.lib.1.*

Epigonus autem conſtruxit inſtrumentû, in quo eſſent *chordæ quadraginta:* quod *Epigoneum* à ſe appellavit. Hunc Epigonum, genere Ambraciotam, produnt *à Sicyonijs* civitate donatum, quod fuerit muſices peritiſſimus, & canens, *ſine pectine manu* fides pulſaret, μὲ σικώ϶ατ϶ δ᾽ ἂν κατὰ χεῖρα, δίχα πλήκτρϐ ἔψαλλεν·

Fuit & *Simi* commentum illud, quod ab eo *Simicum* appellatum, *quinq; & triginta* conſtabat *chordis*: à quibus eorum origo, quos nunc *Monochordos (Clavichordia)* vulgus vocat, in quibus ordine digeſta plectra ſubſilientia reddunt ſonos. Additæ deinde plectris *corvinarum pennarum* cuſpides: ex æreis filis expreſſiorem eliciunt harmoniam. Me puero, inquit *Scaliger* lib.1 Poët c.48. *Clavicymbalum* & *Harpichoraum*, nunc ab illis mucronibus *ſpinetam* nominant: (de quo plura & dilucidiora non injucunda im II. Theil Tomi Secundi legenda) Vetus *Monochordos* unico nervo contentus erat, *Arabum* inventum. *Trichordos* autem *Aſſyriorum* quod *Panduram* appellabant.

Pentachordos Scytarum fuit: ex cruſta pelle bubula confectas chordas pulſabant *plectro*, quod ex *ungula caprina* optimû habebatur. Durat etiamnum *plectri* uſus in *Hiſpania & Pſalterij*: cujus ſonum miſcent cum ſono tibiæ, loco tympani: quod iccirco *tympanum chordatum* vocant. *Itali Tabaſſum.*

Fuit & aliud ad pſallendum inſtrumentum, quod πῆλυξ dicebatur.

Artemon, (*ut ſcribit Athen.lib.14.*) de quodam inſtrumento, quod *Tripodem* vocant, hæc refert: *Ex inſtrumentis*, ait, *multa ne nos quidem ſcimus, an unquam extiterint, veluti* Zacynthij *Pythagoræ* tripus, *cujus uſus brevi tempore duravit, ſeu* διὰ τὸ δοκεῖν ἐργώδης εἶναι κατὰ τὴν χειρϑεσίαν, *quod videretur operoſus eſſe tractaturis manibus, ſive ob aliam quamvis cauſam ſtatim derelictus eſt, ac iccircò multis ignotus.* Simile id fuit Delphico tripodi, *à quo & nomen inditum eſt: uſum a. præbuit citharæ triplicis. Nam ſtantibus in ſede verſatili (baſi) pedibus quomodo ſellarum, quæ circuma-*

guntur

DE MUSICA INSTRUMENTALI.

guntur positus fiunt, per media spatia tria, quæ è pede ad pedem pertinent, fides extendit, cubito unicuiq́ super adjecto, adaptatis infernè clavis, quibus fides intenduntur, addito suprà & communi pedibus omnibus lebetē ornatu & quorundam insuper aliorum appensorum, quæ sanè fuit lepida & elegans hominis imaginatio, præterquam quòd pleniorem & luculentiorem sonum reddebat. Cuiq́ intervallo suos modos ille dispertitus erat, ut omninò tres essent, Dorii, Lydii, Phrygii: *sedens autem in sella, à tripode modicè distante, prolatâ sinistrâ manu pulsandis fidibus, & alterâ plectrum incutiens, in quancumq́ fortè incidisset, ex illis tribus modulationis speciem, sedem instrumenti pede in orbem agebat, volubilem ipsam & ad motum promptam, tanta velocitate consuetus manum huc illuc transferre, ut si quis ejus industriam non aspiceret, sed auribus judicaret tantum, facilè crederet* citharistas se tres audire, diversos modos canentes.

At verò instrumentum illud, quod in magna fuit admiratione, *post* ejus *obitum* confestim neglectum exolevit; *ut est apud Athen. dicto lib. 14.*

Tripus præbebat usum trium cithararum, ut tres citharædi concordes viderentur pulsare. Habebat enim triplicem harmoniam.

Caput XIV.
DE CARMINIBUS LYRICIS quæ Lyræ vel Citharæ accinebantur.

Lyrica carmina dicuntur, quæ olim in conviviis & aliis festivitatibus, modulato cantu ad lyram pronunciabantur. Unde & *Lyrici* appellabantur, qui ejusmodi cantiones ad instrumenta musica exercebant: Et hinc appellationes, μολπη Ode & μέλ@ ad eadem traductæ. *Odas* quoque à canendo titulum suorum librorum fecit *Horatius.* μέλ@ item propriè dicitur carmen μεμελοποιημένον: id est, in cujus compositione habita ratio harmoniæ ut cani possit, quemadmodum *Pindaricas* cantiones inscripsêre μέλη.   Quanquam autem μέλ☉ *Lyricorum* tantum fuit: *Melodia* tamen est *omnibus* cantionum sonis attributa.   Sic Chamæleon,(*in lib. quem de Stesichoro scripsit*) μελωδηθῆναι *non solùm*, ait, *Lyrica, verumetiam Archilochi* & *Hesiodi* & *Mimermni* & *Phocylidæ* & *Homeri*, ut scribit *Scal. lib.*I.*Poet. c.*44.

Varia autem fuerunt *Lyricarum* cantionum genera, *Melos sive Ode*, (inquit *Scaliger*) quibus *amatorias* curas decantant. Primum hoc excogitasse *Alcmana* tradunt, primumq; ajunt dedisse μέτρον ἀκόλαςον lascivum.   Aliis *Ametor Eleuthernaus* primus apud cives suos amatorias cecinisse cantilenas memoratur: cujus posteri proptereà *Ametores* dicti sint.

Inque hoc genere plurimam fuisse *Sappho*, *Anacreontem* verò interspersisse mellis quandam dulcedinem memoriæ tradiderunt.

De *Alcmane* item Archytas Harmoniacus scribit ut ait Chamæleon, *amatoriis* versibus condendis omnium *principem* & ducem *Alcmanem* fuisse, ἐρωτικῶν μελῶν ἡγεμόνα, καὶ ἐκδῦναι πρῶτον μέλ☉ ἀκόλαςον ὄντα καὶ περὶ τὰς γυναῖκας καὶ τὴν τοιαύτην μοῦσαν εἰς τὰς διατριβάς erga mulieres petulantissimum, eum ante omnes in vulgus eam musam & ea carmina edidisse, quæ in hominum congressu & conventiculis canerentur, cujus perpauxillæ hæ reliquiæ, quovis nectare suaviores:

ἔρως ἐμέ δ᾽ αὖτε Κυπρίδος μέλιτι γλυκὺς καθείβων καρδίαν ἐαίνει.

Stesichorus autem amori non mediocriter deditus, eum canticorum modum composuit, quæ olim παιδικά & παιδιά vocarunt, ὅτω δ᾽ ἐναγώνιος ἦν ἡ περὶ τὰ ἐρωτικά πραγματεία, id est certatim hoc de amore scribendi negotium obibant, nec fuit tum aliquis, molestos esse qui putaret amoris Studiosos viros.

Erat & *Odæ species* apud *Laconas*, quà, si quis in *flagitio* deprehensus fuisset, *aram* quandam *obiens*, canebat sua probra.

Aliæ fuêre, quas λοιχρείας ᾠδὰς nominabant quæ nihil aliud quàm *adulteria* & *stupra* continerent.

Clearchus in primo Amatoriorum, cantionem quandam *Nomiam* (id est, metricis legibus compositam) vocari tradit ab Eripha-

nide

DE MUSICA INSTRUMENTALI. 383

nide his verbis: Eriphanis, *condendorum versuum artifex perita cum venatorem* Menalcam *amaret, peresquendis quoque se feris exercebat, instigante desiderio palans, nempè errabunda huc & illuc properans, montium dumos omnes perlustraret, ut* Inus *discursiones præ illius erroribus fabulæ dicerentur, & non solùm feri diriq́; amoris expertes omninò homines, sed etiam truculentissimæ bestiæ collacrymantes, miserias ejus deplorarent, & amatoriæ spei sensu tangerentur. Quamobrem cantionem illam edidit & vastas solitudines, ubi composuit, pervagata est. quod ajunt vociferans & eam canens, quam* Nomion *vocarunt :* Ejus hæc est portiuncula: μακραὶ δρύες ὦ μενάλκα.

Erant & alia genera *in laudibus Heroum, locorum laudationibus, rerum gestarum narrationibus*. His numeris etiam *Pæanes* solis Diis dicti, & *hymni* eodem argumento, sed stilo demissiore. Et *Epipompeutica*, quæ in pompis accinebantur, cujusmodi seculare carmen Horatianum, & *Epinicia*, haud absimilia Pæanibus. *Epinicia* autem præcipuè erant, quæ in certaminibus *victori* canebantur. *Hymni*, qui ad aras Diis dicebantur.

Pæanes, quibus gratulabantur Diis, immortalibus, pro *victoria in prælis*, non in certaminibus. Peculiariter verò *Pæanes* dicebantur hymni, vel cantiones in laudem *Apollinis* (nec non *Dianæ*, secundùm alios) qui canebantur ad amoliendum & propulsandum aliquod malum, sive *morbi*, præsertim pestiferi, sive *belli*, aut etiam parta *victoriæ*.

Erat autem *Pæanum rhythmus* ille plerumque, qui à Sophocle observatur in Oedipode Tyranno hoc metro :

ἰήιε Δάλιε παιάν.

Ieje' Delie Pæan.

Ipse namq; *Apollo dictus* fuit *Pæan*, ut testatur Macrobius. Alii dixerunt ἰὴ ἀπὸ τοῦ ἰᾶσθ h. e. *à medendo*, alii ἰε ἀπὸ γ΄ ἰέναι. Alii in utrumque conjunxerunt, ἰὴ ιε Unde *Jejus Apollo* dictus est.

Quidam *Pæanes* dictos esse ferunt ἀπὸ τοῦ παύειν quod est *placare*, quoniam istæ cantilenæ canebantur, ubi vel *famem*, vel *pestem cessare* precabantur, vel aliquod *imminens malum divertere*,

tolli,

tolli divino implorato auxilio. Inde *Æsculapius Pæon*.dictus.*Nat.lib.4. cap. 10.*

Quidam ἀπὸ τῦ παίειν deducunt, atque hinc natum existimant: Cùm *Latona* ex Chalcide Euboeæ civitate, *Dianam & Apollinem* in Delphos transportaret,evenit forte fortuna,ut juxta specum,in quo *Pytho* latitare dictus est, præteriret. Ubi verò jam prosiliens Pytho, impetu ferretur in illos, *Latona*, mulierum more, territa, filii auxilium inclamavit his verbis, ἰή παῖ, *jaculare fili*. Ibi *Apollo*, qui tum fortè gestabat arcum, misso telo *Pythonem* interemit.

Scaliger dicto loco, agnoscit *duo Pæanum* genera: *Alterum*, quo in *victoriis* gratulabantur cum acclamatione: *Alterum* sine exclamatione, quo *laudes* celebrabant sine acclamatione, ut mox dicemus.

Prioris generis itidem *duo* videntur fuisse genera, quemadmodum scriptum reliquit Scholiastes Thucyd.lib.1.scribit: Δύο παιᾶνας ἦδον οἱ ἕλληνες, &c. *Duos Pæanas* norunt Græci: *unum ante* prælium, *Marti*; *alterum* post prælium, *Apollini*. Illum *priorem* εὐβατήρ, οἱ παιᾶνα congressuum Pæana dixit *Plutarch.in Lycurgo*:hunc *alterum ἐπινίκιον παιᾶνα, victorialem*, idem Plutarchus in Romuli rebus appellavit. Videntur autem *cum Rhythmo & cantu* quodam fuisse, atque ideo *Pæanes* dicti. Mansit apud imos etiam *Græcos*, inquit *Lipsius*, qui tamen *ut Christiani, Vicit Crux* pro Pæane habebant. *Cedrenus* hoc tradidit in Basilio Imperatore, pugnâ cum Manichæis: Voce magnâ Pæanem canentes, & illud (Σταυρὸς γενίκηκε) *Crux vicit* conclamantes, aggrediuntur hostes.

Pæan sine acclamatione est ille *Aristotelis in Hermiam* Aternensem, unde & scias, quantus ille vir fuerit in poësi: neque ipso Pindaro minor. Scripsit etiam in *Lysandrum* Lacedæmonium unum: qui ob dignitatem *in Samo* olim publice canebatur:ut Delphis *Pæan alter* in *Craterum* Macedonem, admodulante Lyra puello impubere.

De hoc *Pæane in Hermiam* sic loquitur Democritus *apud Athen. lib.15. At enim quod ab Aristotele doctissimo scriptum legimus, non quidem sacer est hymnus, ut calumniatur Demophilus, qui Philosophum violatæ reli-*

gionis

DE MUSICA INSTRUMENTALI. 385

gionis criminatus est, tametsi quidam ab Eurymedonte scribant accusatum fuisse, tanquam impium, & in conviviis de Hermeja sacrum hymnum quotidie canentem.

Olim enim apud Græcos religioni habitum, *Pæanem* in cujusquã mortalium honorem canere, scribit *Isaacus Casaubonus* in Athen.lib.6.c. 14. Verùm miratur illud Scaliger, quod *Athenienses* judicio prosecuti sunt *Aristotelem*: qnoniam *in Hermiam*, qui esset mortalis, *tanquam in Deum*, Pæana condidisset: quum tamen viris *fortibus* daretur id. *Adulatores* enim, isto etiam genere honoris ornandos viros *principes*, censuerunt: eratq; etiam hic tacita quædam consecratio, & in numerum Deorum relatio. *Defenaunt quidam* Aristotelem, *quia non fuerit Pæan, quippe in eo acclamatio nulla, sed potius* σκολιὸν μέλ@.

Alij hanc addunt rationem, quòd ipse *Aristoteles* disertim fateatur, eum, quem laudat, mortem obijsse: quod Deo non convenit, cui proprius Pæan. Hæc verò scribunt *defensionis Aristotelis* verba: *Hermeja, ut immortali, cùm ego sacrificare non deliberarem sepulchrum, ut mortali, extruxi: immortalem verò famam ejus reddere cupiens, funebri commendatione, atq; laudatione illum cohonestavi.* His argumentis respondet, & *prioris* quidem *Scaliger*, quòd nimirum in plerisq; & confessis & receptis Pæanibus nullam inveniamus acclamationem, ut mox ex subjecto Pæane patebit. *Posteriorem* rationem refellit *Casaub.* lib.15. in Athen.cap.16. quia etiam *Castori & Polluci* canebatur *Pæan*; quos è terris in cœlos transcendisse & mortem obijsse, omnes sciunt.

Jam ipsum *Aristotelis Pæanem* subjiciamus, qui sic habet, & totidem verbis descriptus *ab Athen.lib.15. dipnosoph.*

Ἀρετὰ πολύμοχθε
Γένει βροτείῳ
Θήραμα κάλλιστον βίῳ. &c.

Virtus laboriosa generi mortalium, indiga vitæ pulcherrima: Ob tuam, virgo, formam Græcis mors est optabilis: tolerandíq; gravissimi laboris indefessa constantia: tali scilicet fructu mentes accendis, immortali, auro, præ-

Dd *stantio-*

ſtantiore, anteponendo vel parentibus, ac lenienti dolores ſomno. Tua cauſa divus Hercules, Ledaq́ʒ filij, multa perpeſſi ſunt, geſtis rebus potentiam tuam ac vim prædicantes. Tui deſiderio Achilles & Ajax deſcenderunt ad ditis atria. Ob amabilem formam tuam ſe privavit lumine ſolis alumnus Aterneæ (Hermejas) quem actis rebus clarum & celebrem ſempiternâ laudæ Muſæ decorabunt, Mnemoſynes ac Jovis filiæ, majeſtatem Jovis hoſpitalis extollentes, firmáq́ʒ amicitiæ præmia.

Eſt quoque ſine acclamatione Pæan ille Ariphronis Sicionij apud Athen. lib.15. Dipnoſoph. quem fecit in honorem bonæ valetudinis, jucundiſſimum & pleniſſimum gratiarum:

Ὑγίεια πρεσβίςα μακάρων,
Μετὰ σοῦ ναίοιμι
Τὸ λειπόμβμον βιοτᾶς. &c.

Hoc eſt:

Sanitas ex omnibus beatis Dijs maximè veneranda, Tecum ô utinam degam quod vitæ ſupereſt: Benevola mihi contubernalis eſto. Nam ſi qua voluptas ex divitijs aut prole percipitur, aut regio principatu, quod fortunatum dixunt homines; aut amoribus, quos occultis Veneris caſſibus venamur: Aut ſi quod aliud eſt mortalibus benignitate Deorum oblectamentum; Aut ſi laborum quietem intermiſſionemq́ʒ nanciſcimur, Tecum ô divâ ſanitas, florent omnia, tecum renidet gratiarum Ver: abſq; te verò ô nemo felix.

Quod ſuprà dicebamus, adulatores, iſto genere honoris ornandos viros principes, cenſuiſſe. Inſigne extat publicæ Athenienſium adulationis monimentum, Ityphallicum ſcilicet dictum Demetrio ab Athenienſibus è Corcyra & Leucade revertenti. Hic eſt ille Demetrius Poliorcetes, Antigoni F. qui Demetrium Phalereũ Caſandri Macedoniæ Regis auſpicijs, ſub ſpecie Oligarchiæ Athenis dominantem urbe expulit, & priſtinam Reipub. formam ob libertatem reſtituit: anno altero Olymp. CXVIII. autore Diodoro lib.XX.

Tum igitur populus Athenienſis incredibili geſtiens lætitiâ, ob recuperatam libertatem poſt annorum XV. ſervitutem, ut ornando Demetrio nihil reliqui fecit.

Facta ſunt de illius honoribus Senatusconſulta; Et refert Plutarchus

DE MUSICA INSTRUMENTALI.

chus inter alia decretum fuisse, ut, quotiescunq; in urbem veniret, *Demetrius* ijsdem ritibus ac *ceremonijs* peregrè adveniés exciperetur, quibus folerent *Ceres* & *Bacchus*. Demetrium, inquit, *Athenas à Leucade & Corcyra redeuntem, Athenienses non solùm suffitibus, coronamentis & libationibus vini exceperunt, sed etiam* chori *processerunt ei obviam, cum* profodijs *& ithyphallis, saltantes & canentes.*

Olim vero omnia hæc *Dijs* erant propria, & in illorum tantùm honorem fieri folita, cùm vel in pompa traducerentur, vel aliás loco moverentur Deorum fimulacra. *Primò* omnium autem *Demetrio* tributa funt: ut ei obviam procederent *chori, profodiaca* & *ithyphallica* in ejus gratiam compofita carmina canentes. Quemadmodum *Pæan Apollini propriè* facrum fuit carmen, fic *Ithyphallicum Baccho:* neq; magis fas fuit ifto, quàm illo genere carminis, perfequi.

Simile etiam *Romæ* factitatum legimus: ut eorum nomina, quæ eximio honore vellent decorare, *faliari carmine* canenda decernerent. *Germanico mortuo* inter alios hic honor tributus, *autore Tacito lib.2*. Et *M. Antoninus* Philof. mortuo filio *Vero*, juffit, ut nomen ejus *faliari* carmini infereretur.

Vetus quoq; *Ecclefia Chriftiana* hunc, ut videtur, morem ad pium ufum traduxit: inftituto, ut nomina *fanctorum martyrum, & aliorum* fide & meritis excellentium virorum, facris *diptychis* inferta inter hymnodias recitarentur. *Cafaub. lib.6. cap.15 Pofidonius* quoq; in 23. memoriæ prodidit; *Gallos* olim fummo in honore fecum habuiffe *Poëtas* convictores, à quibus laudarentur, quorum Poëmata *Bardos* appellata fcribit atq; ab illis cum cantu pronunciata. Contrà prifci epici vocabant eos *graffatores*. *Scal. lib.I. Poët. cap.54.*

Erant & quædam carmina, quæ canebantur *ad* organa mufica, præcipuè *lyram*, quæ σκολιὰ μέλη vocata funt: in quibus virorum *fortium* laudationes concinebantur, nihil à *pæanibus* differentia, nifi materia, five argumento. Canebantur *Scolia* in *con-*

vivalibus hilaritatibus, in quibus *poculum* circumlatum ὡδὸς appellabatur, *quia non liceret absq; cantu vel propinare, vel excipere.* *Scolion* carmen autem dici volunt à *pede Scolio, Amphimacro*: Alij ab *obliquis tibiis*: Alij ab *ordine flexuoso,* quo caneretur. In *nuptijs* cani solitum à discumbentibus, *lauro* aut *myrto* coronatis. Eratq́; σκολιὸν sicut *reptatu serpentum,* & quasi *serra dentes.*

Scoliorum autem *argumenta* fuerunt βιωφελῆ, *vitæ præcepta*; quin etiam existimat *Causaub.* in lib. 15. Athen. pleraq; illorum facta de *septem sapientum dictis* & responsis, ἀδόμενα olim dicta, quia moris ea erat constare in *convivijs.*

Timocreontis hoc est *scolion* de *contemptu divitiarum.*
ὤφελες ὦ τυφλὲ πλῦτε,
μήτ' ὀν γῇ μήτ' ὀν θαλάτῃ
μήτ' ὀν ἠπείρῳ φανήμεναι,
ἀλλὰ τάρταρόν γε ναίειν κ' Ἀχέροντα.
Διὰ σε γὰ πάντ' ὀν ἀνθρώποις κακά.

Fuit igitur ut dictum argumenti genus βιωφελὲς. Nec enim carminis *materia* solùm erat in laudibus virorum *fortium,* sed etiam in communibus *sententijs* & *adagijs,* & quocunq; genere *adhortationis* ad benè beatéq; vivendum.

Plato in Gorgia scribit Scolio cani solitum: ὑγιαίνειν μὲν ἄριστον τὸ δὲ δεύτερον καλὸν γενέσθαι. τρίτον δὲ τὸ πλυτεῖν ἀδόλως.

De Scolio carmine plura diximus *cap. 19. prioris Membri, de usu Musices in convivijs.*

Erant insuper & alia, *Dithyrambica, Ithyphallica* & similia. Et *Dithyrambica* quidem in *Liberi* Patris honorem canebantur, qui ipse *Dithyrambus* dictus fuit: quippe bis natus, bis exivit è naturæ principijs, tanquam binas fores transmiserit, quasi δὶς θύρας ἀμείβων. *Archilochus.*

Διονύσου ἄνακτος καλὸν ἐξάρξαι μέλος
Διθύραμβον οἴνῳ συγκεραυνωθεὶς φρένας.

DE MUSICA INSTRUMENTALI. 389

Stilus erat *tumidus,* atque ut ille ait, plenus Deo, plenus numerorum, plenus compositarum vocum, quas ampullas & sesquipedalia *Horat.* dixit, qui idem *Dithyrambos audaces* vocat lib.4. earm. Od.2 ubi de Pindaro loquitur.

> *Laureâ donandus Apollinari*
> *Seu per* audaces *nova* dithyrambos
> *Verba devolvit, numerisq́ fertur*
> *Lege solutis.*

Ubi Scholiastes addit. *Audaces* vocari, quia sine certa pedum lege, æquali vocis sono, & rhythmo cantabantur. Cruquius non tam ad cantionem ipsam rhythmicam, quàm ad *chorum Bacchicum* refert dithyrambos, qui ad numeros, nunc in dextrum, nunc in sinistrum, magno & corporis & vocis motu & impetu contendebat: quod satis indicat *Alex. ab Alex. lib. 4. c.17. genial. dier.*

Hinc διθυραμβικὰ δράματα & διθυραμβοποιοὶ, *Dithyrambici* Poetæ, quos ait Aristophanis interpres uti λέξεσι πολυπλόκοις, quod Horatius innuere videtur per *nova verba.* Athenienses *Choros Dionysiacos* & κυκλίας *circulares* omnibus prætulerunt. Unde & κύκλια μέλη exponunt, *Dithyrambica* & cantabantur â κυκλίῳ *Cyclico* quodam dicto. *Turneb. lib.1. c.4.* adverf. Cum *rhythmo de cantu* fuisse *Dithyrambos* perspicuum etiam est *ex Arist. lib. de Poët. c.1.* διθυραμβοποιητικὴ utitur ῥυθμῷ καὶ μέλει, καὶ μέτρῳ poësis *Dithyrambica* numero utitur concentu & metro. Huc referas quæ de Phallophoris Mimis scripsit *Scaliger lib. 1. Poet. cap. 20. Phallophori* ait, *Mimi* non erant personati, sed fuligine obliti & agninis amicti pellibus, quæ *Pescia* dicta legimus in carmina Saliari. Ibant autem cum canistris & herbis, Serpillo, Acantho, Violis, Hedera, Corollis, saltabantque in numerum: atque in honorem Bacchi, cujus more victores hederâ coronabantur, quemadmodum Semus Delius author est, ita concinebant:

> Τοὶ Βάκχε τάνδε μῶσαν ἀγλαΐζομεν,
> Ἀπλᾶν ῥυθμόν χέοντες αἰόλῳ μέλει.
> Καὶ μὰν ἄπαξ θένδοτον. ἔτι ταῖς πάρο-

Κεχρήμεϑα κανωδέοσιν. ἀλλ᾽ ἀκήρατον
Καταρχομῳ τὸν ὕμνον.

Id est:
Hac te splendida nos Musa Bacche honoramus
Vario simplices numeros fundentes carmine,
Intentatos sanè aliis. Non enim usitatos prius
Cantus afferimus, sed illibatum
Exordimur hymnum.

Inde procurrentes obvium quemque subsannabant. Hoc enim differebant ab Ithyphallis, *eundo enim canebant: Ithyphalli stantes pronuntiabant*, ebriorum persona & coronati. Hoc enim ebriorum fuit. Manuum quoque tegumenta gerebant ex floribus confecta, & tunicas albo ad medium distinctas à cinctura, quam cogebat velum Tarentinum, ad talos demissas. Silentio per ostium ingressi ubi ad orchestræ medium evaserant, convertebant sese ad theatrum, ac dicebant:

Ἀνάγετε: ἐυρυχωρίαν ποιεῖτε τῷ ϑεῷ: ἐϑέλει γὰρ ὁ ϑεὸς ὀρϑὸς ἐσφυρωμῴ@ διὰ μέσον βαδίζειν. &c. *Abscedite de via: laxum Deo spatium præbete: Erectus Deus malleo ductus per medium Theatrum ambulare vult.*

Scaliger libr. 7. Poët. cap. 8. olim non solùm *ad lyram carmina* accommodata fuisse notat, sed & *ad Barbiton, & Scindapsum, & Citharam, & Psalterium, & Fistulam, & Phorminga*, imò afsâ voce
multa & maxima ex parte decantata.

DE MUSICA INSTRUMENTALI.

CAPUT XV.

De Artis Citharœdicæ studio & dignitate: De Peritis quibusdam Citharædis eorundemq́, factis dictisq́, & cum primis Stratonici falsis dicteriis.

Præterquam quod alibi, ubi de certaminibus quibusdam Musicis (cap. nim. 22. Prioris membri)egimus, honorum & præmiorum quorundam, Musicæ peritis exhibitorum, mentionem fecimus ; quomodo NERONI Imperatori omnes victorum coronas ob præstantiam artis citharisticæ Græcia obtulerit: fuit enim Nero fidibus ad insaniam usque delectatus; & in theatris Musica decertavit, & nihil æquè doluit, quàm quum citharædum malum se increpitum sensit; ut annotant *Salmuth.in lib.1. Panciroll. de reb. memor. & Franc. Patritius. lib.2. de regno tit.15.* Unde & Nummos Lyræ nota percussit, & statuas sibi citharædico habitu posuit. *Pier. lib.47. Hieroglyph.* Qunmodo item EUNOMIO citharædo Locris in Italia statua ob victoriam in certamine cum Aristone in Ludis Pythicis habito, posita sit, quo ipso ab artis præstantiam dignus judicatus est, cujus memoria erecto monumento assequeretur perpetuitatem. De his inquam & similibus licèt alibi pluribus dictum: Hoc tamen præterea loco de peritis quibusdam citharædis, deque artis citharisticæ studiosis & fautoribus pauca dicemus De qua arte, in suo Cortegiano vel vita aulica, præclarè sentit *Castellianeus*, illamque extollit tanquam rem nobili viro, Principeque dignam. Quod *Alexander ille Magnus* suo testatum fecit exemplo, qui puer adhuc citharam pulsare didicit, qui magistro jubente quandam chordam tangere modulis convenientem : *Et quid interest*, inquit, *etiamsi hanc pulsavero?* Respondit ille: *Nihil interesse quâ ipse Rex, plurimum verò, qua futurus citharædus*; ut memoriæ tradidit *Ælianus lib.3. de varia histor.*

Musicen namq; in suis Regibus Imperatoribusve *Græci* valdè optarunt. Hinc CIMON in convivio *Themistocli* prælatus est, quòd jucundè ad lyram cecinisset. Et inter *Epaminundæ* Thebani virtutes inprimis laudant, quòd præclarè ad citharam cantabat, in quo præceptorem

habuit

habuit DIONYSIUM citharædum; *ut scripsit Franciscus Patritius lib. 2. de Regno lib. 15.* Ubi vult *Reges ac Principes à Musica non debere esse alienos, sed in pueritia, ut in ea erudiantur statuit, relaxandi animi gratia, quasi per ludum ac jocum, ut libentius alacriusq́ ad alias graviores disciplinas redeant.* Hinc Lyra & Cithara olim tantam meruit laudem, ut plerosque Poëtas non solum commendaverit, verùm à suo etiam nomine inscripserit. Ab ea namque sunt *Lyrici* illi Poëtæ, quorum *primum* ALCÆUM Mitylenæum faciunt, qui *aureo plectro* præ carminis suavitate ab *Apolline* donatus dicitur. Propterea Citharædi olim apud Principes viros & Heroes summo habebantur in honore.

Quemadmodum Homerus Odyss. θ. memorat. *Alcinoum Regem Phæacum* carum habuisse DEMODOCUM citharædum, eumque vocasse θεῖον ἀοιδὸν *divinum cantorem* his versibus:

— — Τῷ γὰρ ῥα θεὸς περὶ δῶκεν ἀοιδὴν
τερπνήν, ὅππη θυμὸς ἐποτρύνῃσιν ἀείδειν.

Huic quidem Deus excellenter dedit cantilenam
Ad oblectandum, quocunq animus impulerit ipsum canere.

Eundemque Magnanimus ille Heros & πολύτροπος *Ulysses* ex animo dilexisse fertur ἀχνύμφνός περ id est, mente tristitiæ quadam nube obductâ, addito, divino hoc & aureo Musicorum elogio:

πᾶσι γὰρ ἀνθρώποισιν ἐπιχθονίοισιν ἀοιδοὶ
τιμῆς ἔμμοροί εἰσι καὶ αἰδοῦς, οὕνεκ' ἄρα σφέας
οἴμας Μοῦς' ἐδίδαξε. Φίλησε δὲ φῦλον ἀοιδῶν.

Id est:
Omnibus enim hominibus terrestribus cantores
Honore digni sunt & reverentia, eò quod ipsos
Cantus Musa docuit, amat autem genus cantorum.

Et *Alexander Magnus* ARISTONICO citharædo, *statuam* æream in Apollinis Pythii templo poni præcepit, cum *cithara & lancea* prætenta: non solum quò illi honorem haberet, verumetiam ut Musicam ornaret, tanquam fortitudinis incitatricem; *ut autor est Plutarch. orat. 2. de fort. Alex.*

Sic HERMOGENES citharædus *Julio* Cæsari suavitate cantus admo-

dum

DE MUSICA INSTRUMENTALI. 393

dum placuit, & DIODORUS cithariftes tempore *Vespasiani* magno fuit in honore, cujus arte Princeps delectatus, multis eū cumulavit donis. *Apud Athen.lib.14.* dipnosoph. AMOEBEUS citharœdus (castissimus, qui uxorem nunquam attigit) vocatur ἀνήρ τεχνίτης κατὰ νόμους τῆς μεσικῆς, *muſicorum numerorum & modorum artifex inſignis.* Quo loco convivas, sumptâ cithará, sic cantu deliniviſſe ſcribitur, ut cuncti mirati fuerint, τήν τε κιθάρισιν μετὰ τῆς τέχνης ταχίςην ᾖσαν καὶ τῆς φωνῆς τὴν ἐμμέλειαν, id eſt, *velocitatem ejus in cithara pulſanda, ſuavitatemq́ vocis argutam & modulatam.*

Hunc ſcribit *Ariſteus*, (lib. de citharœdis Athenis habitantibus) apud theatrum habitaſſe, eumq́; ubi cantaturus exijſſet, *Atticum talentum ſingulis diebus accepiſſe,* id eſt ſexcentos coronatos.

Fuit & THEOPHILUS quidam citharœdus, cujus hæc non illaudata de Muſica vox: μέγας inquit, θησαυρὸς δή καὶ βέβαιος ἡ μεσικὴ ἅπασι τοῖς μαθοῦσι, &c. Hoc eſt: *Magnus theſaurus ac ſtabilis eſt muſica edoctis ac inſtitutis. Etenim mores illa format, iracundos & mente diſcordes lenit.*

EPICLES citharista magno fuit in pretio apud Athenienſes: quē *Themiſtocles* oravit, ut apud ſe artem exerceret. Volebat enim domum ſuâ à multis nobilibus adoleſcentibus frequētari, ut ſcribit *Plutarchus*.

TERPNUM citharœdum *Nero* liberali ſuſtentatione & ſtipendio aluit. *Plut. Tranquillus* ſcribit: ſtatim ut imperium adeptus eſt *Nero*, Terpnum citharœdum, vigentem tunc, præter alios accerſit, diebusq́; continuis poſt cœnam canenti in multā noctem aſſidens paulatim & ipſe meditari exercitariq́; cœpit, nec eorum quicquam omittere, quæ generis ejus artifices, vel conſervandæ vocis cauſa, vel augendæ factitarent.

CONNUS, (alij Conus) Metrobij F. hac arte clarus fuit, quo præceptore uſus eſt *Socrates*, & ob id ipſum Connū pueri, ὡς γεροντοδιδάσκαλον, irridebant *teſte Platone in Euthydemo* his verbis. *Unum verò hoc tantum vereor, ne his hoſpitibus dedecori ſim, quemadmodum Conno Metrobij filio citharistæ, qui me etiam nunc fidibus docet. Pueri igitur* συμφοιτηταὶ *condiſcipuli mei me quotidie rident & Connum ipſum* γεροντοδιδάσκαλον *ſenum Magiſtrum nuncupant.*

Eee JOPAS

JOPAS nomen Citharœdi apud Virgil.lib.1. Æneid.
─────── *citharâ crinitus Iopas*
Personat auratâ, docuit quæ maximus Atlas.
CRETEA quendam Lyricum idem lib. 9. memorat:
Et Clytium Æoliden & amicum Cretea Musis,
Cretea Musarum comitem, cui carmina semper
Et citharæ cordi, numerosá, intendere nervis.
JAPYS nomen auguris & Citharœdi apud eundem Poëta lib.12.
Jamá, aderat Phœbo ante alios dilectus Japys
Iasides, acri quondam cui captus amore
Ipse suas artes, sua munera lœtus Apollo
Augurium citharamá, dabat, celeresá, sagittas.

Imperante *Othone* Sylvio, *citharœdus* quidam *Neronem* Imperatorē se esse *finxit,* eoq; nomine maximos motus in Græcia atq; Asia movit. Ajebat enim, cùm Neroni in facie & voce persimilis esset, quo tempore Romæ disseminatum fuit, Neronem sibi vim intulisse, alium pro eo fuisse mortuum : *ut scripsit Fulgosus lib. 9. c. 16.*

Celebrarunt verò olim maximè *Citharam & lyram,* propterea quòd & *plectro* chordas pulsare & *simul viva voce* accinere possent.

Quo nomine etiam ALCIBIADES citharœdicæ artis Lyræq; studium comprobavit, quia plectrum & lyra nihil de ingenuâ formâ diminueret, & unâ eo, qui eâ utitur, canente, sonum suum ederet.

Non parva itaq; fuit olim, ut dictum, citharisticæ artis peritorum laus, non parva æstimatio Lyricorum, quæ vox exinde appellationem duxit, quod metro Poëtico sonum quoq; harmonicum vocis vivæ, organivé musici cumprimis lyræ adhibebant.

Pluribus igitur *de peritis cithatœdis & Lyricis* hoc loco agemus, sumpto quasi exordio ab ipso APOLLINE, quem in Deorum conviis & in Musarum choro cithara vel lyra ludere, ejusdemq; sono accinere tradiderunt. Imo *Ovidius* scripsit *Trojana mœnia* fuisse extructa per sonum lyræ Apollinis in epist. Paridis. Ita enim canit:
Ilion aspicies, firmatá, turribus altis

Mœnia

De Musica Instrumentali.

Mœnia Apollinea structa canore lyræ.

Saxum etiam ostensum, *testatur Pausanias in Atticis*, super quod citharam deposuerit *Phœbus*, cum esset opus aggressurus: quod saxum si lapide percuteretur, citharæ sonum emittere per aliquod tempus consuevisse dictum est. *Nat. lib.4.cap.10.* Alibi diximus illi ipsi *Apollini citharæ inventionem* tribui. Dictus enim est *Apollo*, cum boves Admeti custodiret, otij pertæsus *citharam* invenisse; ut ait Pausanias in Eliacis. *Ovid.1.*Metam.

—————————*Per me concordant carmina nervis.*

Quæ nimirum cithara *septem chordis* prius muniebatur. *Virgil.* lib.6.Æneid.

*Nec non Trejcius longâ cum veste Sacerdos
Obloquitur numeris septem discrimina vocum.*

Qui chordarum numerus *Planetarum numero* conveniebat. *Nat.* lib.4 cap.8. Hunc ipsum *Apollinem* memorant *apud Dionysium* in Nysa civitate, tum ob inventam citharam & artem pulsandæ citharæ, magno *in honore habitum. Nat.* lib.6. cap.16.

In cujus honorem item *ludi* celebrabantur, vere ineunte, ab omnibus *Cycladum incolis* & ab alijs gentibus, & *cantus ad citharam* fuit institutus.

De quo Apolline illiusq; ad citharæ sonum cantu ex hymno Apollinis *apud Homerum* hæc legimus.

—————————τοῖο δὲ Φόρμιγξ;

Hujus autem cithara Aureo à plectro strepitum habet amabilem. Et in fine ferè.

*Dux autem erat illis Rex Iovis filius Apollo,
Citharam præ manibus habens, mira ratione
Cithara ludens Pulchrè ac sublimiter.*

Idem *Apollo* certis quibusdam *citharœdicis nomis* à se inventis, multis *vitam produxisse* scribitur apud *Ludov. Vivem de Philos. laudibus.* Horatius quoque commendat *testudinem Apollinis* lib.1. Carm.Od. 32. his versibus:

O decus

O decus Phœbi, & dapibus supremi
Grata testudo Iovis, ó laborum
Dulce lenimen.

Neq; hic sicco pede prætereamus, de quo & cap. II. diximus, quem idem *Horat.* lib. I. Carm. Od. 10. vocat:

———————*curvaq́; lyræ parentem*
Callidum

MERCURIUM, quem cithara ludentem ita depingit *Homerus* in ipsius hymno his verbis:

———————λαϐὼν δ' ἐπ' ἀριϛερὰ χειρὸς, &c.
Capiens autem sinistra manu
Plectro tentabat cantum, hac autem à manu
Horrendè sonuit.

Et paullò post:

———————λύρη δ' ἐρετὸν κιθαρίζων, &c.
———————*lyra autem amabile ludens*
Stabat utiq́; confisus ad cœnam Majæ filius
Phœbi Apollinis, celeriter autem acutè cithara pulsans
Canebat alternatim, amabilis autem illam sequebatur vox
Miscens immortalesq́; Deos, & terram tenebrosam,
Ut à principio facti fuère, & ut sortitus est partem singulus
Mnemosynem quidem in primis dearum honorabat cantione
Matrem Musarum.

Idem *Mercurius*, cum testudinem, χέλυν, invenisset, atq; consumtâ jam carne, sed superstitibus nervis, & percussione digitorũ sonum excitasset, ad exemplũ illius *Lyrã cõposuit*; ut scripsit *Pausanias* in Eliacis.

PHILAMMON (alij Philamon) Delphus, Apollinis filius arte citharœdica fuit nobilis (quod ex illo Ovidij lib. 11. Metam. constat, ubi dicitur;

Nascitur è Phœbo (namq́; est enixa gemellos)
Carmine vocali clarus citharáq́; Philammon,)

Latonæ, Dianæ & Apollinis ortum carminibus celebravit, ac primus *choros* circa *templum Delphicum* instituit; ut annotat *Plut.* de Mus.

LINUS

DE MUSICA INSTRUMENTALI. 397

LINUS item Apollinis & Uraniæ filius, lyricæ mufæ fuit peritiſſimus, in qna magni nominis habuit *difcipulos*, Orphea, Thamiram : inter quos & *Hercules*, à quo ipſum plectro occiſum ferunt, cum fidibus canentem nimis acerbè corripuiſſet, ut ſcripſit *Ælianus* lib.3. *Pauſanias* verò in Bœoticis *Amphimari* Neptuni & Uraniæ Muſæ filium fuiſſe memorat, & *ab Apolline* de Muſices gloria contendentem, occiſum.

 Quidam hunc *Linum* Apollinis & Terpſichores dicunt filium, qui ipſe etiam primus *Lyricos* & *Doricos* modos concinuerit. *Lichanon* mediam citharæ chordam appellavit, à Muſis inventam. *Intentionem* citharæ à patre *Apolline* accepit, quam ille obſervarat in arcu *Dianæ* ſororis intenſo. *Ejus mortem* non Græci tantùm, ſed & Barbari luxerunt.

 Ægyptii enim ab illius nomine carmen *Lugubre Emanerum* dixère, quod Græci *Linum*, Pamphus Athenienſis Poëta *Oetolinum*, id eſt, Flebilelinum appellavit. Hinc lugubria carmina αἴλινος dici cœpère; ut *in Priori membro cap.23.* dicimus. LINI diſcipulus fuit THAMTRAS Citharædus Tracius, inter cujus virtutes alias commemoratur, quod *carmen* ejus adeò ſonorum atque concinnum fuerit, ut *ab ipſis Muſis* compoſitum videretur. Victus autem à Muſis, quas *in certamen* cantus provocaverat, *oculis & ſcientia* citharâ canendi privatus eſt, ut teſtatur Hom.2. Iliad.

 Αἱ δὲ χολωσάμεναι.
 Iratæ Muſæ cæcum fecêre, ſed illum
 Et cantum citharamq́, viro rapuere ſuperbo.

 Cum verò *lyram in fluvium* proximum abjeciſſet, effecit, ut is fluvius *à jacienda lyra* diceretur poſtea *Balyra: ut ſcripſit Nat. com. lib.6. Mythol.cap.14.*

 AMPHIONEM quoq; Muſicę & citharædicæ artis peritia illuſtrem reddidit Hic Amphion Thebanus Jovis & Antiopæ fuit filius, quem Myron Byzantius primum omnium *Mercurio aran* dedicaſſe, & iccircò *lyram ab eodem* accepiſſe. *Epimenides* Corcyræus *Amphionem*, ſcripſit, tractandis lyræ fidibus *Mercurio* uſum fuiſſe *magiſtro*, ac adeò ad-

mirabi-

mirabilem fuisse illius cantum, ut *feræ & saxa* illum sequerentur; non minùs, quàm *Orpheum*. Antimenides tradidit à *Musis lyra* donatum lib.1.hist. At Dioscorides Sicyonius *ab Apolline Amphioni lyram* fuisse datam memorat. Hunc Heraclides in Musicorum breviario *principem citharæ* & *citharædicæ poëseos* architectum fuisse scripsit. Cui rei fidem faciunt, quæ *Sicyone* servantur acta; ex quibus sacerdotes Argivas Poëtas & Musicos nuncupant. *Plin lib.7.c.56.* Amphionem *Lydios* modulos & *citharam* invenisse tradit. *Lapides movisse* citharâ, atq; ita *muros Thebanos* condidisse ferunt, saxis in structuram concurrentibus, numeris musicis lectis, ut scripsit *Horat.* in arte Poët.

Dictus est Amphion, Thebanæ conditor urbis,
Saxa movere sono testudinis, & prece blanda
Ducere, quo vellet.

Verùm, *ut Solinus autor est,* Thebas condidit Amphion, non quòd lyra saxa duxerit (neq; enim par est id ita gestum videri;) sed quod affatus *suavitate* homines *rupium incolas* & incultus moribus rudes *ad obsequii civilis* pellexerit disciplinam.

Hanc autem nominis celebritatem in Musicis consecutus est, quòd ob affinitatem cum *Tantalo* modos, edoctus fuit *á Lydis*, primusq; *tres chordas* addidit *tetrachordo*, á superioribus Musicis invento; ut ait lib.de Mus. *Aristocles.* Unde apud *Thebas* Bœotias *septem portarum*, portam *unam Neitidem* dixerunt: quod in cithara chordarum unam, cui *Nete* nomen, Amphion ante hanc portam invenerit. Hæc ipsa civitas, quoniam *per cantum extructa*, non poterat nisi *per cantum everti*, diruta est ab *Alexandro* M. *Ismenia*, quodam flebiles numeros cum tibia ac cinente, ut relatum fuit à Calisthene *Nat.lib.8.c.16.*

ORPHEUS, ex Libethris Thraciæ oriundus, Apollinis & Calliopes filius, cui *ab Apolline lyram* datam quidam asserunt, quam *novichordem* primus instituerit, cùm *Mercurius septichordem* tantum habuisset: Ante Trojana vixit tempora per XI. γενεάς (γενεάν intelligunt spatium 7. annorum) ipse vixit novem generationes usq; ad 63. annum, qui climactericus est. Ab eo lyra vocatur *Hæmonia, Threjicia, Orphea, Bistonia* & *Bistonis.* *Pythagoras* in adytis *Anactoron Ægypti* fertur Orphei

antiquam

DE MUSICA INSTRUMENTALI.

antiquam *Septachordon* lyram inveniſſe, ejuſque proportiones obſervaſſe, quam *Terpander* Lesbius in *Ægyptum* proficiſcens ibi appenderat, apud Sacerdotes illos philoſophatus *Laërtius*. Hunc tantâ canendi peritia & cithara ludendi excelluiſſe ferunt, ut ejus cantu delinitæ *arbores* ſuis ſe locis exeruerent, ſenſificatæ *cautes* choros agerent, *fluvii* ſurſum cohiberent, *aves* advolarent, *feræ* properarent, & exarmatæ feritatem ponerent. Quod ideò fictum; quoniam agreſtes & beluino propè ritu degentes homines ad meliorem vitæ cultum redegiſſet. Unde Horat. in arte:

Sylveſtres homines ſacer interpreſq́; Deorum
Cædibus & fœdo victu deterruit Orpheus:
Dictusób hoc lenire Tygres, rabidoſq́; Leones.

Fingitur etiam hunc ſumptâ cithara ad *inferos* deſcendiſſe, & placatis ſeveriſſimis mortuorum regibus, cantus citharædici ſuavitate non ſolùm obtinuiſſe, ut ipſe poſt viſam *Euridicen* in lucem rediret, ſed ipſam etiam Eurydicen ſecum abduceret.

Cùm *Minyæ* per loca Sirenum navigarent, Ancæo navem gubernante, ſe citharam ſumſiſſe ſcribit *Orpheus* in Argonauticis, ſuoq; cantu *Sirenum* cantum retudiſſe: qui cum Deorum certamina caneret, minimè auditæ fuerunt Sirenum cantilenæ, ut eſt in his:

ἐνθάδ᾽ ἐφεζόμεναι λιγυρὴν ὄπα γηρύουσι κούραι:
Hic cantus dulci modulantur voce puellæ,
Atq́; viros mulcent, ratibus qui marmora ſulcant.
Cæperat hic cantus Minyas mulcere, nec ullus
Præteriturus erat Sirenum triſtia fata.

Sirenes poſtea deſperatione captæ, mutæq́; factæ in mare muſica inſtrumenta abjecerunt, ut teſtatur idem Poëta his verſibus:

δὴ τότε Φορμίζοντος ἀπὸ σκοπέλου νιφόεντος;
Dum citharam pulſat ſcopulo ſublimis in alto,
Sirenes trepidæ cantum tenuére ſonorum:
Altera deinde chelyn è manibus jacit, altera lotos.

Idem ſcribit Apollon. lib. 4. Argon. Extremo namq; aliàs in periculo poſiti *Minyæ* periiſſent, niſi mox Thracius Orpheus:

Βιϛονίην ἐνὶ χερσὶν ἑαῖς Φόρμιγγα τανύσσας ;
*Biſtoniam manibus citharam ſumpſiſſet & aures
Sublimi cantu, cantu revocaſſet ab illo :
Virgineamq́; chelys vocem ſuperaſſet acuta.*
Nat. com. lib.7.c.13.

Musæus Orphei diſcipulus fuit Lini, aliis Orphei filius, poſt cujus mortem *lyram* obtinuiſſe dicitur : quam, quia eâ indignus eſſet, Jupiter *in cœlum* tranſtulit, *teſte interprete Arati*, quæ à ſingulis Muſis, quarum laudes eximiè cecinerat, *novem* inſignibus *ſtellis* inſignita ſcribitur, apud eundem *Nat. com.* lib.7.c.14.

Arion Methymnæus Lesbius, Cyclei F. Lyricus & cithærædus Olymp. 38. *Priandro* Corinthiorum Tyranno gratiſſimus, ſcripſit cantilenarum prooemia ad *duo* ferè verſuum *millia.* Hic *eximius* omninò fuit *citharædus* Arion ac *Poëta nobilis Dithyrambicus,* nemini mortalium ſecundus, eo tempore, in arte rectè pulſandæ citharæ, ac neque *Philoxeno* quidem *Citherio,* cujus nomen celeberrimum fuit ob hanc ipſam artem, ulla re inferior, quem *Cyclicos choros* primum omnium inveniſſe ſcripſit *Hellanicus in Cranaicis, & Dicæarchus, atq; Demarchus in lib. de Dionyſiacis certaminibus.* Hic Arion omnibus mortalibus prior *Orthia carmina in Palladem* compoſuit & cantavit, quorū is erat rhythmus, ut eo hominum animi mirum in modum in bellum inflammarentur, quibus poſtea modulis uſi ſunt in caſtris *Methymnæi. Nat. lib.4. cap.5.*

Quidam eum chorum & *Tragicum* modum & Dithyrambum primum conſtituiſſe volunt & *Satyros* induxiſſe, qui per metra canerent.

Huic celiberrimo Citharædo erecta eſt *Statua*, cum Græco epigrammate, quod volaterranus. Latinum fecit hoc modo :

*Cernis amatorem qui vexit Ariona Delphin
A Siculo ſubiens pondera grata mari.* Volat.

De hoc etiam loquuntur Ovid. lib.2. Faſtorum : Gellius lib.16.c.19. & Herodotus in Clio. De tribus Citharædis omnium præſtantiſſimis meminit Pacificus his verbis :

Orpheus

DE MUSICA INSTRUMENTALI.

*Orpheus Evridicen cithara revocavit ab orco,
Eq́; suis movit saxa nemusq́; jugis.
Pisce fuit pelagus per longum vectus* Arion.
Hac etiam Amphion *mœnia struxit ope.*

TERPANDER Lesbius ex Hesiodi, alijs, Homeri nepotibus, primus *septichorden lyram* constituit, ex tetrachordo heptachordum. Huc quadrare videntnr, quæ Marsilius Ficinus in Platonis Timæum cap. 29. commentatur. Coaptationes fidium dicuntur in musicis instrumentis, sive in *unico tetrachordo,* quale & invenit *Mercurius,* & *Orpheus* confirmavit, sive in *duobus tetrachordis* per chordas *septem* unà conjunctis, qualia *Terpander* dicitur effecisse. Et cap. 31. In Terpandri tetrachordo *quarta* chorda *bis* pulsatur, ut quodammodo evadat *octochordũ.* Quam quidem conjugationem propterea secutus est Terpander, quia multiplicatio vocum manifestè inter se discrepantium ad sonum usq; septimum augetur. *Octavus* enim jam similitudine quadam *redit ad primum.* Primum verò gravissimumque sonum *Hypaten* nominant. Sequentem *Parhypaten:* Tertium *Lichanon:* Quartum *Mesen:* Quintum *Paramesen,* aut *Triten:* Sextum *Paraneten:* Septimum verò *Neten. Hæc Marsilius.*

Idem Terpander primus etiam νόμυς λυρικὺς invenit: quamvis alij horum inventione *Philammoni* tribuant. Invenit & *Cepionem νόμον, Bœotium, Æolium, Trochæum. Oxyn* & *Terpandrion,* ut alibi à nobis dictum ex Scaligero. Ab eodem *Lesbij* & *Iones* à plerisq; *morbis* fuerunt liberati cantus dulcedine.

Floruit Olymp. 35. antiquior *Archilocho & Anacreonte:* ita ut primus omnium *Carnia* vicisse dicatur, quæ Olymp. 27. *Lacedæmone* instituta fuerunt. Modorum quoq; *Scoliorum,* Terpander idem fuit inventor, & *citharœdicas leges* princeps omnium perves̄tigas̄s̄e narratur. Ludis Apollinaribus sexies *victor* fuit. Homeri versus imitatus est, & in cithara Orphei modos.

Cùm *Lacedæmoniorum* res seditionibus tumultuarentur, consultum oraculum jussit, ut *Lesbium cantorem* accerserent. Accersitus itaq;

itaq; *Terpander* (Antiſſæus.) Is canendo illorum animos ſic delinivit, ut ſeditionem omnem ſedaret, redactis ad concordiam civibus. Hinc *Lacedæmonijs Lesbijs cantoribus* primas in arte Muſica partes tribuerunt, ut ſi quem alium canentem audiſſent, protinus dicerent, μετὰ λέσβιον ᾠδόν. Zenodotus.

Plutarchus, eum ab Ephoris *multatum* aſſerit, ejusq; citharam affixam, quo antiquam immutaſſet muſicam, *unumq́, nervum* ſuperfluo intendiſſet. Solos namque ſimpliciores modos probabant, ut alibi pleniùs.

TIMOTHEUS Mileſius, Therſandri aut Neomyſi F. Citharœdus, Euripidi coævus, ſub Philippo Rege. Hic antiquam & duriorem Muſicam in manſuetiorem mollioremq; convertit.

Lyram, quæ *ſeptem* tantùm fides uſque ad Terpandrum Antiſſæum habuerat, *in plures chordas* diſiecit. *Decimam* quoque & *undecimam* chordam addidit. Damnatus proinde è *Lacedæmonijs,* quòd ſeptem antiquæ citharæ chordis quatuor addidiſſet: & cithara ejus in *Sciade* poiticu ſuſpenſa eſt. Pauſan. in Lacon. (ſupra cap. 11.)

Cum *Alexandro* artem oſtentare vellet, peritè adeò Orthium Palladis carmen, ſeu *Phrygium* modulatus eſt, ut ardore cantus *ad arma* ſtatim Alexander proſilierit: rurſus eadem quaſi receptui canente, depoſuerit. Scripſit *nomos Citharœdicos* multis verſuum millibus.

Hic *Timotheus,* cùm in arte muſica omnium præſtantiſſimus eſſet, *duplicem mercedem* exigebat ab illis, quos ab alijs *magiſtris malè inſtitutos* acciperet: quòd hi priùs dedocendi, quàm erudiendi erant, à rudioribus verò & ignaris ſimplicem. *Alexand. ab Alex.* lib. 2. *genial. dier. cap. 25.*

PHRYNIS (quidam habent Phyrnis) Citharœdus Mitylenæus, primus putatur apud *Athenienſes* citharâ ceciniſſe & primas tuliſſe in *Panathenais* callia prætore, Ariſtoclidis diſcipulus, qui Ariſtoclides celebris cithariſta & familia Terpandri floruit in Græcia bello Medico. *Phrynis* antiquam etiam & maſculam Muſicam in *novam* traduxit. E-

merepes

DE MUSICA INSTRUMENTALI. 403

merepes Ephorus Phrynidis Mufici *duas ex novem fidibus* afcia *abfcidit*, infufurrans, μὴ κακύργει τὴν μουσικήν, *Ne Muficam depraves.*

CTESIPHON Athenienfis Lyricus Colabus. *Colábi* autem dicuntur à colabis citharæ claviculis, quibus chordæ intenduntur.

THALETAS Cretenfis ante Homerum Lyricos verfus fcripfit tanta citharæ fuavitate, ut *morbos & peftilentias* curaret.

OLYMBUS Myfius, Poëta melicus & elegiarum Marfyæ Satyræ difcipulus, pulfandæ citharæ *legem* dedit, *modosq́*; pulfandi reperit & docuit. Floruit ante bellum Trojanum, à quo & mons in Myfia nomen accepit. *Suidas.*

CHIRON præter rerum cœleftium herbarumq́; cognitionem mirificè fertur fuiffe citharæ pulfandæ peritus: qua etiam rationem nonnullos *morbos* fedavit, *ut ait Staphylus lib.3. rer. Therf.* Ab hoc *Chirone* Theffalo ipfius avo *Achilles* eruditus fuit, à quo præter alias artes citharam pulfandi artem edoctus eft. *Nat. lib.9. cap.12.* valdè enim Achilles fortiffimus Græcorum muficis cantibus oblectabatur; Sciebat enim, nihil effe utilius mortalium vitæ, quàm remedium habere ad abigendas ægritudines mentis, medullarum & omnis lætitiæ populatrices. Ideoq́; harmoniam lyricam edoceri voluit, qua emergentes animi curas difcutere, & priftinæ ferenitati reftituere fe fibi poffet.

De Chirone & Achille, Horatius in Epodis:

Nobilis ut cecinit grandi centaurus alumno.

Huc facit & illud *Ovidij 1.* de arte amandi:

Phillyrides puerum citharæ præfecit Achillem,
Atque animos molli contudit arte feros.
Qui toties focios, toties exterruit hoftes,
Creditur annofum pertimuiffe fenem.

Achillem imitatus *Alexander Macedo* citharæ dedit operam, ut haberet, unde ferias illas de Monarchia & principatu meditationes quandoq́; reprimeret, aut exercitio majore fatigatum corpus fublevaret.

DORCEus cantu citharæ apud Thraces, secundam *post Orpheum* meruit palmam. *Val. Flac. lib. 3. Argon.*

Menander Rhetor in Epidicticorum ratione, *Lesbios* & inprimis *Mitylenæos* citharœdica arte plurimum solitos gloriari, eâq; re sibi inprimis placuisse, *scribit Cœlius lib. 16. cap. 3.*

Ex Athen. lib. 4. accepimus, nullas gentes *Alexandrinis* magis Musices studiosas & peritas, præcipuè περὶ κιθαρῳδίαν in tractanda cithara, qua in re etiam *vilissimus quisq*, è nostris popularibus, & qui neq; literarum elementa quidem didicerit, usque adeò exercitatus est, ut celerrimè deprehendat & reprehendat τὰ περὶ ᾄς κρύσεις ἁμαρτήματα γιγνόμενα, si quid peccatur in ea pulsanda. *Hyberni* Musices quoq; sunt peritissimi canunt enim tùm voce tùm fidibus eleganter, sed vehementi quodam impetu; sic ut admirabile sit in tanta vocis linguæq; atque digitorum velocitate, posse artis numeros servari: id quod illi ad unguem faciunt, *ut refert Balæus Cent. 13. Britan.*

Jam porrò de STRATONICO *Citharœdo* aliquid dicamus, deque ejusdem in imperitos quosdam Citharœdos salitis salibus. Hic Stratonicus Atheniensis primus videtur *multas chordas* in tenuem citharam detulisse, primusq; Harmoniarum discipulos habuit, formulasq; constituit. Victis *Sicyone*, qui adversus illum certaverant, in *Æsculapij delubro trophæum* erexit, inscriptione hac addita: ΣΤΡΑΤΟΝΙΚΟΣ ἀπὸ τῶν κακῶς κιθαριζόντων, *Stratonicus de iis, qui citharam malè pulsant.*

Zethum Citharisticam de Musica disserentem, de arte illa loqui maximè dedecere inquit Stratonicus, nomen à Musis alienissimum sibi quia delegisset, quod *Zethum* se, non *Amphiona* voluisset appellari. *Amphion* enim Musices gloria fuit clarissimus. *Zethus* verò ejus frater, bellicosus quidem, sed Musicæ penitus rudis *Athen. lib. 8.*

Cumq; doceret ille citharistas adolescentes duos in *ludo*, ubi erant *Musarum novem* imagines, cum *Apollinis* statua; quodam suscitante, *quot* haberet *discipulos*, cum Dijs, inquit, duodecim.

DE MUSICA INSTRUMENTALI. 405

Jocus est in voce σὺν θεοῖς: quâ, cùm præfationis loco, ad conciliandum vel exprimendum favorem divinum uti consueverint Græci, ipse ad numerum denotandum jocosè transtulit.

Athen. lib. 8 hæc quoque *de Stratonico* refert. Cantor malus *excepit aliquando* convivio Stratonicum, *epularum magnifico apparatu & splendido: artemq́, inter potandum ostentavit suam:* Auscultans *canentem Stratonicus, nec habens, cum quo colloqueretur, alterum, exhausto poculo, majus popoßcit, cyathisq́; multis acceptis, soli calices ostendit, ac statim potus obdormivit, Fortuna permittens omnia. Ad commessationem verò accedentibus quibusdam aliis casu, ut fit, familiaribus, confestim temeto jacuit Stratonicus ebrius. Illis autem excitantibus extemplo respondit:* Hic insidiator ac execrandus cantor *ad cœnam invitatum me occidit, ut ad præsepe bovem.*

Casaub. verò *lib. 8. cap. 9. Stratonicum* non auscultasse, *sed occasionem potiùs quæsivisse animum ab ejus cantu avocandi. Itaque cum omnibus silentibus, & ad cantorem diligenter attendentibus, haberet neminem, qui cum colloqueretur, appositum sibi* poculum fregit: *quasi eo pacto habiturus, qui secum sermones sereret, & colloquii vices exciperet. Et Stratonicus Citharædus imitatur Tragicos Poëtas, apud quos qui somnia vidére, si neminem habent, cui suas calamitates narrent, soli illas recitant: quia ut verè ait sanctißimus Nazianz.* Φάρμακον ἄλγεός ἐστι καὶ ἥξει μῦθον ἐνισπεῖν. *Sic Stratonicus, qui neminem habebat, cui præbiberet, soli calicem ostendit propinanti similis.*

Cùm *Ephesi* ineptus citharædus discipulum quendam suum amicis ostentaret: Stratonicus casu interveniens dixit: ὃς αὐτὸς αὐτὸν ȣ̓ κιθᾶ, ἄλλȣς κιθᾶ. *Qui non potest seipsum facere citharædum, alios facit.* Vox κιθα̃ lasciviâ ingenii vel à *Stratonico* vel à *Machone* est ficta jocosè, vel ab antiquiore Poëta, pro cithara oblectare.

Mirante quodam, quòd *universam Græciam peragraret*, nec in ulla maneret civitate, ϖαρὰ τῶν μȣσῶν ἔφη εἰληφέναι τελ. τȣ̀ς ἕλληνας ἅπαντας, παρ' ὧν πράττε μισθὸν ἀμȣσίας, id est, dixit Stratonicus, *à Musis se accepisse ad vectigal omnes Græcos: à quibus mercedem exigat ipsorum imperitiæ.* Salsum & venustum dictum. Respicit Stratonicus *ad magnorum Prin-*

cipum antiquam consuetudinem: qui Satrapis & dynastis suis, aliisque, quibus cupiebant, certas vel provincias, vel urbes assignabant, unde vectigalia in usus suos exigerent. Eò respiciens Stratonicus, homo ἀφυής, Musas quidem Monarchæ alicui assimilat, cui omnes mortales non ut subditi, verùm ut ἄμουσοι & indocti, tributum teneantur pendere. Ex omnibus porrò provinciis unam sibi concessam, Græcorum nempe, à quibus id tributum exigat. *Casaub aicto loco.*

Corinthi, cum vetula quædam eum intentius aspiceret, caussam rogavit. Et illa demiror, inquit, matrem *decem te mensibus* gestasse: quem, per *unum diem* auditum, urbs nostra fastidire incipit.

Superbiente *Polyda*, quod Philotas, discipulus suus, Timotheum cantu superasset; Miror, inquit *Stratonicus*, si nescis Timotheum νόμους condere, Philotan verò ψηφίσματα.

Nomos psephismate longè præstantior.

Et lepidè *Stratonicus in* Citharædum *imperitum*, (cui nomen erat CLEON, sed vulgò dicebatur *Bos*) jocatus est: *olim*, inquiens, *asinus ad lyram proverbio dicebatur; nunc verò Bos ad lyram.* Cum *Bizantii* citharædus *proœmium* benè cecinisset, at *in reliquis* aberrasset, assurgens Stratonicus buccinam inflavit, pronunciavitque: *Quisquis Citharædum, qui proœmium cecinit, invenerit, mille drachmas accipito.*

Cumque vocatus fuisset aliquando ad audiendum Citharædum, postq; audisset Homericum illud dixit: τῷ μὲν τοι θεοί ἄλλο δόσαν, ἄλλο δ᾽ἀνένδωσαν. *Illi concessit Deus hoc, ast abnuit illud.*

Malum *esse Citharistam dedit, benè autem* canere abnuit. *Athen.lib.8.*

Simili modo *Diogenes* Citharædum quendam illusit, quem, quoties fidibus luderet, & ab auditoribus desereretur, obviam ita salutavit: Salve Galle. *Quum ille offensus salutationis novitate diceret, Quid ita? Quoniam*, inquit, *cantu tuo excitas omnes.* Salsissimè autem jocun captavit ex ambiguitate verbi ἀναγείρειν, quod Græcis est & *dormientem* è somno *excitare*, quod Galli gallinacei canentes facere solent: & qui *sedentem excitat,* ut surgens abeat; *ut scriptū reliquit Laërtius lib.6 c,2.*

Preter hos peritissimos Citharædos fuerunt & alii, qui nomen citharædorū meruerunt, *Echion & Glaphyrus* apud Juvenalem Sat.6. ubi ait:

Accipit

*Accipit uxorem, de qua Citharædus Enchion,
Aut Glaphyrus fiat pater Ambrosiusq́; Choraules.*
Hic Choraules proprium est nomen viri fistulicinis.
Hydimeles, nomen est etiã Citharædi apud juvenalem Saty.6.Scribentê.
*Quotener Hydimeles operam dedit, hunc tenet hoc se
Solatus, gratoq́; indulget basia plectro.*
Anaxenori Citharædo M. Antonius tributa quatuor civitatum legenda concessit, propter ejus artis peritiam.

Aristonus Citharædus fuit, qui quum sexies Pythia vicisset, ut Lysandri amicitiam demereretur, pollicitus est se servum ejus palàm proclamaturum, si denuo vinceret.

Hipparchion & *Ruffinus* præcipui fuerunt apud Græcos Citharædi, qui cum solennibus ludis inter se certaturi essent, contigit, ut theatri tumultu & strepitu commotus & attonitus Hipparchion obticuerit. Unde natum proverbium, Mutus Hipparchion. De his qui repente silent, à quibus tamen grande aliquid expectatur.

Clinias philosophus fuit secta Pythagoreus, qui si quando ad iram concitaretur, motus animi sumpta protinus cithara levabat, quod & Achillem fecisse prædicant. *Nicostratus* & *Laodocus*, Citharædi fuerunt, qui cum in certamen venissent, Nicostratus, dixit, Laodocum esse in magna arte paruum, se verò in parua magnum. *Epicles* fuit citharista, magno quondam in pretio apud Athenienses, quê Themistocles oravit, ut apud se artem exerceret. Volebat n. domum suã multis frequentari.

Pylades fuit Citharædus, qui quosdam Timothei versus, audiente Philopemene, cantavit ad citharam. Quorum sequens citatur à Plutarcho, *Hoc duce libertas Græcas ornaverat urbes.*

Philomelus nomen est Citharædi apud Mart.lib.3.
Plus habuit Didymus, plus Philomelus habet.

Fuit & *Tarpeius* Citharædus Vespasiani tempore Autor Tranq.
Carneus fuit citharistes, qui Terpandrum vicisse legitur.

Inter Imperatos verò Citharædos numerantur, *Moschus*, qui citra respirationem diu & in longum producebat vocem, neq; tamen sonabat aliquid, quod ad stomachum auditorum faceret. Hinc adagium

gium natum: *Moschus canens Bæoticum:* in multiloquos, & intempestivos locutores. Bœoticum, genus erat cantionis. *Erasmus.*

Aspendius fuit cithariftes, qui omnia fibi intus ceciniffe dicitur.

Conna fuit citharædus feu lyrifta, extremæ fortis, qui devorato patrimonio factus eft pauperrimus, & homo nihili. Hinc adagium natum, *Connacalculus:* in hominem nullius momenti, cujufque opinio nihili æftimatur.

Jalemus, Calliopes fuit filius, muficus quidem, fed infelix, & in cantu multùm frigidus. Hinc *Ialemi cantilenam,* pro defpicabili & abjecta pofuerunt.

Verum hæc de Citharædis peritis & imperitis dixiffe fufficiat.

Caput XVI.

De TUBA. Ejusq̨ materia, figura, generibus, usu.

DE Tuba verba facturi præmittimus Varronis etymon, qui eam à *tubo*, vel canali deducit, cujus fimilitudinem referebat. Tubæ à Tubis inquit Varro, quod etiam nunc ita appellant tubicinæ facrorum. Græcis dicitur σάλπιγξ qua voce fonus velut quidam innuitur. Imò pro ipfo tubæ fono quandoque fumitur.

Tyrrhenorum quidam tradant effe *inventum.* Hyginus fab. 274. fcribit. *Tyrrhenus* Herculis filius *tubam* invenit, qui *Concha* pertufa buccinavit & pagum convocavit. Unde etiam *Tuba Tyrrhenum melos* dicitur. Alii *Dircæum* Poëtam, alii *Maletum* faciunt inventorem. Confule Muficam facram de Tuba. Plin. lib. 6 cap. 56. *Difeo* Tyrrheno attribuit. *Tuba,* (inquit *Stuckius* loco fæpiùs citato de facris & facrificis gentilium) erat inftrumentum incurvum *ex ære argentove,* cujus fonitu non tantum *facrificantes* excitabantur, fed *milites equiq̨* ad prælium inflammabantur, à *tubi,* hoc eft, canalis concavitate nomen habens.

Tuba

DE MUSICA INSTRUMENTALI. 409

Tuba verò *are directo* ducta est, canali ad exitum latiore. *Directo,* dico, qua voce eam discriminat Ovidius à cornibus.

Non tuba directè, *non æris cornua flexi.*

Et Juvenalis:

Cornicini, sive hic recto *cantaverit* ære.

Nescio, inquit, cornicinem hunc, an tubicinem fuisse dicam. *Ex are* igitur fuit fabricata, & tali quidem figura. Julius Pollux lib. 4. c. 11. *Tubæ materiam* dicit *æs* & *ferrum, lingulamq́;* vocat *osseam.* Ex sacris accepimus etiam *ex argento* à Mose factas; de quibus *parte prima in Theoria organices, cap. 1.*

Propertius: *Et struxit querulas rauca per ossa tubas.*

In hoc versu mutarunt quidam *ossa* in *æra.* Lipsius verò lib. 4. de Militia Romana c. 10. retinet *ossa,* additq́; posse laxè & ποιητικῶς *per tubam cornu* intelligi: vel potest quis dicere, *primas tubas* ab exemplo cornuum structas, potest deniq; simpliciter capi & asseri, in ipsa tuba *osseum aliquid* fuisse, quod insitum aut impactum ad sonorem.

Artemidorus lib. 1. c. 58. de ijs, qui *in somnio tubâ canere* visi, id tale somnium, inquit, *ægrotantes tollit,* breviq́; illos *vitam cum morte* commutaturos portendit. σύγκειται γδ ἡ σάλπιγξ ἐξ ὀςεῦ καὶ χαλκῦ: composita est enim tuba ex *osse* & *ære.* Subtilis interpretatio inquit Lipsius. Mortem tuba præsignificat, quianam? quòd ex *ossibus* facta notat, in cineres & *ossa* te iturum.

Potuisset & alia addi ratio, quòd nimirum *funera* olim quædam elata *ad tubam.*

Idem *Lipsius* genera & *discrimina Tubarum* ex Eustathio in Iliad. 2. petita annotat, qui scribit, *Homerum* quidem cognitam habuisse Tubam, *nusquam* tamen *Heroibus* tribuisse, quia *nondum* tunc *in usu Græcorum.*

Facit autem *sex* ejus genera: *Primam* quam *Minerva* invenit, quæ etiam *Argivis* colitur hoc cognomento, σάλπιγξ ἀθηνᾶ.

Alteram apud *Ægyptios,* quam *Osiris* repperit, quæ *Chnove* dicitur ipsis, utunturq́; ad *sacrificia. Tertiam, Gallicam,* conflatilem, haud nimis magnam, quæ os habeat deformatū in bestias, & cœnalem ipsum

Ggg   *plumbeum*

plumbeum, in quem inspirant Tubicines: atque esse eam acuti soni. Vocatur autem ab ipsis Gallis *Carnyx.*

Quartam Paphlagonicam, cujus os effigie *bovis*, gravi mugitu sursum inflandam.

Quintam Medicam, è calamo tubum habentem gravi sono. *Sextam Tyrrhenicam*, cujus inventores *Tyrrheni*, quæ similis *tibiæ Phrygiæ*, habens orificium scissum aut fractum: Ea est valdè acuta. *Hæc ille Scholiastes.* Et notabis, addit Lipsius, de *Tyrrhenica*, quam volunt esse hanc *nostram* & *Romanam*, atq; ab ijs traductam: Volunt Græci Latiniq; mutuo consensu. *Diodorus lib.5.de Tyrrhenis*; τὴν δὲ σάλπιγγα λεγομένην: *Et tubam dictam invenerunt, utilissimam* ad bella, *quæ ab ijs* Tyrrhena *appellatur.*

Athenæus cornua etiam adjungit *lib.4. Dipnosoph.* Tyrrhenorum *inventum sunt* cornua *&* tubæ.

Addit & Suidæ locum de Tyrrhena tuba: κώδων, inquit, καλεῖται τὸ πλατύ σάλπιγγος: &c. Hoc est: Codon *dicitur latior pars*, os & orificium *tubæ.* *Sophocles in Ajace: Tanquam* ærei Codonis è Tyrrhenia. *Sunt enim multa* genera tubarum, Ægyptiæ, Libycæ, Tyrrhenicæ. Primus *porro* Archondas (*anno circiter octogesimo post Trojam captam*) *Heraclidis commilitans, adduxit* in Græciam *Tyrrhenicam tubam.* *Ideo Sophocles dixit Tyrrhenicam.* Totidem ista in Scholiaste Sophoclis: & observes, monet Lipsius, *tempus* signatum, *quo ad Græcos* deniq; hæc tuba. An ergò *eadem Græcanica* cum *Romanâ*? Siquidem ab eadem uterque populus. *Non vult Livius*, qui de capta per insidias Tarento lib. 25. *scribit:*

Terrorem (potius errorem) & tuba audita ex theatro faciebat. Nam & *Romana* erat à proditoribus ad hoc ipsum præparata, & inscienter à *Græculo* inflata, quis aut quibus signum daret, incertum faciebat. Et sanè grandiorem fortiorisq; soni *Romanam* fuisse, Fabius autor est.

De varijs tubarum generibus legimus apud Alex. lib.4. genial.dier. cap.2. Varia *tubarum* inquit, traduntur *genera*. Nam *præcentoriæ* erant, & *Vascæ*, quibus in *sacris* præcinebant, & *puellatoriæ* sono clariore,

ac

De Musica Instrumentali. 411

ac *Gingrinæ* & *Milvinæ* quæ in acutos exeunt sonos, sicut à locis, *Lydiæ*, *Corinthiæ*, *Ægyptiæ*, sonis diversis & nominibus varijs.

Usus tubarum varius. De Tuba *in sacris* loquitur Festus: *Armilustrum*, festum quo res divinas *armati* faciebant, ac dum *sacrificabant, tubis* canebant Ipse etiam Varro: *Tubilustrum* appellatum, quod eo die sacrorum Tubæ lustrantur.

Suidas scribit: σάλπιγξ;

Tuba, *sacrum* hoc *instrumentum*. Sacerdotes namque utebantur tuba. Unde qui in sacris tuba canit ἱεροσαλπιγκτὴς *sacro tubicen* dicitur. Artemidorus item, σαλπίζειν δοκεῖν σάλπιγγι τῇ ἱερᾷ; Videri sacrâ tubâ canere, servos & omnes, qui in ministerio aliquo liberat & absolvit, Proprium enim *liberorum* hoc *instrumentum*. *Discis* hinc & vile nihil in hac re fuisse. Ut in Dione lib. 57. *Norbanus Consul* tubâ canere solitus, & in ea re multus, prodigium tamen fecit, quod ipsis Kalendis anni cecinit, quasi *belli signum* dedisset. Præterea *Romæ* olim *mortui* ad tubam efferebantur; sed mortuos intellige *nobiliores*: neque enim vulgò ea utebantur, sed in *funeribus* dubio procul *Indictivis*: scilicet ad populum *classico* convocandum. Quare Propertius amoliens illam pompam canit:

Nec mihi tunc fulcro lectus sternatur eburno
Nec tuba sit fati vana querela mei.

Quod ipsum in *militibus* decorè servatum, ut ij *sepelirentur* ad bellicum hoc instrumentum. Tertullianus de corona militis: Et *mortuus tuba* inquietabitur æneatoris. Quod exemplum hodie *Romani* servant, & cum aliquis decedit, *tubicines* cantant, & amici convocantur, testandi gratià, eum neq, ferro perijsse, *Lipsius de milit. Rom. l. 4. Dial. 10.* ita etiam habes *usum funeralem*. *Cape & militarem*.

Militaris autem Tubæ has facit cantus partes Julius Pollux. *Primò* est *incitatoria* vox ἐξορμητικὸν φώνημα. Unde dixerunt, tubæ signum dare. *Præcones* etiam tuba utebantur. Hesychio Præco etiam dicitur σιγηλοσάλπιγξ, quod illius *tuba sonus silentium* indicet. *Secundò* erat παρακελευστικὸν τὸ κατὰ τῆς μάχης συμβολήν,

Ggg 2 *Adhor-*

Adhortatoria ad pugnæ conflictum, absque dubio cum *classicum* caneretur, cui Suetonius solam Tubam destinat in Jul. cap. 32. Raptâ ab uno tuba, ingenti spiritu classicum exorsus est. Et in his talibus, *inquit Lipsius*, non est aliud, quam τὸ πολεμικὸν, sive τὸ ἐπικλητικὸν σημαίνειν bellicum & incitatorium canere, certis videlicet modis. Quod in pugna quidem legitima fiebat etiam tubis. *Fab. lib. 2. cap. 18.* Quid aliud in nostris *legionibus* cornua & tubæ faciunt? quorum concentus quantò est vehementior, tantò Romana in bellis gloria cæteris præstat. *Tertiò* ἀνακλητικὸν, *Receptus signum*, quod è pugna revocat, diciturque receptui canere. *Quartò* ἀναπαυστήριον, *sedatoria* castrametantium acclamatio.

Universi autem qui canebant, appellabantur *Æneatores*, quia organa erant ex ære. Æneator dicitur & σαλπιγκτής. In Ammiano: *Æneatorum occentu, signo dato progrediendi ad pugnam.*

Dion lib. 47. Deinde Tubicen unus utrinque insonuit, & mox alij pariter responderunt. Priores quidem ij, qui rotundi quodam loco constituti, tubis certum aliquod modulabantur; quo ut consisterent, & prælio se pararent milites admonebantur: tunc deinde omnes reliqui, qui animos irasq; militum acuebant & ad pugnam excitabant. Hîc vides *triplicem tubæ sonum*, ut observat Lipsius. *Primus* est *unius* & singularis tubicinis; qui *primopili* fortasse, haud longè ab Imperatore, ejusq; nutu incinuit: *Secundus* aliquot aliorum, qui in *loco* quodam *orbiculato* & fortassis *editiore* stabant, ad signa & aquilas: *Tertius*, omnium *aliorum per cohortes*, turmas, qui pariter jam classicum canebant. Nam duo *priores* soni non nisi *expediendo* militi, paulatimq; ejus animi & iræ motæ. Facit enim profectò hoc sonus, & magnam vim habet ad spiritus & sanguinem evocandum. Ideo placent hîc quoque *Romani*, qui non *in Equitibus* solùm Tubas, ut nos, sed *& peditibus* habebant.

Tubæ autem illius *primæ* exemplum fortasse in *Apulejo* de Mundo, in quo multi mores reconditi, paucis verbis advelati: *Cùm tuba*

DE MUSICA INSTRUMENTALI. 413

bellicum concinit, milites clangore incensi, alius accingitur gladio, alius clypeum capit, alius equum frænis temporat. Est enim adhuc non verum classicum, sed præparatorium illud ad pugnam. Tangitur & totus iste mos *ab Hirtio*, bello Africano: Cùm, inquit, Cæsar deliberaret etiam de pugna; subitò dextro cornu tubicina injussu Cæsaris canere cœpit. Ecce in cornibus etiam tubicines, & omninò sparsi per manipulos: sed ii signum à Primopili Tubicine aut Imperatoris, exspectare debebant tum succinere. Legimus & in Græcorum militia: Centuriam *quamq́ habere supernumerarios aut* extraordinarios quinque; *unum signiferum, Uragum,* Tubicinem, *ministrum, Præconem.*

Dio Cassius in pugna Pompeii nocturnâ cum Mithridate: πρῶτον μὴν, ait: *Primum* tubicines omnes *ex composito simul* bellicum cecinerunt. Quemadmodum & *Tuba ad vigilias* fuit adhibita, Josephus scribit 2. hist. τὰς φυλακὰς; *Vigilias* & excitationes Tubæ præsignificant. Quo referri posse videtur, quod apud Sophoclem in Lemniis, ἀσάλπυκτος ὥρα dicitur *media nox,* eò quod *vespere* tantum *& mane tuba* canere solerent, ut scribit *Hesychius.* Idem testatur *Polybius* de Scipionis stratagemate, quo castra Syphacis incendit: δὴ γὰρ ἔθος ῥωμαίοις; *Est enim Mos Romanis, sub* tempus cœnæ buccinatores *& tubicines omnes canere ad Prætoris tabernaculum ut tunc* vigiliæ nocturnæ *constituantur.* Alibi (nim. in Priori Membro c.12.) plura annotavimus de usu tubarum in bello.

Est & quidam *usus tubæ πομπικος* in *Pompis* & solennitatibus; quemadmodum apud Romanos olim etiam *triumphanti,* qui laureatus curru vehebatur, tubis accinebatur: *apud Livium lib. 6. dec. 3.*

Addere & hoc lubet, quod *pace inter Alexandrum III. & Fridericum Barbarossam* venetorum operâ compositâ, inter insignia, quibus instructa erat Veneti ducis majestas, *Tuba argentea* adhibebatur, quod non minimum est tubæ dignitatis argumentum. *Vide Egnatium lib. 2. c. 1. Exemplorum.*

Postremo attexamus quoq; *de quibusdam Tubicinibus* historiam. *Dircæus* Poëta & Tubicen *primus* tubæ *modulos* dedisse memoratur.

Polydorus eum vocat *Tyrtæum* lib. 1. cap. 16. Cum *Lacedæmonii (autore Iustino lib. 3.)* bellum adversùs *Messenios* gererent, diuque extraherent dubium Martis eventum, *responsum acceperunt ab Apolline, si vellent vincere, Atheniense duce uterentur.*

A quibus rogati Athenienses, contumeliæ causa ipsis *Dirceum*, quendam claudum, luscum, omnique ex parte corporis deformem dederunt. Usi sunt hujus auxilio Lacedæmonii, quibus ille cantum monstravit *tubarum*, quarum in audito territi *sono Messenii fugam* fecerunt, adeptique sunt victoriam Lacones.

Homerus de *Stentore* tubicine in bello *Trojano* scribit, eique ferream tribuit vocem, adeò ut quinquaginta alios voce sua vincere potuerit. Unde & *vox Stentoris* proverbio locum dedit.

Misenum Æoliden, Virg. ait, fuisse tubicinem *Hectoris*; mortuo verò Hectore adhæsisse *Æneæ* comitem, & tandem à *Tritone* Deo submersum, quod ad *certamen tubæ* Deos marinos irritasset:

Quo non præstantior alter,
Ære ciere viros, Martemq́ accendere cantu.

Nota hîc breviter *usum* tubarum *agonisticum*, in quo, ut & in pompico, excelluisse scribitur *Aglais* Megaclei filia, quę Tuba satis validè utebatur; ut notat *Pollux li. 4. c. 11.* Hujus Aglaidis mulieris, tuba canere doctę, meminit etiam *Ælianus*, his verbis, καὶ γυνὴ δὲ ἐσάλπισεν Ἀγλαΐς ἡ Μεγακλέυς ἐν τῇ πρώτῃ ἀχθείσῃ μεγάλῃ πομπῇ ἐν Ἀλεξανδρεία τὸ πομπικόν. *Casaub.* lib. 10. cap. 3. *Hermon* erat comœdiæ actor, inquit Pollux, qui cum post multos sortem agendi accepisset, à theatro aberat, vocis experimentum sumens: cumque omnes, qui ante hunc erant, defecissent, Hermonem præco revocavit, hic verò non obœdiens, multâ (mulcta) scilicet hac perculsus, ut *certatores tuba revocarentur*, autor fuit, & hoc in singula transferre stadia *Tubicinem*, quinquaginta cum ipsa tuba stadia transeuntem, quemadmodum & *Hermolocrum* de Philopatre *duabus* cecinisse tubis, *Isæus tradit.* Cæterùm *Megarensi Herodoro* tubam inflanti, difficile erat appropinquare πληπομένον διὰ μέγεθος πνεύματος, ob vocis horrendæ stuporem. De hoc legimus apud *Athen. lib. 10. Demetrio Argos* obsidente, cum ad trahendam helepolin machinam bellicam,

robur

robur militibus deeffet, per *Herodorum duabus* fimul *tubis* canentem, rediiffe illis virtutem & præcordia, qui tanto milites animi robore replevit, impetu forti & curfu ad machinam hanc ferrentur. *Pollux lib.4. cap. 11. Et tantum de Tuba.*

Tubicines.

Mifenum Æolidem Virgilius ait fuiffe tubicinem Hectoris: mortuo demum Hectore, adhæfiffe Æneæ comitem, & tandem à Tritone Deo fubmerfum, quòd ad certamen tubæ Deos marinos irritaret. Verba Virgilii funt hæc:

Atque illi Mifenum in littore ficco
Ut venére, vident indigna morte peremptum,
Mifenum Æolidem, quo non præftantior alter
Ære ciere viros, Martemq; accendere cantu.
Hectoris hic magni fuerat comes, &c.

Triton fertur effe Deus & tubicen marinus. Ovid. lib.2. Metam.

Cæruleos habet unda Deos Tritona canorum.

Stentor fuit tubicen in bello Trojano, cui Homerus ferream & invictam tribuit vocem. Juvenal. Saty. 13.

Tu mifer exclamas, ut Stentora vincere poffis.

Homerus apud Erafmum:

Stentoris in fpecie validi, cui ferrea vox, qui
Quinquaginta alios æquas clamore fonoq;.

Olympius Phrygius tubicen fuit ætate Midæ regis.

Aglais Megaclis filia tubicinio vitam fovit.

Agyrtes nomen eft tubicinis apud Statium in Achil. lib.4. fcribentem:

Tecum lituo bonus adfit Agyrtes,
Occultanfq; tubam tacitos apportet in ufus.

Caput XVII.
De Lituo, Cornibus & Buccina.

Itui etymon Festus dicit esse, quod *litis* sit testis. *Lipsius* lib.4. de milit.Rom. c.10. dictum putat à *similitudine* Auguralis *litui*, vel baculi qui in extremo incurvus. Contrà *Cicero* lib. 1. de divinat. scribit. Quid, ait, *Lituus* ille vester (quod clarissimum est insigne auguratus) unde vobis est traditus? Namque *eo Romulus* regiones direxit, cùm urbèm condidit. Qui quidem *Lituus* ab ejus *litui, quo canitur, similitudine* nomen habet. Estque lituus autore Festo, *buccinæ genus*, incurvum, gracilem edens sonum, quo in *bello* utebantur.

Aduncà illa, vel incurvà *figura* à tuba *distinguitur*. *Seneca* in Oedipo:

 Sonuit reflexo classicum cornu
 Lituusque adunco stridulos cantus
 Elisit ære.

Et *Lucanus* lib. 1. apertè sejungit à tuba.

 ——— *Stridor lituum clangorq́; tubarum.*

Acutum lituus dat sonum, ut *Ennius* prodit, *Inde loci lituus sonitus effudit* acutos: & Statius *lib. 6.*

 Et lituis aures circumpulsantur acutis.

Stridulum *Seneca*, in versibus datis & alibi idem:

 Jam tacet murmur grave classicorum
 Jam silet Stridor *Litui strepentis.*

Equibus colligitur, grandem & patulum canalem non fuisse. Nec malè fortasse Charisius lib. 1. Liticen *à Lituo, quod est tubæ genus minoris.*

Fuit igitur *medium* aliquid *inter tubam & cornu, non rectum* prorsus, ut illa, nec totum incurvum, ut istud. Quin tamen *confundant* interim scriptores, non est dubium; ut Immianus, *vocum lituorumq́; intonante fragore cohorruit,* de classico ipso loquitur.

Scholia-

DE MUSICA INSTRUMENTALI. 417

Scholiastes Horatij *Lituum* dicit *equitum* fuisse,ut *peditum Tubam*. *Classico* namq; etiam additur,ut lib.1.Carm.Od.1.
Multos castra juvant, & lituo tubæ
Permistus sonitus.
Et lib.2. Od.1.
Jam nunc minari murmure cornuum
Perstringis aures: jam litui strepunt.
De Cornibus hæc scribit Lipsius dicto loco: Varro de ijs: Cornua quod ea quæ nunc sunt ex ære, tunc fiebant ex *bubulo cornu*.
Nihil verius & prima *origo* à *boum* cornibus, & *pastorum* instituto. Nam illi sic calabant pecus,aut boves. *Propertius.*
Nunc intra muros pastoris buccina *lenti*
Cantat.
Columella lib.4. Ad sonum buccinæ *pecus* repetere septa consuescat. Et in Dionysio sunt κέρατα βόεια *cornua bubula*,de convocando *populo* ad Buccinam,ut & apud *Lucill.* lib.7. legitur, *Rauco conventionem sonitu & curvis cogant cornibus.* Quidam dicunt,Cornu est *genus tubæ obtortæ*, à quo *cornicines dicti sunt.*

Ergò olim nihil discriminis fuit inter Buccinam & Cornu: postea verò factum *discrimen*, & cornua ista ex ære facta grandiora & magis reflexa. In lapidibus & monumentis apparent figuræ. *Distinguit* & *Vegetius* apertè,Tubicines,Cornicines,Buccinatores,qui vel tuba, vel ære recurvo,vel buccina committere solent.

Artemidorus de cornibus: στρογγύλῃ δὲ σάλπιγγι σαλπίζειν, πονηρὸν; *Inflexâ tubâ*,id est, recurvo ære, *canere malum: non enim sacrum hoc organum,sed bellicum.* *Confundere* etiam postea *Vegetius* videtur: *Buccina*, inquit, *quæ in semet æreo circulo reflectitur.* *Idem lib.3.cap.5.* Cornu etiam facit,quod ex *uris* agrestibus argento nexum, temperato arte spiritu auditur. Inconstans est,& ante ex ære recurvo id conflavit.

Verior tamen sententia Buccinam à cornu sejunctam fuisse & alijs, quod etiam *Vigiliæ* ostendunt. Nemo illic cornu,aut tubam sonuisse dixerit,sed Buccinam signanter pleriq; omnes,ut postea dicemus.

Fuit autem *cornu bovillum*: unde nec malè à bove derives, ut inſtrumentum, quod *bubus* canit, aut quod *boves* canit & vocat.

Varro 2.de re Ruſt. Primò cum incluſerunt, cum buccinatum eſt, aperiunt, ut exire poſſint. Varro tamen Buccinatorem à vocis ſimilitudine & cantu dictam mavult, quia *Bou Bou* canit. Quod Iſidorus ineptè flexit, & *buccinam* à voce, quaſi *Vocinam* deducit, quod pagani eâ vocabantur. Fortaſſe etiam à Græco βυκάνη.

Habuit igitur Buccina ſimilitudinem cornu eâq; retenta & ſono, ex ære facta fuit.

Buccinæ illius *figura* apud Ovidium:

         ———— *cava buccina ſumitur illi*
Tortilis in latum, quæ turbine creſcit ab imo.
Buccina, quæ medio concepit ubi aëra ponto,
Litora voce replet ſub utroq; jacentia Phœbo.

Concham enim illam curiosè contemplantibus, figura apparet turbinatiore.

Hieron. ad Darium *Bucca* vocatur *tuba* apud *Hebræos*, deinde per *diminutionem buccina* dicitur. Secundùm aliquos *paſtoralis* & cornu recurvo efficitur. *Columell.* lib. 7. Ad quem ſaturæ pabulo libenter recurrunt, cum *paſtorali* ſigno, *quaſi receptui* canitur. Nam id quoque ſemper *crepuſculo* fieri debet, ut ad ſonum buccinæ, pecus ſi quod in ſylvis ſubſtiterit, ſepta repetere conſueſcat.

Apud *Varronem* videtur eſſe inſtrumentum, quod inflari poſſit, cùm inquit: *Orphea* vocari, qui cùm eò veniſſet, ſtola & cithara cantare eſſet juſſus, buccinam inflavit. *Tubam* & *buccinam diverſa* eſſe oſtendit Apul. 3. Florid. cum ait (*Siquidem* vox hominis *& tuba rudiore torvior, & lyra concentu variatior, & tibia quæſtu delectabilior, & fiſtulæ ſuſurro jucundior, & buccinæ ſignificatu longinquior.* Salmuth in Panciroll. lib. 1. de rebus memorab. tit. de moribus. Exercitus, tradit, *Inter claſſica* inſtrumenta muſica *Buccinam* tenuiſſe primas; quippe quæ in ſe-

met

DE MUSICA INSTRUMENTALI. 419

metipsam æneo circulo reflexa, ornamentum erat totius legionis ingressu conflictus & ejus reditu: *ut ait Vegetius*.

Præcipuum fuisse *Buccinæ usum* ad *vigilias* suprà attigimus, cujus rei testis est Polyb. ὁ γὸ πάυτης ταξίαρχ۞ τὴν ἐπιμέλειαν ποιεῖται τῦ κατὰ φυλακὴν ἐκκανᾶν. *Ejus centurio curam habet ad* quamque vigiliam *buccina signum dandi*. *Lipsius* lib. V. de milit. Rom. Dial. IX.

Livius lib. 7. Ubi *secunda vigilia* buccinâ signum datum esset. Idem lib. 26. Ut ad *tertiam buccinam* præstò essent.

Propertius lib. 4.

 Et jam quarta *canit venturam* buccina *lucem*.

Silius lib. 7. mediam somni cùm buccina *lucem*,

 Divideret, jamq́; excubias sortitus iniquas

 Tertius ab rupta vigil iret ad arma quiete.

Ubi attende, inquit Lipsius, item de sorte ad vigilias, & mediam noctem, id est *tertiam iniquissimam* habitam, quia turbaret totam quietem. Nam reliquis bonam partem primæ, aut sequentis noctis licebat dormire.

De Buccina item *Frontinus* lib. 1. cap 5.

Sulla bello sociali nocte profectus, relicto *buccinatore*, qui *vigilias* ad fidem remanentium divideret, & *quartá vigilia* commissa eum sequeretur, incolumes suos perduxit. Idem astus in Cæsare, quem Varus instituit contra Curionem, *Buccinatore* in castris & paucis ad speciem tabernaculi relictis, de *tertia vigilia* exercitum silentio in oppidum reduxit.

Ad hunc morem *Cic.* respexit orat. pro Mur. *Te gallorum, illum buccinarum cantus exsuscitat*.

Vegetius: A tubicine, inquit, *omnes vigiliæ* committuntur, & finitis horis *à Cornicine* revocantur. Itaq; *tubam* adhibet *ad initia*; *cornu*, sive *buccinam ad finem*. *Silius* lib. 15 in ea re Buccinam nominat:

 ―――――― *bis clarum buccina signum*

 Præterea gemino prodibat juncta magistro

 Castra regi.

Hhh 2

Ut fortasse ad vigilias ipsas hæc sint referenda: & in *unis castris Buccinam unam* sonuisse: nisi cum *duo Prætoria* & *duo duces.*

In *Tacito* autem lib. 15. Annal. quod legitur, inter solennes militiæ ritus numerandum: *Initia vigiliarum* per centurionem denunciari, *convivium* buccina dimitti. Hic mos & sensus. Ante cœnam classicum cecinisse: eo signo, *Prætorem* aliosq; cœnasse: tum *centurionem* nunciasse *Vigilias* incipere: & mox ad primam Buccinam convivium dimissum: ut quisq; scilicet ad se iret, nec ultrà discursu ullo castra inquietarentur.

Poëtæ *buccinatorem Neptuni* fingunt *Tritona,* buccina à se inventa canentem, & immani tubæ clangore aquas increpantem.

Hinc *Virg.* in Ætna:
Nam veluti resonante diu Tritono canoro
Pellit opes collectus aquæ, victusq́ movetur
Spiritus, ut longas emugit buccina voces.

Quod & *Ovidius* imitatus ita exprimit:
Cæruleum Tritona vocat, conchaq́ sonanti
Inspirare jubet, fluctusq́ & flumina signo
Jam revocare dato.

Tiberio Principi nunciavit *Olyssiponensium* legatio, visum auditumq́; in quodam specu *concha* canentem *Tritonem,* qua nascitur forma, cujus *Frons hominem præfert, in pristrin desinit alvus.*

Romani, (ut scribit *Pierius lib.* 47. *Hieroglyph.* de Tuba) ut *Saturniæ edis* fastigio *Tritonas* tubicines imponebant, *caudis abditis* & absconditis; id scilicet eo hieroglyphico significantes, quod *historia gestarum* rerum *ab Saturni* commemoratione ad nostram usq́; ætatem in obliteranda celebritate, *nota,* clara & quasi vocalis esset: quæ verò *ante Saturnum* gesta fuerint, *obscura* & incognita in tenebris delitescere.

Idem scribere videtur *Nat. Com.* lib. 8. Mythol. cap. 3. his verbis. Apud Romanos super templo *Saturni Triton* quidam eximiæ magnitudinis fuit collocatus, qui *buccinam inflabat,* quoties oriebatur ventus, *caudamq́* intra terram occultabat. Per illum significare tradiderunt

nonnul-

DE MUSICA INSTRUMENTALI.

nonnulli res *gestas ante Saturnum* silentio fuisse involutas: at *post imperium Saturni* clarissima historiographorum voce fuisse celebratas. *Natalis verò ita ἱερογλυφικῶς exponit*; *occultatam scilicet veram religionem* ante Christum *fuisse: ac* post Christi adventum *clarissimo sanctorum Apostolorum praconio omnibus gentibus veram, sanctam & saluberrimam doctrinam omnibus celebratum iri, Christo altissimo Dei Filio credentibus.* Nam alioquin insulsum esse videbatur, ut sapientes antiqui caudatos etiam Deos habuerint.

Caput XIIX.

De Instrumentis, tinnitu quodam obstrepentibus; ut Sistro, Crembalo, Cymbalo, Tintinnabulo, &c.

Sistrum, (Græcis eodem nomine σεῖςρον ἀπὸ τȣ̃ σείειν, quod est *concutere*, agitare) dictum fuit instrumentum quoddam Musicum argutum & *sonorum dum percuteretur.*

Erat autem hoc organum Ægyptiis peculiare è metallo arguto, ab agitatione nomen habens. Nam agitatum & concussum tinnitus argutos edebat, quo nomine *sonabile sistrum* à Poëtis dicitur. *Martialis* dixit garrula sistra:
Si quis plorator collo tibi vernula pendet,
Hæc quatiat tenerâ garrula sistra *manu.*
Poëta Sulmonensis lib. 1. de Ponto Eleg, 1. *tinnula sistra* appellat à sono, quem agitata reddunt.

Hujus *species ovalis* erat & manubriata in ora, undique *tintinnabula* habens, ut agitatum tinnitum redderet maximum, & quæ pulsarentur; ut describit *Adrianus Turnebus* lib. 26. Adversc. 33.

Et rectè dixit *agitatum*, quoniam *non spiritu, sed motu* concussum æneum illud crepitaculum, sive sistrum, personabtt; ut scribit *Alex.* ab *Alex* lib. 7. gen. dier. c. 8.

DE MUSICA INSTRUMENTALI.

Non solùm *ex ære*, sed etiam *auro & argento* confici solita innuit Apuleius his verbis : *Ær is & aureis & argenteis sistris argutum tinnitum constrepentes.*

Ægyptii Sistris usi in *sacris Isidis*; unde *Tibullus* lib.1.Eleg.3.

*Quid tua nunc Isis tibi, Delia? quid mihi prosunt
Illa tua toties ara repulsa manu?*

Ubi tamen mihi, non tibi, ex veteri scriptura legendum monet Scaliger. Nam liquet, Deliam Tibulli amicam in casto Isidis fuisse; de quo apud *Propert.* lib.2 Eleg.

Hinc *Isiacos Sacerdotes* Martialis vocat *turbam sistratam*, à gestamine sistrorum lib.12.

Linigeri fugiunt calvi, sistrataq́ turbas.

Hoc idem instrumentum iisdem *Ægyptiis tubæ vicem* exhibebat, unde Virg.

———— ———— *patrio vocat agmina sistro.*

Dicebatur & κρόταλον, *crepitaculum*, instrumentum, quod manu pulsatum crepitabat, quemadmodum & κρέμβαλον, *crembalum*, crepitaculi genus erat, quod digitis agitatum edit strepitum. Hæc & ejus generis alia organa Musica *Athen. lib.14.* ψόφου μόνον ἀπροσῳδιασικὰ, crepitu solùm obstrepentia: de quibus *Dicæarchus* in lib. de Græciæ ritibus ait, popularia, supra quam credat aliquis, instrumenta fuisse, *altationibus & cantilenis fœminarum* accommodata, quibus percussis digitis suavis ederetur strepitus, eaque significari in cantico Dianæ, canebat alius habens in manibus *crembala ænea, deaurata.* *Hermippus* in divis dixit κρεμβαλίζειν, *crembala pulsare*.

Didymus scribit, quosdam solitos, *lyræ vice, conchis & testis compositis*, numerosum sonum *saltantibus* excitare, (ut testatur & in Ranis *Aristoph.*) Nostratibus ex testis, vel ossibus, inter digitos insertis; vel ex pusillis tintinnabulis alligatis; Hispanis, ex æneis duabus velut exiguis lancibus collisis; strepitum ejusmodi illi vocant *Castagnetas*.

Græci etiam instrumentum ejusmodi quoddam πλαταγὴν dixe

runt,

runt, crepitum quendam edens, cujus materiam & pulsum expressit *Apollon. lib. 1. Argon.*

χαλκείην πλαταγὴν ἐνὶ χερσὶ τινάσσων
Δύπει.

Hujus instrumenti strepitus traductus ad hominem garrulum, aures sermone suo obtundentem, instar crepitaculi, & *proverbio locum dedit*, Ἀρχύτα πλαταγή, *Archytæ crepitaculum*.

Archytam namque crepitaculi genus æreum *excogitasse* scribunt, quod *pueris lusitantibus* daretur, ne quid interim ex vasis domesticis contingerent & confringerent: necesse enim est, ut pueri habeant, quod agant, ὐ γὰρ δύναται τὸ νέον ἡσυχάζειν, *ut loquitur Philos.* lib. 8. Polit. c. 5.

Et consentaneum est, Tarentinum illum Philosophum *Archytam* ejus organi fuisse opificem, utpote qui fertur in mechanicis mirè præcelluisse. Alii al um putant & faciunt inventorem. Sed cujuscunque fuerit inventum, verosimile est, hujusmodi quoddam organum fuisse, *quoa suâ sponte sonaret*.

Quemadmodum & in *adagii* consuetudinem abiit, Δωδωναῖον χαλκεῖον, *Dodonæum Cymbalum*, aut *tintinnabulum*, de homine improbæ & importunæ loquacitatis. Quod *Zenodotus* citat ex Ariphoro Menandri.

Tradit autem in Dodona duas *fuisse sublimes* columnas, *in altera positam* pelvim *aream, in altera pensile* pueri *simulacrum*, flagellum æreum *manu tollentis, quoties verò* ventus *vehementius flaverit, fieri, ut scutica impulsa, crebrius lebetem feriat, isq́, percussus tinnitum reddat, ac multùm etiam temporis resonantem*.

Ad hoc *Adagium* allusisse videtur Juvenalis cùm ait:

Tot pariter pelves, tot tintinnabula credas
Pulsari.

muliebrem garrulitatem taxans.

Suidas aliam adagii affert *interpretationem* ex Dæmone. *Scribit Jovis* oraculum, *quod olim erat in* Dodona, *lebetibus* & tintinnabulis *æreis undique cinctum fuisse, ita ut invicem sese contingerent. Itaque*

necessum

necessum erat fieri, ut, uno quopiam pulsato, vicissim & omnes resonarent, sonitu per contactum ab aliis ad alios succedente. Durabatq́; in longum tempus tinnitus ille, videlicet in orbem redeunte sono.

Plutarchus verò περὶ τῆς ἀδολεσχίας indicat, in Olympia Porticum quandam fuisse, ratione mathematicâ ita compositam, ut pro una voce multas redderet, atque ob id ἑπτάφωνον appellatam.

Casaub. lib. 5. in Athen. de Antiocho scribit, quomodo vilissimorum hominum *conventus* adierit *commessabundus*, nec rudes cantantium concentus aspernarit, nec figlina vasa, quibus sonorum edebant strepitum ex prisco more: semper enim, inquit, *commessatores* tibias vel aliâ musica organa deferebant. *Antiochus* ut magis se dejiceret, *testas* circumferebat *tibiarum loco:* pauperes in eo imitatus, qui fictilibus crepitaculis & vasorum figlinorum collisione soliti se oblectare, inopia melioris Musicæ. Quemadmodum ex Didymo recitat Athen. lib. 14. hisce verbis: Δίδυμος φησὶν εἰωθέναι τινὰς ἀντὶ τῆς λύρας κογχύλια καὶ ὄστρακα συγκρούοντας εὔρυθμόν τινα ἦχον ἀποτελεῖν τοῖς ἀρχαϊκμοῖς.

Videntur autem vetustiores soliti in hanc rem *acetabulis* uti, quæ fictilia erant, & *bacillo* percussa suavem quendam sonum edebant. Hæc est, quam Græci vocant ὀξυβάφων μουσικὴν vel ἁρμονίαν.

Cujus inventorem facit Suidas *Dioclem*, Poëtam Comicum Atheniensem aut Phliasium: φάσιν, ait, Διοκλέα τὸν Ἀθηναῖον εὑρεῖν τὴν ἐν τοῖς ὀξυβάφοις ἁρμονίαν, ὀστρακίνοις ἀγγείοις, ἅπερ ἔκρουσεν ξυλιφίῳ.

Postea ceperunt fabricari in illum usum *acetabula* ex *variis metallis.* Sed & *Suidas* autor est, quo magis sonora essent ista vascula, solita fuisse confici ex *pluribus metallis*, in unum confusis. ἄλλως, inquit, χαλκὸς ἠχεῖ, καὶ ἄλλως σίδηρος, καὶ ἄλλως μόλυβδος, καὶ ξύλον. διὸ καὶ τὰ ὀψόβαφα (supra ὀξύβαφα, εἰώθασιν ἐκ διαφόρου κατὰ σύκλασιν ὕλης, ἵνα τῇ διαφορᾷ τῶν ἀπηχήσεων τὴν ἁρμονίαν ἀποτελέσωσιν.

Cassiod. lib. 4. in erudit. ep. ad Symmachum, Quid *acetabulorum* tinnitus? Quid dulcissimi soni referam varia percussione modulamen. Atque hæc sunt, quæ vocantur in Musicorum organorum divisione ἔνηχα, sonora ψόφου μόνον παραστατικά. Hujus etiam generis fuerunt & *Scabilli* & κρέμβαλα, quæ sine ulla operosiore harmonia ipso delectabant

bant sono: ut hodie quæ vocantur *Gallis carcaveaux.* quanquam his jam ars est adhibita. Inde κρεμβαλιάζειν est Hesych. interprete, κογχύλια καὶ ὀςᾶ ἅμα συγκροτϝν͂ϛας ἄρρυθμόν τινα ἤχον ἀποτελεῖν τὰς ὀρχυμένας, *Hæc Calaub. lib. 5. in Athen. cap. 4.*

Porrò *cybelen* invenisse *cymbalum* quidam tradiderunt: Zenodotus verò autor est, *Lybicum* quendam *quatuor cymbala* fabricatum fuisse, certis *proportionibus* ita inter se respondentia, ut primi spissitudo *epitriti* rationem haberet ad secundum, ad tertium *hemioli*, ad quartum *dupli*, eaque pulsata harmoniam quandam Musicam reddidisse.

Hoc instrumentum Musicum *ex ære* effici solitum, sonorus, quem reddebat, sonitus arguere videtur, quod ex ipso *nomine* quoq; constat, quod *tinnitu* quodam *pronunciari* certum est. Unde *de Apione* Grammatico Plinius in præfatione ad Imperatorē *Vespasianum* ipsum à *Tiberio* Cæsare, *cymbalum mundi* vocari solitum scribit, ob nominis, ut opinantur, celebritatem. Is enim *Apion* ajebat eos à se donari *immortalitate*, ad quos aliqua componeret: *Huic* Tiberius *alludens nominabat illum cymbalum mundi: quòd hominem honestâ famâ donaret, quæ per universum mundum (instar sonori cymbali) amabiliter resonaret.*

Plinius verò *ob arrogantiam* rectiùs illum appellari censet, Tympanum, non cymbalum *publicæ famæ, quòd famam daret potiùs, quam honestam famam, quemadmodum tympanum resonat quidem, sed inamœno strepitu.*

Et allusisse videtur Plinius ad illud, quod *tympana* fiunt è *pelle asinina*, ut est apud Erasmum in Adagijs. Ad *cymbalorum* pulsum *Indi* etiam legiones *adversùs hostes* eduxerunt *tubarum* loco, teste *Alex.* lib. 3. cap. 2. Eorundem ad *saltationem* usum aperit Lucianus de Salt. ἐκυμβάλισε καὶ προσυρχήσατο.

Præterea ut de *Tintinnabulis* hæc subjiciamus. Apud Euripidem in Rheso, sonitus ex tintinnabulis vocantur κωδωνοφερικόμποι. *Equi* quoq; *tintinnabulorum sonitu* explorabantur, an *bellicas tumultus* intrepidè ferre possent. Unde absq; dubio, qui sonitum illum perferre non poterant, sed ad illum trepidarent, ἀκωδώνιςοι dicti. Nec de nihilo est, quod *Græcis Tintinnabula* ad excitandum *atq; vigilias* fuisse adhibita accepimus, quemadmodum Thucydides lib. 4. τῶ γὃ κώδων⊕, inquit, παρενεχθέντ⊕; *Tintinnabulo enim prolato, priusquam rediret is, qui tradiderat, ita in vacuum locum scalarum admotio facta est.* De *Brasida* loquitur, qui *Potidæam* conatus capere noctu, dum is, qui circuit, tintinnabulum porrigit, atq; ita locum paulisper deserit. Et *Dio Cassius* lib. 54. *Romanis Vigilibus* in urbe videtur ea *tintinnabula* dare, cùm scribit, Augustum somnio monitum, *Jovem Tonantem* quasi προφύλακα *procubitorem Jovis Capitolini* fecisse, eoq; *tintinnabulum* ei appendisse. οἱ γὃ addit τὰς συνοικίας νύκτωρ φυλάσσοντες; *qui enim vicos noctu custodiunt, tintinnabulo vel campanulâ utuntur, ut significare inter se cùm voluerint, possint.*

Suidas de illo ritu: οἱ περίπολοι οἱ τὰς φυλακὰς περιπολοῦντες; Circuitores, *qui* vigilias *circumibant & explorabant, euntes ad vigiles, tintinnabula habebant*, atq; ea concutiebant explorantes, si quis dormiret, & ut *vigilantes voce responderent*. Notatu dignum est, quòd in *Triumphantis curru* olim *campanula* vel *tintinnabulum* pendebat, ut meminisset Triumphans posse scilicet se in eam calamitatem eáq; tempora incidere, quibus & ipse flagellis cœdi, aut etiam capite plecti posset. Qui enim *decapitandus* erat, *campanulam* gerebat appensam, ne tanquam sacer & contaminatus à quoquam tangeretur. *Panciroll. lib. 1. memor. tit. de Triumphis.*

Angelottus Cardinalis S. Marci, cùm ejus familia *deducendi Domini* gratiâ (sicuti mos est) ad *pulsati tintinnabuli* signum rara conveniret, negligentiæ illorum per jocum coarguedæ causâ *ad horam mensæ vulpinâ caudâ, ne* sentiretur, æs percuti mandavit, ita ut pauci admodum fortè præsentes, tantùm discumberent. *Volat. lib. 23. Anthropol.* Jam postremò *usum tintinnabulorum & campanularum* ad *horologia* subjiciamus, quorum usum improbavit falsè apud Plautum Parasitus; ubi stomachatur in eos, qui *horologia commenti sunt, cùm* venter *sit* optimum horologium. *Erasmus in Adag.*

Simon Majolus in diebus canicularibus colloq. 23. hæc memoriæ tradidit. *In urbibus, ait, insignioribus, tùm Italiæ, ut Venetijs & Bononiæ, tùm Flandriæ plerisq; oppidis* horologiorum machinæ *adeò insigniter componuntur, ut,* cùm inftet hora, ftatuæ æneæ *libramentis ferreis, aut æneis commotæ excurrant, equitum, aut peditum more,* manibus *malleos ferentes* campanam *magnis ictibus percutiant, quæ horarum numerum probrè referant, ac mox visuntur statuæ redire in sua latibula, nimirum munere suo perfunctæ.* Et paucis interjectis. *Ac quod vires humanas videtur excedere, si statueris* tertiâ aut quartâ *vigiliâ* excitari, *tantâ arte componuntur* horologia, *ut* quâ volueris hora, *neq; antea neq; post te æris insolito sonitu* excitabit, *perinde ac si servus te excitet, totus huic rei intentus.*

Et quibusdam in locis confpiciuntur rari artificij *horologia,* in quibus præter alia, tintinnabula & campanulæ pro diverfo temporis ftatu *diversas cantilenarum* imitantur & repræfentant *melodias;* cujusmodi &, ut notum eft, *Soræ* in Silefia, & in alijs urbibus confpiciuntur, multorum cum magna admiratione.

De Tintinnabuli sonitu plura vide in Partis primæ
Theoriâ organices cap. 12.

Caput XIX.
De Tympano.

TYmpanum dicunt inftrumentum ex una parte planum, membranâ claufum, (noftra vulgaria hodie ex utraq; parte) intus vacuum, quod baculis pulfatur. *A pulsando* nomen habens, quia eo pulfato fonitus cietur. Dicitur & τύπανον, ut apud Hom. hym. in matrem Deorum τυπάνων ἰαχὴ, tympanorum fonus, qui adjunctum quendam habet ftrepitum ; unde apud Euripidem in Cyclop. dicuntur τυμπάνων ἀράγματα, *Tympanorum strepitus.* Et Scaliger in Bacchum Galliambo: *Crepericrepante crispans cava tympana digito.* Ab hoc inftrumento *Tympanista* & *Tympanistria,* apud Plautum in Truculento est *Tympano tuba,* qui tympanum cient & pulsant. Modò dicebamus Plinium respexisse ad id, quod *tympana* fieri consuevêre *ex pelle asinina,* eo ipso, quod *Appionem* dixerat *tympanum mundi,* non ut *Tiberius cymbalum* mundi.

Lipsius lib.4. de Militia Romana dial.10. *Apud Romanos Tympana* in usu fuisse negat, & locum illum habet suspectum apud Dionysium lib.4. in classibus describendis sub Ser. Tullio, duas centurias *Tibicinum* & *Tympanistarum,* & qui alijs quibusdam organis ad bella vocabant. Præter hunc *nemo* præter ea *tympana Romanis* assignavit. Imo in convicio apud illos *Tympano tuba,* & *Galli* matris Deûm, id est effœminati pulsabant. Quid quòd ipse Dionysius non repugnat, qui dicta sua re colligens σαλπιςὰς καὶ βυκανιςὰς nominat, nulla tympanorum facta mentione.

Idem lib.7. facit, ubi de classibus hæc repetuntur. Vetera tamen *Tympana,* & ab ipso Baccho, sed in eo ferè choro relicta & apud molles. *Polyænus* de Baccho ejusque rebus lib.1. Straton. *Et cymbalis & tympanum dedit loco tubæ.* Et ab eo fortassis est, quod *in bello* tympano usi etiam *Indi.* Curtius: *Indi Tympana suo more pulsantes.* Iterum: *Post elephantos Porus peditem posuerat, ac sagittarios tympana pulsare solitos, id pro cantu tubarum Indis erat.* Scriptor quispiam apud Suidam: σάλπιγξιν Ἰνδοὶ ὂ χρῶνται; *Tubis Indi non utuntur, sed pro ijs sunt flagella, quæ excutiunt in aërem: & tympana item horribilem quendam bombum emittentia.* Accepimus *Abaros* quoq;, gentem barbaram, alij *Hunos* vocant, habuisse *Tympana.* Ut scriptum reliquit Menander historicus: οἱ δὲ Ἄβαρεις κατὰ τὴν τῦ πολέμυ κίνησιν; *Abari initio prælij statuerant excitare mixtum quendam & ferum sonum, simulq́; cum barritu personare tympanis.*

Cujusmodi tamen *hæc Tympana* fuerint, haud probè memoriæ proditum.

A nostris verò *diversa* illa *Indorum* tympana, quæ sic confecta erant.

In

DE MUSICA INSTRUMENTALI. 429

In abjetis (Lipsio palmæ arboris) stipitem excavatum *nolas*, sive *tintinnabula* ex orichalco inferebant, & os deinde vasis *taurino corio* obtegebant: atque ita tympanum illud in altum ferebant, concutiebantque in acie. Tum, quæ in eo erant, tintinnabula, & multa & magna, atque intus in operto sonantia, obscurum & inconditum edebant sonum, *mugitui non ab simitem:*

Fuit ergo tympanum illud *infrà rotundum, suprà planum*, atque ibi *corio* inductum, quod bacillis pulsabatur: qualia sunt hodie tympana *nostra equestria*, Heerpaucken.

Quamquam etiam *ligno cavo* ex utraque parte pellem obductam fuisse scribit Isiodorus; id tamen Instrumenti genus, non tàm Tympanum, quàm *Symphoniam* appellans. *Salmuth. in Pancirol. lib. 1. rer. memor.*

Plutarchus *Parthos* quoque facit non cornibus, aut Tubis incitare se ad pugnam: ἀλλὰ, inquit, ῥόπτρα βυρσοπαγῆ; *Sed* stipites *quosdam* corio *tectos & concavos* tintinnabulis æreis *circumpositis plurifariam simul pulsant. Illi vero obscurum aliquid & terribile resonant*, ex ululatu *ferino & tonitru commixtum.*

In marmoribus, (*inquit Lipsius*,) *Galli* matris Deum conspiciuntur, *Tympanum* manu tenentes rotundum infrà, suprà planum: atque ibi corium inductum, quod bacillis pulsant. Hæc talia quoque describit Apollodorus & vult *Salmoneum* iis *tonitru imitatum*: καὶ βύρσας μὲν ἐξηρημμένας; *Et pelles detractas, in curnu, cum aneis lebetibus agitans, dicebat se tonare.*

Imo tales etiam pelles non in ære tantùm, in ligno etiam sic cavato & aptato, apud Isidorum: Tympanum, *inquit*, est pellis vel corium ligno ex una parte extentum. *Dimidiatum nostrate Tympanum:* jam plenum in eodem sed alio nomine. Nam *Symphoniam* vocat. *Symphonia* inquit, vulgò appellatur lignum cavum ex utraq; parte pelle extensa, quam virgulis hinc & inde Musici feriunt.

Illud verò non caret admiratione, quod Salmuth annotat; si nimirum altera pars tympani *lupina*; altera *Ovilla pelle* obducta fuerit; tum pulso Tympano ilico *rumpitur ovilla*: & quod majus est, si *duo* fuerint *tympana*, alterum *lupino* corio, & alterum itidem *ovillo* obtectum, *lupino illo separatim percusso, ovillum planè obmutescere*, Alciatus putavit; ut eleganti illo Emblemate his versibus:

Cætera mutescent, coriumq́; silebit ovillum,
Si confecta lupi Tympana pelle sonent.
Hanc membrana ovium sic exhorrescit, ut hostem,
Exanimis, quamvis non ferat exanimem.
Sic cute detracta Cischas in Tympana versus,
Bohemos potuit vincere Pontifices.

Tanta quippe inter utrumque istud animal est *antipathia*, ut ne morte quidem finiatur, sed vel tum quoque lupus ovi formidolosus existat. Alciatus quoque mentionem facit *Cischæ* (vel *ziscæ*) *Husitarum Ducis* invicti, de quo memorant, quòd moriens Thaboritas jusserit, post mortem suam sibi pellem detrahere, *in usum Tympani quo in acie uterentur ad terrendos strepitu illius hostes, ut qui fuerit vivus, mortuus etiam foret terrori hostibus.* Cùm enim moriturus rogaretur, de suo corpore, quid fieri mandaret: *Pellem*, inquit, *mortuo demue, relictóq; feris cadavere, ex ea tympanum facite.*

Caput XX.

De Hydraulico Organo, ejusq́; inventore & Structura.

PAncirollus lib. 1. rerum memorab. scribit de quadam *Musices specie*, quam veteres *Mutam* nominarunt: quod *aqua sono, solis manuum, vultus, pedum gestibus exercebatur*: iidemq́; & intelligebantur, & mirabiliter populum oblectabant actibus in scena intermediis.

Qui verò hanc exercebant, *Mimi & Pantomimi* dicebantur: cujus rei præcipuè Cassiodorum adducit ibidem loci testem, qui lib. 1. varior. ad Albinum scribens, in fine ait: *Istam Musicæ partem veteres appellarunt mutam: quæ quibusdam gestibus facit intelligi, quod linguâ aut*

De Musica Instrumentali.

scripturâ melius exprimi haud poſſet. Hæc verò ars ivit in fumum, & nec ullum ejus extat veſtigium. Eodem loco ſcribit de *Organo Hydraulico*, quod à Græco deſcendit. Græcis enim ὕδωρ *aqua* eſt, & αὐλέω, *ſono.*

Hujus inſtrumenti *Hydraulici*, cui κατ᾽ ἐξοχήν *quidam organi* appellationem tribui volunt, unde & in veteri gloſſario ὑδραυλις *Organarius* dicatur, hujus, inquam *inventorem* faciunt ὁμοψήφως ſcriptores *Cteſibium*, qui vixerit *tempore Ptolomæi*, cognomento Evergetis, in Alexandria Ægypti, ubi organum illud ex *aquæ commotione* ſonum edens reperit. Hic *Cteſibius* paſſim laudatur ab hiſtoricis, pneumaticâ ratione & hydraulicis organis repertis. *Vitruvius* lib. 9. cap. 9. *De Cteſibio refert, cùm animadvertiſſet ex tactu cœli & expreſſionibus ſpiritus vocesq́; naſci, certis principiis uſus, hydraulicas machinas primus inſtituit, atque ſpiritus naturales, pneumaticaſq́; res invenit: quod dicit etiam* Plinius *lib. 7. c. 37.*

Pneumatica autem *organa*, (quaſi dicas, ſpiritalia*)* ſunt machinæ, quibus vi aëris conceptiq́ue ſpiritus aqua extollitur. Quæcunque igitur nullâ manifeſtâ cauſsâ, ſed vi aëris aut fiunt, aut moventur, ea certè pneumaticis organis fieri intelligimus: Sicut quæ aquarum expreſſionibus fiunt, hydraulicis, quaſi fiſtulis contenta aqua; *ut annotat Philander in Vitruvium.*

Et lib. 10. cap. 12. ab eodem, ſcribit, conſtructas machinas hydraulicas, *Merulas dictas,* quibus reddebantur *voces humanarum* imitatrices, & *cantus avium* effectrices.

De Hydrauli porrò hæc accepimus *ex lib. 4. Athen. Dipnoſoph.* Hujuſmodi, ait, *multa convivis* ultrò citrò confabulantibus, auditus eſt è propinquo *hydraulis ſonus* quidam, jucundus & ſuavis admodum, qui nos modis illis delectatos, omnes in ſe convertit.

Tum *Ulpianus* Muſicum *Alciden* cùm aſpexiſſet, Audis, inquit, muſices omnium peritiſſime, elegantem hanc vocis gratiam, quæ nos omnes ad ſe traxit allectos Muſices voluptate. Tum *Alcides*, Hoc tu, inquit, muſicum inſtrumentum, ſive reponas inter ea, quæ fidibus tenduntur, ſive inter ea, quæ inflantur, inventum certè eſt noſtratis *Alexandrini tonſoris* arte, cui *Cteſibius* nomen fuit, quod *ab Ari-*

ſtocle

stocle lib. de Choris memoriæ traditum est, his verbis: *Hydraulis an ex instrumentis sit, quæ animantur, an ex iis, quibus fides adaptantur, ambigitur. Certum tamen inter organa ὄντα τὰ, quæ chordis intenduntur, non posse referri.*

Quare si alterutrum dicendum, inter ἐμπνευστὰ, quæ spiritu inflantur, erat numerandum. In quam sententiam etiam *Aristocles* incumbit, quòd ejus *fistulæ flatum ab aqua* accipiant. κατεσπρημμβροί γὰ εἰσιν οἱ ἀυλοί εἰς τὸ ὕδωρ; *Quia hydraulis aquæ illapsu spiritum accipit, fistulis in aquam obversis, & aquam juvene quodam agitante, axibusq́; præterea instrumentum pervadentibus. Sic enim fistulis immittitur spiritus, lenemq́; sonum illæ reddunt.*

Erat igitur *hydraulicum* instrumentum *aræ rotundæ simile*, & canales, sive fistulas in aqua tenebat: quâ per puerum motâ, illæ animâ, seu vitâ replebantur, nervulorum quorundam, seu lingularum inclusarum medio: atque ita suavissimum edebant sonum: *ut tradit Athen. lib. 4.*

Tertullianus lib. de anima c. 5. ait, *Inventorem* hujus organi fuisse *Archimedem* Syracusanum, summum Mathematicum: & addit, *Organum illud multas habuisse tibiarum acies, & per earum unam spiritum recepisse, ad instar Organorum nostratium.*

Qui hoc utebantur, *Hydraulæ* nominabantur, (ut in l hydraulæ 4. C. de excusat. mun.) ubi Græci Hydraulas interpretantur Musicos, qui cantabant organis, à folliculis quidem inflatis, sed ab aquâ tamen attificiosè motâ sonoris. *Tiburti*, inquit Pancirollus, quod propè Romam est, itidem *fons* conspicitur, simili cum arte sonum movens: sed haud credo, eum ita suavem esse, ut de veteri illo hydraulico instrumento memoriæ est proditum.

Præterea *Vitruvius* lib. 10 cap. 13. de Hydraulicis machinis, quibus organa perficiuntur, hæc ordine refert; verùm non omnibus (ut ipse in calce cap. subdit) expedita ad intelligendum, præter eos, qui in his generibus habent exercitationem. Quod si qui parum intellexerint è scriptis, cum ipsam rem cognoscent, invenient, curiosè & subtiliter omnia esse ordinata.

De

De Musica Instrumentali. 433

    De materia, inquit, *compacta basi, arca in ea ex ære fabricata collocatur supra basim eriguntur regulæ dextra ac sinistra scalari forma compactæ, quibus includuntur ærei moaioli fundulis ambulatilibus, ex torno subtiliter subactis, habentibus fixos in medio ferreos antones, & verticulis cum vectibus conjunctos, pellibusq́ lanatis involutos.*

    Item in summa planitia foramina circiter digitorum ternum, quibus foraminibus proxime in verticulis collocati ærei Delphini, pendentia habentes cymbala ex ore, infra foramina modiolorum chalata intra arcam, quo loci aqua sustinetur.

    Inest in id genus uti infundibulum inversum, quod subter taxilli alti circiter digitorum ternum suppositi librant spatium imum, ima inter labra phigæos & arcæ fundum. Supra a. cerviculã ejus, coagmentata arcula sustinet caput machinæ, quæ Græce κανών μυσικός *appellatur: in cujus lōgitudine canales, si tetrachordos est, fiunt quatuor, si hexachordos sex: si octochordos, octo. Singulis a. canalib. singula epistomia sunt inclusa, manubrijs ferreis collocata, quæ manubria cùm torquetur, ex arca patefaciũt nares in canales. Ex canalibus a. Canon habet ordinata in transverso foramina, respondentia in naribus, quæ sunt in Tabula summa, quæ tabula Græcè* πίναξ *dicitur. Inter tabulam & canona regulæ sunt interpositæ, ad eundem modum foratæ & oleo subactæ, ut faciliter impellantur, & rursus introrsus reducantur, quæ obturant ea foramina, pleuritidesq́ appellantur: quarum itus & reditus, aliàs obturat, aliàs aperit tenebrationes. Hæ regulæ habent ferrea choragia fixa & juncta cum pinnis, quarum pinnarum tactus motiones efficit regularũ. Continentur supra tabulam foramina, quæ ex canalibus habent egressum spiritus. Regulis sunt annuli agglutinati, quibus ligulæ omnium includuntur organorum. E modiolis autem fistulæ sunt continenter conjunctæ ligneis cervicibus, pertinentesq́ ad nares, quæ sunt in arcula, in quibus axes sunt ex torno subacti & ibi collocati, qui cùm recipit arcula animam, spiritum nõ patientur, obturantes foramina, rursus redire. Ita cùm vectes extolluntur, ancones deducunt fundos modiolorum ad ĩmum, Delphiniq́, qui sunt in verticulis inclusi, chalantes in os, cymbala replent spatia modiolorum, atq́ ancones extollentes fundos intra modiolos vehementi pulsus crebritate, & obtu-*

Kkk   *rantes*

rantes foramina cymbalis superiora aëra, qui est ibi clausus, pressionibus coactum, in fistulas cogunt, per quas in lignea concurrit, & per ejus cervicem in
arcam: motione vero vectium vehementiore, spiritus frequens compressus e-
pistomiorum aperturis influit, & replet anima canales. Itaq; cùm pinnæ manibus tactæ propellunt & reducunt continentes regulas, alternis obturando foramina, alternis aperiundo ex musicis artibus, multiplicibus modulorum va-
rietatibus sonantes excitant voces.

 Ex his procul dubio *Hydraulus* valdè similis fuisse colligitur ei,
quod nunc communi omnium instrumentorum genere, *Organum* &
κατ' ἐξοχὴν appellamus, nisi quòd in nostro nullius est aquæ usus.

De quo vide plura in 2. Exercitatione Sethi Calvisij
pag. 115. 116. 117.

CAPUT XXI.

Ἐπίθλημα, vel Corollarium
*De Instrumentorum Musicorum, nostro tempore usitatorum,
descriptione & pleniori distributione.*

ΠΡΟΔΙΆΓΙΟΝ.

PErvulgata est philosophorum distinctio, quâ res o-
mnes in naturales & artificiales dispescuntur: illæ; quia constantem naturæ ordinem sequuntur, sub certam scientiæ formam redigi possunt; hæ verò, ut multiplici varietati obnoxiæ, accuratam tractationem non admittunt: quippe cùm contingentium sit ars,
& circa accidentia efformanda in subjecto, vel materia naturali occupetur, πᾶσα γὸ τέχνη ἐσίαν ὄκ ἀπεργάζεται, ἀλλὰ τὰ περὶ τὴν ἐσίαν, *Nulla ars
fabricat substantiam, sed quæ circa substantiã.* Hoc ipsum videre est in *Instrumentorum Musicorum* effectione. Mechanicus enim in illis præpa-
randis, materiam sumit à Naturâ, providâ illa rerum Architectrice, il-
lamq; debito modo expoliendo, artificiali figurâ velut eleganti induit
veste, (*Ars namq; adjuvat Naturam, & in quo hoc deficit, hoc illa perficit*)
idq; quisq; pro ingenij acumine, & sagaci inventione. Hinc varia il-

la in

DE MUSICA INSTRUMENTALI.

la infignis fuavitatis prodierunt *Inſtrumenta Muſica*, quæ quia accuratiſſimâ pertractari nequeunt Methodo, (noſtro enim de omnibus rebus vel ſcientia, vel ars, eſt tanquam umbra in Sole, & quemadmodũ olim, vulpecula eluſa à ciconia, vitreum vas lambimus, pultem haud attingimus) levi hoc penicillo ac umbratili hac & informi formâ adumbrare operæ precium duximus, conſideraturi. *I. Inſtrumentorum Muſicorum in genere deſcriptionem*, idq; curſim & ſuccinctè pro inſtituti ratione: *II.* n quantum fieri poteſt à nobis, *accuratiorem & pleniorem eorundem diſtributionem* inveſtigaturi.

1. MEMBRUM.

Hiſtorica, vel Definitiva generalis Inſtrumentorum Muſicorum.

IN omni dubia & fluctuanti re eſt omnium firmiſſima anchora definitio, à quâ in rei perceptionem deducimur, quare & nos quodammodo in cognitionem Muſicorum Inſtrumentorum deducet, hæc quam ponimus, qualiscunq; eorundem deſcriptio, qua *Inſtrumenta Muſica* definiuntur, *fabricæ, ingenioſorum & præſtantium Mechanicorum ſtudio & operâ inventa, ex idoneâ materiâ, debitâ figurâ & convenienti proportione efformata, ſonum harmonicum efficiendi & adjuvandi apta, ut DEI gloriæ inſerviant, hominumq́; animos mirâ voluptate percellant & afficiant.* Quâ deſcriptione omnes cauſſæ Muſicorum Inſtrumentorum ob oculos ponuntur.

Cauſſæ efficientis locum tenent Mechanici artifices, qui per rudiora principia, aſſiduis animi laboribus & ſtudijs ejusmodi invenerunt inſtrumenta, inventa alij excoluerunt, exculta alij perfecerunt. Inventis namq; alterius laboribus alter ſemper aliquid novi addere ſtuduit, atq; æmulâ manu perfectius edere opus ſategit; Eſtq; hæc honeſta illa & laude digna æmulatio, à qua proximus ad virtutis ædes gradus. De his artificibus alio loco. *Materiam & Formam* quod attinet, generali hac deſcriptione non explicantur, ſed in cujusq; ſpeciali & propria definitione vel delineatione manifeſtari & notari neceſſe eſt.

Caufa finalis additur in defcriptione duplex: *Una primaria*, gloria Dei, quæ omnium noftrarum actionum menfura, cenfura & cynofura meritò judicatur; *altera fecundaria*, voluptas hominum, quia fuavi titillatione aures afficit, ebullientes tumultuantium affectuum fluctus fedat & componit, & ad graviora mentem ferenat atq; allicit.

2. MEMBRUM.

Meriftica, vel diftributiva tractatio Muficorum Inftrumentorum.

Qui aptè & commodè rem dividere poffit, hujus fe veftigia fecuturum affirmat Plato, ὡς ἴχνια θεῶ, ut veftigia Dei, adjicimus & nos album calculum Platonis fententiæ, & libenter, fi noftris fciremus propitium votis numen, optaremus (abfit Ethnicifmi dictis fufpicio) cum virgulâ divinâ Evodium Deum, qui dextrè divifiones eruat, vel Hegemonam Deam, quæ ex his labyrinthis ad optatum finem deducat, ac dedalæâ manu nos vindicet in libertatem. Interim falvo politioris & acutioris judicij jure, *Inftrumentorum Muficorum* aggredimur *diftinctionem*; & quamvis accuratâ divifione in fpecies diftribui nequeant; nec à materiâ difcrimen fumi poffit, quæ differre non facit πρώτας primariò, fed δευτέρως fecundariò, imò pluribus poteft effe communis: in quo autem quæq; res cum aliâ convenit, in illo non differt ab eâ re: Prætereaq; differentiæ à formis fumendæ veniant; quia tamen Inftrumentorum Muficorum formæ (quæ propriè figuræ dicuntur) ftrictas artis leges non admittunt, qualicunq; modo illa diftinguemus, confiderando eadem, vel *quoad foni*, quem habent, *qualitativam generationem*, vel quoad ejusdem foni *quantitativam menfurationem*, diftinctis fequentibus paragraphis.

I.

Quod ad foni *qualitativam generationem* attinet, cauffatur vel procreatur fonus ille vel ab aëre, non tamen folo, fed alijs requifitis adhibitis, & hinc quædam *Inftrumenta* vocantur ἔμπνευστα, *Inflata*: vel fonus ille oritur à percuffione, quæ κρουστὰ *Pulfata* dicuntur.

Ἐμπνευ-

De Musica Instrumentali.

II.

ἔμπνυςα, vel *Inflata Instrumenta sunt*, quæ idoneâ figurâ ex aptâ materia ab artificibus præparata, per aërem susceptum sonora redduntur, &, vento *per cannas* & tubulos transmisso, concitantur.

III.

Quæ iterum sunt in duplici differentia: Quædam enim sonora evadunt, quando aër, follibus attractus, immittitur, tubulis, artificiosè constructis adjuncta clavium, digitorumque motione & officio: Quædam spiritu vel flatu humano inflantur. Illius generis sunt; *Organum, Pneumaticum* κατ' ἐξοχὴν dictum, *Positivum, Organum portatile, Regale*.

IV.

Quæ spiritu humano inflata harmonicum sonum edunt, illa vel solius oris officio indigent, ubi solùm artificis os admotum & inspirans regitur, absque Instrumenti motione seu ductu; cujusmodi est *Tuba*. Vel oris & manuum seu digitorum motione simul opus habent. Et hæc vel nulla habent foramina, ubi ad soni productionem requiritur etiam Instrumenti, seu cannarum ductus & reductus; ut *Buccina*, seu *Trombone*, Ein Posaune.

Quædam vero habent foramina: eaque 1. vel in anteriori parte tantùm. 2. vel in anteriori & posteriori. 3. vel in parte anteriori, posteriori & laterali simul, quæ singula adhibitâ digitorum agilitate circa cannarum foramina varium sonum reddunt, ut sunt Auloedorum & Tibicinum Instrumenta pleraq; omnia.

V.

Primi generis iterum sunt duplicia: 1. aut enim annexum habent utriculum, ut *Tibia utricularis*, Schaf Orgel oder Schäferpfeiffe. 2. aut carent utriculo, ut sunt: *Tibia transversa, vel Traversa,* Querflöte/ *Lituus, Piffari, Fifari,* Schalmeyen/ Lierlauen/ kleine alt Bombartte.

VI.

Secundi generis sunt hujusmodi instrumenta:
Cornu, Cornetto, Cornet/ ein schwartzer krummer Zinck.
Corna muti, Ein gelber gerader Zinck.

Corna muse, Krumhörner.
Tibia, Fistula, Flauti, Ein Flöte/ oder Blockpfeiffe.
Fagotti, Dolzaine, Ein Dulcian/ Fagott.
Bombyces, Grosse Baß vnd andere Pommen.
Bassanelli. Cæteræ *Tibiæ utriculares,* als Bock/ Hümmelchen/ Dudey.

VII.

Tertii generis sunt: *Racketti, Sordani, Doppioni, Schriari.* Et hæc sunt Instrumenta, quæ vocantur ἔμπνουςα, vel Inflata: sequuntur ἄπνουςα, quæ à modo tractandi κρουςά appellantur.

IIX.

Κρουςά, vel *Pulsata* dicuntur omnia illa *Instrumenta,* quæ resonant adhibitâ pulsatione.

Et hæc iterum commodâ distinctione possunt dividi, quod alia sint ἄχορδα, nullas vel chordas, vel nervos habentia, alia verò sint ἔγχορδα, chordas vel nervos habentia.

IX.

Ἄχορδα, *quæ nullas chordas habent,* tantùm pulsando concitantur ad sonum: Idque vel

1. Per bacilla; qualia sunt:
   Tympanum, Ein Paucke/ Trummel.
   Crepitaculum, Ein Triangel.
   Item die Strofiedeln/ quæ *Clavi tympana* vocari possent.
2. Vel pistillis seu malleolis & globulis sonora redduntur, hujusmodi sunt:
   Campanæ, Glocken.
   Tintinnabula, Glöcklein.
   Cymbala, Cymbeln.
   Sistra, Röllichen.
   Nolæ, Schellichen.

X.

Instrumenta ἔγχορδα sunt, quæ vel chordis ex ære diductis, vel ner-

vis ex

DE MUSICA INSTRUMENTALI. 439

vis ex inteſtinis animalium, imprimis ovium, factis, intenduntur, harmonicumq́; concentum edunt.

XI.

Quæ nervis intenduntur, ſonora evadunt:

1. aut digitorum tantùm moderamine tacta; ut,
Teſtuao, Chelys, Laute.
Theorba, iſt wie ein groſſe Baßlaute / Cujus Inſtrumenti deſcriptio ex 2. parte Tomi ſecundi Syntagmatis Muſici petenda.
Quinterna, Arpa, Pſalterium, Ein Harffe.

2. Aut ſimul nervorum tenſione, per arcum & hinc inde ductum pectinem piloſum, ſonum reddunt. Ejuſmodi ſunt:
Lyra, Lyroni: Italianiſche Lyere.
Arciviolate Lyre, Groſſe Lyere.
Viole de Gamba.
Violino Rebechino, Fides, fidicula, Kleine Geigen / ſonſt *viol de bracie.*
Viol Baſtarda.
Chorus ſeu *Tympani ſchiza,* Ein Trumſcheidt / Inſtrumentum eſt, inſtar trabis oblongum, cujus quatuor nervi (ut vielle) arcu rotantur, vnd gibt einen Reſonantz / als wenns vier Trommeten weren / vnd ein Clarien mit eingeblaſen würde.

3. Aut clavium tactu & ſimul rotæ agitatione, ut
Lyra pagana, ſeu *Ruſtica,* Ein Gemniæ oder Pawren Lyere.

XII.

Et hæc ſunt *Inſtrumenta ἔγχορδα,* nervos ex inteſtinis factos habentia: ſequuntur, *quæ chordis æreis* & ex metallis ductis intenduntur & ſonora efficiuntur:

1. Vel digitis extremis ſaltem tacta, ut: *Pandora, Penorcon, Orpheorcon, Harpa Irlanaica.*
2. Vel plectro, ſive calamo: ut *Cithara.*
3. Vel mediantibus ligneis lamellis, iiſdemq́; inſertis calamis tanguntur, ut *Virginale, Spinetta, Clavicymbalum, Clavicytherium, Arpichordium, Clavichordium.*

4. Vel

4. Vel ligneo deniq; plectro seu bacillo: ut
Sambuca, Barbytus, Ein Hackebret.

XIII.

Hucusque à nobis pertractata & enarrata *Instrumenta*, respectu sequentium, alicujus distinctionis gratiâ, possunt indigitari *Prima*, sequentia verò, à *Primis Orta*, quia ex superioribus quasi composita & mixta videntur; nimirum partim ex ἐμπνεύςοις & ἐγχόρδοι, Quale Instrumentum est *Claviorganum*, in quo tàm fistulæ per folles, quàm chordæ æreæ per calamos, clavium impulsu moventur, & musicum concentum edunt: Partim verò sicut ἔμπνευςα spiritu humano adjuvantur, simulque tanquam κρεςα digitis pulsantur: ut
Crembalum, Ein Brumeysen oder Maultrummel.

XIV.

Hactenus Instrumentorum Musicorum sonum consideravimus, quoad illius qualitativam generationem, & inde qualescunq; deprompsimus distinctiones: reliquum est, ut eodem stilo & filo sonum perpendamus, quoad alias affectiones, vel *quantitativam mensurationem*, quæ & ipsa consideratio, non inutiles nobis suppeditabit observationes, secundùm quas etiam aliquam Instrumentorum Musicorum possumus instituere divisionem, quatenus nempe illorum *sonus est quantitative mensurabilis*, 1. κατὰ τὸ μῆκος, secundùm *longitudinem*. 2. κατὰ τὸ πλάτος, secundùm *latitudinem*, & 3. κατὰ τὸ βάθος, secundùm *profunditatem*.

XV.

Ratione & respectu *longitudinis*, vel κατὰ τὸ μῆκος, Instrumentalis Musicæ sonum considerando:

1. Quædam *Instrumenta* eundem edunt *sonum, firmum ac stabilem,* & licèt frequentissimè assiduo usu adhibeantur, uniformem tamen usque retinent, ut sunt præter κρεςα ferè omnia, pleraque etiam ἐμπνευςα, quæ humano flatu reguntur, & ex illis, quæ follibus moventur, *Organum* & *Positivum*.

2. Quædam contrà *sonum* habent *mobilem & inconstantem*, qui facilli-

mè &

De Musica Instrumentali. 441

mè & sæpissimè alteratur; Ejusmodi est inter ἔμπνδςα, *Tibia utricularis*, unà cum ἐγχόρδοις reliquis ferè singulis, cum æreas chordas habentibus, ut *Cithara, Pandora, Penorcon, Orpheorcon,* & *Arpa Hybernica :* tùm & potissimùm nervis, ex intestinis factis, intensis: ut Arpa communis, *Testudo, Theorba, Violini, Viole, Lyre, Arceviolate lyre*.

3. *Quædam medio modo se habent*, nec adeò labilem aut mobilem & inconstantem, nec adeò immobilem & constantem: quale est inter ἔμπνδςα, *Regale:* inter κρδςὰ ἄχορδα, *Tympanū:* inter κρδςὰ ἔγχορδα, *Clavichordium, Clavicymbalum, Spinetta.*

XVI.

Quoad *latitudinem* vel κατὰ τὸ πλάτ۞ si Musicum sonum consideres, (si modò est aliqua soni latitudo, salvo tamen acutiorum judicio sic loqui liceat, qui has affectiones quantitati adjudicant, unde impropriè sono, ut qualitati, tribuuntur, interim possumus sano sensu, sono has ipsas voces accommodare) *Instrumenta* quædam:

1. Erunt πάντονα, *Omnisona*, vel *Omnivoca*, quæ omnes vel plures simul figuralis cantus voces exprimere possunt: ut Organum, *Regale, Clavicymbalum, Virginale, Testudo, Arpa, Cithara doppia* Doppel Cithern/ *Pandora, Penorcon, Arceviolate lyre*.

2. Quædam πολύτονα, *Multisona* vel *multivoca*, quæ quidem multas, non tamen omnes imitari & repræsentare possunt Musicæ figuralæ voces: ut *Cithara parva, Lyra parva, de bracu* & *Lyra de gamba*.

3. Quædam sunt μονότονα, *Univoca,* vel *Unisona,* & non nisi unius vocis modulationi inserviunt: ut sunt omnia ἔμπνδσα, quæ spiritu humano agitantur: & aliquot Enchordæ Instrumenta, utpote *Fidicula, Viole,* & quæ sunt hujus generis alia.

XVII.

Lll Respe-

Respectu *profunditatis*, & κατὰ τὸ βάθος, aut κατ' ἄρσιν καὶ θέσιν, secundùm *elevationem & depressionem*, si denique sonorum diversitatem consideraveris:

1. Musica quædam Instrumenta singulari & certa limitatione sonum terminant, & ultra foramina, quæ habent, sonus nec elevari, nec deprimi potest: ut sunt τὰ κρουστὰ omnia, tàm ἄχορδα, quàm ἔγχορδα, cum quibusdam ἐμπνεύστοις, ut sunt Sorduni, Racketti, Schriari, Bombardi, Bassanelli, Lituus Cornamuse: Et illis, quæ suos habent folles, nimirum *Organo* & *Positivo*.

2. Quædam ultra naturalem sonum à perito artifice & Magistro, beneficio labiorum compressorum & immissi spiritus, cogi & elevari possunt, ut in sequenti Tomo secundo patebit, ubi omnium istorum Instrumentorum natura & figura
plenius & planius demonstrabitur.

I. SYNOPSIS, seu Tabella Instrumentalis.

Instrumenta Musica dividi possunt, sunt secundum

- Qualitati, vam Musici soni generationem, in à priori orta, vel mixta, que ex natura superiorum velut composita sunt
  - Prima qua vel ἐμπνευςὰ quæ inspiratur, vel flatu.
    - Follium ut sunt
      - Organum Pneumaticum.
      - Positivum.
      - Organum Portatile.
      - Regale.
    - oris humani: adigne
      - Præterea adhibita
        - labiis solummodò motu absque Instrumenti ductu, ut Tuba.
        - canna attractione, & retractione, ut Buccina.
        - digitorum agilitate circa cannarum foramina, aut
          - 1. in parte anteriori tantum, & vel
            - cùm adhærente utriculo, ut Tibia utricularis.
            - absque utriculo ut
              - Tra-versa.
              - Lituus.
          - 2. in parte anteriori & posteriori, ut
            - Cornetti.
            - Cornamute.
            - Cornamuse.
            - Flauti.
            - Fagetti Dolraive.
            - Bombyces.
            - Bassanelli.
          - 3. in parte anteriori, posteriori & simul laterali: ut
            - Racketti.
            - Sorduni.
            - Doppioni.
            - Schriari.
  - ἄπνευςὰ à pulsatione χρυςὰ dicta, suntque vel κρυςτὰ ἠχόρδα, quæ pulsantur per
    - Bacillus
      - Tympanum.
      - Crepitaculum.
      - Clavitympanum.
    - Malleolos
      - Campana Tintinnabulum.
      - Cymbalum.
      - Sistrum.
      - Nola.
    - κρυςτὰ ἔγχορδα que constant sunt Nervis ex sint estimis, & tangūtur mediante vel
      - 1. Solo digitorum moderamine, ut
        - Testudo
        - Theorba
        - Quinterna
        - Arpa Psalterium.
      - 2. Simul & nervorum per arcum tensione, ut
        - Violine, Rebechino vel Viol de braccio.
        - Viol de gamba.
        - Viol bastarda.
        - Lyra, Lyroni.
        - Arciviolate Lira.
        - Chorus:
      - 3. Clavium tactu & Rota agitatione, ut, Lyra Rustica.
  - Claviorganum per folles & nervos.
  - Crembalum.
    - Chordis arcu, & moventur partim
      - 1. digitis, ut
        - Pandora.
        - Penorcon.
        - Orpheoreon.
        - Arpa Hybernica.
      - 2. Calamis ut
        - Cithara parva.
        - Cithara doppia.
      - 3. Plectris, ut Sambuca.
      - 4. Clavibus, ut mutantur.
        - Nablium.
        - Clavicordium.
        - Virginale spinetta.
        - Clavicymbalum.
        - Clavicytherium.
        - Arpicordium.

- Quantitatiuam mēsurationem instituta, scil. quo ad soni Musici vel
  - Longitudinem, secundùm quam dividuntur Instrumēta, in
    - Stabilia
    - Mobilia, quorum quædam
      - raro
      - facilè &
      - sæpe
  - Latitudinem & sunt vel
    - Omnivoca.
    - Multivoca.
    - Univoca.
  - Crassitudinem secundùm quam sunt vel
    - Conformia.
    - Transportabilia.

Lll 2   II. SYNO-

II. SYNOPSIS.

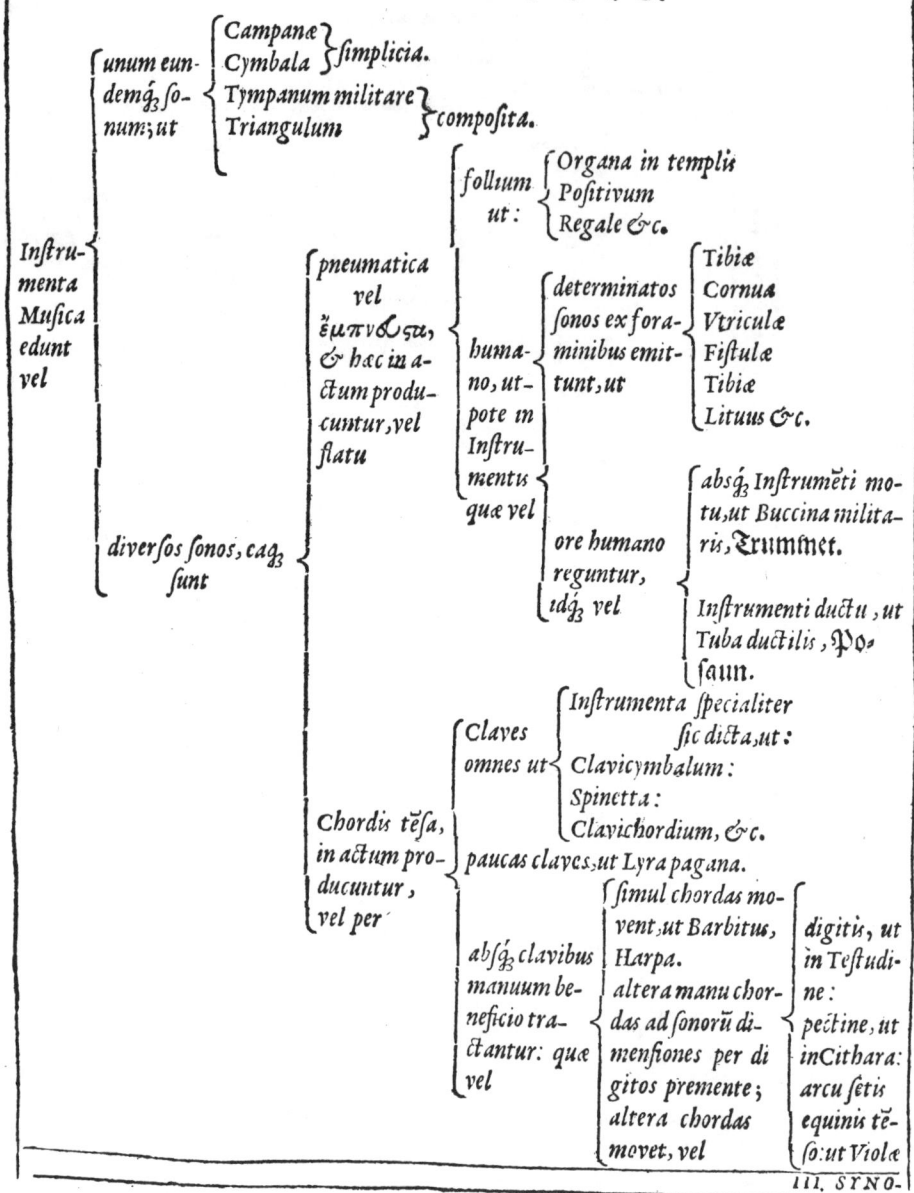

Instrumenta Musica edunt vel
- unum eundemq́; sonum; ut
  - Campanæ, Cymbala } simplicia.
  - Tympanum militare, Triangulum } composita.
- diversos sonos, eaq́; sunt
  - pneumatica vel ἔμπνοῥςα, & hæc in actum producuntur, vel flatu
    - follium ut:
      - Organa in templis
      - Positivum
      - Regale &c.
    - humano, ut pote in Instrumentis quæ vel
      - determinatos sonos ex foraminibus emittunt, ut
        - Tibiæ
        - Cornua
        - Vtriculæ
        - Fistulæ
        - Tibiæ
        - Lituus &c.
      - ore humano reguntur, idq́; vel
        - absq́; Instrumeti motu, ut Buccina militaris, Trummet.
        - Instrumenti ductu, ut Tuba ductilis, Po-saun.
  - Chordis těsa, in actum producuntur, vel per
    - Claves omnes ut
      - Instrumenta specialiter sic dicta, ut:
      - Clavicymbalum:
      - Spinetta:
      - Clavichordium, &c.
    - paucas claves, ut Lyra pagana.
    - absq́; clavibus manuum beneficio tractantur: quæ vel
      - simul chordas movent, ut Barbitus, Harpa.
      - altera manu chordas ad sonorū dimensiones per digitos premente; altera chordas movet, vel
        - digitis, ut in Testudine:
        - pectine, ut in Cithara:
        - arcu setis equinis těso: ut Violæ

III. SYNO-

III. SYNOPSIS.

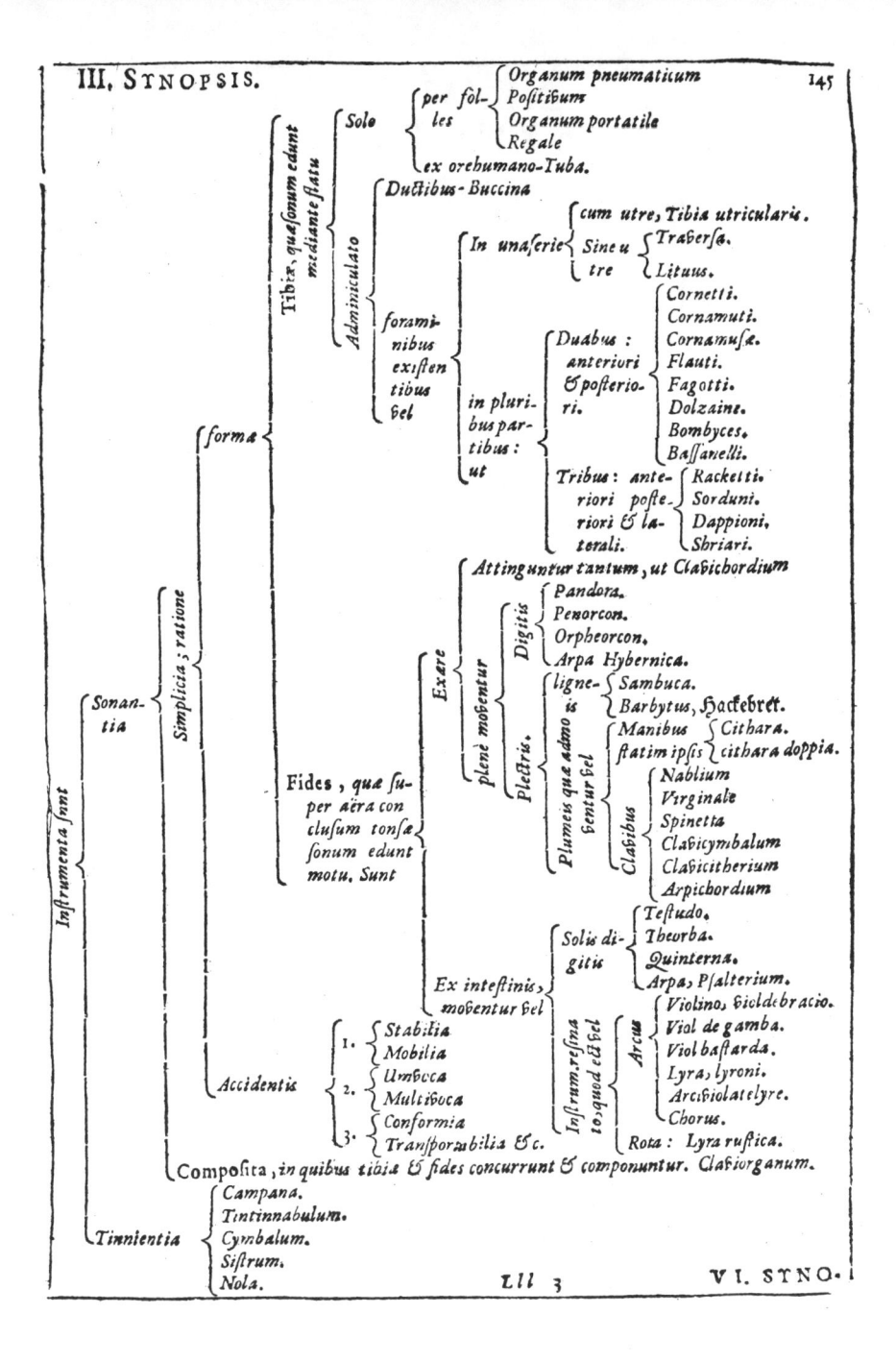

Instrumenta sunt
- Sonantia
  - Simplicia; ratione
    - forma
      - Tibiæ, quæ sonum edunt mediante flatu
        - Adminiculato
          - Solo
            - per folles
              - Organum pneumaticum
              - Positivum
              - Organum portatile
              - Regale
            - ex ore humano - Tuba.
          - Ductibus - Buccina
        - foraminibus existentibus vel
          - In una serie
            - cum utre, Tibia utricularis.
            - Sine utre
              - Traversa.
              - Lituus.
          - in pluribus partibus: ut
            - Duabus: anteriori & posteriori.
              - Cornetti.
              - Cornamuti.
              - Cornamusæ.
              - Flauti.
              - Fagotti.
              - Dolzaine.
              - Bombyces.
              - Bassanelli.
            - Tribus: anteriori poste- riori & laterali.
              - Rackettí.
              - Sorduni.
              - Dappioni.
              - Shriari.
    - Fides, quæ super aëra conclusum tonsæ sonum edunt motu. Sunt
      - Attinguntur tantum, ut Clavichordium
      - Exere
        - Digitis
          - Pandora.
          - Penorcon.
          - Orpheorcon.
          - Arpa Hybernica.
        - Plectris
          - plené moventur
            - ligneis
              - Sambuca.
              - Barbytus, Hackebret.
            - Manibus — Cithara.
            - statim ipsis — cithara doppia.
          - Plumes quæ admoventur vel — Clavibus
            - Nablium
            - Virginale
            - Spinetta
            - Clavicymbalum
            - Clavicitherium
            - Arpichordium
      - Ex intestinis, moventur vel
        - Solis digitis
          - Testudo.
          - Theorba.
          - Quinterna.
          - Arpa, Psalterium.
        - Instrum. resina to, quod est vel
          - Arcu
            - Violino, Violdebracio.
            - Viol de gamba.
            - Viol bastarda.
            - Lyra, lyroni.
            - Arcivioletelyre.
            - Chorus.
          - Rota: Lyra rustica.
  - Accidentis
    - 1. Stabilia / Mobilia
    - 2. Univoca / Multivoca
    - 3. Conformia / Transformabilia &c.
  - Composita, in quibus tibiæ & fides concurrunt & componuntur. Claviorganum.
- Tinnientia
  - Campana.
  - Tintinnabulum.
  - Cymbalum.
  - Sistrum.
  - Nola.

VI. SYNO-

IV. SYNOPSIS, seu

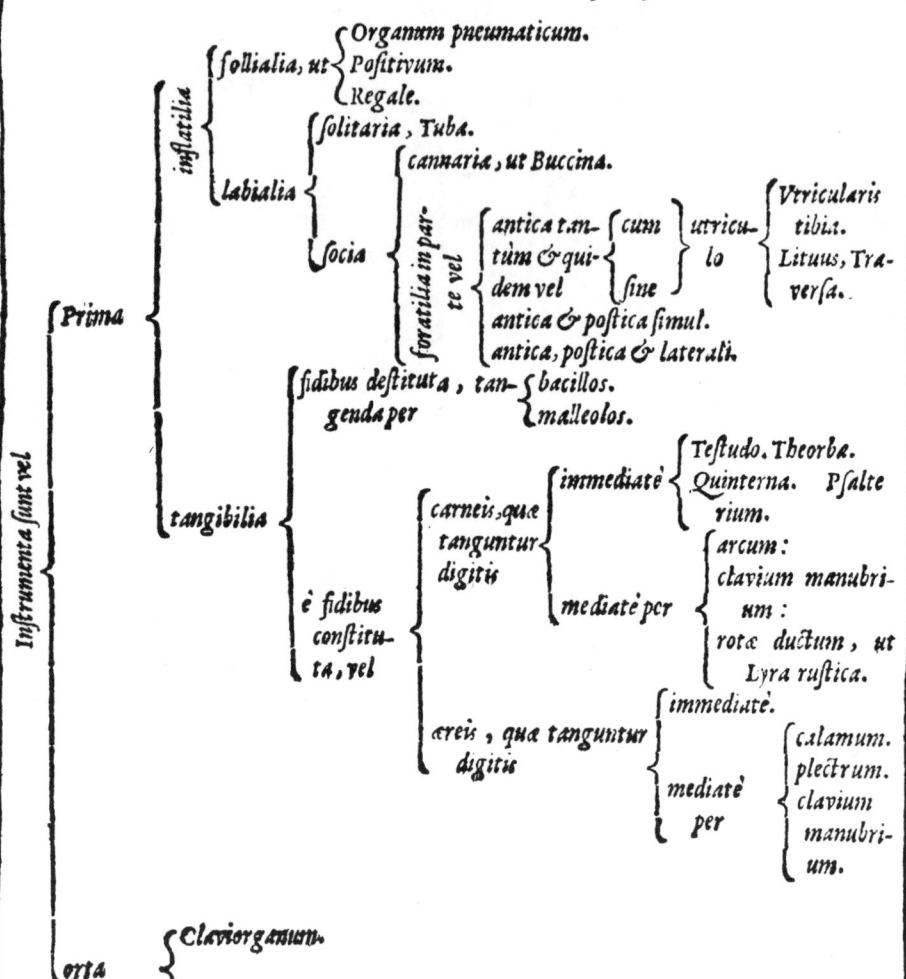

Instrumenta sunt vel
- Prima
  - inflatilia
    - follialia, ut
      - Organum pneumaticum.
      - Positivum.
      - Regale.
    - labialia
      - solitaria, Tuba.
      - socia
        - cannaria, ut Buccina.
        - foratilia in parte vel
          - antica tantùm & quidem vel
            - cum
            - sine
          - utriculo
            - Utricularis tibia.
            - Lituus, Traversa.
          - antica & postica simul.
          - antica, postica & laterali.
  - tangibilia
    - fidibus destituta, tangenda per
      - bacillos.
      - malleolos.
    - è fidibus constituta, vel
      - carneis, quæ tanguntur digitis
        - immediatè
          - Testudo. Theorba. Quinterna. Psalterium.
        - mediatè per
          - arcum:
          - clavium manubrium:
          - rotæ ductum, ut Lyra rustica.
      - æreis, quæ tanguntur digitis
        - immediatè.
        - mediatè per
          - calamum.
          - plectrum.
          - clavium manubrium.
- orta
  - Claviorganum.
  - Crembalum.

PRÆ-

PRÆTERMISSA.

Quia in primi Tomi parte prima, membri primi capite quarto pag. 15. Johannis VValtheri mentio facta, & ipsius conatus & industria in vitiositate cantus choralis emendanda commendata fuit, aptum tunc fuisset statim verba ipsa reverendi istius Senis subjicere, & ex iis de mente ejus cognoscere: at cum prætermissa ibidem fuerunt, potius quàm planè omitterentur hîc in calce appendicis quasi loco ea annectere placuit, quorum lectionem benevolus lector facilè cum loco supra allegato conjungere potest.

De vitiis quibusdam Musicis, quæ in antiquis cantionibus Choralibus occurrunt, & eorundem per VValtherum correctione.

Quingentis etiam, & quod excedit, annis, veteres quidam Musici, inter quos Berno & Gvido, de corruptione & vitiositate Psalmodiæ Ecclesiasticæ conquesti sunt: & inde usq; ferè in unaquaq;Ecclesiâ,scioli dicam,an artifices? inventi sunt, qui cantiones illas, ut vocamus, Chorales, ut plurimum à præcellentissimis, & artis Musicæ peritissimis viris, & Patribus, D. Gregorio, Ambrosio, & Augustino, artificiosè & exactè observatâ prosodiâ, & genuinâ Latinæ lignæ pronunciatione, compositas (quasi illis volupe essent cornicum oculos configere) mutare & corrigere conati sunt.

Quod omninò puritati & sinceritati Psalmodias antiquæ corrumpendæ & adulterandæ fuit: illiq; meritò corruptela illa, quæ animadvertitur, accepto ferenda est.Ea verò,quæ difficultatem habent,& animadversionem censoriam desiderant (desiderant verò non pauca) facilè ad horum referas aliquod.

Nam aliquando confusæ, & trajectæ sunt notulæ, nec hisce textus aptè subjunctus. Id quod librariis(chalcographia enim necdum inventa erat) tribuendum, quorū partim socordia, partim tumultuaria scriptio, & quod characteres situ vetustatis penè deletos oculis nō satis ad-

seque-

sequebantur, talia σφάλματα peperit & reliquit. Aliquando pronunciationis proprietas susq; deq; habita est. Videlicet syllabę sub gravi tono supprimendæ quandoq; exacuuntur & extolluntur; quandoq; plurium notarum tractu quasi circumflectuntur & extenduntur.

Etsi verò hujusmodi tam frequentia occurrant, ut illis omnibus medicinam adhibere, atq; hoc Augiæ stabulum perpurgare, impossibile penè sit, & non unum Herculem requirat: tamen nonnihil tentavit ante annos plus minus octoginta Johannes VValtherus, Electoris Saxonici tum temporis chori Musici Magister. Is distinctis primò accuratè notis, quæ quibus deinde verbis conjungenda essent demonstravit, nec non potissima in pronunciationem Latinam commissa vitia, Barbarismos insuper etiam, quibus scatebant Psalmodiæ vetustiores, quantum ejus fieri potuit, correxit & sustulit. Quod verò restare videbatur, in quantitatis syllabarum ratione exactè subducendâ, necessariò sibi relinquendum putavit: ne antiquæ & consuetæ clausulæ, diruptæ, planè novum quid & peregrinum sonarent, aureíque offenderent. Quod faciendum fuisse ipsi quoque Luthero visum fuit: cujus verba, ex præfatione libelli Cantionum funebrium, hæc sunt: Es ist nicht vnsere meinung/daß diese Noten so eben müssen in allen Kirchen gesungen werden. Ein jegliche Kirche hat jhre Noten vnd Buch nach jhrem brauch/Denn ich selbst nicht gerne höre/wo in einem Responsorio oder Gesange die Noten verrücket/anders gesungen werden/weder ich in meiner Jugend gesungen vnd gewohnet bin/ꝛc.

Et sanè optandum fuisset, illos VValtheri labores, tum plus successus habuisse, tum lucem adspexisse publicam. Verùm tamen eam lampada, quam inextinctam ad metam usq; optatam perferre non potuit VValtherus, suscepit Lucas Lossius. Ejus Psalmodiæ, non minus correctæ & emaculatæ, paulò post in publicum prodierunt, & incredibili applausu exceptæ sunt. Quippe quo opere non tantum iis, qui in scholis & templis Musicæ sacræ vacant, quos plurimis fastidiosisque transscriptionum laboribus sublevavit; sed omnibus simul piis, quibus cultus divini curæ cordíque sunt, succursum est. Maximæ igitur jure

merito

DE MUSICA INSTRUMENTALI.

merito eo nomine Deo debentur gratiæ. Mihi equidem tantoperè placuit ille liber, ut eum totum, Dei beneficio & auxilio, harmonicis numeris includere in animum induxerim. Præterquam enim quod à primis unguiculis incredibili & singulari studio hujusmodi cantilenarum ductus sim; rationibus etiam & argumentis tum alijs, tum ijs præsertim, quæ in manuscripto prædicti Dn. JOHANNIS WALTHERI, viri pij & suavissimi Musici habentur, inductus; & in eo proposito magis magisq́; confirmatus sum. Et cur minus ipsa WALTHERI verba vulgari linguâ referam caussæ nihil video.

VERBA
Des alten Johan Walthers.

Je Ursachen / warumb ich den Choral Gesang (welcher im Text reine / in den Noten aber sehr verfälschet) corrigiret/seynd diese:

Dann 1. erstlich/ haben mich darzu bewegt unserer Vorfahren/vor unserer zeit/ lieben Christen und Heiligen/schöne/ köstliche/ Geistreiche künstliche lateinische unnd deutsche Gesänge / aus der Propheten und Aposteln Schrifften gezogen/ welche sie Christo zu ehren gemachet/und in jrer Gemeine/Gott zu lobe/gesungen. In welchen Gesängen man spüret/ unnd aus den frölichen Melodyen klärlich siehet/ die grosse Frewde und Brunst jres Geistes/uber dem Göttlichem/unerforschlichem hohem Werck der Menschwerdung Christi und unser Erlösung / Derer ich etliche erzehlen muß: Als da ist/das

Verbum Caro factum est.
Puer natus est nobis.
Grates nunc omnes reddamus Domino Deo.
Natus ante secula Dei Filius.
A solis ortus cardine.
Corde natus ex parentis ante mundi exordium.
Dies est lætitiæ.

Ein Kindelein so löbelich.
Illuminare Hierusalem.

Item/von der frölichen Aufferstehung Christi.

Christus resurgens.
Victimæ Paschali laudes.
Salve festa dies.
Resurrexit Dominus.
Ad cœnam Agni providi.
Pax vobis ego sum, Halleluia.
Christ ist erstanden.

Von der Auffarth Christi.

Ascendo ad patrem.
Summi triumphum regis.
Ite in urbem universum.
Christ fuhr gen Himmel.

Vom heiligen Geist.

Apparuerunt Apostolis.
Veni sancte Spiritus, & emitte cœlitus.
Sancti Spiritus adsit nobis gratia.
Veni creator Spiritus.
Nun bitten wir den heiligen Geist.

Von der heiligen Dreyfaltigkeit.

Summæ Trinitati.
Benedicta semper sit Trinitas.
O adoranda Trinitas.
O veneranda Unitas, &c.
O lux beata Trinitas.

Vnd ſolcher dergleichen Geſänge ſeind vielmehr: von welchen herrlichen Geſängen alle Chriſten bekennen müſſen/daß ſie hohen reichen verſtand der heiligen Schrifft in ſich haben/ Vnd wann ſie mit andacht vnd auffmerckung geſungen werden/die Hertzen der Menſchen kräfftiglich zu Gott erwecken/ vnd zu ſeinem Lobe reitzen.

Vnd wiewol man Leute findet/ welche allein die deutſche alte Chriſtliche Lieder für gut achten vnd loben/ die Lateiniſche erzehlete Geſänge aber Päpſtiſch heiſſen/ Solches ficht mich wenig an. Denn/ ſo gedachte lateiniſche Geſänge deßhalben Päpſtiſch ſein ſolten/ daß ſie von den Papiſten in jhren Stifften geſungen werden/ ſo müſten die deutſche Chriſtliche alte Lieder auch Papiſtiſch ſein vnd heiſſen/ weil ſie die Papiſten eben ſo wol als wir in jhren Kirchen ſingen.

2. Zum andern/ ſo habe ich/ Gott zu lobe vnd preiß/ vnnd dem lieben Evangelio Chriſti zu ehren/ zu ſolchem Wercke/ auff bitte vnd anhaltung etlicher frommer Chriſten/ mich vermögen laſſen/ vnd das empfangene Pfund/ von Gott/nicht vergraben wollen.

3. Zum dritten/ ſo weis vnd zeuge ich warhafftig/ daß der heilige Mann Gottes Lutherus, welcher deutſcher Nation Prophet vnd Apoſtel geweſt/ zu der Muſica im Choral vnd Figural Geſange groſſe luſt hatte/ mit welchem ich gar manche liebe Stunde geſungen/ vnd offtmahls geſehen/ wie der thewre Mann vom ſingen ſo luſtig vnd frölich im Geiſt ward/daß er des ſingens ſchier nicht köndte müde vnd ſatt werden/ vnd von der Muſica ſo herrlich zu reden wuſte. Denn da er vor viertzig Jahren die deutſche Meſſe zu Wittenberg anrichten wolte/ hat er durch ſeine Schrifft an den Churfürſten zu Sachſen/ vnd Hertzog Johanſen/ hochlöblicher gedächtnuß/ ſeiner Churfürſtlichen Gnaden die zeit alten Sangmeiſter Ehrn Conrad Rupff/ vnd Mich gen Wittemberg erfordern laſſen / dazumahlen von den Choral Noten vnd Art der acht Ton vnterredung mit vns gehalten/ vnd beſchließlich hat er von jhm ſelbſt die Choral Noten octavi Toni der Epiſtel zugeeignet/ vnnd Sextum Tonum dem Evangelio geordnet/ vnnd ſprach alſo: Chriſtus iſt ein freundlicher HERR/ vnd ſeine Rede ſind lieblich/ darumb wollen wir Sextum Tonum zum Evangelio nehmen/ vnd weil S. Paulus

ein ernster Apostel ist / wollen wir Octavum Tonum zur Epistel ordnen: Hat auch die Noten vber die Episteln / Evangelia / vnd vber die Wort der Einsetzung des wahren Leibes vnnd Bluts Christi selbst gemacht / mir vorgesungen / vnd mein bedencken darüber hören wollen. Er hat mich die zeit drey Wochen lang zu Wittemberg auffgehalten / die ChoralNoten vber etliche Evangelia vnnd Episteln ordentlich zu schreiben / biß die erste deutsche Meß in der Pfarkirchen gesungen ward / do muste ich zuhören / vnd solcher ersten deutschen Messe Abschrifft mit mir gen Torgaw nehmen / vnd hochgedachten Churfürsten jhrer Churf. Gn. aus befehl des Herrn Doctoris selbst vberantworten. Denn er auch die Vesper, so die zeit an vielen Orten gefallen / mit kurtzen reinen Choral Gesängen / für die Schüler vnd Jugend widerumb anzurichten / befohlen: Deßgleichen / daß die arme Schüler / so nach Brod lauffen / für den Thüren lateinische Gesänge / Antiphonas vnd Responsoria, nach gelegenheit der zeit / singen solten: Vnd hatte keinen gefallen daran / daß die Schüler für den Thüren nichts denn deutsche Lieder sungen. Daher seind die jenigen auch nicht zu loben / thun auch nicht recht / die alle Lateinische Christliche Gesänge aus der Kirchen stossen / lassen sich düncken es sey nicht Evangelisch oder gut Lutherisch / wenn sie einen Lateinischen Choral Gesang in der Kirchen singen oder hören solten: Widerumb ists auch vnrecht / wo man nichts denn lateinische Gesänge für der Gemeine singet / daraus das gemeine Volck nichts gebessert wird. Derowegen seind die deutsche Geistliche / reine / alte vnd Lutherische Lieder vnd Psalmen für den gemeinen hauffen am nützlichsten: die Lateinischen aber zur vbung der Jugend vnd für die Gelärten

Vnd sihet / höret vnnd greiffet man augenscheinlich / wie der heilige Geist / so wol in denen Autoribus, welche die lateinischen / als auch im Herrn Luthero / welcher jetzo die deutschen Choral Gesänge meistestheils gedichtet / vnd zur Melodey bracht / selbst mit gewircket: Wie denn vnter andern aus dem deutschen Sanctus (Jesaia dem Propheten das geschah / rc.) zu ersehen / wie er alle Noten auff den Text nach dem rechte accent vñ concent so meisterlich vnd wol gerichtet hat / Vnd ich auch die zeit seine Ehrwürden zu fragen vervrsachet ward / woraus oder woher sie doch diß Stücke oder Vnter-

richt

richt hetten: Darauff der thewre Mann meiner Einfalt lachte/ vnnd sprach: Der Poët Virgilius hat mir solches gelehret/ der also seine Carmina vnd Wort auff die Geschichte/ die er beschreibet/ so künstlich applicirn kan: Also sol auch die Musica alle jhre Noten vnd Gesänge auff den Text richten.

Synopsin etiam totius Leiturgodiæ seu Cantionum choralium, quarum recensitionem & explicationem in membro secundo instituimus, introspicere dignetur benignus lector.

SYNOPSIS seu TABELLA,

Vniuersi operis LEITVRGODIARVM SIONIARVM *partitionem explicans & exhibens.*

LEITVRGODIA SIONIA, est in vniuersum, vel

1. εἰδικὴ, & Specialior: in certis Ecclesiasticis actibus & conuentibus usitata: diuiditurq́; in

   1. προϊωδίαν: per quam in horis seu precibus Matutinis canuntur, in
      - Ingressu: -
      - Progressu: -
      - Egressu: -

   2. MISSODIAN, quæ sub se complectitur.
      - εὐαγγελιωδίαν: per quam ante verbi Euangelici prædicationem cantantur, in &
        - Ingressu: -
        - Progressu: -
        - Egressu: -
      - ἱεροδειπνωδίαν: per quam circa Cœnæ Dominicæ administrat. cantantur, in
        - Ingressu: -
        - Progressu: -
        - Egressu: -

   3. ὀψιμωδίαν: per quam in horis seu precibus Vespertinis canuntur, sub
      - Ingressum: -
      - Progressum: -
      - Egressum: -

2. γενικὴ, & communior seu Generalior: in omnibus promiscuè actibus & congressibus Ecclesiasticis usurpanda: vel tanquam - - - -

---

Psal. 55. vers. 19. ἑσπέρας καὶ πρωῒ καὶ μεσημβρίας, *vespere & mane & Meridie perstrepam*, (in Hebræo heist es אָשִׂיחָה *aschichah*, das ist so viel: als ein stilles/ vnd mit Creutzgedacktes Stimlein / von lauter achtzen/ seufftzen/ flehen vnd klagen zugerichtet / wie die gedackte Stimmen in der Orgel/ quasi in silentio & spe, ἐν τῷ σιγᾶν *geschlagen wird*) *meditabor & annunciabo: & exaudiet vocem meam.*

⎧ Veni sancte Spiritus, reple tuorum,&c. ⎫
⎩ *Invitatorium:* Venite exultemus.
⎧ Antiphonæ cum Psalmis & Responso-
⎪   riis, *ex Vespertinarum precum officio mu-* ⎫ *Vocatur aliis*
⎨   *tuò petitis.*   ⎬ OFFICIVM MATVTINVM.
⎪ *Symbolum Ambros. & Augustini:* Te Deum
⎪   laudamus.
⎩ *Canticum Zachariæ:* Bened. Dom. Deus. ⎭

⎧ Introitus. ⎫
⎩ Kyrie, Gloria, & in terra.
⎧ Gradualia, *vel Halleluia.*
⎨   *Vocatur aliàs,*
⎩ Sequentiæ, *vel Prosæ.*   OFFICIVM SVMMVM: *& compre-*
⎧ *Symbolodia, in qua Symbolum Nicen:*   *henduntur hæ Cantiones omnes in mea* MIS-
⎩   Credo in unum Deum, Patrem.   SODIA.
— Præfationes & Sanctus.
— Benedictus & Agnus Dei.
— *Responsorium* Discubuit Jesus.

— Antiphonæ *cum Psalmodia;*
— Responsoria, *cum* HYMNODIA.   *Vocatur aliàs,*
⎧ Parthenodia, *sive* MEGALYNODIA: OFFICIVM VESPERTI-
⎨ *in qua* Magnificat, *seu Canticum Virgi-*   NVM.
⎩ *nis Mariæ.*

⎧ 1. Μυσοχορῳδία: *quæ est Ecclesiastæ ad aram, & Cantoris in Choro, devotioni mutuæ,*
⎪   Versibus, Collectis, Præfationibus & Eucharistiæ benedictioni *alter-*
⎨   *natim respondens* Cantio: *& repetitur Missodiæ, post* Kyrie *&* Gloria in terris,
⎪   *inserta.*
⎪ 2. Εὐλογῳδία: *ut sunt,* Benedicamus, *& Odæ Completorii correctæ, quæ seorsim*
⎪   *excusæ sunt in* EVLOGODIA.
⎪ 3. Ἐπιλογῳδία: *ad quam pertinent diversa* Gloria & Amen, *quæ in Collectarum &*
⎩   *quarundam Leiturgodiarum Conclusione promiscuè adhibentur: & inveniuntur*
    Missodiæ *in fine annexa.*

Ne pi-

Ne pigeat etiam benignum lectorem audire verba Pontificis Max. Johannis XXII. in extravag. com. De vita & honest. cleric. quibus melodiæ antiquitus in choris usurpatæ simplicitatem commendat, & nimium novandi studium improbat & punit.

Docta sanctorum patrum decrevit auctoritas, ut in divinæ laudis officiis, quæ debitæ servitutis obsequio exhibentur, cunctorum mens vigilet, sermo non cespitet, & modesta psallentium gravitas placida modulatione decantet. Nam in ore eorum dulcis resonabat sonus. Dulcis quippe omnino sonus in ore psallentium resonat, cum Deum corde suscipiunt, dum loquuntur verbis, in ipsum quoque cantibus devotionem accendunt. Inde etenim in ecclesiis Dei Psalmodia cantanda præcipitur, ut fidelium devotio excitetur, in hoc nocturnum diurnumq́, officium, & missarum celebritates assiduè clero ac populo sub maturo tenore, distinctaq́, gradatione cantantur, ut eadem distinctione collibeant, & maturitate delectent. Sed nonnulli novellæ scholæ discipuli, dum temporibus mensurandis invigilant: novis Notis intendunt, fingere suas, quam antiquas cantare malunt, in semibreves & minimas Ecclesiastica cantantur, notulis percutiuntur; nam melodias hoquetis intersecant, discantibus lubricant, triplis & motetis vulgaribus nonnunquam inculcant, adeò ut interdum antiphonarii & gradualis fundamenta despiciant; ignorent super quo ædificant, tonos nesciant, quos non discernunt, immo confundunt; cum ex earum multitudine notarum ascensiones pudicæ, descensionésq́, temperatæ, plani cantus, quibus toni ipsi secernuntur adinvicem obfuscentur: currunt enim, & non quiescunt; aures inebriant, & non medentur: gestibus simulant quod depromunt, quibus devotio quærenda contemnitur, vitanda lascivia propalatur. Non enim inquit frustra ipse Boëtius, lascivus animus vel lascivioribus delectatur modis, vel eosdem sæpe audiens emollitur & frangitur. Hoc ideò dudum nos & fratres nostri correctione indigere percepimus, hoc relegare immo prorsus abjicere & ab eadem Ecclesia Dei profligare efficacius properamus. Quocirca de ipsorum fratrum consilio districtè præcipimus, ut nullus deinceps talia, vel his similia in dictis officiis, præsertim horis canonicis, vel cum Missarum solemnia celebrantur, attentare præsumat. Si quis verò contra fecerit, per ordinarios locorum ubi

ista

ista commissa fuerint, vel deputandos ab eis in non exemptis; in exemptis verò per præpositos seu prælatos suos, ad quos aliàs correctio & punitio culparum & excessuum hujusmodi vel similium pertinere dinoscitur, vel deputandos ab eisdem per suspensionem ab officio per octo dies auctoritate hujus canonis puniatur. Per hoc autem non intendimus prohibere, quin interdum, diebus festis præcipuè, sive solemnibus in Missis & præfatis divinis officijs aliquæ consonantiæ, quæ melodiam sapiunt, puta octava, quinta, quarta & hujusmodi supra cantum Ecclesiasticum simplicem proferantur: sic tamen ut ipsius cantus integritas illibata permaneat, & nihil ex hoc de benè morata musica immutetur: maximè cùm hujusmodi consonantiæ auditum demulceant, devotionem provocent, & psallentium Deo animos torpere non sinant.

Atque hîc, insertis etiam his prætermissis, Primus
Tomus ad suum umbilicum deductus esto.

M. P. C.

DEDICATIO Primæ Partis διατυπικῶς ita habet:

In Ecclesia {concionem & cantionem} junxit
- Sanctionis dignitas ex
  - fine hominis qui duplex
    - Veritatis cognitio, hic Concio
    - Virtutis electio, hic Cantio
  - ad duplicem hunc finem homo est
    - Conditus
    - reparatus
    - resuscitandus
- mysterijs
  - cultus Paradisiaci in arbore.
    - Scientiæ hic θεωρία Concionis
    - Vitæ hic πρᾶξις Cantionis,
  - ritus Levitici in
    - Urim hic Concio.
    - Thumim hic Cantio.
  - visus Prophetici, adumbrata
    - Concio / Cantis in 2.
      - Columnis.
      - Cherubim.
      - Tubis.
- intentionis utilitas
- functionis sedulitas.
  - in Testamento
    - Veteri per
      - Levitas ubi Concio Sacrificiorum.
      - Cantores ubi Cantio Psalmorum.
    - Novo in Ecclesia
      - primitiva
        - Apostolorum dicta
        - Imperatorū exēpla
        - conjungunt
          - Concionem.
          - Cantionem.
      - derivativa ubi
        - Objectionis discussio.
        - Dedicationis executio.

Secun-

Secundæ partis Dedicatio διατυπικῶς ita habet.

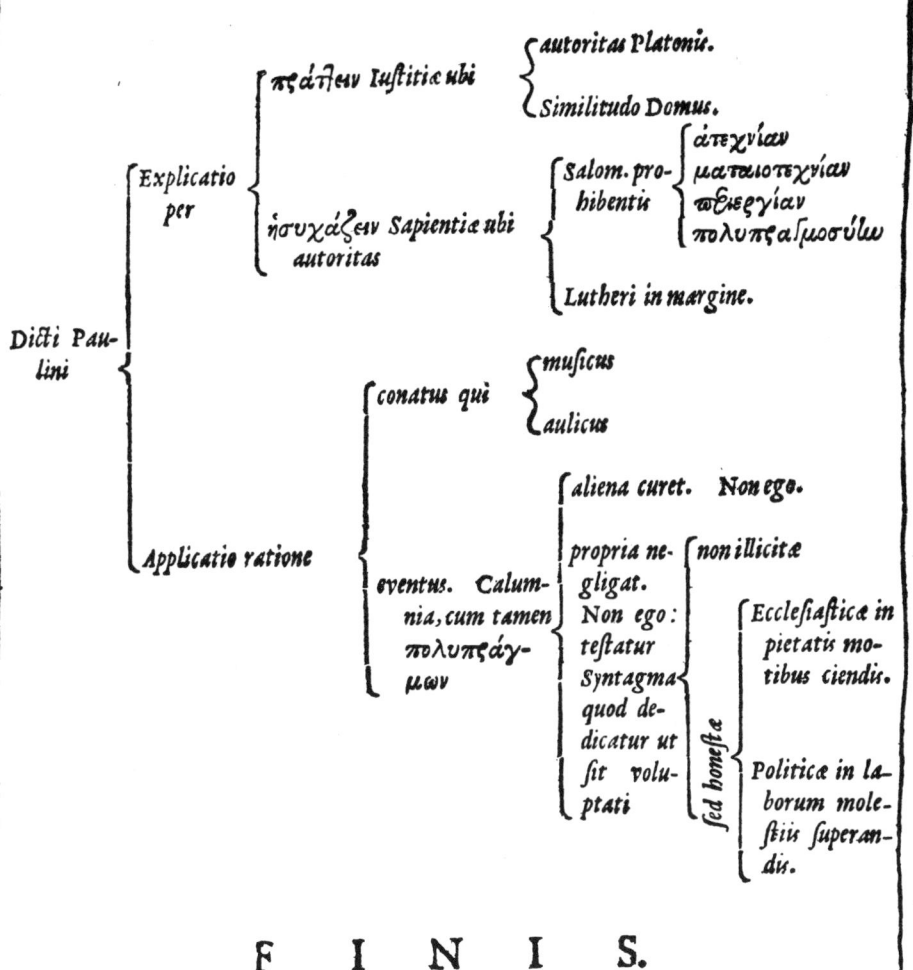

- Dicti Paulini
  - Explicatio per
    - πράττειν Iustitiæ ubi
      - autoritas Platonis.
      - Similitudo Domus.
    - ἡσυχάζειν Sapientiæ ubi autoritas
      - Salom. prohibentis
        - ἀτεχνίαν
        - ματαιοτεχνίαν
        - περιεργίαν
        - πολυπραγμοσύνην
      - Lutheri in margine.
  - Applicatio ratione
    - conatus qui
      - musicus
      - aulicus
    - eventus. Calumnia, cum tamen πολυπράγμων
      - aliena curet. Non ego.
      - propria negligat. Non ego: testatur Syntagma quod dedicatur ut sit voluptati
        - non illicitæ
        - sed honestæ
          - Ecclesiasticæ in pietatis motibus ciendis.
          - Politicæ in laborum molestiis superandis.

F I N I S.

INDEX
TOMI PRIMI
SYNTAGMATIS MUSICI
M. P. C.

A.

A Litem quomodo efferenda. 192
Acetabulum instrumentum Musicum 424
Acetabulorum inventor. ibid.
Accentus Musici. 150
Eorundem officium. ibid.
Accentus Ebræorum quot inveniantur in Biblijs. ibid.
Achivi nulla Musica in bellis usi. 210
Aventus Christi in quotum annum Jubilæum inciderit. 125
Ælinum quid & unde dictum. 312
Æmulatio quotuplex. 296
Ægyptij quæsnam Cantiones in Convivijs cecinerint. 269
Aglais excelluit tuba. 414. 415
Agnus Dei quando cantatum. 58
Agnus Dei in Ecclesiam introductio. ibid.
Agnus Dei cur institutus. ibid.

Agyrtes Tubicen. 415
Alcæus aureo plectro pro carminis suavitate ab Apolline donatus. 392
Alipius Baptismi lavacro Ecclesiæ insitus, & hymnis spiritualibus excitatus. 26
Allegoria Tubarum quatruplex. 122
Allegoria Psalmi 68. 116
Alcibiades tibias cur rejecerit. 360
Alcman Princeps in amatorijs versibus condendis. 382
Alexander Magnus puer adhuc Cytharæ studuit. 391
Alexandrini Cytharæ studiosi. 404
Ambo in Templis quid. 44
Amœbeum Carmen ubi decantatum. 272
Amen quid significet. 42
Amphion primus Cytharœdus. 368. 397
Amphion Cytharâ lapides movit, qui in structuram sponte assilientes muros Thebarum constituerunt. 218

O o   Amœbus

INDEX

Amœbeus Citharœdus. 393
Amphion quomodo Thebas condiderit. 398
Angeli Φιλομῦσοι. 17
Angelus quibus verbis imaginem Mariæ auditus est alloqui. 18
Idem mucronem strictum recondere visus in mole Hadriani. ibid.
Angelottus Cardinalis S. Marci. 426
Anni civilis initium apud Judæos. 120
Annus 25. quid significet. 89
Anni Jubilæi clangore Tubarum denunciatio. 125
Annus Jubilæus Evangelij. ibid.
Anni Jubilæi celebratio. 120
Annus Jubilæus unde dictus. ibid.
Annus quinquagenarius quid notet. 90
Antiphonæ quid? 65
Antiphonæ cum Psalmodijs commistio, facta à Siricio. 66
Antiphonæ derivatio. 65
Ubi primum cœperint. 66
Eædem quando in Ecclesia latina cœperint. 40. & 65
Antiquitas cur in δῖς διὰ πασῶν consistendum duxerit. 185
Anacleti ineptum institutum, de non, nisi coram duobus sacrificando. 44
Animæ partes quot? 199
Animantia quomodo Musicæ vi ad varias actiones assuefacta sint. 240.241
Animali facilius imperandum quàm homini. 243
Anaxenon Citharœdus. 407
Apostoli qua hora à SS. sunt afflati. 82
Apostolorum princeps. 141
Apollinis signum in Delo. 321

Apollo in convivijs Deorum Citharam pulsavit. 362
Apollo Musagetes dictus. 263.319
Aquinæ dictum, de ijs, qui sine præmissa oratione demensa recedunt. 29
Arcades omnem ferè vitam arti canendi impenderunt. 76
Archytæ crepitaculum. 423
Arion circa tempora Josephi & Nabuchdonosoris vixit. 170.400
Ars non habet osorem nisi ignorantem. 231
Armilustrium quid? 247
Armilustrium festum. 411
Argivi mulctarunt eos, qui pluribus, quàm septem chordis in lyra utebantur. 366
Aristeus Citharœdus singulis diebus sexcentes coronatos accepit. 393
Aristonicus, primus, solos cantus absq; hominis voce invenit. 370.371
Aristonico Citharœdo statua posita. 392
Aristoxenus diversum statuit à Pythagora in Musicis. 173
Arion. 400
Aristonus Citharœdus. 407
Artemonis hæresis. 25
Asaph, Heman & Ethan resonarunt Cymbalis Chalybæis. 95
Aspendius novum modum Foris Canendi invenit. 370
Aspendius, civitas Pamphiliæ. 371
Astronomia quid prosit? 201
Avicularum laus & de Deo celebratio. 31
Auctores rerum novarum in Musicis inter Christianos. 145
Auditores dicti Tertulliano, celebrantes S. Eucharistiam. 36

Augusti-

TOMI PRIMI.

Augustinus Manichæus. 26
Augustinus Musicæ censor rigidus. ibid.

B.

Babylæ martyrium. 32
Βαμβαλίζειν quid? 191
Barbiton quid, eo multùm usa Sappho. 373
Barbiti inventor. ibid.
Barbitus aptus Dorijs. ibid.
Barbito multùm usus Alcæus. ibid.
Bardi, qualia poëmata. 387
Bardi etiam grassatores dicti. ibid.
Βατταρίζειν, 191
Benedictio cibi & potus. 28
Benedictio Sacerdotis post communionem quid? 59
Benedicamus Domino &c. Unde desumtum. 74
Bernardi Musici præstantißimi inventum. 79
Bettglocken/ was sie erinnern. 131
Bettglocken im Bapsthumb/ warumb sie gehalten. 16
Bettwoche. 79
Borcon Cantio. 314
Boëthij martyris laus insignis. 145
Bou, Bou, buccinatoris vox. 417
Bucca, Ebræis tuba. 418
Buccinatores in Veteri Testamento quinam fuerint. 122
Buccinâ Sacerdotis officium significatur 16
Buccinator vel tuba est, quisq́; fidelis. 126
Buccina quid? 118
Buccinæ clangor in promulgatione legis quid significarit. 123
Buccina quasi Vocina Isidoro ineptè. 418
Buccina habuit similitudinem cornu. 418
Buccinantes septem Sacerdotes in Jerichuntis ruina, quid significent. 125
Buccina & tuba diversa sunt. 418
Buccinæ usus ad vigilias. 419
Budissensis reipub. Consulis morituri memoranda pietas. 33

C.

Campanarum inventor. 130
earundem usus quo tempore invaluit. ibid. 131
Campano ære usi primum Veneti. 132
Campanæ Burdigalens. rebellantibus ab Henrico II. rege Fran. ereptæ. 133
Campanarum usus tinnitusq́; Excommunicatis interdictus. ibid.
Campanæ ad confectionem Eucharistiæ adhibitæ. ibid.
Campanula ænea in monasterio Budinensi mortem monialis cujusdem sonitu prædicit. ibid.
Campanula cur olim in Triumphantis curru pendebat. 426
Campanulæ usus. 426
Campanas unde Græcia acceperit. 132
Campanæ olim baptisatæ eusq́; certa nomina imposita. 133
Campanarum Usus Idololatricus à Maximil. Imp. abolitus. ibid.
Campanæ Erfurdiensis magnitudo. 134
Campana maxima in Pegi regno Orientalis Indiæ. 135

Ooo 2 Campa-

INDEX

Campana in Æthiopia ex lapidibus confectæ. ibid.
Campanarum vis tempore tonitrui. 134
Campana in Gallia ablata, sonitum consuetum amisit & recepit. 133
Cantores sinceræ pronunciationi studeant. 192
Cantus affectus varios exprimit. 198
Cantilenæ genus quod victoribus canebatur 216
Cantores seu Melodi unde dicti. 12
Cantores Plagij quinam dicti. 14
Cantus in Galliam quis attulerit. ibid.
Canticum Mosis quando conscriptum. 33
Canticum Canticorum Salomomonis suave & sanctum. 28
  Idem artificissimum. 101
Canticum post Communionem usurpatum 59
Canticum Mosis morituri. 22
Canticum quid? 137
Cantica memoriæ inserviunt. 17
Cantica composuit Stephanus Laodicens. Episcopus. 70
Cantores à Davide primum ordinati. 1.94
Cantores ex qua tribu oriundi. ibid.
Cantores Davidis quibus instrumentis fuerint usi. 115
Cantorum & Cantatricum à reditu ex Babylone numerus. 93 (134
Cantilenæ usitatæ in peragendo ritus sacri.
Cantionibus ad aras finitis, quis sacra clauserit, & quo vocabulo indigitatus. 249
Cantionibus matutinis Gentiles Deos suos salutarunt. 250
Cantiones de Cænæ institutione ad quid

prosint. 58
Cantilenæ Philosophicæ vel Astronomicæ, ab Antiquis in convivijs usitatæ. 262
Cantio Archilochi ubi decantata. 270
Cantio Convivialis quænam celeberrima. ibid.
Cantorum vestitus. 101
Cantus Adonyma. 315
Cantio maneros. ibid.
Cantio Philelias unde dicta. ibid.
Cantio βηκολιασμὸς ποιημενικὰ αἰπόλια συβώτια. 316
Cantio quænam solita decantari tempore Vindemiæ. ibid.
Cantilenæ nutriciæ. 317
Cantorum & Cantilenarum autores. 319
Cantiones apud veteres variæ & innumerabiles. 311
Carmen Embaterium quodnam dicitur. 212
Carmina ascensionum seu graduum quid sint. 6
Carminum differentiæ. 136
Carminum genera cur in Psalmis Davidis variæ. 86
Carmina ornant symposia. 147
Carmina pia ubi cantanda. 31
Carminibus & Cantionibus virtutes hominū resq; præclarè gestæ celebratæ sunt. 262
Carmen in nuptijs Cadmi à Musis decantatum. 271
Carmen saliare. 387.342
Carmina dividere quid sit. 370
Carmina Lyrica quid? 381
  Eorum genera. 382
Carneus Citharœdus. 407

Carnyx

Carnyx tuba Gallica.	409	*constitutus.*	178
Cassiani fortuna.	37	*Chori Salomonis constitutio.*	96
Cassiani monumenta ubi invenienda.	39	*Chororum modi sub quo facti.*	341
Catechumenorum dimissio quo tempore duraverit.	36	*Chorda ferreæ aut ex Orichalco pennæ cuspide temperantur.*	365
Ei rundem est communicatio.	ibid.	*Chorda quid?*	ibid.
Castagnetas quid?	422	χορδοζονία *quid?*	366
Celebratio Dei à mulieribus.	74	*Chorda eadem aberrare.*	369
Characteres quosdam Musicos Damascenus excogitavit.	12	*Cicada cur Apollini sacratæ sint.*	239
		Cimon Themistocli prælatus, quod jucundè ad Lyram cecinisset.	391
Certamina Musica à quibus habita.	302		
Chanaan terræ possessores primi.	110	*Cithara Lutheranæ conditor.*	15
Charitas Dei & charitas proximi in quibus consistat.	113	*Cithara apud Ebræos quot chordas habuerit.*	111
		Citharæ descriptio Josephica.	ibid.
Chiterini instrumenti Musici inventor quis	145	*Citharæ allegoria.*	ibid.
		Cithara & Cantus encomion.	259
Chiron.	403	*Cithara Christi Evangelica.*	109
Chnove tuba.	409	*Cithara & Lyra in quibusdam distincta.*	362.395
Chordarum usus.	110		
Chori descriptio & divisio.	3	*Citharæ inventor Apollo.*	362
Chori musici quàm diu duraverint.	ibid.	*Cithara unde dicatur.*	ibid.
Chorus unde dictus.	ibid.	*Cithara &* φόρμιγξ *dicta.*	ibid.
Choralis musica erroribus quomodo adversetur.	25	*Cithara figura apud quos & quomodo concinnata.*	367
Choralis melodiæ encomium.	11	*Eaq́; Asias dicta.*	ibid.
Chordij Cæsariensis constantissimi Confessoris encomium.	32		
		Citharæ inventor Apollo.	170.362
Chori significatio, deductio, ac definitio.	2.276	*Cithara Davidis pulsanda Davidis plectro.*	148
Chori Musici quid?	277	*Citharæ pulsanda legem quis dederit.*	367
Chororum primi institutores.	290	*Citharæ modi varij à regionibus à temporum celeritate.*	368
Chori Musici conditio varia.	87		
Chori partes quot.	294	*Citharæ partes quæ*	ibid.
Chori Comici persona quot.	ibid.	*Cithara inepta bellis, apta mensis.*	370
Choragium.	295	*Citharæ studiosorum Catalogus.*	391
Chordarum numerus acutus, & ad δὶς διὰ πασῶν *apud veteres, hodiè plus ultra*		*Citharædus quidam suo cantu Regem Da-*	

Oo 3   *nia*

INDEX

niæ ad amentiam & lætitiam pertraxit 206.207	Corybanteus furor. 208
Cithærædus quidam se Neronem professus. 394	Corollarium in Ecclesia quid? 59
Cischæ ex pelle tympanum factum. 430	Corollarium cur institutum. 60.61
Clavichordia. 380	Corporis vis à 50. anno decrescere incipit. 92
Clavicymbalum. ibid.	Cornix literas tulit quocunq; jussa. 241
Claves Psalmorum quid sint Hieronymo. 102	Cornu festum fabulosum. 120
Clinias Philosophus. 407	Cornu abubula. 417
Cloaca quid. 345	Cornu olim quid. 337
Collectarum usus, descriptio. 42	Corvus Cæsarem Augustum salutare didicit. 241
earundem autor. 43	Cos Haleel Judæorum. 29
Collecta quando instituta. 46	Cosmus Majumensis Episcopus melodus. 12
Commessatio gratiosa & jucunda. 20	Crembalum, & eius inventor. 422.423
Communio cur Missa dicatur. 36	Creteus Cithærædus. 394
Concha sono Gigantes in fugam conversi sunt. 213	Christi consuetudo in cibi benedictione. 29
Concilium Claremontanum. 83	Crotalon instrumentum. 422
Concentus instrumentaliis ἀδιάφορὸς. 147	Christianorum nomen ubi primum prouenerit. 2
Constantius quando imperaverit. 3	
Constantini libertas in alendis Musicis. 27	Christus quoto anno ætatis docere cœperit. 90
Constitutio pia Ecclesiarum Brunsvicens. de campanæ pulsu pro pace. 131.132	Chrysostomi præceptum de vera psallendi ratione. 9
Convivia Christianorum sacra. 51	Ctebisius Hydraulicorum inventor. 431
Convivialium carminum tria genera 266	Ctesiphon Lyricus. 403
Convivæ eos, quibus propinaturi erant, nominatim provocarunt. 266	Cycni nautis periclitantibus gratissimi. 312
	Cymbalorum Tympanarumq; strepitu Jupiter dicitur funestus. 250.251
Convivijs lætitiam Deus non invidet. 146	Cymbalorum & Tympanorum pulsu Indi in hostes irruunt. 210
Conviviorum requisita. 274	
Consecratio Cœnæ quid sit. 53	Cymbalum Dodonæum proverb. 423
Connus Cithærædus. 393	Cymbali inventor & inventrix. 225. & 425
Connus Socratem senem fidibus ludere docuit. ibid.	Cymbalum mundi Vespasianus. ibid.
Conna Lyrista. 408	Cynethensibus Arcadiæ populis neglecto studio Musices interitus insecutus. 220
Connæ calculus, proverb. ibid.	

Daniel

D.

DAniel quoties singulis diebus precatus? 82
Danielis Prophetæ locus de Sambuca. 374
Decachordon denotat, 10, humanæ vocis modulamina. 366
Decalogi vox cur qualibet duplici accentu signatur. 14
Δεήσει 1. Tim.2. Augustino quid significent? 60
Decretum quo Timotheus Lacedæmone pellitur. 367
Δ, litera, in modum Cithara facta est, authore Hieronymo. ibid.
Deus iratus quomodo sit placandus. 80.81
Decretalis epistola de psallentium modestia. 10
Diatonicum Cantionis genus. 370
Deus in adjutorium hymnus Davidis. 83
Diapason quid vocent Musici. 95
Dicteria. 379
Dies quomodo inchoandus. 31
Differentia inter Psalmos & Odas spirituales. 68
Digitalia argentea pennis munita ad lyram pulsandam. 365
Διάγραμμα quid. 369
Dionysij testimonium de Leiturgia partibus. 60
Dircæus, Poëta & Tubicen. 413
Discubuit responsorium quando cantatum. 58
Discantus ut exprimatur quid requiratur. 165
Ditoni & Semiditoni inventor. 174
Dithyrambica Libero patri sacra. 388
Dithyrambus Liber. ibid.
Dithyramborum stilus. 389
Dithyrambi Horatio cur audaces dicti. ibid.
Diodorus Citharistes. 404
D vinitas Christi Psalmis vindicata. 26
Dorica Harmonica quid? 348.351.
Dorceus. 404
Doctores Musicorum Davidicorum quot fuerint. 93
Δοξολογία quando usurpata. 63
Eadem promulgata ejusdem authoritas, ibid.
Item quid sit. 41
Dominus vobiscum &c. Salutatio Angelica. 42
Ejus explicatio. ibid.

E.

E Litera quomodo pronuncianda. 192
Ecclesia primitiva Choralis Cantus studiosissima. 25
Echiron. 406
Encomion Theodosij Imperatoris. 551
Encœnia Christianorum. 20
Epicles Citharista. 392.403
Epigonus, epigoneum. 380
Elegorum inventor & etymon, definitio. 307
Elegorum usus ad alia postmodo translatus 308
Elegos quis primum effuderit. 307
ἐνεργούμενοι qui sint. 36
Engaddæ horti. 28
Epilenæa quid & quando facta. 255
Ephod Pontificis summi in V.T. 29
Epilogus in Ecclesia quid? 59
Ephrami purioris Theologi fervor. 19

σπιζα-

INDEX

Ἐπηγραγὴ Canticorum graduum patribus quid significet. 6
Epinicia. 383
Epipompeutica carmina quid? ibid.
Epistolarum & Evangeliorum in Missa cantari solitorum autor. 44
Epicedia quid? 307
Evangelium cantavit, Constantia, Sigismundus Imp. in templo. 45
Evangelij prælectio, stando ut in templis ab Anastasio institutum. ibid.
Evangelium quid? missæ caput. 48
Evangelij verbum Tubæ comparatur. 124
Epitaphia. 307
Eeremita Ægyptij. 29
Evova quid. 65
Ejus autor. 66
Ἀθανασία vera. 33
Ἀφυΐα in Musicis. 167
Ἀλογωδία quid, & cur instituta. 75
Eaq; decet inprimis Christianum hominem. 76
Ἀχαριςία quid sit. 53
Eunomius Citharædus. 391
Ezechias Musicam sacram instituit. 98

F.

Fabula Judæorum de Abysso. 7
Festum Tubarum quomodo celebrandum. 127
Festum expiationis magnæ in Novo Testamento. 124
Fidei summa in Symbolis comprehenditur, quæ olim Traditio vocata. 50
Festum Tabernaculorum quando celebratum. 119
Festa Anciliorum quo mense celebrata. 373
Fidibus præstantissimè quis cecinit. 234
Fistularum sono audito pecora & armenta avidius escam sumunt. 239
Fistula ex omnibus instrumentis prima, ejusdem etymon, materia. 326.& seqq
Fistula quotuplex, ejus inventor. 328 329
Fistulam qui primum usurpârit. 329
Fistula cur adhibita. 330
Fistula qualiter usus Gracchus. 334
D. Francisci virtus, ad cujus jussum aviculæ garritum cantumq; compresserant. 240
Frendens, Gallica vox est fidicinibus. 370
Fuldensis Abbatis & Episcopi Hildesiensis laniena. 48
Funera lusu, festoq; cantu celebrata. 34.305
Funera elata ad Tubam. 409.411

G.

Gallorum Cantus quales. 187
Gehenna unde dicta. 118
Genealogia Cantorum Davidicorum in domo Jehova Veteris Testamenti. 94
Gennadius Hymnographus. 71
Gideonis pugna mysticus intellectus. 125.127
Gilberti Pontif. artificium in conficiendis Organis. 145
Gittith Psalmorum trium titulus quid notet? 106
Gitthim cithara Gatthsensis. 107
Gingras quid & Gingris. 335
Gaudium unde dictum. 137
Glaphyrus. 406
Gloria Tibi Domine, quando ad Missas cantatum. 48

Gordius centurio, martyr Constantissimus

Gradua-

TOMI PRIMI.

Graduale.	45
Gradualium autores, ejus usus.	46
Græci adolescentes suos in Musicis primum informarunt.	220
Græci optarunt Musicam in suis regibus.	391

H.

HAllelujah initium Psalmorum quorundam tempore Paschæ usitatorum 29

Hallelujah, & ejusdem vocis notatio.	45
Hannæ encomium.	73
Harffen Meer.	109
Harmoniarum genera tria.	179
Harmoniæ rationem quis primus invenerit	180
Harmoniæ quot.	347
Harmonia Dorica quid.	348.351
Harmoniarum genera.	347
Harmoniæ suavitas & finis.	147.148
Harmonius Syrus, hæreticus.	18
Harpichordum.	380
Hæresis Bardesanæ Syri.	19
Hæresis Artemonis.	25
Helicon instrumentum Musicum.	373
Helicon quot chordis constet.	ibid.
Heerbaucken.	429
Hermon Comœdus.	414
Hermolocer duabus cecinit tubis.	ibid.
Herodorus Megarensis tubicen.	ibid.
Hermogenes Cithærædus Julio Cæsari placuit.	392
Hexametrum carmen Moses fecit.	70
Hilarodi vox quid?	292
Hieronymi sententia de Cithara forma.	9
Hilarius primus hymnographus.	68
Historia mirabilis de Theodoro Juvene.	23
Historia de Juliano.	ibid.
Hipparchion Cithærædus.	407
Hol inversum Ebræis Loch est.	105
Holocaustum quo tempore oblatum.	98
Homines nobiles & fortunati cum tuba elati sunt.	306
Hora qua Apostoli SS. sunt afflati.	82
Horæ Canonicæ & earum autor.	ibid.
earundem præfatio & hymnus.	83
Horologiorum insignis compositio & structura.	427
Horologium hora in Silesia memorabile	ibid.
Horologio Christianorum Græcorum quid contineatur.	4:
Hugo Capetus Saxonicæ domus, Galliarum rex primus.	47
Hosianna Angelorum continet Trinitatis mysterium.	54
Hosianna hominum, designat utriusq; naturæ in Christo Sacramentum.	ibid.
Hyberni Musices periti.	404
Hyberni Musici peritissimi ac elegantissimi.	176
Hydimeles Cithærædus.	407
Hydraulicum organon quid fuerit.	144.431
Hymæa Cantio à quibus decantata & unde dicta.	311
Hymnus Chalcidensis pulcerrimus.	252
Hymni quibusnam Deabus decantari soliti.	256
Hymnis, iram, Deum, & homines placare possumus.	27
Hymni veteres potum exceperunt.	28
Hymnus Angelicus cum δοξολογία Trinitatis.	41

Ppp   *Hymni*

INDEX

Hymni epistolici.	44	*Instrumenta pneumatica.*	105
Hymni Evangelici.	45	*Instrumentorum Musicorum generalis definitio, ejusq; caussæ.*	435
Hymni Sanctus autor.	53		
Hymnus Angelicus quid.	56	*Instrumentorum Musicorum alia ἐμπνόστα, alia κρουστα.*	436.437
Hymnus qui post responsorium cantari solet quid.	67	*Eorundem alia ἔγχορδα, ἄχορδα.*	438
Hymnus quid, atq; illorum requisita. ibid. 5.68		*Instrumentorum variæ species ex Psalmorum inscriptionibus.*	103
Hymni Ambrosiani quinam.	ibid.	*Instrumentis Musicis Julianus in templis gentilium usus.*	118
Hymnod a quando & à quibus habita & adaucta.	69	*Instrumentorum Musicoru inventores.*	320
Hymnorum Lyricorum autor David.	70	*Instrumenta in sacris quænam adhibita.*	246
Hymni qui ferijs Johannis Baptistæ decantari solet, abusus.	71	*Instrumenta Musica à Christianis circa annum Christi 200. usurpata.*	137
Hymni ad Citharæ modos cantati.	362	*Instrumenta Veterum nobis ignota.*	87
Hymni Synesij decem præstantissimi.	70	*Instrumentorum quorundam usus in Ecclesia tollitur.*	138
Hymni.	383		
Hymni convivales δοξολαγικοὶ.	28	*Instrumenta Musica omnia, duobus nominibus Moses comprehendit.*	85
		Instrumentalis Musicæ ignarus quomodo psallat.	146

I.

Alemus Musicus.	408	*Imitatorium in Ecclesia quid & quare usurpatum.*	64
Jalemon quid.	309		
Jalemi cantilena, proverb.	408	*Johannis XXII. Pontificis veteris melodiæ Choralis commendatio.*	456
Japys augur & Citharœdus.	394		
ἴηιε unde dicatur.	383	*Johannes Damascenus Theol. melodus.*	12
Ilex arbor ad ζυγὰ lyræ utilis.	364	*Johannis Waltheri studium in Chorali.* 15. 449. & seq.	
Jeduthum quis sit.	96		
Jejunium triduanum.	78	*Josias rex Musicam in Paschate magno adhibuit.*	98
Jerichuntis ruina cujus typus.	125		
Intus canere quid.	370	*Ejus obitum deflent Cantores.*	33.98
Infantes nuper editos Veteres deplorarunt.	305	*Josaphat in bello Musicos adhibuit.*	97
		Jobel Arabicum quid significet.	121
Introitus in Domum Domini.	40	*Job, tuba ductilis fuit.*	127
Introitus institutor.	ibid.	*Ἰχνοφωνία quid.*	191
Instrumentorum Musicorum distinctio & distributio.	324. & 104	*Isaac qua die ab imolatione liberatus.*	120
		Ithyphallicum carmen Baccho sacratu.	387

Justitia

TOMI PRIMI.

Justitiæ universalis definitio & declaratio. 199
Jubal. 85
Judæi diversi diversa utûtur Psalmodia. 14
Judæi quomodo olim ad Concionem convocati. 139
Juliani Tyrannis. 32
Justini martyris testimonium de partibus Leiturgiæ. 60

K.

Κύριε ἐλέησον *mutatio & autor ejusdem*. 40
Idem quando in Anglia usurpatum. 41
Idem cur novies iteratum. ibid.
Κορύπτειν *quid?* 208
Κόλλοψ *quid?* 304
Κῶμος. 344

L.

Lamech primus Musicus. 145
Lacedæmonii ter animadverterunt in emendatores veteris Musicæ. 366
Lacrymas quis interdixerit. 310
Laodocus Citharœdus. 407
Λαρυγγίζειν *quid.* 196
Laudamus te &c. δοξολογία *addita olim Hymno Angelico* 41
Lamnazeach Ebræorum variæ interpretationis. 102
Idem quot & quibus Psalmis præfixum. 103
Laus veterum de Psalmodiarum observatione. 10
Leo X. quoto anno ætatis Cardinalis constitutus. 91
Levitæ à puero fuerunt Catechumeni. 89
Levitæ servierunt tabernaculo. 90
Levitarum quinquagenariorum munus. ib.

Levitarum numerus per familias. 93
Levitarum officia triplicia. 94
Levitarum ætas cum diversæ supputationis collatione & anagoge. 88
Levitarum ceremoniæ jam abrogatæ sunt. 147
Levi quod filios habuerit. 94
Leufflein *sive risū proprium fidicinum*. 370
Libertas exercenda erga Musicos. 101
Lex militaris. 91
Legum Musicarum partes. 352
Linus Lyricus. 397
Liticen à lituo. 416
Litui etymon. ibid.
Lituus figurâ distinctus à Tuba. ibid.
Liturgia summa seu Missodia. 35
Λειτυργεῖν *quid.* 38
Lydia Harmonica. 350
Liturgia cur instituta fuerit. 40
Liturgiarum hostes. 63
Liturgia Satanas offenditur. 48.77
Litaniis nudis pedibus Stephanus III. PP. incessit. 81
Litania unde dicta & quamobrem instituta. 77
Litaniarum differentia & autor. 78
Litaniæ controversia inter Pōtificios JC. 81
Litaniæ minores per universam Ecclesiam stabilitæ. 78-79
Locus ubi cantari solita præfationes. 56
Ludovicus I. Imp. à filio captus. 47
Ludi Pythii in cujus honorem constituti & quando celebrati. 253
Lupus etiã post mortē ovi formidulosus. 118
Lusciniæ circa Orphei sepulcrum indicasse dicantur. 197

Ppp 2 Luscinia-

INDEX

Luscinarum linguis Heliogabali epulæ instruuntur. 197
Luscinias qui non alendas esse putarunt. 197
Luscinias Græcæ atq; latinæ linguæ peritas qui habuerit. ibid.
Luscinia immenso olim pretio venditæ. ibid.
Lusciniæ cantu vehementissimè qui sunt delectati. ibid.
Lutherus tam Choralis quàm figuralis, Musicæ insignis amator. 451
Idem tribuit sextum tomum Evangelio, octavum vero epistolis Pauli. 452
Idem composuit notas super verba Cœnæ Dominicæ. ibid.
Lyræ Apollineæ sono mœnia Trojana extructa. 251
Lyræ inventor, etymologia, fabricatio, quæ partes. 363.364
Lyra octochorda, novichorda, decachordon, & cur? 364
Lyra quasi lytra dicta. 363
Lyræ encomium. 371
Lyrā Apollo ad panos fistulā adaptavit. 365
Lyram septichorden Terpander primus constituit. 401
Lytierses quid? 113

M.

Magadis unde dicta. 376
Magadis quot chordis constet. ibid.
Magadin quis invenit, ejus quinq; fides. 377
Magadis quomodo Anacreontis seculo nota. ibid.
Magadis, idem, quod nunc Psalterium 379

Magadin Alexander Cithereus fidibus refersit. ibid.
Magodia. 393
Magnes Comicus omnium animantium voces imitatus est. 196
Magnificat explicatio. 72
Magnificat unde habeat denominationem & originem. 71
    Quando & cur in Ecclesia usitatū. 72
    Idem à Luthero vocatur ein Meister Gesang. ibid.
Mahalath instrumentum Musicum. 105
Maria magnificat conditrix atq; præcentrix. 73.74
Mal granata in Pontificis summi pallio quid denotet. 130
Martyrum consolatio in suppliciis. 32
Melodiano inventores quinam fuére. 183
    184
Melodiæ apud Veteres quot. 183
Melodiæ apud Judæos observatio. 150
Melodi diversi & varij. 12
Melodiarum diversus affectus, effectus, discretusq; usus. 185.seq.
Menatzechim qui dicuntur. 103
Meteg accentus quid notet. 150
Melopœi rerum & verborum diversitatem attendunt. 11
Misericordia Dei. 112
Missæ quatruplex apud veteres significatio. 36
    Ejus derivatio & definitio. 35.38
Minnim cithara Alemannorum. 110
Missæ forma cui tribuatur. 35
Missa pro oblatione. 37
Missam facere quid sit. 36
Missa quo tempore cœpit. 39

Missenus

TOMI PRIMI.

Misenus tubicen Hectoris. 414
Misseni Æolidis præstantia in inflanda tuba. 214
Missæ & Missodiæ ritus tàm apud veteres, quàm apud nos recepti. 40
Missionis verba apud Pontificios post Concionem. 50
Missio Ecclesiæ primitivæ à Pontificibus transposita. ibid.
Mercurius primus lyram commentus. 362
Merulæ machinæ hydraulicæ. 431
Mimi Phalecphori. 420
Mimi qui. 389
Modis Ionicos sinistros quis instituerit. 184
Modorum certorum qui autores. ibid.
Modorum doctrinam quis primum edocuit. 183.185
Modi Jonici ac Lydij quo loco prohibiti, & qui ijs usi sunt. 187
Modi Pythici partes quot. 345
Modi Jonici quales. 349
Modorum Lydiorum inventor. 351
Molech Idoli descriptio. 117
Monochordi Ambes inventores. 380
Monodia quid. 307
Monaulos tibiarum genus. 343
Morbus. D. Viti quomodo curandus. 226. seq.
Mortuos qui deflent, obulis ubi conducti. 308
Moschus Citharœdus. 407
Moschus canens Bœoticum proverb. 408
Murena piscis agnovit vocem Crassi. 24
Musarum nomine quid intelligat Fulgentius. 324
Musæ tantum duæ priscis Theologis. 322
Musica ex articulata vocis usu vel avium

imitatione ortum traxit. 166
Musica reliquis artibus præferenda. 19
Musicæ artis quatuor genera. 5.166
Musica unde dicta. 38
Musici Doctores, cultores, scriptores discipuliq; eximij. 174
Musicæ periti Sophistæ vocati sunt. 231
Musica vis in exorando Deo. 97
Musici insignes etiam quidam Imperatores & Duces fuére. 177
Musica sacra à reditu ex Babylone restaurata. 93
Musicæ antiquæ limites, qui transgressi fuere explosi sunt. 179
Musices cognatio cum Ethica, Physica & Mathematica. 199
Musices Physica usus. 200
Musica aliqua ex parte judicijs cognata. 201
Musica cuinam rei respondeat. ibid.
Musicæ vis atq; efficacia & usus patheticus. 203
Musica adhibita in consecratione templi Hierosolymitani. 97
Musices usus in pompis & solemnitatibus triumphalibus. 215
Musicorum bonorum morum informatrix & altrix. 217
Musicorum Princeps. 141
Musica medicina pulcherrima virtutum. 217
eâdem virtutes acquiruntur. 219
Musica cur inventa. ibid.
Musices in rusticis mulieribus efficacia. 220.221
Musicum doctum decent concinni mores. 221
Musica castitatis. 222

INDEX

Musica temperantes efficit. 223
Musica cos honestatis & fortitudinis. ibid.
Eadem morbi corporis leniuntur & curantur. 224
Musica pestilentiam fugat, furibūdos comprimit, tarantantulæq; ictus & Araneæ Appulæ morsum sanat. 225
Musica consolatur lugentes. 34
Musicæ studium jucundum, honestum & liberale est. 231.232
Musica adolescentes alacriores reddit, ad omniaq; utilis. ibid.
Musici modi non mutantur. 233
Musicæ mutatæ incommoda. ibid.
Musicis disciplinis inter primas artes Juventus informari debet. 234
Musicā in senectute addidicit Socrates. 234
Musica Ducibus & militibus quando sit utenda. 235
Musicam qui tractaverint. ibid.
Musicæ vis, motus, atque effectus in brutis, cùm per naturæ inclinationem tùm per institutionis assuefactionem. 236
Musices usus in sacrificijs Ethnicorum. 243
Musica organica ob quas caussas necessaria est. ibid.
Musices beneficio Castores Corollas reportarunt. 251
Musa divino instinctu concitat Poëtas & Musicos. 252
Musices usus in convivalibus hilaritatib. 258
Musica quotuplex. 259.324 (261
Musica cur Convivijs adhiberi debeat. 260.
Musica contumeliæ immodestiaq; medela.
Musicæ usus saltatorius. 275 (ibid.
Musices usus in ludis scenicis & Theatricis
Musices usus in Certaminibus. 296. (289

Musices usus in funerum & exequiarum deductionibus. 304
Musicæ Choralis inventor. Unde dicta. 1
Musica Choralis inservit ciendis affectib. 21
Modus canendi à quo nam institutus. 2
Musicorum veterum characteres & intervalla. 12
Musici modi seu Tropi quot. 14
Musica corruptæ emendatio. 15
Musicæ dignitas & præstantia. 16 seq. 97
Musica in Ecclesia retinenda. 26
Musica idem quod Ebræorū Maaścheh. 38
Musicorum numerus. 92
Musici Asaphi posteri annumerantur centum viginti octo. 93
Musici pleriq; floruerunt circa seculum Gedeonis. 170
Musici cognomen primus adeptus Aristoxenus. 173
Musicorum V. T. functio distincta. 94
Musicorum Victus & amictus. 100
Musici Instrumentales à Luthero dicti Spilleut. 103.104
Musicorum per familias distinctorum, distincta, variaq; functio. 94
Musica quæ extra Ecclesiam. 165
Musicæ inventores. 169
Musices efficacia atq; usý civilis & militaris
Musæ quot 122. (209
Musicæ tùm vocalis tùm generalis cognitio.
Musicæ suavitas commendatur. ibid. (165
Musices tria genera. 166
Musica unde ortum traxerit. ibid.
Musices, tria principia. 167
Musicorum intervalla. 171.
Musicorum diversæ sectæ, Canonici & Harmonici. 173

Eorun-

Eorundem litem compofuit, Claudius Ptolomæus Pelufius.	ibid.	Odeum quid.	298
Mufæus. 400 Μυσομανείν.	374.	Ode Davidis, jucundißimus vitæ humanæ comes.	34
Myftochordia quid.	62	Odes vel Cantici definitio & divifio.	5.136

N.

Ablium quid & ejus appellationes. 110
Nabli defcriptio Jofephica. 111
Nablij inventores. 375
Naula quid fit. 124
Nænia Admeti quæ dicta. 317
Nænia quid, hujus inventor. 306.307
Nænia funebris quid notet. 143
Næniæ in Imperatorum & Ducum funeribus frequentißimæ. 309
Nechiloth qualia fint inftrumentorum Muficorum genera. 105
Nechinoth inftrumentum Muficum. 103
Nero Imperator ad infaniam usque fidibus delectatus. 200.301
Nero Citharæ multùm ftudiofus. 39
Nervi quid. 365
Nervi & linum & fila dicti. 365
Nicoftratus. 407
Nolæ unde dicantur. 129.130
Nomion carmen Lyricum. 382
Nuptiarum ceremonialiü genera quot. 272
Norbanus Conful. 411
Nummi Neronis Lyræ nota percuffi. 391
Numeri definitio. 201
Nun freüd euch lieben Chriften gemein / &c. totü meritü Chrifti cöprehendit. 39

O.

O Litera qui efferenda. 192
Oblatio triplicis ufus cum Cantilenis & collectis. 51
Oculi quamobrem hominibus dati. 201
Odarum tria genera. 268

Ode à mulieribus pingentibus cantari folita, quæ indigitata. 311
Ode erratica Ebræorum. 95. Ode. 381
Officium Diaconi in Ecclefia. 45
Offertorium quid fit. 51
Officium fummum. 37
Olympicus Melicus Poëta. 403
Olympius Phrygius Tubicen. 415
Olyphyrmus, poëmatum genus. 307
Oratio Dominica. 53
Oratione Dominicam & verba Cænæ Pontificij, fimpliciter neceffaria vocant. ibid.
Orgia in quem finem inftituta & qua ratione celebrata. 254
Organum quid & unde dicatur. 108.109
Organa Davidis à noftris ahena. 108
Organa Mufica in V. Ecclefia ufitata. 135
Organa. 107
Organa futilia in Ecclefia abrogata. 138
Organa Ecclefiaftica noftri feculi. 139
Organi organicon laus. ibid.
Organa quotuplicia. 325
Organon organorum omnium inftrumentorum fonos refert. 140
Organum velut rex omnium inftrumentorum. 141.142
Organorum ufus in Ecclefijs, ab ijsdemqʒ quando receptus. 142
Organa quo tempore introducta fuerüt. 144
Organa Venetijs ex vitro confecta. 145
Organa Ecclefijs non extrudenda. 146.147
Organorü Muficorum ftudiu primariü. 188
Organorum fpecies à Jofepho tradita. 119

Organa

INDEX.

Organa ex Alabastride facta. 145
Orpheus. 398
Orthopsallicum. 397
Oscitatione Romanorum multitudo ingens mortua. 80
Oscitantes cur signum crucis admoveant. 16
Osculum pacis. 56. 57
Osculum pacis inter Sacerdotes mutuò datur, ejus autor. 57
Osculari solitus amicos servator. 17
Osculum cur datum. ibid.
Osculi charitatis commendatio, circa usum Eucharistiæ. ibid.
Osculum sanctitatis. 16
Oenopa ad Citharam primus cantavit. 369
Ὀξύα quid. 372
ὕλον quid & unde derivatum. 313

P.

Pæana omnes communi voce cantarunt. 265
Pæanes. 383
Pæanum rythmus. ibid.
Pæanes unde dicantur. ibid.
Pæanum genera. 384
Pæan Apollini sacrum. 187
Pancirollus. 426
Pandara unde fabricetur. 376
Pariambides. 378
Parilia quo die celebrata. 257
Pater nostros Monachorum quis invenerit. 83
Pectinis usus absq; plectro in Canticis. 377
Pennarum Corvinarum cuspides plectris additæ. 380
Pescia quid. 389

Pestilentia dira Romam afflixit. 79. 80
Philosophorum princeps quis. 141
Phreneticis vocum concentu maximè sanantur. 220
Phænix & ejus inventores. 375
Philammon Citharædus. 396
Philomelus Citharædus. 407
Philostratus de Lyra. 371
Φόρμιγξ Cithara dicta, unde dicatur. 362
Phorbion quid. 333
Phrygia Harmonia. 360
Phrymis Citharædus. 402
Pica cujusvis cantus & vocis mutatrix. 241
Pipinus quis. 14
Physicorum de Campanis Judicium. 134
Pthongorum systemata. 369
Plautus Paulomimi. 40
Πλῆκτρον quid. 365
Plectri officium qui primus ad manum transtulit. ibid.
Plectri usum Epigonus primus omisit. ibid.
Plinius. 425
Pneumatica Organa. 431
Poloni sub lectione Evangelij in templis gladium stringunt. 45
Poëtarum latinorum princeps. 145
Poretim apud Ebræos proprium fidicinum. 370
Porticus ἐπιδάφωνος in Olympia. 424
Præcent r quinam. 205
Præmijs præpositis prisci certarunt. 297
Præfationes ante consecrationem quot ob in fuerunt. 55
Præfectus bajulantium & cædentium è Levitis constituti. 103
Prophetiæ Musicorum Davidis, quales. 96
Præfectus quid. 103

Præce-

TOMI PRIMI.

Præcepta Legis decem. 112
Præparatio Sacramentaria. 56
Præcessiones quid sint. 77
Præcones verbi frustra buccinantes quomodo se solentur. 124
Prooemium Citharœdorum proprium. 362
Prosodaica primum à Demetr.o composita. 387
Prosæ autor rex Galliæ. 48
Prosa quid. 46
Prosa Pentecostes. 47
Prosperitas terrena quid. 112
Processionum antiquitas. 78
Proclus quis. 55
Prophetarum princeps. 141
Preces Diaconi in Ecclesia. 12
Preces publicas contra Turcam instituit Callistus III. 131
Preces communes Deo inprimis acceptæ. 78
Preces arma Ecclesiæ. 102
Presbyter quoto anno ætatis sacris debeat initiari. 81
Psalmos Davidicos Flavianus Episcopus I. cantari instituit. 2
Psalmodiæ institutio. 3
Ejusdem autor Leo II. Pontifex. 70
Psallendi diversa ratio ab Antiochena in Ægypto. 3
Psalmus quid sit Veteribus. 136
Psalmus Cantici. 137
Psalmi descriptio. 5
Psalmodiarum noctu usitatarum apud Clericos usus. 4
Psalmodiarum veterum modulatio, finis & canendi genus. 5
Psalmodiarum à Veteribus distinctæ species. ibid.

Psalmorum 15. à 119. ordine sequentium denotatio. 7
Psalmodiarū fructus Justinus 9. numerat. 8
Psallendi modus verus Deo gratus. 9
Psalmi quàm plurimi Instrumentalem Musicam Deo gratam asserentes. 147
Psalmodiæ suavitas & gravitas. 10.11
Psalmodiæ fructus & efficacia multiplex. 16
Psalmodiam Dœmones aversantur. ibid.
Psalmodiæ usus in officinis opificum & alibi 18
Psalmodiarum osor. 19
Psalmodiæ usus Ecclesiasticus. 20
Psalmi qua verborum forma concepti à SS. 22
Psalmodiæ finis, usus & efficacia in aulis Imper. 27
Psalmodiæ usus in Conviviis. 29.128
Psalmus qui à Christo in ultima Cœna dictus. ibid.
Psalmi consuetudinarij ab Eremitis observati. 30
Psalmodiæ usus pro vesperi cubitum euntibus & surgentibus. ibid.
Psalmodiæ in angustiis & contra metum mortis usus. 32
Psalmodiæ Cygnæus & lugubris usus. 33
Psalmodia facit agonizantes tranquillos. ibid.
Psalmorum per Choros canendi consuetudo à Davide inventa. 2
Psalmi 96. commendatio. 63
Psalmi & majores & minores quid & quomodo intonentur. 65
Psallendi ratio per Antiphonam vel alternatim. 66

Q q q Psalmi

INDEX.

Psalmi & Hymni quo tempore decātati. 69
Psalmi cur ligata oratione conscripti. 86
Psalterū Davidis in quot partes divisum. 83
Psalterij B. Virginis Mariæ inventor. ibid.
ψαλλεῖν Citharœdorum proprium. 369
Psalterium instrumentum Musicum. 379
ψιλλότης. 191
ψηλάφηται instrumenta Musicorum qualia. 100
Psitta: i loquela quinam liberatus sit. 242
Psittacus Leonis Imp: filij Domini sui nomen invocat. 242
Publia Diaconissa Antiochena. 19
Publiæ fœminæ fortitudo. 24
Pylades Citharœdus. 407
Pythagoras Musices inventor per malleorum ferientium inæqualia pondera. 171.172

Q.

Quinquennale certamen quis instituerit & quotuplex. 301

R.

Ratio diversa in Psalmis canendis apud Judæos. 14
Raucedinis cura superstitiosa. 15
Rathboldus cantuum variorum autor. 70
Responsorium quid, ejus autor, ejus tropi unde petendi. 66 67
Ritus hymnorum & Cantilenarum in actu sacrificiorum. 248
Robertus Carnotanus Episcopus melodus. 14
Ruffinus Citharœdus. 407
Rythmorum varia genera. 186

S.

S Litera quomodo efferri debeat. 192.193
Sabbathum æternum erit festum Tubarum. 128
Sabaoth quid in divina essentia significet. 54
Sacerdos in V. T. sine sacerdotali veste incedens, mortuus est. 130
Sacerdotis & populi pervices cantio. 43
Sacrificare patribus quid sit. 37
Sacerdotium ad quod non nisi gradatim Antistiti adscendendum. 91
Sacrificantes ab omnibus diris verbis abstinere oportuit. 358
Sacrificium Juge V.T. quando oblatum. 62
Sacrificium Pauli Samosateni. 19
Salaria Musicorum sacrorum in V.Test. etiam temporibus difficilioribus. 100
Salaria Carmina. 387
Saltationum præcipuarum species, earundemq; usus & inventrix. 275
Saltare quid. 276
Saltationes unde originem duxerint. 277
Saltationis definitio. 278
Saltationes quænam usurpatæ. ibid.
ejusdem Commendatio. 279
Saltationibus omnia fermè sacra peracta. 280
Saltationis Hyporchematicæ autores. 281
Saltatio Trichoria. ibid.
Saltationes ubi & quando adhibitæ. 284
Saltationum usus militaris. 285
Saltatio Pyrrhica quænam indigitata. 286
Saltatio Theatralis quotuplex. 287. 288
Sambuca, ejus inventor, apud quos in usu 374
Sambucistria. 375
Sanctus cur dicatur P. F. & SS. 54

Sappho

TOMI PRIMI.

Sappho multum usa Barbyto. 375
Schemnith quid significet. 104
Seditio Antiocheni populi. 27
Semi-Chorus. 295
Senes non sunt removendi ab officio. 52
Sequentiarum autor Notgerius, in festo Palmarum. 47
Sequentiæ quid & unde dictæ. 46
Serpentum ingens copia Româ invadit. 79
Simicum instrumentum. 380
Sistro usi Isidis sacerdotis. 422
Sistrum quid & quibus peculiare. 421
Sistro & cornu hora proficiscendi quibus sit significata. 211
Siticines quinam & unde dicantur. 306
Solymannus qualiter Musicos à Rege Gallico missos exceperit. 221
Scalæ Musicæ autor Guido Aretinus. 15
Scindapsus quid. 372
Scindapso mulieres usæ. ibid.
Scindapsi materia. 373
Scindapsus Laërtio vilissimum instrumentum. ibid.
Scoliorum mele quid. 387
Scolij etymologia. 388
Scoliorum argumenta quæ. ibid.
Scolia quæ nuncupata. 266
Scoliorum recitandorum modi quot. 268
Spiritus S. Medico comparatur 17
Sponsæ deductio à Romanis qui celebrata 273
Spondæus cur ita dictus. 245
Stentor Tubicen in bello Trojano 414.415
Stentor voce sua alios 50. vincere potuit. 193
Stentoreæ vocis faceta reprehensio. ibid.
Stentoris vox proverb. 414
Stesander semius Homeri pagus Cithara

cantavit. 372
Stratonici Citharœdi in imperitos quosdam sales. 404
Sternutatione Romanorū multi mortui. 80
Sternutantibus cur salutem precemur. ibid.
Studijs hominum admixtæ fuerunt saltatio & rythmus. 233
Supplicatio Oscitationis & sternutationis cur facta. 81
Supernumerarij in militia Græcorum. 413
Supplicationum Ethnicarum exempla. 78
Sursum corda, quid, & ante cœnæ administrationem, pronunciatum. 51.52
Symbolum Pythagoræ. 201
Symbolum Apostolicum non semper ad Missas cantatum. 49
Symbolum Nicænum quando promulgatum fuit, idem vocatur majus, ejus autor, idem vitiatur. ibid.
Symbolum Fidei autor. 51
Symbolum fidei communicaturi canebant. 50
Symphonia quid. 429
Syrij, die Resurrectionis Dominicæ, alijsq; festis nobilibus saltasse dicuntur. 282
Syri Trigonon invenêre. 374
Syricius Episcopus Antiphonas Psalmis miscuit. 66

T.

ת Israëlitarum quid notet. 89
Tabula Synoptica, continens instrumenta, tam ἔμπνευςα quàm ἄπνευςα. 143 & seq.
Tabula Synoptica universi operis Leiturgodiarum Sioniarum partitionem explicans & exhibens, 454

Talu-

INDEX

Tabulaturæ quid. 358
Tabulaturæ autor. ibid. 369
Thaletas verſibus tàm ſuavibus morbos curavit. 403
Thamyras Lyni diſcipulus, Muſas incertamen vocavit, victus autem ab eis, oculis & ſcientia canendi cithara privatus est. 397
Thamyras Citharœdus. 397
Tarantulæ ictus cantu tibicinum curantur. 227
Tarantulæ venenatiſſimum animalculum. 228
Tarpeius Citharœdus. 47
Te Deum laudamus *in Eccleſia quid, ejus autor.* 67
Templa in gratiam Choralis Pſalmodiæ exstructa. 3
Theologiæ & Muſicæ idem effectus. 19
Templorum deſcriptio. 3
Teleſtes tibiarum ſacrarum cantum primus invenit. 147
Templum Salomonis habuit tintinnabulum 130
Templa tota uno è ſaxo concavata ubi reperiantur. 135
Tempora orandi quænam conſtituta. 28
Tempora quo Chriſtus miniſterium docendi ſuſcepit. 90
Theophilus Citharœdus, ejusdem de Muſica dictum. 393
Terræ motus frequentiſſimi & periculoſiſſimi. 307
Threnos quis primùm inſtituerit. 307
Threnorum autor. 307
Theodulphi im quomodo mitigata. 27
ejusdem præceptum de τρισαγίω. 55
ejusdem pietas in hymnis canendis. 69
Terpander Eſa æ tempore vixit. 170. 401
Terpnus Citharœdus. 393
Teſtudinis inventor Mercurius. 169. 170
Τέ τίιγες *quinam nuncupati.* 251
Trichordi aſſyrij inventores. 380
Tetrachordon. 365
Tetrachordi diſpoſitio & celebratio & inventio. 170. & 178
Tetrachordum Mercurij pluribus ſubinde chordis adauctum fuit. 179
Tranſitio ad Muſicam inſtrumentalem, quæ in N. T. à patribus est aſſerta. 135
Τραυλότης. 191
Trigonon quid, ejus inventor. 374
Trigom ſtudio Alexander Romanos nimis inflammavit. ibid.
Tripus inſtrumentum Muſicum. 380
Τρισαγίε *Eſaiæ declaratio.* 54
Τρισαγίω *docetur Adoleſcens divina virtute in aërem ſublatus Conſtantinopoli.* 55
Theodulphi captivitas & Libemtio. 47
Theoria Organices Summæ. 85
Therapeutæ qui dicantur. 70
Thomas de Aquino quo tempore mortuus. 144
Thomas Morus uxorem ſuam literis & omnium Muſicæ genere inſtituendam curavit. 221
Tubicinum quorundam hiſtoria. 413
Triton. 414
Triton buccinator Neptuni. 420
Tibia pacis inſigne. 216
T. b. a viperarum morſibus medetur. 225. 226
Tibiarum concentus in ſacrificando uſitatiſſimus. 245

Tibias

TOMI PRIMI.

Tibias, à Pallade propter deformitatem oris abjectas, Marsyas accepit. 332
Tibiæ adh bita cum in servos flagris animadverteretur. 334
ad ejus flatum eoqui epulas appararunt. ibid.
Tibiæ pares, & impares quales. 339
Tibiæ sacrificæ & sacræ dictæ. 245
Tibicinibus hostiæ immolatæ. ibid.
Tibicinum ordo. 246
Tibicines magno in pretio habiti. 247
Tibicines qua mtione à Romanis depulsi, ab ijsdemq; qui denuo vocati. 248
Tibicinum vestitus. ibid.
Tibiæ in conviviis adhibitæ quomodo vocatæ. 264
Tibias cur Alcibiades rejecerit. 360
Tibia est παιδαγωγία removenda, ejus usum Veteres in liberis hominibus improbarunt. 361
Tibiæ notatio, derivatio, definitio, inventores, partes quot. 331
Tibiarum varia genera & nomina, variæ materia, variæ itidem appellationes. 333 & seqq.
Tibia obl. qua, ejus inventores. 337
Tibiæ Romanæ quot fommina habuerint. 339
Tibias à puerorum institutione Aristoteles abjiciendas censet. 261
Tibiæ Cantu quid Christus notet. 124
Tibiæ Laconum quæ appellatæ. 339
Tibia singularis quid. ibid.
Tibia Palæomagadis. ibid.
Tibin gallus. 340
Tibiæ Buxeæ. 337
Tibiæ Choricæ. 341

Tibiæ Virginales, pueriles, Nuptiales, earundem inventores, funerales, gradariæ. 343
Tibiarum certi & varij modi, item nomina ibid. & seq
Tibiarum genem diversa, nitio quoq; duplex. 347. 348
Tibicinum ars summo in pretio habita, eamq; qui præ cæteris maximè didicerint 353
Tibicinum digiti quales esse debeant. 359
Tibicines nobilissimi & excellentissimi. 354
Tibicines imperiti, atq; eorum contemtus. 357. 359
Tibicinum ad antiquorum funera ingens multitudo. 308
Timotheus Lacedæmone pulsus cur? 366
Timocreontis scolion. 388
Timotheus Citharœdus. 402
Tintinnabulis Basilica Petri ornata. 132
Tintinnabula quæ & ad quid usurpata. 129 425 111
Tintinnabulo furtum retectum. 133
Tintinnabulorum usus sacratissimus in Veteri Testamento. 129. 130
Tintinnabulum ephod Pontificis summi quid notet. ibid.
Tituli Psalmis plerisq; præfixi quid indicent 102
Titzri mensis apud Judæos septimus, qua mtione nobilior reliquis. 120
Tophet qualis sit locus. 117
Torcularia Christi quæ sint. 116
Tricenarius numerus quid significet. 90
Tropi Psalmorum & Introituum unde sumendi. 65 67
Tropi tonorum duplices. ibid.

Qqq 3   *Tuba*

INDEX

Tuba ad vigilias adhibita. 417
Tuba argentea inter insignia Ducis Veneti. 413
Tuba canere in somnio. 409
Tubæ usus πομπικός. 413
Tubæ ductiles argenteæ quid significent. 127
Tubæ clangentis mysterium in legis promulgatione. 121
Tubæ inventor. 408
Tubæ materies, discrimina sex. 409
Tubæ flex animi tas. 214
Tubæ æneæ inventor. 213
Tubæ species. 247
Tubæ forma in cælo aliquando apparuit. 128. 129
Tubarum usus Agonasticus. 414
Tubarum allegoria quatruplex. 68
Tubarum usus varius variaq; genera. 410, 411
Tubarum usus in populo Israëlitico. 119
Tubarum numerus, definitio, etymologia. 118. 119. 408
Tubarum 7. Apoc. 8. accommodatio ad hæreses singulas. 126
Tubicines, æneatores dicti. 412
Tubicines ministri fuêre sacrorum. 246
Tubilustrium. 411
Tubilustrij dies. 247
Tubicines aliâs qui appellati. ibid.
Tubis quomodo solis sacerdotibus clangendum fuit. 961
Tubæ & Tibiæ in N.T. adhibiti fuerunt. 128
Tuba ultima sonante quid futurum. ibid.
Tuiscorum pater. 110
Tuiscones quomodo Judæis dicti. ibid.
Tympani usus, abusus ac definitio. 114
Tympana quo tempore olim adhibita. 115

Tympana apud Romanos non in usu fuere 428
Tympana Indorum à nostris diversa. 128
Tympani aliorumq; instrumentorum abusus ex Biblijs monstratur. 116
Tympani usus Idololatricus & planè Diabolicus. 117
Tympani Idololatrici prava æmulatio Juliani. 118
Tympani inventrix. 225
Tympanum Chordatum Hispanorum. 380
Tympanum quale instrumentum. 427
Tympanum mundi Vespasianus. 428
Tympano tuba. ibid.
Tympano obducturo in una parte, pelle ovilla, in altera lupina percusso, rumpitur tur ovilla. 429. 430
Tyrrheni tubæ inventores. 408
Tyrrhenorum inventum, cornua & tubæ. 410

V.

Vasa Tabernaculi quid designarint. 90
Verecundia patrum sub Psalmodiæ cantu. 9
Verbum Evangelij, instar tubæ. 124
V ctus musicorum qualis. 100
V ctores quali corona donati. 300
Vita Christianorum militia sub vexillo Christi. 126
Vita nostra Lyræ persimilis. 371
Vestitus Musicorum. 101
Vires corporis humani quoto anno decrescere incipiant. 92
Vitalliani modus hymnos canendi decentissimus. 61
Virginum ad Psalmodias addiscendas informatio

formatio.	19	*Voces avium qui sunt imitati.*	*ibid.*
Voces sex musicales unde desumtæ.	25	*Vocis moderatio quando exercenda, quæq́;*	
Vocis humanæ definitio.	188	*ad eam requirantur.*	198
Vocis modulatio, impedimenta.	*ibid.*	*Voces in Cantilenis quæ sint præcipuæ.*	199
Vox naturæ quid inserviat.	189	*Vocis patronus Joannes Baptista.*	71
Vocis quodnam instrumentum proprium.		*Vocum trium inventor.*	170
	ibid.	*Vox* με϶ύειν ϗα̣ὶ ϑυεῖν *quid.*	349
Voce bona qui præditi.	193.189	*Ulysses dilexit Demodocum Citharœdum.*	
Voce maximâ sonantissimâq́; Stentor.	194		392
Vociferantes claudis comparantur.	194		
Vocis magnitudine Thrasibulus omnes Athenienses superavit.	*ibid.*	**Z.**	
Voci cuilibet quoddam inest medium.	195		
Vox ut obtineatur quid utile, quid perniciosum.	*ibid.*	*Z**Ethus Amphionis frater Musicæ penitùs rudis.*	404
Vocis velocitas laudatur.	196	*Zischa Husitarum Dux jussit post mortem ex pelle sua Tympanum facere.*	429

FINIS.

Nomina Autorum.

A.

Ælianus.
Æmylius.
Æneas Sylvius.
Adrianus Turnebus.
Alciatus.
Aimonius.
Alexāder ab Alexādro
Alexandrinus.
Ambrosius.
Amos.
Anacreon.
Antiphanes.
Apollodorus.
Apollonius.
Apulejus.
Aquinas.
Ariston.
Aristophanes.
Aristoteles.
Arnobius.
Artemidorus.
Artemon.
Athanasius.
Athenæus.

Augustinus.
Ausonius

B.

Alæus.
Basilius Magnus.
Benedictus Aretius.
Berosus.
Berno.
Beucerus.
Bias.
Bito.
Bodinus.
Boëthius.

C.

Allias.
Camerarius.
Casaubonus.
Cassianus.
Cassiodorus.
Castilianeus.
Cedrenus.
Censorinus.

Chamaleon.
Charisius.
Chrysologus.
Chrysostomus.
Cicero.
Clearchus.
Clemens Alexandrinus
Clemētinus Pædagogus
Columella.
Constātinus Theodosius
Cornelius Tacitus.
Cranzius.
Cratinus Junior.
Cromerus.
Cruqvius.
Curtius.
Cuspinianus.
Cyprianus.
Cyrillus.

D.

Daniel.
Demetrius Byzantius.
Democritus.

Dio Cassius.
Dicæarchus.
Didymus.
Diodorus Siculus.
Dion.
Dionysius Iambus.
Dionysio Halycarnasseo
Dionysius.
Dioscorides Sicyonius.
G. Durandus.
Duris.

E.

Egnatius.
Ennius.
Ephorus.
Ephrem.
Erasmus.
Eresius Phanias.
Eubulus.
Euphorion.
Euphronon.
Euripides.
Euryphano Pythagoreo
Eusebius.

F.

Fabius.
Fortunato Presbyter
Franciscus Patritius
Frontinus.

Fulgentius.
Fulgosus.

G.

Gallecus.
Galenus.
Gellius.
Gilbertus.
Gobillinus persona.
Gratianus.
Gregorius.
Gregorius Magnus.
Gyraldus.

H.

Hadrianus.
Halycarnasseus.
Hedylus.
Hermippus.
Herodotus.
Hesiodus.
Hesychius.
Hieronymus.
Homerus.
Horatii Scholiastes.
Hyginus.

I.

Iamblichus.
Ibicus.
Immianus.

Jonchius.
Johann. Damascenus.
Joach. Garcæus.
Johan. Franciscus.
Johan. Magirus.
Johan. Garzias.
Josephus.
Isæus.
Isidorus.
Juba.
Julius pollux.
Iulius Solinus.
Iunius.
Iustinus.
Iuvenalis.

K.

Kyberus.

L.

Laërtius.
Lampridius
Lasus.
Lipsius.
Livius.
Lucanus.
Lucianus.
Lucillius.
Ludovicus Vives.
Lutherus.
Lylius Gyraldus.

M.

Macrobius.
Mantuanus.
Marsilius Ficinus.
Martialis.
Marulus.
Menander.
Menechmus Sicyonius.
Menecharmus.
Muretus.

N.

Natalis comes.
Nauclerus.
Nazianzenus.
Neanthes.
Nicephorus.

O.

Olaus.
Origenes.
Ovidius.

P.

Pacificus.
Pagninus.
Pamphus.
Pancirollus.
Papa. Ioh.
Paulus Diaconus.
Paulus Fagius.
Pausanias.
Petronius Arbiter.
Philander.
Philip. Melanchthon.
Philip Camerarius.
Philochorus.
Philostratus.
Phrynichus.
Phyllis.
Piccolmineus.
Pierius.
Platina.
Plato.
Plinius.
Plutarchus.
Poggius.
Pollux.
Polyænus.
Polydorus.
Polymnestus.
Polybius.
Pontianus.
Possidonius.
Procopius.
Propertius.
Protagorides.
Ptolemæus.

Q.

Quintilianus.

R.

Rennemannus.
Reuchlinus.
Robertus Episcopus.
Ruffinus.

S.

Sabellicus.
Sacadas.
Salmuth.
Saxo.
Scabilti.
Scaliger.
Scammon.
Schindlerus.
Semus Delius.
Seneca.
Servius.
Sethus Calvisius.
Sidonius.
Sigebertus.
Silius.
Simon Majolus.
Socrates.
Sopater.
Sozomenus.
Staphylus.
Stephanus.
Stesichorus Himeræus.
Strabo.
Stuckius.
Suidas.
Suetonius.

Synesius.	Thucydides.	Victorius.
Szegedinus.	Tibullus.	Virgilius
	Timomachus.	Vitruvius.
T.	Tremellius.	Wilhelmus Canterus.
	Trithemius.	Volaterranus.
Tacitus.	Turnebus.	Vopiscus
Telestes.		
Tertullianus.	**V.**	**Z.**
Theodoretus.		
Theodorus Gaza.	Valerius Flaccus.	Zacharias.
Theognis.	Valerius Probus.	Zarlinus.
Theocritus.	Varro.	Zenodotus.
Theophrastus.	Vatablus.	Zonoras.
Theopompus Colophonio	Vegetius.	Zvingerus.

Lector

Lector Amice.

En tibi farraginem Erratorum Typographicorum, quæ nobis negligentia, & prope dixerim, somnolentia eorum peperit, quorum erat ista vel præcavere vel tollere. Nam in prima parte tota (quæ VVolfferbyti impressa est) cujus Correctioni ipse adesse potui, vix tot inveniuntur σφάλματα, quot in alterius partis (quam VVitteberga excudere curavi) vel unico ternione, vel saltem sola Dedicatione. Habeto itaq̄ me excusatum, & sicubi aliæ adhuc restent mendæ, quas nostra transcursoria nondum attendit lectio, eas pro tua benevolentia emendato.

Proinde legendum.

In Epist: Dedicatoria

a. 4. fac. 2. lin. 18. Adamas.
   l. 19. sangvineus.
b. f. 1. l. 12. 1. Reg. 7. 2. Paralip. 3.
   f. 2. l. 10. solvant.
b. 2. f. 1. l. 15. Regionis,
   l 19. intelligo,
   f. 2. l. 2. Depositi.
b. 4. f. 1. l. 11. Atque.
A. f. 1. l. 13. congruis l. 17. se-ponuntq;.
   f. 2. l. 10. dilucidarenturq; :
A. 2. f. 1. l. 1. Θεωρία.
   l. 11. impudenter.
   l. 18. Theodoro.
   f. 2. l. 3. Φιλομῦσων.
A. 3. f. 1. l. 7. Antistites.
   f. 2. l. 22. Liberalitatis.
A. 4. f. 1. l. 7. 8. superstitione ac errore Cantionibus.
   f. 2. l. 6. destructores.

In parte prima.

pag. 40. l. 17. communicandum.
p. 85. l. 19. zufallen.
p. 88. l. antep. intelligimus.
p. 120. l. 9. Judæos.
p. 146. l. 4. Exhortatorius.

In altera parte.

p. 155. l. 20. perampla, multa sunt,
p. 156. l. ult. quando vita
p. 157. l. 12. παρέργων
p. 158. l. 17. & Duce,
p. 159. l. 6. expeditiùs
   l. 12. offerendæ
   l. 18. nihilominus
   l. 20. allaborari
p. 160. l. 14. 15. Philologorum
   l. 25. ut debui, ita volui
   l. 26. VV. MM.
p. 161. l. 4. Arcadici? lin. 8. 9. Vestrûm
   l. 17. gaudijs. Xerxes,
p. 165. l 17. operæ
p. 165. l. 16. extra septa Ecclesiæ ab antiquis decantatam & excultam, viæ ac Methodi, &c.
p. 177. l. 23. Transpadana.
p. 182. l. 28. & in clave ā
p. 195. l. 4. ut, pro, &
p. 229. l. 24. remedio
p. 256. l. 4. molos, l. 5. Priami filius,
p. 264. l. 19. Bagoas
p. 321. l. 13. enarratoris
p. 322. l. 1. TERPSICHORE Jovis;
   l. 7. annuus.
p. 325. l. 23. litui, tubæ,
p. 327. l. 23. inter nodos.

p. 329. l. 24. statuêre
p. 333. l. 6. Φορβειὰ Tibicinibus
p. 336. l. 27. hinnuleorum
p. 337. l. 8. emedullatam
p. 341. l 23. Terpandri
p. 343. l. 12. nuptialis
p. 344. l. penult. Appellat
p. 349. l. 7. ad reconciliationes
l. 8. invitantibus.
p. 351. l. 28. paucis multa
p. 352. l. 10. 11. Pæonibus & proceleusmatibus.
p. 359. l. penult. lepidissimi
p. 365. l. 24. exemptis
p. 367. l. 8. Semeles
p. 369. l. 1. citharœdum
p. 370. l. 2. Briseis
p. 372. l. 1. Gratias
l. ult. molliens
p. 374. l. 26. vetustissimos
p. 376. l. 25. Magado Thrace

p. 383. l. 2. persequendis
p. 391. l. 15. Quomodo,
p. 392. l. 8. pro
p. 394. l. 8. Poëtam
l. 28. 29. Convivijs.
p. 399. l. 1. antiquam
p. 400. l. 26. celeberrimo
p. 403. l. 7. Olympus
p. 407. l. antep. imperitos
p. 410. l. 11. ab ijs
p. 419. l. 13. vigilaret
p. 429. l. 23. in curru
p. 432. l. 22. artificiosè
p. 436. l. 14. Dædalea
p. 438. l. 4. Pommern
p. 439. l. 23. Gemeine
p. 441. l. 24. ἔμπνευστα
p. 443. l. 4. Organum
l. 21. 22. Fagotti Dolzaine
l. 27. & simul laterali; ut

FINIS.